Zweiter Abschnitt.

Schadensversicherung.

Erster Titel.

Vorschriften für die gesamte Schadensversicherung.

Vorbemerkungen zu §§ 49—80.

Gliederung:

[1] I. Wesen der Schadensversicherung.

Schrifttum: Beyer, Der Folgeschaden in der Individualv, Bonner Diss. 1961, Bruck S. 52—53, 61—82, Dobbert, Der Begriff des Vermögensschadens in der Privatv, Göttinger Diss. 1961, Donati ZVersWiss 1960 S. 289—302, Frey, Das Recht der Sachv einschließlich der Haftpflichtv, Leipzig-Berlin 1936, Hecker, Zur Lehre von der rechtlichen Natur der Vsverträge, 1. Abtlg: Der Schadensvsvertrag, München 1894, Helfesrieder, Die Personenv in ihrer Abgrenzung zur Schadenv nach Schweiz. Privatvsrecht, Basel 1953, Mittelstaedt Gruchot Bd 38 S. 327—373, Möller ZVersWiss 1934 S. 18—43, 1937 S. 128—137, 1962 S. 273—274, 283—288, Summen- und Einzelschaden, Hamburg 1937, in: Jahrbuch 1950 des Vereins für Vswissenschaft und Praxis in Hessen, Frankfurt a.M. (1949), S. 25—33, in: Studi sulle assicurazioni, Rom 1963, S. 174—183, Nussbaumer, Wesen und Grenzen der V, Züricher Diss. 1946, Schiering, Abstrakte und konkrete Bedarfsdeckung im Vsrecht, Hamburger Diss. 1964, Schmidt-Rimpler in: Beiträge zum Wirtschaftsrecht, 2. Band, Marburg 1931, S. 1211—1249, VersR 1963 S. 493—505, Unna, Die Stellung und Bedeutung des Bedarfsbegriffes im Vsvertrag, Hamburg 1933, Winter, Konkrete und abstrakte Bedarfsdeckung in der Sachv, Göttingen 1962.

[2] 1. Schadensversicherung im Gegensatz zur Summenversicherung.

Die §§ 49—158h, zusammengefaßt im zweiten Abschnitt des Gesetzes, betreffen die Schadensv. Die vorangestellten — „vor die Klammer gezogenen" — §§ 49—80 enthalten „Vorschriften für die gesamte Schadensv", bei deren näherer Prüfung sich allerdings erweisen wird, daß manche Bestimmungen nicht auf alle Schadensvszweige Anwendung finden können.

Die **Schadensversicherung** ist dadurch gekennzeichnet, daß bei Gefahrverwirklichung der Ver verpflichtet ist, dem Vmer den durch den Eintritt des Vsfalles verursachten Vermögensschaden zu ersetzen (§ 1 I 1, verdeutlicht in § 1 I 1 österreichisches VVG). Es geht hier also stets um materiellen, bezifferbaren Schaden, der nach dem Prinzip der konkreten Bedarfsdeckung ersetzt wird; es gilt das vsrechtliche Bereicherungsverbot (Anm. 24, 26 zu § 1, Anm. 45).

Der Schadensv steht die **Summenversicherung** konträr gegenüber. Auch sie dient — wie alle V (Anm. 7 zu § 1) — der Bedarfsdeckung. Während aber in der Schadensv ein genau bemeßbarer Vermögensschaden kompensiert wird, hinterläßt in der Summenv die Gefahrverwirklichung (z. B. der Tod, der Unfall) eine Situation, die zwar typischerweise, normalerweise nachteilig und demzufolge bedarfsverursachend ist, aber nicht notwendig in jedem Einzelfall. Überdies handelt es sich bei der Summenv häufig um Nachteile, deren

Umfang nicht genau bemessen werden kann, sei es, daß immaterielle Schäden entstehen, sei es, daß materielle Schäden sich nicht auf Heller und Pfennig schätzen lassen. Man muß es deshalb in Kauf nehmen, daß bei der Vereinbarung der Vssumme (Anm. 3 zu § 50) eine vom wahren Bedarf mehr oder weniger stark abstrahierende Bedarfsschätzung erfolgt. Es gilt hiernach für die Summenv das Prinzip der abstrakten Bedarfsdeckung. Ein Nachteil und ein Bedarf werden in Höhe der vereinbarten Vssumme (Kapital oder Rente) — unter Abstrahierung von der effektiven, konkreten Schadenslage — unwiderleglich vermutet. Der Bedarf wird abstrakt gedeckt, das vsrechtliche Bereicherungsverbot gilt nicht.

Die **Lehre** von der Bedarfsdeckung geht auf Gobbi Zeitschrift für Vs-Recht und -Wissenschaft Bd II (1896) S. 465—476, Bd III (1897) S 246—262 zurück, der jedoch noch von den subjektiven Bedürfnissen ausging. Der Schritt zum objektiven Bedarf hin ist (mit dem Ziele einer einheitlichen Definition der V) besonders von Manes, Vslexikon, 3. Aufl., Berlin 1930, S. 290 getan worden (vgl. über die Bedeutung des Bedarfs für den Begriff der V: Anm. 7 zu § 1). Für die neuere Zeit vgl. wirtschaftswissenschaftlich Hax, Grundlagen des Vswesens, Wiesbaden [1964], S. 22. Die Unterscheidung von konkreter und abstrakter Bedarfsdeckung ermöglicht allein die notwendige Abgrenzung von Schadens- und Summenv im Rahmen eines einheitlichen Begriffes der V (wie hier z. B. Bruck S. 52—53, 62—63, Nussbaumer a. a. O. S. 35—82, weitere Nachweise bei Unna a. a. O. S. 18—26, 114—115; Gegner: Ehrenzweig S. 1 Anm. 3, 56—57, von Gierke I S. 79, Kisch JW 1930 S. 3605, auch Schmidt-Rimpler VersR 1963 S. 493, 500—501).

Neuerdings hat Obayashi ZVersWiss 1964 S. 255—264 angeregt, statt von abstrakter Bedarfsdeckung von abstrakter Bedarfsschätzung zu sprechen, da die Deckung des Bedarfs allemal in konkretem Geld erfolge. Wenn man übrigens im Bereiche des allgemeinen Schadensersatzrechtes konkrete und abstrakte Schadensberechnung (letztere geregelt in § 376 II—IV HGB) unterscheidet, so handelt es sich im Sinne der vsrechtlichen Terminologie auch bei sog. abstrakter Berechnung um einen konkreten Schaden.

Besonders in Italien ist versucht worden, die Schadensersatztheorie wiederzubeleben, wonach jede V Schäden ersetzt. Aber diese Theorie muß für den Bereich der Summenv zu einer praesumptio juris et de jure, also zu einer unwiderlegbaren Schadensvermutung und unwiderlegbaren Schätzung der Schadenshöhe greifen und läuft damit im Ergebnis auf die Unterscheidung konkreter und abstrakter Bedarfsdeckung hinaus (Hauptvertreter der Schadensersatztheorie Donati, Trattato del diritto delle assicurazioni private, Bd II, Milano 1954, S. 18—27, ZVersWiss 1960 S. 289—302, dazu Möller ZVersWiss 1962 S. 274, Nussbaumer a. a. O. S. 14—34, Ossa, El principio de la indemnizacion en los seguros de personas, Bogota o. J.).

Die Bedarfstheorie soll neuerdings fortentwickelt werden: An die Stelle eines bilanzmäßigen Denkens tritt der Gedanke der Störung, der Durchkreuzung eines „Wirtschaftsplanes"; solche Planwidrigkeit (Vsfall) lasse einen Bedarf entstehen. In diesem Sinne spricht Schmidt-Rimpler VersR 1963 S. 493—496, 498 (auch VersR 1964 S. 793) von der vermögensmäßigen Sicherung der Erreichung eines „Vermögensgestaltungszieles", und er nennt als solche Ziele: Erhaltung der Vermögensobjekte, Schuldenabwehr, Erwerbssicherung, Vermögensansammlung, Rentensicherung. Eine Schadensv soll vorliegen, falls „zielgebunden" „der Vte nur das erhalten soll, was er ohne das durchkreuzende Ereignis gehabt hätte", also nicht „eine frei vereinbarte Summe". Dies läuft darauf hinaus, daß eine Schadensv schützen kann einerseits bei einer Beeinträchtigung von Aktiven, seien diese Güter des „seienden" Vermögens („Erhaltung der Vermögensobjekte"), seien diese Güter des „werdenden" Vermögens (Anwartschaften, „Erwerbssicherung"), andererseits bei einer Entstehung von Passiven („Schuldenabwehr"). Für den weiten Bereich der Aktivenv, insbesondere der Sachv paßt der Ausdruck „Vermögensgestaltungsziel" weniger gut als für die Lebensv, wo es um Vermögensansammlung oder Rentensicherung geht. Denn speziell eine bloße „Erhaltung der Vermögensobjekte" bedeutet keine Gestaltung, wohl auch keine Planverwirklichung, sondern nur eine Sicherung des status quo.

Die Bedarfsdeckungstheorie hat in der höchstrichterlichen **Rechtsprechung** Billigung gefunden: BVerfG 10. V. 1960 BVerfGE Bd 11 S. 112—113, BSozG 20. XII. 1957 BSozGE Bd 6 S. 228, BGH 14. VII. 1962 VersR 1962 S. 976.

[3] 2. Schadensversicherung als Nichtpersonen- oder Personenversicherung.

§ 1 I 2 stellt der Schadensv die Lebens-, Unfall- sowie „anderen Arten der **Personenv**" gegenüber, bei denen der Ver nach Eintritt des Vsfalls „den vereinbarten Betrag an Kapital oder Rente zu zahlen" habe. Die Norm ist mißglückt, jedenfalls durch die Entwicklung überholt. Eine Personenv hat es risikomäßig unmittelbar mit der Körperlichkeit eines Menschen zu schaffen (Tod, Erleben, Unfall, Krankheit, Invalidität, Kinderlähmung; vgl. Anm. 21 zu § 1). Nach Büchner, Grundriß der Individualv, 4. Aufl., Karlruhe 1964, S. 67 liegt bei der Personenv der Vsfall in „einem Ereignis, das sich unmittelbar im leiblichen oder rein persönlichen Lebensbereich eines Menschen zuträgt". Zu eng wäre die Abstellung auf die körperliche Integrität, da auch der Erlebensfall als bedarfauslösender Vsfall berücksichtigt werden muß. § 1 I 2 ist nun insofern mißlungen, als es nicht (mehr) richtig ist, daß bei einer Personenv stets eine abstrakte Geldleistung gewährt wird, vielmehr darf eine Personenv vom Ver auch als Schadensv betrieben werden, und das geschieht in zunehmendem Umfang: Die Krankheitskostenv ist (im Gegensatz zur Krankentagegeldv) V nach dem Prinzip konkreter Bedarfsdeckung. In der Unfallv können (konkrete) Heilkosten mitvert werden (§ 8 IV AUB). In der Lebensv leisten Begräbniskassen — früher auch im Wege von Naturalersatz — Bestattungsleistungen, also konkrete Bedarfsdeckung (Kadatz-Hebel in: Rohrbeck, 50 Jahre materielle Vsaufsicht, 2. Bd, Berlin [1952], S. 5—6 mit RAA VA 1934 S. 130). Allerdings herrscht in der Lebensv die abstrakte Bedarfsdeckung durchaus vor. Immerhin ist die (abstrakte) Zahlung des vereinbarten Betrages an Kapital oder Rente nicht das Kennzeichen der (Lebens-, Unfall- und sonstigen) Personenv, sondern der Summenv. § 1 I 2 mußte also lauten: „Bei der Summenv ist der Ver verpflichtet, nach dem Eintritte des Vsfalls den vereinbarten Betrag an Kapital oder Rente zu zahlen."

Es ergibt sich, daß die §§ 49—80, betreffend die gesamte Schadensv, auch auf die Personenv angewandt werden können, soweit sie nach dem Prinzip der konkreten Bedarfsdeckung betrieben wird. Allenfalls kann man darüber streiten, ob angesichts der redaktionell fehlsamen Formulierung des § 1 II 2 nur eine analoge Anwendung erfolgen soll, z. B. auf die Heilkostenunfallv oder die Krankheitskostenv. Im Ergebnis jedenfalls ist hier das vsrechtliche Bereicherungsverbot (Anm. 45—50) anwendbar, mit allen sich daraus ergebenden Folgerungen, z. B. im Falle einer Doppelv oder hinsichtlich des Überganges von Ersatzansprüchen (Anm. zu § 59, Anm. zu § 67).

Während es bei einer Personenv möglich ist, sie wahlweise als Summen- oder Schadensv zu betreiben, ist es außerhalb der Personenv, also bei einer **Nichtpersonenv** (Anm. 22 zu § 1) stets geboten, konkrete Bedarfsdeckung zu gewähren. Zur Nichtpersonenv zählt z. B. die Sach-, Kredit-, Hypotheken-, Gewinn-, Haftpflicht- und Rückv. Diese Ven dürfen nicht zu einer Bereicherung führen, es gilt unabdingbar das vsrechtliche Bereicherungsverbot. Die §§ 49—80 sind primär auf die Nichtpersonenv zugeschnitten.

Zusammenfassend ergibt sich, daß die §§ 49—80 für die gesamte Schadensv gelten (Gegensatz: Summenv). Eine Nichtpersonenv ist notwendigerweise Schadensv. Ferner ist die Personenv insoweit Schadensv, als sie nach dem Prinzip der konkreten Bedarfsdeckung betrieben wird.

Die entwickelten Grundsätze sind in Theorie und Praxis allgemein anerkannt. Auch Helfesrieder a. a. O. S. 10 erklärt es für unlogisch, wenn das Gesetz der Schadens- die Personenv gegenüberstellt. Er scheint jedoch den Betrieb einer Personenv als Summenv nur dann zulassen zu wollen, wenn der konkrete Schaden sich nicht berechnen läßt (S. 54 bis 55). Wird eine Personenv teilweise als Summen-, teilweise als Schadensv betrieben, so soll ein gemischter oder zusammengesetzter Vertrag vorliegen (S. 56—78). — Winter a. a. O. S. 99—117 erörtert in Abweichung von der herrschenden Auffassung die Möglichkeit einer Sachsummenv, mit positivem Ergebnis, falls es nicht an „wirtschaftlichem Ernst" mangele, es dürfe nicht so liegen, daß „der Vsfall für den Vmer oder Vten keinerlei Nachteil bringt". Aber die Beiseiteschiebung des vsrechtlichen Bereicherungsverbots ist Winter nicht gelungen; die Neuwertv ist mit dem Bereicherungsverbot durchaus vereinbar (Anm. 20, 50).

[4] 3. Schadensversicherung als Versicherung von Einzelschäden.

Falls nach allgemeinem bürgerlichen Recht ein Schadensersatzanspruch besteht, umfaßt er regelmäßig den gesamten Schaden, der adäquat durch das schädigende Ereignis verursacht worden ist. Entscheidend ist eine Gesamtschau der nachteiligen Veränderungen des status quo. Kraft einer „Differenzhypothese" (Heck, Grundriß des Schuldrechts, Tübingen 1929, S. 37), wie sie § 249[1] BGB vorschreibt, wird der gesamte Schadensklumpen — einschließlich entgehendem Gewinn (§ 252 BGB) — erfaßt, so daß man vom Ersatz des **Summenschadens** sprechen kann (Möller Summen- und Einzelschaden a. a. O. S. 5—9, ZVersWiss 1937 S. 129—130).

Dieser summarische Schadensbegriff erweist sich schon im allgemeinen Zivilrecht wegen seiner Grobschlächtigkeit und wegen des mit ihm verbundenen Alles-oder-Nichts-Prinzips als zum Teil unzweckmäßig. So erklärt es sich z. B., daß die Haftung des Frachtführers und Verfrachters regelmäßig auf den Ersatz des angerichteten reinen Sachschadens beschränkt ist (vgl. §§ 430 I, II, 658, 659 HGB mit Anm. 5 zu § 52). Man spricht solchenfalls auch von Wertersatz, der jedoch gleichfalls dem Schadensersatz zuzurechnen ist (a. M. Winter a. a. O. S. 19). Weitere Beispiele für Einzelschadensersatz bei Möller Summen- und Einzelschaden a. a. O. S. 84—110. Vgl. auch Larenz VersR 1963 S. 1—8 über die „Notwendigkeit eines gegliederten Schadensbegriffs", jedoch ohne zureichende Differenzierung der Einzelschäden.

Im Vsvertragsrecht, und zwar im Bereiche der Schadensv, hat der Ver nach Eintritt des Vsfalles nach Maßgabe des Vsvertrages (§ 1 I 1) **Einzelschaden** zu ersetzen. Aus vstechnischen Gründen ist es einem Ver nicht möglich, gleichsam global sämtliche Vermögensschäden auszugleichen, die dem Vmer etwa durch einen Brand oder eine Krankheit entstehen. Es muß vielmehr im Vsvertrag im Vorwege bestimmt werden, für welche Einzelschäden eine Erstattung in Betracht kommt; nur so läßt sich das zu tragende Risiko erfassen. Deshalb werden in der Feuerv die vten Sachinteressen umschrieben, ersetzt wird nur der Einzelschaden (Sachschaden), der diesen Sachinteressen entspricht, nicht aber z. B. entgehender Gewinn (§ 53). Deshalb werden in der Krankenv jene Arten von Aufwendungen umschrieben, für die eine Erstattung in Frage kommen soll.

So ist die Schadensv eine V von Einzelschäden. Der Schadensver schuldet zwar — wie jeder Ver — primär nicht Schadensersatz, sondern Gefahrtragung (Anm. 40—45 zu § 1). Aber nach Eintritt des Vsfalles, wenn die Gefahrtragungsschuld in ihr akutes Stadium tritt, ist sie einer Schadensersatzschuld vergleichbar und gleichzusetzen, und zwar einer Schadensersatzschuld nicht aus Gesetz, sondern aus Rechtsgeschäft (hier: Vsvertrag), und nicht sekundärer Natur (wie bei Schadensersatz wegen Nicht- oder Schlechterfüllung), sondern primärer Natur; die Gefahrtragung, der Schadensersatz werden als Vertragserfüllung geschuldet. Es ist zu prüfen, ob der Schaden in Geld oder in natura zu ersetzen ist (dazu Anm. 8); Grundsätze der Vorteilsausgleichung sind anzuwenden (dazu Anm. 51—54). Ein bedeutsamer Unterschied zu einer Schadensersatzschuld des allgemeinen bürgerlichen Rechts liegt aber darin, daß der Schadensver Einzelschadensersatz schuldet, keinen Summenschadensersatz.

Aber so wie im bürgerlichen Recht Fälle des Einzelschadensersatzes vorkommen, gibt es andererseits im Vsrecht ausnahmsweise Fälle des Summenschadensersatzes: Die Speditionsver nämlich haften für alle Schäden, welche dem Auftraggeber des Spediteurs infolge eines Spediteurfehlers erwachsen (§ 2 Ziff. 1 SVS), und dabei kann es sich z. B. um Sachschäden (an der spedierten Ware), um Forderungsschäden (mangelnde Nachnahmeerhebung) oder — auf der Passivseite — um Haftpflichtschäden (Entstehung einer Vertragsstrafenschuld gegenüber dem Empfänger) handeln (Näheres bei Schiering, Die Speditionsv, Hamburg 1932, S. 18—24, 29—30).

[5] II. Einteilung der Schadensversicherung.

Schrifttum: Anm. 1, ferner Dorn in: Festgabe für Alfred Manes, Berlin 1927, S. 1 bis 47, Hax in: Studienwerk B I 2 S. 1—18.

[6] 1. Aktiven- und Passivenversicherung.

In der Schadensv — sei sie Nichtpersonen-, sei sie Personenv (Anm. 3) — kann dem Vmer ein Einzelschaden (Anm. 4) entweder dadurch erwachsen, daß eine Wertbeziehung zu einem vorhandenen Aktivum — ein vtes Interesse — beeinträchtigt wird, oder dadurch, daß für den Vmer ein bislang nicht vorhandenes Passivum entsteht (der seltene Fall, daß ein vorhandenes Passivum größer wird, kann beiseite gelassen werden). Bei einer Schadensv darf sich der Blick also nicht auf den Saldo des Gesamtvermögens vor und nach dem Eintritt des Vsfalles (Summenschaden) richten, sondern es sind die beiden Seiten der Bilanz einzelheitlich zu betrachten, und dort noch spezieller die einzelnen Bilanzposten. Bei den Aktiva können Wertbeziehungen zu Sachen, Forderungen, sonstigen Rechten, Anwartschaften vert werden. Auf der Passivseite kann man sich vern gegen die Entstehung von gesetzlichen oder vertraglichen Schulden, gegen faktisch notwendige Aufwendungen, gegen konkrete Verlustmöglichkeiten. Immer sind es Einzelschäden, gegen die auf der Aktiv- oder Passivseite V genommen wird.

Die klare Erkenntnis der Tatsache, daß es im Rahmen der Schadensv die Aktivenvon der Passivenv zu unterscheiden gilt, ist noch nicht alt. Noch Bruck S. 65 versuchte, bei jeder Schadensv eine vte Wertbeziehung, ein vtes Interesse zu finden, sah also nur den Fall der Aktivenv. Den Fall der Haftpflichtv und der sonstigen Passivenven wollte er dadurch den Aktivenven zuordnen, daß er eine Wertbeziehung zum gesamten Vermögen für vert erklärte. Aber dabei handelte es sich um eine vsrechtlich nicht zu rechtfertigende Zugrundelegung des summarischen Schadensbegriffes oder um eine Verkennung der Tatsache, daß das Vermögen keinen positiven Wert zu verkörpern braucht: Auch ein Überschuldeter oder Vermögensloser kann sich gegen Haftpflicht vern, und bei einer Person mit Aktivvermögen tritt die Schädigung nicht erst ein, falls ein Aktivum zur Bezahlung der Haftpflichtschuld geopfert ist, sondern bereits dann, wenn das Passivum entstanden ist. Der Interessebegriff wird seines spezifisch rechtstechnischen Sinnes (Wertbeziehung) entkleidet, falls man mit Bischoff VersR 1963 S. 10 von dem Interesse des Vmers spricht, „sein Vermögen nicht mit Schulden belastet zu sehen". Zur Begründung der Unterscheidung von Aktiven- und Passivenv vgl. Anm. 27—29 zu § 1, Möller Summen- und Einzelschaden a. a. O. S. 79—83, ZVersWiss 1934 S. 32—43, auch Beyer a. a. O. S. 22—45, Dobbert a. a. O. S. 4—36.

Was die Aktivenv anlangt, so geht es dabei um den Schadensersatz nach einer Beeinträchtigung von Wertbeziehungen (Interessen). Diese Interessen können entweder an Gütern des „seienden" Vermögens bestehen, z. B. Sachen, Forderungen, sonstigen Rechten, oder an Gütern des „werdenden" Vermögens, also Anwartschaften, Chancen. Mögen die letztgenannten Güter in der Handels- und Steuerbilanz auch weitgehend unberücksichtigt bleiben, für das Vsvertragsrecht und überhaupt im Schadensersatzrecht (§ 252 BGB) erheischen sie bei der Vermögensfeststellung Beachtung. Wird ein solches Gewinninteresse beeinträchtigt, so ist der entstehende Schaden entgehender Gewinn (lucrum cessans, im Gegensatz zu anderem Vermögensschaden: damnum emergens). Wenn Hax in: Studienwerk B I 2 S. 4—11 neben die Aktiven- und Passivenv die „Ertrags-(Gewinn-)V" stellen will, so rechnet er zum „gegenwärtigen Vermögen", und zwar zum Aktivvermögen, noch nicht die Gewinnanwartschaften, sondern meint, daß die Ertragsven das zukünftige Vermögen betreffen. Aber der Begriff der Anwartschaft ermöglicht bereits eine Aktualisierung, eine Hineinnahme in das vorhandene Aktivvermögen. Andererseits will Hax mit der Begründung, daß „Gewinn als Teil des Eigenkapitals zu den Passiven gehört", die Ertragsv in die Nähe der Passivenv rücken. Diese Argumentation, welche allein auf die bilanztechnische Operation der Passivierung des Eigenkapitals abhebt, vermag nicht zu überzeugen. Gewinnanwartschaften sind positiv zu bewerten. Es erscheint ratsam, es bei der einfachen Aufgliederung der Schadensv in die Aktiven- und Passivenv zu belassen und die Gewinnv der Aktivenv zuzuordnen.

Über die Versicherbarkeit der verschiedenen Wertbeziehungen zu Aktiven (Interessen): Anm. 12—16 und gegen die Entstehung der verschiedenen Passiven: Anm. 17—21.

Betrachtet man die einzelnen Normen der §§ 49—80, so erweist sich, daß sie weitgehend nur die Aktivenv betreffen. Denn der Begriff des Vswertes kommt nur bei der V einer Wertbeziehung zu einem Aktivum in Betracht, ein Passivum, gegen das man sich vern kann, hat allenfalls einen „Unwert" (Anm. 15 zu § 52). Auch soweit die §§ 49 bis 80 die V von Sachen oder von Gewinn angehen, handelt es sich um Aktivenv, und zwar um eine Unterart der Aktivenv, nämlich die V von Sach- oder Anwartschaftsinteressen. So erweist sich, daß nachstehende Normen — entgegen der Überschrift des Ersten Titels — nicht „für die gesamte Schadensv", sondern nur für die Aktivenv gelten: §§ 51, 52, 53, 54, 55, 56, 57, 60 II, 63 II, 66 III, 69—73 (vgl. aber auch §§ 151 II, 158 h). Dagegen sind auch für die Passivenv bedeutsam: §§ 49, 50, 58, 59, 60 I, III, 61, 62, 63 I, 64, 65, 66 I, II, 67, 68, 68 a, 74—80. Das gilt hinsichtlich der §§ 58, 59, (60 I, III), 68, 80 II, obgleich dort von vtem Interesse die Rede ist. Der Interessebegriff wird nämlich vom Gesetzgeber nicht nur für die Aktiven-, sondern auch für die Passivenv herangezogen (Anm. 38 zu § 49).

[7] 2. Versicherungszweige und Versicherungsarten.

Die Einteilung der Schadensv in Aktiven- und Passivenv (Anm. 6) reicht nicht aus. Die Vswirtschaft unterscheidet mannigfaltige Branchen; einen Gesamtüberblick verschafft Müller-Lutz, Die verschiedenen Vszweige, Wiesbaden 1964, der nicht weniger als 275 „Haupt- und Nebenvszweige mit Unterarten" aufführt. Die Benennung der Branchen erfolgt unter verschiedensten Gesichtspunkten: Die beziehungsverknüpften Güter (bei der Aktivenv) geben den Ausschlag z. B. bei der Glas-, Maschinen- oder Tierv. Die vte Gefahr wird z. B. bei der Feuer-, Einbruchdiebstahl-, Haftpflicht-, Hagel-, Leitungswasser-, Regen-, Sturmv in der Benennung hervorgehoben. Wieder andere Kriterien bestimmen Namen wie Bauwesen-, Kraftverkehrs-, Kredit-, Luftfahrt-, Rechtsschutz-, Transport-, Rückv. (Die genannten Branchen bezeichnet Müller-Lutz a. a. O. S. 13—18 als „Hauptvszweige", außerdem nennt er als solche die Kranken-, Lebens- und Unfallv.) Seit Dorn a. a. O. pflegt man die Untergruppen der Vszweige als Vsarten zu kennzeichnen; z. B. wäre die Immobiliar- oder Mobiliar- oder Hausratfeuerv eine Vsart der Feuerv (Anm. 32 zu § 1); aber die Grenze zwischen Vszweigen und Vsarten ist flüssig. Hax, Grundlagen des Vswesens, Wiesbaden 1964, S. 60—62 beobachtet eine ständige Bewegung der Grenzen und zwei Tendenzen: „eine Tendenz zur Spezialisierung und eine Tendenz zur Kombination".

Rechtlich erlangt der Begriff des Vszweiges mannigfache Bedeutung. Das Vsaufsichtsrecht erfordert die Angabe des zu betreibenden Vszweiges im Gesellschaftsvertrag oder in der Satzung (§ 9 VAG, dazu Prölss VAG⁴ Anm. 1 zu § 9, S. 162). Bei einem Gegenseitigkeitsverein bedürfen Aufgabe oder Neueinführung eines Vszweiges eines Beschlusses der obersten Vertretung (§ 39 IV VAG). Da z. B. die Transportv weithin nicht der Vsaufsicht unterliegt, ist es aufsichtsrechtlich sehr wichtig, den Begriff der Transportv zu klären; dazu Bischoff-Vassel VA 1956 S. 229—231, Möller in: Möller, Internationales Vsrecht, Festschrift für Albert Ehrenzweig, Karlsruhe 1955, S. 169—183, Prölss VAG⁴ Anm. 2—3 zu § 148, S. 783—785. Das Vssteuerrecht kennt Ausnahmen von der Besteuerung, besondere Steuerberechnungsmethoden und spezielle Steuersätze für bestimmte Vszweige und Vsarten (§§ 4—6 VersStG 1959), so daß man z. B. den steuerrechtlichen Begriff der Vieh- oder Hagelv klären muß.

Aber auch für das Vsvertragsrecht ist die Zurechnung zu bestimmten Vszweigen oft von Bedeutung. So gelten z. B. die §§ 1127—1130 BGB für Fälle, in denen „Gegenstände, die der Hypothek unterliegen, für den Eigentümer oder Eigenbesitzer des Grundstücks unter V gebracht" worden sind. Die §§ 97—106, welche sich besonders mit dem Schutz der Realgläubiger befassen, lassen die wichtige Frage auftauchen, ob eine Gebäudefeuerv vorliegt, z. B. im Blick auf eine V von Maschinen oder eine Neuwertv oder eine Betriebsunterbrechungsv. Wegen § 187 I sind z. B. auch die Begriffe der Transportv von Gütern oder der Kreditv zivilrechtlich von großer Wichtigkeit.

[8] 3. Geldersatz und Naturalersatz.

So wie beim zivilrechtlichen Schadensersatz Geld- und Naturalersatz unterschieden werden müssen, trifft das auch bei der Schadensv zu. Während aber gemäß § 249^1 BGB — mindestens formell — der Naturalersatz die Regel bildet, geht § 49 für das Vsrecht von der Regel aus, daß der Ver Schadensersatz in Geld zu leisten hat.

Aber gemäß § 68 a ist § 49 nicht unabdingbar. Auch aus dem Wesen der V ergibt sich keineswegs das Geldleistungsprinzip (Anm. 11 zu § 1). In der Praxis spielen Fälle des Naturalersatzes eine nicht unerhebliche Rolle, und es können verschiedene Formen des

Naturalersatzes, der im übrigen von verwandten Erscheinungen abzugrenzen ist, unterschieden werden. Die Naturalersatzfälle kommen einerseits in der Aktiven-, andererseits aber auch in der Passivenv in Betracht. Wird eine Personenv als Schadensv betrieben, so kann auch hier Schadensersatz nicht nur in Geld, sondern auch in natura vereinbart werden. Näheres zu alledem Anm. 4—25 zu § 49.

[9] **4. Versicherung für eigene und fremde Rechnung.**

Ein Schadensvsvertrag hat normalerweise zwei Beteiligte, die § 1 I 1, II 1 Ver und Vmer nennt. Die Vorschriften für die gesamte Schadensv gehen gleichfalls zunächst immer davon aus, daß nur diese beiden Beteiligten vorhanden sind: Immer ist nur vom Vmer die Rede (§§ 51, 58 I, 59 III, 60 I, III 2, 61, 62, 65, 67, 68 I, 68 a). Das gilt auch dort, wo von dem Anspruch auf die Vsleistung gesprochen wird (§§ 55, 59 I, II 1) oder von dem Anspruch auf Aufwendungsersatz (§ 63 I 1, 3) oder auf Kostenersatz (§ 66 I, II).

In den §§ 69—73 — überschrieben: Veräußerung der vten Sache — wird der Fall behandelt, daß der Vmer veräußert, und zwar regelmäßig mit der Wirkung, daß der Erwerber an die Stelle des Vmers (Veräußerers) tritt (§ 69 I, aber auch § 70 III).

Erst in den §§ 74—80 tritt eine dritte Person, der Vte, auf den Plan: Der Schadensvsvertrag kann als Vertrag zugunsten Dritter ausgestaltet werden, sei es, daß nur ein dritter Vter Vsschutz genießt, sei es, daß er neben dem Vmer gedeckt ist. Bei der V für Rechnung, wen es angeht, wird es unbestimmt gelassen, ob eigenes oder fremdes Interesse vert ist, ob also die V zugunsten des Vmers und/oder eines Vten wirkt (§ 80 II).

Im Rahmen der Schadensv, die keine Personenv ist, gibt es nur eine einzige Institution, kraft derer der Vsvertrag zu einem Vertrage zugunsten Dritter werden kann, eben diejenige der erwähnten §§ 74—80, welche irreführend, aber hergebrachtermaßen von der V „für fremde Rechnung“ sprechen (die Prämie schuldet nicht der Dritte, sondern nur der Vmer als Vertragskontrahent; lediglich die Rechte aus dem Vsvertrage stehen nicht dem Vmer, sondern dem vertrags-„fremden“ Vten zu: § 75 I 1). Die V für fremde Rechnung ist also eine V zu fremden Gunsten.

Soweit in der Haftpflichtv ein eigener Anspruch des geschädigten Dritten, eine action directe, gegen den Haftpflichtver vorgesehen ist, muß man insoweit entweder eine (zusätzliche) V zugunsten des Dritten, also eine (zusätzliche) V für fremde Rechnung annehmen, oder einen außerhalb des Vsverhältnisses stehenden Anspruch konstruieren; die V könnte eine Forderungsv oder eine Unfallschadensv sein, der außerhalb des Vsverhältnisses stehende Anspruch ein solcher aus Schuldmitübernahme (Beitritt zum Deliktsschuldverhältnis) (hierzu Möller ZVersWiss 1963 S. 432—437, auch Bott, Der Schutz des Unfallgeschädigten durch die Kraftfahrzeug-Pflichtv, Karlsruhe 1964, S. 65—83). Prölss[15] Anm. 2 zu § 3 PflVG, S. 607 entscheidet sich für Schuldmitübernahme.

Was die Personenv anlangt, so gibt es bei der Unfallv zwei streng zu unterscheidende Rechtsfiguren, die den Unfallvsvertrag zu einem Vertrag zugunsten Dritter machen, nämlich neben der V für fremde Rechnung (§ 179 II) auch die Bezugsberechtigung (§ 180 mit §§ 166—168, 181 II, 182). Das kann sich bei einer Unfallv auch dann auswirken, wenn sie Schadensv ist. Bei einer als Schadensv betriebenen Lebensv kommt nur eine Bezugsberechtigung in Frage; die §§ 74—80 können wegen der Spezialregelung der §§ 166—168, 170 II, 177 I nicht angewendet werden. Bei der gesetzlich nicht geregelten Krankheitskostenv kommen (ähnlich wie in der Unfallv) beide Institutionen in Betracht, nämlich sowohl die V für fremde Rechnung als auch die Bezugsberechtigung.

Liegt eine V für fremde Rechnung vor, so steht es fest, daß die Prämie doch nur der Vmer schuldet, daß andererseits aber die Gefahrtragung dem Vten geschuldet wird. In den §§ 55, 59 I, II 1 ist also bei einer V für fremde Rechnung anstelle des Vmers der Vte einzusetzen. Aufwendungs- und Kostenersatz (§§ 63 I 1, 3, 66 I, II) können Vmer und/ oder Vter beanspruchen. Bei den übrigen Vorschriften ist von Fall zu Fall zu prüfen, ob an die Stelle des Vmers oder an seine Seite der Vte rückt. § 79 I stellt für Normen, bei denen es auf das Verhalten oder die Kenntnis ankommt, für die V für fremde Rechnung auch auf das Verhalten und die Kenntnis des Vten ab. Das ist wichtig für alle Obliegenheiten (z. B. §§ 58 I, 62, 67 I 3) und für die schuldhafte Herbeiführung des Vsfalles (§ 61). Näheres schon Anm. 57—60 zu § 6, ferner Anm. zu § 61.

[10] III. Zentralbegriffe der Schadensversicherung.

Schrifttum: Beyer, Der Folgeschaden in der Individualv, Bonner Diss. 1961, Bruck S. 52—56, 63—65, 368—375, Dernburg-Kohler, Urheber-, Patent-, Zeichenrecht; Vsrecht und Rechtsverfolgung, Halle 1910, S. 363—368, 408—415, Ehrenberg I S. 3—18, von Gierke II S. 157—159, 177—185, Hagen I S. 368—391, 561—563, Kisch II S. 1—171, III S. 1—264, Koenig S. 136—146, 173—183, Möller ZVersWiss 1934 S. 18—43, Ritter Anm. 1—199 zu § 1, S. 49—186, Anm. 1—44 zu § 28, S. 458—497. — Zur vten Beziehung (Interesse): Anm. 28 zu § 49. — Zur vten Gefahr (Vsfall): Braess-Jäger-Fangmeyer, V und Risiko, Wiesbaden (1960), Ehrenzweig S. 74—76, Gürtler ZVersWiss 1928 S. 209—236, 292—326, Die Kalkulation der Vsbetriebe, 2. Aufl., Frankfurt 1958, Hax in: Studienwerk B I 1 S. 15—25, Hecker, Zur Lehre der rechtlichen Natur der Vsverträge, 1. Abteilung, München 1894, S. 63—94, Kisch ZVersWiss 1917 S. 488—506, in: Manes, Vslexikon, 3. Aufl., Berlin 1930, Sp. 612—617, Mahr, Einführung in die Vswissenschaft, Berlin (1951), S. 13—39, Jahrbücher für Nationalökonomie und Statistik Bd 151 (1940) S. 439—454, Manes, Vswesen, 1. Bd, Leipzig-Berlin 1930, S. 7—8, 188—207, Middeke, Die Schadenv in der volkswirtschaftlichen Risikotheorie, Münsteraner Diss. 1957, Pfeffer, Insurance and economic theory, Philadelphia (1956), Schmidt in: Finke, Handwörterbuch des Vswesens, Bd 1, Darmstadt (1958), Sp. 758—761, Vidal WuRdVers 1928 Nr. 2 S. 1—58, Willett, The economic theory of risk and insurance, Philadelphia-London 1951, Wust, Ungewißheit und Wagnis, 4. Aufl., München-Kempten 1946. — Speziell zum Vsfall: Bene, Der Begriff des Vsfalles in der Seev, Hamburg 1928, Boettinger in: Roehrbein, Rechtsfragen aus der Privat- und Sozialv, Berlin 1953, S. 5—116, Ehrenberg VuGeldwirtschaft 1927 S. 169—171, 178—180, 188—189, Fässler, Das befürchtete Ereignis in der Haftpflichtv, Bern 1949, Framhein, Die Herbeiführung des Vsfalles, Berlin 1927, Josef LZ 1910 S. 285—286, Kisch ZVersWiss 1935 S. 83—88, 183 bis 194, Oberbach JRPV 1943 S. 13—18, 26—39, Peef, Der Vsfall überhaupt und insbesondere bei der Haftpflichtv, Leipziger Diss., Halle 1914, R. Schmidt VersR 1956 S. 266—269, Schweighäuser HansRZ 1919 Sp. 219—223, Silberschmidt, Der Vsfall der Veruntreuungsv, Marburg 1930, Wagner, Der Vsfall in der Haftpflichtv, ungedruckte Hamburger Diss. 1958, Wriede, Der gedehnte Vsfall, ungedruckte Hamburger Diss. 1949, VersR 1950 S. 30—31, Ziegler, Untersuchungen über die Begriffe „befürchtetes Ereignis" und „Versicherung", Bern 1935. — Zum vten Schaden (Bedarf): Anm. 1, ferner Fröhlich Das Vsarchiv 1931/32 Nr. 12 S. 12—17.

[11] 1. Zusammenfassende Übersicht.

Zusammengefaßt sei vorausgeschickt, daß es drei Zentralbegriffe der Schadensv gibt: Vte Beziehung, vte Gefahr und vter Schaden.

Das Verhältnis dieser Begriffe zueinander läßt sich am besten bei der **Aktivenv** (Interessev) verdeutlichen: Vor dem Vsfall ist der Vmer Träger einer vten Wertbeziehung, eines vten Interesses. Diese Wertbeziehung ist von Gefahren bedroht, gegen welche man sich vern kann. Verwirklicht sich eine vte Gefahr, so tritt der Vsfall ein, die Wertbeziehung des Vmers wird beeinträchtigt. Infolge der Gefahrverwirklichung erleidet also der Vmer einen Schaden, der die Kehrseite, die Negation des vten Interesses ist. Es gilt der Satz: Der **Schaden ist die Negation des Interesses.** Genauer läßt sich sagen, der ersatzpflichtige Schaden sei die Negation eines vten Interesses infolge einer Verwirklichung der vten Gefahr.

Bei einer **Passivenv** will sich der Vmer für den Fall schützen, daß eine (Unwert-)Beziehung zu einem Passivum für ihn neu entsteht; die Art des Passivums muß im Vsvertrage umschrieben sein. Auch hier ist der Vmer nur gedeckt, wenn das Passivum deshalb entsteht, weil eine vte Gefahr sich verwirklicht (Vsfall). Geschieht das, so erleidet der Vmer einen Schaden. In der Passivenv ist hiernach ein Schaden ersatzpflichtig, der infolge einer Realisierung der vten Gefahr dergestalt für den Vmer erwächst, daß die Beziehung zu einem Passivum der im Vsvertrage umschriebenen Art entsteht.

Während in der Passivenv der eingetretene Schaden bis zur **Höhe** der vereinbarten Vssumme ersetzt werden muß, besitzt in der Aktivenv das vte Interesse einen bestimmten Wert (Vswert: Anm. 16—21 zu § 52), und es kommt für die Schadensdeckung darauf an, ob die Vssumme den Vswert erreicht (Proportionalitätsregel des § 56). Trifft das zu, so gilt nicht nur der Satz, daß der Schaden — gleichsam dem Grunde nach — die Negation des Interesses ist, sondern die Höhe des Schadens ist dem beeinträchtigten Vswert kongruent; soweit der Vswert beeinträchtigt ist, reichen Schadensumfang und Ersatzpflicht des Vers. Bei einem Totalschaden entspricht die Höhe des Schadens dem vollen Vswert, bei einem Teilschaden ergibt sich die Schadenshöhe aus der Minderung des Vswertes (alles vorbehaltlich einer etwaigen Vorteilsausgleichung).

Der Ver kann sein **Risiko** dadurch **begrenzen,** daß er im Vsvertrage **primär** die vten Beziehungen (Interessen und Passivenbeziehungen), die vte Gefahr und die vten Schäden umreißt. Während hinsichtlich der beiden ersten Erfordernisse eine Vereinbarung stets notwendig ist, kann auf die Umschreibung der vten Schäden verzichtet werden: Ist z. B. bei einer Transportv nicht vereinbart: „Nur für Totalverlust", so hat der Ver sämtliche Schäden zu ersetzen, die sich als Negation des vten Interesses darstellen. — Eine **sekundäre** Risikobeschränkung kann der Ver dadurch erreichen, daß er gewisse Beziehungen oder gewisse Teilgefahren oder gewisse Schäden aus der Deckung im Wege einer Ausnahmeregelung herausnimmt. Wenn es in § 2 II AFB heißt, Bargeld, Wertpapiere, Urkunden, Gold- und Silberbarren usw. seien prinzipiell unvert, so handelt es sich um einen Ausschluß gewisser vter Interessen. Entsprechendes gilt für Passivenbeziehungen, wenn § 11 Ziff. 4 AKB Haftpflichtansprüche aus Schadensfällen von Angehörigen des Vmers, denen er Unterhalt gewährt, ausschließt. Wenn in vielen AVB die Kriegsgefahr ausgeschlossen wird, so handelt es sich um eine sekundäre Risikobeschränkung hinsichtlich der vten Gefahr, und hierher gehören systematisch auch die Vorschriften über die schuldhafte Herbeiführung des Vsfalles durch den Vmer (§ 61) und Vten (§ 79 I). Wenn bei einer Transportv vereinbart wird: „Frei von Beschädigung", so liegt darin ein Ausschluß an und für sich vter Schäden, desgleichen z. B. bei einer Franchise. — So knüpft manche (primäre oder sekundäre) Risikobegrenzung an einen der drei Zentralbegriffe des Schadensvsrechtes an (vgl. schon Anm. 12 zu § 6).

Hat ein Schaden sich ereignet, so findet sich der Geschädigte nicht damit ab, sondern ruft nach Ersatz, nach Ausgleichung. So weckt jeder Schaden **Bedarf.** Im Wege der Schadensv erfolgt konkrete Bedarfsdeckung. Während es in der Summenv genügt, auf die vte Gefahr, deren Verwirklichung (Vsfall) sowie auf den abstrakten Bedarf und seine Deckung abzustellen, führt in der Schadensv der Weg über die vte Beziehung (in der Aktivenv das vte Interesse) und die vte Gefahr (sowie deren Verwirklichung im Vsfall) zum vten Schaden (der stets einen konkreten Bedarf auslöst).

Über die Fälle, in denen das vte Interesse oder die vte Gefahr nicht besteht oder wegfällt, Anm. 121, 124 zu § 49, Anm. zu § 68. Über Fälle der V angeblich gesetzes- oder sittenwidriger Beziehungen (Interessen) und Gefahren: Anm. 88 zu § 49, Anm. zu § 68.

[12] 2. Versicherte Beziehung (Interesse).

a) In der Aktivenversicherung.

Die Lehre vom vten Interesse soll erst in Anm. 28—126 zu § 49 ausführlicher dargestellt werden. Hier sei nur nochmals betont, daß in der Aktivenv die (Wert-)Beziehung einer Person zu einem Gute (Aktivum) vert ist, id quod inter-est, das Interesse zwischen Person und Gut. Bei einer Sachv ist — obgleich der allgemeine Sprachgebrauch und häufig auch die Sprache der Vsfachleute dies nicht beachten — nicht die Sache vert, sondern die Wertbeziehung des Eigentümers zu der Sache A (das Sachinteresse) bildet den „Gegenstand der V" (ein Ausdruck, der übrigens unklar ist, kann man doch als Gegenstand eines Vertrages auch die Leistungspflichten der Parteien, z. B. die Gefahrtragungspflicht des Vers, oder das durch die Leistungshandlung zu Verschaffende, z. B. die dem Vmer vom Ver zu verschaffende Anwartschaft, verstehen. Das Interesse bildet nur eine der Komponenten für die Bestimmung der Leistung des Schadensvers).

Der Interessebegriff ist zugleich rechtlich und wirtschaftlich determiniert, letzteres deshalb, weil auch der Schaden, als Negation des Interesses, einen wirtschaftlichen, vermögensmäßigen Nachteil bedeutet. Will man die denkbaren beziehungsverknüpften Güter klassifizieren, so ergibt sich die Vierteilung in Sachen, Forderungen, sonstige Rechte und Anwartschaften.

[13] aa) Sachinteresse.

Das Sachinteresse, bedeutsam für alle Sachvszweige, steht dem Eigentümer der Sache zu, wobei aber das Eigentum wegen der wirtschaftlichen Ausrichtung des Interesse- und Schadensbegriffs nach der hier vertretenen Auffassung nicht notwendig dem formalsachenrechtlichen Eigentümer zusteht. Man hat gesagt, nicht das Eigentums-, sondern das Eigentümerinteresse entscheide. Treffen formales und wirtschaftliches Eigentum zusammen, so könnte man bei der Sachv auch das Eigentumsrecht als beziehungsverknüpftes Gut ansehen. Aber so wie man vom Sachkauf, nicht von Eigentumskauf spricht, redet man auch vom Sachinteresse und von der Sachv, wenn man (nur) an das Eigentümerinteresse und die Eigentumsv denkt. Aus § 52 ergibt sich eine Vermutung dahingehend, daß das Eigentümerinteresse vert ist (Anm. 55 zu § 52).

Näheres zur V des Sachinteresses: Anm. 58—68 zu § 49, zum Vswert des Sachinteresses: Anm. 18, 30—36 zu § 52, zur V von Sachinbegriffen: Anm. zu § 54.

[14] bb) Forderungsinteresse.

Wird die Wertbeziehung einer Person zu einem Forderungsrecht vert, so handelt es sich um eine Forderungsv. Der Hauptfall ist die Kreditv, bei der sich der Vsfall meistens derart ereignet, daß zwar juristisch die Forderung bestehenbleibt, daß sie aber wirtschaftlich wegen Insolvenz des Schuldners entwertet wird. Dagegen kann z. B. eine Frachtforderungsv den Verfrachter (Reeder) für den Fall schützen, daß er von Rechts wegen seine Frachtforderung gemäß § 617 I HGB verliert, weil für Güter, die durch irgendeinen Unfall verlorengegangen sind, keine Fracht zu bezahlen ist.

Näheres zur V des Forderungsinteresses: Anm. 69 zu § 49, zum Vswert des Forderungsinteresses: Anm. 19 zu § 52.

[15] a) Interesse an „sonstigen" Rechten.

Das Eigentumsrecht (über das Sachinteresse: Anm. 13) ist ein Herrschaftsrecht (Darfrecht). Aber auch andere Herrschaftsrechte lassen sich vern, z. B. beschränkte dingliche Rechte, insbesondere Grundpfandrechte (speziell Hypotheken [dazu § 105] und Grundschulden im Blick auf den Fall, daß aus dem Grundstück Befriedigung nicht zu erlangen ist) oder Nießbrauchsrechte (im Blick auf den Fall, daß der Nießbraucher die Nutzungen der Sache nicht ziehen kann). Theoretisch ist auch die V von Patentrechten (z. B. für den Fall von Patententwertungen oder Patentverletzungen) und anderen Immaterialgüterrechten, die gleichfalls zu den Herrschaftsrechten zählen, denkbar.

Das Forderungsrecht (über das Forderungsinteresse: Anm. 14) ist ein Anspruchsrecht (Sollrecht), und zwar ist eine Forderung ein schuldrechtlicher Anspruch. Aber auch andere Ansprüche, z. B. dingliche, familien- oder erbrechtliche Ansprüche lassen sich vern, obgleich solche Fälle praktisch kaum eine Rolle spielen. Man stelle sich vor, daß ein Vermächtnisnehmer eine V hinsichtlich einer ihm vom Beschwerten noch nicht geleisteten Sache nehmen möchte.

Neben den Herrschafts- und Anspruchsrechten stehen die Gestaltungsrechte (Kannrechte). Einige von ihnen, z. B. Aneignungsrechte an herrenlosen Sachen, im Jagd-, Fischerei-, Bergwerksrecht, kommen theoretisch für einen Vsschutz in Frage.

Den subjektiven Rechten stehen faktische Ansprüche nahe, deren Erfüllung so gesichert erscheint, daß bei Ausbleiben der Erfüllung ein positiver Vermögensschaden erwächst (Möller Summen- und Einzelschaden a. a. O. S. 64—67).

Näheres zur V des Interesses an „sonstigen" Rechten: Anm. 70 zu § 49, zum Vswert solchen Interesses: Anm. 20 zu § 52.

[16] dd) Gewinninteresse.

Die wirtschaftliche Betrachtungsweise, welche im Schadensersatzrecht geboten ist, macht es erforderlich, unter den Aktiven auch Anwartschaften und Chancen zu beachten, Güter des „werdenden" Aktivvermögens, zu denen jedoch bereits jetzt Wertbeziehungen bestehen, bei deren Negation der Schaden sich als entgehender Gewinn darstellt (Gewinnv, Ertragsv: Anm. 6). Nach § 252[1] BGB umfaßt der zu ersetzende Schaden auch den entgangenen Gewinn. Im Vsrecht läßt sich die Wertbeziehung einer Person zu einer Anwartschaft vern, wobei der Begriff Anwartschaft weit zu fassen ist und unter Anwartschaften nicht etwa Anwartschaftsrechte zu verstehen sind, wie sie z. B. dem Käufer einer Sache bei Eigentumsvorbehalt nach Besitzübergabe zustehen (dieser Vorbehaltskäufer hat wirtschaftlich bereits das volle Sachinteresse, Anm. 53—54, 91 zu § 49).

Gewinninteressen sind häufig an Sachinteressen angelehnt, z. B. wird in der Transportv neben den Gütern oft der imaginäre Gewinn vert. Aber es gibt auch isolierte Gewinninteressen, man denke an die Regenv, genommen vom Veranstalter eines Pferderennens oder Tennisturniers.

Näheres zur V des Gewinninteresses: Anm. 71 zu § 49, Anm. zu § 53, zum Vswert des Gewinninteresses: Anm. 21 zu § 52.

[17] b) In der Passivenversicherung.

Schützt eine Schadensv gegen die Entstehung von (Unwert-)Beziehungen zu Passiven („Ungütern"), so ist vor der Gefahrverwirklichung solches Passivum nicht vorhanden. Die Schädigung besteht hier nicht in der Einbuße von vorhandenem Wertvollem, sondern in dem Existentwerden einer bislang nicht vorhandenen Belastung mit etwas Unwertvollem. Über die Entwicklung dieser Erkenntnis: Anm. 6.

Auch für die Passivenv ist es geboten, von einer zugleich wirtschaftlichen Betrachtungsweise auszugehen und die denkbaren beziehungsverknüpften Passiven zu klassifizieren. Auch hier ergibt sich eine Vierteilung: V gegen gesetzliche Schulden, gegen vertragliche Schulden, gegen notwendige Aufwendungen, gegen konkrete Verlustmöglichkeiten.

[18] aa) Versicherung gegen gesetzliche Schulden.

Schulden, die kraft Gesetzes entstehen, können die Vermögenslage sehr ungünstig beeinflussen. Dabei kann es sich entweder um Schulden aus gesetzlichen Schuldverhältnissen handeln, z. B. aus unerlaubter Handlung (einschließlich Gefährdungshaftung), oder um Schulden, die das Gesetz einem Vertragspartner dann auferlegt, wenn er seine Vertragspflichten nicht oder schlecht erfüllt. Nicht selten stehen einem Gläubiger konkurrierend Forderungen ex lege und ex contractu gegen einen Schuldner zu, man denke an Ansprüche eines Vermieters gegen einen Mieter, eines Passagiers gegen einen Beförderer. Wegen dieser häufigen Konkurrenz sind sekundäre Vertrags(verletzungs)ansprüche den Ansprüchen ex lege insoweit gleichzustellen, als sie nicht „auf Grund Vertrags oder besonderer Zusagen über den Umfang der gesetzlichen Haftpflicht des Vmers hinausgehen" (vgl. § 4 I Ziff. 1 AHaftpflB).

Die V gegen gesetzliche Schulden spielt die Hauptrolle in der Haftpflichtv, die meistens den Fall betrifft, daß der Vmer „auf Grund gesetzlicher Haftpflichtbestimmungen privatrechtlichen Inhalts von einem Dritten auf Schadensersatz in Anspruch genommen wird" (§ 1 I AHaftpflB). Mit dieser Formulierung wird der Kreis der in Betracht kommenden gesetzlichen Schulden im Vsvertrag näher umrissen.

Näheres zur V gegen gesetzliche Schulden: Anm. 73—76 zu § 49.

[19] bb) Versicherung gegen vertragliche Schulden.

Von sekundären Vertragsansprüchen, Vertragsverletzungsansprüchen war schon in Anm. 18 die Rede. Aber ein Schuldner kann sich in gewissem Umfange sogar gegen primäre Vertragsansprüche, Vertragserfüllungsansprüche vern. Zwar beruht hier die Obligation auf dem rechtsgeschäftlichen Willen des Schuldners, und man kann sich z. B. nicht dagegen vern, daß man aufgenommene Darlehen zurückzahlen, kontrahierte Kaufpreisschulden begleichen muß. Aber es gibt Risikogeschäfte, Verträge mit aleatorischem Einschlag, bei denen das Bedürfnis und die Möglichkeit besteht, das Risiko auf einen Ver abzuwälzen. So könnte man sich theoretisch dagegen vern, daß man aus einer Bürgschaft in Anspruch genommen wird. Praktisch wichtig aber ist der Fall der Rückv: Ein Ver vert sich dagegen, daß er aus den von ihm abgeschlossenen (Erst-)Vsverträgen in Anspruch genommen wird.

Näheres zur V gegen vertragliche Schulden: Anm. 77 zu § 49.

[20] cc) Versicherung gegen notwendige Aufwendungen.

Aufwendungen sind freiwillige Vermögensopfer; es besteht keine Rechtspflicht, die Aufwendungen zu machen. Aber nicht selten ist man faktisch gezwungen, Ausgaben zu tätigen oder doch Schulden einzugehen, um nach einer Gefahrverwirklichung den früheren Zustand möglichst wiederherzustellen. So entsteht für einen Hauseigentümer die Notwendigkeit, neben der Sachvsentschädigung die Differenz zwischen Neuwert und Zeitwert aufzuwenden, falls er nach Zerstörung seines Gebäudes an gleicher Stelle ein gleich geräumiges Haus wiederaufbauen möchte. Der Kranke ist es „seiner Gesundheit schuldig", zum Arzt zu gehen; die Schädigung entsteht bereits mit der Notwendigkeit der Aufwendung der Heilkosten, nicht etwa erst nach Entstehung der vertraglichen Schulden gegenüber dem Arzt. Auch bei einer Vermehrung der Bedürfnisse (§ 843 I BGB) geht es um notwendige Aufwendungen.

Näheres zur V gegen notwendige Aufwendungen: Anm. 78 zu § 49.

[21] **dd) Versicherung gegen konkrete Verlustmöglichkeiten.**

So wie auf der Aktivseite des Vermögens eine Anwartschaft bereits als Vermögensgut anzusehen ist (Schaden = entgehender Gewinn), so muß anerkannt werden, daß die Entstehung konkreter Verlustmöglichkeiten auf der Passivseite des Vermögens bereits einer Schädigung gleichzuachten ist (dogmatische Begründung: Möller Summen- und Einzelschaden a. a. O. S. 67—75). Werden gegen einen Kraftfahrzeughalter Ansprüche erhoben, so bedeutet dies auch dann für ihn eine Schädigung, wenn die Ansprüche — objektiv gesehen — unbegründet sind; denn bei Nichtabwehr können sich die unbegründeten Ansprüche — etwa kraft Versäumnisurteils — leicht in begründete umwandeln. Von hier aus erklärt sich die Rechtsschutzfunktion der Haftpflichtv (§ 150 I 1, 2). Im Rahmen der echten Rechtsschutzv resultieren konkrete Verlustmöglichkeiten aus dem Umstand, daß im Falle des späteren Unterliegens dem Gegner die erwachsenen Kosten zu erstatten sind und daß (bei defensivem Rechtsschutz) der Unterliegende Zweitschuldner der Gerichtskosten wird.

Näheres zur V gegen konkrete Verlustmöglichkeiten: Anm. 79 zu § 49.

[22] **3. Versicherte Gefahr (Versicherungsfall).**

a) Wesen.

Der Begriff der vten Gefahr ist für sämtliche Erscheinungsformen der V wesentlich (vgl. deshalb schon Anm. 5, 31, 49 zu § 1, Anm. 15 zu § 16). Gefahr ist die Möglichkeit der Entsteһing eines Bedarfs (Bruck S. 55), in der Schadensv: die **Möglichkeit der Entstehung eines Schadens.** Es kommt nicht auf die objektive Betrachtungsweise an, sondern — subjektiv — darauf, ob insonderheit der Vmer bei Vertragsabschluß weiß, daß der Vsfall sich ereignet hat (Näheres: Anm. 22—43 zu § 2). Die Möglichkeit steht zwischen der Unmöglichkeit und der Gewißheit des Schadens; ihre Realisierung kann ganz entfernt möglich oder so wahrscheinlich sein, daß diese Wahrscheinlichkeit an die Gewißheit grenzt. Die Prämienhöhe richtet sich primär nach dieser **„Grundgefahr".** Neben ihr ist bedeutsam, welcher Umfang des Schadens zu befürchten ist (**Schadenauswirkungsgefahr:** Ehrenzweig S. 79).

Die dem Gefahrenbegriff eigentümliche Ungewißheit besteht in der Schadensv meistens gleichzeitig hinsichtlich des Ob, des Wann und des Wie-hoch des Schadeneintritts (Hax in: Studienwerk B I 1 S. 20 spricht von drei verschiedenen **Dimensionen der Ungewißheit**). Es würde aber theoretisch auch für die Schadensv ausreichen, wenn z. B. nur das Wann zweifelhaft wäre (Bestattungsv, V hinsichtlich der Lebensdauer von Röntgenröhren) oder nur das Wieviel (V hinsichtlich des Abnutzungsgrades oder Schwundausmaßes).

Die vte Gefahr wird im Vsvertrag **abstrakt** umschrieben. Im Einzelfall, also in concreto setzt sie sich aus einer Vielzahl von Gefahrumständen zusammen, die vermöge der vorvertraglichen Anzeigepflicht erfaßt werden sollen (Anm. 14—30 zu § 16). Man spricht von der Gefahrslage, dem Gefahrenzustand. Dieser wird als ruhend gedacht. Änderungen der Gefahrslage werden speziell als Gefahrerhöhungen vsrechtlich berücksichtigt (Anm. 3—17 zu § 23).

In der **Aktivenversicherung** gilt besonders eindringlich der Satz, daß die Gefahr etwas Gefährdetes voraussetze. Vidal WuRdVers 1928 Nr. 2 S. 7, 14—15 spricht vom gefährdeten Zustand. Da aus vstechnischen Gründen nicht der Gesamtvermögenszustand des Gefährdeten geschützt, kein Summenschadensersatz geleistet werden kann, entspricht es dem Ersatz von Einzelschäden (Anm. 4), daß der gefährdete Zustand jeweils das einzelne vte Interesse ist. Die **Gefahr bedroht ein Interesse,** sie läßt befürchten, daß das Interesse durch Gefahrverwirklichung beeinträchtigt werde.

In der **Passivenversicherung** zeigt sich, daß eine Gefahrverwirklichung nicht notwendig „Werte" raubt, „die durch den Vsvertrag geschützt werden sollen" (so Vidal WuRdVers 1928 Nr. 2 S. 7), sondern daß manche Gefahren die Entstehung von Unwertbeziehungen befürchten lassen: Nicht Werte werden geraubt, sondern Passiven gelangen zur Entstehung. Während die Gefahr im Blick auf die Aktiven begrenzt ist und der Habenichts nichts verlieren kann, ist nach der Passivseite hin das Vermögen des Ärmsten insofern unbeschränkt hoch, als er mit unbegrenzten Schulden, notwendigen Aufwendungen usw. belastet werden kann. Will man auch für die Passivenv etwas Gefährdetes ermitteln, so ist es der status quo der Gesamtvermögenslage; aber diese Betrachtungsweise bedeutet einen Rückfall in den summarischen Schadensbegriff (Anm. 6).

Stets entsteht infolge der Verwirklichung der vten Gefahr ein Schaden. Deshalb spielt die **Kausalitätsfrage** in der gesamten Schadensv eine bedeutsame Rolle: Ist durch die vte Gefahr das Interesse beeinträchtigt? Ist infolge der vten Gefahr ein Passivum entstanden? War nicht etwa eine ausgeschlossene Gefahr kausal? Näheres zur Kausalität Anm. 127—166 zu § 49.

Die Gefahr verwirklicht sich in **Zeit** und **Raum.** Zur Lehre von der materiellen Vsdauer Anm. 3—4, 8—9 zu § 2, Anm. 1—9 zu § 7. Zur Lehre vom Vsort Anm. zu § 68.

[23] b) Lehre.

Mit der „Lehre von der Vsgefahr" hat sich am ausführlichsten Kisch II S. 1—171, vorher schon Kisch ZVersWiss 1917 S. 488—506, befaßt. Er arbeitet verschiedene Bedeutungen des Begriffes heraus, stellt aber in den Vordergrund die Definition als „Möglichkeit des Eintritts des Ereignisses, an welches die Leistungspflicht des Vers geknüpft ist" (Kisch II S. 2, ähnlich Ehrenzweig S. 74). Teilweise wird es vorgezogen, von der Möglichkeit des Eintritts eines Ereignisses zu reden, „an welches die Leistungspflicht des Vers geknüpft sein kann" oder von der „Möglichkeit des Eintritts des Vsfalles" (Vidal WuRdVers 1928 Nr. 2 S. 6). Aber der Gefahrbegriff ist auch außerhalb des Vswesens vorgegeben, erst durch den Vsvertrag wird die Gefahr schlechthin zur vten Gefahr, und aus der Möglichkeit der Entstehung eines Schadens wird die Möglichkeit der Entstehung eines ersatzpflichtigen Schadens. Deshalb sagt Ehrenberg I S. 4: „Gefahr nennen wir die Möglichkeit des zufälligen Eintritts einer wirtschaftlich nachteiligen Thatsache" (wobei das Erfordernis der Zufälligkeit problematisch ist). Hecker a. a. O. S. 64 definiert die Gefahr als „Zustand der Schadensmöglichkeit". Koenig S. 137, 140 spricht von der „Möglichkeit des Eintritts eines schädigenden Ereignisses", von der „Befürchtung einer Schädigung" (wobei er aber nur an die „Schädigung des vten Gegenstandes" denkt, die für ihn nicht mit einem wirtschaftlichen Schaden des Vmers verbunden zu sein braucht).

Wenn man sagt, der Ver übernehme (§ 16 I 1) und trage die Gefahr, so bedeutet dies nicht, daß die (primäre) Bedrohung vom Vmer fortgenommen werde, vielmehr verbleibt die Gefahr beim Vmer, der Ver gleicht lediglich (sekundär) die Schadensfolgen aus, deckt den entstehenden Bedarf (Bruck S. 55—56, Kisch II S. 9—16). In diesem Sinne ist es richtig, daß der Ver einen zweifelhaften Minus-Bestandteil des Vermögens übernimmt (so Dernburg-Kohler a. a. O. S. 364—365).

[24] Im Bereich der **Wirtschaftswissenschaften** geht Mahr Einführung a. a. O. von der Gefahr als einer „Gegebenheit des Lebens" aus (S. 13—18). Dem Begriff der Gefahr entspreche „wirtschaftlich der engere Begriff des Risikos: die instabile Ordnung des Seins bringt in die Wirtschaftsführung Unsicherheiten hinein, die, wenn sie sich verwirklichen, eine abträgliche Diskrepanz zwischen Plandaten und faktischen Daten aufreißen" (S. 21). Im Vsvertragsrecht wird umgekehrt der Begriff des Risikos als weiterer Begriff verwendet; der Ver beschränkt das von ihm getragene Risiko insbesondere durch Umreißung der vten Gefahr (Anm. 12 zu § 6, Hagen I S. 382, Lötsch, Die Risikobeschränkungen, Hamburg 1935, S. 39—41). Das Risiko ist wirtschaftlich eine „Verlustchance" (Middeke a. a. O. S. 8), eine „mögliche negative Abweichung vom Plan" (Hax in: Studienwerk B I 1 S. 15).

Im Bereich der **Versicherungsmathematik** wird die Gefahr besonders durch die Wahrscheinlichkeitsrechnung behandelt, und zwar auf der Grundlage von Daten, welche mit Hilfe der mathematischen Statistik erarbeitet worden sind. Unter (kollektiver) Risikotheorie versteht man ein Teilgebiet der Vsmathematik, das sich mit der Erfassung der Zufallsschwankungen für ganze Vsbestände beschäftigt. Die vsmathematischen Erkenntnisse wurden der Vswirtschaft besonders erschlossen seit Gürtler ZVersWiss 1928 S. 209 bis 236, 292—326, später Gürtler Kalkulation a. a. O. Neuerdings wird die Heranziehung mathematischer Methoden seitens der Wirtschaftswissenschaften immer verbreiteter, vgl. z. B. Middeke a. a. O. S. 1—158.

[25] Im **allgemeinen Zivilrecht** wird der Begriff der Gefahr in verschiedenen Bedeutungen gebraucht. Die Vergütungs- (Preis-, Gegenleistungs-)gefahr spielt bei allen gegenseitigen Verträgen eine Rolle und betrifft das Problem, ob ein Schuldner die Vergütung begleichen muß (oder nicht zurückerhält), obgleich er seinerseits infolge eines zufälligen Ereignisses die ihm geschuldete Leistung nicht oder nicht vollwertig erlangt. Es geht also beim Kauf für den Käufer um „die Gefahr des zufälligen Unterganges und einer zufälligen Verschlechterung" der Kaufsache (§§ 446, 447 I BGB; gleichzustellen sind den Substanzschäden die Entziehungsschäden). Die Leistungsgefahr kommt nur bei Gattungsschulden in Betracht und betrifft das Problem, ob der Schuldner — ungenau ausgedrückt — „noch einmal leisten" muß, z. B. bei einer Bringschuld nochmals eine (Gattungs-)Sache auf den Weg bringen muß, obgleich ohne sein Zutun ein erster Leistungsversuch nicht zum Ziele geführt hat. — Vsrechtlich formuliert und auf einen Kaufvertrag abgestellt handelt es sich bei der Vergütungsgefahr für den Käufer um die Einbuße eines Aktivums (Sachgefahr) (der Kaufpreis ist verpflichtungsgemäß zu begleichen), bei der Leistungsgefahr für den Verkäufer um die Fortexistenz eines Passivums, obgleich die Verbindlichkeit bereits getilgt sein sollte („nochmalige" Lieferung). Die Gefahr spielt aber auch im übrigen für das Zivilrecht eine Rolle, z. B. als Wiederholungsgefahr (§§ 12^2, 862 I 2, 1004 I 2 BGB), beim Defensivnotstand (§ 228 BGB), bei der Vermögensverschlechterung (§ 321 BGB). Von Gefährdungshaftung spricht man im Deliktsrecht bei einer Haftung ohne Verschulden (für Zufall), die ihren rechtspolitischen Grund darin hat, daß der Haftende eine Gefahr gesetzt hat, z. B. als Kraftfahrzeughalter.

[26] **c) Arten.**

Es war bereits die Rede von der Grundgefahr und der Schadenauswirkungsgefahr, ferner von der Ungewißheit hinsichtlich des Ob, Wann und/oder Wie-hoch der Gefahrverwirklichung (Anm. 22). Hier müssen noch einige weitere Unterscheidungen eingeführt werden im Blick auf Ursprungssphären der Gefahr (Anm. 27), Totalität und Spezialität (Anm. 28), Gefahren der Passivenv (Anm. 29), Gefahrengruppen besonderer Art (Anm. 30), Einfach- und Komplexgefahren (Anm. 31).

[27] **aa) Ursprungssphären der Gefahr.**

Blitz, Sturm, Hagel, Regen, Überschwemmung sind Gefahren, die ihren Ursprung in Naturgewalten haben; Explosion, Kernenergie, Leitungswasser, Kraftfahrzeuge, Maschinen beschwören technische Gefahren herauf; Einbruchdiebstahl, Veruntreuung sind Gefahren, die von (dritten) Menschen ausgehen; Haftpflicht, Krankheit wurzeln in der Person des Vmers selbst. Oft aber kann eine Gefahr nicht nur einer dieser vier Sphären zugeordnet werden: Ein Brand kann sowohl Naturereignis als auch technisch bedingt sein, er kann von Mitmenschen oder vom Vmer selbst verursacht werden.

Mahr Einführung a. a. O. S. 14—17 will die Gefahren der Lebensstruktur und jene der Lebenskultur unterscheiden.

[28] **bb) Totalität und Spezialität.**

Die Vstechnik (und Sprache) gestattet es, nach dem Prinzip der Totalität oder Universalität der Gefahren in einem Oberbegriff eine Vielzahl von Gefahren zusammenzufassen, z. B. die „Gefahren der Seeschiffahrt" (§§ 1 I, $28^{1,2}$ ADS): Der Ver trägt alle Gefahren, denen das Schiff oder die Güter während der Dauer der V ausgesetzt sind (§ 28^1 ADS); aber er trägt doch nur alle Gefahren der Seeschiffahrt (§ 1 I ADS mit Ritter Anm.

11 zu § 28, S. 465). Die Totalität ist also keine echte. Aber die Zahl der vom Ver getragenen Gefahren ist so umfassend, daß darin alle oben erwähnten Sphären vorkommen, z. B. Erdbeben und Eis, Schiffszusammenstoß und Explosion, Diebstahl und Plünderung, sowie eigenes nautisches Verschulden (§§ 28², 33 I 2 ADS). Näheres Möller ITVMitt 1939 S. 65—68.

Meistens aber wird nach dem Prinzip der Spezialität der Gefahr Vsschutz gewährt, was nicht ausschließt, daß in einem Vsvertrage mehrere spezielle Gefahren aufgezählt werden, z. B. in der Autokaskov (§ 12 AKB). „Klassisch" ist die Verbindung von Brand, Blitzschlag und Explosion in der Feuerv (§ 1 I AFB). Von einer kombinierten, verbundenen V spricht man aber erst, wenn z. B. ein Gebäude außerdem gegen Sturm und Leitungswasser vert wird, Hausrat auch gegen Einbruchdiebstahl und Leitungswasser.

Falls der V einer primären Gefahr vom Gesetz oder von den Vsbedingungen ohne weiteres die V einer weiteren Gefahr „angehängt" wird, kann man von einer Adhäsionsgefahr sprechen (Möller WuRdVers 1931 Nr. 1 S. 41—46), man denke an die Gefahr des Abhandenkommens, Löschens, Niederreißens, Räumens in der Feuerv (§ 83 I 2), an die Krankheits- und Unfallgefahr in der Tierlebensv (§ 116 I 2).

In der Binnentransportv findet sich teils das Prinzip der Totalität der Gefahren (§ 1 I ADB), teils eine Aufzählung spezieller Gefahren: Schiffahrtsunfall, Feuer, höhere Gewalt (§ 1 I Allgemeine Bedingungen für die V von Gütertransporten auf Flüssen und Binnengewässern); Betriebsunfall, Feuer, Explosion, höhere Gewalt (§ 1 I 1 Allgemeine Vs-Bedingungen für den Gütertransport mit Kraftfahrzeugen); Betriebsunfall, Brand, Raub, Diebstahl, Unterschlagung, Abhandenkommen ganzer Frachtstücke, höhere Gewalt (§ 1 Allgemeine Vs-Bedingungen für den Gütertransport zu Lande mittels Eisenbahn, Post oder Fuhre). — Bei der Einheitsv werden während der Transporte „alle Gefahren, welchen die Waren dabei ausgesetzt sind", gedeckt, während der Lagerungen dagegen nur spezielle Gefahren (§ 2 I a, II EVB).

[29] cc) Gefahren der Passivenversicherung.

Bei der Passivenv gilt es, die vte Gefahr und die dadurch geschaffene Beziehung zu einem Passivum auseinanderzuhalten. § 1 Ziff. 2a AHaftpflB kennzeichnet die „im Vsschein und seinen Nachträgen angegebenen Eigenschaften, Rechtsverhältnisse oder Tätigkeiten des Vmers" als das vte Risiko. Ergibt sich gerade hieraus eine Haftpflicht, so schafft die vte Gefahr ein Passivum, gegen dessen Entstehung Vsschutz gewährt wird, nämlich den Schadensersatzanspruch eines Dritten „auf Grund gesetzlicher Haftpflichtbestimmungen privatrechtlichen Inhalts" (§ 1 Ziff. 1 AHaftpflB). Ein Gefahrenausschluß findet sich in §§ 2 Ziff. 3, 4 Ziff. I 4 AHaftpflB, z. B. im Hinblick auf das Führen oder Halten von Kraftfahrzeugen. Die Abgrenzung der vten Gefahr (nebst Gefahrausschlüssen) von den Passiven, gegen die Vsschutz gewährt wird (nebst „Beziehungsausschlüssen") ist nicht immer einfach. Es handelt sich um einen Ausschluß bestimmter Passiven (Beziehungsausschluß), nicht um einen Gefahrenausschluß, wenn § 4 Ziff. II 2 AHaftpflB „Haftpflichtansprüche aus Schadensfällen von Angehörigen des Vmers" aus dem Vsschutz herausnimmt (vgl. Anm. 11).

In der Krankheitskostenv ist in analoger Weise zwischen der Gefahr, nämlich der vten Krankheit (dem vten Unfall, evtl. der vten Entbindung) und den dadurch verursachten notwendigen Aufwendungen (Passiven) zu unterscheiden; dabei sind die Tarife wichtig für die Frage, welche Arten von notwendigen Aufwendungen in Betracht kommen (Arzt-, Heilpraktiker-, Krankenhaus-, Kur-, Arznei-, Hilfsmittelkosten). Sowohl an den Gefahrenbegriff als auch an den Aufwendungskreis können Ausschlüsse anknüpfen.

[30] dd) Gefahrengruppen besonderer Art.

Gewisse Gefahrengruppen pflegen in vielen Vszweigen eine Sonderbehandlung zu erfahren, speziell

das **subjektive Risiko,** welches ausgeht von der Person des Vmers und Vten. Oft werden subjektiv-verschuldete Gefahrumstände aus der Gefahrtragung des Vers ausgeschlossen, in § 61 prinzipiell in der Schadensv Vorsatz und grobe Fahrlässigkeit. Dazu Anm. zu § 61.

die **Beschaffenheitsgefahren,** welche besonders in der Gütertransportv — speziell als innerer Verderb — bedeutsam sind (§ 131 II; § 86 ADS); aber man kann so weit gehen, hier auch an „alte Leiden" in der Krankenv zu denken. Dazu Behr, Die Beschaffenheitsgefahren in der V, Hamburger Diss. 1933, Passehl, Die Beschaffenheitsschäden in der Seev, ungedruckte Hamburger Diss. 1960.

die **Katastrophenrisiken.** Dazu Frey ZVersWiss 1965 S. 241—262 m. w. N.

die **politischen Risiken,** insbesondere Krieg, aber auch innere Unruhen, Plünderung, Sabotage, Streik, Aussperrung, Boykott, Verfügung von hoher Hand, Beschlagnahme, Friedensblockade, Embargo. Dazu Kersten, Die politischen Gefahren im Vsrecht mit Ausnahme der Kriegsgefahr, ungedruckte Hamburger Diss. 1950.

die Gefahren der **Kernenergie,** Atomenergie, radioaktiven Isotopen. Dazu Belser, Atomvsrechtliche Fragen unter Berücksichtigung der internationalen Konventionen, Göttingen 1963, Esser VW 1958 Nr. 1 Sonderbeilage S. I—X, Gruse VersPrax 1958 S. 49—53, 1960 S. 75, Knoerrich VA 1960 S. 67—72, Möller in: Kernenergieantriebe für Handelsschiffe, 3. Jahrbuch der Studiengesellschaft zur Förderung der Kernenergieverwertung in Schiffbau und Schiffahrt e. V., München 1964, S. 114—119, Pohl VW 1962 S. 836—839, Scheidwimmer VW 1960 S. 2, 4, VersR 1962 S. 677—683, Schmidt Mitteilungen der Vereinigung kantonal-schweizerischer Feuervsanstalten 1956 S. 179—194, in: Deutsche Landesreferate zum V. Internationalen Kongreß für Rechtsvergleichung in Brüssel 1958, Berlin o. J., S. 130 bis 144, VW 1958 S. 721—722, 724—725, Schwenkhagen, Kernenergiefragen in der Haftpflicht- und Unfallv, Karlsruhe 1957.

Bei allen diesen Gefahrengruppen zeigt sich einerseits die Tendenz, sie aus den „normalen" Ven auszuschließen. Andererseits werden im Zuge des Strebens nach einer Vervollkommnung des Vsschutzes hierfür neue Vszweige und Klauseln entwickelt.

[31] ee) Einfach- und Komplexgefahren.

Die primäre Risikoumschreibung ist zuweilen einheitlich, man denke an Begriffe wie Blitz, Brand, Gefahren der Seeschiffahrt. Zuweilen aber gelingt es nicht, einen einheitlichen Ausgangsbegriff zu finden, z. B. ist der Begriff des Einbruchdiebstahls in § 1 II AEB nicht unitarisch, sondern in vier Varianten definiert, mit manchen Abweichungen vom Strafrecht.

Wenn aber hier Einfach- und Komplexgefahren unterschieden werden, so soll unter Komplexgefahren nicht solche Auffächerung des Vsfalles verstanden werden, auch handelt es sich nicht um das Zusammentreffen mehrerer Ursprungssphären der Gefahr (Anm. 27), um Fälle der Totalität der Gefahren oder um die V mehrerer spezieller Gefahren (Anm. 28), sondern um eine andere Erscheinung:

Die Gefahrverwirklichung setzt — im Hinblick auf eine spezielle Gefahr — die Erfüllung bestimmter Tatbestandsmerkmale voraus. Diese Tatbestandsmerkmale können einfach sein: Ein Brand, also ein Feuer bestimmter Art, beeinträchtigt ein Sachinteresse. Es kann sich aber auch um einen komplizierteren Tatbestand handeln, innerhalb dessen möglicherweise mehrere Kausalabläufe erforderlich sind. Man denke an eine Feuerbetriebsunterbrechungsv: Ein Brand verursacht wiederum Sachschaden, aber dieser muß eine Betriebsunterbrechung bewirken und letztere muß einen Unterbrechungsschaden zur Folge haben (§§ 1, 2 I, 3 I FBUB). Hier kann man von einer komplizierten, von einer Komplexgefahr, vielleicht auch von einer Stufengefahr sprechen, weil der Gesamttatbestand sich in mehreren Stufen realisiert, zum mindesten logisch, begrifflich. Auch die Unfallgefahr ist eine Komplexgefahr, weil nach §§ 2 I, 8 Ziff. IV Abs. 1 AUB ein Unfall vorliegt, wenn erstens ein Ereignis plötzlich von außen auf den Körper des Vmers wirkt und zweitens hierdurch der Vmer eine Gesundheitsbeschädigung erleidet; drittens müssen — was die Unfallv als Schadensv anlangt — für die Behebung der Unfallfolgen Kosten eines Heilverfahrens notwendig werden.

Soweit die Gefahren einem Sachinteresse drohen, kann man von Sachgefahren sprechen: Brand, Schiffszusammenstoß usw. Solche Sachgefahren kommen für Forderungs- oder Gewinninteressen oder bei einer Passivenv nicht unmittelbar zur Auswirkung, Forderungen können nicht brennen, Gewinnanwartschaften nicht kollidieren. Aber oft hat die Verwirklichung der Sachgefahr in Verbindung mit anderen Umständen eine Beeinträchtigung auch anderer als Sachinteressen oder die Entstehung von Passiven zur Folge: Ein Brand läßt auf Grund des § 537 BGB eine Mietforderung untergehen, ein Schiffszusammenstoß „zerstört" Gewinnanwartschaften aus Schiffsverwendung oder Güterverkauf oder er läßt eine Kollisionshaftpflicht erwachsen. Hier ist also die Sachgefahr den vten Gefahren „immanent", sie wohnt der vten Gefahr inne. Deshalb kann man auch hier von einer komplexen Gefahr reden.

[32] d) Versicherungsfall.

aa) Gefahrverwirklichung.

Mit dem Vsfall fällt das über dem Vmer hängende Damoklesschwert, die vte Gefahr verwirklicht sich (Kisch ZVersWiss 1935 S. 88, BGH 18. XII. 1954 BGHZ Bd 16 S. 42, 19. III. 1956 VersR 1956 S. 250, 14. XI. 1957 VersR 1957 S. 781). Die Gefahrtragung des Vers tritt aus dem latenten in das akute Stadium über. Die dem Vmer durch den Vsvertrag verschaffte Anwartschaft realisiert sich. Der Vsfall ist jener Fall, für den die V genommen worden ist. Da die Gefahrverwirklichung befürchtet werden muß, ist der Vsfall kein Glücksfall, sondern ein Wechselfall des Lebens, ein Un-fall (wobei dieser Ausdruck aber heute eine engere rechtstechnische Bedeutung hat; anders noch §§ 811 II, 818, 819 I, 882 II Ziff. 3, 884 Ziff. 3 HGB). Der Vsfall braucht kein Zufall zu sein, wenn man unter Zufall nur (vom Vmer) unverschuldete Vorfälle versteht: Auch ein leichtfahrlässig verursachter Brand, auch ein grobfahrlässig verursachter Haftpflichtfall sind Vsfälle (vgl. §§ 61, 152).

Der Ausdruck „Vsfall" findet sich zuerst in den Entwürfen zum VVG (Bruck S. 627), im Seevsrecht wird er ausnahmsweise in § 811 III HGB benutzt, ständig dagegen in den ADS. Die AVB der Binnenv haben durchweg den Ausdruck Vsfall übernommen, nur ausnahmsweise sprechen sie vom Schadenfall (vgl. § 1 V AFB mit Klammerhinweis auf den Begriff Vsfall) oder Schadensfall. In der Schweiz redet man vom „befürchteten Ereignis", z. B. in Art. 9, 14 I, 38 I 1 schweizerisches VVG.

Als Vsfall kommt nicht jede Gefahrverwirklichung, z. B. jeder Brand irgendwann, irgendwo, bei irgendwelchen Sachen in Betracht, sondern der Vsfall muß in den Zusammenhang eines Vsvertrages gehören, d. h. in dessen materieller Vsdauer am Vsort vte Beziehungen betreffen. Werden unvte Sachen beeinträchtigt, so kann von einem Vsfall nicht die Rede sein.

Sind mehrere Personen vert und kommt für sie gleichzeitiger Vsschutz in Betracht, so handelt es sich begrifflich um mehrere Vsfälle. Aber rechtlich werden diese Vsfälle möglicherweise in gewisser Beziehung zusammengefaßt, z. B. hinsichtlich der Maßgeblichkeit der Vssumme. Vgl. hierzu z. B. § 3 II Ziff. 2 AHaftpflB, der die Einheitlichkeit des „Schadenereignisses" fingiert; ähnlich § 10 VI 1, 2 AKB.

[33] bb) Schadensentstehung.

Es ist sehr umstritten, ob in der Schadensv die Schadens- und Bedarfsentstehung Merkmale des Begriffes Vsfall sind. Bejahendenfalls sind Vsfall und Schadensfall identisch. Die Tatbestände, in denen ein Schaden keinen vsvertraglich zu deckenden Bedarf auslöst (etwa weil der Schaden von einem ersatzpflichtigen Dritten sofort kompensiert wird), können hier außer Betracht bleiben.

Die Auffassung, wonach Vsfall und Schadensentstehung streng zu unterscheiden sind, wird vertreten von Bene a. a. O. S. 26—28, Framhein a. a. O. S. 23, von Gierke II S. 201, Kisch ZVersWiss 1935 S. 84—85, Prölss[15] Anm. 1 zu § 33, S. 170, Raiser Anm. 1 zu § 14, S. 337, Ritter Anm. 28 zu § 5, S. 222—223, Schweighäuser HansRZ 1919 Sp. 220, Silberschmidt a. a. O. S. 29—32, Vidal WuRdVers 1928 Nr. 2 S. 51, BGH 18. XII. 1954 BGHZ Bd 16 S. 42—43, 19. III. 1956 VersR 1956 S. 250, 14. XI. 1957 VersR 1957 S. 782, OLG Frankfurt 30. I. 1929 JRPV 1929 S. 189—190.

Die Gegenauffassung, wonach mit dem Vsfall stets ein Schadenseintritt verbunden ist, wird vertreten von Bruck S. 629—630, Fässler a. a. O. S. 26—27, Gerhard-Hagen Anm. 11 zu § 1, S. 13, Peef a. a. O. S. 37, Wagner a. a. O. S. 65—66, 8—9, Wriede a. a. O. S. 35—39, Ziegler a. a. O. S. 22, 31.

Vermittelnd meint Ehrenberg VuGeldwirtschaft 1927 S. 169—170, zuweilen unterscheide das Gesetz den Vsfall und den dadurch entstehenden Schaden (§§ 1 I 1, 53, 144 II), „indessen häufig wird offensichtlich auch das gesamte Geschehen, welches erforderlich ist, damit eine Ersatzverpflichtung des Vers überhaupt entstehen kann, also mit Einschluß des Schadens, als ‚Vsfall' bezeichnet". Dobbert a. a. O. S. 26—30 meint, „daß mal das Ursachenereignis und mal das Schadensereignis als Vsfall vereinbart wird". Unentschieden RG 20. I. 1925 JW 1925 S. 952—953.

Die Wahrheit dürfte in der Mitte liegen. Auszuklammern ist die Summenv, bei welcher ein konkreter Vermögensschaden nicht nachgewiesen zu werden braucht, vielmehr bei Verwirklichung der vten Gefahr ein Bedarf abstrakt als entstanden anzusehen ist. Bei der Schadensv hingegen ist nur konkret entstandener Vermögensschaden ersatzpflichtig.

Denkt man zunächst an eine Aktivenv mit einfacher Gefahr (Anm. 31), so wird mit der Gefahrverwirklichung das Interesse des Vmers sogleich beeinträchtigt; der Brand ergreift vte Sachen, die Insolvenz des Schuldners entwertet das vte Forderungsinteresse. Die notwendige Verknüpfung zwischen vter Gefahr und vtem Interesse ist hier nur so vorstellbar, daß mit der Gefahrverwirklichung, also mit dem Eintritt des Vsfalles die Beeinträchtigung des vten Interesses beginnt. Jede Beeinträchtigung des vten Interesses bedeutet aber Schadensentstehung. Der Schaden ist ja die Negation des Interesses. Bevor nicht die Schadensentstehung mindestens begonnen hat, bevor nicht der Brand die ersten vten Sachen ergriffen hat, liegt kein Vsfall vor. Wenn § 62 I 1 sagt, der Vmer sei gehalten, „bei dem Eintritte des Vsfalls nach Möglichkeit für die Abwendung und Minderung des Schadens zu sorgen", so widerlegt diese Formulierung nicht die hier vertretene Meinung. Nach dem Eintritt des Vsfalles könnte allerdings der Schaden nicht mehr völlig abgewendet, sondern nur noch gemindert werden, weil der Vsfall den Beginn des Schadenseintritts jedenfalls in der Feuerv begrifflich voraussetzt. Aber § 62 I 1 läßt die Abwendungsobliegenheit bereits bei dem Eintritte des Vsfalles einsetzen, und das läßt sich dahin erklären, daß auch schon unmittelbar vor dem Vsfall — wenn sich ein Brand den vten Sachen annähere — die Rettungsobliegenheit einsetze (so auch Bruck S. 343, Hagen I S. 638, Kisch WuRdVers 1916 S. 270—271, vgl. auch Anm. zu § 62).

Es gibt aber in der Aktivenv ausnahmsweise auch komplexe Gefahren, erwähnt wurde bereits die Feuerbetriebsunterbrechungsv (Anm. 31), bei der es sich um eine Gewinnv handelt, genommen zum Schutze des Interesses an einer Bruttoertragsanwartschaft (Anm. zu § 53). Der Vsfall ist so umrissen, daß es auf eine Unterbrechung des Betriebes des Vmers infolge eines Sachschadens ankommt. Zunächst muß also z. B. ein Brand eine dem Betriebe dienende Sache ergriffen haben, und dann muß infolge dieses Sachschadens der Betrieb unterbrochen sein. Erst die Unterbrechung führt zum ersatzpflichtigen Unterbrechungsschaden. Aber die Gefahrverwirklichung beginnt bereits mit der ersten Etappe des Vsfalles, also dann, wenn der Brand eine dem Betriebe dienende Sache ergreift (BGH 14. XI. 1957 VersR 1957 S. 781—782: Frage der Währungsumstellung). Es kommt nur darauf an, ob der Brandbeginn in die materielle Vsdauer fällt. Die Haftzeit rechnet vom Eintritt des Sachschadens an (§ 3 III 1 FBUB). Ist solche komplexe Gefahrtragung vereinbart, so kann es auch bei der Aktivenv vorkommen, daß mit dem Eintritt (Beginn) des Vsfalles noch kein Schadenseintritt verbunden ist.

Im Bereich der Passivenv ergibt sich durchweg, daß der Vermögensschaden erst nach einer Summierung zahlreicher Tatbestandsvoraussetzungen entsteht. Das wird am deutlichsten bei einer Haftpflichtv, können doch zwischen dem haftpflichtigmachenden Verhalten des Vmers, z. B. der fehlerhaften Zeichnung eines Architekten (Verstoß), und dem ersten Schadenseintritt lange Zeiträume liegen, wobei noch offenbleiben kann, ob für den Vmer der Schaden wirtschaftlich nicht etwa erst dann eintritt, wenn der Geschädigte seinen Schadensersatzanspruch geltend macht. Bei einer Krankheitskostenv wird die Notwendigkeit von Aufwendungen für Heilbehandlung oft erst erkennbar, nachdem die Krankheit objektiv bereits lange bestanden hat. Für die Unfallv läßt § 8 Ziff. IV Satz 1 AUB erkennen, daß die Schadensentstehung nicht sogleich mit dem Unfallereignis einzusetzen braucht: Es werden im Vsfalle die für die Behebung der Unfallfolgen innerhalb des ersten Jahres nach dem Unfall erwachsenen notwendigen Kosten des Heilverfahrens ersetzt.

Zusammenfassend läßt sich konstatieren, daß ein Vsfall in der Schadensv erst abgeschlossen ist, nachdem der vte Schaden eingetreten ist, und zwar wird man nicht nur den Anfang, sondern sogar die Beendigung der Schadensentstehung fordern müssen. Aber der Vsfall beginnt bereits, tritt bereits ein, sobald das erste Tatbestandsmerkmal sich zu realisieren beginnt, welches zum Tatbestand des Vsfalles gehört, insbesondere bei komplexen Gefahren. Im Einzelfall kann sich ergeben, daß der Tatbestand nicht abgeschlossen wird: Ein Brand hat in der Feuerbetriebsunterbrechungsv möglicherweise zwar einen Sachschaden, aber keine Unterbrechung des Betriebes oder doch keinen Unterbrechungsschaden zur Folge, ein Unfallereignis führt vielleicht nicht zu einer Gesundheitsbeschädigung oder doch nicht zur Notwendigkeit der Aufwendung von Heilkosten. Es handelt sich dann um einen unvollständigen, abgebrochenen Vsfall, hierzu Stiefel-Wussow[5] Anm. 2 zu § 7, S. 183.

[34] cc) Gedehnter Versicherungsfall.

Besonders das in Anm. 33 Gesagte läßt erkennen, daß der Vsfall oft kein momentanes, gleichsam punktuelles Ereignis, sondern ein Vorgang von längerer Zeitdauer ist. Man kann dann von einem gedehnten Vsfall sprechen (dazu schon Anm. 49 zu § 1).

Solche Dehnung kann besonders bei komplexen Gefahren (Anm. 31) eine Rolle spielen (vgl. für die Tierv auch § 116 I 2: Verursachung des Todes durch Krankheit oder Unfall). Aber auch bei einfachen Gefahren kann zwischen Beginn und Ende eines Vsfalles ein längerer Zeitraum liegen, z. B. bei einem lange wütenden Brand oder bei einem Einbruchdiebstahl, der vom Anfang der Ausführung an bis zur Vollendung (Entfernung aller gestohlenen Sachen aus der vten Örtlichkeit: Prölss[15] S. 411) geraume Zeit beansprucht. Zu einem länger währenden Brand vgl. Josef LZ 1910 Sp. 285—286 und dagegen Schweighäuser HansRZ 1919 Sp. 219—223, der mit Recht ausführt, es komme darauf an, ob der Brandbeginn (mit dem „Beginn der Einwirkung") vor oder nach dem materiellen Vsbeginn liegt. Hat der Brand vte Sachen bereits vor dem materiellen Vsbeginn ergriffen, so braucht der Ver für den Gesamtschaden nicht aufzukommen (so wohl auch Raiser Anm. 21 zu § 9, S. 237). Hat der Brand vte Sachen vor dem materiellen Ende der V ergriffen, so haftet der Ver auch für den „überhängenden" Schaden (KG 11. V. 1932 JRPV 1932 S. 264—265, Autokaskov; a. M. Wagner a. a. O. S. 66). Auch bei Seekaskoven kommen öfters gedehnte Vsfälle vor: Der Motorschoner „Martha" war am 11. Dezember 1920 gestrandet, aber erst Anfang Januar 1921 total verloren (OLG Hamburg 20. XI. 1925 HansRZ 1926 Sp. 89—92); das Motorschiff „Havana" lief am 9. Mai 1959 mit einer vollen Ladung Zement auf einer Untiefe auf, aber eine Verformung des Schiffskörpers erwies sich erst im Juli/August 1960 als so schwerwiegend, daß ohne grundlegende Reparatur immer wieder Weiterungsschäden auftreten mußten (OLG Hamburg 29. XI. 1962 VersR 1963 S. 449—454, BGH 21. XII. 1964 VersR 1965 S. 332—335).

Die Anwendung der Normen des Vsvertragsrechtes kann bei gedehnten Vsfällen Schwierigkeiten bereiten. Es gibt keine Einheitslösung. Vielmehr ist vom Normzweck auszugehen und jeweils zu fragen, ob auf einen Zeitpunkt oder einen Zeitraum abzustellen ist, ersterenfalls auf den Beginn des Dehnungszeitraumes oder auf die Beendigung oder auf einen Zwischenzeitpunkt, letzterenfalls, ob es auf den gesamten Deckungszeitraum ankommen soll oder auf einen Ausschnitt daraus (hierzu vgl. schon Anm. 49 zu § 1). Die Abwendungs- und Minderungspflicht ist während des gesamten Dehnungszeitraumes zu erfüllen (Anm. zu § 62), desgleichen die Auskunfts- und Belegpflicht (Anm. 5, 18, 31 zu § 34). Die Haftzeit der Betriebsunterbrechungsv beginnt mit dem Eintritt (Beginn) des Sachschadens und währt 12 Monate (§ 3 III 1 FBUB); später entstehende Unterbrechungsschäden werden abgeschnitten. Der Zeitpunkt des Beginns des Dehnungszeitraumes entscheidet darüber, ob ein Vsfall in die materielle Vsdauer gehört, also in toto unter den Vsschutz fällt, auch hinsichtlich seines „Überhanges". Man denke an einen Tannenbaumbrand in der Neujahrsnacht. § 1 I AHaftpflB läßt es dementsprechend entscheidend sein, ob der Vmer „wegen eines während der Wirksamkeit der V eingetretenen Ereignisses", das gewisse Folgen hatte, für diese Folgen in Anspruch genommen wird. Anzeigepflichten pflegen an Zeitpunkte anzuknüpfen, vgl. die verschiedenen Zeitpunkte des § 153 innerhalb des gedehnten Haftpflichtvsfalles. Im Rahmen des § 39 II kommt es darauf an, ob nach fruchtloser Anmahnung einer Folgeprämie der Vmer zur Zeit des Eintritts des Vsfalles mit der Zahlung der Folgeprämie im Verzuge ist; entscheidend ist der Beginn des gedehnten Vsfalles (Nachweise Anm. 35 zu § 39). Auch bei § 38 II, also bei der Erstprämie ist es entscheidend, ob die Prämie „zur Zeit des Eintritts des Vsfalles" schon gezahlt ist (Nachweise Anm. 19 zu § 38; im Falle OLG Frankfurt 30. I. 1929 JRPV 1929 S. 189—190 hatte das Feuer die vten Gegenstände im Zahlungszeitpunkt noch nicht ergriffen). Bedenklich ist es, wenn der BGH 26. III. 1952 VersR 1952 S. 180 generell zum Begriff des Vsfalles meint: „Ein solcher liegt nicht erst dann vor, wenn alle eine Haftung des Vers begründenden Umstände gegeben sind, sondern ist bereits dann eingetreten, wenn sich die vte Gefahr realisiert hat" (Vertrauensschadensv).

[35] dd) Mögliche Vereinbarungen.

Vereinbarungen über die vom Ver (primär) getragene Gefahr und über die (sekundären) Gefahrenausschlüsse sind möglich und notwendig. Insbesondere kann der Vsfall im Vsvertrag umschrieben werden (BGH 18. XII. 1954 BGHZ Bd 16 S. 44, 14. XI. 1957 VersR 1957 S. 781).

Besonders bei gedehnten Vsfällen lassen sich im Rahmen der Vertragsfreiheit Bestimmungen darüber treffen, auf welchen Zeitraum oder Zeitpunkt es ankommen solle. Schon erwähnt wurde § 1 I AHaftpflB, vgl. ferner § 5 I AHaftpflB, § 7 Ziff. I 1 AKB, §§ 4 X 2, 5 I a 1 GrundBed, KrankenhausGrundBed. Aber die zwingenden Gesetzesvorschriften sind zu beachten, z. B. § 42.

Die höchstrichterliche Rechtsprechung hat lange Zeit hindurch angenommen, in der Haftpflichtv trete der Vsfall erst ein, wenn der geschädigte Dritte den Vmer in Anspruch nehme (RG 19. XII. 1939 RGZ Bd 162 S. 241 m. w. N.). Danach könnte ein Vmer eine rückständige Erst- oder Folgeprämie bis zu dieser Inanspruchnahme immer noch mit der Wirkung begleichen, daß der Vsschutz (wieder) in Kraft träte, also auch noch nach Anrichtung eines Haftpflichtschadens (Verstoßes). Dieses (unbillige) Ergebnis sollte mit Hilfe von Treu und Glauben nur korrigiert werden, wenn der Vmer „im Zeitpunkte der Zahlung bereits von dem Schadensereignis Kenntnis hatte und die Geltendmachung von Ersatzansprüchen der Geschädigten erwartete" (RG 19. XII. 1939 RGZ Bd 162 S. 243 mit für den Vmer günstigem Ergebnis, auch RG 14. I. 1938 RGZ Bd 156 S. 378—384 mit für den Vmer ungünstigem Resultat). Auf dem Boden dieser Urteile steht noch OLG Stuttgart 2. X. 1956 VersR 1957 S. 79. Vgl. über die in Rechtsprechung und Schrifttum vertretenen Auffassungen auch die Übersicht bei Wagner a. a. O. S. 94 bis 142.

Aber inzwischen hat sich die Auffassung durchgesetzt, daß der Vsfall (und der Beginn eines gedehnten Vsfalles) im Vsvertrag definiert werden kann, und zwar im Haftpflichtvsrecht entsprechend der Verstoßtheorie. Nachdem das in § 5 I AHaftpflB, § 7 Ziff. I 1 AKB geschehen ist, bedarf es nicht mehr der Heranziehung von § 242 BGB, und es kommt nicht darauf an, ob der Vmer bei der Zahlung der rückständigen Prämie um den Verstoß wußte und die Geltendmachung von Ersatzansprüchen erwartete (so auch Prölss[15] Anm. 2 zu § 153, S. 547—548, Stiefel-Wussow[5] Anm. 2 zu § 7, S. 182—184).

§ 4 Allgemeine Bedingungen für die Kraftverkehrs-Strafrechtsschutz-V (VA 1962 S. 149) lautet: „Der Vsfall tritt mit der tatsächlichen oder der der vten Person vorgeworfenen Verletzung der Strafvorschriften ein. Der Vsschutz wird demnach auch dann gewährt, wenn der Vsfall zwar während der Dauer des Vsvertrages eintritt, ein Verfahren aber erst nach dessen Beendigung eingeleitet wird." Für die Rechtsschutz-V interessiert auch § 3 Sonderbedingungen (VA 1963 S. 107): „Als Eintritt des Vsfalles gilt in Fällen der Rechtsverfolgung der Zeitpunkt, in welchem der Gegner beginnt, sich so zu verhalten, daß er gegen Rechtsvorschriften oder Rechtspflichten verstößt; in Fällen der Rechtsverteidigung der Zeitpunkt, in welchem der Vmer oder Vte angeblich begonnen hat, gegen Rechtsvorschriften oder Rechtspflichten zu verstoßen."

Bedenklich ist die Regelung in der Krankenv, wo der Vsfall generell mit dem Eintritt in die Heilbehandlung beginnen soll (§§ 5 I a 1 GrundBed, KrankenhausGrundBed), aber speziell im Blick auf den Folgeprämienverzug bestimmt wird, hier solle es darauf ankommen, ob der Vmer „erst in einem Zeitpunkt zahlt, in dem er bereits weiß, daß der Eintritt des Vsfalles nicht mehr ungewiß ist" (§§ 4 X 2 GrundBed, KrankenhausGrundBed). Solche dualistische Definition des Vsfalles ist nicht unbedenklich, mag auch das Ergebnis der reichsgerichtlichen Judikatur zur Haftpflichtv, die auf § 242 BGB gestützt wird, entsprechen (ähnlich Wriede VersR 1950 S. 30—31, vgl. auch Wagner a. a. O. S. 72—75).

Zur Definition des Vsfalles in der Unfallv einerseits, in der Invaliditätszusatzv (der Lebensv) andererseits: BGH 15. XII. 1951 BGHZ Bd 4 S. 219—224, 18. XII. 1954 BGHZ Bd 16 S. 37—50 (Probleme der Währungsumstellung). Über verspätet erkannte Invalidität in der Unfallv: Haidinger VersR 1952 S. 412—413.

Zum Vsfall in der Vertrauensschadenv vgl. § 1 ABV (VA 1959 S. 131), § 6 I AVB für die Eigenschadenv von Gemeinden (VA 1953 S. 177—178), BGH 26. III. 1952 VersR 1952 S. 179—180, 19. III. 1956 VersR 1956 S. 250—251, OLG Stuttgart 14. II. 1951 VersR 1951 S. 126—128, LG Berlin 19. XI. 1951 VersR 1952 S. 178—179.

Für die Hausbockv bestimmt § 1 IV HbB (VA 1960 S. 30): „Der Vsfall beginnt, sobald der Vmer von dem Schadenereignis (Befall) Kenntnis erlangt, spätestens mit der Feststellung des Schadens durch den Ver. Er endet mit der Beseitigung des Schadens."

Trefflich § 6 II VGB (VA 1962 S. 171): „Der Vsfall tritt mit dem Zeitpunkt ein, in dem sich eine vte Gefahr an vten Sachen zu verwirklichen beginnt."

[36] ee) Ausgelöste Ersatzpflicht.

Die Begr. I S. 11 betont, das Gesetz verstehe unter Vsfall „das Ereignis, mit dessen Eintritt die Leistungspflicht des Vers begründet ist". Von der Gefahrtragungstheorie her ist an jene Erscheinungsform der Leistung des Vers zu denken, die nach der Gefahrverwirklichung zu erbringen ist (Ersatzleistung).

Aber wenn auch die Regel gilt, daß nach einem Vsfall der Ver zu zahlen (oder Naturalersatz zu leisten) habe, so darf doch nicht verkannt werden, daß aus sprachlichen Gründen ausnahmsweise vom Vsfall auch dann gesprochen wird, wenn eine Leistungspflicht des Vers entfällt, z. B.

wegen eines Gefahrenausschlusses, etwa bei vorsätzlicher oder grobfahrlässiger Herbeiführung des „Vsfalles" (§ 61, anders aber § 152);

wegen der Verletzung einer Rechtspflicht, etwa der Prämienzahlungspflicht (§ 39 II, auch § 38 II, obgleich in diesem Fall die V materiell noch gar nicht begonnen hatte);

wegen der Verletzung einer Obliegenheit, etwa der Gefahrstandspflicht (§§ 25 I, 28 I).

Deshalb gibt es den Begriff des „haftungsfreien Vsfalles" (Kisch ZVersWiss 1935 S. 86—87, BGH 26. III. 1952 VersR 1952 S. 180). An einen solchen können sich weiterreichende Rechtsfolgen knüpfen, z. B. das Erlöschen der V (Vertrauensschadenv: BGH 26. III. 1952 VersR 1952 S. 179—180) oder ein Kündigungsrecht des Vmers oder Vers (§§ 96 I, 113^1, 158 I 1, auch § 18 II 1 AFB, § 9 II 1 AHaftpflB, § 4 II 1 AKB und dazu Prölss[15] Anm. 1 zu § 96, S. 352, Anm. 1 zu § 158, S. 570, Stiefel-Wussow[5] Anm. 6 zu § 4, S. 139—140, und ferner OGH 23. VI. 1950 VersR 1950 S. 117: keine Kündigung bei Gefahrenausschluß). — Zur **Sozialv:** BSozG 5. III. 1965 BSozGE Bd. 22 S. 278—283.

[37] 4. Versicherter Schaden (Bedarf).

a) Wesen.

In der Schadensv ist der Begriff des Schadens selbstverständlich von zentraler Bedeutung, allerdings nicht als Summenschaden (§ 249^1 BGB), sondern als Einzelschaden (Anm. 4). Der Begriff des Vsschadens ist überdies nicht primär zu bestimmen, sondern (wie schon in Anm. 11 deutlich wird)

in der Aktivenv als Negation, als Spiegelbild, als Korrelat des vten Interesses: Der Schaden ist die Negation des Interesses.

in der Passivenv dergestalt, daß der Vsschutz gegen die Entstehung gewisser Passiven gewährt wird: Entsteht solches Passivum, so erwächst ein vter Schaden.

Beyer a. a. O. S. 58 definiert zusammenfassend den Vsschaden als „die qualitative oder quantitative Abnahme von vten Wert- oder Zunahme von vten Unwertbeziehungen infolge Verwirklichung der vten Gefahr".

Ein Einzelschaden ist hiernach vsrechtlich nur relevant, soweit er durch eine vte Gefahr verursacht worden ist. Zur Kausalitätslehre Anm. 127—166 zu § 49. Zum Begriff der Gefahr Anm. 22—36.

Für die Schadensv ist nur Vermögensschaden (§ 253 BGB), also materieller Schaden, dessen Höhe objektivierbar ist, bedeutsam. In der Aktivenv hängt die Schadenshöhe mit dem Vswert zusammen (Anm. 11, 43; Anm. 9, 43 zu § 52).

Jeder Vermögensschaden löst bei dem Geschädigten den Wunsch nach wirtschaftlichem Ausgleich, also einen konkreten Bedarf aus (Anm. 11).

[38] b) Arten.

aa) Aktiven- und Passivenschäden.

Aus der Lehre von den vten Beziehungen (Anm. 12—21) ergibt sich, daß man im Vsrecht, das vom Einzelschadensbegriff beherrscht wird, zwischen Aktiven- und Passivenschäden zu unterscheiden hat. In der Aktivenv sind diejenigen Fälle bedeutsam, in denen die Beziehung des Vmers zu einem Aktivum, also z. B. ein Sach-, Forderungs- oder Gewinninteresse beeinträchtigt wird. In der Passivenv dagegen entstehen für den Vmer z. B. gesetzliche oder vertragliche Schulden oder notwendige Aufwendungen. Dabei ist hervorzuheben, daß ein Passivenschaden nicht erst erwächst, wenn der Geschädigte ein Aktivum aufopfert, um ein Passivum zu beseitigen. Deutlicher: Der Haftpflichtvsnehmer ist nicht erst geschädigt, wenn er die Haftpflichtschuld mit Geld tilgt, sondern bereits von der Entstehung der Schuld an. Nach alledem kann man im Vsrecht z. B. Sachschäden, Gewinnentgang, Haftpflicht- und Aufwendungsschäden unterscheiden. § 53 betont, daß eine Sachschadensv grundsätzlich keinen Gewinnentgang umfaßt.

Im allgemeinen Zivilrecht ist eine Auflösung des Summenschadens in Einzelschäden wegen des Differenzprinzips des § 249[1] BGB nicht vonnöten. Um so mehr ist es bedenklich, wenn meistens der Schadensbegriff nur von der Aktivseite her beleuchtet wird, z. B. bei Enneccerus-Lehmann S. 58: „Schaden ist jeder Nachteil, den wir an unseren Rechtsgütern (Vermögen ....) erleiden", oder Esser S. 162: Schaden sei „jede unfreiwillige Einbuße (Verlust oder Entgang) an Rechtsgütern". Auch derjenige, der keine Rechtsgüter, kein Vermögen besitzt, kann Schaden durch Entstehung von Passiven erleiden.

Man pflegt im Zivilrecht damnum emergens und lucrum cessans zu unterscheiden. Damit stellt man einem speziellen Aktivenschaden (der Negation eines Gewinninteresses an Anwartschaften und Chancen: Anm. 16) sämtliche sonstigen Aktiven- und Passivenschäden gegenüber.

[39] bb) Substanz- und Entziehungsschäden.

Besonders bei Sachschäden kann man unterscheiden, ob der Schaden die Sache selbst trifft, also zerstört oder beschädigt (Substanzschaden), oder ob die Sache selbst unversehrt bleibt, wohl aber die Beziehung (das Interesse) des Vmers an der Sache beeinträchtigt, insbesondere getrennt, abgeschnitten wird. Solchenfalls kann man von Entziehungsschäden (oder: Beziehungsschäden) sprechen. Man denke an die Risiken der Beschlagnahme oder — im Seekriegsrecht (Prisenrecht) — auch der Aufbringung, Einbringung oder Einziehung. Man denke auch an die Gefahren des Diebstahls, des Einbruchdiebstahls, der Beraubung, der Unterschlagung. In § 12 Abs. 1 Ziff. I b AKB ist der zusammenfassende Begriff der Entwendung benutzt, der auch den unbefugten Gebrauch durch betriebsfremde Personen, den Fall des furtum usus umfaßt. Ritter Anm. 36 zu § 28, S. 491 identifiziert die Begriffe Sach- und Substanzschäden, indem er als Substanzschäden auch solche bezeichnet, die nicht durch die Veränderung der Sache als solche, sondern „durch ihre Trennung vom Vermögen der Person als solche herbeigeführt werden".

Der Begriff des Sachschadens bedarf noch einer Erweiterung. § 25 II AtomG besagt: „Einer Sachbeschädigung steht es .... gleich, wenn eine Sache durch die Wirkung von Strahlen eines radioaktiven Stoffes in ihrer Brauchbarkeit beeinträchtigt wird." Generell kann jede Beeinträchtigung der Benutzbarkeit einer Sache, also auch eine Verseuchung, als Sachschaden qualifiziert werden (Mattern-Raisch, Atomgesetz, Berlin-Frankfurt 1961, Anm. 17 zu § 25, S. 239—240 m. w. N.). Dabei kann es auch nicht darauf ankommen, ob die Sache selbst radioaktiv verseucht wird, oder aber ob sie infolge radioaktiver Beeinträchtigung anderer Sachen unbenutzbar, z. B. unzugänglich wird. — Bei Gewässerschäden, z. B. durch Abwässer oder Heizöl, ergeben sich Schwierigkeiten der juristischen Würdigung daraus, daß das Wasser als solches oft herrenlos ist.

Bei Aktivenven, die keine Sachven sind, tritt die Unterscheidung zwischen Substanz- und Entziehungsschäden in den Hintergrund. Immerhin kann man bei Ven von Forderungen und sonstigen Rechten prüfen, ob das Recht (ganz oder teilweise) erlischt, oder ob nur die Wertbeziehung zu dem Recht entwertet wird. § 537 BGB behandelt das Erlöschen oder die Minderung von Mietzinsforderungen bei Mängeln der Mietsache, wie sie z. B. durch Brand entstehen können. Laut Nachtrag zu § 1 VI AFB ist der Mietverlust bei Wohngebäudeven mitvert: „Wird durch den Schadenfall ein vtes Gebäude so beschädigt, daß der Mieter einer darin befindlichen Wohnung den Mietzins kraft Gesetzes oder nach dem Mietvertrag ganz oder teilweise verweigern darf, so ersetzt der Ver den dadurch entgehenden Mietzins." Ein weiterer Fall des juristischen Erlöschens einer Forderung findet sich für das Seefrachtrecht in § 617 I HGB: „Für Güter, die durch irgendeinen Unfall verlorengegangen sind, ist keine Fracht zu bezahlen ...." Dieser Frachtverlust spielt für die Frachtv eine große Rolle. Ein Erlöschen von Forderungen kann sich ferner vollziehen durch den Zuschlag in der Zwangsversteigerung (§ 91 I ZVG) oder durch Zwangsvergleich (§ 193 I KO). Wird dagegen ein Schuldner insolvent, so geht zwar die Forderung als solche nicht unter, aber das Interesse an der Forderung wird entwertet.

[40] cc) Total- und Teilschäden.

Weitere Unterscheidungen knüpfen — besonders in der **Sachversicherung** — an den Grad der Beeinträchtigung eines Interesses an.

Geht man von dem einfachsten Fall aus, so ist nur eine Sache vert. Hier kommt es darauf an, ob die bisherige Beziehung zu der Sache überhaupt nicht mehr vorhanden ist, oder ob das Interesse lediglich beschädigt, verschlechtert ist. Im ersten Falle spricht man von einem Totalschaden, auch von der Zerstörung, der Vernichtung, dem Untergang, dem Verlust der Sache. Solcher Totalschaden kann auch dann vorliegen, wenn noch Reste, Trümmer übrigblieben. „Daß von der Sache noch etwas übriggeblieben ist, kommt nicht in Betracht, wenn das Übriggebliebene nicht mehr die Sache, sondern eine andere Sache ist, wenn etwa das Schiff ein Wrack geworden ist ...., oder wenn Fische verfault und aus Nahrungsmitteln Düngemittel geworden sind, oder wenn der Rest überhaupt nichts mehr taugt" (Ritter Anm. 38 zu § 28, S. 492). Man kann bei „homogenen" Resten von Teilschaden, bei „heterogenen" Resten von Totalschaden sprechen (Planck-Siber, Kommentar zum Bürgerlichen Gesetzbuch, II. Band, 1. Hälfte, 4. Aufl., Berlin 1914, Anm. 5 zu § 249, S. 79). Zuweilen kommen selbstverständlich Grenzfälle vor, bei denen sich fragt, ob die Reste die (beschädigte) Sache darstellen oder ein aliud. Zu diesen Fällen gehören die Gebäudereste (womöglich nur die Grundmauern) nach einem Brande, besonders falls behördliche Wiederaufbauverbote eingreifen (dazu Raiser Anm. 39 zu § 3, S. 134—135).

Die Beurteilung wird noch schwieriger, falls eine zusammengesetzte Sache, falls mehrere Sachen oder ein Inbegriff von Sachen vert sind. Dadurch tritt neben den Totalverlust der Teilverlust, neben die Totalbeschädigung die Teilbeschädigung. Vgl. auch Raiser Anm. 40 zu § 81, S. 1—82. Wird nur die Verpackung, bei der auch an die „Verpackung in der Verpackung" (Ritter Anm. 17 zu § 86, S. 1034—1035) zu denken ist, in Mitleidenschaft gezogen, so wird selbst bei Markenartikeln meistens im ganzen nur ein Teilschaden anzunehmen sein.

Die verschiedenen Schadensarten sind besonders herausgearbeitet im Bereiche der Seev (dazu Bruck S. 433—437, Ritter Anm. 36—41 zu § 28, S. 491—495). — In der Kaskov werden grundlegend Totalverlust (§ 71 I ADS) und Teilschaden (§§ 74—76 ADS) auseinandergehalten. „Als total verloren gilt das Schiff auch, wenn es dem Vmer ohne Aussicht auf Wiedererlangung entzogen, insbesondere unrettbar gesunken, oder wenn es in seiner ursprünglichen Beschaffenheit zerstört ist" (§ 71 II ADS). Ähnlich wie der Totalverlust werden die Fälle des § 72 ADS (Verschollenheit) und des § 73 ADS (Verfügung von hoher Hand, Nehmung durch Seeräuber) behandelt. Dem Totalverlust steht der Teilschaden gegenüber, der im Spezialfall des § 77 ADS so umfassend ist, daß das Schiff reparaturunfähig oder reparaturunwürdig erscheint. — In der Güterv sind Totalverlust, Teilverlust, Beschädigung und Teilbeschädigung auseinanderzuhalten (§§ 91—94 ADS). Dem Totalverlust werden wieder die Verschollenheit und andere Fälle gleichgeachtet (§ 91 II ADS). — Die Unterscheidung der Schadensarten hat aus verschiedenen Gründen erhebliche Bedeutung: Nicht nur der Weg der Schadensfeststellung ist sehr unterschiedlich, sondern es knüpfen an die verschiedenen Schadensarten zugleich wichtige Risikobeschränkungen an (vgl. §§ 82—85, 113—116, 123 ADS). Häufig haftet der Ver nicht für eine Beschädigung oder nur für Totalverlust. Bei dieser Sachlage ist es mißlich, daß die Abgrenzung zwischen den Schadensarten oft schwierig ist, z. B. wenn sich aus einer Beschädigung ein Totalschaden entwickelt (hierzu RG 2. XII. 1916 RGZ Bd 89 S. 144—147). Möglicherweise bewirkt eine geringfügige Beimischung einer anderen Ware einen Totalschaden, z. B. wenn einer zur Sektherstellung bestimmten Weinmenge ein Quantum unvorschriftsmäßig gezuckerten Weines beigemischt wird (vgl. § 15[1] WeinG).

Im Bereiche der Binnenv spielt die Unterscheidung der Schadensarten eine geringere Rolle als in der Seev. Immerhin trennt § 1 III AFB die Substanzschäden (Zerstörung oder Beschädigung) von den in § 1 IV AFB behandelten Entziehungsschäden (durch Abhandenkommen). Eine Einbruchdiebstahlv andererseits ersetzt nicht nur Entziehungs-, sondern auch Substanzschäden, nämlich den Wert der „beim Einbruch zerstörten sowie die Wertminderung der dabei beschädigten Sachen" (§ 1 III, auch § 2 II AEB). In der Autokaskov hängt die Art der Schadensersatzleistung von der Art des vorliegenden Schadens ab (vgl. § 13 AKB), während früher die V oft nur gegen Totalschaden genommen wurde. Zur Abgrenzung vgl. Stiefel-Wussow[5] Anm. 2 zu § 13, S. 396—397, Anm. 8 zu § 13, S. 401—402, Wussow VersR 1962 S. 308—309, 405 und aus der Rechtsprechung KG 9. XI. 1927 JRPV 1928 S. 10—11, 2. XI. 1929 JRPV 1929 S. 425, 9. VI. 1934 JRPV 1934 S. 318—319, OLG Düsseldorf 9. IV. 1934 JRPV 1934 S. 172, 1. X. 1957 VersR 1958 S. 283, OLG Kassel 13. XII. 1932 VA 1933 S. 120—121 Nr. 2555, OLG Köln 2. II. 1934 VA 1934 S. 46 Nr. 2697, AG München 15. V. 1959 VersR 1959 S. 1017—1019.

Die Unterscheidung der Schadensarten ist von jener der vten Gefahren streng zu trennen. Bei den Schadensarten kommt es nicht auf die Ursache des Schadens, nicht auf die kausale Gefahr an (Ritter Anm. 39 zu § 28, S. 495). Es gibt keine „Beschädigungsgefahr", sondern nur Beschädigungsschäden. Auch bei dem Begriff Bruch ist in der Regel nicht an eine bestimmte Gefahr, sondern an Bruchschaden zu denken, gleichgültig aus welcher Ursache letzterer entstanden ist (Ritter Anm. 13 zu § 113, S. 1279).

[41] dd) Personen-, Sach- und Vermögensschäden.

Während in Anm. 40 von den Schadensarten der Sachv die Rede war, spielt in der **Haftpflichtversicherung** die Unterscheidung zwischen Personen-, Sach- und Vermögensschäden eine erhebliche Rolle. Allerdings geht es hierbei nicht primär um den Vsschaden (welcher ja dem Haftpflichtigen in Gestalt eines Passivums, einer Schadensersatzschuld erwächst), sondern um den Schaden, den der geschädigte Dritte erleidet (Beyer a.a.O. S. 178—181). Insofern gehört das Erfordernis solchen Schadenseintritts zur vten Gefahr. Aber sekundär wirkt es sich aus, daß der Vmer einen Befreiungsanspruch in bestimmter Höhe nur besitzen kann, je nachdem ob er für einen Personen-, Sach- oder Vermögensschaden haftbar gemacht wird.

Die allgemeine Haftpflichtv erfaßt regelmäßig nur Personen- und Sachschäden. § 1 I AHaftpflB erfordert ein Ereignis, „das den Tod, die Verletzung oder Gesundheitsschädigung von Menschen (Personenschaden) oder die Beschädigung oder Vernichtung von Sachen (Sachschaden) zur Folge hatte". § 1 III AHaftpflB ergibt, daß der Vsschutz nur durch besondere Vereinbarung ausgedehnt werden kann „auf die gesetzliche Haftpflicht wegen Vermögensschädigung, die weder durch Personenschaden noch durch Sachschaden entstanden ist, sowie wegen Abhandenkommens von Sachen". Auf die V wegen Abhandenkommens von Sachen sollen dann die Bestimmungen über Sachschaden Anwendung finden.

Die Kraftfahrhaftpflichtv umfaßt heute automatisch auch Vermögensschäden, „die weder mit einem Personen- noch mit einem Sachschaden mittelbar oder unmittelbar zusammenhängen“; ferner steht einer Sachbeschädigung oder Sachzerstörung stets das Abhandenkommen von Sachen gleich (§ 10 I AKB).

Schließlich ist die spezielle Haftpflichtv für Vermögensschäden zu erwähnen, wie sie z. B. von Rechtsanwälten und Notaren, ferner Beamten und Personen in beamtenähnlicher Stellung genommen wird. Sie beschränkt sich grundsätzlich auf Vermögensschäden, welche folgendermaßen definiert werden: „Vermögensschäden sind solche Schäden, die weder Personenschäden (Tötung, Verletzung des Körpers oder Schädigung der Gesundheit von Menschen) noch Sachschäden (Beschädigung, Verderben, Vernichtung oder Abhandenkommen von Sachen) sind, noch sich aus solchen .... Schäden herleiten. Als Sachen gelten insbesondere auch Geld und geldwerte Zeichen“ (§ 1 I Abs. 2 AVB zur Haftpflichtv für Vermögensschäden: VA 1930 S. 130—138).

Die Gegenüberstellung von Personen- und Sachschäden einerseits, Vermögensschäden andererseits ist recht unglücklich. Etwas deutlicher ist es schon, wenn man von „reinen“ Vermögensschäden redet. Aber alle Sachschäden und die meisten Personenschäden sind ja zugleich auch Vermögensschäden. Knüpfen an einen Sach- oder Personenschaden weitere Schäden an, z. B. entgangener Gewinn oder notwendige Aufwendungen, so zählt man auch solche Schäden in der Haftpflichtv zu den Sach- oder Personenschäden (während in der Sachv als Sachschaden nur ein Schaden in Betracht kommt, der sich als Negation des Interesses darstellt). Als „reine“ Vermögensschäden bleiben in der Haftpflichtv nur solche Schäden übrig, die nicht an einen Sach- oder Personenschaden des Haftpflichtgläubigers anknüpfen. Man denke für die Kraftfahrhaftpflichtv an eine Verkehrsumleitung infolge einer Autokollision: Den umgeleiteten Kraftfahrzeugen ist kein Sach- oder Personenschaden, wohl aber sonstiger Schaden erwachsen, z. B. durch Gewinnentgang, erhöhte Aufwendungen für Benzin, Chauffeurüberstunden usw. Wenn man unterstellt, daß der Verursacher der Kollision diese Schäden den umgeleiteten Fahrzeugen zu ersetzen hat, so handelt es sich um „reinen“ Vermögensschaden. Auch bei einer Verletzung von Persönlichkeitsrechten kann solcher Vermögensschaden eintreten (Otto VersR 1964 S. 1129—1131).

Näheres zu der Unterscheidung z. B. bei Boettinger VersR 1953 S. 176—177, Dobbert a. a. O. S. 74—84, Meins, Der Gegenstand der Haftpflichtv, Hamburg 1939, S. 35—48, 49—50, Oberbach I S. 122—123, Rukes VuGeldwirtschaft 1927 S. 417—418, Stiefel-Wussow[5] Anm. 23 zu § 10, S. 298—300.

Bei der Haftpflichtv von Gewässerschäden ist die Grenze zwischen Sach- und Vermögensschäden fließend.

[42] ee) Unmittelbare und mittelbare Schäden.

Leider werden die Begriffe des unmittelbaren und mittelbaren Schadens so vieldeutig gebraucht, daß es sich empfiehlt, sie überhaupt nicht mehr zu verwenden (vgl. Beyer a. a. O. S. 5—6, Bruck S. 419, Möller WuRdVers 1931 Nr. 1 S. 67—69, Ritter Anm. 35 zu § 28, S. 490).

Hier können nur einige Bedeutungen des Begriffs mittelbarer Schaden herausgestellt werden:

Erstens: Unter mittelbarem Schaden wird oft derjenige verstanden, der sich nicht als Negation des (primär) vten Interesses darstellt. So ist durch eine V des Sachinteresses das Gewinninteresse nicht gedeckt (§ 53), der Gewinnentgang sei unvter mittelbarer Schaden. So sind durch eine Aktivenv Passivenschäden nicht mitvert, z. B. deckt eine Autokaskov keine Haftpflichtschäden, die Haftpflichtschäden seien unvte mittelbare Schäden.

Oft erweist es sich übrigens als zweckmäßig, gewisse mittelbare Schäden (im hier behandelten Sinn) bei einer V der unmittelbaren Schäden nebenbei mit zu decken. So verbindet man mit der Seegüterv, also der V eines Sachinteresses, oft die V imaginären Gewinns (zu dieser „gemeinschaftlichen“ V: § 101 ADS). So wird mit der Kaskov (des Interesses am Schiff) die Haftpflichtv für „mittelbare Kollisionsschäden“ verbunden (§ 129 II 2, auch § 78 ADS). Weitere Fälle derartiger Adhäsionsven (Adhäsionsinteressen) bei Möller WuRdVers 1931 Nr. 1 S. 46—55. Erwähnt sei aus dem Bereich der

Feuersachv die Einbeziehung von Mietforderungen (Mietverlust: Nachtrag zu § 1 VI AFB) oder — auf der Passivseite — von notwendigen Aufwendungen für Aufräumungskosten (Nachtrag zu § 1 VI AFB). Aus der Seev sei noch erwähnt, daß mit jeder Kasko- oder Güterv die Haftpflichtv hinsichtlich der Beiträge zur großen Haverei kombiniert ist (§ 133 I 1, auch §§ 29 I 1, 30 ADS), vgl. ferner hinsichtlich notwendiger Aufwendungen für Umladung usw. der vten Güter § 137 III, § 95 III ADS (mit Ritter Anm. 24 zu § 95, S. 1115); schließlich vgl. § 109 III ADS.

Zweitens: Unter mittelbarem Schaden wird oft jeder Schaden verstanden, der sich nicht als Negation eines Sachinteresses darstellt. Danach soll es sich z. B. bei jeder Gewinnv wieder um die V mittelbarer Schäden handeln, aber auch bei jeder Forderungs- oder Haftpflicht-, Rück- oder Aufwendungsv. Stellt man auf solche Weise die Sachschäden als die einzig unmittelbaren Schäden in den Vordergrund, so denkt man wohl daran, daß die Sachgefahren, z. B. Brand oder Schiffbruch unmittelbar nur das Sachinteresse bedrohen, aber die Beeinträchtigung des Sachinteresses hat auch andere Schäden im Gefolge: Miet- oder Frachtverlust, Gewinnentgang, Haftpflicht- oder Aufwendungsschäden. Insofern drohen den „Nebeninteressen“ Gefahren, denen die Sachgefahren nur innewohnen, immanent sind. Chancen, Anwartschaften brennen nicht, aber ein Brand der Fabrik führt zur Betriebsunterbrechung und zum Gewinnentgang. Frachtforderungen erleiden keinen Schiffbruch, aber bei Untergang der Güter ist keine Fracht zu zahlen.

Drittens: Unter mittelbarem Schaden wird oft derjenige verstanden, der nicht adäquat durch die vte Gefahr entstanden und deshalb nicht ersatzpflichtig ist.

Viertens: Unter mittelbarem Schaden wird aber auch solcher adäquat verursachte Schaden verstanden, bei welchem der adäquate Kausalzusammenhang ein etwas entfernterer ist. So bringt z. B. § 1 III a, b AFB die wichtige Unterscheidung zwischen der „unmittelbaren Einwirkung und den (mittelbaren) „unvermeidlichen Folgen“ eines Brandes usw., wichtig wegen der Einschränkung der Haftung für Folgeschäden (bei ihnen muß „das Ereignis“ — etwa der Brand — „auf dem Grundstück, auf dem sich die vten Sachen befinden, oder auf einem Nachbargrundstück eingetreten“ sein); dazu Anm. 152 zu § 49. — Der Kausalzusammenhang kann auch Bedeutung gewinnen bei der Unterscheidung von Erst- und (mittelbarem) Folgeschaden in der Haftpflichtv (dazu Beyer a. a. O. S. 143—191, Hartung VersArch 1958 S. 129—145, BGH 21. II. 1957 BGHZ Bd 23 S. 349—355; Anm. 138 zu § 49).

Fünftens: Unter mittelbarem Schaden wird ferner solcher Schaden verstanden, der bei Vorliegen einer (primär) vten Gefahr durch ein vorsätzliches Verhalten des Vmers bewirkt und in den Vsschutz einbezogen wird, z. B. Schaden durch Löschen, Niederreißen oder Ausräumen (§ 1 III c AFB) oder durch Aufopferung der vten Sache in der großen Haverei (§§ 29 I 1, 31 ADS). Hier werden die Gefahren des Löschens, der Aufopferung usw. zu gedeckten Adhäsionsgefahren (Bruck S. 351—352, Raiser Anm. 48 zu § 1, S. 88—89, noch zweifelnd Möller WuRdVers 1931 Nr. 1 S. 59—60; eindeutig § 31 I ADS).

[43] ff) Versicherungsschäden im engeren und weiteren Sinn.

Versicherungsschaden i. e. S. ist der Schaden, der kraft des Vsschutzes, kraft der Gefahrtragung des Vers primär ausgeglichen werden soll, also in der Aktivenv der Schaden als Negation des vten Interesses, in der Passivenv der Schaden durch Entstehung jener Passiven, gegen welche die V genommen ist. Bei Adhäsionsven (Anm. 42) sind auch die in den Vsschutz einbezogenen weiteren Schäden, z. B. mittelbarer Kollisionsschaden, Havariegrossebeiträge, Mietverlust, Aufräumungskosten, Vsschaden i. e. S. Entsprechendes gilt, falls der Ver Adhäsionsgefahren deckt, z. B. die Gefahren des Löschens eines Brandes, der Aufopferung in großer Haverei (Anm. 42). — Bei Vsschäden i. e. S. wirkt die Vssumme, falls vorhanden, leistungsbegrenzend, und zwar gesamtheitlich, falls bei Adhäsionsven keine besondere Vssumme vereinbart worden ist. Für eigenen Kaskoschaden und mittelbaren Kollisionsschaden steht also nur einmal die Vssumme zur Verfügung, desgleichen für eigenen Sachschaden und Havariegrossebeiträge (Ritter Anm. 3 zu § 37, S. 621). Im allgemeinen reicht im Seerecht die Vssumme aus, da jedenfalls nach noch geltendem deutschem Recht der Reeder nur mit dem (Rest-)Wert des Schiffes Dritten haftet (§§ 486 I Ziff. 3, 726 I HGB). Möglichkeiten erweiterter Deckung eröffnen Kollisions- und Havariegrosseexcedentenven.

Versicherungsschaden i. w. S. ist weiterer Schaden, der dem Vmer erwachsen ist und den der Ver im Wege einer Nebenleistung ersetzen muß (Bruck S. 350). In Betracht kommt nur ein numerus clausus von Vsschäden i. w. S., bestehend aus

Aufwendungen zur Abwendung und Minderung des Vsschadens i. e. S.: § 63.

Kosten, welche durch die Ermittelung und Feststellung des Vsschadens i. e. S. entstehen: § 66.

Es ist von Fall zu Fall zu prüfen, ob Vsschaden i. w. S. nur im Rahmen der Vssumme ersetzt wird (dazu § 63 I 2, Anm. 28—29 zu § 50). In Einzelfällen kann der Vmer wählen, ob er einen Schaden, z. B. einen Schaden durch Löschen, als Vsschaden i. e. oder i. w. S. erstattet verlangen will (Prölss[15] Anm. 2 zu § 63, S. 273—274, Raiser Anm. 4 zu § 15, S. 357 leugnen bei Löschschäden an vten Sachen solches Wahlrecht). Franchisen können sich nur auf Vsschäden i. e. S. beziehen (vgl. § 34 I, II ADS).

[44] IV. Rechtssätze der Schadensversicherung.

1. Leistungsbegrenzende Faktoren.

Im Bereich der Schadensv greifen drei leistungsbegrenzende Faktoren ineinander, während in der Summenv allein die Vssumme (bei Rentenven der Rentenbetrag) eine Rolle spielt. Es handelt sich (auch hier) um die Vssumme, ferner um die Schadenshöhe und schließlich — aber nur bei einer Aktivenv — um den Vswert.

Die **Versicherungssumme** bildet die vertraglich vereinbarte Höchstbegrenzung für den Ersatz von Vsschaden in engerem Sinn (Anm. 43): „Der Ver haftet nur bis zur Höhe der Vssumme“ (§ 50) — dieser für die Schadensv normierte Rechtssatz gilt in Wahrheit für den Gesamtbereich der Privatv (vgl. § 1 I 2). In der Schadensv kann von der Vereinbarung einer Vssumme ausnahmsweise abgesehen werden, so daß nur die Schadenshöhe ihre leistungsbegrenzende Funktion ausübt. Näheres zur Vssumme: Anm. 1—33 zu § 50.

Die **Schadenshöhe** spielt in der Schadensv eine entscheidende Rolle, weil der Ver in dem Rahmen der Vssumme nur den eingetretenen Vermögensschaden ersetzt; es gilt — im Gegensatz zur Summenv — der Grundsatz der konkreten Bedarfsdeckung (§ 55). Die Schadenshöhe ist eine objektiv feststehende Größe, bei deren Feststellung zwar Vertragsvereinbarungen eine Rolle spielen können, aber stets nur in den Grenzen des die Schadensv beherrschenden Bereicherungsverbotes (Anm. 45). In der Passivenv ergibt sich die Schadenshöhe aus dem Umfang der den Vmer belastenden gesetzlichen oder vertraglichen Schulden oder notwendigen Aufwendungen usw. In der Aktivenv gewinnt die Tatsache Bedeutung, daß der Schaden die Negation des Interesses ist, so daß der Schadensumfang mit dem Interessewert, dem Vswert zusammenhängt. Ein Totalschaden erreicht, wenn keine Reste übrigbleiben, den vollen Vswert. Näheres zur Schadenshöhe: Anm. zu § 55.

Der **Versicherungswert** als objektiver Wert des vten Interesses hat in der Aktivenv — und nur dort — nicht nur eine leistungsbegrenzende Funktion, weil er für die Schadenshöhe bedeutsam ist. Aus § 56, aus der sog. Proportionalitätsregel, ergibt sich darüber hinaus auch eine weitergehende, selbständige Bedeutung des Vswertes: Ist nämlich die Vssumme niedriger als der Vswert, so haftet der Ver für den Schaden nur nach dem Verhältnisse der Vssumme zum Vswert. Ist also ein Objekt mit dem Vswert von 100 nur mit einer Vssumme von 50 vert, und wird das Objekt durch einen Vsfall zur Hälfte entwertet, so ersetzt der Ver nicht 50 (= Vssumme und Schadenshöhe), sondern nur $^{50}/_{100} = {}^{1}/_{2}$, also nur 25. Der Vswert hat also im Falle der Unterv in Verbindung mit der Proportionalitätsregel eine leistungsbegrenzende Funktion. Passiven haben keinen Wert, deshalb gibt es in der Passivenv keinen Vswert. Näheres zum Vswert: Anm. 1—56 zu § 52, zur Proportionalitätsregel Anm. zu § 56.

Hiernach spielen eine leistungsbegrenzende Rolle:

	Vssumme	Schaden	Vswert
in der Schadensv			
als Aktivenv	ja	ja	ja
als Passivenv	ja	ja	nein
in der Summenv	ja	nein	nein

Aus der Relation des Vswertes zur Vssumme ergibt sich nicht nur das etwaige Vorliegen einer Unterv (Anm. zu § 56), sondern auch dasjenige einer Überv (Anm. 3—16 zu § 51). Über das Wesen der mehrfachen V und Mitv vgl. Anm. zu § 58, der Doppelv Anm. zu § 59.

Über Leistungsbegrenzungen nach unten hin, speziell über Franchisen vgl. Anm. zu § 56.

[45] 2. Versicherungsrechtliches Bereicherungsverbot.

a) Grundsatz.

Nur im Bereiche der Schadensv, der konkreten Bedarfsdeckung, kann von der Geltung des vsrechtlichen Bereicherungsverbotes die Rede sein.

Das Bereicherungsverbot geht **historisch** auf die Anfänge der V, insbesondere der Seev, zurück; speziell der Interessebegriff ist entwickelt worden, um Wettelemente aus der V herauszuhalten (Anm. 32—33 zu § 49; Nachweise bei Gärtner ZVersWiss 1963 S. 337—347, 371—375). In fast allen Kodifikationen wird betont, daß eine (Schadens-)V nicht zur Bereicherung führen dürfe, vgl. z. B. § 1983 Teil II Tit. 8 ALR: „Durch Ven muß der Vte sich nur gegen Schaden decken, nicht aber Bereicherung dadurch suchen." Für das geltende Recht sei besonders auf §§ 1 I 1, 55 (mit Begr. I S. 11, 62) verwiesen, ferner auf § 786 III HGB.

Im **Schrifttum** wird das Bereicherungsverbot durchgängig anerkannt, vgl. nur Berndt, Der Ersatzwert in der Feuerv, Weißenburg 1951, S. 75—79, Bruck S. 438—439, Fick, Vsrechtliche Abhandlungen, Bd III: Einige Grundbegriffe der Schadensv, Zürich 1918, S. 51—57 m. w. N., Hagen I S. 573—574, Möller JW 1938 S. 916—920, Raiser Anm. 1 zu § 3, S. 107—108, Samwer, Das sogenannte Bereicherungsverbot im Privatvsrecht, Düsseldorf 1937, S. 25—31, G. Schmidt ZfV 1960 S. 602—604, weitere Nachweise bei Winter, Konkrete und abstrakte Bedarfsdeckung in der Sachv, Göttingen 1962, S. 24 Anm. 8. Gegen das Bereicherungsverbot (speziell für die Feuerv): Endemann ZHR Bd 10 S. 244 bis 257.

Auch in der **Judikatur** findet sich mancher Hinweis auf das Bereicherungsverbot, z. B. in RG 19. IX. 1885 RGZ Bd 15 S. 96 (Seev), 6. X. 1894 RGZ Bd 35 S. 48, 63 (Feuerv), 11. I. 1896 RGZ Bd 36 S. 130—134 (Seev), 15. XI. 1911 RGZ Bd 77 S. 309 (Seev), 7. V. 1915 JW 1915 S. 791 = VA 1915 Anh. S. 92 Nr. 905 (Feuerv), 28. 10. 1919 RGZ Bd 97 S. 48 (Feuerv), 1. XI. 1919 RGZ Bd 97 S. 79 (Transportv), 10. VI. 1922 RGZ Bd 104 S. 410 (Seev), dahingestellt 28. VIII. 1942 RGZ Bd 169 S. 374—375 (Seev). Vgl. ferner OLG Hamburg 17. XII. 1941 JRPV 1942 S. 57—58 = HansRGZ 1942 B Sp. 169—172, OLG Kiel 30. III. 1927 Praxis 1928 S. 38. Das Bereicherungsverbot wird geleugnet vom OLG Oldenburg 9. VII. 1951 VersR 1951 S. 228—229.

Die **AVB** stellen das Bereicherungsverbot zuweilen ausdrücklich heraus. In § 3 I 1 AFB, § 6 V 1 FBUB, § 3 I 1 AEB heißt es: „Die V darf nicht zu einer Bereicherung führen."

Das Bereicherungsverbot bezweckt nicht nur die Abgrenzung der Schadensv einerseits von Spiel und Wette andererseits, sondern auch die Verminderung des subjektiven Risikos, wird doch die Versuchung zur schuldhaften Herbeiführung des Vsfalles vermehrt, falls der Vsfall nicht nur zur Entschädigung (Versilberung), sondern sogar zur Bereicherung führt.

Das Bereicherungsverbot hat den Charakter eines Rechtssatzes, nicht lediglich den einer „Maxime, die nur gilt, wenn sie in einer konkreten Einzelbestimmung durchgeführt worden ist" (so Prölss[15] Anm. 1 zu § 55, S. 247, dagegen mit Recht G. Schmidt ZfV 1960 S. 604). Will man sich nicht auf §§ 1 I 1, 55 (und Einzelnormen wie §§ 51, 59) stützen, so kann man mit Fick a. a. O. S. 55 von einem (ungeschriebenen) „Satze des internationalen Vrechts sprechen ..., der dahin geht, daß die Schadensv keine Gewinne (Vorteile, Bereicherung) bringen dürfe". Aus dem Bereicherungsverbot ergibt sich u. a. die vsrechtliche Vorteilsausgleichung (Anm. 51—54).

Der Rechtssatz des Bereicherungsverbots bewirkt, daß ein Entschädigungsanspruch aus einer Schadensv dem Grunde nach (oder der Höhe nach) der causa entbehrt, soweit es an einem Schaden fehlt. Es kann im Wege eines Vsvertrages nicht gültig vereinbart werden, der „Vmer" solle eine Entschädigung erlangen, ohne geschädigt zu sein, oder er solle eine Entschädigung erlangen, die den Schaden übersteigen würde. Verbirgt sich unter einem Schadensvsvertrag Spiel oder Wette, so findet gemäß § 117 II BGB der § 762 I BGB mit der Wirkung Anwendung, daß für den Ver nur eine (erfüllbare, aber nicht erzwingbare) Naturalobligation begründet wird (dazu Hagen I S. 574 Anm. 2). Meistens werden aber die Parteien, insbesondere die Ver, ein solches Scheingeschäft gar nicht wollen, und dann bewirkt die Verletzung des Bereicherungsverbotes, welches man im Bereiche des Vsrechts als absolut zwingend und unabdingbar bezeichnen kann (vgl. Anm. 54), die Nichtigkeit oder Teilnichtigkeit der vsvertraglichen Vereinbarungen (auch Prölss[15] Anm. 4 zu § 55, S. 248, VersR 1951 S. 219 erachtet die grundlegende Bestimmung des § 55 für unabdingbar).

Vorbehaltlich speziellerer Beweisregeln muß der Vmer die Schadenshöhe beweisen (Anm. zu § 55). Klauseln, welche dem Vmer den Beweis erleichtern, sind zulässig, sofern sie dem Ver den Gegenbeweis, also den Beweis einer Bereicherung, offenlassen (vgl. § 885 I HGB, Ritter Anm. 34—40 zu § 43, S. 666—670). Bewertungen eröffnen einen Spielraum: Alle Bewertungen, die sich im Bewertungsrahmen halten, sind unbeanstandbar (Anm. 56 zu § 52). Speziell zur Neuwertv vgl. Anm. 50. Neuerdings sind Zweige der Schadensv entwickelt worden, bei denen besonders sorgsam geprüft werden muß, ob sie nicht dem Bereicherungsverbot widerstreiten. Genannt seien die Reisewetterv (VA 1957 S. 62—63, 1958 S. 57 mit Möller VersR 1953 S. 217—219), die V von Fleischerhandwerks- und anderen Betrieben gegen Vermögensschäden durch Betriebsschließung infolge Seuchengefahr (VA 1962 S. 124—128); Näheres Anm. zu § 55. Zur Rindviehv mit festen Entschädigungsbeträgen (VA 1963 S. 2—6), zur Zuchttierv von Chinchillas mit festen Entschädigungsbeträgen (VA 1965 S. 155—156) und generell zur Tierv zu Durchschnittswerten (§§ 2 II, 5 II ATierB) vgl. Anm. 56 zu § 52.

Im übrigen ist zum Bereicherungsverbot zweierlei zu beachten:

Erstens: Das Bereicherungsverbot gilt nur für die Schadensv, nicht für die Summenv. Jede V, die nicht Personenv ist, muß als Schadensv betrieben werden; im Bereiche der Personenv steht es dem Ver frei, sich für eine konkrete Bedarfsdeckung (Schadensv) oder für eine abstrakte Bedarfsdeckung (Summenv) zu entscheiden (Anm. 3). Helfesrieder, Die Personenv in ihrer Abgrenzung zur Schadensv, Basel 1953, S. 53—55 will allerdings im Einzelfall zusätzlich prüfen, „ob der durch das befürchtete Ereignis hervorgerufene Schaden am Gefahrsobjekt Person nicht nur von vorübergehender Dauer ist, so daß bei Wiederherstellung derselben mit der Entrichtung der dazu erforderlichen Aufwendungen und des ... verursachten Verdienstausfalles der Schaden vollauf gedeckt wäre". Solchenfalls müsse die Personenv als Schadensv betrieben werden, wobei besonders auf die Krankenversicherung verwiesen wird. Aber solche Einengung der Zulässigkeit der Summenv, welche zugleich eine Ausweitung des vsrechtlichen Bereicherungsverbotes wäre, erscheint unhaltbar, gibt es doch neben der Krankheitskosten- die Krankentagegeldv. Die Lebensv wird in Deutschland fast nur als Summenv betrieben, das Bereicherungsverbot gilt also nicht (dazu Tiefenbacher, Das Bereicherungsverbot im Lebensvsrecht unter besonderer Berücksichtigung des englischen und amerikanischen Rechts, ungedruckte Hamburger Diss. 1948). Mißbräuche der Summenv verhindern teils die §§ 159 II, 179 III (Zustimmungserfordernis), teils das Faktum, daß der Vmer eine der Höhe der Vssumme entsprechende Prämie aufbringen muß.

Zweitens: Das schadensvsrechtliche Bereicherungsverbot erfährt gewisse Abschwächungen, Durchbrechungen, effektive und scheinbare, von denen in Anm. 46

bis 50 die Rede sein soll. Sie haben immer wieder gelegentlich zur Leugnung des Bereicherungsverbotes geführt, z. B. bei Blanck ZVersWiss 1928 S. 42—43, welcher meint, es komme nur auf eine Ausschaltung des subjektiven Risikos an, bei V. Ehrenberg NeumannsZ 1927 S. 597—599, der mit ähnlicher Begründung eine Sachsummenv zulassen will, z. B. gegen die Erdbebengefahr. Ehrenzweig S. 284 Anm. 6, Vsvertragsrecht, II. Bd, Wien-Leipzig 1935, S. 546—548 erklärt das schadensvsrechtliche Bereicherungsverbot für einen bloßen Programmsatz und meint, man könne es „der einverständlichen Beurteilung der Vertragsteile überlassen" festzulegen, wann eine „Schadensersatzleistung die Wirtschaftslage ... nicht verbessere". Ritter Anm. 69—70 vor § 1, S. 43—44 leugnet angesichts der Durchbrechungen, also der Ausnahmen, die auch von ihm anerkannte Regel. Neuerdings hat Schiering, Abstrakte und konkrete Bedarfsdeckung im Vsrecht, ungedruckte Hamburger Diss. 1964, S. 34—50, 119 unter dem Eindruck der Durchbrechungen des Bereicherungsverbotes und speziell im Hinblick auf die soziale Unfallv versucht, zwischen die Kategorien der konkreten schadensabhängigen Bedarfsdeckung und der abstrakten schadensunabhängigen Bedarfsdeckung eine schadensabhängige Bedarfsdeckung mit pauschaler Schadensberechnung zu stellen. Viel weiter geht Winter a. a. O. S. 23—51, 85—86, 99—116, der die Existenz eines gesetzlichen Bereicherungsverbotes für die Sachv leugnet, indem er nicht nur die Ausnahmen der Regel hervorkehrt, sondern einige Spezialfälle der Doppelv, des Übergangs von Ersatzansprüchen, der Vorteilsausgleichung usw. fälschlich so behandelt, daß eine Bereicherung des Vmers zustandekommt. Auf dieser Basis will Winter, der besonders die Neuwertv irrigerweise zur Begründung seines Standpunktes heranzieht, generell die Möglichkeit einer Sachsummenv bejahen, wobei er einschränkend nur fordert, daß sie von wirtschaftlichem Ernst getragen werde. Unzulässig sei aber die Sachsummenv, soweit vertraglich das Bereicherungsverbot vereinbart sei, sowie im Bereiche der Seev, für die § 786 III HGB zwingend bestimmt: „Soweit die Vssumme den Vswert übersteigt (Überv), hat die V keine rechtliche Geltung."

In Wahrheit ist nicht nur in der See-, sondern auch in der Binnenv von der Regel des Bereicherungsverbotes auszugehen, welche nur insoweit Ausnahmen zuläßt, als das positive Recht Durchbrechungen des Bereicherungsverbotes gestattet.

[46] b) Durchbrechungen.

aa) Gleichbleibender Versicherungswert.

Der Vswert kann während der Vsdauer schwanken, man kann deshalb den Anfangswert, den jeweiligen Vswert und den Ersatzwert unterscheiden (Anm. 25 zu § 52). Soll der Vswert als Regulator einer den Vmer nicht bereichernden Entschädigung in Betracht kommen (Anm. 44), so muß er als Ersatzwert herangezogen werden, und in der Tat stellen z. B. die §§ 55, 56 auf den „Vswert zur Zeit des Eintritts des Vsfalles" ab.

Aber die Transport- und Seev sind hier großzügiger. Die §§ 140 II, 141 I 2, auch §§ 70 II, 90 II ADS fingieren, daß der Anfangswert mit dem Ersatzwert identisch sei. Wertermäßigungen, die während der Vsdauer eintreten, bleiben also unberücksichtigt: Im Falle des Totalverlustes wird — sofern die Vssumme ausreicht — eine Entschädigung in Höhe des vollen Anfangswertes geleistet, eine Bereicherung des Vmers tritt also ein. Die Regelung beruht auf der Annahme, daß eine Transportv meistens nur für kurze Zeit abgeschlossen wird und daß während dieser Zeit die Werte nicht nennenswert schwanken. Aber dieser Gesichtspunkt läßt sich heute schon für die Güterv kaum noch anführen, man denke an die Einbeziehung von Lagerungen in die Vsdauer. Besonders aber bei der Kaskov können im Verlaufe der Vsdauer große Wertminderungen eintreten, man denke an das Absinken der Schiffswerte nach der Korea- oder Suezkanalkrise. Hiernach können also erhebliche Bereicherungen des Vmers infolge des fiktiv gleichbleibenden Vswertes zustandekommen.

Allerdings ist auch der umgekehrte Fall möglich: Wertsteigerung während der Vsdauer. Die Wertsteigerung wird durch die ursprüngliche Transport- und Seev nicht erfaßt, da hier der Anfangswert entscheidet. Der Vmer kann auch keine zusätzliche Gewinnv nehmen; denn der Gewinn wird nicht erst erwartet, sondern ist bereits realisiert. Als Ausweg haben die Transport- und Seev die sogenannte Mehrwertv ausgebildet, die man zusätzlich nachträglich nehmen kann. Über die Gütermehrwertv vgl. Ritter Anm. 22—27 zu § 90, S. 1067—1069, über die Kaskomehrwertv vgl. Ritter Anm. 13—16 zu § 70, S. 846—848, ferner unten Anm. zu § 53.

[47] bb) Vereinbarung einer Taxe.

Der Vswert, eine objektive Größe, kann zur Vermeidung von Bewertungsstreitigkeiten gemäß § 57^1, auch § 6 II 1 ADS, durch Vereinbarung auf einen bestimmten Betrag (Taxe) festgesetzt werden.

Die Taxe kann *übersetzt* sein, eine Bereicherung des Vmers kann also eintreten, sofern man von dem übersetzt taxierten Vswert ausgeht. Dennoch ist die Taxe maßgebend, es sei denn, daß sie den wirklichen Vswert „erheblich" übersteigt (§ 57^2, auch § 6 II 2 ADS).

Die bei nicht erheblich übersetzter Taxe denkbare Bereicherung des Vmers kann verschieden groß sein, je nachdem, welche Bedeutung der Taxe zukommt:

Nach § 87 legt bei der *Feuerv beweglicher Sachen* die Taxe *nur den Anfangswert* bindend fest. Der Ver kann also immer noch behaupten, der Vswert sei bis zum Eintritt des Vsfalles gesunken. Dann hat die Taxe ihre Bedeutung verloren, es sei denn, daß der Vmer beweist, eine Wertsenkung könne nicht eingetreten sein, etwa weil die Taxe erst ganz kurze Zeit vor dem Vsfall vereinbart sei. Gelingt dem Vmer dieser Beweis nicht, so muß der Ersatzwert unabhängig von der Taxe ermittelt werden. In der Feuerv beweglicher Sachen ist also durch eine Taxe kaum eine Bereicherung des Vmers zu befürchten.

Anders in *allen sonstigen Interessevszweigen*; denn dort gilt die Taxe *auch als Ersatzwert* (§ 57^2), ein Grundsatz, der sich für die Transport- und Seev schon aus der Fiktion des gleichbleibenden Vswertes (Anm. 46) ergibt. Trotz der Wertminderungen, die während der Vsdauer eingetreten sein können, erhält also bei einem Totalschaden der Vmer grundsätzlich den vollen Taxbetrag ersetzt, bei einem sonstigen Schaden einen entsprechenden Teil. Weder die Tatsache, daß der Anfangswert zu hoch taxiert gewesen sein kann, noch die eingetretene Wertminderung werden demnach berücksichtigt, solange der Ver keine erhebliche Übersetzung der Taxe behauptet. Geschieht das, so wird in der Binnenv allerdings geprüft, ob im Vergleich zum wirklichen Ersatzwert die Taxe übersetzt erscheint (§ 57^2), also nicht nur die eingetretene Wertminderung, sondern auch die von vornherein vorgenommene Höherschätzung werden berücksichtigt.

Näheres zur Taxe: Anm. zu § 57.

[48] cc) Versicherung von Gewinn.

Auch bei einer Gewinnv, also bei einer V von Gewinninteressen (Anm. 16), kann leicht eine Bereicherung des Vmers eintreten. Zwar widerstreitet die Gewinnv als solche nicht dem Bereicherungsverbot, aber in ihrer Einzelausgestaltung kann sie zu einem Vermögensvorteil für den Vmer führen.

Man muß die V entgehenden Gewinns (§§ 83, 89) und die V imaginären Gewinns (§ 100 ADS) unterscheiden:

Bei der V *entgehenden Gewinns* hat das Gesetz in § 89 für die Feuerv zwar eine Bereicherung des Vmers zu verhindern versucht, insbesondere durch das Verbot einer Taxe, aber der Begriff des entgangenen Gewinns ist aus § 252 BGB zu entnehmen, und nach dieser Vorschrift muß als entgangen auch jener Gewinn gelten, der zur Zeit des Vsfalles mit Wahrscheinlichkeit erwartet werden konnte. Darin liegt die Möglichkeit einer Bereicherung für den Vmer beschlossen: Er braucht nicht zu beweisen, daß der Gewinn auch tatsächlich erzielt worden wäre. Ein Wahrscheinlichkeitsurteil, gefällt für den Zeitpunkt des Vsfalles, reicht aus.

Noch viel weiter kommt man dem Vmer bei der Seev *imaginären Gewinns* entgegen, die nach § 100 ADS übrigens zugleich auch stets als taxierte V gilt. Hier entscheidet nicht der Zeitpunkt des Vsfalles, sondern es kommt darauf an, ob bei der Schließung des Vsvertrages ein Gewinn zu erwarten war, und obendrein wird keine Wahrscheinlichkeit der Gewinnerzielung erfordert, sondern eine nach kaufmännischer Berechnung gegebene bloße Möglichkeit reicht aus. Da speziell im Überseehandel kaum jemals gesagt werden kann, die Erzielung eines sehr hohen Gewinnes sei unmöglich, können bei der V imaginären Gewinns leicht größere Bereicherungen des Vmers vorkommen.

[49] dd) Verbindliche Sachverständigenfeststellung.

Gemäß § 64 I 1 wird in Schadensvsverträgen häufig ein Sachverständigenverfahren vorgesehen. Die Sachverständigen stellen einzelne Voraussetzungen des Anspruchs aus der V und/oder die Höhe des Schadens fest. Aber auch Sachverständige können irren. Möglicherweise erweist eine Nachprüfung, daß die Höhe des Schadens in Wahrheit niedriger ist, als die Sachverständigen gemeint haben. Dennoch ist aus Gründen der Rechtssicherheit die getroffene Feststellung prinzipiell verbindlich. Unverbindlich ist die Feststellung nur, „wenn sie offenbar von der wirklichen Sachlage erheblich abweicht" (§ 64 I 1). Eine Bereicherung des Vmers wird hiernach in Kauf genommen, sofern es sich entweder um eine nicht erhebliche Abweichung handelt oder sofern die Abweichung nicht „offenbar" klar zutage liegt. Näheres Anm. zu § 64.

[50] ee) Scheinausnahme: Neuwertversicherung.

Die Neuwertv widerstreitet nicht dem schadensvsrechtlichen Bereicherungsverbot. Allerdings hat das Sachinteresse lediglich den Zeitwert, der sich für den Zeitpunkt des Vsfalles ergibt. Im Rahmen der Sachv darf demzufolge eine Entschädigung höchstens in Höhe des Zeitwertes geleistet werden. Aber die Beeinträchtigung des Sachinteresses führt oft dazu, daß der Vmer notwendigerweise Aufwendungen zu machen hat. Will ein Hauseigentümer das durch Brand zerstörte Gebäude wieder errichten, so reicht die Zeitwertentschädigung hierfür nicht aus, sondern der Hauseigentümer ist faktisch gezwungen, überdies einen Betrag in Höhe der Differenz zwischen Neuwert und Zeitwert aufzuwenden (Anm. 20). Betrachtet man solchermaßen die Neuwertv als Kombination zwischen einer Sachv (Aktivenv) und einer V gegen notwendige Aufwendungen (Passivenv), so ergibt sich, daß dem Vmer nur sein (aufspaltbarer) Schaden ersetzt wird und daß eine Durchbrechung des Bereicherungsverbotes nicht gegeben ist. Näheres zur Neuwertv: Anm. 26, 28 zu § 52.

[51] 3. Versicherungsrechtliche Vorteilsausgleichung.

Obgleich der Schadensver primär Gefahrtragung und nicht Schadensersatz schuldet, gelten doch nach Eintritt des Vsfalles manche Rechtsgrundsätze, die auf Schadensersatzschulden generell anwendbar sind (Anm. 4). Für alle Schadensersatzschulden gilt das Prinzip der Vorteilsausgleichung, der compensatio lucri cum damno für den Fall, daß im Schadensfall nicht nur Nachteile, sondern auch Vorteile entstehen. Im Bereich des Vsrechtes handelt es sich zugleich um einen Anwendungsfall des vsrechtlichen Bereicherungsverbotes (Anm. 45).

Schrifttum über die vsrechtliche Vorteilsausgleichung: Bruck S. 439—443, Lentzen, Die Konkurrenz des Vsanspruchs und des Entschädigungsanspruchs des Vmers gegen Dritte, Kölner Diss. 1937, Schultz, Grundsätze der vsrechtlichen Vorteilsausgleichung, Hamburg 1934, Strittmatter, Vsrechtliche Vorteilsausgleichung, Berner Diss., Immensee 1949, von Tobel, Die Vorteilsanrechnung im schweizerischen Schadensersatzrecht, Züricher Diss. 1930.

Nicht zur vsrechtlichen Vorteilsausgleichung gehört der Problemkreis, ob Vsforderungen und Vsleistungen (aus Schadens- oder Summenven) ihrerseits bei nicht vsrechtlichen Schadensersatzforderungen — etwa im Deliktsrecht — auszugleichende Vorteile sind. Dazu vgl. Anm. zu § 67.

Im Rahmen der vsrechtlichen Vorteilsausgleichung geht es um die Frage, ob Vorteile mit ersatzpflichtigen Einzelschäden oder aber deren Ersatz im Zusammenhang stehen. Ersterenfalls, also bei Zusammenhang mit der Entstehung des Vsschadens, mit dem Vsfall, spricht man von **eigentlicher** Vorteilsausgleichung. Im zweiten Fall, also bei Zusammenhang mit der Erbringung der Entschädigungsleistung, spricht man von **uneigentlicher** Vorteilsausgleichung (Bruck S. 440, Schultz a. a. O. S. 38—41). — Zum Zeitpunkt der Vorteilsentstehung vgl. auch § 6 V 2 FBUB: „Wirtschaftliche Vorteile, die sich nach Ablauf des Bewertungszeitraumes als Folge der Unterbrechung innerhalb der Haftzeit ergeben, sind in billiger Weise zu berücksichtigen." Bei gedehnten Vsfällen kann auch die Vorteilsentstehung eine „gedehnte" sein.

Der Zusammenhang wird herkömmlicherweise nach Kausalitätsgrundsätzen, speziell nach dem **Grundsatz der adäquaten Verursachung** festgestellt (Bruck S. 442—443,

Schultz a. a. O. S. 28—32; generell RG 28. X. 1912 RGZ Bd 80 S. 159—160, 21. III. 1931 RGZ Bd 133 S. 223, 4. I. 1935 RGZ Bd 146 S. 278, BGH 15. I. 1953 BGHZ Bd 8 S. 328—329, 17. VI. 1953 BGHZ Bd 10 S. 108, 24. III. 1959 BGHZ Bd 30 S. 33). Neuerdings mehren sich allerdings die Stimmen, welche die Adäquanz für einen sachfremden Gesichtspunkt erachten (so besonders Cantzler ArchCivPrax Bd 156 S. 29—59 m. w. N.). Esser S. 272—275 entwickelt statt dessen eine verwickelte „Typenlehre", ähnlich Larenz Schuldrecht I⁷ S. 162—165.

Es läßt sich jedoch mit den Kausalitätsgrundsätzen eine befriedigende Zuordnung der Vorteile erreichen, wenn man — im Vsrecht — ausgehend vom Einzelschadensbegriff — überdies jeweils prüft, ob der Vorteil gerade im Hinblick auf das vte Interesse, auf die vte Beziehung die schädigende Wirkung ganz oder teilweise aufhebt (ähnliche Gedanken bei Esser S. 272 im Hinblick auf das verletzte Recht). Neben der Adäquanz ist also **„Korrespondenz"** von Einzelschaden und Vorteil zu fordern. Da der Schadensver nicht alle nur denkbaren Schäden zu ersetzen hat, kann er auch nicht alle entstehenden Vorteile für sich in Anspruch nehmen (dazu auch Ritter Anm. 9 zu § 45, S. 681—682, Strittmatter a.a.O. S. 17, 25—26). Es schießt andererseits weit über das Ziel hinaus, falls man bei Einzelschadensersatz jede Vorteilsausgleichung für ausgeschlossen erachtet (so aber Wilburg JherJ Bd 46 [1932] S. 125—148). Hiernach ergibt sich: Hat ein Dritter eine Sache fahrlässig in Brand gesetzt, die feuervert ist, und ersetzt der Dritte neben dem Sachschaden auch entgehenden Gewinn, so kommt als auszugleichender Vorteil im Hinblick auf das Sachinteresse nur der Sachschadensersatzanspruch in Betracht, nicht der Anspruch auf Ersatz des entgehenden Gewinns. Hat der Eigentümer den Münchener Glaspalast feuervert, und betreibt er nach dem Brande auf dem Gelände des zerstörten Gebäudes eine Eisbahn, so ist der hieraus erzielte Gewinn im Verhältnis zum Gebäudefeuerver — der die Substanz entschädigt — nicht als Vorteil auszugleichen (a. A. Schultz a. a. O. S. 46); das Gegenteil gilt bei einer Mietverlust- oder Betriebsunterbrechungsv.

Die allgemein-zivilrechtlichen Entscheidungen BGH 15. I. 1953 BGHZ Bd 8 S. 329, 17. VI. 1953 BGHZ Bd 10 S. 108, 24. III. 1959 BGHZ Bd 30 S. 33 fordern neben der Adäquanz eine Prüfung der Frage, ob eine Vorteilsanrechnung nach dem **„Sinn und Zweck"** der Ersatzpflicht **zumutbar** sei. Bei mangelnder „Korrespondenz" von Einzelschaden und Vorteil wird es stets auch an solcher Zumutbarkeit fehlen. Bei gegebener „Korrespondenz" dürfte aber die Anrechnung regelmäßig dem Sinn und Zweck der Ersatzpflicht des Schadensvers entsprechen.

Allerdings bedürfen zwei Arten von Vorteilen besonderer Erwähnung, bei denen auch im Vsrecht eine Ausgleichung **nicht** in Betracht kommt:

Erstens sind freiwillige Leistungen eines Dritten, z. B. Schenkungen aus Anlaß des Schadens, der den Vmer betroffen hat, nicht zur Ausgleichung zu bringen, da (und wenn) solche Zuwendungen den Geschädigten (nicht den Schadensver) begünstigen sollen (Esser S. 273). Wußte der Schenker nichts von der Existenz der Schadensv, so ist allenfalls zu prüfen, ob er das Geleistete mit allgemein-zivilrechtlichen Rechtsbehelfen zurückfordern kann.

Zweitens kann der Schadensver nichts daraus herleiten, daß kraft des Schadens ein Unterhaltsanspruch des Vmers entstanden oder umfangreicher geworden ist; deshalb kann ein Krankheitskostenver sich auch nicht darauf berufen, daß der Unterhaltsgewährende dem Vmer bereits die zur Kostendeckung erforderlichen Mittel zur Verfügung gestellt habe. Vgl. hierzu Esser S. 273, 915 und § 843 IV BGB, der einen allgemeinen Rechtsgedanken zum Ausdruck bringt, welcher über den unmittelbar geregelten Fall hinaus Geltung beansprucht (BGH 30. III. 1953 BGHZ Bd 9 S. 191, 31. V. 1954 BGHZ Bd 13 S. 364, 22. VI. 1956 BGHZ Bd 21 S. 116).

Man kann die denkbaren auszugleichenden Vorteile ähnlich gruppieren und **einteilen,** wie man — im Spiegelbild — die Einzelschäden einteilt. So können Vorteile (auf der Aktivseite) entstehen durch Entstehung neuer Wertbeziehungen zu Sachen, Forderungen, sonstigen Rechten oder Gewinnanwartschaften (oder durch entsprechende Wertsteigerungen vorhandener Wertbeziehungen), außerdem aber auch (auf der Passivseite) durch Wegfall (oder Verkleinerung) von gesetzlichen oder vertraglichen Schulden, von notwendigen Aufwendungen oder von konkreten Verlustmöglichkeiten (vgl. Anm.

12—21, auch Schultz a. a. O. S. 42—48 im Anschluß an Möller ZVersWiss 1934 S. 42—43). Das soll an einigen Beispielen aus dem Bereich der eigentlichen (Anm. 52) und uneigentlichen (Anm. 53) Vorteilsausgleichung gezeigt werden (Näheres zur vsrechtlichen Vorteilsausgleichung Anm. zu § 67). Es ist ferner zu skizzieren, wie sich die Vorteilsausgleichung vollziehen kann (Anm. 54).

[52] a) Eigentliche Vorteilsausgleichung.

Auf der **Aktivseite** erwächst dem Vmer ein Vorteil durch

Entstehen (oder Wertvollerwerden) **eines Sachinteresses:** Bei einem Totalschaden verbleibt als (heterogener) Rest ein aliud, z. B. ein Wrack in der Seev, ein Kadaver in der Tierlebensv (dagegen ist es kein Problem der Vorteilsausgleichung, falls bei einem Teilschaden ein homogener Rest übrigbleibt: Bruck S. 439). Weiterer Fall der Vorteilsausgleichung: Bei irgendeinem Schaden erlangt der Vmer anderweitigen Ersatz von einem Dritten (nicht nur einen Ersatzanspruch), also ein Surrogat, z. B. einen Geldbetrag vom Brandstifter oder vom ersatzpflichtigen Verfrachter oder Frachtführer (vgl. § 103 II 2 ADS mit Ritter Anm. 16, 17 zu § 103, S. 1207). Zweifelhaft ist es, ob der Vmer es sich als Vorteil anrechnen lassen muß, wenn nach einem Teilverlust die restlichen Güter infolge der Verknappung wertvoller werden (bejahend Bruck S. 442, Schultz a. a. O. S. 47—48).

Entstehen eines Forderungsinteresses: Hierher gehört der wichtige Fall der Entstehung von Schadensersatzansprüchen gegen Dritte (§ 67; Bruck S. 443, Schultz a. a. O. S. 45; aus dem allgemeinen Zivilrecht vgl. §§ 255, 281 II BGB); aber dogmatisch gehört hierher auch der Fall der Doppelv (§ 59), hier überschneiden sich vsrechtliche Vorteilsausgleichung und das Problem der Vsforderung als auszugleichender Vorteil. Neben Schadensersatzansprüchen seien Ansprüche aus Wandlung oder Minderung genannt (§ 118).

Entstehen eines Interesses an sonstigen Rechten: Ein Einbruchdiebstahl läßt für den Bestohlenen einen dinglichen Herausgabeanspruch gegen den Dieb entstehen (§ 985 BGB; auch hier vgl. aus dem allgemeinen Zivilrecht § 255 BGB).

Entstehen eines Gewinninteresses: Für einen Geschädigten können zugleich Gewinnanwartschaften entstehen. Verliert ein Verfrachter infolge eines Unfalls eine Frachtforderung (§ 617 I HGB), so kann er doch vielleicht bei schneller Reparatur des Schiffes und gestiegenen Frachtraten den Schaden mehr als ausgleichen. Dennoch ist es unter dem Gesichtspunkt der „Korrespondenz" fraglich, ob der Verfrachter sich im Rahmen der Frachtforderungsv den Vorteil anrechnen lassen muß (verneinend Ritter Anm. 71 vor § 1, S. 45, Schultz a. a. O. S. 47).

Auf der **Passivseite** erwächst dem Vmer ein Vorteil durch

Wegfall (oder Verkleinerung) **von gesetzlichen Schulden:** Falls der Reeder bei einer Kollision Eigenschaden erleidet, mindert sich in entsprechendem Umfange seine Haftung für mittelbaren Kollisionsschaden (wegen der dinglich-beschränkten Haftung des § 486 I Ziff. 3 HGB).

Wegfall von vertraglichen Schulden: Falls der Käufer einer Sache infolge eines Transportschadens den Kaufpreis, den er noch nicht gezahlt hatte, mindern kann, so ist dieser Vorteil anzurechnen.

Wegfall von sonstigen Belastungen: Falls der Eigentümer eines Gebäudes infolge eines Sturmschadens aus einer Grundschuld nicht mehr belangt werden kann, so ist Vorteilsausgleichung geboten (Schultz a. a. O. S. 48—49).

Wegfall von notwendigen Aufwendungen: Beispiel: § 800 HGB mit Ritter Anm. 70 vor § 1, S. 44; aus dem allgemeinen Zivilrecht § 642 II BGB.

Wegfall von konkreten Verlustmöglichkeiten.

[53] b) Uneigentliche Vorteilsausgleichung.

Zuweilen ergibt sich ein Vorteil für den Vmer nicht schon durch die Entstehung des Vsschadens, durch den Vsfall, sondern erst im Zusammenhang mit der Erbringung der Entschädigungsleistung seitens des Vers. Diese Entschädigungsleistung könnte zu einer Bereicherung führen, falls nicht im Wege einer uneigentlichen Vorteilsausgleichung eine Korrektur erfolgt.

In Betracht kommen besonders zwei Fälle (vgl. daneben § 104):

Erster Fall: Der Ver leistet **Naturalersatz,** die Naturalleistung ist überwertig, so daß der Vmer durch eine Geldzahlung den Vorteil ausgleichen muß. War z. B. bei der Glasv eine schon beschädigte Scheibe mitvert und tritt nun ein neuer Schaden ein, der zur vollwertigen Naturalherstellung führt, so hat nach einer Klausel (VA 1953 S. 218) „der Vmer ....% der Ersatzkosten selbst zu tragen und auf Verlangen vor der Ersatzausführung an die Gesellschaft abzuführen". Leistet bei einer Fahrradneuwertv mit Selbstbeteiligung des Vmers im Totalschadensfalle der Ver Naturalersatz durch Lieferung eines neuen gleichwertigen Fahrrades, so trifft gleichfalls den Vmer eine ausgleichende Zahlungspflicht (vgl. § 10 I—III AFVB). Leistet bei einer Haftpflichtv mit Selbstbeteiligung des Vmers der Ver volle Befreiung des Vmers (durch Zahlung an den Drittgeschädigten), so hat gleichfalls eine uneigentliche Vorteilsausgleichung zu erfolgen; hierher gehört auch der Fall des § 158f.

Zweiter Fall: Der Ver leistet **Geldersatz,** aber dabei wird eine Berechnung zugrunde gelegt, die einen übersetzten Betrag ergibt, welcher der Korrektur bedarf. So wird z. B. in der Seekaskov ein Teilschaden auf Grund der für die Ausbesserung aufgewendeten Kosten liquidiert. Aber hiervon muß ein Abzug gemacht werden, der dem aus dem Unterschiede zwischen neu und alt sich ergebenden Minderwert entspricht, ferner ein Abzug, „der dem Werte der durch neue ersetzten Sachen entspricht" (vgl. §§ 75 III, 76 ADS, ferner §§ 710 III, 872 HGB mit BGH 24. III. 1959 BGHZ Bd 30 S. 32).

[54] c) Vollzug der Vorteilsausgleichung.

Hier besteht eine große Alternative: Entweder **mindert sich** der **Schadensersatz** des Vers im Umfange des Vorteils oder der Ver leistet vollen Schadensersatz, wobei letzterenfalls meistens der **Vorteil** dem Ver zur Verwertung **übertragen** wird (man spricht bei dem Erlös des Vers von „Provenu"). Denkbar ist auch, daß der Ver zwar vollen Schadensersatz leistet, auch die Vorteilsverwertung dem Vmer beläßt, aber verlangt, daß ihm, dem Ver, der Erlös ausgeschüttet werde.

Zuweilen kommen auch Fälle vor, in denen der Ver die Wahl hat, entweder geminderten Schadensersatz zu leisten oder vollen Schadensersatz unter Vorteilsübernahme. So heißt es für die Einheitsv in § 9 II EVB: „Leistet der Ver Entschädigung, so ist er berechtigt, aber nicht verpflichtet, die beschädigte Ware zu übernehmen." Etwas ausführlicher §§ 7 VI, 10 VI AVB für Ausstellungsven (VA 1951 S. 164): „Beschädigtes Ausstellungsgut kann niemals an den Ver abandonniert werden." „Im Falle eines Schadens, für den Ansprüche seitens des Vmers geltend gemacht werden, ist der Ver berechtigt, aber niemals verpflichtet, das beschädigte Ausstellungsgut gegen Erstattung des Vswertes zu übernehmen."

Aber regelmäßig besteht kein solches Wahlrecht, sondern eine der beiden Grundlösungen wird normiert:

Erste Lösung: Die **Schadensersatzleistung** des Vers **mindert sich** z. B. in den Fällen des § 13 III AKB (Rest- und Altteile verbleiben dem Kaskovmer; sie werden zum Zeitwert angerechnet), § 71 I 1, 2 ADS (Vssumme abzüglich Wert der geretteten Sachen und des anderweit Erlangten), § 77 I 1, II 1 ADS (Versicherungssumme abzüglich Versteigerungserlös). Vgl. ferner § 3 I AFB (Schwierigkeit der Bewertung der Reste: Verwendbarkeit für die Wiederherstellung; Gebäudereste bei behördlichen Wiederaufbaubeschränkungen), § 9 I, II ATierB (Entschädigungssumme abzüglich Kadavererlös; vgl. auch § 8 Ziff. 1 IV, Ziff. 2 I, III AVB für Rindviehven: VA 1963 S. 5), § 9 I 4 AGlasB (Barersatz in der Glasv abzüglich Wert der Bruchstücke), § 4 II AVB für die V von Betrieben gegen Vermögensschäden durch Betriebsschließung infolge Seuchengefahr (VA 1962 S. 127: Anrechnung von öffentlichrechtlichen Entschädigungen), § 103 II ADS (Anrechnung von Erlösen bzw. Ersatzbeträgen bei einer V imaginären Gewinns), § 800 HGB (Anrechnung von Ersparnissen), § 11 III 2 Allgemeine Bedingungen für die V von Bankvaloren gegen die Gefahren des Transportes (Abzug der Vergütung der Beförderungsanstalt).

Zweite Lösung: Die **Schadensersatzleistung** des Vers wird — unter **Übertragung des Vorteils auf den Ver — voll erbracht** z. B. in folgenden Fällen:

Übergang von Ersatzansprüchen gegen Dritte (cessio legis): § 67; ferner gegen Doppelver: § 59 II 2, § 426 II BGB.

Übergang von Gewährleistungsansprüchen: § 118.

Übergang der kreditvten Forderung: § 11 AVB für die Ausfuhr-Kreditv: VA 1958 S. 52.

Übergang von (dinglichen) Ansprüchen: § 15 II Allgemeine Bedingungen für die V von Juwelierwaren: VA 1936 S. 101.

Übergang der Rechte des Vmers an dem Schiff bei Totalverlust: § 71 III ADS, und bei Verschollenheit mit Abandon des Vmers: §§ 72 III 1, 73 ADS.

Übergang der Rechte des Vmers an dem in Verlust geratenen Fahrrad: § 10 VI AFVB, an den ersetzten Bijouterie-, Silberwaren, Uhren (§ 14 II 1 Allgemeine Bedingungen für Bijouterie-, Silberwaren- und Uhren-Reiselager-V). — Eigenartig ist die Rechtslage nach § 17 III AEB, § 17 AHausratB bei Wiederherbeischaffung entwendeter Sachen; der Vmer hat die Wahl, die Entschädigung zurückzuzahlen oder die Sachen dem Ver „zur Verfügung zu stellen". Zuweilen muß der Vmer die wieder zur Stelle geschaffte Sache zurücknehmen und den Entschädigungsbetrag oder das Ersatzstück zurückgeben (§ 5 IV Allgemeine Bedingungen für die V von Juwelen, Schmuck- und Pelzsachen, ähnlich § 6 Ziff. 2 I 3 AVB für Weidetier-Ven: VA 1963 S. 59, § 13 VII AKB).

Übergang des Eigentums des Vmers an den Bruchstücken in der Glasv: § 9 I 2, 3 AGlasB.

Übergang des Grundpfandrechts (mit gesicherter Forderung): Klausel 5.07 Klauseln der Feuerv; V des hypothekarischen Interesses.

Bei dem Übergang von (dinglichen) Herrschaftsrechten, insbesondere von **Eigentumsrechten** tauchen sachenrechtliche Sonderprobleme auf (dazu Prölss NJW 1950 S. 350 bis 351, Sieg VersR 1954 S. 205—208). — Für das Seevsrecht normieren die §§ 859 II, 868 I HGB selbständige Eigentumserwerbsfälle (Ritter Anm. 38 zu § 71, S. 871, Anm. 17 zu § 72, S. 888). — Im Binnenvsrecht erheischen jedoch die §§ 929—931 BGB Beachtung. In den AVB ist durchweg ein automatischer Eigentumsübergang vorgesehen, zu dem es keiner weiteren Handlungen oder Erklärungen der Parteien bedürfen soll. Dagegen ist in den Fällen der abhandengekommenen Sachen nichts einzuwenden. Die nach § 929[1] BGB zur Übertragung des Eigentums erforderliche Einigung kann vorweggenommen und unter einer aufschiebenden Bedingung erklärt werden. Die ebenfalls notwendige Übergabe der Sache (§ 929[1] BGB) kann durch die Abtretung des gegen den Besitzer bestehenden Herausgabeanspruches ersetzt werden (§ 931 BGB); auch diese Abtretung kann im voraus für den erst künftig entstehenden Herausgabeanspruch vereinbart werden. Das Eigentum geht sogar dann über, wenn die vte Sache derart verloren ist, daß kein Dritter sie im Besitz hat; abgetreten ist auch der eventuell noch entstehende Herausgabeanspruch gegen den Finder. Allerdings muß die Einigung bis zum Zeitpunkt des vorgesehenen Eigentumsüberganges fortdauern, die Klausel versagt also, wenn der Vmer sich nachträglich anders besinnt (dazu und zu weiteren Bedenken: Sieg VersR 1954 S. 205). — Anders ist die Rechtslage, falls sich der Vmer im Besitz der Sachen befindet. So ist z. B. im Falle des § 9 I 2 AGlasB der Vmer im Zeitpunkt der Ersatzleistung regelmäßig noch im Besitze der Bruchstücke, die Übergabe kann also nicht nach § 931 BGB ersetzt werden. Auch ein Besitzmittlungsverhältnis, welches die Übergabe nach § 930 BGB ersetzen könnte, liegt nicht vor; es würde eine besondere Abrede voraussetzen, nach der vom Zeitpunkt der Leistung an der Vmer die Bruchstücke nur noch als Verwahrer oder in einem ähnlichen abhängigen Verhältnis für den Ver besitzen sollte. Demnach kann entgegen dem Wortlaut der AVB das Eigentum nicht ipso iure übergehen, sondern nur, wenn der Ver tatsächlich in den Besitz der Bruchstücke gelangt. Regelmäßig wird der vom Ver mit dem Einsetzen der neuen Scheibe beauftragte Handwerker auch die Bruchstücke an sich nehmen und damit Besitz und Eigentum für den Ver erwerben; es ist aber auch denkbar, daß der Vmer die Bruchstücke beiseite schafft und sie dann nicht herausgibt. In solchen Fällen kann der Ver nicht etwa die Eigentumsherausgabeklage nach § 985 BGB erheben, sondern kann allenfalls die Übergabe der Bruchstücke auf Grund des (gemäß § 242 BGB auszulegenden) Vsvertrages verlangen. — Als Zeitpunkt und damit zugleich als aufschiebende Bedingung des Eigentumsüberganges ist bei den meisten der zitierten Klauseln die Bewirkung der Leistung durch den Ver festgesetzt. Man wird hierunter die volle Leistung zu verstehen haben, so daß Teilleistungen, insbesondere Vorschüsse den Eigentumsübergang noch nicht herbeizuführen vermögen. Eine Abweichung hinsichtlich des Zeitpunktes findet sich in § 13 VII AKB, wonach der Wagen zwei Monate nach der Schadensanzeige in das Eigentum des Vers fällt, wenn er nicht vorher wieder aufgefunden worden ist. Da die Ersatzleistung des Vers hier frühestens mit Ablauf der Zweimonatsfrist fällig wird (§ 15^1 AKB), erlangt der Ver das Eigentum, ohne seinerseits geleistet zu haben. Hiergegen lassen sich Bedenken im Hinblick auf die halbzwingende Natur des § 67 (§ 68a) geltend machen (LG Kiel 22. XII. 1949 NJW 1950 S. 350—351; Sieg VersR 1954 S. 205—206).

Da über den Wert von heterogenen Resten und anderen Vorteilen oft Streit entsteht, sind nicht selten **öffentliche Versteigerungen** vorgesehen, z. B. in §§ 71 I 3, 77 I 1, 91 I 1, 92 ADS, vgl. auch § 93 III ADS für die Wertermittlung bei homogenen Resten. Falls es der Vmer ist, der den Zuschlag erhält und falls dieser Erwerb für den Vmer sehr lukrativ ist, so ist der erzielte Gewinn kein auszugleichender Vorteil (Ritter Anm. 71 vor § 1, S. 45). Das gilt entsprechend bei einem freihändigen lukrativen Erwerb des Vmers aus den Händen des Vers (vgl. RG 15. XI. 1911 RGZ Bd 77 S. 308—309). Übrigens kann ausnahmsweise schon für den Ver der Erlös aus der Verwertung des „Vorteils“ höher sein als die von ihm erbrachte Entschädigungsleistung (RG 15. II. 1911 RGZ Bd 77 S. 307). Einen sehr krassen Fall dieser Art erörtern Josef Vs-Wochenschrift 1925 S. 151 (Glasver leistet in der Inflationszeit Vssumme von 2000 M und beansprucht das Bruchstück im Werte von 30000 M) und RG 2. III. 1923 Mitt. 1923 S. 132—133 (Bezahlung des Mehrwertes der Bruchstücke durch den Ver?). Solche „Bereicherung“ des Vers ist jedenfalls im Rahmen des § 67 I 1 ausgeschlossen („soweit“).

Die Grundsätze über die Vorteilsausgleichung dienen der Realisierung des Bereicherungsverbotes und müssen deshalb wie dieses als **zwingend, unabdingbar** angesehen werden (vgl. Anm. 45). Deshalb sind Klauseln unwirksam, welche die Vorteilsausgleichung ganz oder teilweise ausschließen sollen (Beispiele bei Argyriadis, Die Frachtv, Hamburg 1961, S. 171—172).

[55] 4. Spezielle Obliegenheiten.

Neben jene Obliegenheiten, welche in den Vorschriften für sämtliche Vszweige (§§ 1 bis 48) geregelt sind, setzt das Recht der Schadensv gewisse speziellere Obliegenheiten, sei es für sämtliche oder mehrere Vszweige, sei es für einzelne Vszweige. Es handelt sich im Gesetz um folgende:

Anzeige- und Auskunftsobliegenheiten: § 58 (mehrfache V), § 71 (Veräußerung); § 90 (Feuersach- und Gewinnv), § 92 (Feuervsfall), § 110 (Hagelvsfall), §§ 114, 115 (Hagelv, Veräußerung), § 121 (Tierv, Erkrankung, Unfall), § 143 (Kaskov, Gefahrerhöhung, Veräußerung), § 146 (Transportv, Unfall), §§ 151 II, 158 h (Haftpflichtv, Veräußerung), § 153 (Haftpflichtv, Vsfall usw.).

Sonstige Obliegenheiten:

Tun: § 62 (Abwendung, Minderung, Weisungseinholung und -befolgung); § 97 (Feuerv, Wiederherstellung); § 122 (Tierv, Tierarztzuziehung).

Unterlassen: § 67 I 3 (Nichtaufgabe von Ersatzansprüchen); §§ 93, 111 (Feuer-, Hagelv, Veränderungsverbot), § 118^3 (Tierv, Nichtaufgabe von Ersatzansprüchen), § 126 (Tierv, Nottötungsverbot), § 154 II (Haftpflichtv, Befriedigungs- und Anerkennungsverbot).

Es gibt neben den Obliegenheiten, welche den Vmer belasten, solche zu Lasten des Vten bei der V für fremde Rechnung (§ 79 I), des Hypothekengläubigers bei der Feuerv (Anmeldung der Hypothek: §§ 100, 101, 102 II 2, 103, 106, 107, Mitteilung der Wohnungsänderung: § 107a), des sonstigen Realgläubigers bei der Feuerv (§ 107b), des geschädigten Dritten bei der Pflichthaftpflichtv (§ 158d, e; § 3 Zff. 7 PflVG).

[56] 5. Spezielle Verfahrensregelung.

Für das **Zustandekommen** von Schadensvsverträgen gelten kaum Besonderheiten. Allenfalls läßt sich erwähnen, daß Abschlußagenten hier eine faktisch viel größere Rolle spielen als in der Summenv (Anm. 16 vor §§ 43—48). Auch die vorläufige Dekkungszusage (Anm. 91—107 zu § 1) hat hier ihr Hauptanwendungsgebiet. Bei dem bedeutendsten Zweig der Schadensv, der Kraftfahrhaftpflichtv handelt es sich um eine Pflichtv; öffentlichrechtliche Normen wirken deshalb in das Zustandekommen der Vsverhältnisse hinein (Anm. 54—63 zu § 1). Die Prämienhöhe ist — anders als in der Lebens- und Krankenv — im Bereich der „klassischen" Schadensvszweige nicht geschäftsplanmäßig festgelegt (Anm. 20 zu § 35), jedoch gelten Besonderheiten für die Unternehmenstarife der Kraftfahrtv, die den Einheitstarif abgelöst haben (§ 13 VO PR Nr. 15/59 zur Auflockerung der Preisbindung in der Kraftfahrtv in der Fassung vom 3. IV. 1963 Bundesanzeiger Nr. 71 vom 11. IV. 1963, S. 1), auch sind die internen Regelungen der Ver für gewisse Schadenszweige wichtig (zum Prämienkartell der Industriefeuerv vgl. VA 1964 S. 186—191).

Für die Abwicklung der Vsverhältnisse gewinnt im Stadium der **Schadensregulierung** häufig die Vereinbarung eines Sachverständigenverfahrens Bedeutung, auch in der Unfallv. Für den Fall solcher Vereinbarung gelten die §§ 64, 184. Im übrigen befassen sich mit der Ermittlung und Feststellung des Schadens § 65 (Bevollmächtigte) und § 66 (Kosten).

Schiedsgerichte spielen eine Rolle in gewissen „kaufmännischen" Vszweigen, z. B. in der Rückv und nach § 18 II SVS (Näheres Anm. 30 zu § 48).

I. Inhalt des Vertrags.

§ 49

Der Versicherer hat den Schadensersatz in Geld zu leisten.

Ersatzleistung des Versicherers. Interesse. Kausalität. Bewirkung der Leistung.

Gliederung:

[1] **Entstehung:** § 49 ist unverändert geblieben. — Begr. I S. 59—60.

[2] **I. Gefahrtragung des Versicherers.**

1. Vor dem Versicherungsfall.

Der Ver — also auch der Schadensver — schuldet und leistet Gefahrtragung (Anm. 40—45 zu § 1). Auch schon vor Eintritt eines Vsfalles, nämlich vom materiellen Vsbeginn (Anm. 3 zu § 2) an, hat hiernach der Ver ein Leistungsverhalten zu beobachten, einen Leistungserfolg herbeizuführen. Der Leistungserfolg liegt darin, daß dem Vmer sogleich die Anwartschaft verschafft wird, bei Gefahrverwirklichung eine Ersatzleistung, also konkrete Bedarfsdeckung zu erlangen.

Schadensverhütung ist billiger als Schadensvergütung. Deshalb bemühen sich viele Ver um die Vorbeugung, um die Verhinderung, „Meidung" und „Unterdrückung" von Schäden (vgl. z. B. Beenken in: Studienwerk E IX S. 1—26, Braess ÖffrechtlV 1933 S. 29—32, Schadensverhütung und Bedarfsvorbeugung in der Sachv, Leipzig-Berlin 1936, Büchner Der Volkswirt 1953 Beilage zu Nr. 49 S. 18, 20—21, Cuntz in: Studienwerk E IX S. 45—54, John in: Finke, Handwörterbuch des Vswesens, Bd 2, Darmstadt 1958, Sp. 1814—1816, von Guenther in: Studienwerk E IX S. 35—44, Prölss WuRdVers 1933 Nr. 2 S. 1—79, Samson-Himmelstiern, Präventive Vspolitik, Berlin 1904, Sós Vsarchiv 1931/32 S. 70—75). Am stärksten verfeinert ist die Brandverhütung (vgl. z. B. Bues, „Meidung" und „Unterdrückung" in der Geschichte der Feuerv, Tübinger Diss., Hannover 1916, Helmer, Berufung und Verpflichtung der öffentlich-rechtlichen Feuervsanstalten zu schadenverhütender Tätigkeit, Hamburg 1954, Schmidt-Sievers S. 26, 74). Zur Schadensverhütung in der Maschinenv: Schiemann, Aufgaben und Ziele in der Maschinenv, Berlin 1961, S. 159—165, in der Hausbockkäferv: § 6 HbB.

Rechtlich ist hervorzuheben, daß die Gefahrtragungsleistung des Vers eine zivilrechtliche Verpflichtung zur Schadensverhütung im Verhältnis zum Vmer nicht umfaßt. Soweit anderweitige, etwa öffentlichrechtliche Verpflichtungen der Ver im Einzelfall bestehen sollten, fragt sich allenfalls, ob sie in Schutzgesetzen auferlegt worden sind, deren Verletzung dem Vmer als Begünstigtem einen Schadensersatzanspruch aus § 823 II BGB verleihen könnte.

Bloße Instandhaltungsverträge begründen keine V (Anm. 15; Anm. 5 zu § 1). Über eine Einrichtung, welche Bergschädenprozesse verhütet hat, RFH 13. I. 1928 VA 1928 S. 71—72 Nr. 1843, auch RFH 16. XI. 1928 VA 1929 S. 61 Nr. 1967.

Den Vmer können Obliegenheiten treffen, Inspektionen des Vers — z. B. in der Feuerv — zu dulden; eine Rechtspflicht des Vers zur Inspektion wird dadurch nicht begründet. Über Schadensverhütungsobliegenheiten des Vmers vgl. Anm. 4—31 zu § 32. — Über die Mitwirkung des Vers bei der Abwendung und Minderung des Schadens, insbesondere durch Weisungen (zu denen er aber nicht verpflichtet ist): Anm. zu § 62. Über ein Recht des Vers, einzugreifen und Maßregeln zu treffen: § 8 AVB für die V von Film-Apparaten. Über die Mitwirkung des Vers bei der Ermittlung und Feststellung des Schadens: Anm. zu § 65.

Die Gefahrtragung setzt voraus, daß (in der Interessev) ein vtes und **versicherbares Interesse** des Vmers (oder des Vten) besteht und nicht weggefallen ist und daß (in der gesamten Schadensv) eine vte und **versicherbare Gefahr** besteht und nicht weggefallen ist, auf Grund derer die Beeinträchtigung des Interesses oder die Entstehung von Passiven zu befürchten ist. Über die Versicherbarkeit von Interessen und Gefahren (speziell die Fälle der Gesetzes- oder Sittenwidrigkeit), ferner über Nichtbestehen und Wegfall des Interesses oder der Gefahr: Anm. zu § 68, vgl. auch Anm. 88, 121, 124.

Der Ver kann seine Gefahrtragungspflicht schon vor Eintritt des Vsfalles **verletzen,** man denke an den Fall des Unsicherwerdens (Anm. 33—40 zu § 13) oder an eine unberechtigte hartnäckige Verweigerung des Vsschutzes (Anm. 15 zu § 11).

[8] 2. Nach dem Versicherungsfall.

Mit dem Eintritt des Vsfalles tritt die Gefahrtragung aus dem latenten Stadium hinüber in das akute (Anm. 49 zu § 1, Anm. 32—36 vor §§ 49—80). Sofern in einem Schadensvszweig — wie meistens — mehrere Vsfälle aufeinander folgen können und kein Totalschaden eingetreten ist, muß man genauer sagen: Während die latente Gefahrtragung im Hinblick auf denkbare weitere, künftige Vsfälle fortdauert, wird die Gefahrtragung akut im Hinblick auf den eingetretenen Vsfall.

Der Eintritt des Vsfalles führt regelmäßig zur Schadensentstehung (Anm. 33 vor §§ 49—80) und zur Auslösung der Ersatzpflicht des Vers (Anm. 36 vor §§ 49—80). Die dem Vmer verschaffte Anwartschaft realisiert sich, und der Vmer (oder Vte) erlangt einen Anspruch auf **Geld- oder Naturalersatz** (Anm. 4—27), also auf Ersatzleistung.

Allerdings ist vorauszusetzen, daß der eingetretene Schaden sich in der Aktiven-(Interesse-)versicherung als Negation des vten Interesses darstellt, was in manchen Fällen problematisch ist. In der Passivenv muß der eingetretene Schaden darauf beruhen, daß eines jener Passiven entstanden ist, gegen deren Entstehung der Vsschutz genommen wurde. Zu alledem, speziell aber zum Verhältnis von **Interesse und Schaden:** Anm. 28 bis 126.

Ferner braucht der Ver die Ersatzleistung nur zu erbringen, falls der Schaden auf die Verwirklichung der vten Gefahr zurückzuführen ist. Die Fragen des ursächlichen Zusammenhanges sind für das Vsrecht von großer Bedeutung, obgleich sich das Gesetz kaum dazu äußert. Zweckmäßig werden auch die Probleme um **Kausalität und Schaden** sogleich bei § 49 behandelt: Anm. 127—166.

Manche Einzelheiten im Zusammenhang mit der **Bewirkung der Ersatzleistung** (und ihrer Höhe) sind bei anderen Bestimmungen behandelt worden oder zu behandeln. Einen Überblick bieten Anm. 167—182.

[4] II. Geld- und Naturalersatz.

Schrifttum: Allgemein: Josef Vs-Wochenschrift 1925 S. 151, Riebesell ÖffrechtlV 1932 S. 167, Rothkegel, Naturalersatz als Leistungsprinzip in der Individualv, Berlin 1932, R. Schmidt in: Roehrbein, Rechtsfragen aus der Privat- und Sozialv, Berlin 1953, S. 127—133, Wörner NeumannsZ 1918 S. 305—306. Zu Wiederherstellungsklauseln: Börner, Die Wiederherstellungsklausel in der Gebäudefeuerv, ungedruckte Hamburger Diss. 1951, VersR 1952 S. 109—111, Farnsteiner VersR 1954 S. 41—44, Goralewski, Die rechtliche Natur der Wiederherstellungsklausel im Vsrecht, Frankfurter Diss., Ludwigshafen 1933, Groth, Die Wiederaufbauklausel (Wiederaufbaupflicht) in der Gebäudefeuerv und die Unmöglichkeit des Wiederaufbaus, Hamburger Diss., Hamburg 1932, Hagen JRPV 1932 S. 33—40, Helberg VA 1951 S. 57—58, Möller ÖffrechtlV 1932 S. 33—38.

[5] 1. Vorbemerkungen.

Während bei bürgerlichrechtlichen Schadensersatzansprüchen der Naturalersatz die Regel bildet (§ 249¹ BGB), stellt umgekehrt für die Schadensv § 49 das **Prinzip des Geldersatzes** in den Vordergrund. Bestünde § 49 nicht, so würde § 249¹ BGB auch für die Schadensv Geltung beanspruchen; denn der Vsvertrag ist ein zivilrechtliches Schuldverhältnis (Einl. Anm. 10) und allgemeine Schadensersatzvorschriften müssen auf die Schadensv Anwendung finden, obgleich der Ver primär Gefahrtragung schuldet (Anm. 4 vor §§ 49—80).

Es ist bemerkenswert, daß im Schadensvsrecht das Geldersatzprinzip gilt, obgleich die Schadensv als V von Einzelschäden (Anm. 4 vor §§ 49—80) einen Ersatz in natura an und für sich leichter gestattet als das allgemeine Zivilrecht, welches vom Summenschadensersatz beherrscht wird (hierauf weist Börner a. a. O. S. 2—4 hin). Das allgemeine Zivilrecht muß denn auch ausnahmsweise zahlreiche Fälle des Geldersatzes zulassen (vgl. nur §§ 249²—251 BGB). Wenn sich das Vsrecht trotz der Herrschaft des Einzelschadensbegriffes für das Geldersatzprinzip entschieden hat, so deshalb, weil das Vswesen geldwirtschaftlich orientiert ist und die Naturalherstellung die Leistungserbringung kompliziert, ja sogar die Gefahr mit sich bringt, daß „vsfremde" Elemente in den Vsbetrieb eindringen. (Riebesell ÖffrechtlV 1932 S. 167 betont demgegenüber allzusehr auch für die Gegenwart noch die Naturalleistung als „Endprinzip der V".)

Man darf nicht sagen, § 49 enthalte „nicht einmal eine Regel, sondern eine Beschreibung der üblichen Art, Schadensersatz zu leisten" (Prölss¹⁵ Anm. 2 zu § 49, S. 232). § 49 entfaltet vielmehr seine volle Kraft als gesetzliche Regel, sobald der Vsvertrag über die Art des vom Ver zu leistenden Ersatzes schweigt oder Zweifel offen läßt. Deshalb wurde auch bei der Beratung des Gesetzes ein Antrag, die Vorschrift als überflüssig zu streichen, abgelehnt (Bericht der VIII. Kommission S. 50).

Aber § 49 ist nicht zwingend; abweichende Vereinbarungen sind zulässig (Begr. I S. 49). Solche Naturalersatzvereinbarungen spielen in der Praxis sogar eine recht erhebliche Rolle, zumal wenn man bedenkt, daß immer dann ein Naturalersatzanspruch gegeben ist, wenn dem Vmer — wie in der Haftpflichtv — ein Befreiungsanspruch gegen den Ver zusteht (Anm. 13).

[6] Geld- und Naturalersatz sind nicht leicht voneinander abzugrenzen. Es ergeben sich **Zwischenformen,** falls — besonders in der Sachv — Wiederherstellung, Wiederaufbau, Ausbesserung, Wiederbeschaffung vsrechtlich bedeutsam sind. Wenn die geschätzten Kosten solcher Maßnahmen lediglich den Maßstab bieten sollen für den Umfang einer zu erbringenden Geldleistung, so handelt es sich noch um einen klaren Fall des Geldersatzes. Oft aber ist die reale Durchführung solcher Maßnahmen erforderlich. Wird die Durchführung vom Ver geschuldet, so liegt ein klarer Fall des Naturalersatzes vor. Dazwischen liegt eine bunte Vielfalt von Fällen, in denen der Vmer solche Wiederherstellungsmaßnahmen durchführt, und mit dieser Durchführung ist juristisch der Anspruch auf die Ersatzleistung in mannigfaltiger Weise verknüpft, so daß bei Nicht-Wiederherstellung der Vmer die Ersatzleistung ganz oder teilweise nicht erhält. Über die verschiedenen Arten solcher Wiederherstellungsregelungen: Anm. 22—27.

Andere Zwischenformen ergeben sich, falls dem Ver oder Vmer ein Wahlrecht zwischen Geld- und Naturalersatz eingeräumt ist (Anm. 19—21). Möglicherweise wandeln sich Natural- in Geldersatzansprüche um, z. B. der Befreiungsanspruch des Haftpflichtvmers in einen Geldanspruch, nachdem er seinerseits aus eigenen Mitteln den Dritten befriedigt hat (vgl. § 154 I 1, BGH 30. X. 1954 BGHZ Bd 15 S. 158—159). Solche Umwandlung ist auch anzunehmen, wenn sich der Dritte im Wege der Aufrechnung, des Pfandverkaufs oder in sonstiger Weise befriedigt (Wussow VersR 1959 S. 976 bis 977 gegen BGH 13. VII. 1959 VersR 1959 S. 701—703).

[7] 2. Geldersatz.

a) Geldleistung ohne Zweckbindung.

Regelmäßig leistet der Ver Geldersatz, ohne daß der Vmer hinsichtlich der Verwendung des Geldes gebunden wird. Denn wenngleich jeder Schaden eine Ausgleichung erwünscht macht und einen Bedarf weckt, so ist es doch nicht erforderlich, daß die Ersatzleistung des Vers gerade zur Wiederherstellung des früheren Zustandes Verwendung findet. Mahr, Einführung in die Vswirtschaft, Berlin 1951, S. 74 unterscheidet die Wahrung des sachlichen und des finanziellen Status der vten Wirtschaft. Der finanzielle Status bleibt auch erhalten, falls der Vmer einen anderen Bedarf deckt, statt die zerstörte Sache wiederanzuschaffen. Er kann eine beschädigte Sache im beschädigten Zustand belassen und die Ersatzleistung anderweitig verwenden.

Geldersatz liegt auch vor, falls der Ver in ausländischer Währung leistet. Hierzu vgl. aber § 244 BGB, wonach der Ver im Inlande im Zweifel in DM zahlen kann, auch wenn die Schuld in ausländischer Währung ausgedrückt ist. Der Zweifel wird jedoch beseitigt, wenn z. B. § 11 I 3, 4 ADB besagt: „Entschädigungsansprüche sind grundsätzlich in der Währung zu befriedigen, in der die V genommen und die Prämienzahlung geleistet wurde. Bei Aufwendungen und Havarie-grosse-Beiträgen in fremder Währung erfolgt die Umrechnung in die Policenwährung zum Kurse des Zahlungstages.“ Über die häufigsten Fälle von Schadenszahlungen in ausländischer Währung vgl. Dürr, Die Liberalisierung des internationalen Vsverkehrs, Berlin 1956, S. 37—40.

Um eine Geldleistung handelt es sich auch dann, wenn ausnahmsweise der Vmer nach Eintritt des Vsfalles gegen Geldwertschwankungen abgesichert wird, z. B. durch Bezugnahme auf den Gold- oder einen anderen Sachwert. Näheres Anm. 40 zu § 52.

Über Geldleistungen mit Zweckbindung, bei denen sich eine gewisse Annäherung an den Naturalersatz ergibt, Anm. 22—27.

[8] b) Geldleistung an Dritte.

Eine Geldleistung kann auch dergestalt erbracht werden, daß sie nicht an den Vmer, bei der V für fremde Rechnung nicht an den Vten gezahlt wird: Man denke an die Fälle der Abtretung, Verpfändung und Pfändung der gegen den Ver gerichteten Entschädigungsforderung, speziell an das Immobiliarpfandrecht der Realgläubiger, welches sich auf die Vsforderung erstreckt (§§ 1127 I, 1128 BGB).

Man denke ferner an die Leistung an Empfangsvertreter, mit dem Spezialfall des § 370 BGB (Überbringer einer Quittung), erweitert durch § 4 VI GrundBed („Der Ver ist berechtigt, an den Überbringer von ordnungsmäßigen Belegen die Leistung zu bewirken“); hier spielt der Gedanke der Rechtsscheinsvollmacht herein. Man denke ferner an Empfangsermächtigte, die im Gegensatz zu Empfangsvertretern im eigenen Namen empfangen. Hierher zählt nach § 76 II der Vmer bei der V für fremde Rechnung, falls er im Besitze des Vsscheins ist oder der Vte zustimmt. Hierher gehört auch jeder, der solutionis causa adjectus ist: Der Einfachheit wegen bittet der Krankenvmer den Ver um direkte Zahlung an den Arzt.

Die Geldleistung aus einem Todesfallvsvertrage nähert sich der Naturalleistung aus einer Schadensv, falls zugunsten eines Bestattungsunternehmens eine Bezugsberechtigung eingeräumt wird. Nachweise zu diesem nicht unbedenklichen Fall: Anm. 16.

Vgl. im Einzelnen Anm. 168.

[9] c) Geldleistung entsprechend Wiederherstellungskosten.

In der Aktivenv finden sich häufig Vereinbarungen über den Vswert (Ersatzwert), die darauf abstellen, wieviel die Wiederanschaffung oder Wiederherstellung kosten würde, falls sie durchgeführt werden würde. Beispiele: Anm. 11 zu § 11, Anm. 31, 34 zu § 51.

Hier erbringt der Ver eine reine Geldleistung. Es wird nur ein Maßstab für die Berechnung der Höhe dieser Leistung aufgestellt. Die „Kosten der Neuherstellung" oder der „Wiederbeschaffungspreis" oder die „erforderlichen Kosten der Wiederherstellung" lassen sich auch abstrakt und vorausschauend feststellen (so auch RG 27. IV. 1928 JW 1928 S. 1744 = JRPV 1928 S. 184, KG 9. XI. 1927 JRPV 1928 S. 10—11). Zu § 13 V 1, 2 AKB vgl. Stiefel-Wussow[5] Anm. 6, 12 zu § 13, S. 400, 405, BGH 13. VII. 1961 VA 1962 S. 17—18 = VersR 1961 S. 724—725.

[10] d) Geldleistung nach Aufwendungen.

Im Bereich der Passivenv erfolgt möglicherweise die Ersatzleistung des Vers dergestalt, daß vorher der Vmer nach dem Schadensfall bereits Aufwendungen gemacht haben muß. Gemäß § 4 V 2 GrundBed kann der Krankheitskostenver bei Vorlage von Rechnungen „den Nachweis vorheriger Bezahlung fordern". Es soll also bei dieser V gegen die Entstehung notwendiger Aufwendungen nicht ausreichen, daß die Aufwendungen notwendig geworden sind, sondern es wird gefordert, daß sie bereits gemacht worden sind. Hat der Haftpflichtvmer den Dritten bereits befriedigt (§ 154 I 1), so sind Schulden für den Vmer nicht nur entstanden, sondern bereits getilgt; der Haftpflichtver schuldet nicht mehr Befreiung, sondern Geld (Anm. 6).

Aber bei einer Passivenv entsteht für den Vmer der Schaden bereits dann, wenn Schulden entstanden (und noch nicht getilgt) oder Aufwendungen notwendig geworden (aber noch nicht gemacht) sind. Wenn nichts anderes vereinbart ist, hat der Ver schon zu leisten, wenn die Schuld entstanden oder die Aufwendung notwendig geworden ist, und in dubio hat er eine Geldleistung zu erbringen. Für wichtige Fälle gelten allerdings Ausnahmen: In der Haftpflichtv schuldet der Ver Befreiung in natura. Gemäß § 6 V Allgemeine Bedingungen für die Kraftverkehrs-Strafrechtsschutz-V (VA 1962 S. 149) hat die vte Person alle Kostenrechnungen, die ihr zugehen, unverzüglich dem Ver vorzulegen: Offenbar braucht also der Vmer nicht in Vorlage zu treten; der Ver übernimmt die Befreiung des Vmers.

Speziell bei einer V gegen notwendige Aufwendungen handelt es sich um eine faktische, nicht um eine rechtliche Notwendigkeit. Solches Faktum wird nur bewiesen, falls der Versicherungsnehmer effektiv Schritte einleitet, den Aufwand zu machen. Ein Krankenvmer, der schwer krank in einer unerreichbaren Berghütte liegt, bis ihm die Natur hilft, müßte zwar theoretisch Arztkosten aufwenden, aber für ihn entsteht kein Schaden. Auch die Neuwertv ist in Höhe der Differenz zwischen Neu- und Zeitwert eine V gegen notwendige Aufwendungen (Anm. 20 vor §§ 49—80). Auch hier muß die Notwendigkeit des Aufwandes sich dadurch erweisen, daß er demnächst tatsächlich gemacht wird (Farnsteiner VersR 1954 S. 41—42, Wahren, Neuwertv, Hamburg 1935 S. 48). Bei der Krankenv ist hiernach der früheste Zeitpunkt für eine Geldleistung des Vers der Besuch beim Arzt oder gar erst der Empfang der Rechnung; bei der Neuwertv ist es der Abschluß der entsprechenden Kauf-, Dienst- oder Werkverträge, aber in der Praxis finden sich hier stets Wiederherstellungsregelungen (Anm. 22—27).

[11] e) Rechtsbehandlung reiner Geldschulden.

Die rechtliche Behandlung reiner Geldschulden bereitet keine Schwierigkeiten:

Die Vorteilsausgleichung kann durch Abzüge vollzogen werden (Anm. 53, 54 vor §§ 49—80).

Eine Selbstbeteiligung ist leicht zu errechnen und zu verwirklichen.

Die Fälligkeitsregelung für Geldleistungen findet sich in § 11.

Aufrechnung, welche Gleichartigkeit voraussetzt, ist möglich, falls der Ver seinerseits Geldforderungen hat (Anm. 3 zu § 35a); auch die Verwirklichung des Abzugsrechts nach § 35b ist ohne weiteres möglich (Anm. 5 zu § 35b).

Geld kann auch stets hinterlegt werden (§ 372 BGB).

[12] 3. Naturalersatz.

a) Motive.

Solange das Vswesen naturalwirtschaftlichen Charakter trug, ergab sich hieraus — besonders bei Gegenseitigkeitseinrichtungen — eine Vorherrschaft des Naturalersatzes. Hierzu und speziell über die gegenseitige Hilfe durch Hand- und Spanndienste: Rothkegel a. a. O. S. 15—23.

Sooft in der modernen Vswirtschaft Naturalersatz vorkommt, kann er auf verschiedenen Motiven beruhen: Leichtere Gewinnung von Vmern durch Hinweis auf „bequemere" Schadensregulierung, Schutz gegen Geldentwertung, Einsparungen beim Ver durch verbilligten (Groß-)Bezug der Naturalersatzleistungen, Erleichterung der Schadensberechnung, Eindämmung des subjektiven Risikos, Existentwerden eines versicherbaren Ersatzobjektes. Ähnlich wie bei der Schaffung von Wiederherstellungsregelungen (Anm. 22—27) kommt auch der bessere Schutz von Pfand- und anderen Realgläubigern in Betracht, ferner die Wahrung öffentlicher Belange (Erhaltung des Volksvermögens, Baupflege usw.). Dazu Rothkegel a. a. O. S. 61—78.

[13] b) Arten.

Als Naturalersatzleistungen kommen alle Leistungstypen in Betracht, welche nicht die (endgültige) Verschaffung von Geld zum Gegenstand haben, also nicht Geldleistungen sind. Es kann sich also nicht nur um Sachleistungen handeln, sondern insbesondere auch um Geschäftsbesorgungsleistungen, wobei Dienste oder Werke, Arbeitsbemühungen oder Arbeitserfolge geschuldet sein können. Ausnahmsweise kommen auch Gebrauchsüberlassungsleistungen des Vers in Betracht, z. B. Darlehens- oder Sachgebrauchsüberlassungen. Sogar die Bürgschaftsübernahme oder Schuldmitübernahme kann in den Dienst der V gestellt werden. Um Grenz- und Mischformen handelt es sich z. B. bei der Dienstverschaffung (Rechtsanwalt, Arzt) oder bei der Bestattungsv (Sachverschaffung und Geschäftsbesorgung).

Beispiele: Eine Darlehensgewährung findet sich in Klausel 4.02 Klauseln der Feuerv (Spediteurv). Danach sind durch die Feuerv Gegenstände nicht gedeckt, soweit für sie z. B. eine Deckung durch Transportv gewährt wird. Falls aber die Transportver eine Entschädigung zu Unrecht verweigern, zahlen die Feuerver die „Entschädigung" aus, soweit es durch die AFB begründet ist. Der Vmer ist verpflichtet, im eigenen Namen die Transportver — notfalls im Klagewege — in Anspruch zu nehmen und das Erlangte auszuschütten. Materiell gesehen leisten die Feuerver ein Darlehen; wäre es anders, so läge Doppelv vor und § 59 II fände Anwendung. — Ähnlich ist die Rechtslage bei Cif-Schutzven nach der Cif-Schutzklausel. — Eine Darlehensgewährung sieht auch § 4 II AVB für die V von Betrieben gegen Vermögensschäden durch Betriebsschließung infolge Seuchengefahr (VA 1962 S. 127) vor. Hat z. B. eine Schlachterei Ansprüche aus dem BundesseuchenG, so kann der Vmer verlangen, daß der Tierver ihm ein Darlehen gewährt, bis die staatliche Entschädigung gezahlt wird. — Vor Einführung der Neuwertv hat man vorgeschlagen, die Differenz zwischen Neu- und Zeitwert dem Vmer nur als Darlehen zu geben.

Im Rahmen der Kreditv kommen Bürgschaften des Vers vor. Schon das ROHG 26. III. 1872 ROHGE Bd 5 S. 332—336 hat bei einer „V gegen Subhastationsverlust", also bei einer Hypothekenv angenommen, es gebe „Verbürgungen, welche nach festem Geschäftsplan gewerblich oder auf dem Gegenseitigkeitsfuße nach den für Ven üblichen Grundsätzen übernommen werden", es könne „die Leistung des Vers sehr wohl auch in einer Verbürgung bestehen". Die Besonderheit liegt hier allerdings darin, daß schon vor Eintritt des Vsfalles der Ver noch etwas Zusätzliches tut: Bei einer V für fremde Rechnung tritt womöglich neben den dem Vmer ausgehändigten Vsschein eine dem Vten ausgehändigte Bürgschaftsurkunde, z. B. bei Zollbürgschaften, und der Vte erlangt einen (womöglich zusätzlichen, neben dem Vsanspruch stehenden) Bürgschaftsanspruch gegen den Kreditver. — Eigenartig ist die Rechtslage, falls der direkte Anspruch des Drittgeschädigten in der Kraftfahrhaftpflichtv so zu konstruieren ist, daß neben den Haftpflichtvsanspruch des haftpflichtigen Vmers ein selbständiger Anspruch des Dritten gegen den Ver aus Schuldmitübernahme tritt (vgl. Anm. 9 vor §§ 49—80).

Über eine Schlüsselverlustv mit dem Zweck, verlorene Schlüssel zurückzuverschaffen: VA 1936 S. 127—128.

Hervorzuheben ist, daß die **Schuldbefreiung,** die in der Haftpflichtv eine beherrschende Rolle spielt, eine Naturalersatzleistung (Geschäftsbesorgung: Werk) darstellt. Es kommt nur darauf an, daß derjenige, gegen den ein (begründeter oder unbegründeter) Anspruch erhoben worden ist, von diesem Passivum befreit wird. Wie der Leistende diesen Erfolg erreicht, ist gleichgültig. Zwar wird er dem Anspruchserhebenden durchweg Geld zahlen müssen, aber möglicherweise kann er den Befreiungserfolg auch durch einen Vergleich oder Erlaßvertrag oder durch privative Schuldübernahme herbeiführen. Vgl. für die Haftpflichtv Möller JW 1934 S. 1076—1078, BGH 30. X. 1954 BGHZ Bd 15 S. 157—158, 20. II. 1956 VersR 1956 S. 187, 13. VII. 1959 VersR 1959 S. 701—702, ferner allgemein zur „Exnexuation": Planck-Siber, Kommentar zum Bürgerlichen Gesetzbuch, II. Bd, 1. Hälfte, 4. Aufl., Berlin 1914, Anm. 3 zu § 249, S. 68, Soergel-Siebert-Schmidt, Bürgerliches Gesetzbuch, I. Bd, Stuttgart 1959, Anm. 6 zu § 257, S. 956. Wenn neben den Befreiungsanspruch des Haftpflichtvmers ein direkter Anspruch des Drittgeschädigten tritt, muß es sich insoweit um einen Geldanspruch handeln (§ 3 Ziff. 1 S. 2 PflVG).

[14] Was die einzelnen **Versicherungszweige** anlangt, so kommen in der **Sachversicherung** primär Sachleistungen in Frage: Man denke an die Lieferung eines neuen gleichwertigen Fahrrades nebst vtem Zubehör in der Fahrradverkehrsv (§ 10 II a AFVB). Sind Wertpapiere dem Vmer gestohlen oder sonst entzogen, so kann oft der Ver andere Stücke gleicher Art liefern (§ 3 II Abs. 3 S. 2 AEB, auch § 11 III 1 Allgemeine Bedingungen für die V von Bankvaloren); auch in der V von Juwelen, Schmuck- und Pelzsachen behält sich der Ver vor, Naturalersatz zu leisten (§ 5 II 1 Allgemeine Bedingungen für die V von Juwelen, Schmuck- und Pelzsachen). Desgleichen bei Filmrequisiten (§ 8 I Allgemeine Vsbedingungen für die Film-Requisiten-V).

Bei Immobilien sowie bei der Beschädigung beweglicher Sachen kommt eine Ausbesserung in Betracht. Gehen dabei Ersatzteile oder andere Sachen in das Eigentum des Vmers über, so hat man an Werklieferung zu denken. So kann in der Glasv der Ver den früheren Zustand wiederherstellen, indem er Scheiben gleicher Art und Güte einsetzt (§ 9 I 1 AGlasB, Naturalersatz- und Prämienklausel: VA 1953 S. 218). So kann der Leitungswasserschädenver die Wiederherstellung des bisherigen Zustandes selbst übernehmen (§ 17 I 1 AWB). Meistens wird auch bei der V von Schwachstromanlagen und Fernsehempfängern Naturalersatz geleistet, z. B. bei Fernsehempfängern durch Wiederinstandsetzung oder Erneuerung der beschädigten Geräteteile (§ 2 I 1 Allgemeine Vsbedingungen für Fernsehempfänger: VA 1955 S. 112).

Außerhalb der Sachv kamen in der Bestattungsv Sachleistungen vor; man sprach von Sachleistungs-Lebensv (Rothkegel a. a. O. S. 23—27).

Bei einer **Forderungsversicherung** oder V von sonstigen, z. B. dinglichen Rechten wäre es theoretisch vorstellbar, daß der Ver für den Vmer die Beitreibung und sonstige Realisierung versucht; aber dem Vmer ist mit einer frühzeitigen Geldleistung besser gedient.

Zur **Passivenversicherung** wurde in Anm. 13 bereits dargetan, daß die Schuldbefreiungsleistung des Haftpflichtvers Naturalersatzleistung sei. Soweit ein Dritter möglicherweise unbegründete Ansprüche erhebt, kommt die Rechtsschutzfunktion der Haftpflichtv zum Zuge. Dabei ist die Führung des Haftpflichtprozesses am wesentlichsten (dazu Beisler, Die Rechtsschutzfunktion der Haftpflichtv, ungedruckte Hamburger Diss. 1957, S. 119—161). Nach § 3 II Ziff. 3 AHaftpflB „führt der Ver den Rechtsstreit im Namen des Vmers auf seine Kosten"; die Leistung des allgemeinen Haftpflichtvers geht also über eine Dienstverschaffung (und erst recht über eine bloße Übernahme von Kosten) hinaus. Ähnlich, aber weniger deutlich § 7 II Ziff. 5 AKB: „Wenn es zu einem Rechtsstreit kommt, hat der Vmer die Führung des Rechtsstreits dem Ver zu überlassen, auch dem vom Ver bestellten Anwalt Vollmacht und jede verlangte Aufklärung zu geben." Vgl. dazu Stiefel-Wussow[5] Anm. 6 zu § 10, S. 277.

Für die **Rechtsschutzversicherung** ergibt sich aus § 4 Abs. 2b Allgemeine Bedingungen für Rechtsschutz-V (VA 1954 S. 141), daß regelmäßig der Vmer dem Ver einen Anwalt benennt, „der von der Vs-Gesellschaft mit der Wahrnehmung der Interessen des

Vmers beauftragt werden soll". Danach handelt es sich um einen Dienstverschaffungsvertrag, aus welchem dem Vmer eigene Ansprüche gegen den Rechtsanwalt erwachsen (OLG Frankfurt 9. IV. 1957 VersR 1957 S. 672). Dagegen ist der Weg des Naturalersatzes bei der Kraftverkehrs-Strafrechtsschutz-V nahezu verlassen worden. Der Ver leistet Kostenersatz. Es heißt in § 5 I 4 Allgemeine Bedingungen für die Kraftverkehrs-Strafrechtsschutz-V (VA 1962 S. 149) nur noch: „Der Ver hat den von der vten Person benannten Rechtsanwalt in ihrem Namen mit der Wahrnehmung ihrer Interessen zu beauftragen." Da der Vmer das Anwaltshonorar schuldet, kann von einer Dienstverschaffung nicht mehr gesprochen werden.

[15] c) **Zulässigkeit.**

Naturalleistungen des Vers sind mit dem **Begriff der Versicherung** vereinbar: Anm. 3, 11 zu § 1, Prölss VAG[4] Anm. 4 zu § 1, S. 98, RAA VA 1936 S. 40—41 (Rechtsschutz), 1937 S. 40 (Glasv).

Dazu, daß bloße Instandhaltungsverträge (reine Wartungsverträge) keine V begründen, vgl. Anm. 5 zu § 1, auch VA 1949 S. 47, BAA Geschäftsbericht 1960 S. 31. Für den Fall, daß dabei der Ersatz von eingetretenen Schäden mitübernommen wird, ist die aufsichtsbehördliche Praxis später schärfer geworden; hierdurch ist insbesondere die Schwachstromv entstanden (vgl. VA 1938 S. 130—131). Vgl. auch BAA Geschäftsbericht 1955/56 S. 16 (Instandsetzungsgenossenschaft von Autovermietern), LG Berlin 23. XII. 1930 JW 1931 S. 3231—3232 = VA 1932 S. 59—60 Nr. 2417 (Vertrag für Instandhaltung und Naturalersatz von Schaufensterscheiben als Vsvertrag, wobei betont wird, daß Naturalersatz mit dem Wesen der V durchaus vereinbar sei), OLG Bremen 6. VI. 1956 VersR 1956 S. 689 („Radiostörschutz").

Das vorbehandelte Problem berührt sich mit der Frage, ob V vorliege, wenn eine Gefahrtragungsleistung (hier mit Naturalersatz) als minderbedeutsame Nebenleistung im Rahmen eines anderen Rechtsverhältnisses zugesagt werde. Dazu Anm. 10 zu § 1, Prölss VAG[4] Anm. 4 zu § 1, S. 99—101, der auf den „inneren Zusammenhang mit einem Rechtsgeschäft anderer Art" abhebt.

[16] **Aufsichtsrechtlich** können gegen Naturalleistungsversprechen, insbesondere Sachleistungszusagen zweierlei Bedenken bestehen:

Erstens fragt sich, ob „die Verpflichtungen aus den Ven .... genügend als **dauernd erfüllbar** dargetan sind" (§ 8 I Ziff. 2 VAG). Besonders ist an das Risiko von Geldwertschwankungen zu denken. Für die früher sehr verbreitete Bestattungsv, bei welcher der Ver die Durchführung der ganzen Bestattung mit allen Nebenleistungen besorgte (Rothkegel a. a. O. S. 23—27) hat das RAA schon frühzeitig auf diese Bedenken hingewiesen und die Ansammlung besonderer Sicherungsmittel zusätzlich zu den vom Ver bereits vorgesehenen Schutzmaßnahmen (Nachschußpflicht, Möglichkeit von Beitragserhöhungen, Vereinfachung der vorgesehenen Sachleistungen) verlangt (VA 1925 S. 28—29, 1934 S. 130). Schließlich hat das RAA die Gewährung echter Sachleistungen verboten, vielmehr grundsätzlich Wert darauf gelegt, daß ein festes Sterbegeld ausgezahlt wird (VA 1938 S. 36). Über die Bindung an eine bestimmte Bestattungsart (z. B. Feuerbestattung): VA 1932 S. 150, 1934 S. 130, über die Bestattung ohne Mitwirkung des Vsunternehmens: VA 1932 S. 150. — Außerhalb der Bestattungsv begegnen den Gefahren von Geldwertschwankungen Wahlrechtsvereinbarungen zugunsten des Vers (Anm. 20), ferner Prämiengleitklauseln und Limitierungsvereinbarungen (Anm. 17).

Zweitens beschwören Naturalersatzversprechen die Gefahr herauf, daß der Ver sich **versicherungsfremde Nebenbetriebe** angliedert. Über die Verbindung von Unternehmen zur Sargherstellung und von Beerdigungsinstituten mit der Bestattungsv vgl. VA 1932 S. 150. Über vsfremde Geschäfte vgl. auch Prölss VAG[4] Anm. 12 zu § 8, S. 155.

Über Bestattungsvorverträge in Verbindung mit Lebensvsverträgen, womöglich mit Bezugsberechtigung des Bestattungsunternehmens, vgl. BVerwG 12. IV. 1956 BVerwGE Bd 3 S. 237—245 = VersR 1956 S. 377—379 und ferner VA Hamburg 1952 S. 24, VA 1954 S. 110—111, 1959 S. 4—5, auch Arnold VA 1954 S. 118—120.

[17] **d) Ausstrahlungen auf Versicherungsverhältnis.**

Damit gewährleistet ist, daß Vsverträge mit Naturalersatz dauernd erfüllt werden können, fordert die Aufsichtsbehörde — speziell im Hinblick auf Geldwertschwankungen — gewisse Kautelen bei der Gestaltung der Vertragsverhältnisse.

In der Aktivenv ist bei einer Erhöhung der Preise, Löhne und Gehälter eine Prämienanpassung zweckmäßig, wie sie für die Glasv die Naturalersatz- und Prämienklausel (VA 1953 S. 218) vorsieht: „Ändern sich die Wiederherstellungskosten (Glashandelspreis zuzüglich Verpackungs-, Fracht- und Einsatzkosten) unter Berücksichtigung aller versicherbaren Glasarten gegenüber dem letzten für die Prämienfestsetzung der Gesellschaft maßgebend gewesenen Stand im Durchschnitt um mehr als 5%, so wird vom Beginn des nächsten Vsjahres an die Prämie entsprechend geändert.“ Solche Prämienanpassung gibt es auch bei der V von Fernmelde- und sonstigen elektrischen Anlagen und in der Fahrradv (Nachweise bei Möller, Rechtsprobleme zur Prämienangleichungsklausel in der allgemeinen Haftpflichtv, Stuttgart 1963, S. 10—11).

Bei einer Passivenv kann sich bei Geldwertsenkungen, aber auch bei einer Anhebung des Lebensstandards der durchschnittliche Schadensaufwand erhöhen. Demzufolge kann ein Haftpflichtver, welcher Befreiung verspricht, nur bei entsprechender Prämienangleichung seine Leistungszusage erfüllen (vgl. § 8 III AHaftpflB mit Möller a. a. O. S. 5—48, Weber, Die gegenwärtige Problematik der Prämienangleichungsklausel in der allgemeinen Haftpflichtv, Stuttgart 1963, S. 5—30). (In der Passivenv ist eine Prämienanpassung wegen Nichtvorhandenseins eines Vswertes übrigens auch bei Geldersatz ratsam; hierüber für die Krankenv Klencke VW 1963 S. 703—705.)

Fehlt es an einer Prämienangleichung, so kann dem Ver ein Wahlrecht zwischen Natural- und Geldersatz helfen (Anm. 20). Es kann ausnahmsweise auch eine feste Vssumme mit der Maßgabe vereinbart werden, daß der Wert der Naturalleistung diese Vssumme nicht zu überschreiten braucht. Solchenfalls kann eine Mehrwertv oder eine „Glasvorsorgev“ für einen Vsschutz hinsichtlich des „Überhanges“ sorgen (Bachschuster in: 50 Jahre materielle Vsaufsicht, 2. Bd, Berlin 1952, S. 312—313).

[18] **e) Rechtsbehandlung reiner Naturalersatzschulden.**

Das Wesen des Naturalersatzes bringt es mit sich, daß bei der Erfüllung von Naturalersatzschulden größere Schwierigkeiten auftauchen als bei Geldschulden (über letztere Anm. 11):

Bei Naturalersatzschulden ist die Feststellung des Vorliegens einer Unterv unmöglich, wenn nicht ausnahmsweise eine Vssumme vereinbart ist. Liegt jedoch solche Vereinbarung vor, so fragt es sich, ob sie nicht lediglich für die Prämienbemessung und für etwa wahlweise geschuldeten Geldersatz (Anm. 19—21) Bedeutung habe. Solche beschränkte Bedeutung der Vssumme ist im Zweifel anzunehmen, da eine Naturalleistung regelmäßig nicht teilbar ist, eine Anwendung des § 56 unmöglich erscheint. Überdies ist es juristisch unerheblich, welchen Geldbetrag der Ver aufwenden muß, um seiner Naturalleistungspflicht zu genügen. Gerade deshalb haben auch die Vsaufsichtsbehörden Bedenken gegen reine Naturalersatzvereinbarungen geäußert (Anm. 16). Der Versuch von Wörner NeumannsZ 1918 S. 305—306 zu begründen, daß der Ver „bei Unterv und Naturalherstellung deren Kosten nur bis zur Höhe der Vssumme zu tragen hat“, muß deshalb als gescheitert angesehen werden; ganz abwegig ist der Gedanke, es bestehe zwischen Ver und Vmer ein Gesellschaftsverhältnis, dessen gemeinschaftlicher Zweck in der Naturalherstellung bestehe. Es bedarf vielmehr einer besonderen Vereinbarung, falls der Rechtsgedanke der Unterv in Analogie verwirklicht werden soll. Hierfür besteht bei Vereinbarung einer Vssumme der Ausweg, daß der Vmer eine Zuzahlung verspricht. So denn auch in der Glasv die Naturalersatz- und Prämienklausel (VA 1953 S. 218): Es werde „Naturalersatz nur gewährt, wenn der Vmer den Unterschiedsbetrag vor Erteilung des Ersatzauftrages hinzuzahlt“. Ähnlich die Glasvsklauseln VA 1962 S. 203, 1963 S. 2.

Eine Doppelv ist auch dergestalt denkbar, daß eine V, bei der Naturalersatz vorgesehen ist, mit einer Geldersatz-V zusammentrifft.

Die Vorteilsausgleichung kann bei Naturalersatz nicht im Wege eines Abzuges seitens des Vers erfolgen, sondern nur durch Übertragung des Vorteils auf den Ver (z. B.

Übergang des Rechts an dem in Verlust geratenen Fahrrad: § 10 VI AFVB; allgemeiner: Anm. 54 vor §§ 49—80) oder durch Zuzahlung seitens des Vmers (bei Mitv beschädigter Scheiben in der Glasv hat der Vmer einen Teil „der Ersatzkosten selbst zu tragen und auf Verlangen vor der Ersatzausführung an die Gesellschaft abzuführen": Klausel VA 1953 S. 218; allgemeiner: Anm. 53 vor §§ 49—80).

Eine Selbstbeteiligung erfordert gleichfalls eine Zuzahlung seitens des Vmers.

Die Fälligkeitsregelung des § 11 gilt nur für Geldleistungen des Vers. Für die Befreiungsleistung des Haftpflichtvers gilt § 154 I (dazu OLG Celle 14. VII. 1954 VersR 1954 S. 428). Im übrigen vgl. Anm. 3 zu § 11. Eine Spezialregelung für die Glasv bringt § 9 III 1 AGlasB: „Wählt der Ver Naturalersatz, so hat er den Auftrag auf Ersatz unverzüglich zu erteilen." Von der Fälligkeitsregelung hängt der Verzug des Vers ab. Als weitere Form der Leistungsstörung kommen Unmöglichkeit und Schlechterfüllung, nach herrschender Meinung auch positive Vertragsverletzungen in Frage (man denke daran, daß der Fahrradver ein schadhaftes Fahrrad liefert, mit dem der Vmer einen Unfall erleidet). — Der Ver, welcher Naturalersatz schuldet, hat für seine **Erfüllungsgehilfen** (§ 278[1] BGB) einzustehen, jedoch bei Dienstverschaffungsleistungen nur für eigenes Auswahlverschulden. — Da der Vsvertrag ein entgeltlicher, gegenseitiger Vertrag ist (Anm. 38 zu § 1) haftet der Ver für **jedes Verschulden,** auch leichte Fahrlässigkeit (Beispiel des Einstehenmüssens des Haftpflichtvers für leichte Fahrlässigkeit des Rechtsanwalts, der sein Erfüllungsgehilfe ist: Stiefel-Wussow[5] Anm. 25 zu § 7, S. 215). — Im einzelnen sind analog jene Grundsätze anzuwenden, die für die einzelnen Leistungsarten (dazu Anm. 13) gelten. So kann bei Sachverschaffungsleistungen Kaufrecht, bei Werklieferungsverträgen § 651 BGB angewendet werden. Aus dem Kaufrecht ist die Sachmängelhaftung (§§ 459—480 BGB) besonders wichtig; die Anwendbarkeit kann speziell auf § 493 BGB gestützt werden. Immer aber ist zu berücksichtigen, daß ein Vsvertrag, kein Kauf-, Dienst- oder Werkvertrag vorliegt. Deshalb dürfte z. B. eine „Minderung" der Prämie bei mangelhafter Sachleistung nicht in Frage kommen.

Eine Aufrechnung ist für den Naturalersatz schuldenden Ver mangels Gleichartigkeit unmöglich, falls ihm Geldforderungen gegen den Vmer zustehen. In Betracht kommt nur ein Zurückbehaltungsrecht, ferner das Abzugsrecht nach § 35b, bei welchem Gleichartigkeit im engeren Sinne nicht gegeben zu sein braucht (dazu Anm. 5 zu § 35b).

Eine Hinterlegung wird bei Naturalleistungen regelmäßig nicht in Betracht kommen (vgl. § 372 BGB).

Über die Abtretung und Pfändung von Ansprüchen auf Naturalleistungen: Anm. 17 zu § 15.

Zur Währungsumstellung bei Sachleistungen: VA 1949 S. 44.

[19] 4. Mischformen.

a) Wahlrecht zwischen Ersatzformen.

aa) Im allgemeinen.

In manchen Fällen sehen die Vsbedingungen eine Wahlmöglichkeit zwischen Geld- und Naturalersatz vor, sei es zugunsten des Vers (Anm. 20), sei es zugunsten des Vmers (Anm. 21). Dafür kann es verschiedene Motive geben: Die Naturalleistung ist möglicherweise allzu kostspielig (z. B. nach einer Geldentwertung) oder sonstwie dem Ver unzumutbar oder — umgekehrt — der Vmer hat an der Naturalleistung kein Interesse oder sie würde zu lange währen. Rechtlich kann es sich um ein **Wahlschuldverhältnis** (mit Schuldner- oder Gläubigerwahl) oder um eine **facultas alternativa** handeln, letzteren Falles so, daß der Ver Naturalersatz schuldet, sich aber durch Geldleistung befreien kann oder umgekehrt (Ersetzungsbefugnis, Abfindungsbefugnis), oder so, daß der Vmer die Befugnis hat, statt der zunächst allein geschuldeten Leistung eine andere zu verlangen (Parallelfall § 249[2] BGB: Geld statt Naturalersatz).

Von den behandelten Fällen sind jene zu unterscheiden, in denen sich ein Naturalersatzanspruch nachträglich notwendigerweise in einen Geldanspruch umwandelt; dazu schon Anm. 6.

[20] bb) Zugunsten des Versicherers.

Nicht zuletzt unter dem Einfluß der Vsaufsichtsbehörden, welche die dauernde Erfüllbarkeit der Verträge — wenngleich mit unzureichenden Geldbeträgen — anstreben (Anm. 16), begegnet häufig ein Wahlrecht oder eine facultas alternativa des Vers.

Ein **Wahlrecht** des Vers sehen z. B. vor: § 17 I AWB, § 10 II a AFVB (bei Totalschaden), § 2 I 1 Allgemeine Vsbedingungen für Schwachstromanlagen, § 2 I 1 Allgemeine Vsbedingungen für Fernsehempfänger (VA 1955 S. 112), § 8 I Allgemeine Vsbedingungen für die Film-Requisiten-V, § 5 II 1 Allgemeine Bedingungen für die V von Juwelen, Schmuck- und Pelzsachen, § 11 III 1 Allgemeine Bedingungen für die V von Bankvaloren (wo auch die Möglichkeit vorgesehen ist, daß der Ver teils in Geld, teils in natura entschädigt, während regelmäßig das Wahlrecht nur einheitlich ausgeübt werden kann).

In der Glasv hat der Ver gleichfalls prinzipiell das Wahlrecht (§ 9 I 1 AGlasB; Prölss[15] Anm. 2 zu § 49, S. 232—233). Aber das Wahlrecht kann durch die Naturalersatz- und Prämienklausel (VA 1953 S. 218) wegbedungen werden, allerdings kann der Ver immer noch — im Wege einer facultas alternativa — Geld leisten, falls „eine Ersatzbeschaffung zu den ortsüblichen Wiederherstellungskosten nicht möglich ist“. Mit dem Naturalersatz ist eine Prämiengleitklausel gekoppelt (anders nach Ziff. II 1 Zusatzbedingungen für Haushalt-Glasbruchschäden: VA 1955 S. 156—157 und nach Ziff. III Abs. 1 Zusatzbedingungen für die Glas-Pauschalv).

Bei Wahlschulden mit Wahlrecht des Schuldners gelten die §§ 263, 264 I, 265 BGB. Die Wahl erfolgt durch Erklärung gegenüber dem anderen Teile, hier gegenüber dem Vmer und hat rechtsgestaltende Wirkung: Hat der Ver Naturalersatz gewählt, so kann er nicht nachträglich auf Geldersatz übergehen (RAA VA 1922 S. 62—63, 10—12, KG 19. II. 1921 VA 1922 Anh. S. 26 Nr. 1552). Wählt der Ver in Zeiten der Geldentwertung Geldersatz, so widerstreitet das nicht Treu und Glauben (KG 9. VII. 1921 VA 1922 Anh. S. 26—27 Nr. 1253, vgl. auch RG 2. III. 1923 Mitt. 1923 S. 132—133, Josef Vs-Wochenschrift 1925 S. 151).

Eine **facultas alternativa** (Ersetzungsbefugnis) des Vers verleiht z. B. § 3 II Abs. 5 Satz 2 AEB: „Der Ver kann bei Wertpapieren auch andere Stücke gleicher Art liefern.“ Besonders wichtig ist der sog. Abandon des Vers in der Haftpflicht- und Rechtsschutzv, der vertraglich vereinbart werden muß (BGH 30. X. 1954 BGHZ Bd 15 S. 160): Die Gesellschaft hat dann unter bestimmten Voraussetzungen das Recht, sich von ihrer Naturalersatzpflicht zu befreien „durch Zahlung der Vssumme und ihres der Vssumme entsprechenden Anteils an den bis dahin erwachsenen Kosten“ (§ 3 III Ziff. 1 Satz 2 AHaftpflB, für die Kraftfahrv ähnlich, nämlich mit Hinterlegung § 10 VI 4 AKB, für die Rechtsschutzv gleichfalls mit Hinterlegung § 2 I 3 Allgemeine Bedingungen für Rechtsschutz-V: VA 1954 S. 139—142). Allerdings ist bei einer Zahlung an den Vmer § 156 I 1 (relatives Verfügungsverbot) zu beachten (anders und weitergehend Prölss[15] S. 634—635, wonach der Vmer auch nach dem Abandon des Vers den Naturalersatzanspruch, den Befreiungsanspruch behält).

[21] cc) Zugunsten des Versicherungsnehmers.

Aus Gründen der Zeitersparnis kann bei einer Glas-Pauschalv mit Naturalersatzabrede der Vmer zerbrochene Fenster- und Türscheiben — sogar vor der Anzeige — selber ersetzen lassen, so daß der Ver ihm Geld leisten muß (Ziff. III Abs. 2 Zusatzbedingungen für die Glas-Pauschalv, ebenso Ziff. II 2 Zusatzbedingungen für Haushalt-Glasbruchschäden: VA 1955 S. 156—157). — In der Bestattungsv konnten die Hinterbliebenen Geld anstelle der Bestattung verlangen (VA 1932 S. 150).

[22] b) Arten der Wiederherstellungsregelungen.

aa) Allgemeines.

Rechtlich gehören die zahlreichen Fälle, in denen der Vmer gehalten ist, den früheren Zustand wiederherzustellen (vgl. schon Anm. 6), zu den Tatbeständen des Geldersatzes, aber wirtschaftlich gesehen nähern sich diese Fälle dem Naturalersatz (so denn auch Rothkegel a. a. O. S. 14). Man kann von Geldersatz mit Zweckbindung sprechen.

Die Motive für solche Zweckbindung können dieselben sein, die bei echtem Naturalersatz eine Rolle spielen, deshalb vgl. oben Anm. 12. Besonders oft tritt bei Wiederherstellungsregelungen der Gesichtspunkt einer Wahrung öffentlicher Belange (Schmidt-Sievers S. 70—71) und des Schutzes von Realgläubigern in Erscheinung. Es ist aber rechtlich nicht geboten, solche Tatbestände besonders zu behandeln (wie es Rothkegel a. a. O. S. 14—15 tut).

Die Zweckbindung fehlt, falls bei einem Geldleistungsversprechen der zu ersetzende Geldbetrag entsprechend den abstrakt festzustellenden Wiederanschaffungs- oder Wiederherstellungskosten bemessen wird (Anm. 9). Die Zweckbindung ist dagegen höchst intensiv, falls bei einer V gegen notwendige Aufwendungen der Aufwand tatsächlich gemacht sein muß, wie bei einer Neuwertv (Anm. 10). Dazwischen liegen zahlreiche andere Möglichkeiten.

[23] bb) Unterscheidungen.

Die Wiederherstellung des früheren Zustandes kann durch den Vmer in verschiedener Weise erfolgen, also im Wege verschiedenartiger Maßnahmen vorgenommen werden, z. B. durch Kauf (Wiederbeschaffung), durch Werkvertrag oder Werklieferungsvertrag mit einem Dritten (Wiederaufbau, Ausbesserung), durch eigene Tätigkeit (Wiederherstellung durch einen vten Fabrikanten). Über eine Photoapparatev mit Verpflichtung zum Kauf eines anderen Apparates: VA 1934 S. 167. Über die Hausbockkäferv: §§ 1 II, 14 I HbB.

Zuweilen setzen die Vsbedingungen die Vollendung der Wiederherstellungsmaßnahmen voraus, oft aber begnügen sie sich damit, daß „die bestimmungsmäßige Verwendung des Geldes gesichert ist" (so § 97, vgl. ferner §§ 98—100).

Es können Fristen für die Wiederherstellung oder die Sicherung der Verwendung des Geldes vorgesehen sein, wie z. B. in § 7 III a 3 VGB. Über deren Verlängerung: Anm. 27.

Es kann darauf abgestellt werden, ob ein Wiederaufbau an der gleichen Stelle oder auch anderswo erfolgen darf, möglicherweise beschränkt auf dieselbe Gemeinde (so § 7 III a 2 VGB). Bei der Photoapparatev kann auch ein wertvollerer Apparat gekauft werden (VA 1934 S. 167). Bei Maschinen kann es auf die Identität des Betriebszwecks ankommen, bei der Neuwertv von Fabriken auf die Identität der Produktionskapazität (Anm. 28 zu § 52).

Wichtig ist auch, welcher Nachteil den Vmer bei Nichtwiederherstellung treffen soll, insbesondere vollständige oder teilweise Einbuße der Ersatzleistung. Beispiele auch für teilweise Einbußen in Anm. 24. — Da man eine Neuwertv in die Aktivenv (Zeitwert) und Passivenv (Differenz zwischen Neu- und Zeitwert) aufteilen kann, kann man im Rahmen der Passivenv von einer vollen Einbuße der Ersatzleistung sprechen, falls bei Nicht-Wiederherstellung nur der Zeitwert geleistet wird: So § 4 Sonderbedingungen für die Neuwertv des Hausrats (VA 1958 S. 4, 164), § 3 Sonderbedingungen für die Neuwertv industrieller Anlagen, landwirtschaftlicher Gebäude und von Wohngebäuden (VA 1951 S. 49).

Wiederherstellungsvereinbarungen kennen neben der Zahlung an den Vmer oder Vten auch Zahlungen an Dritte, z. B. Realgläubiger oder Personen, welche die Wiederherstellung bewirken, z. B. Handwerker. Bedeutsam kann auch die bloße Zustimmung der Realgläubiger sein (vgl. § 100, auch § 17 III 2 AFB); das Schweigen des Realgläubigers kann nach § 99 Bedeutung gewinnen.

[24] cc) Rechtsformen.

Es ist auf mannigfachen juristischen Wegen versucht worden, Sanktionen an den Tatbestand der Nicht-Wiederherstellung zu knüpfen:

Die Ersatzforderung des Vmers kann (ganz oder teilweise) durch die Wiederherstellung aufschiebend, ausnahmsweise auch durch die Nicht-Wiederherstellung auflösend **bedingt** sein: „Der Anspruch des Vten auf Ersatz eines Teilschadens ist .... bedingt durch die Ausführung der Ausbesserung" (DTV-Kasko-Klauseln). Weniger deutlich Klausel 5.04 Klauseln der Feuerv:

„(1) Im Schadenfalle hat der Vmer Anspruch auf zwei Drittel des Betrages, der bei Anwendung des § 3 der Allgemeinen Feuervs-Bedingungen als Entschädigung zu zahlen wäre.

(2) Der ihm nach Ziffer (1) zustehende Betrag erhöht sich um die Hälfte, wenn die vten Sachen an der bisherigen Stelle wiederhergestellt sind ...."

Vgl. ferner § 7 III a 1 VGB: „Der Vmer erwirbt den Anspruch .... nur, wenn und soweit er das Gebäude .... wiederhergestellt hat." Oder umgekehrt: „Kann die Wiederherstellung .... nicht erfolgen ...., so verliert der Vmer den Anspruch auf ein Drittel der .... Entschädigung" (dazu Anm. 14 zu § 6).

Die **Fälligkeit** der Ersatzforderung kann von der Wiederherstellung abhängen, also möglicherweise nie eintreten. So § 19 I 4 VGB für den Zeitwertschaden: „Soweit die Zahlung der Entschädigung von der Wiederherstellung oder deren Sicherstellung abhängt, wird sie zwei Wochen nach Eintritt dieser Voraussetzung fällig." Vgl. dazu Anm. 11 zu § 11 (unter Hinweis auf § 17 III 1 AFB), ferner § 97 (mit Prölss[15] Anm. 5 A zu § 97, S. 355).

Es kommen ferner **alternative Vereinbarungen hinsichtlich** des maßgebenden **Versicherungswertes** vor. So gehen die Klauseln 12, 2.04 und 8.04 Klauseln der Feuerv bei Modellen, Negativfilmen, Platten und Bildern davon aus, daß ihr Materialwert maßgebend sei, im Falle der Wiederherstellung jedoch ein höherer Wert (Näheres Anm. 36 zu § 52). Über die Alternative Zeitwert/Neuwert vgl. Anm. 23. Auch in der oben wiedergegebenen Klausel 5.04 Klauseln der Feuerv erblickt Prölss[15] Anm. 5 B zu § 97, S. 355—356 eine alternative Ersatzwertvereinbarung.

Der Vmer (oder Vte) kann auch mit einer **Obliegenheit** zur Wiederherstellung belastet werden. So ergeben §§ 11[1], 45 KaskoB, daß den Vmer die Obliegenheit treffe, Reparaturen ohne Verzug vorzunehmen und Prölss[15] S. 524 bestätigt durch den Hinweis auf § 6 den Obliegenheitscharakter.

Fernerliegend ist die Konstruktion, dem Vmer eine **echte Rechtspflicht** zur Wiederherstellung aufzuerlegen: Aber Ritter Anm. 13 zu § 75, S. 932 mit Anm. 11 zu § 74, S. 904—905 meint, den Kaskovmer treffe eine einklagbare, im Verletzungsfall schadensersatzpflichtig machende Rechtspflicht, wenn es in § 75 I 1 ADS heiße: „Nach Feststellung eines Teilschadens ist das Schiff unverzüglich auszubessern." Dagegen RG 12. VII. 1928 RGZ Bd 121 S. 396—397.

Über die rechtliche Wirksamkeit der verschiedenen Arten von Rechtsformen, insbesondere im Hinblick auf den zwingenden § 6 III vgl. Anm. 15 zu § 6, unten Anm. 27.

[25] dd) Freistellungen.

Die Wiederherstellungsregelungen können große Härten mit sich bringen, besonders wenn sie zur vollständigen Einbuße der Ersatzleistung bei Nichtwiederherstellung führen sollen. Diese Härten mildern zum Teil schon die speziellen Vorschriften, insbesondere Vsbedingungen (Anm. 26). Zum Teil aber können allgemeinere Rechtsregeln herangezogen werden, um den Wiederherstellungsregelungen eine unbillige Schärfe zu nehmen (Anm. 27).

[26] aaa) Speziell vorgesehene Freistellungen.

Soll eine Wiederherstellungsregelung nur einen Realgläubiger schützen (sog. einfache Wiederaufbauklausel), so entfällt ihre Anwendung bei mangelnder dinglicher Belastung des Grundstücks (OLG Kiel 30. III. 1927 Praxis 1928 S. 37—38). Im übrigen sehen die §§ 99, 100 bei mangelndem Widerspruch bzw. schriftlicher Zustimmung des Realgläubigers einen Wegfall der Wiederaufbaunotwendigkeit vor. Im Falle des § 99 III 2 kann sogar die sonst vorgesehene Anzeige an den Realgläubiger unterbleiben, weil sie untunlich ist. § 17 III 2 AFB sieht vorbehaltlose Zahlung vor, „soweit die am Schadentage eingetragenen Realgläubiger sich schriftlich einverstanden erklären oder selbst zur Empfangnahme der Entschädigung berechtigt sind". Ähnlich, aber doch anders § 19 III VGB, weil § 7 III a VGB unberührt bleiben soll.

Wenigstens eine Verlängerung der Wiederherstellungsfrist kennt die Modellklausel (Klausel 12 Klauseln der Feuerv). Mit einer Wiederherstellung an anderem Orte begnügt sich unter bestimmten Voraussetzungen § 7 III a 2 VGB, Klausel 5.04 Klauseln der Feuerv.

Selbst eine Nichtwiederherstellung ist gemäß § 45 KaskoB unschädlich, wenn sie weder auf grober Fahrlässigkeit noch auf Vorsatz beruht. In der Seekaskov sieht § 75 V, VI ADS vor, daß eine Notwendigkeit auszubessern auf Grund einer Erklärung des Vmers entfalle, „wenn ein wichtiger Grund, der in seinen besonderen Verhältnissen liegt und von ihm nicht zu vertreten ist, vorliegt ....; als ein wichtiger Grund ist es auch anzusehen, wenn der Vmer das Schiff vor dem Beginn der Ausbesserung veräußert, ohne daß der Erwerber in das Vsverhältnis eintritt.“ Streitigkeiten darüber, ob ein wichtiger Grund vorliege, werden durch ein Schiedsgericht entschieden.

[27] **bbb) Generell heranziehbare Rechtsgedanken.**

Nicht selten erweist sich, daß die speziell vorgesehenen Ausnahmen und Freistellungen von Wiederherstellungsregelungen (Anm. 26) nicht ausreichen, um alle Tatbestände gerecht und billig zu entscheiden.

Im Bereiche der **Binnenversicherung,** und zwar der **Beschränkungen der Vertragsfreiheit** läßt sich der halbzwingende § 6 III heranziehen; denn hinter jeder Wiederherstellungsregelung, wie auch immer sie juristisch formuliert sein mag (Anm. 24), verbirgt sich das Gebot, also die Obliegenheit, nach dem Vsfall wiederanzuschaffen, wiederherzustellen, insbesondere wiederaufzubauen. Deshalb gilt das Verschuldensprinzip (nicht einmal leichte Fahrlässigkeit läßt die Verwirkungsfolge eintreten: § 6 III 1). Deshalb gilt bei grobfahrlässiger Verletzung der Obliegenheit das Kausalitätserfordernis (§ 6 III 1); es kommt darauf an, ob die Nichtwiederherstellung Einfluß auf die Feststellung des Vsfalles oder auf die Feststellung oder den Umfang der dem Ver obliegenden Leistung gehabt hat, was nicht etwa schon deshalb anzunehmen ist, weil an die Stelle der tatsächlichen Wiederherstellungskosten jetzt ein errechneter Betrag treten muß. Ist für den Fall der Obliegenheitsverletzung keine Sanktion vereinbart, so entfällt eine solche (Anm. 17 zu § 6).

Alles das gilt auch bei Versuchen der Umgehung des § 6 III, wie sie in Bedingungskonstruktionen, Fälligkeits- oder Ersatzwertvereinbarungen zu sehen wären, während eine echte Rechtspflicht des Vmers zur Wiederherstellung nie anzunehmen sein dürfte, da der Ver kein ausreichendes Eigeninteresse an der Wiederherstellung hat (im übrigen würde sich solchenfalls aus §§ 276^1, 278^1 BGB das Verschuldenserfordernis ergeben, und § 275 BGB wäre zu beachten: OLG Hamburg 31. X. 1950 VersR 1951 S. 15).

Zu alledem vgl. bereits Anm. 13, 14 zu § 6 m. w. N., besonders RG 19. VI. 1931 RGZ Bd 133 S. 117—124 (auflösende Bedingung; die vte Mühle kam vor vollständiger Wiederherstellung zur Zwangsversteigerung). Darüber, daß eine Fälligkeitshinausschiebung ad infinitum der Vereinbarung einer Leistungsfreiheit gleichsteht, vgl. Anm. 20 zu § 6. Auch alternative Ersatzwertvereinbarungen verbergen (teilweise) Leistungsbefreiung; jedoch ist der etwaige Nichtersatz der Differenz von Neu- und Zeitwert zu rechtfertigen, da eine notwendige Aufwendung gar nicht gemacht wird (Anm. 10). Auf den Boden der Obliegenheitskonstruktion stellen sich erfreulicherweise §§ 11^1, 45 KaskoB, ohne allerdings das Kausalerfordernis zu erwähnen.

Läßt man den zwingenden Charakter des § 6 III außer Betracht, so wäre bei Formulierung einer (aufschiebenden oder auflösenden) Bedingung der Rechtsgedanke bedeutsam, daß Bedingungen auszulegen sind und daß die Bedingung gar nicht gelten sollte, falls der Vmer ohne Verschulden nicht wiederherzustellen vermag (Möller MDR 1950 S. 397).

Hinzuweisen ist auch darauf, daß sogar bei der Versäumung einer Klagefrist das Verschuldensmoment berücksichtigt wird (Anm. 43—47 zu § 12); entsprechendes gilt für die Versäumung einer Wiederherstellungsfrist gemäß OLG Colmar 12. VI. 1913 VA 1913 Anh. S. 124—125 Nr. 773, OLG Königsberg 21. X. 1930 JRPV 1931 S. 61—62. Auch im Bereich der Neuwertv ergibt sich solche Fristverlängerung, insbesondere falls der Ver die Mittel zurückgehalten hat, welche den Beginn der Wiederherstellung erst ermöglicht hätten (BGH 1. IV. 1953 BGHZ Bd 9 S. 207—208 unter Hinweis auch auf Hagen JRPV 1932 S. 39).

Soweit in der Binnenv keine Beschränkungen der Vertragsfreiheit gelten, also z. B. bei öffentlichrechtlichen Vern (ohne Vszwang) (§ 192 II), ist § 6 III unmittelbar anzuwenden. Diese Vorschrift wäre hier zwar an und für sich abdingbar, aber § 25 I preußisches SozietätenG, der nach wie vor im ehemaligen Preußen anzuwenden ist (Schmidt-Sievers S. 471), schreibt vor, die AVB dürften „keine Bestimmungen enthalten, welche zum Nachteile des Vmers" von § 6 „abweichen".

Soweit das **VVG nicht gilt,** z. B. bei öffentlichrechtlichen Zwangsven (§ 192 I), halten Schmidt-Sievers S. 70—71 die Befreiung von der Wiederaufbauregelung einerseits „für eine echte Ermessensentscheidung im Rahmen der Verwaltungstätigkeit der Anstalt" und sie verneinen grundsätzlich einen „Anspruch auf Auszahlung der Entschädigung ohne Wiederherstellung zum Ausgleich unbilliger Härten". Andererseits soll der Vte den Entschädigungsanspruch nicht verlieren, wenn „Umstände einen Wiederaufbau hindern, die er nicht zu vertreten hat".

Sogar in der **Seeversicherung** soll gemäß § 157 BGB der Gedanke des § 6 trotz der formellen Unanwendbarkeit dieser Vorschrift (§ 186) Berücksichtigung erheischen. Bei unverschuldeter Unmöglichkeit der Ausbesserung (erzwungene Auslieferung des Schiffes an die Alliierten) seien die Belange des Vmers zu berücksichtigen. Im übrigen sei einer Veräußerung i. S. des § 75 V ADS eine unfreiwillige Entäußerung gleichzustellen. Zu alledem BGH 15. VI. 1951 BGHZ Bd 2 S. 336—346; Vorinstanz OLG Hamburg 31. X. 1950 VersR 1951 S. 15 im Anschluß an Möller MDR 1950 S. 205—207.

[28] III. Interesse und Schaden.

Schrifttum: Bache Oesterreichische Revue 1920 S. 189—190, Benecke, System des Assekuranz- und Bodmerei-Wesens, 1. Bd, Hamburg 1805, S. 208—281, Bernhöft in: Festschrift zum fünfzigjährigen Doctorjubiläum Dr. Hermann von Buchka, Rostock 1891, S. 1—36, Bischoff VersR 1963 S. 8—15, ZVersWiss 1963 S. 193—206, Blanck ZVersWiss 1929 S. 393—404, Brockmann ZfV 1964 S. 165—167, 244—248, Broquet, Essai sur l'intérêt économique dans le contrat d'assurance, Lausanner Diss., Sion 1932, Bruck S. 475—626, in: Die Reichsgerichtspraxis im deutschen Rechtsleben, Bd IV, Berlin-Leipzig 1929, S. 123—142, Das Interesse, ein Zentralbegriff der V, Wien 1931, Buttaro, L'interesse nell' assicurazione, Milano 1954, Cahn, Der Wechsel des Interessenten im Rechte der Schadensv, Leipzig 1914, Daube, Die rechtliche Konstruktion der Kundenv, Hamburger Diss. 1964, Donati Assicurazioni 1950 I S. 311—344, Ehrenberg I S. 8—13, 293—319, in: Festgabe für Rudolph Sohm, Sonderdruck, Leipzig 1915, AssJhrb Bd 22 S. 1—11, Ehrenzweig S. 199—242, Vsvertragsrecht, Bd 2, Wien-Leipzig 1935, S. 375—462, Die Rechtslehre des Vsvertrages und die klassische Logik, Karlsruhe 1954, S. 15—16, ZVersWiss 1931 S. 375—382, Elkan, Die Bedeutung des Interesses für die Veräußerung der vten Sache, Hamburg 1928, Federspiel, Begrebet interesse i laeren om forsikring, Kopenhagen 1901, Ferrarini, L'interesse nell' assicurazione, Pisa 1935, Fick, Einige Grundbegriffe der Schadensv, Zürich 1918, S. 23—51, Frey JRPV 1935 S. 149—151, Friedmann, Das vsrechtliche Nebeninteresse, Hamburger Diss. 1933, Gärtner ZVersWiss 1963 S. 337—375, VersR 1964 S. 699—702, von Gierke II S. 175—193, Hagen I S. 367—382, ZVersWiss 1907 S. 15—30, Hecker, Zur Lehre von der rechtlichen Natur der Vsverträge, München 1894, S. 23—63, Hellner, Om försäkringsbara intressen och några därmed sammanhängande frågor, Stockholm 1957, Kisch III S. 1—621, JherJ Bd 63 S. 361—450, Koenig S. 175—183, Gegenstand der V, Eine systematische Begründung des Vsrechtes ohne den Interessebegriff, Bern 1931, in: Referate und Mitteilungen des Schweizerischen Juristenvereins 96. Jahrg. (1962) S. 176—185, Leibl AssJhrb 1898 S. 137—143, Lenski, Systematisierung der Rechtsprechung und des Schrifttums zu §§ 69ff. VVG, ungedruckte Hamburger Diss. 1964, Lewis, Lehrbuch des Vsrechts, Stuttgart 1889, S. 35—64, van der Meersch Bulletin des assurances 1963 S. 21—42, Möller, Cifgeschäft und V, Mannheim-Berlin-Leipzig 1932, S. 55—80, Summen- und Einzelschaden, Hamburg 1937, SchweizVersZ 1948/49 S. 225—237, 263—270, Assicurazioni 1955 I S. 131—144, Müller-Erzbach, Deutsches Handelsrecht, 2., 3. Aufl., Tübingen 1928, S. 779—784, Prölss[15] Anm. 1—3 vor § 51, S. 237—240, JRPV 1935 S. 70—73,

Reatz in: Endemann, Handbuch des deutschen Handels-, See- und Wechselrechts, 4. Bd, 1. Abtlg, Leipzig 1884, S. 338—359, 379—382, Ritter Anm. 1—134 zu § 1, S. 49—143, Roelli-Jaeger II Anm. 1—43a zu Art. 48, 49, S. 30—56, Rommel Schweizerische Juristen-Zeitung 1924/25 S. 181—190, 201—208, Schmidt-Rimpler in: Beiträge zum Wirtschaftsrecht, Marburg 1931, S. 1252—1254, Thiele, Begriff und Wesen der „Veräußerung" bei „vten Sachen", Erlanger Diss., Düsseldorf 1934, Vorwerk, Die Rechtsnachfolge in das vte Interesse, insbesondere die Veräußerung der vten Sache, Oelsnitz 1912, Weygand, Die Grundzüge der Kundenv mit einer Einleitung über das Interesse als Element der Sachv, Berlin 1914, Wolff in: von Holtzendorff-Kohler, Enzyklopädie der Rechtswissenschaft, 2. Bd, 7. Aufl., München-Leipzig-Berlin 1914, S. 431—435, Wolff, Der Begriff der Veräußerung nach § 69 VVG, Kölner Diss., Düsseldorf 1934.

[29] 1. Gliederung der Darstellung.

Da im Schadensvsrecht der ersatzpflichtige Schaden die Negation des vten Interesses ist (Anm. 37 vor §§ 49—80), muß die Lehre vom Interesse in den Vordergrund gestellt werden. Nach einer Einführung in die Geschichte der Interesselehre (Anm. 30—35) sind die Funktionen des Interessebegriffs herauszustellen (Anm. 36). Der Interessebegriff hat beileibe nicht nur für das Vsrecht Bedeutung, mag er hier auch seine besondere Ausprägung in den Gesetzen, Vsbedingungen, in der Rechtslehre und in der Rechtsprechung erfahren haben — nicht ohne Gegnerschaft (Anm. 37—46). Im Einzelnen ist der Begriff sehr umstritten, z. B. für die Passivenv, auch ist zu klären, ob der Interessebegriff subjektiv oder objektiv, rechtlich oder wirtschaftlich zu fassen ist (Anm. 47—56). Mannigfaltige Arten des Interesses lassen sich unterscheiden; bei den wichtigen Sachinteressen ist auf das Problem der formal-sachenrechtlichen oder der wirtschaftlichen Betrachtungsweise zurückzukommen (Anm. 57—89).

Das generell Gesagte ist zu veranschaulichen, indem für eine Fülle von Einzelfällen die Interessenlage analysiert wird (Anm. 90—126). Dabei sind nicht nur die vom Schuldrecht ausgehenden Fälle von den einzelnen Schuldverhältnissen her zu betrachten (Anm. 90—113), sondern auch sachen-, familien- und erbrechtliche Tatbestände einzubeziehen (Anm. 114—116). Spezielle Vertragsformen, z. B. Kundenven, sind von der Vspraxis ausgebildet (Anm. 119—120).

Abschließend können wichtige Rechtssätze zur Interesselehre herausgearbeitet werden (Anm. 121—126).

[30] 2. Geschichte der Interesselehre.

a) Außerhalb des Versicherungsrechtes.

Wenn man für das geltende allgemeine Zivilrecht feststellt, der Schadensersatz erfolge im Wege des Interesseersatzes, so geht man vom Summenschadensbegriff (§ 249[1] BGB) sowie davon aus, daß nach der Differenzhypothese „id quod inter-est" ermittelt werden muß, also der Unterschied zwischen dem Zustand, wie er ohne die Schädigung bestehen würde, und dem jetzigen status.

Die zivilrechtliche Lehre vom Interesse führt zwar auf das klassische römische Recht zurück, aber besonders Medicus, Id quod interest, Köln-Graz 1962, S. 2, 299—311, 327 bis 338 hat dargetan, daß der modernrechtliche Schadensbegriff mit dem (schillernden) interesse-Terminus des römischen Rechts nicht identifiziert werden kann. Die Fälle der isolierten Betrachtung des reinen Sachschadens standen — auch in der nachklassischen Zeit — im Vordergrund (Medicus a. a. O. S. 302—303, auch S. 338—340, Möller Summen- und Einzelschaden a. a. O. S. 21—22). Etwa um 1100 beginnt die substantivische Verwendung des Wortes interesse, aber die mittelalterliche Rechtstheorie bedeutete gegenüber dem, was die Römer schon erreicht hatten, eher einen Rückschritt (Medicus a. a. O. S. 340—344, Näheres bei Lange, Schadensersatz und Privatstrafe in der mittelalterlichen Rechtstheorie, Münster-Köln 1955, S. 10—123, der auf S. 30 den arbor super interesse des Rebuffus reproduziert, ein verwirrendes Schema der damaligen Aufgliederung des Interessebegriffes). Erst im 16. Jahrhundert, in welchem manche Monographien „de eo quod interest" entstanden, bereitete sich — speziell unter dem Einfluß von Molinaeus (Pseudonym: Caballinus), Cujacius und Donellus — die moderne Differenztheorie vor, wie sie von Cohnfeldt, Die Lehre vom Interesse, Leipzig 1865, Mommsen, Beiträge zum Obligationenrecht, 2. Abtlg: Lehre von dem Interesse, Braunschweig 1855 geschildert worden ist. Vgl. auch die Nachweise zum gemeinen Recht bei Fick a. a. O. S. 23—24 und die kritischen Gedanken von Neuner ArchCivPrax Bd 133 S. 277—314 („Interesse und Vermögensschaden").

Es ist die Auffassung geäußert worden, daß die vsrechtliche Interesselehre jener des allgemeinen Schadensersatzrechtes völlig entspreche (Ehrenzweig Vsvertragsrecht I a.a.O. S. 375). Das Interesse sei „nichts anderes .... als der subjektive Bestandteil des Schadens" (Prölss[15] Anm. 1 vor § 51, S. 238 im Anschluß an Ehrenzweig). Aber diese Meinung steht schon zur Entstehungsgeschichte des vsrechtlichen Interessebegriffs in Widerspruch.

[31] b) Innerhalb des Versicherungsrechtes.

Im Bereiche des Vswesens hat sich der Begriff des Interesses eigenständig entwickelt: So wünschenswert es sein mag, keine Scheidewände aufzurichten zwischen dem Vsvertrags- und dem sonstigen Zivilrecht, hier ist das Vorhandensein wichtiger Differenzen unverkennbar. Das dürfte damit zusammenhängen, daß dem Summenschadensprinzip des allgemeinen Zivilrechts im Vsrecht aus vstechnischen Gründen von vornherein ein Einzelschadensprinzip gegenüberstehen mußte (Anm. 4 vor §§ 49—80). Überdies stellt Ehrenberg Festgabe a. a. O. S. 6 fest, daß der vsrechtliche Interessebegriff „ausschließlich die Richtung auf die Zukunft" habe. In der Tat muß die notwendige prospektive Risikoerfassung in dem Interesse etwas Positives sehen (Hagen ZVersWiss 1907 S. 15), eine zu versichernde Beziehung einer Person zu einem Gut, während das allgemeine Zivilrecht den (negativen) Schaden mit dem Interesse identifiziert. Das vsrechtliche Interesse ist nicht die Differenz, das inter-esse zwischen zwei Zuständen, sondern das inter-esse verbindet hier eine Person mit einem Gute. So gilt im Vsrecht der Satz, daß der Schaden die Negation des Interesses sei (Bruck S. 419, 478—479, 487). Im allgemeinen Recht aber ist das Interesse — wie schon gesagt — mit dem Schaden identisch. Besondere Anliegen, die zur Entwicklung des vsrechtlichen Interessebegriffs geführt haben, wie z. B. die Abgrenzung von Spiel und Wette, spielen im sonstigen Schadensersatzrecht keine Rolle.

Auch im Zusammenhang mit Einzelfragen zeigen sich die Besonderheiten der vsrechtlichen Interesselehre. Die vorwiegend wirtschaftliche Ausrichtung des vsrechtlichen Interessebegriffs, der u. a. den Sinn hat, die Entschädigung dem wirklich Geschädigten zuzuordnen, kann dazu führen, nicht auf das formal-sachenrechtliche Eigentums-, sondern auf das wirtschaftliche Eigentümerinteresse abzuheben (Anm. 53—55, 60—68). Die wirtschaftliche Ausrichtung führt möglicherweise auch dazu, vsrechtliche Interessen und korrespondierende ersatzpflichtige Schäden anzuerkennen, wo allgemein-zivilrechtlich Schadensersatzberechtigungen negiert werden (z. B. bei gewissen Arten erhofften Gewinnes). Das anerkennen auch die Kritiker einer besonderen vsrechtlichen Interesselehre: „Jedes wirtschaftliche Interesse ist versicherbar. Aber nicht jedes wirtschaftliche Interesse ist gemeinrechtlich geschützt. Darin liegt der tiefgreifende Unterschied in Ansehung des Wirkungskreises des Interesses im Schaden-Vs-Recht und im gemeinen Schadenersatzrecht" (Ehrenzweig S. 201); auch Prölss[15] Anm. 1 vor § 51, S. 238 muß anerkennen, daß das Vsrecht über das Zivilrecht hinausgehe.

[32] Was die **Geschichte der vsrechtlichen Interesselehre** bis zum Ende des 19. Jahrhunderts anlangt (dazu ausführlich Gärtner ZVersWiss 1963 S. 337—375 m. w. N.), so führt sie zurück auf die Anfänge der Seeversicherung im Mittelmeerraum, speziell in Italien.

Als im ausgehenden Mittelalter erstmals Vsgeschäfte im heutigen Sinn abgeschlossen wurden, fehlte es noch an einer scharfen begrifflichen Abgrenzung gegenüber verwandten, damals üblichen Geschäftstypen. Der Vsvertrag wurde als Darlehens- und als Kaufvertrag konstruiert (Goldschmidt, Universalgeschichte des Handelsrechts, Stuttgart 1891, S. 364—365) und wurde im übrigen immer wieder in Beziehung gebracht zu dem damals sehr verbreiteten **Wettgeschäft.** Weder in tatsächlicher noch in rechtlicher Beziehung gab es eine genaue Grenzziehung zwischen V und Wette, und vom praktischen Ergebnis her war eine scharfe Unterscheidung zunächst auch nicht notwendig, weil der Wettvertrag ebenso wie der Vsvertrag rechtlich zulässig war und beide Vertragstypen gleichermaßen einen klagbaren Anspruch gewährten. Bezeichnenderweise behandelt die erste Darstellung des Vsrechts V und Wette gemeinsam: Es ist das Werk von Santerna, Tractatus de assecurationibus et sponsionibus mercatorum, Venedig 1552. Aber bereits den alten juristischen Autoren blieb nicht verborgen, daß trotz einer gewissen rechtstechnischen Vergleichbarkeit von Vs- und Wettgeschäft ein erheblicher innerer Unterschied zwischen beiden Geschäftsarten bestehe. Deutlich kommt dieser Gedanke bei Scaccia, Tractatus de commerciis et cambio, (in der Ausgabe) Frankfurt 1648, § 1 Quaestio I Nr. 131 zum Ausdruck. Das Vsgeschäft war danach eine anerkennenswerte volkswirtschaftliche Einrichtung, die kraft ihrer Schadensersatzfunktion eine einleuchtende innere Legitimation hatte; sie gehörte in den Bereich ernsthaften Wirtschaftens. Demgegenüber fiel die Wette aus dem Rahmen echter kaufmännischer Vorsorge und sinnvollen Planens; sie war lediglich Gegenstand spielerischer Spekulation. So war die Unterscheidung zwischen V und Wette zunächst eher eine Frage der moralischen Bewertung als der rechtstechnischen Ausgestaltung. Immerhin bildete sich — auch im juristischen Schrifttum — das Bewußtsein, daß die V von der Wette unterschieden werden müsse. In beiden Vertragsarten wurde eine Leistung für den Fall des Eintretens eines ungewissen Ereignisses versprochen, man erkannte aber, daß bei der Wette die Leistungspflicht an nichts weiteres geknüpft war als an den Eintritt des Ereignisses, während bei der V ein weiterer Umstand hinzutreten mußte: Der Anspruchsteller mußte nicht nur beweisen, daß ein ungewisses Ereignis eingetreten sei, er mußte darüber hinaus dartun, daß ihm infolge des eingetretenen Ereignisses ein Schaden in Höhe der beanspruchten Vsleistung erwachsen sei.

An folgendem Beispiel entzündete sich die Diskussion: Ein Kaufmann hatte Güter vert, welche während der Reise verlorengingen. Der Kaufmann verlangte die Vsleistung. Es stellte sich aber heraus, daß er gar nicht Eigentümer der Güter gewesen war, und für den Ver entstand das Problem, ob er den Schaden vergüten müsse. Santerna a. a. O. Teil IV Nr. 47—48, Teil V Nr. 10 meinte, der Ver könne dem Kaufmann dessen fehlendes Eigentum nicht entgegenhalten, sondern müsse die Summe bezahlen. Straccha, Tractatus de assecurationibus, Venedig 1569, Glossa X Nr. 17 entschied wenig später im gegenteiligen Sinn und sprach dabei zum erstenmal von dem Erfordernis eines Interesses, welches der Anspruchsteller nachweisen müsse. Eine dogmatisch einwandfreie Lösung des Problems findet sich — im Zusammenhang mit einer entwickelten Interesselehre — bei de Casaregis, Discursus legales de commercio, Florenz 1719. Dieser hält es für eine Tatfrage, ob im oben genannten Fall dem Kaufmann die Summe zu zahlen sei: Hätten nämlich die Parteien vereinbart, daß bei Verlust der Güter in jedem Fall 1000 zu leisten seien, so könne der Ver die Zahlung der Summe nicht deswegen verweigern, weil der Kaufmann nicht Eigentümer derselben gewesen sei. Hätte man dagegen vereinbart, bei Verlust der Güter den Schaden zu ersetzen und dabei den Wert der Güter mit 1000 angegeben, so könne dem Anspruchsteller immer sein mangelndes Eigentum und damit sein fehlendes Interesse entgegengehalten werden. Im letzteren Fall handele es sich um einen Anspruch aus Vsvertrag, im ersteren Fall dagegen um eine Wettvereinbarung. Jede V erfordere begriffsnotwendig ein Interesse des Vten: „Sicuti enim principale fundamentum assecurationis est risicum, seu interesse assecuratorum, sine quo non potest subsistere assecuratio“ (de Casaregis Disc. IV. Nr. 1). Entsprechend den tatsächlichen damaligen Verhältnissen, die im Grunde nur die V von Waren und Schiffen — also die V von Eigentum — kannten, konnte de Casaregis das Interesse mit dem Eigentum gleichsetzen, Interesseträger war der Eigentümer.

[83] Man kann den Interessebegriff, der seit de Casaregis als Abgrenzungskriterium des Vsgeschäfts vom Wettgeschäft entwickelt wurde, den **allgemeinen Interessebegriff** nennen. Die Freihaltung der V von Wettelementen ist eine Aufgabe, der sich die Vsjuristen bis in die neueste Zeit hinein gewidmet haben. Dabei bekam das Problem einen anderen Aspekt, nachdem neben die Güterv die **Lebensversicherung** getreten war. Daß diese zu Spekulationszwecken mißbraucht werden konnte, lag auf der Hand; es bestand also auch hier das Bedürfnis, V und Wette klar zu scheiden. Auf der anderen Seite machte das Arbeiten mit dem herkömmlichen Interessebegriff Schwierigkeiten: In der Güterv ließ sich das Vorhandensein und die Höhe des Interesses in der Regel leicht feststellen, indem man sich an den Eigentümer und den Sachwert der vten Güter hielt. Einen solchen Anknüpfungspunkt gab es in der Lebensv nicht. Allerdings legte man in den Anfängen des Lebensvsrechts ähnliche Vorstellungen zugrunde: So sollte beispielsweise das Leben des Schuldners für den Gläubiger einen vsfähigen Wert in Höhe der Schuldsumme haben (Benecke a. a. O. I S. 541); das Interesse wurde gesehen in der mit dem Tode des Schuldners verbundenen pekuniären Verlustmöglichkeit (Pöhls, Darstellung des See-Assecuranzrechtes, Teil I, Hamburg 1832, S. 75). Allmählich rückte man jedoch von dieser streng rechnerischen Bestimmung des Interesses in der Lebensv ab und begnügte sich mit einem „allgemeineren Interesse" (so schon Pöhls a. a. O. S. 76); Benecke a. a. O. I S. 541 glaubte auf den Nachweis eines „wirklichen Interesses" verzichten zu können, wenn eine Einwilligung der Gefahrsperson zum Abschluß des Lebensvsvertrages vorliege.

Diese Entwicklung kam 1893 mit Ehrenberg I S. 293—297 zum Abschluß. Er brach mit dem bis dahin nahezu uneingeschränkt geltenden Satz, daß jede V, um sich vor der Wette legitimieren zu können, ein Interesse erfordere. Ehrenberg hatte erkannt, daß gar nicht alle neuzeitlichen Vsbranchen die Gefahr in sich bergen und die Möglichkeit bieten, zu Wett- und Spielzwecken mißbraucht zu werden. Insoweit könne man auch einen Begriff entbehren, dessen Funktion lediglich darin bestehe, die V von Wettelementen freizuhalten. So sei beispielsweise die Gefahr einer Wettv bei der V auf eigenen Tod nicht vorhanden, weswegen man hier von dem Nachweis eines Interesses absehen könne. Wo die Gefahr einer Wettv vorhanden sei, wie bei der V auf fremden Tod, sei der Nachweis eines Interesses nicht der einzige Weg, um Wettven vorzubeugen; man könne auch die Einwilligung der Gefahrsperson als ausreichenden Schutz ansehen und diese Einwilligung als Ersatz für ein Interesse gelten lassen.

Vgl. zum Thema Glücksvertrag und V in historischer Betrachtung ferner: Ebel ZVersWiss 1962 S. 53—76.

[34] Neben der allgemeinen Interesselehre, deren Aufgabe es war, die V von Wettelementen freizuhalten, entwickelte sich eine spezielle Interesselehre, die man die **technische Interesselehre** nennen kann: In den Anfängen des Vswesens war der Eigentümer von Gütern oder eines Schiffes praktisch der alleinige denkbare Interessent; er erlitt einen Schaden, wenn Schiff oder Güter verlorengingen. Die Entwicklung und Differenzierung des Wirtschaftslebens brachten es im Laufe der Zeit jedoch mit sich, daß **auch andere Personen** an der Erhaltung der Güter interessiert waren und durch ihren Untergang geschädigt werden konnten, so etwa der Pfand- oder Hypothekengläubiger, der Darlehensgeber, der Makler, welcher eine Courtage verdienen wollte, und andere Personen mehr. Wie früher der Eigentümer, suchten sich nunmehr auch diese Personen zu vern. Hier galt es jetzt, einen juristischen Weg zu finden, der es anderen Personen als dem Eigentümer erlaubte, neben diesem V zu nehmen, gleichzeitig aber vor den Konsequenzen einer von jeher unzulässigen Doppelv bewahrte. Beide Ziele konnten erreicht werden, wenn man nicht mehr die Sache selbst als vert ansah, sondern die spezielle Beziehung, welche eine Person mit der Sache verknüpfte. „Es fällt in die Augen, daß bei Ven eines Gegenstandes, an welchem verschiedene Personen verschiedenes Interesse haben, die Unterscheidung: Für welches Interesse, und in Folge welches Rechts, eine V geschieht, von großer Wichtigkeit sey" (Benecke a. a. O. I S. 213—214). Damit war man von der früher — als nur ein einziges Interesse, nämlich das des Eigentümers, in Frage stand — praktisch gangbaren Vorstellung abgekommen, die Sache selbst sei vert. Nachdem mehrere Arten von Interessenten ins Blickfeld getreten waren, mußte bei jedem Vsabschluß geklärt werden, um welche konkrete, subjektive Beziehung zur Sache es gehe. So zeigte sich bei den oben genannten Personen, daß sie alle eine verschiedene Beziehung zur Sache hatten, und da nach der neuen Auffassung diese Beziehung Gegenstand der V war, konnte mangels Identität des Gegenstandes eine Doppelv nicht vorliegen. Die technische Interesselehre nahm für sich in Anspruch, die V mehrerer Interessen in bezug auf einen Gegenstand gegenüber der Doppelv juristisch legitimieren zu können, und unter Berufung auf diese Funktion wurde sie bis in die neueste Zeit hinein im wissenschaftlichen Schrifttum gewürdigt (z. B. von Ehrenberg Festgabe a. a. O. S. 8).

[35] Die Lehre vom Interesse im Vsrecht hatte um die Jahrhundertwende, vor allem durch das große Werk Ehrenbergs, einen gewissen Abschluß gefunden. Der wesentliche Gehalt dieser Lehre und ihr doppelter rechtlicher Aspekt ist knapp und treffend dargestellt in der Botschaft des schweizerischen Bundesrates an die Bundesversammlung zu dem Entwurfe eines Bundesgesetzes über den Vsvertrag (vom 2. II. 1904 BBl 1904 I S. 241):

> „Gegenstand der Sachv ist nicht die Sache, an der sich das schädigende Ereignis betätigen kann, sondern das Interesse, das der Vte am Ausbleiben des befürchteten Ereignisses hat. Diesem Satze liegen nicht nebensächliche terminologische Erwägungen, sondern eine theoretisch und praktisch bedeutsame Auffassung zugrunde. Dadurch, daß auf das Interesse abgestellt wird, setzt man nicht nur der Wettv einen wirksamen Damm entgegen, sondern erklärt auch, im Interesse des wirtschaftlichen Lebens, verschiedenartige Wertbeziehungen, die verschiedenen Personen an demselben Objekte zustehen, als versicherbar."

[36] 3. Funktionen des Interessebegriffs.

Der Sinn der Lehre vom vten Interesse wurde teilweise schon bei der historischen Betrachtung (Anm. 31—35) deutlich, aber die Entwicklung des Wirtschafts- und Rechtslebens und die Verfeinerung der Vstechnik ließen weitere Funktionen des Interessebegriffs in Erscheinung treten:

Historisch am Anfang stand das Bestreben, Vs- und Wettverträge voneinander abzugrenzen.

Im Rahmen einer mehr technischen Interesselehre trat das Bestreben hinzu, die Versicherbarkeit verschiedenartiger Interessen an einem einzigen Gegenstand zu rechtfertigen, z. B. die V des Eigentümers und des Pfandgläubigers — ohne Gegebensein einer Doppelv (Hagen ZVersWiss 1907 S. 17).

Drittens ermöglicht die Interesselehre die Erfassung des subjektiven Risikos: Nicht eine Sache schlechthin, in der Hand eines beliebigen Eigentümers wird feuervert, sondern die Wertbeziehung des Eigentümers X; sein Nachfolger könnte ein unsorgfältiger Mensch, womöglich ein notorischer Brandstifter sein (über die Fälle der Veräußerung und des sonstigen Interesseüberganges vgl. §§ 69—73).

Viertens ergibt sich aus der Verwendung des Interessebegriffs nicht nur eine Konkretisierung der Risikotragung des Vers hinsichtlich des vten Gutes und der vten Person, sondern auch hinsichtlich der Höhe der in Betracht kommenden Maximalleistung des Vers; denn die Beziehung des Vten zu dem Gut hat einen bestimmten Wert (Vswert), welcher in Verbindung mit der Vssumme und der Größe der Gefahr eine genaue Prämienbestimmung ermöglicht (Ehrenberg Festgabe a. a. O. S. 8).

Fünftens können Schäden sich nicht nur an dem vten Gute (z. B. an der vten Sache) ereignen, vielmehr gibt es neben den Substanzschäden (Zerstörung, Beschädigung der Sache) solche Schäden, bei denen nur die Wertbeziehung zwischen Person und Gut, nicht das Gut selbst beeinträchtigt wird (Entziehungs-, Beziehungsschäden) (z. B. durch Einbruchdiebstahl, Beschlagnahme, prisenrechtliche Aufbringung). Vgl. schon Anm. 39 vor §§ 49—80.

Sechstens kann der Interessebegriff im Rahmen der Schadensv die Aufgabe erfüllen, die Entschädigung dem wirklich Geschädigten zuzuweisen, nach dem Grundsatz, daß der Schaden die Negation des Interesses ist. Dabei kann der wirtschaftlich ausgerichtete Interessebegriff der Tatsache Rechnung tragen, daß die moderne Rechtsentwicklung immer häufiger zu einem Auseinanderfallen von rechtlicher und wirtschaftlicher Position führt, man denke nur an die Fälle von Sicherungsübereignung und Eigentumsvorbehalt. So braucht das vsrechtliche Eigentümerinteresse nicht notwendig dem formal-sachenrechtlichen Eigentümer zuzustehen, so braucht die Veräußerung der vten Sache i. S. des § 69 I nicht stets zusammenfallen mit der Übertragung des dinglichen Rechts. Näheres Anm. 53—55, 60—68.

Negativ sei hervorgehoben, daß es nicht förderlich ist, das Interesse als Gegenstand der Schadensv zu bezeichnen (so aber Bruck S. 475, Lewis a. a. O. S. 35—36). Der Begriff des „Gegenstandes" eines Rechtsverhältnisses, insbesondere eines schuldrechtlichen Vertrages ist allzu schillernd. Ehrenzweig ZVersWiss 1931 S. 375 sagt: „Das ist nur eine Ausdrucksfrage, für die Gestaltung der Rechtsordnung ohne allen Belang." In der Tat könnte man auch z. B. die vte Person (den Interesseträger), die Leistung des

Vers (die Gefahrtragung), das beziehungsverknüpfte Gut (z. B. die Sache), den Schaden, den Schadensersatz oder Geldersatz „Gegenstand" der V nennen (kritisch auch Blanck ZVersWiss 1929 S. 393—394, von Gierke II S. 177—178, Kisch III S. 183, besonders eingehend Reatz a. a. O. S. 342—344). Wenn Bruck, Das Interesse, ein Zentralbegriff der V, Wien 1931 allerdings die zentrale Bedeutung des Interessebegriffes heraushebt, so ist dagegen nichts einzuwenden. Zu Koenig, Gegenstand a. a. O. S. 1—102 vgl. Anm. 45.

[37] 4. Interesse im Rechtssystem.

a) Interesse in der Gesetzgebung.

aa) Interessebegriff in allgemeinen Zivilgesetzen.

Der Interessebegriff kommt in einer vagen allgemeinen untechnischen Bedeutung häufig in den Zivilgesetzen vor, z. B. in den schuldrechtlichen Normen der §§ 280 II 1, 286 II 1, 325 I 2, 326 II, 343 I 2, 542 I 3, 634 II, 677, 679, 683[1], 745 II, 809, 810, 824 II BGB. Der allgemeine Interessebegriff beherrscht die Interessenjurisprudenz (vgl. etwa Kraft, Interessenabwägung und gute Sitten im Wettbewerbsrecht, München-Berlin 1963).

Der Interessebegriff klingt dagegen als Schadensbegriff i. S. der Differenztheorie (oben Anm. 30) an in §§ 122 I, 179 II, 307 I 1 BGB. In diesen Fällen geht es um den Ersatz des sog. negativen Interesses (in den Grenzen des positiven Interesses), mit anderen Worten: des Vertrauensinteresses (in den Grenzen des Erfüllungsinteresses). In allen Fällen werden zwei Vermögenslagen miteinander verglichen: Wie stünde der Kläger da, wenn er nicht auf die Gültigkeit des Vertrags (der Erklärung) vertraut hätte? (Aber der Kläger kann niemals verlangen, besser gestellt zu werden, als er stünde, wenn der Vertrag [die Erklärung] gültig gewesen wäre.) Dieser Interessebegriff und die Unterscheidung von positivem und negativem Interesse spielen im Vsrecht keine Rolle.

[38] bb) Interessebegriff in speziellen Versicherungsnormen.

Auch in vsrechtlichen Normen wird der Interessebegriff zuweilen untechnisch gebraucht, z. B. in §§ 8 I Ziff. 2, 81 II 1 VAG (wo jetzt von den „Belangen der Vten" gesprochen wird), sowie in § 26 (Gefahrerhöhung im Interesse des Vers: Anm. 4 zu § 26) und § 93 (feuervsrechtliches Änderungsverbot, außer wenn Änderungen im öffentlichen Interesse geboten sind).

Aber regelmäßig wird der Interessebegriff im Vsrecht in jenem vstechnischen Sinne benutzt, der sich historisch herausgebildet hat. Alle einschlägigen Normen bestätigen zugleich, daß sowohl für das Binnen- als auch für das Seevsrecht der Gesetzgeber auf dem Boden der Interesselehre steht:

Binnenvsrecht: §§ 51 I, 57[2], 58 I, 59 I, 68, 80 II, 87, 105, 187 II.

Seevsrecht: §§ 778, 781 I, 789, 882 II Ziff. 1, 895, 500 II 2, 3 HGB.

Bemerkenswert ist, daß der Gesetzgeber den vstechnischen Interessebegriff nur in der Schadensv (nicht für die Summenv) verwendet, dort aber offenbar nicht nur im Bereich der Aktivenv (§§ 51 I, 57[2], 87, 105), sondern auch gemeinsam für den Bereich der Aktiven- und der Passivenv (§§ 58 I, 59 I, 68, 80 II, 187 II).

Auch die gesamte Seev, welche auch Passivenven umfaßt, wird gemäß § 778 HGB vom Interessebegriff beherrscht.

Prölss[15] Anm. 1 vor § 51, S. 238 will etwas daraus herleiten, daß das Gesetz zuweilen von der vten Sache spreche, z. B. in § 69 I, 73, 83 I. Hier handelt es sich um Vorschriften aus dem Rechte der Sachv. Dabei entspricht es auch dem Lebenssprachgebrauch, nicht umständlich von dem vten Sachinteresse, sondern — allein im Blick auf das interesseverknüpfte Gut — von der vten Sache zu reden.

[39] b) Interesse in Versicherungsbedingungen.

Da die AVB sich meistens mit einzelnen Vszweigen befassen, können sie sich im allgemeinen darauf beschränken, das spezielle interesseverknüpfte Gut zu nennen, z. B. in der Feuerv die vten Sachen (§§ 1 III, IV, 2 AFB), was aber nichts daran ändert, daß das Sachinteresse als vert anzusehen ist (dazu Raiser Anm. 3 zu § 3, S. 108). In Bedingungswerken, welche die V von mehreren verschiedenartigen Interessen vorsehen, greift man auf den Interessebegriff zurück, besonders im Seevsrecht (sehr konsequent die

ADS; grundlegend §§ 1, 2 I ADS). In modernen Bedingungswerken wird der Interessebegriff anscheinend — auch unter dem Einfluß des BAA — immer häufiger verwendet, vgl. nur § 17 VI VGB, §§ 1 Ziff. 1 I 2, 13 Ziff. 1 II 1 AHagelB, § 12 II 1 EVB. Zuweilen sprechen AVB sogar von vten „Beziehungen", vgl. nur vor § 1 VGB.

[40] c) Interesse in der Rechtslehre.

Das deutsche vswissenschaftliche Schrifttum hat immer den Standpunkt vertreten, das Interesse — und nicht etwa die Sache — sei vert. Im einzelnen weichen die Ansichten der Autoren allerdings voneinander ab (Anm. 41—44). Erst in neuerer Zeit haben sich kritische Stimmen erhoben, welche die Lehre vom vten Interesse für abwegig halten (Anm. 45).

[41] aa) Anhänger der Interesselehre.

Man kann sagen, daß etwa bis zum Jahre 1930 die Rechtslehre einhellig auf dem Standpunkt stand, Gegenstand der V sei das Interesse und das Interesse sei ein spezifischer Begriff des Vsrechtes. Die moderne Interesselehre ist zuerst von Ehrenberg dargestellt worden, als Hauptvertreter der Interesselehre seien Bruck, Hagen, Kisch und Ritter genannt.

Im einzelnen lassen sich die im Schrifttum vertretenen Meinungen in drei Gruppen einteilen:

[42] aaa) Interesselehre auch für die Summenversicherung.

Am weitesten geht die Ansicht, nach welcher das Interesse ein Rechtsbegriff des gesamten Vsrechtes ist. Danach beherrscht die Interesselehre nicht nur die Schadensv, sondern auch die Summenv, also auch alle Personenvszweige, die nach dem Prinzip der abstrakten Bedarfsdeckung betrieben werden.

Lewis a. a. O. S. 43 sagt: „Interesse bildet also bei jeder V die Voraussetzung", und er zieht hieraus in Anlehnung besonders an das englische Recht Konsequenzen für die Lebensv (Lewis a. a. O. S. 317—321). Vgl. ferner die Gedankengänge bei von Gierke II S. 175—176, Schmidt-Rimpler a. a. O. S. 1252—1253, Wolff a. a. O. S. 435, rechtstheoretisch (ohne Rücksicht auf das geltende Recht) auch Möller ZVersWiss 1934 S. 34—37. Über die Bedeutung des Interessebegriffs im anglo-amerikanischen Summenvsrecht: Tiefenbacher, Das Bereicherungsverbot im Lebensvsrecht unter besonderer Berücksichtigung des englischen und amerikanischen Rechts, ungedruckte Hamburger Diss. 1948.

Was das geltende deutsche Recht anlangt, so wird der Interessebegriff nur im Schadensvsrecht verwendet (Anm. 38). Schon Ehrenberg I S. 293—297, speziell S. 296—297, hatte darauf hingewiesen, daß bei der Summenv „von der Frage nach dem Interesse ganz abgesehen werden" könne, wenn man bei einer V auf fremden Tod oder Unfall eine Einwilligung der Gefahrsperson voraussetze (so heute §§ 159 II, 179 III). De lege ferenda vgl. Bruck Das Interesse a. a. O. S. 10—18.

[43] bbb) Interesselehre für die gesamte Schadensversicherung.

Das geltende deutsche Gesetzesrecht (Anm. 38) geht davon aus, daß der Interessebegriff in der gesamten Schadensv Bedeutung besitze, also nicht nur im Bereiche der Aktivenv, sondern auch in jenem der Passivenv, speziell der Haftpflichtv. So nimmt denn auch die herrschende Auffassung an, in der gesamten Schadensv sei der Interessebegriff Zentralbegriff.

Grundlegend definiert dieses Interesse i. w. S. Ehrenberg Festgabe a. a. O. S. 5 als „eine Beziehung, kraft deren jemand (der sog. Interessent) durch eine im Vsvertrag vorgesehene Tatsache (den Vsfall) einen Vermögensnachteil erleiden kann" (speziell über das Haftpflichtinteresse: a. a. O. S. 38—46). Dabei findet sich für die Haftpflichtv die Bemerkung: „Man kann sagen: Gegenstand der V ist das gesamte Vermögen des Vmers, weil es mit einer Verpflichtung belastet wird, aber das ist eine rein theoretische Vorstellung ohne jeden praktischen vsrechtlichen oder vstechnischen Wert" (a. a. O. S. 41 Anm. 4).

Vgl. im übrigen Bruck S. 475 mit S. 477 speziell für die Haftpflichtv, Bruck Reichsgerichtspraxis a. a. O. S. 123, Hagen I S. 370, 372, der für die Haftpflichtv eine „Verflüchtigung" des Interessebegriffs konstatiert, ZVersWiss 1907 S. 15, Kisch III S. 28, 181, 142—144 speziell über das Interesse bei der V gegen Passiven, Ritter Anm. 3, 6, 8 zu § 1, S. 50, 51—53, ferner z. B. Bischoff VersR 1963 S. 10, Blanck ZVersWiss 1929 S. 401, Hagen ZVersWiss 1907 S. 15, 22, Hecker a. a. O. S. 29—30, Müller-Erzbach a. a. O. S. 780, Schmidt-Rimpler a. a. O. S. 1253—1254, Weygand a. a. O. S. 18, Wolff a. a. O. S. 432—433, aus dem schweizerischen Schrifttum Fick a. a. O. S. 23—51, Roelli-Jaeger II Anm. 1—43a zu Art. 48, 49, S. 29—56, Rommel Schweizerische Juristen-Zeitung 1925 S. 181—190, 201—208.

[44] ccc) Interesselehre nur für die Aktivenversicherung.

Wenn man innerhalb der Schadensv die Aktiven- und die Passivenv unterscheidet, und wenn man unter Aktivenv eine solche versteht, die den Vmer für den Fall der Beeinträchtigung einer Beziehung zu einem Aktivum (Gute) schützt, so liegt es nahe, den Interessebegriff i. e. S. auf solche Wertbeziehung zu einem Aktivum zu beschränken. Denn nur bei einer Aktivenv kann man sagen, daß im Vsfalle das Interesse an einem bestimmten Gute beeinträchtigt werde und daß der Schaden die Negation des Interesses sei (Bruck Reichsgerichtspraxis a. a. O. S. 139). Bei einer Passivenv dagegen tritt der Schaden — ohne Rücksicht auf das Vorhandensein von Aktiven — dadurch ein, daß das Vermögen des Vmers mit einem Passivum belastet wird.

Schon Ehrenberg Festgabe a. a. O. S. 41 hat im Blick auf die Haftpflichtv gesagt, zwar bestehe hier gleichfalls eine Schadensmöglichkeit, „aber es fehlt die ‚Beziehung' zu einem Objekte ...., woran sich das Interesse des Vmers knüpft". Besonders Leibl AssJhrb Bd 19 S. 137—143 hat sodann bei der Prüfung der juristischen Natur der Haftpflichtv das Ergebnis gewonnen, hier sei kein Interesse des Vmers in dem Sinne vorauszusetzen, wie es bei „Objectsven" (Aktivenven) vonnöten sei. In diesem Sinne auch Carstensen, Die Anwendbarkeit des § 69 VVG auf die Haftpflichtv, Kieler Diss., Quakenbrück 1936, S. 27—29, Möller ZVersWiss 1934 S. 33, Assicurazioni 1955 I S. 142—143, ZVersWiss 1962 S. 287—288, vgl. auch oben Anm. 28—29 zu § 1, Anm. 6 vor §§ 49—80.

[45] bb) Gegner der Interesselehre.

Trotz ihrer historischen Verwurzelung und trotz ihrer Anerkennung in der Gesetzgebung und seitens der herrschenden Meinung, gibt es einige Gegner der vsrechtlichen Interesselehre, insbesondere Ehrenzweig und Koenig.

Ehrenzweig S. 199 hält den Begriff des Schadens für einen nicht bestimmbaren Urbegriff, und er identifiziert — wie im allgemeinen Zivilrecht — Schaden und Interesse. Er meint: „Das ‚Interesse' ist eben nichts anderes als der subjektive Bestandteil des möglichen Schadens und des eingetretenen Schadens eines Rechtssubjektes". Ähnlich schon Ehrenzweig Vsvertragsrecht II a. a. O. S. 375—376, ZVersWiss 1931 S. 375—382, Logik a. a. O. S. 15—16.

Koenig S. 175—186, Gegenstand a. a. O. S. 1—102 versucht seit 1931 eine systematische Begründung des Vsrechtes ohne den Interessebegriff und will nur auf den „Gegenstand der V" abheben, wobei er drei Arten des Gegenstandes unterscheidet: Person, Sache, Vermögen. Als Personenv wird nur die nach dem Prinzip der abstrakten Bedarfsdeckung, also als Summenv betriebene Personenv bezeichnet; ansonsten soll z. B. die Unfall- oder Krankenv nicht zur Personenv gehören. Bei der Sachv soll es auf die „Vernichtung oder Beschädigung der Sache an sich" ankommen, aber auch die Kreditv (und die Hypothekenv) soll zur Sachv gehören. Alles andere wird als Vermögensv bezeichnet, z. B. die Gewinnv und sämtliche Passivenven. Die mannigfaltigen Funktionen der Interesselehre werden von Koenig nicht anerkennt, insbesondere verkennt er, daß der ersatzpflichtige Schaden immer die Negation des vten Interesses darstellen muß, nach Grund und Höhe. So schlägt Koenig Referate und Mitteilungen a. a. O. S. 176—185 de lege ferenda für das schweizerische Recht vor, den Interessebegriff ganz fallen zu lassen (zum geltenden schweizerischen Recht vgl. Anm. 35).

Als weitere Gegner der Interesselehre seien Bache Oesterreichische Revue 1920 S. 189 bis 190 und Prölss[15] Anm. 1, 2 vor § 51, S. 238—240 genannt.

[46] d) Interesse in der Rechtsprechung.

Die Rechtsprechung hat nicht in dem gleichen Maße wie das Schrifttum Gelegenheit gehabt, die Lehre vom vsrechtlichen Interesse zu vertiefen; denn die Zahl der Sachverhalte, deren Entscheidung sich unmittelbar aus der Interesselehre ableiten ließe, ist — mindestens seit der Geltung des VVG — verhältnismäßig gering. Dennoch gibt es eine Anzahl von Entscheidungen, die zum Begriff und der Lehre vom Interesse Stellung nehmen.

In älteren Entscheidungen wurde zuweilen die Auffassung vertreten, in der Seev sei zwar ein Interesse Gegenstand der V; dasselbe gelte aber nicht im Bereich der Binnenv. Wichtig besonders RG 6. X. 1894 RGZ Bd 35 S. 54—55 betreffend den Fall einer von einer Lagerhausgesellschaft genommenen Feuerv: Zwar liege bei einer Seev nach dem HGB möglicherweise ein Vertrag zugunsten Dritter, nämlich zugunsten des dritten Interessenten vor. „Diese dem Seevsrechte eigentümliche Gestaltung auf die an sich den allgemeinen Grundsätzen unterliegende Binnenv, insbesondere auf die Feuerv zu übertragen fehlt es aber .... an ausreichenden Gründen. Denn die seerechtliche Gestaltung erklärt sich aus der eigentümlichen Anschauung, nach welcher nicht die der Seegefahr ausgesetzte Sache, sondern ein sich an dieselbe knüpfendes, bestimmt zu bezeichnendes Interesse den Gegenstand der V bildet .... und nach welcher folgerichtig auch nur derjenige, in dessen Person das vte spezielle Interesse begründet ist, der Vte sein kann, wogegen es der natürlichen Anschauung vielmehr entspricht, daß die einer gewissen Gefahr ausgesetzte Sache den Gegenstand der V bildet, und in Ermangelung einer entgegengesetzten gesetzlichen Vorschrift bei der Binnenv hieran festzuhalten ist." In diesem Sinne schon vorher auch OLG Hamburg 21. I. 1887 SeuffArch Bd 43 S. 83—85, 17. X. 1887 SeuffArch Bd 43 S. 395—398, 10. V. 1889 SeuffArch Bd 45 S. 452—456 (gebilligt von RG 14. V. 1890 SeuffArch Bd 46 S. 202), sodann OLG Hamburg 18. III. 1909 VA 1909 Anh. S. 105 Nr. 488. Weitere Nachweise bei Ritter Anm. 6 zu § 1, S. 51—52.

Später aber, vor allem nachdem das VVG in Kraft getreten war, hat sich die Rechtsprechung gewandelt, und das **Reichsgericht** hat mit Nachdruck den Standpunkt eingenommen, daß im Bereich der gesamten Schadensversicherung an die Stelle der versicherten Sache das versicherte Interesse getreten sei (so besonders deutlich RG 9. XI. 1934 RGZ Bd 145 S. 387 [Beeinträchtigung des Interesses durch Veruntreuung], RG 15. X. 1935 RGZ Bd 149 S. 73—74 [gesamte Schadensv als „Interessenv", Herbeiführung des Vsfalls durch „zwar nicht förmlich, aber in Wirklichkeit (auch) Vten"]). Für die Seev vgl. RG 10. VI. 1922 RGZ Bd 104 S. 410.

Auch der **Bundesgerichtshof** spricht regelmäßig ganz unbefangen vom vten Interesse und setzt diesen Begriff damit als gegeben voraus, vgl. nur BGH 28. X. 1953 BGHZ Bd 10 S. 376—385 (Feuerv), 4. III. 1955 VersR 1955 S. 225—226 (Feuerv), 13. XI. 1956 VersR 1957 S. 58—59 (Seev), 22. IX. 1958 BGHZ Bd 28 S. 140 (Haftpflichtv), 24. V. 1962 MDR 1962 S. 719 (mit Anm. Sieg S. 888) = VersR 1962 S. 659—660 (Seev), 21. III. 1963 VersR 1963 S. 516 (Haftpflichtv); ebenso OGH Wien 19. IV. 1961 VersR 1962 S. 817 (Feuerv).

Nur vereinzelt finden sich neuere Entscheidungen, welche — wie früher das Reichsgericht — ausdrücklich auf die Gegensätzlichkeit zwischen V der Sache und V des Interesses in bezug auf eine Sache hinweisen. Deutlich aber OLG Hamburg 5. VII. 1962 VersR 1963 S. 154: Das Gericht sieht „mit der herrschenden Meinung .... nicht die Sache selbst als vert an, sondern die Beziehung der Person (des Interesseträgers) zu der Sache — nur auf Grund einer solchen Betrachtungsweise ist die Versicherbarkeit anderer als der Eigentümerinteressen erklärbar —." § 69 I sei analog auf Fälle anwendbar, in denen (nicht das Eigentum, sondern) das Interesse auf einen anderen übergeht.

[47] 5. Begriff des Interesses.

a) Interesse im weiteren und engeren Sinn.

Wie ausgeführt (Anm. 38, 43), verwendet das geltende deutsche Recht den Interessebegriff in der gesamten Schadensv (Aktiven- und Passivenv: Interesse i. w. S.), aber das Kerngebiet der Anwendung ist die Aktivenv (Interesse i. e. S.). Wenn man den Begriff Interessev einführt, so kann er entweder mit jenem der Schadensv identisch sein (so Bruck S. 65) oder auf die Aktivenv beschränkt werden. (Als Interessenv bezeichnet man überdies in der Seev die V für behaltene Ankunft, für behaltene Fahrt: § 120 ADS, Ritter Anm. 5 zu § 120, S. 1305, Friedmann a. a. O. S. 60, unten Anm. 83.)

[48] aa) Interesse im weiteren Sinn.

Der Interessebegriff i. w. S. wird am besten mit Ehrenberg Festgabe a. a. O. S. 5 definiert als „eine **Beziehung, kraft deren jemand** (der sog. Interessent) durch eine im Vsvertrag vorgesehene Tatsache (den Vsfall) **einen Vermögensnachteil erleiden kann**“ (übernommen seitens Hagen I S. 370, Weygand a. a. O. S. 18, RG 28. VIII. 1942 RGZ Bd 169 S. 373). Dies bedeutet für die Aktivenv, daß eine Wertbeziehung des Vmers durch Eintritt des Vsfalles beeinträchtigt wird, so daß der Schaden, der Vermögensnachteil als Negation der Wertbeziehung eintritt. In der Passivenv dagegen erleidet der Vmer den Vermögensschaden dadurch, daß eine Beziehung zu einem Ungut, einem Passivum infolge des Vsfalles entsteht. So kann sich ein Schaden entweder aus der Beeinträchtigung einer Wertbeziehung oder aus der Entstehung einer Unwertbeziehung ergeben.

An und für sich ist der Begriff des Interesses unabhängig von jenem der Gefahr (Elkan S. 14—15, Kisch III S. 204—207), aber für das Vswesen sind nur gefährdete Interessen von Belang.

[49] bb) Interesse im engeren Sinn.

Der Interessebegriff i. e. S. hat nur für die Aktivenv Bedeutung und hier läßt sich das Interesse definieren als eine **Beziehung einer Person zu einem Gute.** Da Güter positiv zu bewerten sind, kann man das Interesse auch als Wertbeziehung einer Person zu einem Objekt (zu einem Gegenstand) kennzeichnen. Zu diesen Definitionen RG 9. XI. 1934 RGZ Bd 145 S. 387, 28. VIII. 1942 RGZ Bd 169 S. 373, Bruck S. 478, Friedmann a. a. O. S. 11—12, Hecker a. a. O. S. 26, Vorwerk a. a. O. S. 5.

Der Schaden ist bei solcher Betrachtungsweise die Negation des Interesses (Anm. 31). Das LG Bremen 20. VI. 1957 VersR 1958 S. 282 hebt mit Recht hervor, daß der Interessebegriff „lediglich das Verhältnis zwischen Person und Gut kennzeichnet und von dem Bestand des Vsvertrages unabhängig ist“. Aber für das Vsvertragsrecht gilt der Satz: Ersatzpflichtig ist ein Schaden, der sich als Negation des vten Interesses infolge Verwirklichung der vten Gefahr (des Vsfalles) darstellt.

Jedes vte Interesse muß einen Wert, den Vswert haben, und es liegt nach dem Gesagten auf der Hand, daß die Höhe des Schadens und der Wert des Interesses in Zusammenhang stehen: Niemals kann der ersatzpflichtige Schaden höher sein als der volle Vswert, der Maximalschaden entspricht also dem Vswert. Bei Teilschäden korrespondieren Grad der Interessebeeinträchtigung und Schadenshöhe.

[50] Das Interesse i. e. S. und i. w. S. setzt eine **Person** (einen Interesseträger, Interessenten) als potentiell Geschädigten voraus, der im Vsvertrag bezeichnet werden muß. Im Zweifel wird der Vmer als Interessent angesehen (V für eigene Rechnung: § 80 I). Aber es kann sich auch ergeben, daß die V zugunsten eines anderen, des Vten genommen werden sollte (V für fremde Rechnung: § 74 I). Über Fälle, in denen die Person nicht bestimmt, wohl aber bestimmbar ist, vgl. Anm. 83.

Das Interesse i. e. S. setzt ferner ein **Gut** voraus, an welches die (Wert-)Beziehung anknüpft (also ein Objekt, einen Gegenstand). Man hat oft verkannt, daß dieses Gut beileibe nicht nur eine Sache sein kann (zu eng z. B. von Gierke II S. 180, Ritter Anm. 3, 4 zu § 1, S. 50, auch noch Bruck Reichsgerichtspraxis a. a. O. S. 123). Lediglich in der Sachv geht es um das Sachinteresse. Daneben gibt es Interessen an Forderungen, sonstigen Rechten, Gewinnanwartschaften. So wie die Person des Interesseträgers muß auch das Gut im Vsvertrag bezeichnet werden. Über Fälle, in denen das Gut nicht bestimmt, wohl aber bestimmbar ist, vgl. Anm. 83.

[51] Wenn das Gut, zu welchem die Person in Beziehung steht, ausreichend genau bestimmt ist, kommt es **nicht** mehr auf die **Art der Beziehung** an. Früher war es üblich, verschiedene Arten von Beziehungen zu demselben Gut — z. B. zu einer Sache — zu unterscheiden (Anm. 34), so ergab sich das verwirrende Nebeneinander von Sachinhaber-,

Sacherwerbs-, Sachverwertungs-, Sachgebrauchs-, Sachnutzungs-, Sachgewinn- und Sachersatzinteressen (bei Kisch III S. 84—133, vgl. auch z. B. Hecker a. a. O. S. 27). Aber heute versteht man unter Sachinteresse nur das von Kisch in den Vordergrund gestellte „Sachinhaberinteresse" (Eigentümerinteresse). Wer eine Aussicht auf den Erwerb der Sache hat, ist durchweg Inhaber einer Forderung (Kisch III S. 97—99), und er könnte (kein Sach-, sondern) ein Forderungsinteresse vern, wobei die Forderung auf Sachlieferung gerichtet ist. Als Sachverwertungsinteressen bezeichnet Kisch III S. 99—101 diejenigen von Immobiliar- oder Mobiliarpfandgläubigern; hier aber ist es viel zweckmäßiger, von einem Interesse an einem Pfandrecht zu reden. Die Sachgebrauchs-, Sachnutzungs- und Sachgewinninteressen haben es mit dem Recht oder der Anwartschaft auf Nutzungen i. S. des § 100 BGB oder mit der Anwartschaft auf Veräußerungsgewinne zu schaffen, es handelt sich also um Interessen an sonstigen Rechten (d. h. Rechten, die keine Forderungen darstellen) oder um Gewinninteressen. Die Sachersatzinteressen gehören überhaupt nicht in den Bereich der Aktivenv, sondern hier entsteht der Schaden des Vmers dadurch, daß er im Falle der Beeinträchtigung der Sache ersatzpflichtig werden kann, z. B. als Verwahrer oder Frachtführer (Kisch III S. 120—122); es handelt sich also um Haftpflichtinteressen (BGH 29. X. 1956 BGHZ Bd 22 S. 114, 30. IV. 1959 BGHZ Bd 30 S. 43). Die bisherige Terminologie konnte zu Mißverständnissen und Widersprüchen verleiten: Wenn z. B. Bruck S. 479 die genaue Bestimmung auch der Art der Beziehung fordert, so mußte er etwa auf das Interesse eines Eigentümers oder eines Hypothekariers zu einem Hause abheben, aber Bruck S. 477 führt bereits aus, daß das Eigentümerinteresse am Gebäude ein ganz anderes Gut betrifft als das Hypothekarierinteresse am Immobiliarpfandrecht. So ist bei ausreichender Konkretisierung des Gutes gar kein Raum mehr für die Konkretisierung der Art der Beziehung zu dem Gute (ebenso schon Möller JRPV 1930 S. 45 Anm. 20 bei der Abgrenzung der Sach- und Gewinninteressen; nur erstere beziehen sich auf eine Sache, letztere auf eine Anwartschaft, auch wenn aus einer Sache Gewinn gezogen werden soll; ferner Möller ZVersWiss 1934 S. 22, Magnusson, Rechtsfragen der Betriebsunterbrechungsv, Hamburg 1955, S. 15).

[52] b) Problem des subjektiven oder objektiven Interesses.

Ehrenberg I S. 309—318 hat für das vorgesetzliche Recht den Standpunkt vertreten, es könne nicht nur ein subjektives, personengebundenes Interesse vert werden, sondern möglicherweise sei kraft Vereinbarung „der Vsvertrag bloß auf das objektive Interesse gestellt". Solchenfalls hafte „der Vsanspruch gewissermaßen an dem vten Gegenstande, wird mit diesem erworben und verloren, geht mit diesem bei jeder Veräußerung .... auf den Erwerber des Gegenstandes über". Bei einer V des Eigentümerinteresses seien dann alle Hypothekengläubiger, Nutznießer usw. mitvert, gleichgültig wann sie ihren „Wertanteil" erworben haben.

Die von Ehrenberg vertretene Auffassung ist allgemein abgelehnt worden, z. B. von Blanck ZVersWiss 1929 S. 396, Bruck S. 4 1—483, Reichsgerichtspraxis a. a. O. S. 123—136, Cahn a. a. O. S. 22—23, von Gierke II S. 179, Hagen I S. 376—377, ZVersWiss 1907 S. 21—22, Kisch III S. 34—46, JherJ Bd 63 S. 361—396, Ritter Anm. 5 zu § 1, S. 51, Weygand a. a. O. S. 27—34, ROHG 26. VI. 1874 ROHGE Bd 14 S. 129, RG 11. XII. 1884 RGZ Bd 13 S. 104, 25. X. 1916 RGZ Bd 89 S. 37. Einlenkend daraufhin Ehrenberg Festgabe a. a. O. S. 52—62. — Ehrenzweig S. 200 meint, der Streit sei „nur ein Wortstreit".

Das Interesse ist seinem Wesen nach als Beziehung einer Person zu einem Gute ein subjektives (persönliches, individuelles). Die Funktionen des Interessebegriffs knüpfen vielfältig gerade an seine Subjektgebundenheit an (Anm. 36). Das geltende Recht betont den subjektiven Charakter des Interesses z. B. in der Unterscheidung der V für eigene und für fremde Rechnung und in den Normen über die Veräußerung der vten Sache, welche auf dem Prinzip beruhen, daß bei einem Interessentenwechsel die V an und für sich enden müßte (§ 68 II), nur in gewissen Veräußerungsfällen soll der Erwerber eintreten, aber auch hier ist der Ver zur Kündigung berechtigt (§ 70 I 1). Ist das Eigentümerinteresse vert, so sind andere Interessen, etwa das Realgläubigerinteresse nicht mitvert, vielmehr wird der Realgläubiger auf ganz andere Weise geschützt, nämlich durch ein Pfandrecht an der Vsforderung des Eigentümers (vgl. § 1127 I BGB).

Allenfalls eine gewisse Annäherung an eine Objektivierung bedeutet es, wenn die V für Rechnung wen es angeht genommen wird. Hier bleibt unbestimmt, „ob eigenes oder fremdes Interesse vert ist" (§ 80 II; Anm. 83), der Ver legt ausnahmsweise zunächst auf die Person des Interessenten keinen Wert, etwa weil das subjektive Risiko — z. B. in der Gütertransportv — keine Rolle spielt. Deshalb sind auch aufeinanderfolgende Interessen als vert anzusehen (ohne Kündigungsmöglichkeit des Vers nach § 70 I 1). Aber im Vsfall muß aufgedeckt werden, wer Interessent war und ist, was bei Obliegenheitsverletzungen und hinsichtlich der Anspruchsberechtigung Bedeutung besitzt. Es bleibt also auch hier dabei, daß subjektive Interessen vert werden.

Nicht zu verwechseln mit der abzulehnenden Lehre vom objektiven Interesse ist es, daß das subjektive Interesse objektiv, in Geld zu bewerten ist (Anm. 8 zu § 52). Deshalb sind alle versicherbaren Interessen materielle, schätzbare, wirtschaftliche Interessen; Affektionsinteressen sind unversicherbar (Bruck S. 487, Ehrenberg Festgabe a. a. O. S. 5—6, Ehrenzweig S. 200, 203, Fick a. a. O. S. 27—28, 47, Kisch III S. 66—74, Prölss[15] Anm. 2 vor § 51, S. 240, Reatz a. a. O. S. 344, Ritter Anm. 21 zu § 1, S. 76—77).

[53] c) Problem des rechtlichen oder wirtschaftlichen Interesses.

aa) Grundlegung.

Der Interessebegriff hat die Funktion, die Vsentschädigung in die richtigen Hände fließen zu lassen, und zwar überdies in rechter Höhe (Anm. 36). Interesse und Schaden, Interessewert und Schadenshöhe korrespondieren. Mit Recht bezeichnet es Prölss[15] Anm. 1 vor § 51, S. 238 als verwirrend und abwegig, wenn man von einem Interesse spricht, dem in der Person des Interesseträgers kein Schaden entsprechen kann: „Die Möglichkeit der Entstehung von Schaden für den Vmer oder den Vten setzt voraus, daß sie zu der vten Sache .... in einer Beziehung stehen, die sie den eingetretenen Schaden als ihren Schaden empfinden läßt" (zustimmend LG Bremen 20. VI. 1957 VersR 1958 S. 282).

„Der Begriff des Schadens ist .... kein reiner Rechtsbegriff, sondern ein auf die Rechtsordnung bezogener wirtschaftlicher Begriff" (BGH 30. IX. 1963 BGHZ Bd 40 S. 347). Wenn aber der Schaden — im allgemeinen Zivilrecht ebenso wie im Vsrecht — ein wirtschaftliches Phänomen ist, so müßte auch das mit dem vten Schaden korrespondierende vte Interesse wirtschaftlich determiniert sein.

Meistens fällt eine Rechtsposition mit einer bestimmten wirtschaftlichen Stellung zusammen. Ein Eigentümer hat nicht nur rechtlich das volle Herrschaftsrecht, sondern normalerweise auch wirtschaftlich eine Stellung, die ihn bei einem Totalschaden der Sache den Verlust vollen Umfangs spüren läßt. Entsprechend pflegt der Gläubiger einer Geldforderung durch die Insolvenz des Schuldners vollen Umfangs in Mitleidenschaft gezogen zu werden.

Dieses Zusammenfallen von Rechts- und Wirtschaftslage ist in neuerer Zeit aber öfters nicht mehr zu verzeichnen. Die Verfeinerung der Rechtstechnik hat z. B. zur Ausbreitung des Eigentumsvorbehaltes und zur Entstehung der Sicherungsübereignung und Sicherungsabtretung sowie zu anderen Rechtsinstitutionen hingeführt, die hinter dem angestrebten wirtschaftlichen Ziel entweder zurückbleiben oder darüber hinausschießen: Der Käufer, der bereits 90% des Kaufpreises beglichen hat, ist sachenrechtlich immer noch kein Eigentümer. Der Sicherungsnehmer ist kein bloßer Pfandgläubiger, sondern formaler Eigentümer oder Gläubiger, auch wenn der von ihm dem Sicherungsgeber gewährte Kredit nie den Wert der übereigneten Sache oder abgetretenen Forderung erreichte und inzwischen fast völlig getilgt worden ist.

Für das Schadensersatzrecht und damit auch für das Recht der Schadensv läßt solches Auseinanderfallen von rechtlichen und wirtschaftlichen Positionen die Frage auftauchen, ob als Geschädigter im Blick auf die Sache der formal-sachenrechtliche Eigentümer oder der wirtschaftliche Eigentümer anzusehen ist, wobei der wirtschaftliche Eigentümer jene Stellung innehaben soll, wie sie gewöhnlich ein Eigentümer hat. Das Problem taucht nicht nur bei Sachinteressen, sondern entsprechend z. B. auch bei Forderungsinteressen auf, wie der Hinweis auf die Sicherungszession zeigt.

[54] bb) Anwendung.

Für das allgemeine Schadensersatzrecht ist heute anerkannt, daß derjenige, der eine Sache unter Eigentumsvorbehalt gekauft hat, gegen den schuldhaften Sachzerstörer einen Schadensersatzanspruch aus § 823 I BGB erheben kann, obgleich er noch kein Eigentümer ist. Wie steht es mit dem Schadensersatzanspruch des formal-sachenrechtlichen Eigentümers? Fest steht, daß der Schädiger nicht zweimal voll schadensersatzpflichtig sein kann; neben dem Träger der Eigentumsanwartschaft kann nicht außerdem der Eigentümer voll schadensersatzberechtigt sein. RG 1. VII. 1942 RGZ Bd 170 S. 6—7 betonte in dieser Hinsicht, daß der Vorbehaltsverkäufer, also der formale Eigentümer mit der Geltendmachung des Ersatzanspruchs durch den Kläger (Käufer) einverstanden war. Alle Einzelfragen sind noch sehr umstritten. Über die verschiedenen Lösungsversuche vgl. Forkel, Grundfragen der Lehre vom privatrechtlichen Anwartschaftsrecht, Berlin 1962, S. 203—205, Georgiades, Die Eigentumsanwartschaft beim Vorbehaltskauf, Tübingen 1963, S. 49—52, Serick, Eigentumsvorbehalt und Sicherungsübertragung, Bd I, Heidelberg 1963, S. 277—279, ferner im Blick auch auf das Vsrecht: Gärtner VersR 1964 S. 702.

Für das Versicherungsrecht hat schon Ehrenberg I S. 9 betont, daß der Interessebegriff ein wirtschaftlicher Begriff sei, so wie der Spiegelbegriff des zu ersetzenden Vermögensschadens eine wirtschaftliche Betrachtungsweise voraussetze: „Interesse ist ein rein wirtschaftlicher, kein Rechtsbegriff." Ebenso ausführlich auch bereits Hecker a. a. O. S. 33—41.

Hiernach ergeben sich folgende Fälle versicherbarer Interessen:

Stimmen wirtschaftliche und rechtliche Lage überein, wie dies regelmäßig zutrifft, so hat der sachenrechtliche Eigentümer das Sachinteresse, der Forderungsgläubiger das Forderungsinteresse (vgl. Ehrenberg Festgabe a. a. O. S. 11—12). Jeder typischen Rechtsposition entsprechen versicherbare wirtschaftliche Interessen, gleichgültig ob es sich um eine dingliche oder obligatorische Rechtsposition handelt (Prölss[15] Anm. 1 vor § 51, S. 238 unter Berufung auf RG 6. X. 1894 RGZ Bd 35 S. 55). Meistens sind die Rechtspositionen noch so typisiert, daß es zweckmäßig erscheint, die wirtschaftlichen Interessen auf Grund der Rechtslage zu benennen, also z. B. vom Interesse des Mieters oder Kommissionärs zu reden.

Fallen aber wirtschaftliche Lage und Rechtsposition auseinander wie beim Kauf unter Eigentumsvorbehalt, bei der Sicherungsübereignung oder Sicherungszession, so entsteht jener Widerstreit zwischen Wirtschaft und Recht, den man mit der Antithese Eigentümer- oder Eigentumsinteresse kennzeichnen will (dazu Anm. 60—68). Dabei kann sich ergeben, daß jemand, der nicht der Träger des formalen Rechtes ist (Nichteigentümer: Vorbehaltskäufer, Sicherungsgeber) wirtschaftlich die Eigentümerposition innehat. Andererseits pflegt dann wirtschaftlich auch der Träger des formalen Rechtes (Eigentümer: Vorbehaltsverkäufer, Sicherungsnehmer) nicht völlig uninteressiert zu sein, nur ist sein Interesse bei wirtschaftlicher Betrachtungsweise kein Eigentümer-, sondern ein sonstiges Interesse (z. B. ein Kreditinteresse).

Es gibt aber auch rein wirtschaftliche, faktische Interessen, z. B. auf der Aktivseite außerrechtliche Anwartschaften, Chancen (Gewinnv: Anm. 71), auf der Passivseite faktisch notwendige Aufwendungen (Anm. 78). (Prölss[15] Anm. 1 vor § 51, S. 238 erwähnt neben tatsächlichen Anwartschaften tatsächliche Kausalbeziehungen und meint, hier gehe das Vsrecht über das Zivilrecht hinaus. Aber der Begriff der Kausalbeziehung ist undeutlich.) Über rein wirtschaftliche Interessen auch Ehrenberg Festgabe a. a. O. S. 11—12, Gärtner VersR 1964 S. 702, von Gierke ZHR Bd 79 S. 344, Hagen I S. 370, ZVersWiss 1907 S. 16, Ritter Anm. 8 zu § 1, S. 52—53.

Für das Schadensvsrecht (und Schadensersatzrecht) ist es unerheblich, ob es verstattet ist, in der Steuer- oder Handelsbilanz die wirtschaftlich relevanten Güter (z. B. Anwartschaften) zu aktivieren, die entsprechenden Negativposten (z. B. notwendige Aufwendungen) zu passivieren. Man kann aber sagen, daß bei Bilanzierbarkeit die Existenz des wirtschaftlichen versicherbaren Interesses außer Zweifel steht. — Die bloße Übernahme der Verpflichtung, ein fremdes Interesse zu vern, reicht für die Begründung eines eigenen wirtschaftlichen Interesses des Vmers nicht aus (Hagen I S. 375, Prölss[15] Anm. 1 vor § 51, S. 239, Ritter Anm. 17 zu § 1, S. 64, ROHG 26. VI. 1874 ROHGE

Bd 14 S. 133, RG 16. XI. 1881 RGZ Bd 7 S. 12, bedenklich RG 30. IV. 1915 RGZ Bd 86 S. 392—394, wo ein eigenes „Eigentumsinteresse" eines Zwangsverwalters eines Gebäudes angenommen worden ist, weil er verpflichtet war, für die Feuerv Sorge zu tragen; Bedenken auch bei Bischoff VersR 1963 S. 14). — Auch eine eventuelle Verpflichtung aus § 2 1 I BGB schafft für einen Schuldner kein Interesse (Ritter Anm. 17 zu § 1, S. 63—65).

Angaben über die verschiedenen Theorien zur Bestimmung des wirtschaftlichen Interesses: Anm. 64—67 (zum Eigentümerinteresse).

[55] cc) Rechtsprechung.

Die **seeversicherungsrechtliche** Rechtsprechung ist stets auf dem Boden der wirtschaftlichen Betrachtung verblieben seit ROHG 26. VI. 1874 ROHGE Bd 14 S. 122, wo ein Leitsatz lautet: „Das Eigenthum an der Ladung begründet nicht immer ein versicherbares Interesse", und seit RG 16. XI. 1881 RGZ Bd 7 S. 9—14, wo es für nicht ausreichend erachtet wurde, daß dem Vmer das formelle, „nackte" Eigentum an einem Schiff zwecks Ermöglichung der Führung der deutschen Flagge übertragen sei. „Denn den Gegenstand der Ven bildet das volle, materielle Eigentumsinteresse des Vten an den betreffenden Schiffen ...., mithin der — wenn nicht vert wäre — für den Vten auf dem Spiele stehende volle Wert dieser Vermögensgegenstände." Wichtig ferner RG 11. XII. 1884 RGZ Bd 13 S. 100:

> „Da ‚das Gut' schlechthin vert war, so war das Eigentumsinteresse vert. Es fragt sich also, ob der Kläger ein solches Interesse an dem Gute gehabt habe, genauer, ob er daran, daß das Gut die Seegefahr bestehe, ein Interesse gehabt habe, wie es an sich, d. h. abgesehen von sonstigen auf das Gut sich beziehenden Rechtsverhältnissen, der Eigentümer hat; mit anderen Worten, ob sein Interesse bestehe im Werte der Güter in unbeschädigtem Zustande, beziehentlich ob es diesem Werte gleich sei, ob also, wenn die Güter untergehen, ihm ein Schade erwächst in Höhe dieses Wertes, wenn sie beschädigt werden, sein Schaden bestehe in der Differenz zwischen den Werten der unbeschädigten und der beschädigten Güter. So ist das s.g. Eigentumsinteresse aufzufassen. Gleichgültig ist, ob der Vte Eigentümer im rechtlichen Sinne ist oder nicht."

(Heute nennt man das formalrechtlich bestimmte Interesse „Eigentumsinteresse", dagegen das vom RG umschriebene wirtschaftliche Interesse „Eigentümerinteresse".) Im Sinne der wirtschaftlichen Betrachtungsweise für die Seev auch RG 13. VI. 1888 RGZ Bd 23 S. 82—83, ferner RG 25. X. 1916 RGZ Bd 89 S. 37, 31. I. 1917 RGZ Bd 89 S. 69, BGH 13. XI. 1956 VersR 1957 S. 58—59 (Bezugnahmen).

Die Judikatur des **Binnenversicherungsrechts** schwankt. Die höchsten Gerichte haben in dubio bei der Bestimmung des Interessenten und bei der Definition des Begriffes der Veräußerung der vten Sache auf das formal-sachenrechtliche Eigentum und dessen Übertragung abgestellt. Zur höchstrichterlichen Rechtsprechung im Sinne des formellen Eigentums vgl.:

für die **Interessentenbestimmung:** RG 28. IV. 1914 RGZ Bd 84 S. 411 (rechtliches Interesse an der Erhaltung der Sache), BGH 21. III. 1963 VersR 1963 S. 516 (ebenso). Besonders ausführlich BGH 4. III. 1955 VA 1955 S. 28 = VersR 1955 S. 225: „Grundsätzlich ist davon auszugehen, daß der Vmer, wenn eine ihm gehörige Sache zerstört wird, einen Schaden erleidet, ohne daß es darauf ankommt, ob ein anderer die Gefahr trägt; denn Rechtsbeziehungen des Vmers zu Dritten, die außerhalb des Vsverhältnisses stehen, können bei der Beurteilung des Schadens nicht berücksichtigt werden.... Trotz des Übergangs der Gefahr bestand das vte Eigentümerinteresse der Beklagten schon deshalb fort, weil der Kaufpreis noch nicht bezahlt war. Die Frage der Zahlungsfähigkeit der Käuferin ist dabei nicht entscheidend. Das aus dem Eigentum fließende Interesse wird durch das Bestehen einer Kaufpreisforderung nicht ausgeschlossen".

für den **Veräußerungsbegriff:** RG 28. IV. 1914 RGZ Bd 84 S. 409—415 (Leitentscheidung mit vier Hauptargumenten: Veräußerungsbegriff in § 69 I übereinstimmend mit jenem des BGB, Wortlaut des § 69 I: „während der Dauer seines Eigentums", Anlehnung des § 69 I an § 571 I BGB, Bedürfnis nach Rechtsklarheit), RG 24. IX. 1926 RGZ

Bd 114 S. 316—318, 17. VI. 1927 RGZ Bd 117 S. 270—272, 4. X. 1927 JRPV 1927 S. 311, 16. IV. 1929 JRPV 1929 S. 184—185, 5. VII. 1929 RGZ Bd 125 S. 193—196, 19. VI. 1931 JRPV 1931 S. 238—239, 3. VII. 1931 VA 1931 S. 232—233 Nr. 2305 = JRPV 1931 S. 238, 13. X. 1933 JW 1934 S. 552—553 = VA 1933 S. 426—427 Nr. 2646, 8. VI. 1934 RGZ Bd 144 S. 395—397, 4. VII. 1939 RGZ Bd 161 S. 86—88, 15. I. 1943 RGZ Bd 170 S. 290, 21. VII. 1943 RGZ Bd 171 S. 182—183. Diese Judikatur ist vom Bundesgerichtshof fortgeführt worden: BGH 28. X. 1953 BGHZ Bd 10 S. 376—385, 4. III. 1955 VA 1955 S. 281—283 = VersR 1955 S. 225—226, 21. III. 1963 VersR 1963 S. 516.

Andererseits hat aber auch die höchstrichterliche Rechtsprechung nie geleugnet, daß **auch der wirtschaftliche Interessent ein versicherbares Interesse besitze,** das bei entsprechender ausdrücklicher oder stillschweigender Vereinbarung als vert angesehen werden könne; vgl. RG 28. IV. 1914 RGZ Bd 84 S. 412—413 (Grundstückskäufer nach Gefahrübergang), BGH 28. X. 1953 BGHZ Bd 10 S. 376—385 (Sicherungsübereigner). Aus dem vorgesetzlichen Recht vgl. RG 14. VI. 1910 RGZ Bd 74 S. 126—130 (Interesse des Käufers bei Eigentumsvorbehalt).

Notwendigerweise handelt es sich um rein wirtschaftliche Interessen, falls ein Interessent sich nicht in einer Rechtsposition befindet, etwa weil die Rechtsordnung einer Wertbeziehung nicht den Rang eines subjektiven Rechts verleiht. So ist der Träger einer Gewinnanwartschaft kein Rechtsinhaber, wohl aber erleidet er Schaden (nämlich durch Gewinnentgang), falls sein (wirtschaftliches) Gewinninteresse beeinträchtigt wird. Faktisch (also nicht juristisch) notwendige Aufwendungen lassen gleichfalls Schäden (auf der Passivseite) entstehen. Nachweise Anm. 54.

Über die einzelnen Fallgruppen der Praxis: Anm. 90—120. — Näheres zur Veräußerung der vten Sache: Anm. zu § 69.

[56] d) Abzulehnende Definitionen des Interessebegriffes.

Nachdem der Interessebegriff i. w. S. und i. e. S. herausgearbeitet worden ist (Anm. 47—51) und dessen Subjektivität betont wurde (Anm. 52), wurde die Problematik des rechtlichen oder wirtschaftlichen Interesses behandelt mit dem Ergebnis, daß die deutsche höchstrichterliche Rechtsprechung in dubio auf das formal-sachenrechtliche Eigentum abhebt, aber die Versicherbarkeit auch wirtschaftlich-faktischer Interessen sehr wohl anerkennt (Anm. 53—55). So ist das Interesse i. e. S. zu definieren als die (subjektive rechtliche und/oder wirtschaftliche) Beziehung einer Person zu einem Gute.

Es sind auch manche anderen Definitionsversuche unternommen worden, mit denen sich besonders Kisch III S. 12—26 auseinandersetzt. Hervorzuheben ist die rechtstechnische Bedeutung des Interessebegriffs, die unbeachtet bleibt, falls man — in Deutschtümelei — von einer „Belangnislage" redet (RG 15. I. 1943 RGZ Bd 170 S. 289). Der vsrechtliche Interessebegriff ist streng zu unterscheiden von jenem des allgemeinen Zivilrechts. Letzterer betrifft die (negative) Differenz zwischen zwei Vermögenslagen, also einen entstandenen Schaden. Im Vsrecht ist das inter-esse die (positive) Beziehung einer Person zu einem Gute, also gerade das vor dem Schadenseintritt Vorhandene, und der Schaden ist die Negation des Interesses (Anm. 31). Das hat Hecker a. a. O. S. 24—25 verkannt, der aber immerhin „fühlt, daß dem ‚Interesse' ein Moment positiver Art beigemengt ist", da ja „zum Abschluß einer V ein Interesse gefordert wird". Das haben in neuerer Zeit Ehrenzweig Vsvertragsrecht I a. a. O. S. 375, Prölss[15] Anm. 1 zu § 51, S. 238 übersehen, wenn sie meinen, das Interesse sei nichts als der subjektive Bestandteil des Schadens (Anm. 30). Immerhin ist hier der subjektive Charakter des Interesses anerkannt, im Gegensatz zu den Verfechtern des objektiven Interesses (Anm. 52). Wenn man im Interesse nur die Beziehung „einer Person zu einem Gegenstand" erblickt (wie RG 28. VIII. 1942 RGZ Bd 169 S. 373), so kommt — für den Bereich der Aktivenv — nicht genügend zum Ausdruck, daß das beziehungsverknüpfte Objekt und die Beziehung selbst wertvoll sein müssen; deshalb spricht man besser von Gütern als von Gegenständen. Wenn Ritter Anm. 3, 4 zu § 1, S. 50 nur die „Beziehung zur Sache" als Interesse anerkennt, so verkennt er, daß neben Sachinteressen auch Interessen an anderen Gütern als versicherbar in Betracht kommen (Anm. 50). Das Interesse darf auch nicht mit dem Wert identifiziert werden (was Ehrenberg I S. 10—11, Kisch III S. 21—23 tun); richtig ist nur, daß das Interesse einen Wert (Vswert) besitzt, der Wert ist ein Maßstab, der an das Interesse angelegt wird (Anm. 7 zu § 52). Schließlich darf das vte Interesse auch nicht mit dem Interesse am Vsschutz, dem Motiv der Vsnahme verwechselt werden (Blanck ZVersWiss 1929 S. 404, Ehrenberg Festgabe a. a. O. S. 7, 13—14, 32, z. B. gegen Weygand S. 60).

[57] 6. Arten des Interesses.

a) Grundlegende Einteilung.

Da das geltende Recht den Interessebegriff für die gesamte Schadensv verwendet (Anm. 38, 43), ist es — in Verbindung mit dem das Vsrecht beherrschenden Einzelschadensbegriff (Anm. 4 vor §§ 49—80) — notwendig zu prüfen, erstens welche Beziehungen zu Gütern (Interessen i. e. S.: Anm. 49—51) in der Aktivenv versicherbar sind und zweitens, inwieweit man sich im Bereiche der Passivenv gegen die Entstehung von Beziehungen zu Passiven vern kann. Ein knapper Überblick findet sich bereits in Anm. 12—21 vor §§ 49—80.

[58] aa) Aktivenversicherung.

aaa) Sachinteresse.

α) Wesen des Sachinteresses.

Dieses die gesamte Sachv beherrschende Interesse steht dem sachenrechtlichen Eigentümer mindestens dann zu, wenn er zugleich die mit dem Eigentum als umfassendem, unbeschränktem dinglichen Herrschaftsrecht normalerweise verbundene wirtschaftliche Position innehat. So ist das Sachinteresse identisch mit dem Eigentums- oder Eigentümerinteresse (zu diesen Begriffen: Anm. 60—68); als beziehungsverknüpftes Gut könnte man nicht nur die Sache, sondern auch das Eigentum, sogar das Eigentumsrecht bezeichnen (so wie man bei einer Kreditv die Forderung oder das Forderungsrecht als interesseverknüpftes Gut ansieht: Anm. 69). Ehrenberg Festgabe a. a. O. S. 23, 28 will das Sachinteresse „Substanz- oder Verwertungsinteresse" nennen (wobei er an den durch Veräußerung vom Eigentümer erzielbaren Substanzwert denkt), Kisch III S. 84 will es als „Sachinhaberinteresse" kennzeichnen (während Kisch III S. 99—100 beim Begriff Sachverwertungsinteresse besonders an das Interesse von Pfandgläubigern denkt).

Sieht man von der Problematik ab, ob das Eigentum formal-sachenrechtlich oder wirtschaftlich zu bestimmen sei, so ist zu leugnen, daß es Sachinteressen an fremder Sache gebe. Die von Bischoff VersR 1963 S. 8—15, ZVersWiss 1963 S. 193—206 behandelten Fälle eines „eigenen Sachwertinteresses an fremder Sache", an welche Brockmann ZfV 1964 S. 165—167, 244—248 anknüpft, werden viel deutlicher, wenn man sich vor Augen führt, daß hier durchweg gerade nicht die Sache, das Eigentum beziehungsverknüpftes Gut ist, sondern z. B. ein Pfandrecht oder Nießbrauch (Anm. 51). Praktische Schwierigkeiten bei der „V eines eigenen Interesses an fremden Sachen" sieht auch Prölss[15] Anm. 1 vor § 51, S. 239; a. A. Ehrenzweig S. 202—203.

[59] β) Träger des Sachinteresses.

Träger des Sachinteresses kann jeder sein, der Träger von Eigentumsrechten sein kann, insbesondere jede natürliche oder juristische Person. Ein und dieselbe Sache kann mehreren Eigentümern gehören, und zwar als Gesamthandseigentum oder Miteigentum nach Bruchteilen.

Beim **Gesamthandseigentum** gehört die Sache zu einem Gesamthandsvermögen, etwa einer bürgerlichrechtlichen Gesellschaft oder einer offenen Handelsgesellschaft oder einer ehelichen Gütergemeinschaft oder einer Erbengemeinschaft. „Der Anteil des einzelnen ‚Gesamthänders' an den einzelnen zum Gesamthandsvermögen gehörigen Gegenständen ist sachenrechtlich nicht faßbar; daher kann über ihn auch nicht verfügt werden" (Baur, Lehrbuch des Sachenrechts, 2. Aufl., München-Berlin 1963, S. 16). Wird eine zum Gesamthandsvermögen gehörige Sache vert, so handelt es sich um die V eines Interesses, das den Beteiligten zur gesamten Hand zusteht (RG 13. V. 1938 RGZ Bd 157 S. 319—320, BGH 13. VI. 1957 BGHZ Bd 24 S. 383, auch BGH 9. III. 1964 VA 1964 S. 230 = VersR 1964 S. 479, OLG Koblenz 16. II. 1956 VersR 1956 S. 302). Die Vsforderung gehört zum

Gesamthandsvermögen. Näheres zur Vsnahme und zum Fall der Obliegenheitsverletzung durch einen Beteiligten: Anm. 64, 65 zu § 6, zur Herbeiführung des Vsfalles durch einen Beteiligten: Anm. zu § 61. Der einzelne Beteiligte könnte allenfalls seinen Anteil am ganzen Gesamthandsvermögen (also nicht an den einzelnen Vermögensgegenständen) gegen Entwertung vern. Trifft eine derartige V zusammen mit einer Sachv zugunsten der Gesamtheit, so liegt keine Doppelv vor, denn das Interesse ist ein verschiedenes: Die V des Anteils am Gesamthandsvermögen gegen Entwertung kann erst eingreifen, wenn der Sachver nicht zu leisten braucht, denn, wenn er leistet, wird der ursprüngliche Wert des Anteils am Gesamthandsvermögen ja nicht geschmälert (Möller Verantwortlichkeit S. 21 Anm. 2).

Den Gesamthandsgemeinschaften stehen die Fälle des **Miteigentums nach Bruchteilen** gegenüber. Hier — z. B. bei Sammelladungen, Sammellagern, Sammeldepots — bestehen getrennte selbständige Interessen der einzelnen Miteigentümer (RG 13. V. 1938 RGZ Bd 157 S. 319—320, OGH Wien 19. IV. 1961 VersR 1962 S. 817—818 mit Anm. Wahle). Es gibt auch keine einheitliche Vsforderung. Dazu sowie über die Folgen von Obliegenheitsverletzungen durch einen Miteigentümer: Anm. 66 zu § 6, über die Folgen der Herbeiführung des Vsfalles durch einen Miteigentümer: Anm. zu § 61. Kisch III S. 236, 257 spricht von Separatinteressen der Miteigentümer. Unrichtig ist die Annahme, daß neben den Bruchteilsinteressen auch noch ein versicherbares gemeinschaftliches Gesamtinteresse bestehe (dazu treffend Ausborn, Wohnungseigentum und privatrechtliche Gebäudev, Karlsruhe 1964, S. 17—18 m. w. N.).

Beim **Wohnungseigentum** ist die Lage hinsichtlich der vten Interessen besonders verwickelt. Jeder Wohnungseigentümer ist in doppeltem Sinne Eigentümer, nämlich Bruchteilseigentümer der zum gemeinschaftlichen Eigentum gehörenden Grundstücks- und Gebäudeteile und Alleineigentümer der Raumteile. Als Bruchteilseigentümer wäre jeder Wohnungseigentümer Träger eines selbständigen Bruchteilsinteresses. Dem Sondereigentum dagegen würde ein selbständiges Alleineigentümerinteresse hinsichtlich der zu dem Eigentumsbereich gehörenden Raumteile entsprechen. Ausborn a. a. O. S. 18—20 hat jedoch mit guten Gründen dargelegt, das Wohnungseigentum sei nur als Einheit, als die Verbindung zweier Eigentumsrechte zu einem neuen Herrschaftsrecht zu verstehen. Danach besitzt jeder Wohnungseigentümer nicht zwei Güter, sondern ein Gut. Jeder Wohnungseigentümer ist deshalb auch nicht Träger zweier selbständiger Eigentümerinteressen, sondern nur Träger eines einheitlichen Wohnungseigentümerinteresses, das sich allerdings — ebenso wie das Wohnungseigentum selbst — auf verschiedene, voneinander abgegrenzte Sachbereiche bezieht. Im Bereiche des gemeinschaftlichen Eigentums trifft ein Schaden notwendigerweise alle Beteiligten, während er im Bereiche des Sondereigentums den einzelnen Beteiligten trifft. Am zweckmäßigsten ist übrigens die gemeinschaftliche V sämtlicher Wohnungseigentümerinteressen, also des gemeinschaftlichen Eigentums und allen Sondereigentums, in einem einheitlichen Vsvertrag (dazu Klausel 8.07 Klauseln der Feuerv mit Erläuterungen). Rechtlich besteht allerdings auch die Möglichkeit, daß jeder Wohnungseigentümer für sich allein sein Wohnungseigentümerinteresse (Bruchteilsinteresse und Sondereigentumsinteresse) vert. Da man auch Teile eines einheitlichen Gutes (Wohnungseigentum) vern kann, ist es auch denkbar, daß z. B. die Bruchteilsinteressen gemeinsam, die Sondereigentumsinteressen aber gesondert von den einzelnen Beteiligten vert werden (Ausborn a. a. O. S. 21).

Beim **Erbbaurecht** verbleibt das Eigentümerinteresse hinsichtlich des Grund und Bodens beim Grundstückseigentümer; man denke an den Abschluß einer Hagelv. Das auf Grund des Erbbaurechts errichtete oder übernommene Bauwerk gilt als wesentlicher Bestandteil des Erbbaurechts und fällt in das Eigentum des Erbbauberechtigten, der insoweit ein eigenes Eigentümerinteresse besitzt, welches er vern kann (Kisch III S. 93, welcher übrigens überdies annimmt, daß der Träger des Erbbaurechts obendrein ein „Inhaberinteresse .... auch für den Grund und Boden" vern könne; so wohl auch Ehrenberg Festgabe a. a. O. S. 35—36). Näheres Lenski a. a. O. S. 82—83.

Auch das **Bergwerkseigentum** schafft ein Eigentümerinteresse.

Hinsichtlich des **Schiffseigentums** ist für die Fälle der Partenreederei von Bedeutung, daß die Schiffspart nicht gesellschaftsrechtlicher Anteil am Reedereivermögen ist, sondern Miteigentumsanteil am Schiff (Wüstendörfer, Neuzeitliches Seehandelsrecht, 2. Aufl.,

Tübingen 1950, S. 148—149). Es gilt also das oben hinsichtlich des Miteigentums nach Bruchteilen Gesagte.

[60] γ) Eigentums- oder Eigentümerinteresse.

Das allgemeinere Problem, ob für die Bestimmung des Interessenten (und spezieller für den Begriff der Veräußerung) die rechtliche oder wirtschaftliche Beurteilung geboten sei (darüber bereits Anm. 53—55), konzentriert sich speziell beim Sachinteresse darauf, ob es auf das formal-sachenrechtliche Eigentum (und seinen Übergang) ankommt oder auf das „wirtschaftliche" Eigentum (und den Interessentenwechsel im wirtschaftlichen Sinn). Zugespitzt hat man das Problem mit der Frage auszudrücken versucht: Eigentums- oder Eigentümerinteresse? (vgl. RG 9. XI. 1934 RGZ Bd 145 S. 387, Bruck S. 488, von Gierke II S. 1 2).

Bei der Problemerörterung ist zu konstatieren, daß die Vertreter der Lehre vom Eigentumsinteresse zuweilen gewisse Ausnahmen anerkennen, falls das formale Eigentum allzusehr „ausgehöhlt", also zum „nackten" Eigentum geworden ist, und daß die Lehre vom Eigentümerinteresse durchaus nicht einheitlich formuliert wird, sondern verschiedene Versionen mit differierenden Ergebnissen kennt.

[61] αα) „Eigentumsinteresse".

ααα) Anhänger.

Die formal-sachenrechtliche Theorie wird — wie in Anm. 55 belegt — für das Binnenvsrecht vom Reichsgericht und Bundesgerichtshof in ständiger Rechtsprechung verfochten, wobei sich in der Leitentscheidung RG 28. IV. 1914 RGZ Bd 84 S. 409—415 eine ausführliche Begründung findet, die allerdings primär auf die Auslegung des Veräußerungsbegriffes abhebt, nebenbei aber betont, daß ein Bedürfnis nach Rechtsklarheit die Theorie rechtfertige.

Die Judikatur der Instanzgerichte ist durchweg jener der höchsten Gerichte gefolgt, vgl. z. B. KG 25. II. 1913 VA 1913 Anh. S. 84 Nr. 750, 12. I. 1927 JRPV 1927 S. 110, 2. V. 1928 JRPV 1928 S. 189, 4. VII. 1928 JRPV 192 S. 256, 13. IV. 1929 JRPV 1929 S. 223, 8. V. 1929 JRPV 1929 S. 247, 15. II. 1930 JRPV 1930 S. 155, 26. III. 1930 JRPV 1930 S. 239, 22. X. 1930 VA 1930 S. 235 Nr. 2194 = JRPV 1930 S. 432—433, 16. XII. 1931 JRPV 1932 S. 60, 12. III. 1932 JRPV 1932 S. 154, OLG Celle 22. I. 1914 VA 1914 Anh. S. 23, 25 Nr. 795, 21. XII. 1953 NJW 1954 S. 6 0 = VersR 1954 S. 89, OLG Dresden 19. V. 1933 JRPV 1933 S. 370, OLG Düsseldorf 21. V. 1928 HansRGZ 1928 A Sp. 512, 13. II. 1930 JRPV 1930 S. 2 2, 7. X. 1940 HansRGZ 1942 A Sp. 63, OLG Hamburg 12. VII. 1893 SeuffArch Bd 50 S. 74—75, 12. II. 1926 HansRZ 1926 Sp. 333, OLG Hamm 14. II. 1927 JRPV 1927 S. 229, 23. III. 1933 HansRGZ 1934 A Sp. 399, OLG Königsberg 23. VI. 1914 OLGRspr. Bd 32 S. 213, 25. XI. 1930 VA 1931 S. 34 Nr. 2262, 5. XI. 1931 JRPV 1932 S. 91, OLG München 16. oder 30. III. 1927 VA 1927 S. 276—277 Nr. 1774 = JRPV 1927 S. 248; OG Danzig 31. III. 1931 JRPV 1933 S. 126; Landgerichtsurteile bei Lenski a. a. O. S. 48 Anm. 3.

Aus dem Schrifttum bekennen sich zur formal-sachenrechtlichen Auffassung z. B. Bischoff JRPV 1934 S. 100, Böhme BetrBer 1957 S. 167, Bronisch-Sasse-Starke Anm. 2 zu § 69, S. 160, Ehrenzweig S. 227, Gärtner VersR 1964 S. 699—702, von Gierke I S. 126 bis 127, II S. 180—181, 182, Josef NeumannsZ 1917 S. 118, Kisch WuRdVers 1914 S. 68 bis 70, III S. 266—267, Nippel, Die Auswirkung des Eigentumsüberganges an der vten Sache auf das Vsverhältnis, Kölner Diss. 1960, S 108—110, Prölss JRPV 1935 S. 72, [15] Anm. 1 vor § 51, S. 239—240, Anm. 2 zu § 69, S. 310, Raiser Anm. 2 zu § 12, S. 299, Roesch Betrieb 1953 S. 99; weitere Nachweise bei Lenski a. a. O. S. 46—47.

[62] βββ) Durchbrechungen.

Analysiert man die höchstrichterliche Rechtsprechung, so wird im Seevsrecht seit jeher auf eine wirtschaftliche Betrachtungsweise abgehoben (Belege: Anm. 55), und besonders in RG 16. XI. 1881 RGZ Bd 7 S. 9—14 betont, daß die Übertragung des nur „formellen (nackten) Eigentumes" kein versicherbares Interesse schaffe, vielmehr bilde „den Gegenstand der Ven .... das volle, materielle Eigentumsinteresse des Vten" (heute würde man Eigentümerinteresse sagen).

Im Binnenvsrecht hat die für das vorgesetzliche Recht (ALR) ergangene Entscheidung RG 5. VI. 1903 VA 1904 S. 39 Nr. 33 den Standpunkt vertreten, bei einem Grundstückskauf komme es auf den Gefahrübergang (Übergabe), nicht auf den Eigentumsübergang an: Obgleich nach dem ALR nicht das Interesse des Vten, sondern die vte Sache selbst den Gegenstand der V bilde, müsse man annehmen, „daß als der Berechtigte zur Erhebung der Vssumme nach der Absicht des Vers und nach dem im Kaufvertrage stillschweigend zum Ausdrucke gelangenden Vswillen des Vmers und seines Sondernachfolgers derjenige angesehen werden soll, der die Gefahr der vten Sache gesetzlich trägt. Denn der Zweck und Erfolg der V geht der Natur der Sache nach nicht dahin, den Gegenstand der V gegen das Eintreten einer Zerstörung durch Brand zu schützen, sondern denjenigen, der durch die eingetretene Zerstörung geschädigt ist, von dem ihm erwachsenen Schaden zu entlasten". Man müsse unter dem „neuen Eigentümer" nicht denjenigen verstehen, „der das formale Eigentum der Sache durch Auflassung erhalten habe, sondern denjenigen, der die Gefahr der erworbenen Sache als ihr mit einem zum Eigentumserwerbe geeigneten Titel versehener Besitzer trage". (RG 28. IV. 1914 RGZ Bd 84 S. 414 ist von dem zitierten Urteil abgerückt: „Jene Entscheidung betraf .... einen Fall aus dem Gebiete des ehemaligen preußischen Rechtes und ist lediglich für den damals tatbestandlich zugrunde liegenden eigenartigen Sachverhalt getroffen worden.")

Zum geltenden Binnenvsrecht sind aber gerade für Grundstückskäufe, bei denen ein Käufer noch nicht Eigentümer war, aber die Gefahr trug und vollständig den Kaufpreis beglichen hatte, wachsende Zweifel in der höchstrichterlichen Rechtsprechung zu vermerken: RG 28. IV. 1914 RGZ Bd 84 S. 412—413 meint: „Hierbei lassen sich Fälle denken, in denen das nach der Übergabe des Grundstücks fortbestehende Eigentum des Verkäufers nicht mehr einen berechtigten materiellen Inhalt, sondern nur noch formale Bedeutung hat, namentlich, wenn der gesamte Kaufpreis bar zu bezahlen und in vollem Betrage bei der Übergabe gezahlt ist. Es kann sich aber dabei nur um sehr seltene Ausnahmefälle handeln. Ob in derartigen Fällen der Verkäufer nach der Grundstücksübergabe noch als Inhaber der Rechte aus der V angesehen werden könnte, steht hier nicht zur Entscheidung." Schon sehr viel bestimmter sagt RG 13. X. 1933 JW 1934 S. 553 = VA 1933 S. 427: „Allerdings lassen sich Fälle denken, in denen das nach der Übergabe des gegen Feuersgefahr vten Gebäudegrundstücks fortbestehende Eigentum des Verkäufers nicht mehr einen berechtigten materiellen Inhalt, sondern nur noch formale Bedeutung hat, so z. B., wenn der ganze Kaufpreis bereits bei der Übergabe bezahlt ist." Der BGH 4. III. 1955 VA 1955 S. 282 = VersR 1955 S. 225—226 läßt die Problemlösung für den skizzierten Fall wiederum dahingestellt.

In einem anderen Einzelfall (RG 9. XI. 1934 RGZ Bd 145 S. 387—389) hält das Gericht bei einer Lagerv für Rechnung wen es angeht nicht das formale Eigentums-, sondern das wirtschaftliche Eigentümerinteresse für vert.

Prölss[15] Anm. 1 vor § 51, S. 239—240, Anm. 2 zu § 69, S. 310, auch JRPV 1935 S. 70—73 spricht von Inkonsequenz des Reichsgerichts, setzt sich für ein rein formales Interesse ein und meint, die Rechtsprechung des Reichsgerichts „zu § 69 ist .... nur zu halten, wenn man den Begriff des formalen Interesses anerkennt". Ähnlich konsequent, aber unbefriedigend von Gierke II S. 199. Bei Gärtner VersR 1964 S. 701 wird es sogar bewußt in Kauf genommen, „daß die Entschädigung einmal an den ‚Falschen' ausgezahlt wird".

[63] γγγ) Folgerungen.

Von der formalen Theorie her ergibt sich, daß ein Verkäufer, der noch Eigentümer ist, bei einem Sachschaden auch dann die volle Entschädigung erlangt, wenn der Käufer die Vergütungsgefahr trägt und den Kaufpreis teilweise, vielleicht sogar zum größten Teil (oder voll; hierzu vgl. aber die drei Urteile: Anm. 62) beglichen hat.

Man sieht jedoch ein, daß dem Käufer wenigstens über § 281 I BGB geholfen werden werden muß; der Käufer soll Herausgabe des vom Verkäufer als Ersatz Empfangenen (der Vsentschädigung) oder Abtretung des Ersatzanspruchs (der Vsforderung) verlangen können: BGH 4. III. 1955 VA 1955 S. 281—283 = VersR 1955 S. 225—226, Prölss[15] Anm. 1 vor § 51, S. 239. Wenn der Käufer den Kaufpreis noch nicht beglichen hat, könnte der Verkäufer aufrechnen (soweit es um die Herausgabe der Vsentschädigung geht). Das Ergebnis ist aber recht unbefriedigend, falls der Verkäufer in Konkurs gefallen ist, vor oder nach Einziehung der Vsentschädigung. Denn der Käufer, der bereits den größten Teil des Kaufpreises beglichen hat, würde gegen die Konkursmasse des Verkäufers eine einfache Konkursforderung aus § 281 I BGB erlangen.

Das Gesagte würde auch dann gelten, falls der Käufer — wie beim Abzahlungskauf mit Eigentumsvorbehalt des Verkäufers — bereits den Besitz erlangt hat.

Bei der Sicherungsübereignung steht nach der formalen Theorie das Eigentumsinteresse dem Sicherungsnehmer zu, auch wenn der aufgenommene Kredit fast vollständig zurückgezahlt ist. Der Kreditgeber erlangt die volle Sachvsentschädigung, obgleich der Kreditnehmer trotz der Sachzerstörung seine Schuld weiter tilgen muß.

Fraglos haben auch nach der formalen Theorie neben dem sachenrechtlichen Eigentümer der Träger der Vergütungsgefahr, der Vorbehaltskäufer und der Sicherungsgeber versicherbare Interessen (Anm. 55 mit Zitaten), die jedoch keine Sachinteressen (da keine Eigentumsinteressen), sondern Interessen sui generis wären. Deshalb liegt keine Doppelv vor, wenn nebeneinander Verkäufer und Käufer, Sicherungsnehmer und Sicherungsgeber ihre Interessen vern (Bischoff VersR 1963 S. 10, Prölss JRPV 1935 S. 72—73, KG 15. II. 1936 VA 1936 S. 200—203 Nr. 2885 = JRPV 1936 S. 141—143). Eine analoge Anwendung der Doppelvsregeln, wie sie RG 13. X. 1933 JW 1934 S. 553 = VA 1933 S. 427 Nr. 2646, Raiser Anm. 2 zu § 10, S. 264 erwogen haben, ist höchst problematisch. Ein Regreß des Vers, der den Käufer oder Sicherungsgeber vert hat, aus § 67 I 1 gegen den Verkäufer oder Sicherungsnehmer kommt deshalb nicht in Frage, weil ein Anspruch aus § 281 I BGB kein Schadensersatzanspruch ist. Unbillig wäre es aber auch, falls der Verkäufer oder Sicherungsnehmer die volle Entschädigung behält, obgleich der Schaden wirtschaftlich viel geringer ist, oder falls der Käufer oder Sicherungsgeber erstens die Leistung aus der von ihm genommenen V erhält und zweitens womöglich gegen den Verkäufer oder Sicherungsnehmer vorgehen und das Surrogat nach § 281 I BGB verlangen kann.

Genaueres über die Fälle der Gefahrtragung des Käufers, des Eigentumsvorbehalts und der Sicherungsübereignung vgl. unten Anm. 90—94, 99—102.

[64] ββ) „Eigentümerinteresse".

ααα) Ausgangspunkte der wirtschaftlichen Betrachtungsweise.

Die Lehre, wonach es auf eine wirtschaftliche Betrachtungsweise ankomme, beruht darauf, daß Interesse und Schaden korrespondierende Begriffe sind. Der Schaden ist ein wirtschaftliches Phänomen, demzufolge muß auch das Interesse wirtschaftlich bestimmt werden (Anm. 53). Eine Funktion des Interessebegriffs liegt darin, dem wirklich Geschädigten die Entschädigung in rechter Höhe zuzuweisen (Anm. 36). Bei einer Sachv geht es im Falle des Totalschadens um eine Entschädigung in Höhe des Sachwertes. In dieser Höhe erleidet normalerweise der sachenrechtliche Eigentümer den Schaden. Wenn aber der rechtlichen Position ausnahmsweise die wirtschaftliche Position nicht entspricht, ermittelt die Lehre vom wirtschaftlichen Interesse denjenigen, der jenes Interesse besitzt, „wie es unter gewöhnlichen Umständen ein Eigentümer hat" (Ritter Anm. 10 zu § 1, S. 55); „es genügt die Beziehung, wie sie an sich der Eigentümer hat" (Bruck Reichsgerichtspraxis a. a. O. S. 130, ähnlich schon Hagen I S. 372—373, ZVersWiss 1907 S. 23, Hecker a. a. O. S. 41).

Es sind mannigfache Versuche unternommen worden, das Wesen des wirtschaftlichen „Eigentümerinteresses" zu erfassen. Man tauscht also fraglos eine gewisse Rechtsunsicherheit gegen klare sachenrechtliche Kriterien ein, wenn man sich im Streben nach einer billigeren und gerechteren Lösung der wirtschaftlichen Betrachtungsweise verschreibt. Entsprechend wird auch gegen den Begriff der Veräußerung im allgemeinzivilrechtlichen Sinn der schwieriger zu bestimmende Begriff des Interesseüberganges, des Interessentenwechsels vertauscht.

Die verschiedenen Theorien sind vorwiegend im Bereiche des Seevsrechtes, und zwar in Verbindung mit dem Überseekauf (Cif-, Fob-, Ankunftsvertrag) entwickelt worden, Übersicht bei Möller Cifgeschäft a. a. O. S. 149—182. Bei Gefahrtragung des Käufers sagt z. B. Ritter Anm. 10 zu § 1, S. 54—55: „Der Käufer hat von diesem Zeitpunkt an das Eigentümerinteresse. ... Der Verkäufer hat aber auch noch eine Beziehung zur Sache, ein Interesse ...., denn der Kauf kann sich vielleicht als nichtig herausstellen oder rückgängig gemacht werden. Dann fällt ein Schaden dem Verkäufer zur Last. ... Man mag in solchen Fällen schwebender Interessen von einem ‚aktuellen', ‚prinzipalen', ‚zweifellosen', ‚unbedingten' oder ‚gewissen' Interesse des Käufers, von einem eventuellen, zweifelhaften, bedingten oder ungewissen des Verkäufers sprechen. ... Viel ist mit solchen Kunstausdrücken nicht gewonnen, viel dagegen verloren, wenn sie zum Angelpunkt gewagter Konstruktionen gemacht werden."

Geschildert seien hier drei auch für das Binnenvsrecht vertretene Auffassungen, nämlich die Theorie von dem Nutzen oder den Vorteilen (Anm. 65), die Theorie von der vertraglich vorgesehenen Gefahrtragung (Anm. 66) und die Theorie von der effektiven, tatsächlichen Gefahrtragung (Anm. 67). Eine weitere Theorie vertritt z. B. Cahn a. a. O. S. 32—37, der bei dem Interessentenwechsel nicht nur abstellen will auf die Übertragung in die Machtsphäre einer anderen Person, sondern auch auf eine „räumliche Verschiebung". Dazu kritisch von Gierke ZHR Bd 79 S. 333—348, Hagen ZVersWiss 1914 S. 597 bis 598.

[65] βββ) Theorie von dem Nutzen oder den Vorteilen.

Besonders Bruck hat — mit gewissen Nuancierungen — den Träger des Eigentümerinteresses derart zu bestimmen versucht, daß er auf gewisse typische Ausstrahlungen des Eigentums abhob:

„Das vte Interesse ist die Beziehung an einem Gegenstand, also der Nutzen, den der Gegenstand dem Interessenten gewährt. ... Der Nutzen zeigt sich in der Fruchtziehung aus dem Gegenstand und in der Benutzung des Gegenstandes (§ 100 BGB), aber auch in der tatsächlichen Verfügungsgewalt über den Gegenstand. Es entscheidet daher über die Frage, wer der vte Interessent ist und von wann ab er der vte Interessent ist, nicht ob und von wann ab er die Gefahr trägt (§§ 446, 447 BGB), sondern wem und von wann ab die vte Beziehung, der Nutzen des Gegenstandes, zusteht. Hat die Nutzungen und/oder die Verfügungsgewalt der Verkäufer behalten, so ist der Käufer trotz der Übergabe oder ihrer Surrogate noch nicht in die vte Beziehung eingetreten, die vte Beziehung ist bei dem Verkäufer verblieben. Hat die Nutzungen und/oder die Verfügungsgewalt der Käufer, dann ist er bereits in die vte Beziehung eingetreten, ihm steht das Interesse, wie es an sich der Eigentümer hat, zu. Bei dieser Auffassung haben Verkäufer und Käufer nicht eventuelle oder schwebende Eigentumsinteressen, solange das Eigentum nicht übertragen ist, oder solange noch der Kauf aus irgendeinem Grunde rückgängig gemacht werden kann, sondern der eine oder der andere hat das vte Eigentümerinteresse. Im allgemeinen wird der Zeitpunkt der Übergabe (oder ihrer Surrogate) der verkauften Sache auch der Zeitpunkt sein, von dem ab dem Käufer die Nutzungen und die Verfügungsgewalt zusteht, es muß jedoch nicht der Fall sein" (Bruck Reichsgerichtspraxis a. a. O. S. 131, zustimmend Ewald ITVMitt 1929 S. 135).

Später hat Bruck S. 558—559 seine Lehre über den Begriff des Eigentümerinteresses geringen Änderungen unterzogen. Anstelle des Nutzens soll es „der wirtschaftliche Vorteil, den der Gegenstand dem Interessenten gewährt", sein, der den Träger des Eigentümerinteresses kenntlich macht. Die Wendung „die Nutzungen und/oder die Verfügungsgewalt" ist ausgemerzt worden. Aber der Vorteil soll sich nach wie vor „in der Fruchtziehung aus dem Gegenstand und in der Benutzung des Gegenstandes (§ 100 BGB), aber auch schon in der bloßen Innehabung des Gegenstandes" — dieser Ausdruck wird offenbar gleichbedeutend mit dem Wort „Verfügungsgewalt" benutzt — zeigen. Die vorgenommenen Änderungen sind somit in der Hauptsache terminologischer Natur.

Der Meinung von Bruck hat ein (exzeptionelles) Urteil des Reichsgerichts zugestimmt (RG 9. XI. 1934 RGZ Bd 145 S. 387, 389: Vorteil, den das Gut dem Interessenten gewährt), ferner haben sich ihr zwei Entscheidungen des Kammergerichts genähert: KG 20. VI. 1931 JRPV 1931 S. 321—322, 7. I. 1933 JRPV 1933 S. 124—125 (entgegen der sonstigen Judikatur dieses Gerichtes: Anm. 61), ferner OLG Dresden 25. VII. 1928 VA 1929 S. 253—254 Nr. 2017, 19. XI. 1931 VA 1932 S. 52—53 Nr. 2409 = HansRGZ 1932 A Sp. 34—35, OLG Düsseldorf 30. XII. 1927 VA 1928 S. 42—43 Nr. 1821 = JRPV 1928 S. 63—64, 21. V. 1931 VA 1931 S. 237—238 Nr. 2308 = HansRGZ 1931 A Sp. 482—483.

Die von Bruck vertretene Auffassung kann **nicht befriedigen**. Besinnt man sich darauf, daß es die zu lösende Aufgabe ist, die Vorteile der V der richtigen Person zukommen zu lassen, so wird ersichtlich, daß man eine Person als vte nicht deshalb ansehen kann, weil ein Gegenstand ihr Nutzen oder Vorteil gewährt. Das bedeutet ja, daß man jemandem die Vorteile der V nicht deshalb zuteilt, weil er ihrer bedarf, sondern deshalb, weil er schon andere Vorteile genießt. Die Betrachtung des Eigentums gleichsam von der Sonnenseite aus mag wohl dann ihre Berechtigung haben, wenn es gilt, dem Eigentümer eine Last, etwa eine Steuer aufzuerlegen; denn es ist gerecht, daß die Last denjenigen trifft, der sie am besten tragen kann. Aber bei der Bestimmung des Eigentümerinteresses im vsrechtlichen Sinne handelt es sich um die diametral entgegengesetzte Aufgabe, nämlich nicht um die Aufbürdung einer Last, sondern um die Verschaffung eines Vorteils, einer Entschädigung. Im übrigen ist es für den Eigentümerinteressenten nicht typisch, daß er ein Interesse daran hat, Nutzen aus seiner Beziehung zu ziehen, sondern entscheidend ist allein, daß er ein Interesse daran besitzt, die Beziehung als solche zu behalten. Ferner ist es auch durchaus nicht immer leicht festzustellen, wer den Nutzen oder Vorteil eines Gegenstandes hat; man denke nur an das Stadium des Transportes nach dem Abschluß eines Versendungskaufvertrages oder an Miet- und Pachtverhältnisse. Schließlich ist der von Bruck verwendete Begriff der tatsächlichen Verfügungsgewalt nicht ausreichend deutlich und obendrein können Fruchtziehung und Nutzung anderen Personen zustehen als die Verfügungsgewalt.

Bruck 7. Aufl. Anm. 2 zu § 69, S. 262 scheint die vorstehend geschilderte und kritisierte Auffassung aufgegeben zu haben und kommt zum Begriff der Veräußerung zu dem Ergebnis: „Entscheidend ist .... allein der Augenblick, in dem sich die Interessenlage so gestaltet, daß durch Eintritt des Vsfalles nicht mehr der Veräußerer, sondern der Erwerber wirtschaftlich als Eigentümer geschädigt wird." Diese billigenswerte Formulierung bedürfte aber noch der Konkretisierung.

[66] γγγ) Theorie von der vertraglich vorgesehenen Gefahrtragung.

Sehr verbreitet ist die Auffassung, daß es bei der Abwicklung von Kaufverträgen darauf ankomme, wann die Vergütungsgefahr, Preisgefahr auf den Käufer übergehe. So kann man von einer Gefahrträgertheorie sprechen, welche übrigens bei einem Gattungskauf voraussetzt, daß mindestens gleichzeitig mit dem Übergang der Vergütungsgefahr auch die Konkretisierung erfolgt ist, also der Übergang der Leistungsgefahr. Denn vorher kann man gar nicht von einer konkreten Sache reden, an welche das Sachinteresse des Käufers anknüpfen könnte.

Die Gefahrträgertheorie, welche den Interessenübergang beim Grundstückskauf in der Übergabe oder in der Eintragung in das Grundbuch erblickt (§ 446 BGB), beim Versendungskauf in der Übergabe an die „Transportperson" (§ 447 I BGB), bei allen anderen Käufen in der Übergabe an den Käufer (§ 446 I 1 BGB), wird im **Schrifttum** von hervorragenden Autoren vertreten, z. B. Cosack, Lehrbuch des Handelsrechts, 12. Aufl., Stuttgart 1930, S. 455, Ehrenberg ZVersWiss 1910 S. 192—193, Elkan a. a. O. S. 15, Hagen ZVersWiss 1907 S. 23, Kersting VuGeldwirtschaft 192 S. 25—27, 35—37, Ritter Anm. 5 zu § 49, S. 706, Rohrbeck ZVersWiss 1913 S. 443—444, Vorwerk a. a. O. S. 17; weitere Nachweise bei Lenski a. a. O. S. 49—50.

In der **Rechtsprechung** wird die Gefahrträgertheorie verfochten weithin in der Seev — besonders beim Überseekauf seit ROHG 26. VI. 1874 Bd 14 S. 130—133, weitere Nachweise bei Möller Cifgeschäft a. a. O. S. 156—166 —, aber zum Teil auch in der Binnenv, z. B. schon vom OAG Dresden Februar 1868 SeuffArch Bd 22 S. 443—445, ferner vom KG 20. II. 1926 JRPV 1926 S. 71, OLG Düsseldorf 30. XII. 1933 JRPV 1934 S. 171—172 = HansRGZ 1934 A Sp. 177, OLG Marienwerder 4. II. 1913 VA 1913 Anh. S. 85—86 Nr. 751, sogar vom RG 19. IX. 1919 VA 1920 Anh. S. 83—85 Nr. 1169. Weitere Nachweise bei Lenski a. a. O. S. 50—51.

Demgegenüber meinen kritisch RG 28. IV. 1914 RGZ Bd 84 S. 412, 24. VI. 1926 RGZ Bd 114 S. 317—318, OLG Hamburg 12. VII. 1 93 HGZ 1893 Hptbl. S. 257—260, Bruck Reichsgerichtspraxis a. a. O. S. 131, 139, Kisch III S. 267—268, es komme auf die Gefahrtragung als interne Rechtsbeziehung zwischen Verkäufer und Käufer nicht an. Wesentlicher erscheint der Einwand, daß das Interesse des Verkäufers mit dem Übergang der Vergütungsgefahr auf den Käufer nicht stets endet; das wird in Anm. 67 deutlicher.

[67] δδδ) Theorie von der effektiven, tatsächlichen Gefahrtragung.

Wenn man sagt, der Käufer trage die Vergütungsgefahr, so bedeutet dies nur, daß er verpflichtet bleibt, den Kaufpreis zu zahlen, auch wenn durch Zufall die Sache untergeht oder verschlechtert wird. Aber es steht noch dahin, ob der Käufer seine Verpflichtung erfüllen wird. Es muß zwischen der Gefahrtragungspflicht und der effektiven Gefahrtragung unterschieden werden. Erst wenn der Käufer pflichtgemäß bezahlt hat, steht fest, daß der Käufer auch faktisch die Gefahr getragen hat. Bis zur Zahlung besteht ein Schwebezustand. Zwischen dem Zeitpunkt des Gefahrübergangs und der Zahlung haben Verkäufer und Käufer alternative Interessen. Die Alternative wird bei Nichtzahlung (Zahlungsverweigerung) zugunsten des Verkäufers, bei Zahlung zugunsten des Käufers geklärt. So Möller Cifgeschäft a. a. O. S. 181—182.

Dieser Standpunkt ist auch im Kriegssachschädenrecht durchgedrungen, wo es gleichfalls galt, die Entschädigung zugunsten des Geschädigten festzusetzen: „Bei der Prüfung der Frage, ob jemand die Gefahr des zufälligen Untergangs trägt, kommt es entscheidend nicht auf die rein rechtliche Verpflichtung zur Gefahrtragung, sondern auf die wirtschaftliche Wirklichkeit an. Daher ‚trägt' die Gefahr des zufälligen Untergangs .... nicht stets derjenige, der hierzu nach den Grundsätzen des Privatrechts verpflichtet ist, sondern nur derjenige, der die Gefahr auch tatsächlich trägt" (Büchner-Hoffmann, Kriegsschäden-Verordnungen, 4. Aufl., Berlin 1944, S. 49). Das Reichsverwaltungsgericht (Reichskriegsschädenamt) 2. XII. 1942 DR 1943 S. 664—667 führt aus:

> „Häufig ist es aber so, daß die schuldrechtliche Gefahr zwar schuldrechtlich wirksam bleibt, aber wirtschaftlich nicht den Eigentumsverlust ausgleicht, weil der Anspruch auf die Gegenleistung vom Vertragspartner nicht erfüllt wird, sei es wegen Zahlungsunwilligkeit des Vertragspartners, der nicht ohne Gegenwert leisten will, sei es wegen seiner Zahlungsunfähigkeit, sei es aus anderen Gründen, und auch weder eine persönliche noch eine dingliche Haftung hierfür verwirklicht werden kann, weil eine Rechtsverfolgung erfolglos bleibt. In solchen Fällen bleibt zwar für die schuldrechtliche Abwicklung zwischen den Parteien der Partner immer noch Gefahrträger. Eine Entschädigungsgesetzgebung, die der wirtschaftlichen Wirklichkeit den Vorrang vor der formalen Rechtslage geben will, kann aber dieses Ergebnis nicht übernehmen. Man muß daher der charakteristischen Unterscheidung von Möller" (Cifgeschäft a. a. O. S. 182—183) „in seinen Erörterungen über den Träger des Eigentümerinteresses bei der Seetransportversicherung, welche wichtige Parallelen zu dem hier zu lösenden Problem des Geschädigten im Kriegsschädenrecht aufweisen, folgen und so unterscheiden: Der Gefahrträger im Sinne des Privatrechts, der seine geschuldete Gegenleistung nicht erbringt, bleibt zwar zur Tragung der Gefahr dem Eigentümer gegenüber verpflichtet, er trägt die Gefahr aber nicht wirklich, da er keinen wirtschaftlichen Verlust erleidet, wenn er seine Leistung nicht erbringt. Wird hier die Gefahr des schuldrechtlichen Gefahrträgers nicht wirklich, so bleibt also allein wirklich die Sachgefahr des Eigentümers, der somit .... in diesem Falle als Geschädigter .... anzusehen ist. Mit anderen Worten: Gefahrträger .... ist nicht ohne weiteres, wer nach Privatrecht als Gefahrträger erscheint, sondern nur, wessen Pflicht zur Gefahrtragung verwirklicht wird, wer also tatsächlich die Gefahr trägt".

Die Theorie von der effektiven, tatsächlichen Gefahrtragung läßt sich nicht nur in Fällen anwenden, in welchen — wie beim Kauf — das Problem der Vergütungsgefahr zu lösen ist. Der Eigentumsbegriff wird in der zivilistischen Praxis immer stärker formalisiert. Die formal-sachenrechtliche Eigentumsentscheidung schießt über das wirtschaftliche Ziel oft hinaus, andererseits kann sie hinter dem wirtschaftlichen Ziel zurückbleiben. Das zeigt sich darin, daß der alte Satz „casum sentit dominus" nur noch mit vielen Ausnahmen gilt. Der vsrechtliche Begriff des Eigentümerinteresses duldet keine Entmaterialisierung: Die Vorteile der V müssen der richtigen Person zukommen, wenn die V ihre wirtschaftliche Funktion ausüben und nicht zu einer Wette werden soll. So muß im Vsrecht der Grundsatz „casum sentit dominus" noch ohne irgendeine Durchbrechung gelten. Nach der hier vertretenen Ansicht kann der Träger des Eigentümerinteresses durch die Prüfung der Frage bestimmt werden, wer einen etwaigen Schaden fühlt: „dominus est qui casum sentit". Der wahre wirtschaftliche Eigentümer erleidet bei einem Totalschaden notwendigerweise einen Nachteil in Höhe des vollen Wertes der Sache. Dieses Faktum kann dazu benutzt werden, den Eigentümerinteressenten zu finden: Wird eine unter Eigentumsvorbehalt verkaufte Sache durch Feuer zerstört, so ist es der Käufer, der den vollen Sachschaden erleidet; denn einen Teil des Kaufpreises wird er beim Abzahlungskauf schon beglichen haben, den Rest aber muß er trotz der Zerstörung bezahlen. Der Verkäufer aber, obgleich noch formal-sachenrechtlicher Eigentümer, erleidet allenfalls einen Schaden in Höhe der noch ausstehenden Kaufpreisraten, hat also ein typisches Kreditinteresse. Bei der Sicherungsübereignung ist es der Sicherungsgeber, der den vollen Sachschaden fühlt: Er muß trotz der Zerstörung der Sache den aufgenommenen Kredit zurückzahlen, ohne nach der Kredittilgung die (zerstörte) Sache zurückerhalten zu können. Der Sicherungsnehmer dagegen besitzt, obgleich er der formal-sachenrechtliche Eigentümer war, nur ein Kreditinteresse in Höhe der noch ausstehenden Kreditforderung. In beiden Fällen werden übrigens die Kreditinteressen keineswegs automatisch durch die Verwirklichung der Sachgefahr in Mitleidenschaft gezogen; es kommt vielmehr darauf an, ob z. B. der Vorbehaltskäufer des jetzt zerstörten Lastwagens bzw. der Sicherungsgeber, welcher diesen Lastwagen übereignet hatte, noch in der Lage ist, trotz des Einnahmeausfalles die restlichen Kaufpreisraten zu tilgen bzw. den aufgenommenen Kredit zurückzuzahlen.

Das Beispiel des Abzahlungskaufes unter Eigentumsvorbehalt oder des sonstigen Kreditkaufes hat übrigens deutlich gemacht, daß der Verkäufer sein (alternatives) Eigentümerinteresse verliert, wenn und soweit er den Kaufpreis stundet. Diese Stundung — als Aufgabe des Zug-um-Zug-Prinzips — bewirkt, daß dem Käufer die (alleinige) Position des Eigentümerinteressenten eingeräumt wird, der Verkäufer begnügt sich mit einem Kreditinteresse, zu welchem bei einer Restkaufgeldhypothek ein Hypothekarierinteresse hinzutritt. Das gilt auch für den Überseekauf, wenn anstelle der üblichen Klausel „Kasse gegen Dokumente" die Kondition „Kasse gegen Dreimonatsakzept" eingeräumt wird (Möller Cifgeschäft a. a. O. S. 173—175).

Die hier entwickelte Auffassung mag zwar zu gerechten und billigen Ergebnissen hinführen, hat aber den Nachteil, in dem zum Ausgangspunkt genommenen Fall speziell des Versendungskaufs einen Schwebezustand anzunehmen, währenddessen alternative Interessen bestehen. Wird eine V für Rechnung wen es angeht (§ 80 II) genommen, wie dies bei der Gütertransportv üblich ist, so verschlägt die entstehende Ungewißheit nichts; denn solche V deckt alternative und sukzessive Interessen, ohne daß es einer Veräußerungsanzeige bedarf (Möller JRPV 1928 S. 337—342, Cifgeschäft a. a. O. S. 134 bis 138). Hat aber der Verkäufer zunächst eine V für eigene Rechnung genommen, so entstehen unliebsame Zweifel, wann er und der Käufer die „Veräußerung" anzuzeigen haben (vgl. § 71 I); man würde auf den Zeitpunkt abzustellen haben, von dem an mindestens alternativ der Käufer Interesseträger ist, d. h. auf den Zeitpunkt der Übergabe an den Käufer oder an die Transportperson oder — bei Grundstücken — der Eintragung in das Grundbuch.

[68] γγ) Stellungnahme.

Der Meinungsstreit darüber, ob das „Eigentumsinteresse" oder „Eigentümerinteresse" maßgeblich sei, ist mit einigen seiner Verästelungen zur Theorie des Eigentümerinteresses geschildert worden (Anm. 60—67), auf der Basis des allgemeineren Problems, ob eine rechtliche oder wirtschaftliche Betrachtungsweise geboten sei (Anm. 53—55).

Die **Praxis,** insbesondere die höchstrichterliche Rechtsprechung, hat sich dahin entschieden, sowohl bei der Bestimmung des Interessenten als auch bei der Interpretation des Begriffs der Veräußerung in § 69 I auf **formal-sachenrechtliche Kriterien** abzustellen. Deshalb werden die Gegner kapitulieren müssen, zumal da es nicht einmal mehr für entschuldbar angesehen wird, falls z. B. eine Sicherungsübereignung nicht als Veräußerung angezeigt wird (vgl. RG 16. IV. 1929 VA 1929 S. 246—247 Nr. 2010 =

JRPV 1929 S. 184—185, 5. VII. 1929 RGZ Bd 125 S. 193—194, 19. VI. 1931 VA 1931 S. 200 Nr. 2279 = JRPV 1931 S. 233, anders noch RG 17. VI. 1927 RGZ Bd 117 S. 273).

Dennoch unterbleibt die Anzeige oft und die Vmer meinen auch, daß die abgeschlossene V Sachen umfasse, die unter Eigentumsvorbehalt gekauft worden sind. Hier wollte das **Bedingungsrecht** helfen, z. B. lauten §§ 2 I 1, 2 AFB, AEB:

> „Soweit nichts anderes vereinbart ist, sind nur die dem Vmer gehörigen Sachen vert. Vert sind auch Sachen, die vom Vmer unter Eigentumsvorbehalt erworben und ihm übergeben sind, sowie Sachen, die er sicherungshalber übereignet hat, und für die dem Erwerber ein Entschädigungsanspruch gemäß § 71 Abs. 1 Satz 2 VVG nicht zusteht."

Man sollte meinen, daß hierdurch bei den unter Eigentumsvorbehalt erworbenen Sachen das (wirtschaftliche) Interesse des Käufers = Vmers und im Falle der Sicherungsübereignung — bei nicht fristgemäßer Anzeige der „Veräußerung" und Leistungsfreiheit des Vers gegenüber dem „Erwerber" (aus § 71 I 2) — das (wirtschaftliche) Interesse des Sicherungsgebers = Vmers vert sei, aber die Rechtsprechung ist derart eingeschworen auf die formal-sachenrechtliche Betrachtungsweise, daß sie jeweils eine V für fremde Rechnung annimmt: Der Vorbehaltskäufer soll das Interesse des Verkäufers, der Sicherungsgeber jenes des Sicherungsnehmers für fremde Rechnung vert haben (so BGH 2 . X. 1953 BGHZ Bd 10 S. 376—3 5). Dabei beruft sich der BGH irrigerweise auf RAA VA 1933 S. 24 , wo für den Fall der Sicherungsübereignung zu § 2 I 1, 2 AFB, AEB jedoch festgestellt wird, „daß der Vmer (Sicherungsübereigner) .... dann einen Entschädigungsanspruch hat, wenn der Erwerber den ihm gesetzlich zustehenden Anspruch infolge Fristablaufs verloren hat". Bei der bundesgerichtlichen Konstruktion einer V für fremde Rechnung erlangt dagegen der Sicherungsnehmer einen Entschädigungsanspruch aus § 75 I 1! Kritisch zum BGH z.B. auch Bischoff ZVersWiss 1963 S. 200—203, Vassel MDR 1954 S. 710—713, zustimmend dagegen Raiser VersR 1954 S. 201—204. Es bleibt abzuwarten, ob der BGH seine Rechtsprechung aufrechterhält; in der Praxis wird man hiermit rechnen müssen.

So bieten einen sicheren Ausweg nur **speziellere Vertragsabreden,** die noch deutlicher als §§ 2 I 1, 2 AFB, AEB sagen, welche Interessen vert sein sollen. Auch der BGH erkennt ja an, daß z. B. das Interesse des Vorbehaltskäufers oder des Sicherungsgebers trotz mangelnden formalen Eigentums vert werden könne (Anm. 55). Es gibt derartige Vertragsabreden in mannigfaltiger Form (Näheres Anm. 91, 100—102). Hingewiesen sei für Abzahlungskäufe auf die Allgemeinen Vsbedingungen für die Warenv bei Abzahlungsgeschäften (WABA; VA 1958 S. 54—57); danach ist sowohl der Verkäufer (als Vmer) als auch der Käufer (als Vter) vert (vgl. Bischoff-Vassel VA 1958 S. 75, Hammes, Die Warenv bei Abzahlungsgeschäften, Karlsruhe 1960, S. 26—30). Hingewiesen sei ferner auf die Sicherungsscheine und Sicherungsbestätigungen, welche im Fall der Sicherungsübereignung von den Banken verwendet werden (Muster 416—418, 422—423 in: Schütz-Trost, Bankgeschäftliches Formularbuch, 15. Aufl., Berlin 1959, S. 525—52 , 532—533 mit S. 501—502, 505—506); danach kann z. B. vereinbart sein: „Die V der übereigneten Gegenstände gilt insoweit für Rechnung des Kreditgebers, als die Vssumme den Darlehensbetrag einschließlich Nebenleistung und Kosten nicht übersteigt" (Muster 41) oder: „Die V gilt insoweit für Rechnung der vorgenannten Bank, als die Entschädigung deren Forderung an den Vmer nicht übersteigt" (Muster 422). Die höchstrichterliche Auffassung, es liege bei Sicherungsübereignung eine Veräußerung der vten Sache vor, wird (trotz erfolgender Anzeige) beiseitegeschoben durch die Erklärung der Bank: „Wir verzichten darauf, in den obengenannten Vsvertrag als Vmer gemäß § 69 VVG einzutreten" (Muster 416—41). — Es läßt sich nicht nur der Weg beschreiten klarzustellen, wessen Interesse vert sein soll, sondern — ausgehend von der höchstrichterlichen Rechtsprechung — könnte auch eine Abtretung helfen, z. B. könnte ein Grundstückskäufer, der noch nicht Eigentümer ist, darauf dringen, daß ihm die Feuervsforderung des formalen Eigentümers (Verkäufers) ab Gefahrübergang mindestens insoweit abgetreten wird, als er den Kaufpreis bereits beglichen hat.

Über typische Fälle der V des Sachinteresses Anm. 90—120.

[39] **bbb) Forderungsinteresse.**

Forderungsrechte eines Gläubigers gegen einen Schuldner, welcher verpflichtet ist, eine Leistung zu erbringen, also ein Leistungsverhalten (Tun oder Unterlassen) zu beobachten (§ 241 BGB), schaffen für den Gläubiger einen schuldrechtlichen Anspruch (§ 194 I BGB) auf fremdes Verhalten, ein Sollrecht. Der Gläubiger hat, wie schon in Anm. 14 vor §§ 49—80 erwähnt, ein Interesse an der Forderung, am Forderungsrecht, und diese Wertbeziehung des Gläubigers zur Forderung ist mannigfachen Gefahren ausgesetzt, die erst enden, wenn die Forderung durch Erfüllung erloschen ist (§ 362 I BGB). Besonders wichtig sind die Geldforderungen.

Die Forderung schafft nur eine Verpflichtung, eine Obligation des Schuldners; es ist zu befürchten, daß der Schuldner seine Verpflichtung nicht erfüllt und daß die Forderung sogar uneinbringlich, unrealisierbar wird (Insolvenz, Böswilligkeit). In diesem Zusammenhang spricht man gern vom Kreditinteresse, dem **Kreditrisiko,** wobei juristisch die Forderung als solche meistens voll existent bleibt, aber die Wertbeziehung zu ihr beeinträchtigt wird.

Die Forderung kann aber auch von Rechts wegen **erlöschen,** z. B. (teilweise) in einem Vergleichsverfahren (dazu § 82 VerglO mit RG 8. II. 1937 RGZ Bd 153 S. 342—343, 14. III. 1939 RGZ Bd 160 S. 134—139). Bei einem Seefrachtvertrag ist für Güter, die durch irgendeinen Unfall verlorengegangen sind, keine Fracht zu bezahlen (§ 617 HGB); bei einem Schiffsuntergang verliert der Reeder/Verfrachter also nicht nur sein Schiff (Sachinteresse), sondern auch seine Frachtforderungen (Forderungsinteresse), und er kann im Blick auf diese Gefahr eine Frachtv abschließen (Argyriadis, Die Frachtv, Hamburg 1961, S. 79—83, RG 18. IX. 1909 RGZ Bd 71 S. 395). Ein Vermieter verliert seine Mietzinsforderung (ganz oder teilweise), falls die vermietete Sache mit einem Fehler behaftet wird, welcher die Tauglichkeit zu dem vertragsmäßigen Gebrauch aufhebt oder mindert (§ 537 I BGB). Kann also der Mieter infolge eines Brandes die ihm vermietete Wohnung nicht weiter benutzen, so tritt zu dem Sachschaden des Vermieters ein Schaden als Negation des Forderungsinteresses hinzu; die Forderung erlischt kraft Gesetzes. Ein Nachtrag zu § 1 VI AFB gewährt für sechs Monate eine Mitv solchen Mietverlustes bei Wohngebäuden: „Wird durch einen Schadenfall ein vtes Gebäude so beschädigt, daß der Mieter einer darin befindlichen Wohnung den Mietzins kraft Gesetzes oder nach dem Mietvertrag ganz oder teilweise verweigern darf, so ersetzt der Ver den dadurch entgehenden Mietzins." Die **Sachgefahr** (Schiffsuntergang, Brand) führt in den behandelten Fällen mittelbar (in Verbindung mit einer Gesetzesvorschrift) auch zur Beeinträchtigung des Forderungsinteresses.

Um eine Forderungsv handelt es sich auch, wenn ein Frachtvertrag abgeschlossen war, die Reise jedoch noch nicht begonnen hatte, als das Schiff unterging (unbesegelte Fracht: Argyriadis a. a. O. S. 72—74). Entsprechendes gilt, wenn ein Mietvertrag abgeschlossen, aber die vermietete Wohnung noch nicht überlassen war, als das Haus abbrannte (vgl. gleichfalls § 537 I BGB; auch dieser Fall ist durch den Nachtrag zu § 1 VI AFB gedeckt).

Neben dem eigentlichen Kreditrisiko und neben den Sachgefahren, welche mittelbar auch Forderungsinteressen bedrohen, ist das **politische Risiko** zu nennen, z. B. bei den deutschen Ausfuhrgarantien „die Uneinbringlichkeit der Forderung infolge allgemeiner staatlicher Maßnahmen des Schuldnerlandes oder bestimmter politischer Ereignisse oder infolge von Stockungen bei der Durchführung oder Abwicklung von Zahlungs- oder Verrechnungsabkommen oder ähnlicher Vereinbarungen. Darunter fallen u. a.: Moratorien, Zahlungs- und Transferverbote, das Einfrieren im Schuldnerland gezahlter Landeswährungsbeträge. Unter die Deckung fallen auch Kursverluste, die bei der Konvertierung und Transferierung von in nicht vereinbarter Währung hinterlegten Fremdwährungsbeträgen entstehen, dagegen sind nicht gedeckt Kursverluste an der im Liefervertrag vereinbarten Währung."

Bei der Kredit- (speziell Ausfuhrkredit-), Fracht- und Mietverlustv geht es um die V **primärer Forderungen** aus geschlossenen Verträgen, also um die V von Erfüllungsansprüchen. Möglich ist aber auch die V von Forderungen, die sich **sekundär,** im Falle einer Vertragsverletzung, speziell als **Schadensersatzansprüche** gegen einen Schuldner richten, z. B. im Rahmen einer Vertrauensschadenv: Hier ersetzt der Ver dem Vmer oder Vten die

Schäden, die von Vertrauenspersonen durch vorsätzliche oder fahrlässige Handlungen verursacht werden; neben die Schadensersatzforderung gegen die Vertrauensperson tritt die Vsforderung, und der Vmer oder Vte braucht nicht einmal zu versuchen, zunächst die Schadensersatzforderung beizutreiben (§§ 1 Allgemeine Bedingungen der Vertrauensschadenv: VA 1959 S. 131, 133).

Durchweg sind die vten Forderungen **Geldforderungen.** Aber ausnahmsweise deckt eine Forderungsv auch **Sachforderungen.** Beispielsweise hat ein Unternehmer gegen seinen Handelsvertreter eine Forderung auf Herausgabe von wertvollen Mustern, Vorführapparaten, unternehmereigenen Kraftwagen. Die Vertrauensschadenv kann den Unternehmer gegen die Beeinträchtigung der Rückgabeforderung auch für den Fall schützen, daß ohne eigenes Verschulden der Handelsvertreter seinerseits einem Raub, einer Erpressung, einem Betrug, einem Diebstahl zum Opfer fällt oder daß er die anvertrauten Werte verliert oder daß sie durch Feuer vernichtet werden (Zusatzbedingungen: VA 1959 S. 132, 134—145). Hier berührt sich die Vertrauensschadenv stark mit der Sachv, könnte doch statt der Rückgabeforderung des Unternehmers gegen den Handelsvertreter auch das Eigentümerinteresse des Unternehmers zum Ausgangspunkt genommen werden.

Die Grenze zwischen Forderungs- und Sachinteressen ist auch dort flüssig, wo Forderungen in einer Urkunde, also einer Sache verbrieft werden. Die Sachv kann z. B. Schäden durch Abhebung Unberechtigter von Sparbüchern decken, die anläßlich eines Brandes oder durch Einbruchdiebstahl entwendet worden sind (Klausel 8. 10 Klauseln der Feuerv, Klausel Nr. 49 ED-Klauselheft).

Vmer braucht bei einer Forderungsv nicht immer der Träger des Forderungsinteresses, also der **Gläubiger** zu sein. Oft setzt es dieser als der mächtigere Teil durch, daß der **Schuldner** den Vsschutz im Wege einer V für fremde Rechnung zu beschaffen hat: Die Vertrauensschadenv muß dann die (kautionspflichtige) Vertrauensperson abschließen, und man spricht von Personenkautionsv. Zur Kautionsv zählen auch Bürgschaften, so genannt, weil dem Vten vom Kautionsver ein Bürgschein übermittelt wird (dazu Anm. 13). Es gibt solche Bürgschaften für Zölle und Verbrauchssteuern, Frachtbürgschaften, Vertragserfüllungs- und Mängelgewährleistungsbürgschaften. Eine Besonderheit solcher V für fremde Rechnung besteht darin, daß die vorsätzliche oder fahrlässige Herbeiführung des Versicherungsfalles durch den Vmer (entgegen § 61) die Vsforderung des Vten nicht berührt.

Über den Vswert von Forderungsinteressen: Anm. 19 zu § 52.

Literatur zur V von Forderungsinteressen: v. Halem in: Studienwerk F V 9 S. 1—108 m. w. N., Möller in: Handwörterbuch der Sozialwissenschaften, Bd 6, Stuttgart-Tübingen-Göttingen 1959, S. 344—348 m. w. N.

[70] ccc) Interesse an sonstigen Rechten.

Neben dem Eigentumsrecht (Eigentumsanwartschaftsrecht) und Forderungsrechten kommen andere subjektive Rechte in Betracht, zu denen eine Person in Beziehung stehen kann (Anm. 15 vor §§ 49—80). In Betracht kommt die V der Wertbeziehung zu

weiteren **Darfrechten** (außer dem Eigentumsrecht), z. B. durch den

- Nießbraucher oder Nutzpfandgläubiger für den Fall, daß die ihnen (kraft absoluten Rechtes) zustehenden Nutzungen (§§ 1030 I, 1213 BGB) nicht gezogen werden können;
- dinglich Wohnberechtigten für den Fall, daß sein (absolutes) Recht zur Wohnungsbenutzung (§ 1093 I 1 BGB) beeinträchtigt wird (Bischoff ZVersWiss 1963 S. 195—196);
- Mieter für den Fall, daß sein (relatives) Gebrauchsrecht beeinträchtigt wird;
- Pächter für den Fall, daß sein (relatives) Gebrauchs- und Fruchtgenußrecht beeinträchtigt wird;
- Pfandgläubiger für den Fall, daß das ihm zustehende (absolute) Verwertungsrecht nicht zur Abgewinnung der zu erwartenden Beträge aus der belasteten Sache führt;
- Zurückbehaltungsberechtigten beim kaufmännischen Zurückbehaltungsrecht (§ 369—372 HGB), für den Fall, daß sein Befriedigungsrecht wegen Beeinträchtigung der zurückbehaltenen Sache nicht realisierbar ist (Ehrenberg Festgabe a. a. O. S. 18).

weiteren **Sollrechten**/Ansprüchen (außer den Forderungsrechten: Anm. 69) z. B. zu einem
dinglichen Herausgabeanspruch,
familienrechtlichen Unterhaltsanspruch,
erbrechtlichen Vermächtnisanspruch.

gewissen **Kannrechten**/Gestaltungsrechten, z. B.
Aneignungsrechten, sei es an fremden, sei es an herrenlosen Sachen.

gewissen **faktischen Rechten** (vgl. Möller, Summen- und Einzelschaden a. a. O. S. 62—67).

Was den **Mieter** und **Pächter** anlangt, so haben diese nicht nur Forderungsrechte, sondern auch das Gebrauchs- und Fruchtziehungsrecht (§§ 535¹, 581 I 1 BGB). Hier handelt es sich nicht nur um ein gegen den Vermieter oder Verpächter gerichtetes Anspruchs-(Soll-)recht, sondern um ein Recht zu eigenem Verhalten, ein (relatives) Herrschafts-(Darf-)recht (Raape IherJ Bd 71 S. 113—116). Dieses Recht kann besonders bei langjährigen Verträgen und günstigen Vereinbarungen hinsichtlich der Miet- und Pachthöhe einen hohen Wert besitzen, der z. B. bei einem Brand des vermieteten oder verpachteten Gebäudes verlorengeht und vert zu werden vermag, ganz unabhängig vom Eigentümerinteresse.

Das Interesse eines **Pfandgläubigers** steht selbständig neben demjenigen des Eigentümers. Der Wert des Eigentümerinteresses wird durch das Bestehen von Pfandrechten nicht geschmälert (Bruck S. 490—491, Ehrenzweig S. 207, Hagen ZVersWiss 1907 S. 24—25, Kisch III S. 87—89, 106, Ritter Anm. 10 zu § 1, S. 53—54 m. w. N., Weygand a. a. O. S. 21—22, RG 10. VI. 1922 RGZ Bd. 104 S. 409—413; generell RG 17. IX. 1892 RGZ Bd 30 S. 176—181 [auch für Servituten]; a. A. Ehrenberg Festgabe a. a. O. S. S. 28—32, welcher meint, das Interesse eines Pfandgläubigers sei ein„Konkurrenzinteresse“, welches das Eigentümerinteresse schmälere; durch die V der Sache seien „eigentlich“ sämtliche Konkurrenzinteressen mit gedeckt [S. 34], Ehrenberg I S. 12, 312—313, der neben dem Ausdruck Konkurrenzinteresse auch jenen des Komplementärinteresses verwendet, von Gierke II S. 180, aber auch S. 182). Allerdings ist die gleichzeitige V des Eigentümer- und des Pfandgläubigerinteresses meistens unnötig, da sich das Pfandrecht auf die Vsforderung des Eigentümers erstreckt (§§ 1127 I, 1192 I, 1200 I BGB), beim Mobiliarpfandrecht allerdings nur im Falle des § 22 I 2 OrderlagerscheinVO (Feuerv). Wenn eine V des (vollen) Eigentümerinteresses und eine solche des Pfandgläubigerinteresses zusammentreffen, so ergibt sich keine Doppelv, da es sich um verschiedene Interessenten und beziehungsverknüpfte Güter handelt (RG 10. VI. 1922 RGZ Bd. 104 S. 410; a. M. Ehrenberg Festgabe a. a. O. S. 30, 35). Zu beachten ist dabei, daß das Pfandgläubigerinteresse nicht beeinträchtigt wird, soweit sich das Pfandrecht auf die Vsforderung des Eigentümers erstreckt. (Zur Frage, ob das Eigentümerinteresse dann geschmälert wird, wenn nach dem Exekutionssystem des deutschen Seerechts der Reeder n u r dinglich haftet, vgl. [bejahend] Prölss[15] Anm. 1 vor § 51, S. 230, RG 8. X. 1913 RGZ Bd 83 S. 166—172.)

Entsprechendes wie bei Pfandrechten gilt für das Interesse eines **Nießbrauchers:** Der Wert des Eigentümerinteresses wird durch den Nießbrauch nicht geschmälert. Gemäß § 1046 I BGB steht dem Nießbraucher der Nießbrauch an der Forderung des Eigentümers gegen den Ver zu. Vgl. auch Anm. 114.

Das Interesse desjenigen, der ein **Anwartschaftsrecht** aus bedingter Übereignung hat, ist in Anm. 64—68 bei den Eigentümerinteressen behandelt worden. Vgl. auch Anm. 91.

Aber für die **Versicherungspraxis** haben alle aufgezeigten Vsmöglichkeiten keine sehr große Bedeutung. Hingewiesen sei aber zum Fall des Nießbrauchs, des Pachtvertrags oder eines ähnlichen Verhältnisses auf § 115, wonach eine Hagelv des Eigentümers auf den Nießbraucher usw. übergeht (nicht aber umgekehrt: RG 4. VII. 1939 RGZ Bd 161 S. 86—90), ferner für die Haftpflichtv auf § 151 II 1. Bedeutsam ist ferner die V des Hypothekengläubigerinteresses, auch sonstiger Realgläubigerinteressen, und zwar insbesondere auf dem Wege über die §§ 105, 107b oder die Klausel 5.07 Klauseln der Feuerv: Anm. 98. Über die V eines Mobiliarpfandrechtsinteresses vgl. für Pfandleihen

Klausel 8.03 Klauseln der Feuerv: Anm. 98, und beim Werkvertrag im Blick auf Veredlungslohn in der Textilindustrie: Anm. 105.

Über den Vswert von Interessen an „sonstigen" Rechten: Anm. 20 zu § 52.

[71] **ddd) Gewinninteresse.**

Wenn man Güter (Aktiven) des „seienden" und des „werdenden" Vermögens unterscheidet, so stehen den Interessen an Sachen, Forderungen und sonstigen Rechten die Interessen an Anwartschaften, Chancen und Aussichten gegenüber (zuerst Möller JRPV 1930 S. 45). Dabei ist der Begriff der Anwartschaft hier in einem weiten wirtschaftlichen Sinn zu verstehen; rechtlich handelt es sich um Vermögenspositionen, die nicht durch ein subjektives Recht geschützt zu sein pflegen. Verdichtet sich eine Anwartschaft zu einem Anwartschaftsrecht — wie z. B. bei einem Vorbehaltskäufer —, so handelt es sich bei dem Träger des Anwartschaftsrechts nicht um ein Gewinn-, sondern um ein wirtschaftliches Eigentümerinteresse (Anm. 67, 68, 70).

Soweit einem Interessenten Nutzungen (§ 100 BGB) auf Grund von Nutzungsrechten, also als Nießbraucher, dinglich Wohnberechtigtem, Mieter oder Pächter zustehen, ist die Abgrenzung von den Gewinninteressen deshalb problematisch, weil sich der Interessent zwar einerseits in einer gesicherten Rechtsposition befindet, andererseits aber Früchte und Gebrauchsvorteile rein faktisch von zukünftigen Ereignissen abhängen. Brennt das gemietete Haus, so kann dadurch das Interesse des Mieters an seinem Gebrauchsrecht beeinträchtigt werden, wird doch der Vermieter von seinen Verpflichtungen frei. Verhagelt die Ernte, so wird dadurch nicht das Interesse des Pächters an seinem Fruchtgenußrecht, wohl aber seine Anwartschaft auf eine gute Ernte beeinträchtigt.

Bereits in Anm. 16 vor §§ 49—80 war von der Unterscheidung **angelehnter und isolierter Gewinninteressen** die Rede. Erstere sind meistens mit Sachinteressen verbunden; man denke an die gemeinschaftliche Güter- und Gewinnv des § 101 ADS. Hier ist jener Gefahr, die dem Gewinninteresse droht, die Sachgefahr immanent: Wenn die Güter untergehen, schwindet auch die Gewinnanwartschaft.

Um eine angelehnte Gewinnv handelt es sich auch, wenn in einem Wohngebäude der Eigentümer und Vmer eine Wohnung selbst bewohnt. Wird solche Wohnung durch Brand ganz oder teilweise unbenutzbar, so ersetzt der Ver, welcher primär Sachver ist, als Gewinnver „den Mietwert der unbenutzbar gewordenen Räume ... Als Mietwert gilt der gesetzliche oder ortsübliche Mietzins für Wohnungen gleicher Art, Größe und Lage" (Nachtrag zu § 1 VI AFB). Jeder Eigentümer einer Sache, welche **Gebrauchsvorteile** gewährt, hat die Anwartschaft, solche Vorteile zu genießen. Diese Anwartschaft setzt bei manchen Sachen voraus, daß man vorbereitend Aufwendungen macht, die sich nicht in der Anschaffung der Sache, also in der Verzinsung und Abschreibung des Anlagekapitals erschöpfen. So müssen z. B. für einen Kraftwagen Steuern, Vsprämien, Garagenmiete aufgewendet werden. Wird das Sachinteresse beeinträchtigt, so wird zugleich die erwähnte Anwartschaft in Mitleidenschaft gezogen. Auf die Bewertung der Anwartschaft sind die gemachten und fortlaufenden, jetzt vergeblichen Aufwendungen von Einfluß. Im allgemeinen Schadensersatzrecht führt diese Betrachtungsweise dazu, daß der vorübergehende Fortfall der Benutzbarkeit bereits als materieller Schaden zu qualifizieren ist; es kommt also insbesondere nicht darauf an, ob der Geschädigte sich einen Ersatzwagen beschafft hat (BGH 30. IX. 1963 NJW 1964 S. 542—545). „Wenn ... dem Kraftfahrzeugbesitzer durch Verschulden eines anderen diese 'erkaufte' Nutzungsmöglichkeit genommen worden ist, so hat er tatsächlich diese Aufwendungen erbracht, ohne den wirtschaftlichen 'Gegenwert' (Benutzungsmöglichkeit) dafür zu erhalten" (BGH 30. IX. 1963 VersR 1964 S. 381 = NJW 1964 S. 717). Zum allgemeinen Problem Löwe NJW 1964 S. 701—705, Zeuner ArchZivPrax Bd 163 S. 390—399. Eine neue Form der Kraftverkehrsversicherung könnte die Kraftfahrzeughalter gegen die Beeinträchtigung ihrer Benutzungschance vern, so wie der Mietwert der Eigenwohnung in der Feuerv ersetzt wird. Die Reisewetterv hat die Beeinträchtigung einer erkauften Erholungschance zum Gegenstand (Möller VersR 1953 S. 217—218, dazu allgemein der Seereise-Fall BGH 7. V. 1956 NJW 1956 S. 1234—1235). Bei der Reisewetterv handelt es sich übrigens um ein isoliertes Gewinninteresse, also ein solches, welches nicht an ein Sachinteresse angelehnt ist. — Ehrenberg Festgabe a. a. O. S. 23—25 spricht vom Nutzungsinteresse, wobei er aber nicht nur an die faktischen Anwartschaften, sondern z. B. auch an den Mietverlust denkt, also an Forderungsinteressen (Anm. 69). Bemerkenswert ist sein Hinweis auf vorgängige Verwendungen zur Erzielung eines Unternehmergewinns, also auf „erkaufte" Anwartschaften; man denke bei einem Schiff an die Ausrüstungskosten, welche die Frachtverdienstchancen verschaffen oder erhöhen und mit der erhofften Bruttofracht vert werden (§ 796[1] HGB). Ehrenzweig S. 204 spricht von Gütterertragsv.

Dem Gewinninteresse entspricht als Negation ein **Schaden,** der sich darstellt als entgehender, entgangener, erhoffter, erwarteter, imaginärer Gewinn. Da der Schadensbegriff ein wirtschaftlicher ist, müssen auch die zwar außerrechtlichen, aber vermögenswerten Anwartschaftsinteressen Beachtung finden. Während für das allgemeine Schadensersatzrecht § 252 BGB den Kreis der relevanten Anwartschaften begrenzt, können im Vsvertragsrecht auch „fernere" Chancen Berücksichtigung finden (Anm. 31).

Über den Vswert von Gewinninteressen Anm. 21 zu § 52.

Wann die Gewinnanwartschaft bestanden haben muß und welche Realisierungswahrscheinlichkeit bei der Anwartschaft gegeben gewesen sein muß, damit sie versicherbar erscheine, soll in Anm. zu § 53 abgehandelt werden.

[72] bb) Passivenversicherung.

Der Interessebegriff i. w. S. paßt auch für die Passivenv (Anm. 43, 48). Hier ist die Beziehung, kraft deren der Vmer einen Schaden erleidet, eine Beziehung zu einem Ungut, zu einem Passivum. Der Vmer wird dadurch geschädigt, daß für ihn ein Passivum entweder neu entsteht oder daß ein bereits existentes Passivum größer, umfassender wird. Die zweite Alternative spielt für das Vswesen kaum eine Rolle, theoretisch denke man etwa an das Anwachsen einer Unterhaltsverpflichtung, nachdem die Bedürfnisse des Unterhaltsberechtigten infolge eines Unfalls oder einer Erkrankung angestiegen sind.

In der Passivenv kann der Begriff des Vswertes begrifflich keinen Raum haben, da ein Passivum keinen positiven Wert, sondern nur einen (negativen) Mißwert besitzen kann. Meistens und speziell in der Haftpflichtv läßt sich dieser Mißwert nicht von vornherein begrenzen. Eine Ausnahme gilt in Fällen einer beschränkten Haftung. Näheres Anm. 15 zu § 52.

So wie es vier Unterarten der Aktivenv gibt, lassen sich auch vier Arten der Passivenv unterscheiden (dazu auch bereits Anm. 17—21 vor §§ 49—80):

[73] aaa) Versicherung gegen gesetzliche Schulden.

Den Forderungen auf der Aktivseite des Vermögens (Anm. 69) entsprechen Schulden auf der Passivseite. Man kann sich im Wege der Haftpflichtv für den Fall der Schuldenentstehung vern, allerdings grundsätzlich nur, wenn man die Schulden nicht selbst durch ein Rechtsgeschäft, also eine Willenserklärung willentlich zur Entstehung gebracht, kontrahiert hat.

So steht im Vordergrunde die V gegen **Obligationen aus gesetzlichen Schuldverhältnissen,** insbesondere aus Delikt. In Fällen der Haftung ohne Verschulden, speziell der Gefährdungshaftung, ist die Vsmöglichkeit stets gegeben, sei es bis zur Grenze der höheren Gewalt, sei es einschließlich höherer Gewalt. In Fällen der Verschuldenshaftung hielt man ursprünglich eine Haftpflichtversicherung für unmoralisch, auch deshalb, weil sie zu Leichtsinn, also Fahrlässigkeit verführe. Heute zieht § 152 die Grenze der Versicherbarkeit zwischen vorsätzlichen und fahrlässigen Delikten: „Der Ver haftet nicht, wenn der Vmer vorsätzlich den Eintritt der Tatsache, für die er dem Dritten verantwortlich ist, widerrechtlich herbeigeführt hat." § 152 fordert neben dem Vorsatz Widerrechtlichkeit, so daß der Vmer Haftpflichtvsschutz genießt, falls ihm ein Rechtfertigungsgrund zur Seite steht, z. B. Notwehr, Notstand oder Selbsthilfe (§§ 227—229, 904 BGB). Dagegen läßt die Ausschlußklausel des § 4 II Ziff. 1 AHaftpflB vorsätzliche Schadensherbeiführung genügen. Wussow AHB[4] Anm. 66 zu § 1, S. 104, Anm. 76 zu § 4, S. 308—310 vertritt die Auffassung, es komme hiernach auf die Rechtswidrigkeit nicht an, auch der in Notwehr Handelnde genieße keinen Vsschutz. Anders BGH 28. IV.

1958 VersR 1958 S. 361—362, wonach Vorsatz jedenfalls dann entfällt, wenn der Täter die tatsächlichen Voraussetzungen des Vorliegens eines Rechtfertigungsgrundes angenommen hat. — Nach § 4 II Ziff. 1 AHaftpflB muß sich übrigens der Vorsatz auf die Schadensherbeiführung beziehen, während § 152 (ebenso wie § 823 I BGB) die vorsätzliche Herbeiführung der Tatsache, für die der Täter dem Dritten verantwortlich ist, genügen läßt. Versetzt der Vmer einem Dritten eine Ohrfeige und umfaßt der Vorsatz die Schadensfolgen nicht, so genießt der Vmer Vsschutz nach § 4 II Ziff. 1 AHaftpflB; das Bedingungsrecht hat also § 152 hier zugunsten des Vmers geändert.

Die V gegen „gesetzliche" Schulden kommt auch als V gegen **Schulden aus Vertrag** vor. Zwar kann man sich normalerweise nicht dagegen vern, daß ex contractu primäre Erfüllungsansprüche entstehen; denn man hat die Erfüllung ja selbst willentlich versprochen. Aber im Falle einer Forderungs*verletzung* (Nichterfüllung oder Schlechterfüllung) sieht das Gesetz Sanktionen vor, und wenn die Forderungsverletzung keine vorsätzliche ist, könnte Haftpflichtvsschutz gegen die Entstehung solcher sekundärer vertraglicher Ansprüche gewährt werden. Das gilt jedenfalls solange, als sich die Schadensersatzansprüche und sonstigen sekundären Ansprüche des Vertragspartners im Rahmen der gesetzlichen Vorschriften halten. So bezieht sich nach der Ausschlußregelung des § 4 I Ziff. 1 AHaftpflB der Vsschutz nicht auf „Haftpflichtansprüche, soweit sie auf Grund Vertrags oder besonderer Zusagen über den Umfang der gesetzlichen Haftpflicht des Vmers hinausgehen." Eine gewisse weitere Begrenzung sekundärer Vertragsansprüche ist abzuleiten aus § 4 I Ziff. 6 III AHaftpflB: „Die Erfüllung von Verträgen und die an die Stelle der Erfüllungsleistung tretende Ersatzleistung ist nicht Gegenstand der Haftpflichtv, auch dann nicht, wenn es sich um gesetzliche Ansprüche handelt" (dazu Wussow AHB[4] Anm. 64 zu § 1, S. 102—103). Was die Vorsatzfälle anlangt, so gewinnt bei vertraglichen Ansprüchen § 4 II Ziff. 1 S. 2 AHaftpflB Bedeutung: „Bei der Lieferung oder Herstellung von Waren, Erzeugnissen oder Arbeiten steht die Kenntnis von der Mangelhaftigkeit oder Schädlichkeit der Waren usw. dem Vorsatz gleich."

[74] Die allgemeine Haftpflichtv umreißt die vten Passiven als **Schadensersatzschulden** bestimmter Art: Der Vmer muß wegen eines Ereignisses, das einen **Personen-** oder einen **Sachschaden** zur Folge hatte, „für diese Folgen auf Grund gesetzlicher Haftpflichtbestimmungen privatrechtlichen Inhalts von einem Dritten auf Schadenersatz in Anspruch genommen" werden.

Bei Architekten, Ärzten, Rechtsanwälten, Steuerberatern usw. gewinnen neben den Personen- und Sachschäden auch die **reinen Vermögensschäden** Bedeutung; die Haftung ex contractu spielt in der Vermögensschadenhaftpflichtv eine größere Rolle als in der allgemeinen Haftpflichtv.

Begrifflich braucht sich die Haftpflichtv **nicht auf Schadensersatzansprüche** Dritter zu beschränken, könnte vielmehr z. B. auch Ansprüche aus Vertragsstrafenvereinbarungen, sowie Ansprüche zum Gegenstande haben, die sich bei Anfechtung, Rücktritt, Wandlung, Minderung usw. ergeben. Reeder/Verfrachter nehmen nicht selten eine Frachtrückerstattungsv, die von § 617 I HGB ausgeht, wonach der Verfrachter vorausbezahlte Fracht dem Befrachter zu erstatten hat, falls die beförderten Güter durch irgendeinen Unfall verloren gegangen sind (vgl. Argyriadis, Die Frachtv, Hamburg 1961, S. 77—79, der hier von einer Haftpflichtv redet). Es wäre auch denkbar, daß eine Haftpflichtv Inanspruchnahmen umfaßt, die auf Grund von gesetzlichen Haftpflichtbestimmungen öffentlichrechtlichen Inhalts erfolgen.

[75] Praktisch bedeutsamer sind spezielle Haftpflichtvsverträge, bei denen sich der Vmer gegen eine Vertragshaftung vert, welche in ihren Voraussetzungen über die gesetzliche Haftpflicht möglicherweise weit hinausgeht. Es kommt nicht selten vor, daß ein Vmer befürchten muß, bestimmte Sachschäden ersetzen zu müssen; man hat hier irreführend von **Sachersatzinteressen** gesprochen (Kisch III S. 120—128), obgleich es sich nicht um eine Sach-, sondern um eine Haftpflichtv handelt (BGH 29. X. 1956 BGHZ Bd 22 S. 114, 30. IV. 1959 BGHZ Bd 30 S. 43). Kisch III S. 121—122 erwähnt

besonders den Fall, daß „der Mieter, Pächter, Beauftragte, Werkunternehmer, Verwahrer, Lagerhalter, Entleiher, Frachtführer, Spediteur, Kommissionär, Gesellschafter ausdrücklich oder stillschweigend die Haftung auch für zufälligen Untergang der ihm anvertrauten Sache übernommen hat." Man denke nur an den häufigen Fall, daß der Mieter eines Ladens Spiegelscheiben zu erneuern hat, selbst wenn sie ohne sein Verschulden zerbrechen. Die genannten Personen nehmen in dem hier behandelten Falle die V für eigene Rechnung, nicht etwa vern sie für fremde Rechnung das Eigentümerinteresse. Deshalb liegt auch keine Doppelv vor, falls erstens der Nichteigentümer und zweitens der Eigentümer sein Interesse vert (a. A. Kisch III S. 126—128, welcher leugnet, daß die V des Nichteigentümers eine Haftpflichtv sei).

In der Seev können Verfrachter sich dagegen vern, daß sie wegen eines Ladungsschadens von dem Befrachter oder sonstigen Ladungsbeteiligten nach Maßgabe der Haager Regeln in Anspruch genommen werden (Anm. 106).

Die Bauwesenv wird nach Maßgabe der AVB für die Bauwesenv der Bauunternehmer (VA 1938 S. 123—125, 1955 S. 112; Herde, Die Bauwesenv des Bauunternehmers, Wiesbaden-Berlin 1962, S. 63—67) von Bauunternehmern genommen und schützt diese u. a. „gegen alle Schäden durch unvorhergesehene Bauunfälle (unvorhergesehene Beschädigungen oder Zerstörungen) der vten Bauleistung . . ., soweit der Bauunternehmer diese Schäden nach der Verdingungsordnung für Bauleistungen (VOB) zu vertreten hat." Zu vertreten hat der Schuldner eigenes Verschulden (§ 276 I 1 BGB) und jenes seiner Erfüllungsgehilfen (§ 278^{1} BGB); trifft aber den Bauunternehmer eigenes Verschulden, so greift eine Ausschlußklausel ein, der Vsschutz entfällt. Der Vsschutz soll sich aber auch auf zufällige Schäden beziehen, hinsichtlich derer der Bauunternehmer die Gefahr trägt; in Abweichung von § 644 I 1 BGB erstreckt sich jedoch seine Gefahrtragung nicht auf unabwendbare Umstände (B § 7 Ziff. 1 VOB). — Stürzt hiernach ein Bauwerksteil infolge Verschuldens eines Erfüllungsgehilfen oder infolge Unfalls ein und unterstellt man, daß es sich um einen wesentlichen Bestandteil des im Bau befindlichen Gebäudes handelt, so liegt ein Sachinteresse nur beim Grundeigentümer, nicht beim Bauunternehmer (a. M. Wussow VersR 1964 S. 572—573). Auch von einem wirtschaftlichen Eigentümerinteresse des Bauunternehmers kann nicht die Rede sein; denn die Höhe des Schadens, den er erleiden kann, steht in keiner notwendigen Relation zum Wert des Gebäudes (vgl. Anm. 67); es gibt hier keine Unterv, und es entsteht keine Doppelv, wenn neben dem Bauunternehmer der Grundeigentümer die „Bauleistung", das Gebäude vert. Der Bauunternehmer verliert seinen Vergütungsanspruch, er trägt die Vergütungsgefahr; aber die V wird auch nicht gegen die Beeinträchtigung des Forderungsinteresses genommen (a. M. Sieg BetrBer 1964 S. 18). Entscheidend ist vielmehr, daß der Besteller seinen Erfüllungsanspruch behält, der Bauunternehmer muß also noch einmal bauen (Esser S. 606 spricht von einem „Garantiemoment"). Dieses Nocheinmalleistenmüssen zwecks Herstellung des geschuldeten Bauerfolges stellt sich als Vertragshaftung dar, die Bauwesenv gehört insoweit dogmatisch zur Haftpflichtv (Bischoff ZVersWiss 1963 S. 205—206; Herde a. a. O. S. 59—60 versucht allerdings darzutun, daß eine gewöhnliche Betriebshaftpflichtv die hier erwähnten Bauwesenschäden [an der eigenen Arbeit] nicht decken würde, auch nicht soweit der Bauunternehmer für Erfüllungsgehilfen haftet).

Bei allen Gattungsschulden belastet den Schuldner bis zur Konkretisierung die (soeben erwähnte) Gefahr, „noch einmal" leisten zu müssen, die sogen. Leistungsgefahr. Das gilt besonders für den Gattungskauf (Anm. 94): Der Verkäufer hat bis zur Konkretisierung die Wahl, ob er sein Eigentümerinteresse vern will oder sein Haftpflichtinteresse daran, daß er nicht ein „zweites Mal" liefern muß. Über einen weiteren Fall der Leistungsgefahr beim Werkvertrag vgl. Klausel 2.06 g Klauseln der Feuerv und unten Anm. 105 (Schnitzelrücklieferungsverpflichtung der Zuckerindustrie).

[76] Die vten Verbindlichkeiten müssen entstanden sein infolge Verwirklichung der vten **Gefahr,** welche dadurch genauer umschrieben wird, daß im Vsschein und seinen Nachträgen die „Eigenschaften, Rechtsverhältnisse oder Tätigkeiten des Vmers (vtes „Risiko") angegeben werden (§ 1 II a AHaftpflB; Näheres Anm. 29 vor §§ 49—80).

[77] bbb) Versicherung gegen vertragliche Schulden.

Während von Vertragsverletzungsansprüchen schon in Anm. 73 bei der Haftpflichtv die Rede war, ist hier festzustellen, daß man sich sogar gegen die Entstehung primärer vertraglicher Schulden dann vern kann, wenn den kontrahierten Schulden ein aleatorisches Moment innewohnt, das der Vertragsschuldner vermindern oder ganz abwälzen möchte. Der Hauptfall ist jener der Rückv, bei welcher sich der Erstver gegen die Belastung mit Ansprüchen aus (im Vsvertrage bestimmten) Erstvsverträgen seinerseits vert, wobei zu prüfen ist, ob der Rückver den Erstver nur von jenen Belastungen freizuhalten hat, die sich aus Vsschäden i. e. S. (Anm. 43 vor §§ 49—80) ergeben, oder auch von Nebenansprüchen; man denke an Rettungs-, Ermittlungs- und Feststellungskosten, Prozeßkosten, Verzugsschaden bei Verzug des Erstvers (zu letzterem Prölss VsRdschau 1964 S. 109—116).

Die vten Passiven müssen auch hier entstanden sein durch die vte Gefahr. Meistens wird die Rückv zu Originalbedingungen, also vollen Umfangs genommen, aber es gibt auch die Möglichkeit einer Gefahrenrückv: Hat der Erstver bei einer Wohngebäudev nur das Sturmrisiko, nicht das Feuer- und Leitungswasserrisiko rückvert, so hat der Rückver den Erstver nur in dessen Eigenschaft als Sturmver freizuhalten. Man darf aber — genau genommen — nicht sagen, der Rückver trage hier die Sturmgefahr, werde seinerseits Sturmver. Die Sturmgefahr ist eine Sachgefahr (Aktivenv), die Rückv ist die Gefahr der Entstehung eines Passivums (Passivenv). Der Gefahr der Passiventstehung ist aber die Sachgefahr immerhin immanent. Ein Lebensrückver ist ein Schadensver, kein Summenver wie der Lebenserstver, und doch wohnt der vom Lebensrückver getragenen Gefahr jene Gefahr inne, die der Erstver als Todes- und Erlebensfallgefahr trägt.

Die Verknüpfung der Rückv mit der Erstv führt auch dazu, daß die Leistungsbegrenzungen der Erstv sich beim Rückver auswirken. Wenn der Erstver nur nach Maßgabe der Vssumme, des Schadens und des Vswertes haftet, so hat auch der Rückver nicht mit einer höheren Belastung zu rechnen. So gibt es bei der Rückv einen Maximalschaden, einen dem Vswert reziproken Begriff des Mißwertes.

Zum Risiko des Rückvers und sein Verhältnis zum „Originalrisiko" vgl. auch Prölss, Ansichten der Rückv, Karlsruhe 1964, S. 15—37 = VW 1959 Nr. 6 Sonderbeilage S. I—V.

[78] ccc) Versicherung gegen notwendige Aufwendungen.

Die Tatsache, daß bereits die faktische Notwendigkeit, Aufwendungen zu machen, eine Schädigung bedeutet (Lewis a. a. O. S. 37), ergibt sich aus dem wirtschaftlichen Charakter des Schadensbegriffes.

Im allgemeinen Schadensersatzrecht läßt § 249² BGB für Personenschäden ersehen, „daß der Verletzte den Anspruch auf die Heilungskosten nicht erst dann erheben könne, wenn er die Kosten bezahlt habe oder wenigstens schuldig geworden sei" (RG 11. VI. 1936 RGZ Bd 151 S. 303). Entsprechendes gilt für die Vermehrung der Bedürfnisse des Verletzten i. S. des § 843 I BGB. Der Schadensersatz ist bereits zu leisten, wenn der Verletzte Aufwendungen machen muß; es kommt nicht darauf an, daß er sie gemacht hat. Irrig wäre die Annahme, „daß ein auf die Vermehrung der Bedürfnisse gestützter Anspruch in Wirklichkeit ein Erstattungsanspruch ist, der nicht mit dem schädigenden Ereignis, sondern mit der die Befriedigung des Bedürfnisses bezweckenden Verauslagung eines bestimmten Geldbetrages entsteht" (RG a. a. O. S. 300). „Ein Vermögensschaden liegt im Sinne des § 843 BGB . . . schon dann vor, wenn eine Vermehrung der Bedürfnisse eingetreten ist, die eine sachgemäße Befriedigung verlangt, nicht erst dann, wenn die vermehrten Bedürfnisse befriedigt worden sind" (RG 23. V. 1935 RGZ Bd 148 S. 70—71). Auch der BGH 29. X. 1957 VersR 1958 S. 176—177 hebt darauf ab, daß die Verletzte gewisser „Stärkungsmittel bedurft hat; sei dies der Fall, so könne sie einen entsprechenden Betrag als Schadensersatz auch dann verlangen, wenn die Stärkungsmittel aus Geldmangel nicht hätten gekauft werden können." Zu alledem auch Esser S. 913.

Auch im Strafrecht wird ein vollendeter Betrug, also eine Vermögensbeschädigung bereits angenommen, wenn die faktische Notwendigkeit entstanden ist, Aufwendungen zu machen. Jemand hatte auf Grund betrügerischen Verhaltens des Angeklagten eine formlose Rückbürgschaft übernommen. Er mußte trotz des Formmangels seine „Schuld" tilgen, denn für ihn bestand eine „tatsächliche Zwangslage ..., wenn nicht seine geschäftlichen Beziehungen ... erheblich gestört werden sollten" (RG 30. I. 19.1 RGSt Bd 65 S. 109).

Die Bedeutung der notwendigen Aufwendungen für das Schadensvsrecht ist recht groß. Wie bereits in Anm. 20 vor §§ 49—80 angedeutet, gehört hierher die Neuwertv (hinsichtlich der Differenz von Neu- und Zeitwert: Anm. 26, 28 zu § 52 m. w. N., insbesondere BGH 1. IV. 1953 BGHZ Bd 9 S. 203). Hierher gehört aber auch die Krankheitskostenv, bei welcher der Ver verpflichtet ist, „dem Vmer die Aufwendungen, die durch notwendige Heilbehandlung der vten Personen entstehen, ... zu ersetzen" (§ 4 I 1 GrundBed). Der gedehnte Vsfall beginnt (spätestens) mit der Notwendigkeit der Heilbehandlung, also von Aufwendungen.

Es ist unbedenklich, wenn eine Geldleistungspflicht des Vers bereits zu erfüllen ist, sobald jene Notwendigkeit einer Aufwendung feststeht. Aber häufig werden gerade bei einer V gegen notwendige Aufwendungen spezielle Vereinbarungen getroffen, welche eine Zweckbindung der Geldleistung des Vers gewährleisten sollen (Anm. 10). So fordern die Krankenver die Vorlage bezahlter (oder unbezahlter) Rechnungen, in der Neuwertv sind Wiederherstellungsregelungen üblich (Anm. 22—27).

Meistens fehlt es bei den notwendigen Aufwendungen zunächst an einem bestimmten Destinatär: Der Krankenvmer kann sich den Arzt aussuchen, bei der Neuwertv hat der Vmer unter mehreren Bauunternehmern die Wahl. Nur in Ausnahmefällen steht von vornherein ein bestimmter „Gläubiger" fest; man denke an den erwähnten strafrechtlichen Fall einer formlosen Rückbürgschaft.

Stets tritt der vte Schaden nicht erst ein, wenn die notwendige Aufwendung gemacht worden ist, also beispielsweise Geld ausgegeben oder ein Schuld kontrahiert worden ist. Eine Schmälerung des Aktivvermögens ist nicht erforderlich und das Passivvermögen ist schon durch die bloße Notwendigkeit der Aufwendung vergrößert; es handelt sich also auch nicht um eine Versicherung gegen vertragliche Schulden. Zu allem schon Möller, Summen- und Einzelschaden a. a. O. S. 77—79.

[79] ddd) Versicherung gegen konkrete Verlustmöglichkeiten.

Wie schon in Anm. 21 vor §§ 49—80 angedeutet, entsprechen den Anwartschaften und Chancen, die zur Aktivseite des Vermögens gehören, auf der Passivseite konkrete Verlustmöglichkeiten. Man könnte von negativen Anwartschaften sprechen, würde nicht in dem Worte Anwartschaft allzusehr das Moment der Hoffnung mitspielen. Ähnlich wie die Anwartschaft hat auch die Verlustmöglichkeit transitorischen Charakter; hier steht dringend zu befürchten, daß die Verlustmöglichkeit sich konkretisiere, so wie man auf der anderen Seite hofft, daß eine Anwartschaft sich verwirkliche.

Die konkrete Verlustmöglichkeit darf nicht mit der vten Gefahr verwechselt werden. Die Gefahr ist etwas Dynamisches und läßt bei ihrer Verwirklichung Schäden entstehen. Die konkrete Verlustmöglichkeit ist dagegen eine Schadensart, welche eine Gefahrverwirklichung voraussetzt. Die Gefahr ist kein Passivum, sondern droht, Aktiven zu beeinträchtigen oder Passiven entstehen zu lassen. Die Gefahr ist also die Möglichkeit eines Schadens. Die konkrete Verlustmöglichkeit ist dagegen eine ganz bestimmte Schadensform der Passivenv. Genaueres: Möller, Summen- und Einzelschaden a. a. O. S. 67—75 (auch zum Folgenden), Beisler VersArch 1957 S. 282—288.

Im allgemeinen Schadensersatzrecht sind die konkreten Verlustmöglichkeiten bislang wenig beachtet. Hinzuweisen ist etwa auf den Fall, daß Prokuristen oder Handlungsbevollmächtigte zwar im Rahmen ihrer Vertretungsmacht, aber unter Überschreitung ihres Auftrages eine Ausfallbürgschaftsverpflichtung eingehen oder daß Prokuristen unter denselben Umständen Wechsel girieren. In diesen Fällen erwächst für den Prinzipal jeweils eine aufschiebend bedingte Schuld, die in Wahrheit gegenwärtig nur eine Verlustmöglichkeit darstellt. Bereits mit der Entstehung der Unwertbeziehung zu der Verlustmöglichkeit erleidet aber der Prinzipal einen Schaden, den er ersetzt verlangen kann, speziell im Wege des Naturalersatzes. Vgl. auch RG 25. IV. 1934 JW 1934 S. 2395, 25. I. 1935 RGZ Bd 146 S. 360—363.

Im Strafrecht sind Fälle, bei denen Verlustmöglichkeiten eine Rolle spielen, im Zusammenhang mit den Tatbeständen des Betruges und der Untreue oft behandelt. Anerkanntermaßen reicht eine „Vermögensgefährdung" für die Annahme einer Vermögensbeschädigung, eines Nachteils aus. Hier sei nur auf den Fall einer betrügerischen Überv hingewiesen: „die Möglichkeit einer die Gesellschaft treffenden tatsächlichen Einbuße an ihrem Vermögen war bei der von den Angeklagten in Aussicht genommen alsbaldigen Brandstiftung unmittelbar gegeben" (RG 9. III. 1914 RGSt Bd 48 S. 190; vgl. Anm. 51 zu § 51). Ein anderes Urteil nahm die Schädigung eines Lotterieunternehmers an; denn für ihn „wurde die naheliegende Gefahr begründet, daß der Angeklagte die Lose gutgläubigen Erwerbern zu Eigentum übertragen werde, die alsdann einen Anspruch auf Gewinnbeteiligung nach dem Lotterieplan erlangten, während der Unternehmer des ihm gebührenden Kaufpreises für die Lose verlustig ging" (RG 9. I. 1933 RGSt Bd 67 S. 69). Wohlgemerkt liegt eine Schädigung des Lotterieunternehmers nicht erst vor, wenn die gutgläubigen Erwerber ihre Forderung erlangen, sondern schon dann, wenn die konkrete Verlustmöglichkeit existent wird.

So wie bei den Anwartschaften ihre Realisierungswahrscheinlichkeit eine Rolle spielt (vgl. § 252 Satz 2 BGB: „mit Wahrscheinlichkeit erwartet werden konnte"), können auch Verlustmöglichkeiten nur als gegenwärtiger Vermögensschaden qualifiziert werden, wenn ihre Realisierungsmöglichkeit nicht ganz entfernt, sondern einigermaßen konkret ist. Soweit allerdings Naturalersatz, d. h. Beseitigung der Verlustmöglichkeit gefordert wird, können die Anforderungen an die Konkretheit der Verlustmöglichkeit gemildert werden.

Im Schadensvsrecht gewinnen die Fälle einer V gegen konkrete Verlustmöglichkeiten laufend an Bedeutung. Hierher gehört die Rechtsschutzfunktion der Haftpflichtv; letztere umfaßt die Kosten, die durch die Verteidigung gegen den von einem Dritten geltend gemachten Anspruch entstehen, soweit die Aufwendung der Kosten den Umständen nach geboten ist, und zwar auch dann, wenn sich der Anspruch als unbegründet erweist (§ 150 I 1, 2). Erhebt der Dritte Ansprüche, so ergibt sich daraus immer eine konkrete Verlustmöglichkeit, mögen sich auch diese Ansprüche als unbegründet herausstellen. — Die Haftpflichtv mit ihrer Rechtsschutzfunktion ist nicht zu verwechseln mit der echten Rechtsschutzv, welche sich stark ausbreitet. Sie ist gleichfalls der Passivenv zuzurechnen. Die zu deckenden Schäden sind nicht erst die für den Vmer entstandenen Kostenobligationen, sondern sie liegen zeitlich früher. Sie sind vielmehr teilweise notwendige Aufwendungen (insbesondere für Anwalts- und Gerichtskosten), besonders aber auch konkrete Verlustmöglichkeiten, resultierend aus dem Umstand, daß im Falle des späteren Unterliegens dem Gegner die erwachsenen Kosten zu erstatten sind und daß der Unterliegende Zweitschuldner der Gerichtskosten wird (§§ 91 I, II ZPO, 99 Ziff. 1 GKG). Es geht also um das Kostenrisiko.

Über das Problem des Naturalersatzes bei der V gegen konkrete Verlustmöglichkeiten: Anm. 14.

[80] b) Weitere Einteilungen.

Abgesehen von der grundlegenden Einteilung in Sach-, Forderungsinteressen, Interessen an sonstigen Rechten, Gewinninteressen (insgesamt: Aktivenv) und der V gegen gesetzliche Schulden, vertragliche Schulden, notwendige Aufwendungen und konkrete Verlustmöglichkeiten (insgesamt: Passivenv) (darüber Anm. 57—79) war bereits die Rede vom Interesse im weiteren und engeren Sinn (Anm. 47—51), vom subjektiven und objektiven Interesse (Anm. 52) sowie vom rechtlichen und wirtschaftlichen Interesse (Anm. 53—55, 60—68). Jetzt sind noch einige sonstige Einteilungen zu erwähnen:

[81] aa) Vergangene, gegenwärtige, künftige Interessen.

Vergangene, nicht mehr existente Interessen können nicht vert werden, es sei denn, es handele sich um eine reine Rückwärtsv (dazu Anm. 22—26 zu § 2). Normalerweise werden gegenwärtige Interessen, die zur Zeit des materiellen Vsbeginns vorhanden sind, vert. Aber die V künftiger Interessen kann vereinbart werden (Prölss[15] Anm. 1 vor § 51, S. 238), eine Unterart ist gemäß § 68 I die V für ein künftiges Unternehmen. Bei der Sachv eines Inbegriffs von Sachen sind die künftig angeschafften oder sonst in den Inbegriff hineinfallenden Sachen mitvert (Anm. zu § 54), Eine laufende V (§ 187 II) wird ihrem Wesen nach für künftige Interessen genommen (vgl. § 97 I 1 ADS).

[82] bb) Eigene, fremde Interessen.

Der Vmer kann eigene und/oder fremde Interessen vern, die V ist eine V für eigene und/oder fremde Rechnung (vgl. schon Anm. 9 vor §§ 49—80). In dubio sind nur eigene Interessen vert (§ 80 I).

[83] cc) Bestimmte, bestimmbare Interessen.

Im Vsvertrage müssen die vten Interessen genau bestimmt werden, jedoch reicht ausnahmsweise Bestimmbarkeit aus. Die Bestimmung erfolgt durch Kennzeichnung der interesseverknüpften Person und des interesseverknüpften Gutes, in der Passivenv: Ungutes, Passivums.

Was die Person des Interesseträgers anlangt, so muß der Vmer, bei der V für fremde Rechnung der Vte im Vsvertrage bezeichnet werden. Möglich ist aber eine V für fremde Rechnung ohne Benennung der Person des Vten (V für Rechnung eines ungenannten Dritten: § 74 I). Möglich ist ferner sogar eine V für Rechnung wen es angeht, bei der „unbestimmt gelassen werden soll, ob eigenes oder fremdes Interesse vert ist" (§ 80 II; Anm. 52). Auch in diesen Fällen muß aber bei Schadenseintritt der Interessent aufgedeckt werden, denn er ist der Träger der Entschädigungsforderung. Bis dahin können die Interesseträger wechseln (ohne daß eine Veräußerung der vten Sache i. S. der §§ 69—72 anzunehmen ist), die Interesseträger können alternative sein (um das vte Haus wird prozessiert), es kann sich auch um mehrere Interesseträger handeln (z. B. Miteigentümer). So kann die V für Rechnung wen es angeht der V sukzessiver, alternativer oder kumulativer Interessen dienen (Näheres zu § 80; Glitza, Die V für Rechnung „wen es angeht", Hamburger Diss. 1964, S. 18—21, Möller JRPV 1928 S. 337—342). Der jeweilige Interesseträger ist unmittelbar geschützt. — Über eine V von Fahrradeigentümern, die ein bestimmtes Schloß als Schutzvorrichtung gegen Diebstahl gekauft haben, Ehrenberg Festgabe a. a. O. S. 1—2.

Was das Gut oder Passivum anlangt, so muß es gleichfalls im Vsvertrage bezeichnet werden. Aus § 52 ist zu entnehmen, daß in dubio, wenn es um eine Sache geht, das Eigentümerinteresse vert ist (Anm. 55 zu § 52). In Verbindung mit § 80 I zeigt sich also, daß das Eigentümerinteresse des Vmers als vert anzusehen ist, wenn sich nicht aus den Umständen oder ausdrücklicher Vereinbarung etwas anderes ergibt. Stellt sich heraus, daß der Vmer nicht Träger des Eigentümerinteresses ist, so greift § 68 I ein: Das Interesse, für welches die V genommen ist, besteht nicht. — Die Seev kennt die eigenartige V für behaltene Ankunft (für behaltene Fahrt), auch Interessenv schlechthin genannt (§ 120 ADS; Anm. 47). Hier ist vom Vmer zwar ein Schiff oder es sind Güter zu bezeichnen, aber im übrigen wird der Vmer von der Verpflichtung, beim Abschluß des Vertrags das vte Interesse anzugeben, dispensiert; die Parteien lassen das Interesse (einstweilen) im Dunkel (Ritter Anm. 5 zu § 120, S. 1304—1305). Spätestens im Vsfall muß sich dann aber ergeben, welches Interesse gedeckt ist. So kann sich bei einer V für behaltene Ankunft des Schiffes herausstellen, daß z. B. ein Kasko-, Fracht- oder Schiffsmaklerprovisionsinteresse vert werden sollte. bei einer V für behaltene Ankunft der Güter z. B. ein Eigentümer-, Gewinn-, Verkaufskommissionsinteresse. Die zunächst gegebene Unbestimmtheit ist noch größer, wenn die V für behaltene Ankunft des Schiffes oder der Güter genommen wird, was zulässig ist (Ritter Anm. 9 zu § 120, S. 1306).

Wird obendrein die V für behaltene Ankunft für Rechnung wen es angeht abgeschlossen, so kennt der Ver zunächst weder die vte Person noch das beziehungsverknüpfte Gut. Das Risiko wird nur dadurch für den Ver tragbar, daß in § 120 ADS entweder ein Totalverlust des Schiffes vorausgesetzt wird oder der Tatbestand, daß die Güter den Bestimmungsort nicht erreichen. Der Anspruchsteller muß den ihm erwachsenen Schaden beweisen.

[84] dd) Haupt-, Nebeninteressen.

Friedmann a. a. O. S. 21 definiert das Nebeninteresse als „Beziehung einer Person zu einem die Substanz eines (oder mehrerer) Sachgüter voraussetzenden Gut, die bedroht wird von Gefahren, denen die dem (oder den) Sachgütern drohenden Gefahren innewohnen". Danach ist das Hauptinteresse ein Eigentümerinteresse, ein Sachinteresse. Im Zusammenhang mit der Sache können aber auch Gewinninteressen, Forderungsinteressen, Interessen an sonstigen Rechten bestehen, und zwar dergestalt, daß bei Verwirklichung der Sachgefahr auch die Nebeninteressen beeinträchtigt werden. So kann man sagen, daß jenen Gefahren, die den Nebeninteressen drohen, die Sachgefahren immanent sind (dazu für Forderungsinteressen: Anm. 69, für Gewinninteressen: Anm. 71). Benecke a. a. O. S. 212—213 unterscheidet direkte und indirekte Interessen, Weygand S. 22—23 primäre und sekundäre Interessen, wobei erstere den Haupt-, letztere den Nebeninteressen entsprechen. Vgl. auch Bruck S. 489—490, Hagen I S. 374—375, Reatz a. a. O. S. 346—348.

Besonders in der Seev sind die Nebeninteressen bedeutsam; sie stehen mit dem Schiff und/oder den Gütern in Zusammenhang. Die Kasko- oder Gütervsregeln finden entsprechende Anwendung (§§ 79, 99 ADS); Kasko- und Güterinteresse sind die Hauptinteressen. Als Nebeninteressen nennt § 99² ADS die V von imaginärem Gewinn oder Provision oder endgültig bezahlter Fracht. In den §§ 100—112 ADS sind außerdem die V von Schiffsmiete, Überfahrtsgeld, Bodmerei-, Haverei- und ähnlichen Geldern behandelt.

Friedmann a. a. O. S. 23—24 will den Begriff des Nebeninteresses auch für die Binnenv nutzbar machen und nennt besonders die verschiedenen Branchen der Gewinnv, z. B. die Betriebsunterbrechungsv, aber auch die Hagelv.

Als uneigentliches Nebeninteresse wird das Mehrwertinteresse von Friedmann a. a. O. S. 22, 37—40 qualifiziert (dazu RG 28. VIII. 1942 RGZ Bd 169 S. 372—373, Anm. 25 zu § 52, Anm. zu § 53).

[85] ee) Gewisse, schwebende Interessen.

Die meisten Interessen sind gewisse, zweifellose Interessen, deren Träger für die Gegenwart feststeht.

Man kann aber auch schwebende, ungewisse, zweifelhafte, eventuelle, alternative, (aufschiebend oder auflösend) bedingte Interessen vern (Ehrenzweig S. 202 Anm. 12, Hagen I S. 370, ZVersWiss 1907 S. 16, Kisch III S. 77—78, Lewis a. a. O. S. 45, Ritter Anm. 10 zu § 1, S. 55, a. A. Bruck S. 491), insbesondere auch vermöge einer V für Rechnung wen es angeht oder für Rechnung eines ungenannten Dritten. Eine reine V für eigene Rechnung würde hier nur nützlich sein, falls sich der Vmer endgültig als Interessent herausstellt, eine V für fremde Rechnung nur, falls dies hinsichtlich des genannten Vten zutrifft.

Die Versicherbarkeit schwebender Interessen ist eingehend begründet von RG 11. XII. 1884 RGZ Bd 13 S. 99—104. Es handelte sich um den Fall eines Überseekaufes von Hopfen, bei welchem der Käufer zwar grundsätzlich die Gefahr zu tragen hatte, aber den durch Seewasser schwer beschädigten Hopfen mit der Begründung zur Disposition stellte, er sei mit Sand vermischt gewesen. Dem Verkäufer wird nun zwar für den Zeitpunkt der Versicherungsnahme angesichts der Gefahrtragung des Käufers „am Gute kein aktuelles Eigentumsinteresse (wenigstens kein zweifelloses) mehr" zugebilligt, aber: „Ist die Vertragsmäßigkeit der als Erfüllung abgeladenen Gegenstände unter den Parteien streitig, so ist bis zur Entscheidung dieses Streites der Übergang der Gefahr und damit das Vorhandensein des Eigentumsinteresses beim Verkäufer in suspenso", Der Vmer sei nicht verpflichtet, bei Abschluß der V anzugeben, daß das zu versichernde Interesse ein zweifelhaftes oder ein eventuelles sei. Erwähnt werden auch die Möglichkeiten, daß der Kauf durch Rechtsgeschäft rückgängig gemacht werde, daß der Verkäufer durch Vergleich die Beanstandung der Ware als begründet zugebe oder daß der Verkäufer bei Konkurs des Käufers von seinem Verfolgungsrecht (§ 44 KO) Gebrauch mache. Vgl. auch Anm. 64, 94.

Die V schwebender Interessen gewinnt besonders große Bedeutung, wenn man den Träger des Eigentümerinteresses auf Grund der Theorie von der effektiven, tatsächlichen Gefahrtragung bestimmt (Anm. 67).

[86] ff) Neutrale, feindliche Interessen.

Man versteht unter neutralen Interessen solche, die nebeneinander bestehen können, ohne sich zu beeinträchtigen. Dagegen sind feindliche Interessen dadurch gekennzeichnet, daß eines das andere schmälert. Ritter Anm. 10 zu § 1, S. 53 unterscheidet Interessen, die „einander gleichgültig" sind, von solchen, die aufeinander reagieren, ähnlich Bruck S. 490—491.

Verschiedenartige Interessen werden im allgemeinen *neutrale* Interessen sein: So stehen Sach- und Gewinninteressen nebeneinander, z. B. in der Hagelv. Auch Sach- und Aufwendungsinteressen ergänzen sich, z. B. in der Neuwertv. Auch mehrere Personen können gleichzeitig interessiert sein: Bei einem Landgut steht das Eigentümerinteresse neben dem Interesse des Pächters.

Feindliche Interessen sind seltener. Man wird hierher nicht den Fall zählen können, daß bei Miteigentum von A, B und C das Interesse des A durch jenes der B und C geschmälert werden, denn jeder hat nur ein begrenztes Interesse (Separatinteresse). Gesamthandseigentümer haben ein gemeinschaftliches Interesse. Zu beiden Fällen: Anm. 59. — Aber der Eigentümer eines Wohnhauses hat eine Wahlmöglichkeit: Bewohnt er es selbst, so hat er eine Nutzungsanwartschaft, also ein Gewinninteresse (Anm. 71). Vermietet er das Haus, so hat er eine Mietzinsforderung, also ein Forderungsinteresse (Anm. 69). Das eine Interesse schließt das andere aus. Kisch III S. 237—243 spricht von Exklusivinteressen, unter denen er Alternativinteressen, Sukzessivinteressen und Konkurrenzinteressen scheidet.

Es ist — wie in Anm. 70 dargetan — umstritten, ob ein *Pfandgläubigerinteresse* das Eigentümerinteresse schmälert, also ein feindliches Interesse ist (bejahend besonders Ehrenberg I S. 12, 312—313, Festgabe a. a. O. S. 28—32). In Wahrheit sind die Interessen des Eigentümers und des Pfandgläubigers neutrale Interessen. Der Eigentümer kann trotz der Belastung den vollen Wert vern, was sich z. B. aus § 1128 BGB schließen läßt. Andererseits kann der Hypothekengläubiger sein Forderungs- oder sein Hypothekeninteresse vern. Beide Ven nebeneinander sind zwar unzweckmäßig, da Prämie verschwendet wird, aber es handelt sich nicht um eine Doppelv. Das Hypothekeninteresse wird trotz eines Brandes gar nicht beeinträchtigt, solange sich die Hypothek auf die Vsforderung des Eigentümerinteressenten erstreckt.

[87] gg) Übertragbare, höchstpersönliche Interessen.

Genau genommen, ist kein Interesse *übertragbar*; denn mit dem Wechsel des Interesseträgers wird das Interesse ein anderes (Ehrenberg I S. 13) und es müßte § 68 II eingreifen (Wegfall des Interesses). Aber bei „Veräußerung der vten Sache" geht aus Zweckmäßigkeitsgründen die V auf den Erwerber über (§ 69 I), vorbehaltlich einer Kündigung (§ 70), zu welcher insbesondere der Ver berechtigt ist, da ihm möglicherweise der neue Sachinteressent als Vertragspartner unerwünscht ist. Die §§ 69—72 können analog angewendet werden, wenn bei einer Forderungsv die Forderung abgetreten wird, bei einer Hypothekenv die Hypothek übergeht, bei einer Gewinnv die Anwartschaft ihren Träger wechselt. Man kann hier von sukzessiven Interessen sprechen, die vermöge einer V für Rechnung wen es angeht unmittelbar vert werden können (Anm. 83).

Bei unveräußerlichen, individuellen *höchstpersönlichen* Aktiven ist auch das Interesse ein unübertragbares (Ehrenberg I S. 13). In der Passivenv handelt es sich oft um höchstpersönliche Interessen i. w. S., deshalb geht z. B. eine Krankheitskostenv nicht auf eine andere Person, z. B. einen Erben über, auch eine Grundeigentümer- oder Anwaltshaftpflichtv geht nicht auf den Erwerber des Grundstückes oder der Praxis über. Ausnahmen von der Höchstpersönlichkeit bilden infolge des engen Zusammenhangs mit Sachinteressen die Neuwertv (bezüglich des Aufwendungsinteresses), die Betriebs- und Pflichthaftpflichtv (vgl. §§ 151 II, 158 h).

[88] hh) Versicherbare, unversicherbare Interessen.

Die Rechtsordnung billigt es nicht, daß gewisse Interessen oder Gefahren vert werden, der Vsvertrag ist nichtig. Es handelt sich um gesetzwidrige oder unsittliche Vsverträge (§§ 134, 138 I BGB; Ehrenzweig S. 203—204, Fick a. a. O. S. 42, Prölss[15] Anm. 2

vor § 51, S. 240), im Grunde also nicht um unerlaubte oder unsittliche Interessen oder Gefahren (wie Bruck S. 484—486, Ehrenberg Festgabe a. a. O. S. 11, Hagen I S. 378 bis 379, ZVersWiss. 1907 S. 20—21, Kisch III S. 52—61, ArchBürgR Bd 40 S. 1—40, Ritter Anm. 23, 24 zu § 1, S. 78—79 meinen). Aber man spricht von solchen unerlaubten, illegalen, unsittlichen, nicht vsfähigen, nicht vswürdigen, unversicherbaren Interessen. § 780 HGB verbietet dem Kapitän und der Schiffsmannschaft die V der Heuerforderung; hier haftet aber dem Forderungsinteresse keinerlei Makel an, es sollte nur verhütet werden, daß das Schiff und die Ladung womöglich nicht tatkräftig verteidigt werden (Ritter Anm. 23 zu § 1, S. 78). Ein Sachinteresse wäre unversicherbar, wenn es sich z. B. um (einziehbares) Falschgeld oder gefälschte Personalausweise handelt. Ein Forderungsinteresse könnte unversicherbar sein, wenn der Gläubiger z. B. Schmiergeld zu fordern hat. Ein Sachinteresse an Gütern, die geschmuggelt werden sollen, ist als solches nicht unversicherbar. Näheres zu § 68.

[89] ii) Sonstige Unterscheidungen.

Da nur Vermögensschäden in der Schadensv ersetzt werden können, muß der Wert des Interesses objektiv in Geld schätzbar sein (Anm. 9 zu § 52) und man spricht von materiellen, schätzbaren Interessen im Gegensatz zum unversicherbaren Affektionsinteresse (Anm. 13 zu § 52). Vgl. Anm. 52.

Die von Kisch III S. 84—133 gebrachte Unterscheidung von Sachinhaber-, Sacherwerbs-, Sachverwertungs-, Sachgebrauchs-, Sachnutzungs-, Sachgewinn- und Sachersatzinteresse ist in Anm. 51 kritisch gewürdigt worden.

Den Separatinteressen der Miteigentümer nach Bruchteilen steht das gemeinschaftliche Interesse einer Gesamthandsgemeinschaft gegenüber (Anm. 59). Der Begriff des Separat- oder Sonderinteresses wird von Kisch II S. 234—237 immer gebraucht, wenn „die durch den gleichen Fall bedrohten Interessen in ihrer Existenz, in ihrem Wert und ihrer Verwirklichung nicht durcheinander bedingt“ sind.

Bei Vorhandensein mehrerer Interessen spricht man je nach Lage des Falles von kumulativen, alternativen oder sukzessiven Interessen. Man kann z. B. die Interessen von Miteigentümern kumulativ vern. Die alternativen Interessen gehören zu den schwebenden (Anm. 85), die sukzessiven Interessen zu den übertragbaren (Anm. 87). Die V für Rechnung wen es angeht eröffnet die Möglichkeit, Interessen der genannten Art als zunächst nur bestimmbare unter Vsschutz zu bringen (Anm. 52, 67, 83).

Ehrenberg I S. 12, 312—313, Festgabe a. a. O. S. 26, 28—32 sprach bei feindlichen Interessen von Konkurrenz- oder Komplementärinteressen, jedoch hat sich erwiesen, daß in seinem Hauptanwendungsfall die Interessen neutrale sind (keine Schmälerung des Eigentümer- durch das Pfandgläubigerinteresse: Anm. 70, 86).

Von Ehrenberg I S. 11—12, Festgabe a. a. O. S. 38—39 stammt auch der Begriff der Koinzidenzinteressen her, die vorliegen sollen, wenn ein Ereignis eine Person primär schädigt (z. B. ein Sachinteresse), zugleich aber eine zweite Person zu einem Vermögensaufwand zwingt (z. B. durch Gegebensein eines Haftpflichtinteresses). Hiernach hätten bei einer Autokollision der Autokaskovte und sein haftpflichtvter schuldhaft handelnder Schädiger Koinzidenzinteressen (dagegen von Gierke II S. 179). Weygand a. a. O. S. 20—21 hebt die besondere Bedeutung der Koinzidenzinteressen in den Verkehrsgewerben (Frachtführer, Spediteur, Lagerhalter) hervor. Kisch III S. 244—246 und Bruck S. 491 Anm. 64 unterscheiden innerhalb der Koinzidenzinteressen erstens Dependenz- und zweitens Konvergenzinteressen. Sach- und Haftpflichtinteresse sollen im genannten Fall in Existenz und Umfang voneinander abhängen (Dependenzinteressen), was insofern zutrifft, als der Sachschaden den Autokaskovten nicht mehr belastet, wenn er vom Haftpflichtigen ersetzt worden ist. Sind mehrere Personen gesamtschuldnerisch haftpflichtig, so sollen die Haftpflichtinteressen im Verhältnis zueinander koordinierte Konvergenzinteressen sein.

Eigenartig ist die von Ehrenzweig S. 209—211 gebrachte Unterscheidung von Einschluß- und Ausschlußinteressen. Bei V einer pfandrechtbelasteten Sache soll die V des Eigentümerinteresses jene des Pfandgläubigerinteresses einschließen, „im inneren Verhältnis“ müsse der Eigentümer „die V als für Rechnung des Teil-Interessenten genommen gelten lassen". Wenn aber extern der Eigentümer das volle Eigentümerinteresse innehat (Anm. 70), so ist für eine interne V des Pfandgläubigers, die es begrifflich gar nicht geben kann, kein Raum; der Pfandgläubiger wird auf zivilrechtlichem Wege geschützt, etwa durch Erstreckung der Hypothek auf die Vsforderung des Eigentümers (§ 1127 I BGB). Die Ausschlußinteressen sollen nicht notwendig feindliche sein; Ehrenzweig bezeichnet als solche die Interessen des Verkäufers und Käufers (dazu Anm. 90—94).

Über Adhäsionsinteressen Anm. 42 vor §§ 49—80 mit Hinweis auf Möller WuRdVers 1931 Nr. 1 S. 46—55.

Mit Recht kritisiert von Gierke II S. 178 „eine wertlose Begriffsspielerei", Prölss[15] Anm. 1 vor § 51, S. 238 eine verwirrende „freigebige Begriffsbildung". Hagen I S. 371 meint, die Fülle der Unterscheidungen habe keinen „sonderlich praktischen Wert". Besonders bedenklich ist es, wenn z. B. der Ausdruck Konkurrenzinteresse in verschiedenem Sinne verwendet wird (Kisch III S. 242 Anm. 4).

[90] 7. Interessenlage in Einzelfällen.

a) Schuldrechtliche Grundlage.

aa) Kauf und Übereignung.

aaa) Grundstückskauf.

Versucht man, von der höchstrichterlichen Praxis herausgearbeitete, also praktikable Ergebnisse zu fixieren, so ergibt sich — unbeschadet der theoretischen Probleme — für den Grundstückskauf folgende Rechtslage (vgl. schon Anm. 54, 62, 63, 68):

Hat der **Grundstücksverkäufer** eine V des Eigentümerinteresses genommen, so geht diese gemäß § 69 I auf den Käufer nach der höchstrichterlichen Rechtsprechung erst mit dem Eigentumsübergang über, also nach Auflassung und Eintragung (§§ 873 I, 925 I 1 BGB): RG 28. IV. 1914 RGZ Bd 84 S. 409—415, 13. X. 1933 JW 1934 S. 552 = VA 1933 S. 426 Nr. 2646, 15. I. 1943 RGZ Bd 170 S. 289—290, BGH 4. III. 1955 VA 1955 S. 281 = VersR 1955 S. 225, auch BAA VA 1964 S. 185—186. Der Übergang der Vergütungsgefahr auf den Käufer (entweder kraft Übergabe [§ 446 I 1 BGB] oder kraft bloßer Eintragung [§ 446 II BGB]) soll unerheblich sein: RG 28. IV. 1914 RGZ Bd 84 S. 411—412, 13. X. 1933 JW 1934 S. 552—553 = VA 1933 S. 426—427 Nr. 2646, BGH 4. III. 1955 S. 282 = VersR 1955 S. 225, a. M. RG 5. VI. 1903 VA 1904 S. 39 Nr. 33 (zum vorgesetzlichen Recht).

Eine Ausnahme soll nur gelten, falls beim Gefahrübergang der Käufer den Kaufpreis voll beglichen hat, wenn also die Gefahrtragungspflicht des Käufers zur faktischen, effektiven Gefahrtragung erstarkt (vgl. Anm. 67). Hier verliert der Verkäufer sein Interesse, es wird zu einem rein formalen: RG 28. IV. 1914 RGZ Bd 84 S. 412—413 (offen gelassen), 13. X. 1933 JW 1934 S. 553 = VA 1933 S. 427 Nr. 2646 (dezidiert), BGH 4. III. 1955 VA 1955 S. 282 = VersR 1955 S. 225 (wieder offengelassen) (ablehnend, also die Versicherbarkeit eines rein formalen Verkäuferinteresses bejahend, Prölss NJW 1954 S. 679, der übrigens meint, der BGH sei vom RG „abgerückt"). Folgt man dem RG, nimmt man also an, der Verkäufer verliere nach Erhalt des vollen Kaufpreises sein Interesse, so müßte man auch das Vorliegen einer (anzeigepflichtigen) Veräußerung, also einen Übergang der V auf den Käufer gemäß § 69 I annehmen (a. A. OLG Hamm 2. III 1934 HansRGZ 1934 A Sp. 403, Bischoff Praxis 1933 S. 89—90, die einen Interessewegfall erwägen).

In diesen Fällen vollständiger Kaufpreiszahlung empfiehlt sich (neben der Veräußerungsanzeige) die vorsorgliche Abtretung der eventuellen Vsforderung des Verkäufers an den Käufer. Die Abtretung eines entsprechenden Teiles der Vsforderung ist insbesondere dann ratsam, wenn der Käufer den Kaufpreis teilweise vor dem Eigentumsübergang zahlt. Zur Abtretung Prölss NJW 1954 S. 679—680, Schmidt BetrBer 1955 S. 399.

Steht dem Verkäufer die Vsforderung (ganz oder teilweise) noch zu, weil keine Veräußerung der vten Sachen angenommen wird und keine Abtretung der Vsforderung erfolgt ist, so ist der Verkäufer Gläubiger der Vsentschädigung, obgleich er überdies wegen der Gefahrtragung des Käufers einen Kaufpreiszahlungsanspruch gegen den

Käufer hat. Der Ausgleich muß über **§ 281 I BGB** erfolgen, der Käufer kann Herausgabe der Entschädigung oder Abtretung der Entschädigungsforderung verlangen: BGH 4. III. 1955 VA 1955 S. 281—283 = VersR S. 225—226, dazu Schmidt BetrBer 1955 S. 399. Das gilt auch insoweit, als der Kaufpreis geringer ist als die Entschädigung oder Entschädigungsforderung: BGH 4. III. 1955 VA 1955 S. 283 = VersR 1955 S. 226.

Soweit man ein Sachinteresse des **Grundstückskäufers** nach Vorstehendem leugnet, hat er doch auch schon vor dem Eigentumsübergang als Gefahrträger ein eigenes Interesse, das er unter Vsschutz bringen kann: RG 28. IV. 1914 RGZ Bd 84 S. 412, 13. X. 1933 JW 1934 S. 552—553 = VA 1933 S. 426—427 Nr. 2646, OLG Königsberg 17. XII. 1926 JRPV 1927 S. 66. Dabei empfiehlt es sich, dem Ver gegenüber klarzustellen, daß die V auch schon vor dem Eigentumsübergang zugunsten des Käufers laufen solle. Im Falle RG 13. X. 1933 JW 1934 S. 552—553 = VA 1933 S. 426—427 Nr. 2646 (Vorinstanz OLG Hamm. 23. III. 1933 HansRGZ 1934 A Sp. 399—401) hatte sich die Käuferin im Antrage fälschlich als Eigentümerin bezeichnet, aber der Vsagent hatte erklärt, es mache nichts aus, daß die Käuferin noch nicht eingetragen sei (vgl. Anm. 122).

Das **Zusammentreffen** der V des Verkäufers und Käufers bedeutet keine Doppelv, solange beide Interesseträger sind, z. B. vor (vollständiger) Zahlung des Kaufpreises: KG 15. II. 1936 VA 1936 S. 200—203 Nr. 2885 = JRPV 1936 S. 141—143. Immerhin erwägt eine Doppelv RG 13. X. 1933 JW 1934 S. 553 = VA 1933 S. 427 Nr. 2646 und im Anschluß daran nimmt OLG Hamm 2. III. 1934 VA 1934 S. 241—242 Nr. 2735 = HansRGZ 1934 A Sp. 402—406 eine Doppelv an. Richtiger wird man — auf der Basis der höchstrichterlichen Rechtsprechung — sagen müssen, daß der Verkäufer seine Entschädigung (oder den Anspruch darauf) dem Käufer wieder gemäß § 281 I BGB herauszugeben hat. So erlangt der Käufer statt des geschuldeten Gebäudes ein Surrogat und erleidet insoweit keinen Schaden. Der Ver des Käufers braucht also nur insoweit zu leisten, als die gegen ihn gerichtete Vsforderung höher ist als die (surrogatsweise weitergeleitete) Entschädigung, die der Ver des Verkäufers gezahlt hat. Hat der Ver des Käufers schon gezahlt, so kann er das Geleistete zurückverlangen (§ 812 I BGB): Prölss JRPV 1935 S. 72—73. — Sobald der vte Käufer Eigentümer wird, wandelt sich unter Fortbestand des Vsschutzes sein wirtschaftliches Eigentümerinteresse in ein sachenrechtliches Eigentumsinteresse um und es geht obendrein die V des Verkäufers auf ihn über; somit entsteht nunmehr wirklich eine Doppelv.

Ist das verkaufte, aber noch nicht übereignete Grundstück mit einem **Grundpfandrecht** belastet, so dürften sich die Ergebnisse nicht ändern. Das verbleibende Verkäuferinteresse vor Übergang des Eigentums wird öfters damit begründet, daß der Verkäufer noch dinglich hafte, auch wenn der Käufer die persönliche Schuld schon übernommen habe (RG 28. IV. 1914 RGZ Bd 84 S. 413), oder daß der Verkäufer noch persönlich schulde (RG 13. X. 1933 JW 1934 S. 553 = VA 1933 S. 427 Nr. 2646). Wird zu Lasten des Käufers eine Restkaufgeldhypothek eingetragen, so geht doch das volle Sachinteresse spätestens mit der Übereignung auf den Käufer über.

Der Problemkreis ist oft **literarisch** behandelt worden, vgl. z. B. Baumgarte Mitt. 1911 S. 516, Bernhöft a. a. O. S. 21—22, Bischoff Praxis 1933 S. 89—90, JRPV 1934 S. 100, VersR 1963 S. 12, ZVersWiss 1963 S. 199, Bruck HansRGZ 1934 A Sp. 391—400, Burchard LZ 1911 Sp. 343—346, Cahn a. a. O. S. 40—41, Domizlaff WuRdVers 1913 S. 139, Ehrenzweig S. 207, 211 mit Anm. 4, 229—230, Elkan a. a. O. S. 23—32, von Gierke ZHR Bd 79 S. 339—340, Hagen I S. 373 mit Anm. 3, ZVersWiss 1907 S. 23, Josef ZVersWiss 1909 S. 244—247, Mitt 1917 S. 201—204, Junck JRPV 1933 S. 348, Kersting VuGeldwirtschaft 1928 S. 25—27, 35—37, Kisch III S. 267, Lenski a. a. O. S. 57—70, Möller JW 1934 S. 1120, Oellers JW 1934 S. 1120—1121, Ossig ÖffrV 1936 S. 363—364, 407—408, 454—457, Prange NeumannsZ 1937 S. 77—80, 101—104, Prölss JRPV 1935 S. 70—73, NJW 1954 S. 679—680, Raiser Anm. 3 zu § 12, S. 300, Rakely Mitt 1913 S. 146—150, Schmidt BetrBer 1955 S. 399, Schweighäuser Mitt 1920 S. 119—121, AssJhrb Bd 43 S. 7—11, Thiele a. a. O. S. 15—21, Wolff a. a. O. S. 44—45.

In der **Rechtsprechung** wird zuweilen erwogen, daß es darauf ankomme, ob der die Gefahr tragende Käufer zahlungsfähig sei (RG 13. X. 1933 JW 1934 S. 553 = VA 1933 S. 427 Nr. 2646, darauf aufbauend OLG Hamm 2. III. 1934 HansRGZ 1934 A Sp.

402—403). Was die Abtretung der Vsforderung des Verkäufers an den Käufer anlangt, so soll in der Vereinbarung des Übergangs der mit dem Kaufgegenstand verbundenen Rechte keine Abtretung liegen (BGH 4. III. 1955 VA 1955 S. 281 = VersR 1955 S. 225). Weitere Urteile OLG Celle 22. I. 1914 VA 1914 Anh. S. 23—26 Nr. 795, 21. XII. 1953 NJW 1954 S. 679—681 = VersR 1954 S. 89—90 (Vorinstanz zu BGH 4. III. 1955 VA 1955 S. 281—283 = VersR 1955 S. 225—226), OLG Hamm 23. III. 1933 HansRGZ 1934 A Sp. 399—402 (Vorinstanz zu RG 13. X. 1933 JW 1934 S. 552—553 = VA 1933 S. 426—427 Nr. 2646), OG Danzig 31. III. 1931 JRPV 1933 S. 126—127, LG Berlin 30. III. 1937 JRPV 1937 S. 174—175, 1. IV. 1957 VersR 1957 S. 510—511.

Für die **Hagelversicherung** gilt die Sondervorschrift des § 115, welche auf den Erwerb der Berechtigung abstellt, die vten Bodenerzeugnisse zu beziehen. Solcher Erwerb greift schon mit der Übergabe des Grundstücks, also vor dem Eigentumserwerb Platz: Pfeiffer JRPV 1930 S. 145, Prölss[15] Anm. 1 zu § 115, S. 431, KG 25. II. 1913 VA 1913 Anh. S. 83—85 Nr. 750, 26. IV. 1930 VA 1930 S. 39 Nr. 2126 = JRPV 1930 S. 254, 4. X. 1930 JRPV 1930 S. 436, OLG Königsberg 23. VI. 1914 OLGRspr Bd 32 S. 213—214, OLG Marienwerder 4. II. 1913 VA 1913 Anh. S. 85—86 Nr. 751. Zur **Betriebshaftpflichtversicherung** vgl. § 151 II 1.

[91] bbb) Mobiliarkauf.

α) Abzahlungskauf (Eigentumsvorbehalt).

Ein Kreditkauf beweglicher Sachen, der durch die Hinausschiebung der Kaufpreiszahlung gekennzeichnet ist, kommt insbesondere als Abzahlungsgeschäft vor, bei dem der Kaufpreis in Teilzahlungen entrichtet werden soll. Regelmäßig sichert sich der Verkäufer dadurch, daß er zwar die Sache übergibt, sich aber das **Eigentum vorbehält.** Die für den Eigentumsübergang (neben der Übergabe) notwendige Einigung (§ 929[1] BGB) wird unter der aufschiebenden Bedingung vollständiger Zahlung des Kaufpreises erklärt (§ 455 BGB). Das sachenrechtliche Eigentum verbleibt also beim Vorbehaltsverkäufer, der Käufer erlangt zunächst nur ein dingliches Anwartschaftsrecht. Die Vergütungsgefahr geht auf den Käufer mit der Übergabe (§ 446 I 1 BGB), beim Versendungskauf mit der Auslieferung an den Transporteur über (§ 447 I BGB).

Spezialschrifttum: Albers, Die V von unter Eigentumsvorbehalt verkauften Sachen, Kölner Diss. 1936, Asch ArchCivPrax Bd 140 S. 197—201, Bischoff-Vassel VA 1958 S. 74—79, Crisolli-Ostler, Abzahlungsgesetz, 5. Aufl., Berlin 1958, S. 54—55, 88—89, 95, 117—118, 122—123, Cuntz ÖffrV 1934 S. 27—29, Elkan a. a. O. S. 35—38, Hammes, Die Warenv bei Abzahlungsgeschäften, Karlsruhe 1960, Helberg VW 1949 S. 290—291, Herzfelder ZVersWiss 1930 S. 290—300, Lenski a. a. O. S. 71—73, Löffler, Kraftfahrzeugv und Autoabsatzfinanzierung, Hamburger Diss. 1937, Mayer JRPV 1932 S. 145—147, Meisner, Der Eigentumsvorbehalt, München-Berlin-Leipzig 1932, S. 10—12, Plumeyer ZVersWiss 1934 S. 310—331, Raiser NeumannsZ 1935 S. 140—141, Reutlinger ZfV 1959 S. 746—750, 790—791, 818—819, Rühl, Eigentumsvorbehalt und Abzahlungsgeschäft, Berlin 1930, S. 202—204, Schlössingk, Sicherungsübereignung und Übereignung unter Eigentumsvorbehalt im Falle der V der übereigneten Sachen, Erlanger Diss. 1933, Berlin 1933, Serick, Eigentumsvorbehalt und Sicherungsübereignung, Bd. I: Der einfache Eigentumsvorbehalt, Heidelberg 1963, S. 164—170, 173—174, Sieg Der Betrieb 1953 S. 482—483, VersR 1953 S. 219—221, Starck NeumannsZ 1934 S. 53—54, Stoeber, Eigentumsanwartschaft und Vsrecht, Göttinger Diss. 1936, Bleichenrode 1936, Thiele a. a. O. S. 21—25, Vassel BetrBer 1958 S. 826—830, Voss VW 1957 S. 70—73, Wolff a. a. O. S. 46—48.

Läuft für den **Verkäufer** eine V, so führen bei Eigentumsvorbehalt der Verkauf und der Übergang der Vergütungsgefahr nach h. M. noch nicht zu einer Veräußerung der vten Sache i. S. des § 69 I (Anm. 61), vielmehr bleibt der Verkäufer vert (RG 24. IX. 1926 RGZ Bd 114 S. 316—318). Von einem Interessewegfall beim Verkäufer kann danach nicht die Rede sein (Raiser Anm. 22 zu § 11, S. 297). Ein Aufhören des Vsschutzes kann sich jedoch daraus ergeben, daß die Kaufsache vom ursprünglichen Vsort entfernt wird.

Jedoch ist z. B. eine Autokaskov vom Vsort unabhängig. Allenfalls könnte eine anzeigepflichtige Gefahrerhöhung darin liegen, daß das Kraftfahrzeug in die Hände eines unzuverlässigen Käufers gelangt, mag auch der Vsschutz für den Verkäufer weiterlaufen. Im Falle OLG Stuttgart 25. X. 1912 VA 1913 Anh. S. 91—93 Nr. 755 hat der Verkäufer die Kaskov erst nach dem Verkauf genommen, und es soll auf die schuldhafte Herbeiführung des Vsfalles durch den Käufer nicht ankommen. In Wahrheit aber muß ein Vorbehaltskäufer — gleichgültig, wann die V genommen wird — als Repräsentant des Verkäufers angesehen werden: KG 16. I. 1935 JRPV 1935 S. 172—175, OLG Düsseldorf 20. XI. 1962 VersR 1963 S. 352, OLG Hamburg 30. X. 1956 VersR 1957 S. 15—16, OLG Köln 25. VII. 1935 JRPV 1936 Zus. S. 1—2 (Autov), Prölss[15] Anm. 8 zu § 6, S. 73, vgl. auch schon RG 22. X. 1895 RGZ Bd 37 S. 149—151 (Feuerv). Das kann nicht nur bei schuldhafter Herbeiführung des Vsfalles, sondern auch bei Obliegenheitsverletzungen durch den Käufer Bedeutung gewinnen.

Je nach der Vermögens- und Machtlage kann der Käufer daran interessiert sein durchzusetzen, daß ihm die Vsforderung des Verkäufers mindestens in Höhe der von ihm gezahlten Kaufpreisraten abgetreten wird. Häufiger ist der umgekehrte Fall, in welchem der Verkäufer den Käufer verpflichtet, Vsschutz zugunsten des Verkäufers, also im Wege einer V für fremde Rechnung zu besorgen oder doch die Prämie für eine vom Verkäufer für eigene Rechnung genommene V zu tragen; jedoch ist ohne vertragliche Vereinbarung solche Verpflichtung des Käufers in der Regel nicht anzunehmen (Serick a. a. O. S. 164—166, 173).

Erst wenn die aufschiebende Bedingung für die Übereignung mit Zahlung der letzten Kaufpreisrate eingetreten ist, liegt eine (anzeigepflichtige) Veräußerung der vten Sache vor, und die V geht auf den Käufer über. Hatte allerdings der Verkäufer einen Inbegriff von Sachen, etwa Hausrat vert, so bewirkt das Ausscheiden einer Einzelsache aus dem Inbegriff, z. B. die Übereignung eines einzelnen Möbelstückes, keinen Übergang des Vsverhältnisses (von der Problematik des Vsortes wieder ganz abgesehen).

Was den **Käufer** anlangt, so erlangt er anerkanntermaßen auch schon vor dem Eigentumserwerb ein eigenes versicherbares Interesse, das als wirtschaftliches Eigentümerinteresse oder Interesse am Anwartschaftsrecht qualifiziert werden kann (Anm. 55 mit Hinweis auf RG 14. VI. 1910 RGZ Bd. 74 S. 126—130). Will der Käufer für eigene Rechnung dieses Interesse vern, so sollte er es vorsichtshalber genau kennzeichnen. Der Käufer erlangt dieses sein Interesse spätestens mit dem Übergang der Vergütungsgefahr. Er könnte dem Verkäufer seine Vsforderung soweit abtreten, als noch Kaufpreisraten unbeglichen sind (zu diesem Fall OLG Hamburg 3. XI. 1938 JW 1938 S. 3235: Verpflichtung des Verkäufers, die Vsleistung zur Wiederherstellung zu verwenden, OLG Düsseldorf 3. I. 1939 JRPV 1939 S. 159: Schadensersatzpflicht des Käufers, der seine Abtretungspflicht verletzt). Der Vsschutz besteht für den Käufer fort, nachdem er kraft vollständiger Zahlung des Kaufpreises sachenrechtlich Eigentümer geworden ist.

Nimmt der Käufer ohne nähere Bezeichnung die V, so kommt die formale h. M. zu dem Ergebnis, der Käufer sei nicht vert, da er noch kein sachenrechtlicher Eigentümer sei. Hier wollen §§ 2 I 1, 2 AFB, AEB mit der Bestimmung helfen:

> „Soweit nichts anderes vereinbart ist, sind nur die dem Vmer gehörigen Sachen vert. Vert sind auch Sachen, die vom Vmer unter Eigentumsvorbehalt erworben und ihm übergeben sind . . . ."

Wie in Anm. 68 geschildert, nimmt der BGH 28. X. 1953 BGHZ Bd 10 S. 382 an, hierdurch würden die unter Eigentumsvorbehalt erworbenen Sachen vom Käufer für fremde Rechnung, also zugunsten des Verkäufers vert (ebenso Raiser Anm. 6 zu § 2, S. 100, Serick a. a. O. S. 170). Den Namen des sonach vten Verkäufers wird der Ver durchweg nicht kennen. Der Käufer könnte sich die Vsforderung des Verkäufers insoweit abtreten lassen, als der Käufer den Kaufpreis beglichen hat. Mit der vollen Zahlung des Kaufpreises muß aus der V für fremde Rechnung eine V für eigene Rechnung des Vmers (Käufers) werden. Da der Übergang auf einer Veräußerung beruht, könnte man annehmen, letztere sei anzeigepflichtig; es empfiehlt sich sonach die Anzeige. Allerdings ändert sich ja nach h. M. in diesem Falle nur der Interesseträger, nicht der Vmer und Prämienschuldner. Vgl. zu alledem (für Tabakven) auch Klausel 2. 06 f) Satz 2 Klauseln der Feuerv.

Treffen vor vollständiger Zahlung des Kaufpreises eine V zugunsten des Verkäufers und des Käufers zusammen, so handelt es sich **nicht** um eine **Doppelversicherung** (Anm.

63, KG 15. II. 1936 VA 1936 S. 202 = JRPV 1936 S. 142, Serick a. a. O. S. 167). Der Käufer kann aus § 281 I BGB das Surrogat der Kaufsache verlangen und erleidet in dieser Höhe keinen Schaden, sodaß die Existenz der Verkäuferv wirtschaftlich dem Ver des Käufers zugute kommt (Anm. 63). Die V des Spezialinteresses des Käufers könnte also prämiengünstiger sein.

Dagegen liegt eine Doppelv beim Käufer vor, wenn der Käufer voll gezahlt hat, sodaß die bis dahin den Verkäufer deckende V auf den Käufer übergeht und mit einer zugunsten des Käufers genommenen V zusammentrifft. Eine Doppelv ist ferner beim Verkäufer (entsprechend der Auffassung des BGH) gegeben, falls eine V zugunsten des Verkäufers gemäß § 2 I 2 AFB mit einer vom Verkäufer selbst genommenen Außenv zusammentrifft (Raiser Anm. 6 zu § 2, S. 100—101).

Bisher war von Fällen die Rede, in denen entweder das Verkäuferinteresse oder das Käuferinteresse (voll) vert ist und in denen allenfalls mit Teilabtretungen der Vsforderungen gearbeitet wird. Man kann aber auch eine **gemeinschaftliche Sachversicherung** des Verkäufer- und Käuferinteresses vereinbaren. Solche Kombination von Sachven des Verkäufers und Käufers findet sich in der Kraftfahrv vermöge von Sicherungsscheinen (Muster: Anm. 102, auch Stiefel-Wussow[5] S. 582—583). Danach wird die Fahrzeugv vom Käufer genommen, aber: „Die V gilt in Höhe des vom Vmer geschuldeten Betrages für Rechnung . . . . des Kraftfahrzeughändlers" (Näheres bei Serick a. a. O. S. 168—169, Sieg Der Betrieb 1953 S. 482—483, VersR 1953 S. 219—221, Stiefel-Wussow[5] Anm. 23 zu § 3, S. 128—132). Die V ist also primär V für fremde Rechnung zugunsten des Verkäufers, hinsichtlich des überschießenden **Betrages** V für eigene Rechnung des Käufers (Vmers). Das Eigentumsinteresse des Verkäufers wird mit dem Eigentümerinteresse des Käufers in einem Vertrage gemeinschaftlich vert.

Überträgt der **Käufer** seine **Anwartschaft** und ist sein Interesse vert, so ist § 69 I anzuwenden, die V geht auf den Anwartschaftserwerber über (Lenski a. a. O. S. 130—132, a. M. Prölss[15] Anm. 1 zu § 69, S. 309 unter fälschlicher Berufung auf OLG Düsseldorf 7. X. 1940 HansRGZ 1942 A Sp. 63—64; vgl. ferner Plumeyer ZVersWiss 1934 S. 310 bis 331).

Für die **Tierversicherung** vgl. Mayer JRPV 1932 S. 145—147.

Die bisher behandelten Ven des Verkäufers und Käufers betreffen die Sachgefahren, z. B. die Feuersgefahr oder die durch eine Autokaskov gedeckten Gefahren. Ist die unter Eigentumsvorbehalt verkaufte Sache durch Feuer zerstört, so wird der Käufer oft nicht mehr willens sein, sie zu bezahlen. Die Zerstörung etwa eines Lastwagens wird den Käufer oft auch seiner laufenden Einnahmen berauben. Da aber der Käufer — rechtlich gesehen — die Gefahr trägt, also zu zahlen verpflichtet bleibt, handelt es sich beim Verkäufer recht eigentlich um ein **Kreditinteresse,** das ohne Rücksicht auf die Sachgefahren in Höhe der ungedeckten Kaufpreisraten stets besteht.

Eine Kreditv zugunsten des Verkäufers (schon erwähnt bei Benecke a. a. O. I S. 211—212) deckt den Verkäufer hinsichtlich seines Forderungsinteresses, wobei nicht nur an die Kaufpreisforderung, sondern auch an die Forderung auf Rückgabe der Kaufsache zu denken ist. Einzelheiten zur Warenkreditv, speziell zur Teilzahlungskreditv bei v. Halem in: Studienwerk F V 9 S. 18—41; Vsbedingungen bei Finke B I 22. Über die V gegen Veruntreuung von finanzierten Kraftfahrzeugen: v. Halem a. a. O. S.96—97.

Eine eigenartige **Kombination von Sachversicherung** (gegen zahlreiche Gefahren) **und Kreditversicherung** (Einstellung der Ratenzahlung mit „Unterschlagung der vten Ware durch den Käufer") bieten die Allgemeinen Vsbedingungen für die Warenv bei Abzahlungskäufen (WABA; VA 1958 S. 54—57, dazu Anm. 68, Bischoff-Vassel VA 1958 S. 74—79, Hammes a. a. O. S. 1—48, Vassel BetrBer 1958 S. 826—830, Voss VW 1957 S. 70—73). Danach ist teils der Verkäufer, teils auch der Käufer Vter.

Über aufsichtsrechtliche Probleme solcher Kreditven: VA 1949 S. 34, 1952 S. 45, 122, 1953 S. 178—180, 1958 S. 54 vgl. auch VW 1948 S. 358.

Unter einer **Restschuldversicherung,** die im Zusammenhang mit Abzahlungskäufen vorkommt, versteht man eine Lebens- und Krankenv, die in Höhe der Restschuld auf die Person des Käufers genommen wird. Als Vmer treten besonders Versandhäuser auf. Ein Problem liegt darin, wieweit bei diesem Massengeschäft die Gesundheitsprüfung unterbleiben kann. Näheres zur Restschuldv bei Steenhoff, Kredit- und Mobiliarv als Kreditsicherung im Inlandsgeschäft der Banken und Sparkassen, ungedruckte Hamburger Diss. 1962, S. 125—131.

Was die **Autohaftpflichtversicherung** anlangt, so kann sich bei Verkauf des Kraftwagens unter Eigentumsvorbehalt ergeben, daß der Eigentümer vert bleibt, weil er die V genommen hat und nach h. M. noch keine Veräußerung vorliegt, und daß der Käufer schon mitvert ist, weil er bereits als Halter anzusehen ist (§ 10 IIa AKB). Dazu OLG Hamburg 30. X. 1956 VersR 1957 S. 15, speziell zur Haltereigenschaft des Vorbehaltskäufers BGH 22. IX. 1958 BGHZ Bd. 28 S. 140—141).

[92] β) Versendungskauf.

αα) Überseekauf.

Schrifttum: Brandt NeumannsZ 1937 S. 40—42, Glitza, Die V für Rechnung „wen es angeht", Hamburger Diss. 1964, S. 52—57, Hertlin ZfV 1964 S. 982—984, Himer, Kostfrachtgeschäft und laufende V, Hamburg 1933, Möller, Cifgeschäft a. a. O. S. 55—80 m. w. N., HansRGZ 1934 A Sp. 117—124, ITVMitt 1934 S. 84—89, 1938 S. 37—40, Ritter Anm. 10, 18—20, 45 zu § 1, S. 53—55, 65—76, 93, Sieg Außenwirtschaftsdienst des BetrBer. 1958 S. 90—92, Storck, Kreditgewährung und V beim Überseekauf, ungedruckte Hamburger Diss. 1962, Wildegans NeumannsZ 1938 S. 1120—1122.

Die Frage nach dem Interesseträger beim Überseekauf „ist gewiß eine der schwierigsten im ganzen Gebiete der Assekuranzwissenschaft" (Benecke a. a. O. Bd 1 S. 215). Bei der Beantwortung ist davon auszugehen, daß die Rechtsprechung in der Seev eigene Wege geht und nicht eine formal-sachenrechtliche Bestimmung des Eigentümerinteressenten vornimmt (Anm. 55), ferner daß die V für Rechnung wen es angeht genommen zu werden pflegt, sodaß alternative, sukzessive, kumulative Interessen vert sein können, ohne daß es im Falle der Veräußerung einer Anzeige bedarf und ohne daß Kündigungsrechte entstehen (Anm. 67, 83). Im Vsfalle muß allerdings festgestellt werden, wer der wahre Interesseträger im Zeitpunkte des Schadens ist. Von dieser materiell-vsrechtlichen Frage ist das wertpapierrechtliche Problem zu trennen, wem die Rechte aus einer Order- oder Inhaberpolize zustehen; der wertpapierrechtlich oder der infolge einer Abtretung Berechtigte braucht nicht der Interesseträger zu sein. Besonders Orderpolizen werden vielfach verwendet, und auch die auf Grund einer laufenden Polize ausgestellten Vszertifikate sind regelmäßig Orderpapiere (dazu Bloch, Das Vszertifikat in der Praxis der internationalen Waren-Transportv, Hamburger Diss. 1963, Nothmann, Das Vs-Zertifikat, Hamburg 1932, Tsirintanis, Die Order-Polize, Hamburg 1930).

Die vorliegenden Entscheidungen stehen durchweg mit der Auffassung in Einklang, daß es auf die effektive, tatsächliche Gefahrtragung ankomme (Anm. 67). Beim Cif-, Kostfracht- und Fobgeschäft „trägt" der Käufer die Vergütungsgefahr während des Seetransportes, d. h. er ist zur Zahlung — meistens auf Grund der Klausel „Kasse gegen Dokumente" — verpflichtet, auch wenn unterwegs ein Schaden eintritt. Der Käufer trägt aber effektiv die Gefahr nur, wenn er den Kaufpreis zahlt. Bis dahin sind Verkäufer- und Käuferinteresse alternative, mit der Zahlung klärt sich die Lage dergestalt, daß nunmehr feststeht, der Käufer sei schon von der Anbordbringung an Interesseträger gewesen, von der Zahlung an ist er es zweifellos. Nimmt der Käufer die Dokumente nicht auf, verweigert er die Zahlung, so stellt sich heraus, daß in Wahrheit stets der Verkäufer Interesseträger geblieben ist. Zu alledem (mit mancherlei Nuancen im Einzelnen): ROHG 26. VI. 1874 ROHGE Bd 14 S. 122—140 (cif), RG 29. I. 1887 RGZ Bd 19 S. 207 bis 216 (cif), 13. VI. 1888 RGZ Bd 23 S. 81—90 (cf), 25. X. 1916 RGZ Bd 89 S. 34—40 (cif), 31. I. 1917 RGZ Bd 89 S. 68—76 (cif), 25. I. 1919 RGZ Bd 94 S. 300—305 (cif), 10. I. 1922 RGZ Bd 104 S. 409—413 (cif), 22. X. 1927 RGZ Bd 118 S. 254—256 (anscheinend: cif), 19. I. 1929 RGZ Bd 123 S. 141—146 (cf), 29. I. 1930 RGZ Bd 130 S. 302—309 (fob), 28. VIII. 1942 RGZ Bd 169 S. 368—376 (cif), Reichsverwaltungsgericht 2. XII. 1942 DR 1943 S. 664—667 (cif; Auszug Anm. 67); BGH 13. XI. 1956 VersR 1957 S. 58—59 (Landtransport mit Gefahrtragung des Käufers, Anwendbarkeit der ADS).

Wird das „Abwicklungstempo" bei Überseekäufen verlangsamt, also dem Käufer Kredit gewährt, so gelten Besonderheiten auch für den Vsschutz; dazu Möller Cifgeschäft a. a. O. S. 171—181, Storck a. a. O. S. 62—128.

Über Gefahrteilungen beim Überseekauf und ihren Einfluß auf die Vsfrage: Kulenkamp, Gefahrteilungen im Überseekauf, Hamburger Diss. 1964, S. 73—98, Möller Cifgeschäft a. a. O. S. 171—181, HansRGZ 1940 A Sp. 253—264.

[93] ββ) Landkauf.

Soweit es sich beim Versendungskauf nicht um einen Übersee-, sondern einen Landkauf handelt (dem Käufe mit Binnengewässer- und Lufttransporten gleichzustellen sind), kommt nicht das Seevsrecht mit seiner speziellen Interesselehre (Anm. 55, 92) zur Anwendung. Jedoch ist zu beachten, daß bei gemischten Reisen, die teilweise über die See führen, insgesamt Seevsrecht angewendet wird (§ 147[1], § 125 ADS). Ferner werden vertraglich nicht selten die ADS auf reine Landtransportven angewendet (vgl. den Fall BGH 13. XI 1956 VersR 1957 S. 58—58), und dann ist auch die seevsrechtliche Interesselehre maßgeblich.

Nach Binnenvsrecht läßt die h. M. den Übergang der Vergütungsgefahr auf den Käufer gemäß § 447 I BGB nicht ausreichen, um den Interesseübergang (§ 69 I) anzunehmen, maßgebend soll auch hier der Eigentumsübergang sein, der durchweg erst am Erfolgsort (Bestimmungsort) gemäß § 929[1] BGB mit Übergabe der Ware an den Käufer eintritt. Hieraus ergibt sich das unbefriedigende Ergebnis, daß die Vsforderung aus einer vom Verkäufer genommenen V materiell dem Verkäufer zusteht, obgleich der Käufer die Gefahr trägt, vielleicht sogar den vollen Kaufpreis vorausbezahlt hat (letzterenfalls nimmt beim Grundstückskauf die Rechtsprechung allerdings zum Teil Interessewegfall beim Verkäufer, möglicherweise Veräußerung an den Käufer gemäß § 69 I an: Anm. 90). Gerät der Verkäufer in Konkurs, so fällt die Vsentschädigung oder Vsforderung in seine Konkursmasse; § 281 I BGB nützt dem Käufer hiernach nicht viel.

Den Käufern ist also anzuraten, sich die Vsforderung des Verkäufers abtreten zu lassen; bei Orderpolizen, die es auch in der Binnentransportv gibt (§ 363 II HGB), muß der Käufer Übergabe des auf ihn indossierten Wertpapiers durchsetzen. Der Veräußerungstatbestand (§ 69 I) läßt sich vorverlegen, falls dem Käufer anstelle der Ware ein Traditionspapier übergeben wird, insbesondere ein Ladeschein eines Frachtführers (§ 450 HGB). Das Eisenbahn- und Luftfrachtrecht kennt Traditionspapiere nicht (für das Luftrecht: Abraham, Der Luftbeförderungsvertrag, Stuttgart 1955, S. 39). Jedoch wird bei Übergabe eines Frachtbriefduplikats (Frachtbriefdritts im Luftrecht) an den Käufer häufig eine Abtretung des Herausgabeanspruchs an den Käufer anzunehmen sein, sodaß mit dem Eigentumsübergang nach §§ 929[1], 931 BGB eine Veräußerung i. S. des § 69 I verbunden ist. — Wird dem Käufer der Vsschein vom Verkäufer ausgehändigt, so stehen dem Käufer nunmehr die Rechte aus der V nicht nur insoweit zu, als der Vsfall nach der Veräußerung eintritt, sondern es wird anzunehmen sein, daß der Verkäufer damit zugleich die Vsforderung insoweit an den Käufer abtritt, als der Vsfall vor dem Eigentumsübergang auf der Reise eintritt. Hierfür spricht auch ein praktisches Bedürfnis, weil sich häufig nachträglich der genaue Schadenseintritt nicht feststellen läßt.

Dem Käufer ist auch dann, wenn er noch nicht Eigentümer ist, ein wirtschaftliches Eigentümerinteresse zuzubilligen, das er für eigene Rechnung vern kann. Eine Kennzeichnung ist zu empfehlen.

RG 19. IX. 1919 VA 1920 Anh. S. 83—85 Nr. 1169 = HGZ 1919 Hptbl S. 169—170 hat trotz eindeutigen Vorliegens einer Binnenv angenommen, schon mit dem Gefahrübergang auf den Käufer ende das Verkäuferinteresse, und der Gefahrübergang soll bereits erfolgen, falls ein Arbeitnehmer des Verkäufers mit Handwagen das Gut zum Eilgüterbahnhof schafft. Aber die Entscheidung ist eine isoliert dastehende, gegen die Gefahrträgertheorie Material in Anm. 66. Einen Gefahrübergang erst mit Auslieferung an die Eisenbahn hatte angenommen OLG Hamburg 13. III. 1919 HGZ 1919 Hptbl S. 111 bis 112.

Zum Schrifttum Lenski a. a. O. S. 73—74.

[94] γ) Restfälle.

Vom Immobiliarkauf war in Anm. 90 die Rede, vom Mobiliarkauf, soweit er Abzahlungskauf ist, in Anm. 91, soweit er Versendungskauf (mit Schickschuld) ist, in Anm. 92—93.

Bei einer **Holschuld** soll das Interesse des Verkäufers erst enden, der Käufer erst Interessent werden, wenn das sachenrechtliche Eigentum gelegentlich der Abnahme der Ware übergeht. So für eine Partie Südfrüchte, die nach der Auktion im Kaischuppen lagerten, OLG Hamburg 12. VII. 1893 SeuffArch Bd 50 S. 71—75, bestätigt von RG 10. II. 1894 SeuffArch Bd 50 S. 75—76.

Bei einer **Bringschuld** muß man annehmen, es komme auf die Übergabe an den Käufer an, zumal da hiermit nicht nur das Eigentum, sondern auch erst die Vergütungsgefahr übergeht (§ 446 I 1 BGB).

Beim **Gattungskauf** kann von einem Eigentümerinteresse des Käufers nicht die Rede sein, solange die Konkretisierung nicht erfolgt ist. Denn erst wenn sich das Schuldverhältnis auf eine bestimmte Sache beschränkt (§ 243 II BGB), kann ein Interesse des Käufers speziell an dieser Sache bestehen. Vorher hat der Käufer allenfalls ein Forderungsinteresse im Blick auf seine Lieferungsforderung gegen den Verkäufer. Man sagt, daß mit der Konkretisierung die Leistungsgefahr auf den Käufer übergehe, den Verkäufer treffe nicht mehr die Gefahr, „noch einmal" leisten zu müssen. Vor der Konkretisierung ist der Verkäufer nicht nur (alleiniger) Träger des Eigentümerinteresses, sondern ihn belastet auch die (Haftpflicht-) Gefahr, noch einmal leisten zu müssen, z. B. bei einer Schick- oder Bringschuld die Gefahr, noch einmal die Ware auf den Weg bringen zu müssen (Anm. 75). Die Vergütungsgefahr geht frühestens mit der Leistungsgefahr auf den Käufer über; denn die Frage, ob der Käufer bezahlen müsse, obgleich die Ware nicht unversehrt in seine Hände gelangt, kann bei einer Gattungsschuld erst gestellt werden, wenn die Ware aus der Gattung ausgeschieden, also die Konkretisierung erfolgt ist. Letztere setzt vertragsmäßige Beschaffenheit der Ware voraus. Dazu RG 11. XII. 1884 RGZ Bd 13 S. 101—102.

Im Falle eines **Anfechtungsrechts,** eines (vereinbarten oder gesetzlichen) **Rücktrittsrechts,** eines **Wandlungsrechts,** einer auflösenden **Bedingung** oder einer vertraglichen **Aufhebung** des Kaufvertrages hat der Verkäufer ein Eigentümerinteresse, das vor der Ausübung der Gestaltungsrechte bzw. vor Eintritt der Bedingung oder Aufhebung als eventuelles besteht und durch eine V für Rechnung wen es angeht vert sein kann. Dazu RG 11. XII. 1884 RGZ Bd 13 S. 102, 13. VI. 1888 RGZ Bd 23 S. 86, 104. Über das **Verfolgungsrecht** des Verkäufers (right of stoppage in transitu) nach Absendung der Ware an den in Konkurs geratenen Käufer, der noch nicht vollständig bezahlt hat, § 44 KO, und zum hieraus sich ergebenden versicherbaren Interesse des Verkäufers RG 11. XII. 1884 RGZ Bd 13 S. 102, 13. VI. 1888 RGZ Bd 23 S. 86, Ehrenberg Festgabe a. a. O. S. 34.

Beim **Erbschaftskauf** geht die Vergütungsgefahr gemäß § 2380[1] BGB bereits mit dem Abschluß auf den Käufer über. Er erlangt damit sogleich zwar kein formales, wohl aber ein wirtschaftliches Eigentümerinteresse. Vgl. auch Lenski a. a. O. S. 101—102.

Ein **Vorkaufsrecht,** sei es obligatorisch (§§ 504—514 BGB), sei es dinglich (§§ 1094 bis 1104 BGB), schafft für den Berechtigten noch kein Eigentümerinteresse, sondern eine Anwartschaft, also ein Gewinninteresse (dazu Ehrenzweig S. 209 Anm. 13 gegen Kisch III S. 96—97). Nach der Ausübung des Gestaltungsrechtes erlangt der Berechtigte Ansprüche auf Übereignung und Übergabe, die ein Forderungsinteresse begründen. Das Eigentümerinteresse entsteht für den Käufer frühestens mit dem Gefahrübergang, als formales erst mit der Übereignung. — Ein **Rückkaufsrecht** des Verkäufers schafft für ihn gleichfalls noch kein Eigentümerinteresse (ROHG 5. IV. 1879 ROHGE Bd 25 S. 40).

Über einen **Schiffskauf** (zur Gefahrtragung vgl. § 446 II BGB, zur Übereignung § 929a BGB, §§ 2, 3 I G über Rechte an eingetragenen Schiffen und Schiffsbauwerken): RG 16. XI. 1881 RGZ Bd 7 S. 9—14 (nur formelles Eigentum des Käufers).

Ansichts- und Auswahlsendungen schaffen kein versicherbares Interesse des Empfängers, falls er nicht die Gefahr eines zufälligen Schadens trägt (RG 9. I. 1935 JRPV 1935 S. 204—205).

[95] bb) Miete.

Bei der Miete als Gebrauchsüberlassungsvertrag verbleibt das Eigentümerinteresse beim Vermieter (so schon Oberappellationsgericht Dresden Februar 1868 SeuffArch Bd 22 S. 445), eine Veräußerung der vten Sache liegt nicht vor (Lenski a. a. O. S. 79—80 m. w. N.).

Beeinträchtigt der Mieter das Eigentümerinteresse des Vermieters, so kann sich aus Mietvertrag oder Gesetz eine *Ersatzpflicht des Mieters* ergeben, die von einem Verschulden unabhängig sein kann. So hat der Mieter zerstörte **Fensterscheiben,** speziell Schaufensterscheiben, oft ohne Rücksicht auf Verschulden zu erneuern. Mag auch die Ersatzpflicht der Höhe nach genau dem Wert des Eigentümerinteresses entsprechen, so ist doch das Vsbedürfnis des Mieters auf den Schutz gegen ein Passivum gerichtet, das sogen. *Sachersatzinteresse des Mieters* gehört in den Bereich der *Haftpflichtv*, der V gegen Schulden (Anm. 75).

Nimmt der Mieter die V, so ist zuweilen *unklar, ob* er sein *Haftpflichtinteresse* oder das *Eigentümerinteresse* des Vermieters (für fremde Rechnung) vern wollte; letzteres ist anzunehmen, wenn erkennbar wird, daß der Vmer bloßer Mieter ist (OLG Colmar 3. IV. 1912 LZ 1912 Sp. 949—953, wo eine Doppelv dadurch entstanden ist, daß außerdem der Vermieter V genommen hatte; OLG Hamm 15. XI. 1938 HansRGZ 1939 A Sp. 122—123, wo der Mieter vorsätzlich den Brand gestiftet hatte; Prölss[15] Anm. 1 zu § 74, S. 324; offen gelassen bei OLG Hamburg 5. VII. 1962 VersR 1963 S. 154; vgl. auch Brockmann ZfV 1964 S. 166—167, 244—245, der es unscharf dahingestellt sein läßt, ob bei Vsnahme durch Mieter und Vermieter eine Doppelv entsteht). — Im Falle einer V, die der *Mieter* zugunsten des Vermieters nimmt, kann der Ver nicht gegen den Mieter Regress nehmen, weil der Mieter Vmer ist. Deshalb kann Ehrenberg Festgabe a. a. O. S. 41—42 davon sprechen, hier bestehe die Möglichkeit, durch einmalige V des Substanzinteresses „zugleich das Haftpflichtinteresse mitzudecken". — Nimmt der *Vermieter* die V, so wälzt er oft die Glasvsprämie intern auf den Mieter ab. Hier könnte obendrein der Glasver gemäß § 67 I 1 gegen den Mieter Regreß nehmen; aber die Glasver haben sich in geschäftsplanmäßigen Erklärungen verpflichtet, solchenfalls auf sie übergegangene Ersatzansprüche gegen Mieter nur bei Vorsatz oder grober Fahrlässigkeit geltend zu machen (VA 1953 S. 218).

Die für die Glasv aufsichtsrechtlich geregelte Frage hat auch bei **Selbstfahrermietwagen** Bedeutung. Hier hat der BGH 29. X. 1956 BGHZ Bd 22 S. 109—123 geprüft, welche Rechtswirkungen es zeitigt, daß der Vermieter den Mieter mit einer anteiligen Fahrzeug- und Haftpflichtvsprämie zu belasten pflegt. Zur Fahrzeugv meint der BGH, sie decke „als reine Sachv . . . . regelmäßig nur das Interesse des (rechtlichen oder wirtschaftlichen) Eigentümers an der Erhaltung der Sache. Eine V, die auch das ‚Sachersatzinteresse' des Mieters einbeziehen würde, wäre in Wirklichkeit keine Kasko-, sondern eine Haftpflichtv". Aber dem Selbstfahrer wird geholfen, weil in interessemäßiger Auslegung des Mietvertrages der BGH zu dem Ergebnis kommt, daß der Kraftwagenmieter dem Vermieter bei Fahrzeugschäden für leichte Fahrlässigkeit nicht hafte. Das wirtschaftliche Ergebnis ist also identisch mit jenem in der Glasv. — In BGH 28. I. 1958 BGHZ Bd 26 S. 284—285 ist aus der Belastung des Mieters mit 3,— DM Vskosten pro Tag und der Angabe, der Wagen sei haftpflicht- und kaskovert, abgeleitet worden, den Vermieter treffe gegenüber dem Mieter die Verpflichtung, für eine den Mieter als Selbstfahrer schützende Haftpflichtv zu sorgen.

Die V eines *Mieterinteresses* (Raiser Anm. 5 zu § 3, S. 110) wird der Feuerv von Eigentümerinteressen hinzugefügt, falls kraft Klausel 2.06b Klauseln der Feuerv dem Vmer **Schuhmaschinen** vermietet sind; dann ist „Ersatzwert" „der Betrag, für den der Vmer nach seinem Mietvertrag im Brandschadensfalle dem Vermieter haftet" (übrigens selbst bei Schäden infolge von höherer Gewalt). Bischoff VersR 1963 S. 9 spricht undeutlich von einer „V eigenen Interesses an fremder Sache". Es handelt sich aber um eine mit der Feuerv verknüpfte Haftpflichtv zugunsten des Mieters. Hätte auch der Vermieter die Schuhmaschinen vert, so läge keine Doppelv vor, vielmehr ginge auf den Feuerver des Vermieters der Ersatzanspruch gegen den Mieter über, dessen Ver (als Haftpflichtver) ihn freizuhalten hätte.

Der Vermieter erwartet Erträge, welche die Sache vermöge eines Rechtsverhältnisses gewährt, die **Mieteinnahmen** sind Früchte (§ 99 III BGB). Soweit der Vermieter bereits vermietet hat, ist er Träger von *Forderungsinteressen*, soweit die Vermietung noch nicht erfolgt ist, ist er Träger von *Anwartschaftsinteressen*, dazu Anm. 69. Die Mietforderungen entfallen juristisch z. B. bei Brandzerstörung des Hauses (§ 537 I BGB). Überdies können sich bei Insolvenz des Mieters Ausfälle ergeben; der Vermieter könnte auch diese Kreditgefahr vern, welche jedoch durch das gesetzliche Pfandrecht der §§ 559, 560 BGB gemindert wird. An eine V nur für den Fall der Nichtrealisierbarkeit des Pfandrechts (Pfandrechtsinteresse) denkt Bischoff VersR 1963 S. 13.

Ist **Miete vorausgezahlt** oder sind (nicht verlorene) **Baukostenzuschüsse** vom Mieter gewährt, die — etwa infolge einer Brandzerstörung des vermieteten Gebäudes — ganz oder teilweise zurückgezahlt werden müssen, so trifft den Vermieter ein Haftungsrisiko, gegen das er sich vern könnte. Im Wege der Analogie ist Nachtrag a) zu § 1 VI AFB dahin auszulegen, daß nicht nur entgehender Mietzins vom Feuerver zu ersetzen ist, sondern er hat den Vermieter auch freizuhalten, falls letzterer vorausgezahlte Miete zurückzuzahlen hat.

Über die allgemeine Haftpflichtv eines Vermieters: Schmidt VersR 1956 S. 145 bis 146, mit besonderem Hinweis auf die mangelnde Exkulpationsmöglichkeit des Vermieters im Verhältnis zum Mieter bei Verschulden von Erfüllungsgehilfen, ferner auf das besondere Wagnis, das sich ergibt, wenn der Mieter wertvolles Gut einlagert.

Von den **Mieterinteressen** war schon in Anm. 70, 71 die Rede, soweit speziell sein Gebrauchsrechtsinteresse in Frage steht. Es ist dabei auch an den Fall zu denken, daß ein hoher verlorener Baukostenzuschuß an den Vermieter gezahlt worden ist; dieser erhöht den Wert des durch einen Brand beeinträchtigten Gebrauchsrechtsinteresses.

Überdies haftet ein Mieter dem Vermieter für gewisse Schäden, insoweit kommt das schon erwähnte Haftpflichtinteresse des Mieters in Betracht (dazu Bischoff VersR 1963 S. 13, ZVersWiss 1963 S. 204—205). Eine solche Haftpflichtv geht bei Mieterwechsel nicht auf den neuen Mieter über (RAA VA 1928 S. 166, a. M. Bruck S. 571, LG Berlin 27. XI. 1928 JW 1929 S. 679—681 mit kritischer Anm. Gottschalk = JRPV 1929 S. 23 bis 24 mit kritischer Anm. Lesser, dahingestellt von OLG Hamburg 5. VII. 1962 VersR 1963 S. 154; weiteres Material bei Lenski a. a. O. S. 126—130). Es ist zu beachten, daß die allgemeine Haftpflichtv gemäß § 4 I Ziff. 6a AHaftpflB Haftpflichtschäden an gemieteten Sachen ausschließt.

Denkbar wäre theoretisch auch, daß der Mieter sich gegen die notwendigen Mehraufwendungen für den Fall vert, daß ein bestehendes günstiges Mietverhältnis vorzeitig endet (Umzugskosten, Baukostenzuschuß, Mehrmiete).

Bei Mietverträgen über Ferienwohnungen kann man im Blick auf den Fall plötzlich eintretender ernster Krankheit usw. eine Reise-Ausfallkosten-V abschließen (VA 1964 S. 117—118, Suppes VA 1964 S. 126).

Über einen Fall der **Kaufmiete** eines Kraftwagens mit Kaskov durch den „Verkäufer": OLG Hamburg 30. X. 1956 VersR 1957 S. 15—16.

[96] cc) Pacht.

Auch bei der Pacht handelt es sich um einen Gebrauchsüberlassungsvertrag, bei welchem das in Anm. 95 zur Miete Gesagte entsprechend gilt: Das Eigentümerinteresse verbleibt beim Verpächter, eine Veräußerung (§ 69 I) erfolgt nicht (Lenski a. a. O. S. 79—80 m. w. N.). — Zum „Sachersatz" —, also Haftpflichtinteresse des Pächters: Kisch III S. 121; § 4 I Ziff. 6a AHaftpflB. — Zum Forderungs- und Gewinninteresse des Verpächters im Hinblick auf den Pachtzins: Kisch III S. 115. Das Interesse wird hinsichtlich des Solvenzrisikos vermindert durch das gesetzliche Pfandrecht des Verpächters (§§ 581 II, 559—560, 585 BGB). — Zum Gebrauchsrechtsinteresse des Pächters: Ehrenzweig S. 208, der zu Unrecht annimmt, wenn die Sache schlechtweg vert werde, könne sich schon aus der Eigenschaft des Vmers als Pächter ergeben, daß dessen Interesse vert werden sollte; dem Ver muß vielmehr erkennbar sein, daß es sich um die spezielle (und seltene) Deckung des Pächterinteresses handle.

Nun tritt aber bei der Pacht zum bloßen Gebrauchsrecht des Pächters das **Recht auf** den Genuß der **Früchte** hinzu (§ 581 I 1 BGB). Über das Interesse des Pächters am Fruchtgenußrecht und an seiner Fruchtanwartschaft vgl. Anm. 70, 71. Eine Hagelv deckt bei bestehendem Pachtverhältnis den Pächter, sie geht bei Verpachtung vom Eigentümer auf den Pächter über (§ 115); maßgebend ist zeitlich der Beginn des Fruchtziehungsrechts, auch wenn eine behördliche Genehmigung der Verpachtung mit Wirkung ex tunc erst später erteilt wird (Prölss[15] Anm. 3 zu § 115, S. 432). Wechselt der Pächter, so geht auch die Hagelv über (KG 12. VII. 1930 VA 1930 S. 209 Nr. 2171 = JRPV 1930

S. 402—403). Gibt der Pächter die Sache in Unterpacht, so geht gleichfalls die Hagelv über (Prölss[15] Anm. 2 zu § 115, S. 431). Fällt aber das Fruchtgenußrecht nach dem Ende einer Pacht wieder dem Eigentümer zu, so geht die V nicht auf den Eigentümer über (RG 4. VII. 1939 RGZ Bd 161 S. 86—90, wo auch für den Fall des Pächterwechsels offenbar die Anwendbarkeit des § 115 geleugnet werden soll [Vorinstanz: OLG Celle 2. XII. 1938 VA 1939 S. 218—219 Nr. 3104 = HansRGZ 1939 A Sp. 200—203], LG Berlin 22. XI. 1913 VA 1914 Anh. S. 46—47 808, a. M. KG 12. VII. 1930 VA 1930 S. 209 Nr. 2171 = JRPV 1930 S. 402—403). Weiteres Material zu alledem Pfeiffer JRPV 1930 S. 144—147, v. Stackelberg JRPV 1937 S. 147; RAA VA 1913 S. 119. Einen Sonderfall, in welchem der Verpächter die Ernte noch für eigene Rechnung vern konnte, erörtert RG 11. XII. 1889 RGZ Bd 26 S. 217—224, speziell S. 221. Zur Frage, ob der Pächter mit dem Eigentumserwerb an den Früchten auch in eine V eintritt, die der Verpächter für die Früchte abgeschlossen hat, Lenski a. a. O. S. 91—92.

Weitere Besonderheiten ergeben sich bei der Pacht aus der Rechtsbehandlung des **Inventars.** Das formale Eigentümerinteresse verbleibt beim Verpächter, auch wenn der Pächter das Inventar zum Schätzungswerte übernimmt, denn dies ändert nichts am Eigentum des Verpächters, und vom Pächter neu angeschaffte Stücke werden gemäß § 588 II 2 BGB mit der Einverleibung in das Inventar Eigentum des Verpächters. Aber bei Übernahme des Inventars zum Schätzungswerte trägt der Pächter die Gefahr zufälliger Schäden, auch hat der Pächter ein beschränktes Verfügungsrecht (§ 588 I BGB). Hieraus ergibt sich für ihn ein wirtschaftliches Eigentümerinteresse, das er für eigene Rechnung vern kann (im Ergebnis ebenso Lenski a. a. O. S. 90—91 m. w. N., RG 14. VI. 1904 RGZ Bd 58 S. 273—277, wo der Pächter eigene Sachen und Sachen des Verpächters, letztere für eigene Rechnung, vert hatte; der Gesichtspunkt der mittelbaren Stellvertretung wird dabei allerdings zu Unrecht herangezogen; Kisch III S. 121—122 scheint lediglich ein Haftpflichtinteresse, ein „Sachersatzinteresse" des Pächters hinsichtlich des Inventars annehmen zu wollen).

Oft wird dem Pächter eine Vspflicht auch hinsichtlich des Inventars auferlegt; dieser wird genügt durch eine V für fremde Rechnung zugunsten des Verpächters.

Zur Ablehnung von Inventarstücken, die der Pächter angeschafft hat, durch den Verpächter: §§ 589 II, 594 BGB und vsrechtlich Lenski a. a. O. S. 92.

Im Falle RG 14. VI. 1910 RGZ Bd 74 S. 126—130 hatte ein Dritter die V genommen, aber zugunsten des Pächters, und der Pächter hatte unter Eigentumsvorbehalt des Verkäufers eine Landmaschine gekauft: Die V soll auch hinsichtlich dieser noch nicht voll bezahlten Landmaschine den Pächter schützen.

Ein Pfandrechtsinteresse des Grundstückpächters am Inventar begründet § 590 BGB.

Älteres Material zum versicherbaren Interesse des Verpächters und Pächters bei Malss ZHR Bd. 13 S. 418—430.

[97] dd) Leihe.

Bei der Leihe als unentgeltlichem Gebrauchsüberlassungsvertrag steht das Eigentümerinteresse dem Verleiher zu (so für einen einem Dritten unentgeltlich überlassenen Schuppen RG 3. VII. 1931 VA 1931 S. 232—233 Nr. 2305 = JRPV 1931 S. 238). Eine V des Sachersatz-, also Haftpflichtinteresses sieht die Klausel 2.06 b Klauseln der Feuerv bei geliehenen Schuhmaschinen vor (Raiser Anm. 5 zu § 3, S. 110), vgl. ferner Anm. 75, Kisch III S. 121—122, § 4 I Ziff. 6a AHaftpflB. Falls der Entleiher, wozu er nicht selten verpflichtet wird (z. B. bei Gemäldeausstellungen), die entliehene Sache für Rechnung, also zu Gunsten des Verleihers vert, so deckt er dadurch wirtschaftlich zugleich sein Haftpflichtinteresse, weil der Ver niemals gegen den Vmer Regreß nehmen kann (so wohl auch Ehrenberg Festgabe a. a. O. S. 41—42).

[98] ee) Darlehen (Sicherungsübereignung).

aaa) Kredit und Versicherung

Die wichtigste Erscheinungsform des Kreditgeschäftes ist das Darlehen. Über den Fall, daß Kredit durch Hinausschiebung der Leistung aus anderen Schuldverhältnissen gewährt wird, insbesondere über den Kreditkauf vgl. Anm. 91, 92. Das Risiko aus einem ungesicherten Darlehen, einem reinen **Personalkredit,** kann im Wege einer Kreditversicherung gedeckt werden. Erwähnt sei die V von Kleinkrediten gegen die Ausfälle, welche der Kreditgeber (Vmer) „aus der Gewährung der Kleinkredite infolge der Zahlungsunfähigkeit der Kleinkreditnehmer . . . erleidet".

Tritt neben den Darlehensschuldner ein Mitverpflichteter, z. B. durch Bürgschaft, Schuldbeitritt oder Ausstellung eines auf den Darlehensschuldner gezogenen und von diesem akzeptierten Wechsels, so muß eine etwaige Kreditv die Existenz dieses zweiten Garanten berücksichtigen. Der Vsfall tritt z. B. ein, wenn auch der Mitverpflichtete zahlungsunfähig wird.

Das Risiko aus einem Personalkredit kann auch dadurch gemindert werden, daß eine Personenv auf die Person des Darlehensnehmers abgeschlossen wird, sei es vom letzteren, sei es vom Kreditgeber. Bei einer Todesfallv oder Unfallv, die vom Kreditgeber genommen wird, ist das Einwilligungserfordernis der §§ 159 II 1, 179 III 1 zu beachten. Den Bedürfnissen des Kreditgebers genügt bei Darlehen mit allmählicher Tilgung eine Lebensv mit fallender Vssumme. Tritt der Darlehensnehmer als Vmer auf, so muß der Kreditgeber im Wege der Abtretung oder unwiderruflichen Bezugsberechtigung gesichert werden, wobei es ausreicht, wenn sich die Sicherung auf die jeweils verbleibende Darlehensschuld beschränkt.

Bei **Realkredit** dienen Gegenstände (Sachen oder Rechte) zur Sicherung des Darlehensgebers, speziell Grundstücke (Immobiliarkredit) oder bewegliche Sachen (Mobiliarkredit).

Die **Immobiliarsicherung** erfolgt durch Hypotheken, Grundschulden oder Rentenschulden. Ein Darlehensgläubiger, der zugleich Realgläubiger ist, kann entweder sein Forderungsinteresse vern, das schon beeinträchtigt wird, falls eine fällige Zins- oder Tilgungsrate nicht bezahlt wird, oder sein Interesse am Pfandrecht, das nur beeinträchtigt wird, falls und soweit er aus dem Grundstück keine Befriedigung erlangt (zur V des Pfandgläubigerinteresses: Anm. 70). Eine V des Eigentümerinteresses schützt mittelbar auch den Realgläubiger, sogar bei „krankem" Vsverhältnis (§§ 1127 bis 1130, 1192 I, 1200 I BGB, §§ 99—107c, ferner Brisken, Der Schutz der Hypothekengläubiger bei Gebäudev, Karlsruhe 1964, Petersen, Der Schutz des Realberechtigten in der Immobiliarfeuerv, Hamburger Diss. 1964). — Das Schiffs- und Luftfahrzeughypothekenrecht ist weitgehend dem Grundstückspfandrecht angenähert (§§ 32 bis 38 G über Rechte an eingetragenen Schiffen und Schiffsbauwerken, §§ 32—38 G über Rechte an Luftfahrzeugen). — Die zitierten Schutzvorschriften führen entweder zu einer Erstreckung des Pfandrechts auf die Sachvsforderung oder sogar zur V des Realgläubigerinteresses (vgl. § 105). Dafür steht die Klausel 5.07 Klauseln der Feuerv zur Verfügung:

„5.07 Versicherung des hypothekarischen Interesses.

Die V deckt nach Maßgabe der Allgemeinen Feuervs-Bedingungen und der folgenden Bestimmungen des hypothekarische Interesse, das dem Vmer als Gläubiger der im Grundbuch Band . . . Blatt . . . Abt. III unter Nr . . . eingetragenen Hypothek — Grundschuld — Rentenschuld an den im Vsschein bezeichneten Gebäuden zusteht.

1. Vswert ist der Kapitalbetrag des Realrechts einschließlich der rückständigen und bis zur Entschädigungszahlung fällig werdenden Zinsen und Nebenleistungen und der Kosten. Die Entschädigung ist jedoch, auch wenn mehrere Realgläubiger ihr Interesse vert haben, auf den Betrag des Neubauwertes der Gebäude beschränkt. Mehreren Vmern wird nach Maßgabe ihres Ranges gehaftet.

2. Die Ersatzpflicht ist ausgeschlossen, wenn und soweit nach dem Schaden der gemeine Wert der verpfändeten Grundstücke und der Gebäudereste das hypothekarische Interesse noch deckt, ferner wenn und soweit der gemeine Wert der verpfändeten Grundstücke und Gebäude schon vor dem Schaden das hypothekarische Interesse nicht mehr gedeckt hat.

3. Der Vmer hat dem Ver auf Verlangen die durch das Realrecht gesicherte Forderung nebst dem Realrecht insoweit zu übertragen, als dieser ihm den Schaden ersetzt.

4. Die V erlischt, wenn das Realrecht des Vmers erlischt oder, abgesehen von Erbschaftsfällen, auf einen anderen übergeht oder wenn die Gebäude ganz oder teilweise vom Eigentümer oder für dessen Rechnung vert werden.

Bemerkung:

Die vorstehende Klausel ist auch dann anzuwenden, wenn die V von dem Realgläubiger gemäß § 105 VVG beantragt wird. Als Vssumme ist in allen Fällen der Betrag der Hypothek zuzüglich eines Pauschalbetrages in Höhe der schätzungsweise zu erwartenden Zinsen und Kosten zu wählen. Ob und welcher Schaden an dem hypothekarischen Interesse eingetreten ist, wird im Schadenfall gegebenenfalls im bedingungsmäßigen Sachverständigenverfahren zu ermitteln sein; es braucht nicht erst die Zwangsversteigerung des Grundstücks abgewartet zu werden."

Beim **Mobiliarkredit** setzt eine **Verpfändung** nach dem das deutsche Recht beherrschenden Faustpfandprinzip die Übergabe der Sache an den Darlehensgeber voraus. Eine vom Eigentümer genommene Sachv schützt den Pfandgläubiger nicht; das Pfandrecht erstreckt sich nicht auf die Mobiliarvsforderung. Dem Pfandgläubiger muß deshalb die Sachvsforderung gesondert verpfändet oder abgetreten werden. Eine Abtretung spielt besonders bei Pachtkrediten eine Rolle:

„Die Vsansprüche tritt der Pächter der Bank sicherungshalber in Höhe der pfandgesicherten Forderung mit Rang von dem Reste ab. Mit jeder Erhöhung der pfandgesicherten Forderung, insbesondere mit Gewährung eines Zusatzdarlehens, erhöht sich in gleichem Maße der Betrag dieser Abtretung. Die Vsgesellschaft ist auf Verlangen anzuweisen, der Bank einen Sicherungsschein zu erteilen."

Der Sicherungsschein besagt dann allerdings: „Die V gilt für Rechnung der Pachtbank". Danach würde es sich nicht um eine Abtretung der Vsforderung des Pächters (für sein Eigentümerinteresse am Inventar), sondern um eine V zugunsten der Pachtbank (für ihr Pfandgläubigerinteresse) handeln. Muster 286—287 in: Schütz-Trost, Bankgeschäftliches Formularbuch, 15. Aufl., Berlin 1959, S. 371—374.

Ausnahmsweise erstreckt sich das gesetzliche Pfandrecht des Lagerhalters wegen der Lagerkosten auf die Forderung aus einer Feuerv (§ 22 I 2 OrderlagerscheinVO).

Für Pfandleihen lautet die Klausel 8.03 Klauseln der Feuerv:

„Die Entschädigung für die Pfänder beschränkt sich auf den Betrag, den der Vmer den Pfandgebern als Schadenersatz zu leisten und nachweislich geleistet hat, äußerstenfalls auf den Betrag des im Pfandbuch eingetragenen Schätzungswertes. Soweit der Vmer dem Pfandgeber keinen Schadenersatz leistet, wird Entschädigung nur bis zur Höhe des beliehenen Wertes zuzüglich der nachweislich aufgelaufenen Zinsen und Lagerspesen gewährt. Die Pfandbücher sind, solange sie nicht im Gebrauch sind, feuersicher aufzubewahren."

Der Darlehensgeber, der als Vmer auftritt, vert nur eigene Interessen. Dabei handelt es sich um das Sachersatz-, also ein Haftpflichtinteresse, sofern dem Pfandgeber Schadensersatz zu leisten ist, nachdem dieser das Darlehen zurückgezahlt hat und die Pfandsache nicht unversehrt zurückerlangen kann. Verfällt das Pfand, so bezieht sich der Vsschutz auf das Pfandrechtsinteresse im Werte des Darlehens zuzüglich Zinsen und Lagerspesen. § 8 VO über den Geschäftsbetrieb der gewerblichen Pfandleiher vom 1. II. 1961, BGBl. I S. 58 fordert jedoch eine Sachv zugunsten des Eigentümers („Der Pfandleiher hat das Pfand mindestens zum doppelten Betrag des Darlehens gegen Feuerschäden, Leitungswasserschäden, Einbruchsdiebstahl sowie angemessen gegen Beraubung zu vern"), so daß eine V gemäß Klausel 8.03 Klauseln der Feuerv nicht genügt. Vgl. auch Klausel Nr. 36 ED-Klauselheft.

[99] bbb) Spezielles zur Sicherungsübereignung

α) Grundlegung

Das Faustpfandprinzip beraubt den Sicherungsgeber bei einer Verpfändung des Besitzes. Hieraus erklärt sich die Entstehung und Bedeutung der Sicherungsübereignung, welche auf dem juristischen Wege über die §§ 929[1], 930 BGB dem Sicherungsgeber den unmittelbaren Besitz beläßt.

Spezialschrifttum zum Fragenkreis Sicherungsübereignung und V: Bischoff ZVersWiss 1963 S. 198—203, Elkan a. a. O. S. 38—41, Fromm JRPV 1929 S. 57—58, Hallbauer Das Recht 1909 Sp. 688—696, Hellweg ÖffrV 1930 S. 53—56, JRPV 1930 S. 177—179, Helm JRPV 1927 S. 216—218, Junck JRPV 1927 S. 235—236, Kedenburg JRPV 1926 S. 337—339, Koch BetrBer 1950 S. 307, Lenski a. a. O. S. 74—79, Löffler, Kraftfahrzeugv und Autoabsatzfinanzierung, Hamburger Diss. 1937, Mayer JRPV 1932 S. 145—147, Mühsam-Werther JW 1927 S. 160—161, Prölß JW 1934 S. 2135, Raiser VersR 1954 S. 201—204, Richter BetrBer 1950 S. 227—228, Schlössingk, Sicherungsübereignung und Übereignung unter Eigentumsvorbehalt im Falle der V der übereigneten Sachen, Erlanger Diss. 1933, Berlin 1933, Schultz ZfV 1956 S. 582—584, 780—781, Sieg Der Betrieb 1953 S. 482—483, VersR 1953 S. 219—221, Starck NeumannsZ 1934 S. 53—54, Steenhoff, Kredit- und Mobiliarv als Kreditsicherung im Inlandsgeschäft der Banken und Sparkassen, ungedruckte Hamburger Diss. 1962, Stoeber, Eigentumsanwartschaft und Vsrecht, Göttinger Diss. 1936, Bleichenrode 1936, Thiele a. a. O. S. 25—31, Vassel MDR 54 S. 710 bis 713, Wolff a. a. O. S. 48—51.

Hatte der Sicherungsgeber sein eigenes Sachinteresse vert, so **geht** gemäß § 69 I mit der Sicherungsübereignung nach der formalen h. M. das **Versicherungsverhältnis auf den Sicherungsnehmer über** (so schon zum vorgesetzlichen Recht RG 4. III. 1910 RGZ Bd 73 S. 141—143, sodann z. B. RG 17. VI. 1927 RGZ Bd 117 S. 270—272, 8. VI. 1934 RGZ Bd 144 S. 395—397, BGH 28. X. 1953 BGHZ Bd 10 S. 378—379, 21. III. 1963 VersR 1963 S. 516, vgl. ferner Anm. 55); eine Änderung des Vsortes — wie sie bei Verkauf unter Eigentumsvorbehalt die Regel bildet — findet durchweg nicht statt. Wird eine Sicherungsübereignung nicht gemäß § 71 I angezeigt, so wird es nicht mehr als Entschuldigungsgrund angesehen, falls der Anzeigepflichtige annimmt, es liege keine Veräußerung vor (Anm. 68 m. w. N.).

Aber der **Sicherungsgeber,** der den Kredit auch bei zufälliger Zerstörung oder Beschädigung der Sache zurückzuzahlen hat, besitzt **auch** ein **eigenes** versicherbares **Interesse,** das einen Vswert in Höhe des vollen Sachwertes hat (BGH 28. X. 1953 BGHZ Bd 10 S. 380, 381). Da nach der h. M. im Zweifel das Interesse des sachenrechtlichen Eigentümers vert ist, empfiehlt es sich, daß der Sicherungsgeber bei Vertragsabschluß erkennbar macht, er wolle sein eigenes wirtschaftliches Eigentümerinteresse vern. Der BGH a. a. O. S. 382 läßt dahingestellt, ob das Interesse des Sicherungsgebers „nur bei besonderer Vereinbarung als vert anzusehen ist“.

Es liegt **keine Doppelversicherung** vor, wenn nebeneinander die Interessen des Sicherungsnehmers und Sicherungsgebers vert sind; auch eine analoge Anwendung der Doppelvsregelung kommt nicht in Betracht (Anm. 63).

Wird die Sache zerstört, so tritt beim Sicherungsnehmer die Vsforderung — und nach deren Einziehung die Vsentschädigung — wirtschaftlich an die Stelle der Sache. Tilgt der Sicherungsgeber den ihm gewährten Kredit vollständig, so müßte der Sicherungsnehmer die Sache zurückübereignen; nach Zerstörung der Sache hat er die Vsforderung — oder einen Betrag in Höhe der Vsentschädigung — gemäß § 281 I BGB dem Sicherungsgeber herauszugeben. Bei gegenseitigen fälligen Geldforderungen kommt eine Aufrechnung seitens des Sicherungsgebers oder -nehmers in Betracht.

Ist die Sache nur beschädigt, so kann der Sicherungsnehmer nach Treu und Glauben verpflichtet sein, die Vsleistung zur Wiederherstellung der vten Sache zur Verfügung zu stellen, sobald die bestimmungsmäßige Verwendung des Geldes gesichert ist. Nur dadurch wird der Sicherungsgeber in die Lage versetzt, z. B. mit einem übereigneten Lastkraftwagen weiter zu arbeiten und aus dem Einkommen den Kredit abzudecken.

Soweit der Sicherungsgeber auf die angegebene Weise etwas erlangt, erleidet er keinen Schaden; seine eigene V braucht also nur subsidiär einzutreten. Hat sein Ver vorgeleistet, so kann dieser Ver das Geleistete aus § 812 I 2 BGB zurückfordern, sobald der Sicherungsgeber auf dem Wege über die V des Sicherungsnehmers schadlos gestellt ist.

Eine Doppelv entsteht jedoch, wenn auf den Sicherungsnehmer nach der h. M. eine V des Sicherungsgebers übergeht, außerdem aber die Sicherungsnehmer eine eigene V nimmt.

Bei Sicherungsübereignungen wird die **Veräußerungsanzeige** (§ 71 I) oft **unterlassen.** Aber gemäß §§ 2 I 2 AFB, AEB sind auch Sachen vert, die der Vmer „sicherungshalber übereignet hat und für die dem Erwerber ein Entschädigungsanspruch gemäß § 71 Abs. 1 Satz 2 VVG nicht zusteht", weil die Anzeigepflicht schuldhaft verletzt worden ist.

In Anm. 68 ist geschildert worden, daß gemäß BGH 28. X. 1953 BGHZ Bd 10 S. 377 bis 385 dennoch dem Sicherungsnehmer aus §§ 2 I 2 AFB, AEB der Entschädigungsanspruch zustehen soll, zwar nicht aus § 69 I, wohl aber aus § 75 I 1 (V für fremde Rechnung). Stellt man sich auf den Boden dieser (sehr angreifbaren) Entscheidung, so entsteht eine Doppelv, wenn solche Fremdv zugunsten des Sicherungsnehmers mit einer von ihm selbst genommenen V zusammentrifft.

[100] β) Kreditpraxis.

αα) Versicherungspflicht.

In der Kreditpraxis sind mannigfaltige Formen der V im Zusammenhang mit Sicherungsübereignungen entwickelt worden.

Regelmäßig wird dem Kreditnehmer eine Vspflicht auferlegt (Steenhoff a. a. O. S. 137—140). Dabei werden die zu versichernden Interessen, Gefahren und Vssummen üblicherweise festgelegt; bei Kraftfahrzeugen oft nicht nur hinsichtlich der Fahrzeug-, sondern auch der Haftpflichtv. Nimmt ausnahmsweise der Kreditgeber die V, so wird meistens der Kreditnehmer verpflichtet, die Prämie zu erstatten. Hat der Kreditgeber eine Kreditv abgeschlossen, so hält oft der Kreditver den Kreditgeber dazu an, daß Sachvsverträge zustande kommen.

Zur Vspflicht vgl. z. B. Ziff. 5 Allgemeine Sicherungsübereignungs-Bedingungen (bei: Schütz-Trost, Bankgeschäftliches Formularbuch, 15. Aufl., Berlin 1959, S. 508, Muster 394):

> „(I) Der Sicherungsgeber verpflichtet sich, das Sicherungsgut für die Dauer der Übereignung auf eigene Kosten in voller Höhe gegen die Gefahren, gegen die der Bank ein Vsschutz erforderlich erscheint, zu vern, der Bank auf Verlangen die Vsscheine vorzulegen und die Vsgesellschaft zu ersuchen, der Bank die üblichen Sicherungsscheine zu übersenden. Wenn der Sicherungsgeber die V nicht oder nicht ausreichend bewirkt hat, darf die Bank dies auf Gefahr und Kosten des Sicherungsgebers tun. Auf Wunsch der Bank wird der Sicherungsgeber die V zu Gunsten dessen, den es angeht, oder auf den Namen der Bank nehmen.
>
> (II) Alle Vs- und Schadensersatzansprüche, welche der Sicherungsgeber wegen Verlusten oder Schäden an dem Sicherungsgut der Bank erwirbt, gehen mit ihrer Entstehung auf die Bank über."

Vgl. auch Ziff. 9 Sicherungsübereignungsvertrag bei: Schütz-Trost a. a. O. S. 512, Muster 396.

[101] ββ) Versicherungsformen außerhalb Kraftfahrversicherung.

Die in den Klauseln vorgesehene Abtretung an den Kreditgeber (Sicherungsnehmer) ist nur sinnvoll, soweit der Kreditnehmer (Sicherungsgeber) eine V für eigene Rechnung nimmt; die Abtretung könnte sich dabei beschränken auf die Höhe des jeweils noch offenen Kredites. Zur Abtretung auch Steenhoff a. a. O. S. 151—153. Über Abtretungen bei Import-Sicherungsverträgen mit Sicherungsübereignung: Schütz-Trost a. a. O. S. 522, 524, Muster 412, 413.

Sieht man von dem rechtstechnischen Instrument der Abtretung ab, so ist festzustellen, daß die verschiedenen Formen von **Sicherungsscheinen und Sicherungsbestätigungen** zu einer **V des Interesses des Kreditgebers** (Sicherungsnehmers) führen, sei es zu einer ausschließlichen V dieses sachenrechtlichen Interesses, sei es zu einer Kombination mit einer V des wirtschaftlichen Interesses des Kreditnehmers (Sicherungsgebers).

Für die Feuerv von Handelswaren gibt es den Warensicherungsschein bei Sicherungsübereignung vter Waren (Schütz-Trost a. a. O. S. 525—526, Muster 416). Danach ist Vmer der Sicherungsgeber. Die Wirkungen des § 69 I sollen nicht eintreten, womit auch der Ver einverstanden ist. Aber die V der übereigneten Waren gilt für Rechnung des Sicherungsnehmers. Es handelt sich also um eine V für fremde Rechnung. Jedoch wird das Verfügungsrecht des Vmers (vgl. § 76 I) praktisch beseitigt. Ist der Ver „wegen des Verhaltens des Vmers nach dem Vsvertrage von der Entschädigungspflicht frei", so soll trotz solcher „Krankheit" des Vsverhältnisses der Sicherungsnehmer Vsschutz genießen, hier aber nur „bis zur Höhe der Forderung, zu deren Sicherung die vten Waren übereignet sind" und vorbehaltlich eines Regresses gegen den Sicherungsgeber (Vmer).

Für die Feuerv von Maschinen und Einrichtungsgegenständen gibt es die Sicherungsbestätigung für Maschinen und Einrichtungsgegenstände (Schütz-Trost a. a. O. S. 526—527, Muster 417), und es ist eine analoge Regelung wie bei den Handelswaren vorgesehen, nur schützt die Sicherungsbestätigung den Sicherungsnehmer nicht bei krankem Vsverhältnis.

Für die Einbruchsdiebstahlv von sicherungsübereigneten Sachen gibt es die Sicherungsbestätigung bei Sicherungsübereignung vter Gegenstände (Schütz-Trost a. a. O. S. 527—528, Muster 418). Wieder ist Vmer der Sicherungsgeber und § 69 I bleibt außer Anwendung. Jedoch ist hier nicht nur das Interesse des Sicherungsnehmers vert, sondern zugleich jenes des Sicherungsgebers: „Die V der übereigneten Gegenstände gilt insoweit für Rechnung des Kreditgebers, als die Vssumme den Darlehensbetrag einschließlich Nebenleistung und Kosten nicht übersteigt". Soweit die V eine V für fremde Rechnung, also zugunsten des Sicherungsnehmers ist, ist das Verfügungsrecht des Vmers beseitigt. Auf Fälle eines „kranken" Vsverhältnisses erstreckt sich der Schutz des Sicherungsnehmers nicht.

Hat der Vmer außer sicherungsübereigneten auch andere Sachen vert, so kann es erwünscht sein, eine Teilv aus der Stammv abzuzweigen. Hierzu dient der Gelbe Vsschein (Schütz-Trost a. a. O. S. 528—529, Muster 419). Nachdem der Sicherungsgeber die Prämie vorausgezahlt hat, wird hinsichtlich der abgezweigten Teilv der Sicherungsnehmer als Vmer bezeichnet. Es handelt sich um eine V ausschließlich für eigene Rechnung des Sicherungsnehmers (Kreditinstitutes). Näheres zum Gelben Vsschein: Raiser Anm. 92 zu § 18, S. 479—481. — Über die Ausstellung von Sicherungsscheinen bei Stichtagsven vgl. Erläuterungen Ziff. 3 zu Klausel 5. 01 Klauseln der Feuerv.

[102] γγ) Versicherungsformen in der Kraftfahrversicherung.

Bei der Sicherungsübereignung von Kraftfahrzeugen werden im Zusammenhang mit der Fahrzeug- und Haftpflichtv besondere Formulare verwendet, speziell der auf Grund einer „Erklärung des Vmers" (gegenüber dem Ver) vom Ver dem Sicherungsnehmer übermittelte „Sicherungsschein" (vgl. auch Stiefel-Wussow[5] S. 582—583).

Siehe hierzu die Formular-Muster auf nachfolgenden S. 112—113.

Die V wird danach vom Sicherungsgeber genommen. Ist sie bereits vor der Sicherungsübereignung abgeschlossen, so sollen offenbar die Rechtsfolgen des § 69 I nicht eintreten. „Die V gilt . . . in Höhe des vom Vmer geschuldeten Betrages für Rechnung des genannten Kreditgebers". Es handelt sich also primär um eine V für fremde Rechnung zugunsten des Sicherungsnehmers, hinsichtlich des überschießenden Betrages um eine V für eigene Rechnung des Sicherungsgebers (Vmers). Es wird also das Eigentumsinteresse des Sicherungsnehmers gemeinschaftlich mit dem Eigentümerinteresse des Sicherungsgebers in einem Vertrage vert (BGH 25. XI. 1963 BGHZ Bd 40 S. 300—301; ebenso kraft desselben Formulars im Falle des Eigentumsvorbehaltes: Anm. 91). BGH 28. X. 1953 BGHZ Bd 10 S. 381 erwähnt die beim Sicherungsschein in der Kraftfahrtv „gegebene Möglichkeit, daß durch den gleichen Vertrag beide Interessen zugleich gedeckt werden, daß sich also die V sowohl als Eigen- wie auch als Fremdv darstellt". Was das Verfügungsrecht des Vmers anlangt, so bestätigt der Sicherungsschein dem Sicherungsnehmer: „eine Entschädigung aus der Fahrzeugv für das bezeichnete Fahrzeug wird, wenn sie DM 100,— übersteigt, ohne Ihre schriftliche Zustimmung nicht an den Vmer, sondern an Sie . . . gezahlt, höchstens jedoch bis zu dem von Ihnen . . . anzugebenden Betrag, den der Vmer noch schuldet". Für den Fall des „kranken" Vsverhältnisses ist der Sicherungsnehmer nicht besonders geschützt (vgl. aber den Sonderfall: BGH 25. XI. 1963 BGHZ Bd 40 S. 297—305). Zuweilen geht allerdings der Vsschutz zugunsten des Sicherungsnehmers über jenen hinaus, den der Vmer (Sicherungsgeber) genießt (BAA VA 1956 S. 24; Wussow[5] Anm. 23 zu § 3, S. 131—132: Verzicht auf den Einwand

Erklärung des Versicherungsnehmers zu K ....

Der Unterzeichner ....
(Vor- und Zuname)

Stand oder Beruf ....

Anschrift ....
(Postleitzahl)

hat dem Kreditgeber (Firma) ....

das Kraftfahrzeug mit folgenden Erkennungsmerkmalen:

Art und Verwendung				Hersteller des Fahrgestells
Nr. des Fahrgestells	Hubraum, Brems-PS, Nutzlast	Plätze	Baujahr	amtl. Kennzeichen
Kraftfahrzeughändler:				

zur Sicherung gegenwärtiger und künftiger Forderungen übereignet. Zur Tilgung der Schuld ist Ratenzahlung vereinbart/nicht vereinbart*. Fälligkeit der letzten Rate oder der Gesamtschuld am ....

Der Unterzeichner erklärt sich damit einverstanden,

1. daß für die bei der **x-Versicherungsgesellschaft** abgeschlossene bzw. abzuschließende Fahrzeugversicherung bis zum Fortfall des Sicherungsrechts — maßgebend ist die schriftliche Mitteilung der unter a) genannten Personen — die folgenden Bestimmungen gelten:
   a) Die Versicherung gilt, wenn die Entschädigung DM 100,— übersteigt, in Höhe des vom Versicherungsnehmer geschuldeten Betrages für Rechnung des genannten Kreditgebers oder des Kraftfahrzeughändlers, falls dieser die Forderung gegen den Versicherungsnehmer erworben hat und der Übergang der Forderung dem Versicherer angezeigt wurde.
   b) In Abweichung von den Allgemeinen Bedingungen für die Kraftverkehrsversicherung sind allein die unter a) genannten Gläubiger oder ein von diesen namentlich benannter Dritter berechtigt, über die Rechte aus dem Versicherungsvertrag zu verfügen, insbesondere die Entschädigung anzunehmen und diese Rechte neben dem Versicherungsnehmer gerichtlich geltend zu machen, und zwar auch dann, wenn sie sich nicht im Besitz des Versicherungsscheines befinden.
2. daß für den Fall der Einbeziehung der Versicherungsprämie in die Finanzierung eine Prämienerstattung bei vorzeitiger Beendigung des Versicherungsvertrages (Haftpflicht- und/oder Fahrzeugversicherung) an den nach 1. a) oder b) Berechtigten vorgenommen wird, höchstens jedoch bis zu dem Betrage, den der Versicherungsnehmer noch schuldet.

Für den Kreditgeber soll ein Sicherungsschein ausgestellt werden.

...., den ....

....
(Unterschrift des Versicherungsnehmers)

* Nichtzutreffendes streichen.

Sicherungsschein

zur Kraftverkehrsversicherung Nr. ....

(Nr. des Finanzierungsvertrages: ....)

Wir teilen Ihnen hierdurch mit, daß
Herr/Frau/Fräulein/Firma
für das folgende Kraftfahrzeug:

Art: Fabrikat:
Nr. des Fahrgestells: amtl. Kennzeichen:

eine **Haftpflichtversicherung**
Fahrzeugvollversicherung ohne/mit DM .... Selbstbeteiligung*)
Fahrzeugteilversicherung*)

abgeschlossen hat. Mitgedeckt nach den hierfür maßgebenden Sonderbedingungen ist das Einstellraumrisiko für die Dauer der Nichtbenutzung des abgestellten Fahrzeuges. Die Deckung des Einstellraumrisikos gilt längstens für die Dauer eines Jahres seit Abmeldung bei der Zulassungsstelle.

Wir haben Deckung erteilt. Die Versicherung läuft bei uns unter obiger Versicherungsschein-Nummer.

Der Vertrag ist abgeschlossen für die Zeit vom ....

bis .... und verlängert sich stillschweigend jeweils um ein Jahr, wenn er nicht gekündigt wird.**)

Die Prämie ist entrichtet bis zum ....

Auf Grund der Erklärung des Versicherungsnehmers sind wir bis zum Wegfall Ihres Sicherungsrechts — wenn angegeben ist der Fälligkeitstermin in der Erklärung des Versicherungsnehmers, andernfalls Ihre schriftliche Mitteilung maßgebend —, längstens aber bis zum Ablauf des Versicherungsvertrages zu folgendem bereit:

1. Eine Entschädigung aus der Fahrzeugversicherung für das bezeichnete Fahrzeug wird, wenn sie DM 100,— übersteigt, ohne Ihre schriftliche Zustimmung nicht an den Versicherungsnehmer, sondern an Sie oder an den Kraftfahrzeughändler

   ....
   (Name)

   sofern dieser die Forderung gegen den Versicherungsnehmer erwirbt und uns dieses vor Auszahlung der Entschädigung angezeigt wird, oder an einen von Ihnen oder dem Kraftfahrzeughändler namentlich benannten Dritten gezahlt, höchstens jedoch bis zu dem von Ihnen oder der Verkäuferfirma anzugebenden Betrag, den der Versicherungsnehmer noch schuldet.
2. Falls die Versicherungsprämie in die Finanzierung einbezogen ist, wird eine Prämienerstattung bei vorzeitiger Beendigung des Versicherungsvertrages (Haftpflicht- und/oder Fahrzeugversicherung) an Sie oder an den sonst nach 1. Berechtigten vorgenommen, höchstens jedoch bis zu dem angegebenen Betrag, den der Versicherungsnehmer noch schuldet.
3. Wir werden ihnen oder dem Kraftfahrzeughändler, falls uns dieser als Rechtsnachfolger benannt wurde, sofort Kenntnis geben, wenn
   a) dem Versicherungsnehmer eine Zahlungsfrist nach § 39 VVG gestellt worden und der angemahnte Betrag nicht spätestens eine Woche nach Abgang des Mahnschreibens eingegangen ist;
   b) der Versicherungsvertrag als Ganzes oder teilweise gekündigt oder vorzeitig beendet wird.
4. Sofern Sie oder der Kraftfahrzeughändler es binnen einer Woche nach Eingang unserer Mitteilung zu 3. beantragen, werden wir dem Antragsteller, ohne daß es einer besonderen Annahmeerklärung bedarf, für die Dauer von höchstens zwei Monaten, beginnend vom Zeitpunkt, in dem unsere Eintrittspflicht gegenüber dem Versicherungsnehmer aus den unter 3. a) oder b) genannten Gründen entfällt, Deckung in dem bisherigen Umfang für das Fahrzeug unter Verzicht auf die Leistungsfreiheit nach § 2, Abs. 2, Satz 2, VVG gewähren. Die Höhe der hierfür von ihnen oder dem Kraftfahrzeughändler zu entrichtenden Prämie bestimmt sich nach dem Tarif für die Kraftverkehrsversicherung. Der Antrag ist gegenstandslos, wenn der Versicherungsnehmer im Falle 3. a) die Zahlung binnen einem Monat nach Ablauf der Zahlungsfrist nachholt und der Versicherungsfall bis dahin nicht eingetreten ist.

---

* Nichtzutreffendes streichen.
** bei unterjähriger Versicherung streichen.

aus schuldhafter Herbeiführung des Vsfalles durch den Vmer). Über die Rechtslage, die sich solchenfalls ergibt, wenn der Ver die Kosten einer vom Vmer in Auftrag gegebenen Reparatur bezahlt: BGH 25. IV. 1960 VersR 1960 S. 529—530. Weiteres zum Kraftfahrzeug-Sicherungsschein Sieg Der Betrieb 1953 S. 482—483, VersR 1953 S. 219 bis 221, Spriestersbach VersR 1964 S. 910—911, Stiefel-Wussow[5] Anm. 23 zu § 3, S. 128—132.

Besonders schwierige Rechtsverhältnisse treten auf beim Sicherungsübereignungsvertrag zur Kraftfahrzeugfinanzierung von Kraftwagenhändlern (Schütz-Trost a. a. O. S. 529—532, Muster 420). Beteiligte sind der Kraftwagenhändler, welche Kraftwagen unter Eigentumsvorbehalt verkauft, der Käufer und eine Bank, welche als Finanzierer auftritt. Der Verkäufer zieht auf den Käufer Wechsel, welche dieser akzeptiert. Die Bank diskontiert dem Verkäufer die Kundenakzepte. Die Verkäuferfirma vereinbart mit der Bank:

> „IV. Die Firma darf die Benutzung der Kraftfahrzeuge nur gestatten, wenn eine Haftpflichtv besteht.
>
> Die Firma ist ferner verpflichtet, der Bank unverzüglich Mitteilung zu machen, wenn ein Vmer die Prämien der Kaskov nicht ordnungsgemäß entrichtet; wenn ein Vmer die Prämien der Pflicht-Haftpflichtv nicht ordnungsgemäß entrichtet, ist die Firma verpflichtet, unverzüglich das zuständige Straßenverkehrsamt zu unterrichten.
>
> V. Die Firma tritt die ihr aus der Kaskov zustehenden Ansprüche an die Bank ab. Die Bank hat jederzeit das Recht, die Abtretung der Vsansprüche der Vsgesellschaft anzuzeigen; die Firma ist hiermit unwiderruflich einverstanden.
>
> Die Firma ist verpflichtet, Beträge, die ihr aus der Kaskov zufließen, an die Bank abzuführen; die Bank ist verpflichtet, nach Einlösung der Wechsel diese Beträge der Firma zurückzugeben."

Hiernach wird davon ausgegangen, daß der Käufer den Kaskovsvertrag abschließt, und zwar als V zugunsten des Verkäufers, der seinerseits die Vsforderung an die finanzierende Bank zediert. Die V zugunsten des Verkäufers beruht auf dem oben behandelten Sicherungsschein. Der Verkäufer verliert das ursprünglich von ihm vorbehaltene Eigentum durch die Sicherungsübereignung, bleibt aber wirtschaftlich Eigentümerinteressent (neben dem Käufer), weil er aus der Wechselausstellung von der Bank in Anspruch genommen werden könnte. Vgl. auch die Fälle BGH 14. III. 1963 VersR 1963 S. 429—430, 4. IV. 1963 VersR 1963 S. 529, 25. XI. 1963 BGHZ Bd 40 S. 297—305.

Was die Autohaftpflichtversicherung anlangt, so sollen nach § 158h die Vorschriften über die Veräußerung der vten Sache sinngemäß gelten. Es ist aber umstritten, ob auch hier der Übergang des sachenrechtlichen Eigentums entscheiden soll oder der Wechsel der Haltereigenschaft. Die Frage gewinnt besonders bei der Sicherungsübereignung von Kraftfahrzeugen Bedeutung. Hierzu z. B. Capeller BetrBer 1952 S. 705, Dahlgrün BetrBer 1951 S. 878, Eder NJW 1953 S. 370—371, Horstmann VersR 1952 S. 219, Kramer VersR 1952 S. 338—339, Prölss JZ 1953 S. 658—659, Schmitt VersR 1954 S. 49—51, Vassel VersR 1952 S. 338—339, OLG Celle 23. I. 1952 VersR 1952 S. 224—225; unentschieden BGH 28. V. 1953 NJW 1953 S. 1182 = VersR 1953 S. 285.

[103] ff) Dienstvertrag.

Nach § 85 erstreckt sich eine **Feuerversicherung,** die für einen Inbegriff von Sachen genommen ist, auf Sachen der in einem Dienstverhältnis zu dem Vmer stehenden Personen, sofern diese Personen in häuslicher Gemeinschaft mit dem Vmer leben oder an dem Orte, für den die V gilt, ihren Beruf ausüben. Es handelt sich insoweit um eine der V für eigene Rechnung angehängte V für fremde Rechnung (V von Adhäsionsinteressen: Anm. 89). § 2 I 3 AFB hat den § 85 nicht unverändert übernommen, sieht vielmehr die Mitv der Sachen von Arbeitnehmern nur dann vor, wenn es sich um eine V von Hausrat oder von Arbeitsgerät handelt (Raiser Anm. 8 zu § 2, S. 101—102). Entsprechend der h. M. kommt es darauf an, ob der Arbeitnehmer sachenrechtlicher Eigentümer ist, aber in analoger Anwendung des § 2 I 2 AFB gelangt man zu dem Ergebnis, daß auch der von der Hausgehilfin unter Eigentumsvorbehalt des Verkäufers gekaufte und noch nicht voll bezahlte Radioapparat mitvert ist.

Nach Klausel 20 Klauseln der Feuerv kann die V für fremde Rechnung einerseits erweitert, andererseits durch eine Subsidiaritätsabrede eingeschränkt werden:

„Fremdv für Gebrauchsgegenstände von Betriebsangehörigen.

1. Werden in die V Gebrauchsgegenstände Betriebsangehöriger eingeschlossen, so wird die Entschädigung nur insoweit geleistet, als keine Entschädigung aus einer anderweitigen V erlangt werden kann.

2. Nicht vert sind: Kraftfahrzeuge, Bargeld und Wertpapiere sowie der in Wohnungen befindliche Hausrat."

Für die Einbruchdiebstahlv vgl. entsprechend § 2 I 3 AEB, Klausel Nr. 25 ED-Klauselheft.

Auch die **Betriebshaftpflichtversicherung** kennt eine Adhäsionsdeckung in § 151 I, jedoch nicht hinsichtlich sämtlicher Arbeitnehmer: Die Betriebshaftpflichtv des Vmers erstreckt „sich auf die Haftpflicht der Vertreter des Vmers sowie auf die Haftpflicht solcher Personen, welche er zur Leitung oder Beaufsichtigung des Betriebes oder eines Teiles des Betriebes angestellt hat". Die Bestimmung wird in § 7 I, II AHaftpflB nicht wiederholt, sondern als anwendbar vorausgesetzt (Wussow AHB[4] Anm. 1 zu § 7, S. 365 bis 366). Durch speziellere Vsbedingungen wird der Kreis der mitvten Personen oft noch weiter ausgedehnt, z. B. im Falle BGH 4. XII. 1958 VA 1959 S. 81—82 = VersR 1959 S. 42—43, wo betont wird, es stehe „den Mitvten Vsschutz unabhängig davon zu, ob der Haftpflichtfall zugleich auch eine Haftpflicht für den Vmer selbst nach den §§ 278, 831 BGB begründet". Jedoch sind die Ausschlüsse der §§ 4 II Ziff. 2 Satz 1, 7 II AHaftpflB zu beachten.

[104] gg) Werkvertrag.

aaa) Allgemeines.

Die im Zusammenhang mit Werkverträgen entstehenden Risiken sind für die Unternehmer, also insbesondere für Handwerk und Industrie, ebenso bedeutsam und mannigfaltig wie für die Besteller.

Was das **sachenrechtliche Eigentümerinteresse** anlangt, so ist der eigentliche, reine Werkvertrag vom Werklieferungsvertrag zu unterscheiden. Beim ersteren geht es um die Herstellung oder Veränderung einer Sache aus Bestellerstoff, so daß das Eigentum stets beim Besteller ruht. Im Falle des § 651 II BGB beschafft der Unternehmer zwar Zutaten oder sonstige Nebensachen. Er verbleibt jedoch Eigentümer dieser Nebensachen nur bis zur Verbindung mit dem Bestellerstoff, mit der Verbindung erwirbt der Besteller das Alleineigentum (§ 947 II BGB). Beim Werklieferungsvertrag hat der Unternehmer das Werk aus einem von ihm zu beschaffenden Stoffe, der keine bloße Nebensache sein darf, herzustellen und sodann dem Besteller das Eigentum an der hergestellten Sache zu verschaffen (§ 651 I 1 BGB). Regelmäßig ist der Unternehmer Träger des Eigentümerinteresses bis zur rechtsgeschäftlichen Übereignung, die sich als Veräußerung i. S. von § 69 I darstellt. Ausnahmsweise geht das Eigentum (originär) vorzeitig auf den Besteller über, insbesondere bei Verbindung von beweglichen Sachen mit Grundstücken, man denke insbesondere daran, daß Bauwerke wesentliche Bestandteile des Grundstückes werden (§ 946 BGB). Wird Unternehmerstoff mit Bestellerstoff dergestalt verbunden, daß beide wesentliche Bestandteile einer einheitlichen beweglichen Sache werden, so entsteht zunächst Miteigentum (§ 947 I BGB), und der Unternehmer ist dem Besteller zur Verschaffung des Volleigentums verpflichtet (§ 651 I 1 BGB). Vsrechtlich bestehen hiernach zunächst getrennte Eigentümerinteressen, sodann Miteigentümerinteressen, schließlich kommt es zum alleinigen Eigentümerinteresse des Bestellers. (Über Sachven zugunsten des Bestellers Richter, Die V der in einem Betriebe zur Bearbeitung befindlichen fremden Waren gegen Feuersgefahr, Hannover 1913, Sieg BetrBer 1964 S. 13, über die Nichtexistenz einer Vspflicht eines Sägewerkes OLG Marienwerder 25. X. 1907 SeuffArch Bd 63 S. 92—94, über die Feuerv einer Tuchmachergesellschaft, welche die Gefahr für den Bestellerstoff der Gesellschafter trug, ROHG 15. I. 1879 ROHGE Bd 24 S. 318—322).

Ein **wirtschaftliches Eigentümerinteresse** hat der Besteller bei Werklieferungsverträgen auch vor dem Erwerb des formalen Eigentums, sobald er die Vergütungsgefahr trägt, so z. B. bei Versendung des Werkes (§ 644 II BGB), bei Annahmeverzug des Bestellers (§ 644 I 2 BGB), bei Übergabe des Werkes, soweit es sich um eine vertretbare Sache handelt (§§ 651 I 2, 446 I 1 BGB), bei Abnahme des Werkes, soweit es sich um eine unvertretbare Sache handelt (§§ 651 I 2, 644 I 1 BGB).

Der Unternehmer erlangt ein **Forderungsinteresse** mit Abschluß des Werkvertrages. Er kann seine Forderung rechtlich dadurch verlieren, daß das versprochene Werk nicht zur Vollendung kommt: Der Unternehmer trägt die Vergütungsgefahr regelmäßig bis zur Abnahme des Werkes (§ 644 I 1 BGB). Zerstört also ein Feuer eine aus Bestellerstoff fast fertiggestellte Sache, z. B. einen Maßanzug, so verliert der Unternehmer den Vergütungsanspruch. Darin steckt zugleich der Wert der vom Unternehmer verarbeiteten Zutaten (Kisch III S. 118). Der Verlust des Vergütungsanspruchs tritt für den Unternehmer auch und erst recht ein, wenn der Unternehmer die Unmöglichkeit der Werkleistung zu vertreten hat, z. B. wegen Verschuldens eines Erfüllungsgehilfen (§§ 325 I 1, 3, 323 I BGB). Nur wenn der Besteller die Unmöglichkeit zu vertreten hat, verliert der Unternehmer den Vergütungsanspruch — vorbehaltlich gewisser Anrechnungen — nicht (§ 324 I BGB). Vgl. ferner die Mittellösungen der §§ 645, 642 BGB. Gegen die sich auf Grund des Gesetzes ergebende vollständige oder teilweise Beeinträchtigung seines Forderungsinteresses kann sich der Unternehmer vern, sei es nach dem Prinzip der Totalität der Gefahren, sei es gegen Einzelgefahren, z. B. Brand (Bischoff VersR 1963 S. 14). — Soweit der Unternehmer einen Vorschuß auf eine ihm letztlich nicht zustehende Vergütung erlangt hat, muß er ihn gegebenenfalls zurückzahlen. Bei der vsmäßigen Deckung dieses Risikos handelt es sich um eine Passivenv gegen im Gesetz normierte Schulden.

Der Unternehmer läuft überdies wie jeder Gläubiger das Kreditrisiko, das ansteigt, falls die Vollendung des Werkes lange Zeit in Anspruch nimmt oder der Werklohn gestundet wird. Eine Kreditv, insbesondere für den Fall der Insolvenz des Bestellers kann helfen.

Das Kreditrisiko des Unternehmers ist dadurch vermindert, daß § 647 BGB ein gesetzliches **Pfandrecht** des Unternehmers geschaffen hat. Der Unternehmer kann alternativ sein Forderungsinteresse oder sein Pfandrechtsinteresse vern, wobei letzterenfalls der Vsfall erst eintritt, wenn aus den Sachen des Bestellers keine Befriedigung zu erlangen ist. Zu beachten sind auch die sich aus § 648 BGB ergebenden Pfandrechtsinteressen.

Auch der Besteller hat **Forderungsinteressen,** die beeinträchtigt werden können, man denke an die Nichterfüllung eines günstigen Schiffbauvertrages durch eine in Konkurs geratende Werft, ferner an die schadenstiftende Schlechterfüllung seitens des Unternehmers (Unrealisierbarkeit der Gewährleistungsansprüche: §§ 633 II, III, 634, 635 BGB). — Hat der Besteller Anzahlungen auf die Vergütung geleistet, also den Werklohn vor normaler Fälligkeit (§ 641 I BGB) beglichen, so kann ihm eine Kreditv, z. B. eine Kautionsv bei Uneinbringlichkeit der Rückforderung helfen (Sieg BetrBer 1964 S. 17—18).

Der Unternehmer kann sein **Gewinninteresse** im Wege einer Betriebsunterbrechungsv vern, und zwar entgehenden Geschäftsgewinn (aus dem Absatz der im vten Betriebe hergestellten Waren bzw. aus Dienstleistungen) und fortlaufende Geschäftskosten, die in dem Betriebe entstehen (§§ 3 I, 4 I, II FBUB). — Der Besteller kann Sachen, die auf Grund eines Werkvertrages fertiggestellt sind, in seinen Betrieb eingliedern und nunmehr eine Unterbrechungsv abschließen. Dagegen dienen unfertige Bauten, z. B. eine im Bau befindliche Kokerei, die aufbrennt, noch nicht dem Betriebe des Bestellers (i. S. des § 2 I FBUB).

Mißlingt dem Unternehmer eine Werkleistung, so bleibt er regelmäßig verpflichtet, die Leistung zu erbringen, er muß also noch einmal Arbeit und Material investieren. Wie schon in Anm. 75 ausgeführt, spricht man vom „Garantiemoment" des Werkvertrages, den Unternehmer trifft insoweit eine **Haftpflicht** ex contractu, und eine Haftpflichtv, z. B. eine Bauwesenv kann ihm helfen (Anm. 75; Bischoff VersR 1963 S. 14: Passivenv). Allerdings rettet der Unternehmer durch die „Nocheinmalleistung" — die eingestürzte Wand des Neubaus wird nochmals errichtet — seinen Vergütungsanspruch.

Andere Haftpflichtrisiken ergeben sich daraus, daß der Unternehmer möglicherweise einen Schaden hinsichtlich des Bestellerstoffes anrichtet, z. B. weil er ihn beschädigt oder so aufbewahrt, daß er gestohlen wird. Es können aber auch andere Schäden im Zusammenhang mit der Werkleistung verursacht werden. Der Malermeister beschädigt mit seiner Leiter eine Lampe, der Autoreparateur verursacht bei einer Probefahrt einen Personenschaden, für den der Besteller als Hafter haftet. Von Fällen schadenstiftender Schlechterfüllung durch den Unternehmer war schon in anderem Zusammenhang die Rede. Verschiedene Formen der Haftpflichtv können auch in diesen Fällen Schutz gewähren.

Eine Haftung des Bestellers ist seltener, kommt aber z. B. nach § 645 II BGB in Betracht, wenn vom Bestellerstoff Gefahren ausgehen oder wenn der Besteller schadenbringende Anweisungen gegeben hat.

[105] bbb) Versicherungsformen.

Die **Feuerversicherung** schützt Eigentümerinteressen. Ausnahmsweise können bei reinen Werkverträgen die Unternehmer sich feuervern, insbesondere wenn es sich um ausländische Besteller handelt. Zur Verfügung steht die (nicht veröffentlichte) Klausel:

> „Veredlungslohn in der Textilindustrie
>
> (1) Vert ist nach Maßgabe der AFB und der folgenden Bestimmungen das Interesse des Vmers an den ihm zur Veredlung übergebenen fremden Waren. Die Höhe dieses Interesses entspricht dem ihm zustehenden Veredlungslohn (Vswert).
>
> (2) Zur Feststellung der Entschädigung gemäß § 17 AFB hat der Vmer nachzuweisen, daß sich sein Auftraggeber mit der Zahlung des Veredlungslohnes in Verzug befindet und daß er sich nicht auf andere Weise, insbesondere durch Ausübung eines Pfand- oder Zurückbehaltungsrechtes, befriedigen kann.
>
> (3) Der Vmer hat dem Ver auf Verlangen seinen Anspruch auf den Veredlungslohn insoweit abzutreten, als dieser ihm den Schaden ersetzt."

Danach ist ein Forderungsinteresse des Veredlers vert, aber nicht gegen die Gefahr des Unterganges der Forderung wegen Nichtvollendung des Werkes. Es wird vielmehr die (vertraglich zu vereinbarende) Fortexistenz der „ihm zustehenden" Forderung auf Zahlung des Veredlungslohns vorausgesetzt, der Auftraggeber muß sich sogar in Verzug befinden. Das gesetzliche Pfandrecht wird im allgemeinen dem Veredler nicht zugutekommen, wenn die Sachen des Auftraggebers verbrannt sind. Das Kreditrisiko ist bei ausländischen Auftraggebern besonders hoch; der Feuerver übernimmt es, den Anspruch auf den Veredlungslohn beizutreiben. Im Veredlungslohn steckt auch der Unternehmergewinn des Veredlers. Zur Klausel auch Bischoff ZVersWiss 1963 S. 198.

Gemäß Klausel 1.06 Klauseln der Feuerv „sind die in Herstellung, Reparatur oder Überholung befindlichen Triebwerkflugzeuge" vert. Danach muß das Eigentümerinteresse als vert angesehen werden, also bei in Herstellung befindlichen Flugzeugen durchweg vor der Abnahme das Interesse des Unternehmers, in Reparatur- und Überholungsfällen das Interesse des Bestellers.

Nach der Klausel 2.02 Klauseln der Feuerv sind Manuskripte versicherbar, speziell bei der Druckerei. Nachdem in Abs. 1 von Manuskripten die Rede ist, die Eigentum des Vmers sind, sagen Abs. 2, 3:

> „(2) Sind Urschriften als fremdes Eigentum vert, so gelten sie nur zu dem Wert als vert, für den der Vmer dem Eigentümer zu haften hat. Dabei ist eine zwischen dem Vmer und dem Eigentümer etwa vereinbarte Haftsumme ohne Verbindlichkeit für die Schadenregulierung. Überschreitet der Haftwert den Nutzungswert, den die Urschriften zur Zeit des Eintritts des Schadenfalles hatten, so bildet der Nutzungswert die Höchstgrenze der Leistung des Vers.
>
> (3) Urschriften, gleichviel ob als eigenes oder fremdes Eigentum vert, scheiden je nach Fortschreiten ihrer Drucklegung aus der V aus."

Obgleich in Abs. 2 auf die Haftung des Vmers und den Haftwert abgestellt wird, liegt doch keine Haftpflichtv des Unternehmers (der Druckerei) vor, sondern eine V fremden Eigentums, also eine V des Eigentümerinteresses des Bestellers, genommen vom Unternehmer für fremde Rechnung. Diese Kundenv (Anm. 119) kommt aber zugleich dem Vmer zugute, da der Feuerver nicht gegen den Vmer (Unternehmer) Regreß nehmen kann.

Die Klausel 2.06g Klauseln der Feuerv betrifft die Zuckerrübenindustrie: Der Vmer verpflichtet sich, nach Erhalt von Zuckerrüben eine bestimmte Menge von Trockenschnitzeln und getrockneten Rüben zurückzuliefern. Diese Gattungsschuld muß erfüllt werden, auch wenn die Fabrik abbrennt. Das sich aus der Leistungsgefahr und dem „Garantiemoment" des Werkvertrages ergebende Haftpflichtrisiko (Anm. 75, 94) wird vert:

> „Ersatzwert für Mehraufwendungen in der Zuckerindustrie
>
> Die V laut Position ... erstreckt sich auf Mehraufwendungen, die dadurch erforderlich werden, daß der Vmer seine Lieferungsverpflichtungen an Trockenschnitzeln und getrockneten Rüben seinen Rübenlieferanten gegenüber nach einem Brandschaden nicht aus eigenen Beständen erfüllen kann und gehalten wird, für verbrannte Schnitzel anderweitig Ersatz zu beschaffen, dies aber nur zu einem gegenüber dem Brandtagswert der Schnitzel höheren Preis und unter Aufwendung besonderer Frachten und sonstiger Versandspesen möglich ist. Die V gilt auf erstes Risiko.
>
> Bemerkung:
>
> Die Klausel setzt voraus, daß Mehraufwendungen auf Grund der Schnitzelrücklieferungsverpflichtungen durch folgende besondere Position des Vsscheines mitvert werden:
>
> ‚Mehraufwendungen für die Wiederbeschaffung von Trockenschnitzeln und getrockneten Rüben .... DM auf erste Gefahr'."

In verschiedenen Formulierungen stehen Fremdvsklauseln zur Verfügung, welche speziell den Fall der Bearbeitung durch den Vmer im Auge haben (Klauseln 19, 4.01b, c Klauseln der Feuerv, dazu VA 1962 S. 203). Hiernach handelt es sich nie um eine V für eigene Rechnung des Unternehmers (Sieg BetrBer 1964 S. 18). Immerhin klingt „wiederum der Gedanke des Abschlusses dieser Feuerv als Deckung für etwaige Haftpflichtansprüche gegen den Vmer an" (Wussow AFB Anm. 5 zu § 12, S. 429, vgl. auch Raiser Anm. 11 zu § 13, S. 322—323, der auf die Möglichkeit hinweist, daß ausnahmsweise der Unternehmer sein eigenes [Haftpflicht-] Interesse vert). Vgl. ferner Klausel 24c, d ED-Klauselheft mit VA 1963 S. 78 und KG 15. V. 1906 VA 1906 Anh. S. 128—129 Nr. 265 (Einbruchdiebstahlv von Fahrrädern durch eine Reparaturwerkstätte als V für fremde Rechnung).

Bei Rohbauten wird durch eine Feuerv regelmäßig gleichfalls nur das Eigentümerinteresse geschützt, wobei § 946 BGB zu beachten ist. Baumaterialien werden von der Immobiliarv nicht geschützt (ausdrücklich betont für Hessen: Schmidt-Sievers S. 187).

Bei **Schiffsneubauten** (Ritter Anm. 30 zu § 1, S. 83 leugnet hier stets das Vorliegen einer Seev) liegt das Eigentümerinteresse bis zur Probefahrt meistens bei der Werft. Klauseln für Bau-Risiken decken nach dem Prinzip der Totalität der Gefahren Neubau, Zubehör und Konstruktionsteile, sofern sie für den Neubau verbucht sind. Auch die Werftanlagen sind in gewissem Umfang gedeckt. Allgemein ausgenommen von der V sind Schäden, die sich als eine Folge der Bearbeitung der vten Gegenstände im vorgeschriebenen oder üblichen Arbeitsgange darstellen. Bei einer von einer Werft genommenen Feuerv für eigene und / oder fremde Rechnung hat das RG 22. IX. 1916 LZ 1917 Sp. 207—208 angenommen, es sei nicht nur das Eigentümerinteresse des Schiffseigners vert, sondern auch eine Fülle von Interessen der Werft (Haftpflicht, Verlust des Vergütungsanspruchs, des Pfand- oder Zurückhaltungsrechts). Dazu Bischoff VersR 1963 S. 13—14, ZVersWiss 1963 S. 204.

Aus der Schiffsbaurisikov hat sich die **Montageversicherung** entwickelt (VA 1930 S. 157), die — z. B. bei Bau von Strombrücken oder Fabrikanlagen, besonders im Ausland — regelmäßig vom Werkvertragsunternehmer genommen wird. Die AVB für die Montage-V (VA 1931 S. 167—172, 1932 S. 193) sind hinsichtlich der vten Interessen nicht sehr klar. Zum Teil sind Eigentümerinteressen vert, etwa hinsichtlich der Montageausrüstung. Was aber das Montageobjekt, z. B. eine Brücke angeht, so wird dieses oft wesentlicher Bestandteil des Grundstückes; dennoch soll offenbar das Interesse des Unternehmers vert. sein, und dieses Interesse ergibt sich aus dem Garantiemoment des Werkvertrages: Der Unternehmer hat das Montageobjekt „noch einmal" zu leisten. Es können ferner vert werden: „fremde Sachen auf dem . . . Montageplatz, die sich in Benutzung, Gewahrsam oder Obhut des Vmers, seiner Angestellten, Arbeiter, Bediensteten, Bevollmächtigten oder Beauftragten befinden oder bezüglich welcher der Vmer zur Zeit der Beschädigung die Gefahr trägt." Obgleich diese Formulierung des § 1 d für eine Sachv spricht, muß man doch dem § 3 IIIc entnehmen, daß eine Haftpflichtv vorliegt: „Die Ersatzleistung erfolgt durch Erstattung der Kosten, die der Vmer auf Grund seiner Haftung dem Eigentümer gegenüber zu übernehmen hat. Eine Unterv kann nicht geltend gemacht werden." In § 2 I Ziff. IV wird wegen der Ersatzansprüche dritter Personen für Sachschäden auf die AHaftpflB verwiesen, wobei jedoch die Obhuts- und Bearbeitungsklausel des § 4 I Ziff. 6 AHaftpflB nicht zur Anwendung kommen kann, soweit die Montagev eine Ausnahmeregelung bringt.

Die **Maschinen-Garantie-Versicherung** steht gleichfalls durchweg mit Werkverträgen in Zusammenhang. Obgleich auch die AVB für die Maschinen-Garantie-V (VA 1931 S. 172—174, 1932 S. 193) von vten Sachen sprechen, handelt es sich in Wahrheit doch nicht um eine V des Eigentümerinteresses; denn meistens wird das Eigentum auf den Besteller übergegangen sein. Den Unternehmer trifft aber noch ein Haftpflichtinteresse („Haftung aus Sachmängeln"). Der Ver gewährt Vsschutz bei Konstruktionsfehlern, Guß- oder Materialfehlern, Berechnungs-, Werkstätten- oder Montagefehlern, soweit sie der Vmer auf Grund seines Verkaufs- oder Liefervertrages zu vertreten hat".

Von der **Bauwesenversicherung** war bereits in Anm. 75 die Rede. Es handelt sich durchweg nicht um eine V des Eigentümerinteresses des Bauunternehmers, sondern um eine von ihm genommene Haftpflichtv, wobei es allerdings um eine Vertragshaftung geht. Nur soweit die Baustelleneinrichtung vert wird, z. B. Baugeräte, Baubuden, liegt ein Eigentümerinteresse des Bauunternehmers vor.

Auch die **Einheitsversicherung** gewährt Vsschutz im Zusammenhang mit Werkverträgen, ist doch die Einheitsv gerade dadurch gekennzeichnet, daß sie Waren in verschiedenen Existenzformen auf Transporten und stationär schützt. Zum stationären Risiko gehört jenes der Herstellung und Bearbeitung (§ 2 II EVB). Spezielle Polizen sind entwickelt worden, z. B. die Rauchwaren-Einheitsv für Konservierungs- und Reparaturware (VA 1934 S. 168, 1950 S. 52), die Wäscheschutz-V (VA 1950 S. 52), die V für die Textilveredelung (VA 1933 S. 256, 1950 S. 52). Immer aber wird bei der Einheitsv das Eigentümerinteresse geschützt, mag auch der Kürschner oder die Wäscherei (Färberei, chemische Reinigungsanstalt), der Textilveredler als Vmer (einer Kundenv [Anm. 119] für fremde Rechnung) auftreten.

Im Rahmen der **Kraftfahrversicherung** hat für das Kraftfahrzeughandwerk die Sonderbedingung zur Haftpflicht- und Fahrzeugv für Kfz-Handel und -Handwerk (in VA 1965 S. 212—213 und bei Stiefel-Wussow AKB[5] S. 509—513) Bedeutung. Danach kann der Werkstattbetrieb eine „Fahrzeugv" in zwei Erscheinungsformen abschließen:

> „Für fremde Fahrzeuge ist die Fahrzeugv je nach dem Inhalt des Vertrages entweder
>
> a) eine uneingeschränkte, d. i. eine Fahrzeugv im Rahmen der §§ 12—15 AKB oder
>
> b) eine eingeschränkte, d. i. eine Fahrzeugv im Rahmen der §§ 12—15 AKB mit der Maßgabe, daß der Ver nur Vsschutz zu gewähren hat, wenn und soweit der Vmer auf Grund gesetzlicher Haftpflichtbestimmungen privatrechtlichen Inhalts in Anspruch genommen wird. Diese Fahrzeugv umfaßt auch die Abwehr unberechtigter Haftpflichtansprüche gegen den Vmer."

Bei der vom Werkstattbetriebe genommenen uneingeschränkten Kaskov handelt es sich um eine V des Eigentümerinteresses, also um eine V für fremde Rechnung des Bestellers (Vspflicht abgelehnt von RG 9. XII. 1927 SeuffArch Bd 82 S. 80). Hat allerdings der Unternehmer in das Kraftfahrzeug Teile eingebaut, welche Miteigentum entstehen lassen (vgl. § 947 BGB), so wird man annehmen müssen, daß sowohl das Eigentümerinteresse des Bestellers als auch jenes des Unternehmers vert ist (ähnlich Stiefel-Wussow AKB[5] S. 525 bis 527). Nicht vert ist durch solche Kaskov das Haftpflichtinteresse eines berechtigten Fahrers (BGH 30. IV. 1959 BGHZ Bd 30 S. 40—45). — Dagegen ist die eingeschränkte „Fahrzeugv" in Wahrheit eine Haftpflichtv, weil sie nur Vsschutz gewährt, falls der Besteller den Unternehmer in Anspruch nimmt, etwa wegen eines Verschuldens bei Durchführung der Reparatur (ebenso Stiefel-Wussow AKB[5] S. 524—525).

Eine normale **Haftpflichtversicherung** enthält Ausschlüsse, die gerade für Werkvertragsunternehmer schwerwiegend sind, insbesondere die Bearbeitungsklausel des § 4 I Ziff. 6b AHaftpflB: Danach bezieht sich der Haftpflichtvsschutz nicht auf Haftpflichtansprüche wegen Schäden

> „die an fremden Sachen durch eine gewerbliche oder berufliche Tätigkeit des Vmers an oder mit diesen Sachen (z. B. Bearbeitung, Reparatur . . .) entstanden sind; bei Schäden an fremden unbeweglichen Sachen gilt dieser Ausschluß nur insoweit, als diese Sachen oder Teile von ihnen unmittelbar Gegenstand der Tätigkeit gewesen sind."

Zu diesem Ausschluß Prölss[15] S. 639—648, Wehn-Schmidt, Die neue Fassung der Obhuts- und Bearbeitungsschadenklausel in der allgemeinen Haftpflichtv (Besitz- und Tätigkeitsklausel), 3. Aufl., Karlsruhe 1955. Bedeutsam für Werkvertragsunternehmer sind auch die Ausschlüsse, die sich im übrigen finden in § 4 I Ziff. 6, II Ziff. 1, 4 AHaftpflB. Nicht zuletzt diese Ausschlüsse haben die Entstehung neuer Vszweige wie Montage-, Maschinen-Garantie- und Bauwesenv gefördert. Auch auf die eingeschränkte Fahrzeugv für das Kraftfahrzeughandwerk ist hier nochmals zu verweisen. Es sind ferner Besondere Bedingungen für die Zusatzhaftpflichtv für Kraftfahrzeugreparaturwerkstätten genehmigt worden (VA 1960 S. 78—79 und dazu Stiefel-Wussow AKB[5] S. 527—528).

[106] hh) Güterbeförderung.

Es handelt sich beim Frachtvertrag zur Beförderung von Gütern um eine speziell geregelte Art des Werkvertrages, normalerweise mit Tragung der Vergütungsgefahr durch den Beförderer bis zur Auslieferung: „Für Güter, die durch irgendeinen Unfall verlorengegangen sind, ist keine Fracht zu bezahlen und die etwa vorausbezahlte zu erstatten, sofern nicht das Gegenteil bedungen ist" (§ 617 I HGB).

Zu unterscheiden sind versicherbare Interessen des Beförderers und des Güterinteressenten; dabei ist nicht nur an den Vertragspartner des Beförderers (Absender, Befrachter) zu denken, sondern bei Frachtverträgen zugunsten Dritter auch an den Empfänger; ferner kann der Auslieferungsanspruch in einem Wertpapier, z. B. einem Ladeschein oder Konnossement, verbrieft sein, sodaß der wertpapierrechtlich Legitimierte hinzutritt. Die Interessenlage wird noch verwickelter, wenn man auf der Seite der Güterinteressenten daran denkt, daß die Beförderung durchweg in Abwicklung eines Versendungskaufes, speziell Überseekaufes erfolgt (Anm. 92—93).

Da es sich durchweg um Beförderungen über See handelt, sei hier nur verwiesen auf Argyriadis, Die Frachtv, Hamburg 1961, Möller Cifgeschäft a. a. O. S. 55—80, 182—183, ITVMitt 1937 S. 81—87, Hansa 1938 S. 778—781. Anders als § 90 I ADS rechnet § 140 I bei der Binnentransportv die Fracht nicht in den Vswert der Güter ein (anders aber § 2 I 2 ADB, wonach die Fracht im Rahmen der Güterv mitvert werden kann). Vgl. auch Anm. 29 zu § 52.

Im Hinblick auf die Haftung des Beförderers gegenüber den Güterinteressenten, z. B. nach Maßgabe der Haager Regeln (vgl. nur §§ 559, 606, 607, 662 I 1 HGB) kann eine spezielle Haftpflichtv empfehlenswert sein (Möller Hansa 1937 S. 2092—2095; früher Fall OLG Hamburg 20. X. 1879 Handelsgerichts-Zeitung 1879 S. 278—280 mit [heute] unzulänglicher Kennzeichnung des Interesses; heute betont die Frachtführer-Klausel [Ziff. 20 Zusatzbestimmungen zu den ADS für die Güterv], daß eine Güterv nicht zugunsten des Verfrachters oder Frachtführers gilt). Für die allgemeine Haftpflichtv ist die Ausschlußklausel des § 4 Ib AHaftpflB zu beachten. Eine spezielle obligatorische Haftpflichtv müssen Unternehmer des Güterfernverkehrs, des Möbelfernverkehrs und des Güterliniennahverkehrs abschließen (§ 27 I 1, 37, 44, 94[1] GüKG, weitere Nachweise bei Prölss[15] S. 25–26); es ist irreführend, wenn § 38 I KVO von einer V der „beförderten Güter" spricht. Eine Haftpflichtv ist auch vorgesehen in § 21 Allgemeine Beförderungsbedingungen für den gewerblichen Güternahverkehr mit Kraftfahrzeugen (AGNB). Schließt — was sehr selten vorkommt — der Beförderer eine echte Güterv für Rechnung der Güterinteressenten ab, so wirkt diese „Kundenv" zugunsten des Beförderers praktisch wie eine

Haftpflichtv (Anm. 119; Ehrenberg Festgabe a. a. O. S. 41—42; von Gierke I S. 126, der den Beförderer als „mittelbarer Vten" bezeichnet). Spezielle Schrift: Wolgast, Die V der Risiken des gewerblichen Transport-Unternehmers und Spediteurs, Hamburg o. J. (auch für den Güterliniennahverkehr und allgemeinen Güternahverkehr). Über die Abgrenzung der Haftung des Spediteurs und des Güterfernverkehrsunternehmers: Sieg VersR 1965 S. 297—308.

Die Deutsche Bundesbahn gewährt im Zusammenwirken mit der Deutschen Verkehrs-Kreditbank Frachtstundung bei Abschluß einer Kautionsv („Frachtbürgschaft", vgl. v. Halem in: Studienwerk F V 9 S. 65).

Der Beförderer hat neben dem Forderungsinteresse auch ein Pfandrechtsinteresse (§§ 366 III, 440 I, 457, 623 I HGB).

[107] ii) Personenbeförderung.

Der Beförderer haftet aus dem Beförderungsvertrag. Er kann eine Haftpflichtv abschließen und er ist hierzu möglicherweise verpflichtet. Nicht selten wird Beförderungsunternehmen im Konzessionsverfahren die Auflage gemacht, eine V abzuschließen. Ein Luftfahrtunternehmen ist gemäß § 50 LuftVG gehalten, die Fluggäste gegen Unfall zu vern: „Soweit aus der Unfallv geleistet wird, erlischt der Anspruch auf Schadensersatz". Hier wird der Gedanke der Haftungsersetzung durch Unfallvsschutz verwirklicht (Möller VW 1964 S. 612).

Die im Seeverkehr mögliche V von Überfahrtsgeld (§§ 1 II, 109 ADS) ist der Frachtv (Anm. 106) verwandt; sie umfaßt gewisse Risiken der Vertragshaftung (Ersatz für Schaden am Reisegut) und notwendiger Aufwendungen (Landung und Unterhaltsgewährung für Passagiere im Zwischenhafen, Weiterbeförderung). Näheres Ritter Anm. 108—115 zu § 1, S. 130—134, Anm. 1—14 zu § 109, S. 1236—1240.

Für den Reisenden ist neben der Reisegepäckv bei Pauschalreisen die Reise-Ausfallkosten-V von Bedeutung; Gegenstand der V sind die dem Reiseunternehmen vertraglich geschuldeten Reiseausfallkosten (z. B. bei Reiseunfähigkeit infolge ernster Krankheit) und zusätzliche Rückreisekosten (VA 1964 S. 117—118, Suppes VA 1964 S. 126).

[108] kk) Vermittlerverträge.

Handelsvertreter und Handelsmakler könnten ihre Provisionsanwartschaften vern; §§ 1 II, 104 ADS behandeln die V der „im Falle der Ankunft des Schiffes oder der Güter am Bestimmungsorte zu verdienende Provision" (dazu Ritter Anm. 70—74 zu § 1, S. 110 bis 111, Anm. 1—8 zu § 104, S. 1209).

Den Handelsvertretern, auch den Vsvertretern, wird oft das Inkasso anvertraut. Zweckmäßig ist sodann eine Vertrauensschadenv. Wird diese vom Unternehmer (Ver) genommen, so handelt es sich um eine Personengarantiev. Wird diese vom Handelsvertreter genommen, so spricht man von Personenkautionsv. Schäden, die ohne Verschulden des Handelsvertreters eintreten (z. B. durch Raub, Diebstahl, Verlieren) können einbezogen werden.

Die von Handelsvertretern mitgeführten Waren, Muster, Vorführapparate gehören dem Unternehmer. Es gibt die Reiselagerv nach Maßgabe der Allgemeinen Bedingungen für Bijouterie-, Silberwaren- und Uhren-Reiselager-V, ferner die Musterkollektionsv gemäß den Allgemeinen Bedingungen für die V von Musterkollektionen (beide abgedruckt: Deutscher Transport-Vs-Verband, Jahrbuch 1957, o. O. 1957, S. 459—468, 499—505).

Der Vermittler eines Verkaufs kann, auch wenn ihm die zu veräußernde Sache übergeben ist, hinsichtlich des Abschlusses einer Sachv zugunsten des Eigentümers keine weitergehenden Verpflichtungen haben als ein Kommissionär (dazu § 390 II HGB und Anm. 112): RG 9. XII. 1927 SeuffArch Bd 82 S. 80.

[109] ll) Verwahrungs- und Lagervertrag.

Das Eigentümerinteresse verbleibt beim Eigentümer der verwahrten oder gelagerten Sache. Nur beim depositum irregulare vertretbarer Sachen wird der Verwahrer Eigentümer (§ 700 BGB, § 419 III HGB), und er erlangt ein versicherbares Eigentümerinteresse. Im Sammellagergeschäft und beim Sammeldepot sind die Interessen der Miteigentümer versicherbar. Der Lagerhalter kann vom Einlagerer durch einseitige „Anweisung" verpflichtet werden, die V des Gutes (für fremde Rechnung) zu bewirken (§§ 417 I, 390 II HGB). Solche Anweisung zur Feuervsnahme kennt auch speziell § 20 OrderlagerscheinVO. Übernimmt ein Berufsspediteur eine Lagerung, so gelten für die V des Gutes die §§ 2a). 35—38 ADSp. Der Abschluß einer „Kundenv" wirkt zugunsten des Verwahrers oder Lagerhalters im wirtschaftlichen Ergebnis wie eine Haftpflichtv (Anm. 119; § 37 ADSp; Ehrenberg Festgabe a. a. O. S. 41—42, von Gierke I S. 126). Im Rahmen der Feuerv können Fremdvsklauseln dafür sorgen, daß verwahrte oder eingelagerte Güter für Rechnung des Eigentümers mitvert sind (Klauseln 19, 4.01 c, d Klauseln der Feuerv mit VA 1962 S. 203); für die Einbruchdiebstahlv vgl. entsprechend Klausel Nr. 24 ED-Klauselheft mit VA 1963 S. 78.

Ein Haftpflichtinteresse des Verwahrers und Lagerhalters ergibt sich besonders aus der ihn treffenden Obhutspflicht, für welche allerdings bei unentgeltlicher Verwahrung die Erleichterung des § 690 BGB zu beachten ist (Haftung für diligentia quam in suis: § 277 BGB). Ziff. 20 Zusatzbestimmungen zu den ADS für die Güterv hebt negativ hervor, daß eine Güterv nicht (als Haftpflichtv) zugunsten eines Lagerhalters gilt. Einen (vorgesetzlichen) Fall der Feuerv durch einen Lagerhalter bringt RG 6. X. 1894 RGZ Bd 35 S. 48—63.

Kühlhausunternehmen schließen eine V von Kühlgütern nach Maßgabe der Allgemeinen Bedingungen für die V von Kühlgütern (VA 1957 S. 219—222) ab. In § 1 I, II heißt es:

> „Die V erstreckt sich . . . auf sämtliche Güter, die sich im Gewahrsam des Kühlhausunternehmens — Vmerin — befinden sowie auf die An- und Abtransporte . . .
>
> Die V wird für eigene und für fremde Rechnung geschlossen. Sie deckt das Interesse der Vmerin und der Einlagerer, Mieter oder sonstiger Interessenten — Vten — an den Gütern."

Wenn hier von dem eigenen Interesse der Vmerin, also des Kühlhausunternehmens, „an den Gütern" die Rede ist, so kann an die Einlagerung eigener Güter sowie an den Fall des depositum irregulare gedacht sein. Gemäß § 2 Ziff. 3 AVB deckt die V auch „Schäden der Vten . . ., wenn die Vmerin oder ihre Arbeitnehmer den Schaden vorsätzlich oder grobfahrlässig verursacht haben." Diese Wegbedingung des § 61 gilt nicht, wenn das Kühlhausunternehmen Schäden an eigenen Kühlgütern vorsätzlich oder grobfahrlässig verursacht hat. Zur Rückgriffsfrage klärt § 13 AVB nicht das Problem, ob und wann die Ver gegen das Kühlhausunternehmen Regreß nehmen können. — Es gibt Sonderbedingungen für die Haftpflichtv zur laufenden V von Kühlgütern (VA 1957 S, 222—223), die Vsschutz vorsehen für den Fall, daß das Kühlhausunternehmen „wegen Schäden an den eingelagerten Gütern in Anspruch genommen wird"; jedoch kann ein Kühlhausunternehmen keine Befreiung fordern, wenn es den Schaden vorsätzlich herbeigeführt hat.

Eine unmittelbare Verbindung zwischen Sach- und Haftpflichtv findet sich bei der Garderobenv (Muster: AVB für die Garderobenv in: Finke B I 20). Vert ist einerseits das Eigentümerinteresse an den zur Aufbewahrung übergebenen Garderobestücken. Neben dieser V für fremde Rechnung steht eine echte Haftpflichtv des Vmers für den Fall, daß Schadensersatzansprüche gegen ihn erhoben werden.

Ebensowenig wie die Garderobenv ist die Parkplatzv bislang uniformiert. Nach den Allgemeinen Bedingungen für die Fahrzeugwache-V (abgedruckt bei: Finke B I 31) handelt es sich um eine V des Eigentümerinteresses der Fahrzeugabsteller, sodaß diese „Kundenv" nur mittelbar enthaftend wirkt (vgl. aber auch den Bewachungsschein AG Gelsenkirchen 20. I. 1959 VersR 1959 S. 509). Nach Sondervereinbarungen für Garagenbetriebe ist der Vsschutz für die dort abgestellten Fahrzeuge erweitert.

Verwahrer und Lagerhalter haben kein eigenes Gebrauchsrecht, wie es bei Gebrauchüberlassungsverträgen ein Interesse z. B. des Mieters begründet (Anm. 70, 71, 95).

Das Kreditinteresse der Lagerhalter ist verringert durch die Existenz des gesetzlichen Pfandrechts nach §§ 421 HGB, 22 I 1 OrderlagerscheinVO. Das Pfandrecht des

Lagerhalters erstreckt sich nach § 22 I 2 OrderlagerscheinVO auf eine Forderung des Einlagerers aus einer Feuerv.

[110] mm) Einbringung bei Gastwirten.

Besonders streng ist die Haftung des Gastwirtes nach § 701 I BGB (Zufallshaftung bis zur höheren Gewalt). Jedoch ist es in Deutschland nicht üblich, Kundenven, also Sachven für fremde Rechnung abzuschließen. Im allgemeinen beschränkt sich der Gastwirt auf eine Haftpflichtv, bei der das Verwahrungsrisiko — für von beherbergten Gästen eingebrachte Sachen und aus Gastgaragen und Einstellplätzen — besonders tarifiert ist. In Österreich gibt es neben der Betriebshaftpflichtv als Kundenv eine Hotelreiseeffektenv (dazu Kiefhaber, Die gesetzliche Haftung bei gewerblicher Fremdenbeherbergung, Die Möglichkeit ihrer V, Wien [1964]).

Das Kreditinteresse des Gastwirts ist verringert durch sein gesetzliches Pfandrecht aus § 704 BGB.

Über das Verhältnis von Bewachungsverträgen bei Kraftfahrzeugen zur Gastwirtehaftung vgl. AG Gelsenkirechen 20. I. 1959 VersR 1959 S. 508—509.

[111] nn) Gesellschaftsverhältnisse.

Eine Sachv, die von einer Gesellschaft, auch einer offenen Handelsgesellschaft oder Kommanditgesellschaft, genommen wird, deckt das einheitliche Interesse der Gesamthandsgemeinschaft (Anm. 59). Das gilt auch dann, wenn ein einzelner Gesellschafter die V für Rechnung der Gesellschaft abschließt.

Der BGH 13. IV. 1957 BGHZ Bd 24 S. 383 betont „das gemeinschaftliche, gleichartige und ungeteilte Interesse aller Mitglieder an der Erhaltung der vten Sache", „demgemäß besteht bei ihr nur ein einziger unteilbarer Vsanspruch, der den Teilhabern zur gesamten Hand zusteht und deshalb auch nur ein einheitliches Rechtsschicksal haben kann". Abschwächend für eine Kraftfahrzeugkaskov BGH 9. III. 1964 JR 1964 S. 301—302 = VersR 1964 S. 479, wo es heißt: Gegenstand der Fahrzeugv sei das Eigentümerinteresse. „Ein derartiges Interesse ist bei einer Gesamthandsgemeinschaft, die für einen zum gemeinschaftlichen Vermögen gehörigen Kraftwagen eine Kaskov abschließt, in der Person jedes Gemeinschaftsangehörigen gegeben. Jedem der Teilhaber steht an dem gemeinschaftlichen Kraftfahrzeug ein Eigentumsrecht zu. Dieses unterliegt zwar der gesamthänderischen Bindung des Gemeinschaftsvermögens. Es läßt jedoch einen Verlust des Fahrzeugs als eine unmittelbare Beeinträchtigung der dinglichen Rechtsstellung des einzelnen Teilhabers erscheinen. Da die einzelnen Gemeinschaftsangehörigen unter diesen Umständen unbeschadet der Unteilbarkeit, Gleichartigkeit und Gemeinschaftlichkeit des vten Interesses . . . als dessen (Mit-)Träger angesehen werden müssen, genießen sie als (Mit-)Vte Vsschutz." Diese recht widersprüchliche Aufteilung des doch angeblich unteilbaren Interesses wird vom BGH vorgenommen, damit der Ver nicht gegen einen einzelnen Gesellschafter oder dessen Familienangehörige vorgehen kann (§ 67 I 1, II). Dieses Ergebnis ließe sich aber auch ohne Aufteilung des einheitlichen Interesses begründen.

Hat eine von Fabrikanten gegründete offene Handelsgesellschaft von Tuchmachern eine Feuerv genommen und befindet sich in der Fabrik Tuch, das einem Gesellschafter gehört, so ist das Interesse daran nicht vert. Ein Interesse der Gesellschaft entsteht jedoch, wenn „die von den einzelnen Teilhabern zur Verarbeitung in der Fabrik gebrachten Stoffe daselbst auf Gefahr der Gesellschaft lagern" (ROHG 15. I. 1879 ROHGE Bd 24 S. 318—332). Durch solche Abrede entsteht ein Haftpflichtinteresse der Gesellschaft.

Eine von einer Gesellschaft genommene Haftpflichtv schützt auch die einzelnen Gesellschafter, wenn sie einzeln in Anspruch genommen werden (so für Brüder, die als Gesellschafter des bürgerlichen Rechts eine Metallschleiferei betreiben: BGH 13. VI. 1957 BGHZ Bd 24 S. 378—386).

[112] oo) Kommission.

Während es heute unbestritten ist, daß bei einer **Versicherung für fremde Rechnung** ein Vertrag zugunsten Dritter vorliegt, war im vorgesetzlichen Recht die Auffassung verbreitet, der Vmer trete hier als Kommissionär auf, welcher das Interesse des Vten, also des Kommittenten unter Vsschutz bringe. Da nach außen hin der Kommissionär nicht deutlich macht, daß er für fremde Rechnung kontrahiere, und da er als solcher nicht in Erscheinung tritt, vielmehr im eigenen Namen handelt, brauchte bei dieser Konstruktion nach der h. M. der Kommissionär nicht anzugeben, daß der Interessent ein Dritter, der Kommittent sei. Der Kommissionär hatte dann dem Kommittenten die Vsforderung abzutreten oder das Erlangte herauszugeben. Hierzu noch RG 6. X. 1894 RGZ Bd 35 S. 55—57, 22. XII. 1906 LZ 1907 Sp. 439—441 = VA 1907 Anh. S. 77—79 Nr. 328 und besonders deutlich RG 29. V. 1903 VA 1903 S. 151 Nr. 19: Die Klägerin müsse „für befugt erachtet werden, wenn sie als Kommissionärin das Kommissionsgut im eigenen Namen und für eigene Rechnung vert, auf Grund ihrer Stellung als Kommissionärin, die sie nach außen hin zur Vertreterin des Kommissionsgutes nach jeder Richtung hin macht, die Vssumme insoweit von der Beklagten einzufordern, als diese materiell nicht ihr, sondern dem Kommittenten zur Deckung seines Schadens zugute kommt. Das ist durch das Wesen des Kommissionsverhältnisses gegeben." — Gegen diese Verwendung des Kommissionsgedankens im Vsrecht bereits Voigt-Seebohm, Das deutsche Seeversicherungs-Recht, Jena 1887, S. 38, später Bruck S. 599. Der Interessebegriff darf nicht beiseitegeschoben werden.

Nach geltendem Recht ist beim Abschluß von Vsverträgen keine mittelbare, verdeckte Stellvertretung zulässig. Der Ver muß wissen, wer Interesseträger ist. Deshalb muß der Kommissionär angeben, daß er das Eigentümerinteresse des Kommittenten (für fremde Rechnung) vert (Bruck S. 483). Allerdings genügt es gemäß § 80 I, daß sich **aus den Umständen** ergibt, es solle fremdes Interesse vert werden. Weiß der Ver, daß es sich bei dem Vmer um einen Kommissionär handelt (z. B. bei entsprechendem Firmenzusatz), so ergibt sich daraus regelmäßig bereits das Vorliegen einer V für fremde Rechnung zugunsten des Kommittenten (Kisch III S. 409, Prölss[15] Anm. 1 zu § 74, S. 323, KG 12. XI. 1930 JRPV 1931 S. 9 = Praxis 1931 S. 7—8).

Da in dubio nur das Eigentümerinteresse vert ist und da sonstige Interessen genau gekennzeichnet werden müssen, läßt es sich nicht halten, wenn Kisch III S. 163 meint: „Der Kommissionär . . ., der das ihm anvertraute Gut ohne nähere Angabe über die Eigentumsverhältnisse eigenen Namens unter V bringt, hat einen gültigen Vertrag geschlossen, auch wenn zunächst nicht erkennbar gemacht ist, ob sein Interesse begründet liegt in seinem Eigentum, so z. B. bezüglich einer gekauften Ware (Inhaberinteresse), oder in seiner Verantwortlichkeit gegenüber dem Geschäftsherrn für den Fall des Unterganges des Kommissionsgutes (Ersatzinteresse), oder in seiner Befugnis, für eine den Wert der Ware erreichende Forderung Befriedigung aus derselben zu suchen (Verwertungsinteresse)."

Den Kommissionär kann eine **Versicherungspflicht** treffen, und zwar primär, wenn eine solche im Kommissionsvertrag ausdrücklich vereinbart ist (Beispiel: KG 12. XI. 1930 JRPV 1931 S. 9 = Praxis 1931 S. 7—8), oder wenn man den Kommissionsvertrag kraft Handelsbrauches ergänzt (§ 346 HGB). Ferner ergibt sich gemäß § 390 II HGB eine Vspflicht des Kommissionärs, wenn er von dem Kommittenten einseitig angewiesen wird, die V zu bewirken; die Anweisung kann auch stillschweigend erfolgen (ROHG 17. IV. 1872 ROHGE Bd 7 S. 361). Die Anweisung kann auf das Gewinninteresse des Kommittenten erstreckt werden, sie muß ergeben, gegen welche Gefahren vert werden soll.

Beurteilt man das **Eigentümerinteresse** bei der Kommission entsprechend der herrschenden formellen Theorie rein sachenrechtlich, so ergibt sich, daß bei der **Verkaufskommission** der Kommittent Eigentümer bleibt, bis das Eigentümerinteresse auf den Käufer übergeht, wobei § 185 I BGB oft anwendbar ist (über den Vswert des Interesses des Kommittenten: KG 12. XI. 1930 JRPV 1931 S. 9 = Praxis 1931 S. 7—8). Auf den Verkaufskommissionär geht also eine vom Kommittenten genommene V nicht über (Domizlaff WuRdVers 1913 S. 141, Elkan a. a. O. S. 35, Kedenburg VuGeldwirtschaft 1926 S. 99 Anm. 17, Kisch III S. 268, Lenski a. a. O. S. 85; Cahn a. a. O. S. 79 nimmt an, mit dem Übergang des Kommissionsgutes auf den Verkaufskommissionär entstehe eine V für fremde Rechnung, bei welcher der Kommissionär Vmer, der Kommittent Vter werde, bis letztlich der Käufer in das ganze Rechtsverhältnis gemäß § 69 I eintrete; aber diese Auffassung läßt sich aus dem Gesetz nicht begründen). Übernimmt der Kommissionär das Gut, welches er verkaufen soll, im Wege des Selbsteintritts selbst als Käufer (§ 400 I HGB), so wird er allerdings Träger des Eigentümerinteresses und Erwerber der vten Sache (Bischoff VersR 1963 S. 13).

Bei der **Einkaufs**kommission wird regelmäßig der Kommissionär in einem Durchgangsstadium Träger des Eigentümerinteresses und Erwerber der vten Sache, jedenfalls nach der formalen h. M. (Elkan a. a. O. S. 35, Kisch III S. 357 Anm. 15, Lenski a. a. O. S. 85—87, anders Bruck S. 569, Cahn a. a. O. S. 77—79, Ritter Anm. 18 zu § 49, S. 712). Übereignet sodann der Einkaufskommissionär die Ware pflichtgemäß dem Kommittenten, so liegt darin eine zweite Veräußerung (Elkan a. a. O. S. 35, Kisch III S. 357 Anm. 15, Lenski a. a. O. S. 85—86). — Allerdings ist nicht zu verkennen, daß es sich bei dem Eigentum des Einkaufskommissionärs um ein „Formaleigentum" (Bischoff VersR 1963 S. 13) handelt; der Kommissionär haftet nur bei Verschulden (§ 390 I HGB), trägt also nicht die Sachgefahr (Cahn a. a. O. S. 78); er braucht dem Kommittenten nur dasjenige herauszugeben, was er aus der Geschäftsbesorgung erlangt hat. Wenn man mit der h. M. das Formaleigentum als ausreichende Grundlage eines Interesses anerkennt, so erlangt der Kommissionär die Vsentschädigung, die er sodann als Surrogat (§ 281 I BGB) anstelle des Kommissionsgutes dem Kommittenten herauszugeben hat (vgl. RG 29. V. 1903 VA 1903 S. 151 Nr. 19). — Auch bei der Einkaufskommission entfällt ein Zwischeninteresse des Kommissionärs, wenn der Verkäufer an wen es angeht, d. h. direkt an den Kommittenten übereignet. Die Zeitdauer des Zwischeninteresses wird verkürzt, wenn der Einkaufskommissionär ein Stückeverzeichnis übersendet (§ 18 III DepotG); der Zeitraum schrumpft auf einen logischen Moment zusammen, falls zwischen Kommissionär und Kommittent ein antizipiertes Besitzkonstitut vereinbart worden ist (§§ 929[1], 930 BGB).

Ein **wirtschaftliches Eigentümerinteresse** erlangt bei der **Verkaufs**kommission der Käufer bereits von dem Zeitpunkt an, in dem die Vergütungsgefahr auf ihn übergeht (Cahn a. a. O. S. 79), und zwar zumal dann, wenn der Käufer den Kaufpreis bereits voll beglichen hat. Bei der **Einkaufs**kommission erlangt der Kommittent bereits ein wirtschaftliches Eigentümerinteresse in dem Zeitpunkt, von dem an der Kommissionär (aus Kaufvertrag) die Vergütungsgefahr trägt und erst recht von dem Zeitpunkt an, in dem das Gut in den Besitz des Kommissionärs gelangt, weil nunmehr der Kommittent auch die Sachgefahr trägt. Sollen diese wirtschaftlichen Eigentümerinteressen vert werden, so empfiehlt sich angesichts der h. M. eine besondere Klarstellung im Vsvertrag.

Versicherbar sind weiterhin **Forderungsinteressen.** Dabei ist an die Forderungen des Kommittenten gegen den Kommissionär zu denken, z. B. auf Herausgabe kassierter Kaufpreise bei Verkaufskommission (Kreditv). Versicherbar sind umgekehrt auch die Forderungen des Kommissionärs gegen den Kommittenten, man denke an die Provisionsforderung oder die Forderung auf Erstattung von Aufwendungen (§ 396 HGB). Das Risiko des Kommissionärs ist insoweit gemindert durch sein gesetzliches Zurückbehaltungs- und Pfandrecht (§§ 369 I, 397 HGB). Diese Sicherungen entfallen jedoch bei Untergang der Sache. Über die Versicherbarkeit des Forderungs- und Pfandrechtsinteresses des Kommissionärs Bischoff VersR 1963 S. 13, Hagen ZVersWiss 1907 S. 25, Kisch III S. 163, Voigt-Seebohm a. a. O. S. 38, RG 29. V. 1903 VA 1903 S. 151 Nr. 19. Im Zweifel können diese Interessen des Kommissionärs nicht als vert angesehen werden (ROHG 17. IV. 1872 ROHGE Bd 7 S. 362).

Solange der Kommissionsvertrag noch nicht abgeschlossen ist, hat der Kommissionär lediglich eine Anwartschaft, Provision zu verdienen. Dieses **Gewinninteresse** ist versicherbar (Benecke a. a. O. I S. 253—257, §§ 1 II, 104 ADS).

Der Kommissionär ist bei Verschulden für den Verlust und die Beschädigung des in seiner Verwahrung befindlichen Gutes verantwortlich (§ 390 I HGB). Deshalb kann der Kommissionär eine **Haftpflichtversicherung** abschließen (Bruck S. 483—484, Kisch III S. 163, RG 29. V. 1903 VA 1903 S. 151 Nr. 19).

[113] pp) Spedition.

Das lebende Recht der Spedition weicht vom Gesetzesrecht (Vsanweisung nach §§ 407 II, 390 II HGB) ab. Im Zusammenhang mit den Allgemeinen Deutschen Spediteurbedingungen (ADSp) haben sich auch besondere Vsregelungen ausgebildet, nämlich einerseits der Speditions-Vsschein (SVS), andererseits die Sp-Police (Texte: ADSp,

Allgemeine deutsche Spediteurbedingungen nebst Sp-Police, Ausgabe 1. Januar 1961, Hamburg 1961).

Schrifttum: Brüning, Die Bedeutung von Gewohnheitsrecht, Handelsbrauch und Verkehrssitte für die Anwendung der Allgemeinen Deutschen Spediteurbedingungen, Hamburger Diss. 1963, Möller BetrBer 1962 S. 394—396, Schiering, Die Speditionsv in den Allgemeinen Deutschen Spediteurbedingungen, Hamburg 1932, Steinfeld, Formen der Speditionsv, Karlsruhe 1965, alle m. w. N.

Werden Güter einem Spediteur übergeben, so treten spezifische Probleme hinsichtlich des **Eigentümerinteresses** nicht auf, anders als bei der Einkaufs- oder Verkaufskommission (Anm. 112). Zur V des Gutes durch den Spediteur vgl. §§ 35—38 ADSp: Der Spediteur hat kraft ausdrücklichen schriftlichen Auftrags eine V des Sachinteresses für fremde Rechnung abzuschließen. Die Ansprüche stehen materiell dem vten Auftraggeber zu, der Spediteur kann die Ansprüche allenfalls geltend machen (vgl. §§ 75—76). Deshalb ist es es nicht folgerichtig, wenn § 37b ADSp von einer Abtretung der gegen den Ver gerichteten Ansprüche des Spediteurs an den Auftraggeber spricht. Diese Formulierung beruht auf der überholten Auffassung, daß der Spediteur auch bei Abschluß der Sachven als verdeckter Stellvertreter auftreten könne (vgl. zur Kommission Anm. 112). Oft wird sich beim Spediteur entsprechend § 80 I aus den Umständen ergeben, daß er das (fremde) Eigentümerinteresse vern wolle (KG 20. II. 1926 JRPV 1926 S. 70—73 mit Anm. Pfeiffer, Prölss[15] Anm. 1 zu § 74, S. 323). Die vom Spediteur genommene „Kundenv" kommt mittelbar auch dem Spediteur zugute (Anm. 119; Ehrenberg Festgabe a. a. O. S. 41—42, von Gierke I S. 126).

In erster Linie kommt der Abschluß einer **Feuerversicherung** durch den Spediteur in Betracht (früher Fall: OLG Hamburg 25. II. 1888 HGZ 1888 Hptbl. S. 124—128). In Klausel 4.02 Klauseln der Feuerv ist eine spezielle Form der Spediteurv vorgesehen:

„4.02 Spediteurv

(1) Die Spediteurv gilt für eigene und/oder fremde Rechnung. Sie deckt alle Güter, die der Vmer zur Zeit des Brandes in den im Vsschein bezeichneten Räumen in Gewahrsam genommen, insbesondere eingelagert hat, vorausgesetzt, daß der Vmer den Gewahrsam auf Grund eines ausdrücklichen oder stillschweigenden Speditions-, Fracht-, Lager- oder sonstigen Spediteurverkehrsvertrages erhalten hat.

(2) Nicht gedeckt sind durch diese V Gegenstände, die nachweislich von der V ausgeschlossen sind.

(3) Nicht gedeckt sind ferner Gegenstände, soweit für sie im Schadenfalle Deckung durch Transport- oder eine Sonder-(spezielle)Feuerv gewährt wird.

Unter einer Sonder- (speziellen) Feuerv ist eine V zu verstehen, die den einzelnen Warenposten oder Gegenstand nach Art, Maß, Zahl, Gewicht und/oder bestimmten Merkmalen genau bezeichnet sowie jede von den Eigentümern der Ware selbst oder in ihrem Auftrage von Dritten genommene V.

(4) Erstreckt sich die V auf mehrere im Vsschein ihrer Lage nach bezeichnete Wagnisse, ohne daß für jedes einzelne Wagnis ein bestimmter Betrag vert wird (ambulante oder flottierende V), so geht ihr jede nicht ambulante V voran.

(5) Falls die nach Ziffer (3) ersatzpflichtigen Ver eine Entschädigung verweigern, zahlen die an dieser Vsurkunde beteiligten Ver die festgestellte Entschädigung dem Vmer auf sein Verlangen aus, soweit es durch die Allgemeinen Feuervs-Bedingungen begründet ist. Die Entschädigung wird jedoch nur unter der Bedingung geleistet, daß der Vmer sowie seine Auftraggeber oder sonstige Dritte, denen das vte Interesse zur Zeit des Schadenseintritts zugestanden hat, vorher ihre Rechte gegen die nach Ziffer (3) ersatzpflichtigen Ver auf die an diesem Vertrage beteiligten Ver übertragen und sich schriftlich verpflichten, auf Anforderung der Ver im eigenen Namen die Ersatzpflichtigen wegen Schadensersatzes in Anspruch zu nehmen, wenn es erforderlich sein sollte, auch im Wege des Prozesses mit Ermächtigung, für Rechnung und nach Anleitung der Ver.

(6) Der Ver kann nur an den Vmer und die Vten gemeinschaftlich leisten, soweit nicht der Vmer nachweist, daß er allein zur Empfangnahme der Entschädigung berechtigt ist.

(7) Anderweitige Feuerven sind bei ihrem Abschluß nicht anzeigepflichtig. Im Schadenfalle hat jedoch der Vmer seinen gesamten von ihm für eigene und/ oder fremde Rechnung in den durch diese Vsurkunde gedeckten Vsorten vten

Lagerbestand sowie auch jede darauf bezügliche anderweitige V und Haftpflicht, soweit ihm solche bekannt sind, anzugeben. Dagegen sind Ven auf entgangenen oder imaginären Gewinn oder auf Verlust durch Betriebsstörungen oder Betriebsstillstand infolge Brand, Blitzschlag oder Explosion bei ihrem Abschlusse anzuzeigen (§ 9 [1] der Allgemeinen Feuervs-Bedingungen)."

Wenn gemäß Abs. 1 die Spediteurv auch für eigene Rechnung des Spediteurs laufen soll, so ist wohl weniger an eigene Güter des Spediteurs als daran zu denken, daß die V als Kundenv mittelbar den Spediteur schützen kann (Anm. 119). Die in Abs. 6 vorgesehene Leistung an den Vmer und die Vten gemeinschaftlich bedeutet eine vertragliche Abweichung von den §§ 75—76. Zusätzlich kann gemäß Klausel 5.02 Klauseln der Feuerv für die Speditionsgüter eine „Gleitende Vorratsv mit nachträglicher Prämienverrechnung für Lagergüter der Besorgungs-Auftraggeber" vereinbart werden.

Neben der Feuerv spielt die **Transportversicherung** der Güter die wesentlichste Rolle. Nach dem Prinzip der Totalität der Gefahren (§ 1 I ADB) trägt der Transportver prinzipiell auch Sachschäden infolge von Spediteurfehlern, jedoch sind z. B. ausgeschlossen „Schäden, verursacht durch Verstöße gegen Zoll- oder sonstige behördliche Vorschriften, ferner gegen Versandvorschriften oder Vorschriften des Beförderungsunternehmens . . ." (§ 5 II c ADB). Über die Beschaffung einer V „frei von Beschädigung außer im Strandungsfalle" durch einen Spediteur: RG 1. IV. 1882 RGZ Bd 6 S. 114—119, OLG Hamburg 17. X. 1891 HGZ 1891 Hptbl S. 285—287.

Früher war die Spediteurhaftpflichtv angesichts der Haftung der Spediteure recht bedeutsam. Aber die ADSp verwirklichen den Gedanken der **Haftungsersetzung durch Vsschutz:** „Der Spediteur ist, wenn der Auftraggeber es nicht ausdrücklich schriftlich untersagt hat, verpflichtet, die Schäden, die dem Auftraggeber durch den Spediteur bei der Ausführung des Auftrages erwachsen können, . . . auf Kosten des Auftraggebers zu vern" (§ 39a S. 1 ADSp). Es „werden auch Schäden vert, die denjenigen Personen erwachsen können, denen das vte Interesse zur Zeit des den Schaden verursachenden Ereignisses zugestanden hat" (§ 39b ADSp). „Hat der Spediteur infolge ausdrücklichen oder vermuteten Auftrages . . . die Speditionsv gedeckt, so ist er von der Haftung für jeden durch diese V gedeckten Schaden frei" (§ 41a S. 1 ADSp).

Heute kann der Spediteur die Speditionsv gleichwertig entweder nach Maßgabe des SVS oder der Sp-Police abschließen (Gürtler VW 1963 S. 140). Ziff. 44 Satz 1 Sp-Police enthält eine „Meistbegünstigungsklausel": „Die Gesellschaften haften mindestens im Rahmen des SVS . . .". Enthält der Speditionsvertrag keine ausdrückliche oder stillschweigende Vereinbarung hinsichtlich der Form der Speditionsv, so ist eine Vertragsergänzung gemäß Verkehrssitte, unter Kaufleuten gemäß Handelsbrauch vorzunehmen. Kraft ständiger Übung gelten die ADSp, aber es gibt keine Übung mehr hinsichtlich einer untrennbaren, gleichsam stabilen Verbindung zwischen ADSp und SVS. Vielmehr werden übungsgemäß die ADSp mit (alternativ) einer der beiden Vsregelungen angewendet. Hat ein Spediteur sich für die Anwendung der Sp-Police entschieden, so ist der Speditionsvertrag (§§ 39a, 41c ADSp) dahin zu ergänzen, daß der Spediteur seine Vspflicht über die Sp-Police erfüllt. Näheres Möller BetrBer 1962 S. 394—396.

Die Speditionsv ist als besonderer Vszweig zu qualifizieren. Die V wird genommen vom Spediteur für Rechnung des Auftraggebers und anderer Interessenten. Die vte Gefahr ist das Risiko von Spediteurfehlern, und zwar haften die Speditionsver für alle Schäden, wegen welcher der Spediteur auf Grund eines Verkehrsvertrages gesetzlich in Anspruch genommen werden könnte, wenn er sich nicht freigezeichnet hätte. Spediteurfehler können sehr verschiedenartige Schädigungen verursachen, sei es auf der Aktiv-, sei es auf der Passivseite des Vermögens des Auftraggebers oder sonstigen Vten (näheres Schiering a. a. O. S. 18—24).

Auch bei Anwendbarkeit der ADSp verbleiben gewisse Haftungsrisiken beim Spediteur, z. B. gegenüber den „Verbotskunden", welche die Deckung einer Speditionsv ausdrücklich schriftlich untersagt haben (§ 39a S. 1 ADSp). Hier haftet der Spediteur gemäß §§ 51—63 ADSp. Nach § 41c ADSp darf sich ein Spediteur dem Auftraggeber gegenüber nicht auf die ADSp berufen, wenn er — nach dem heutigen Stand der Vsregelung — überhaupt keine Speditionsv genommen hat. Hier haftet der Spediteur nach Maßgabe der gesetzlichen Vorschriften, also bei jedem Verschulden und ohne Haftungsbeschränkung (§ 408 HGB). Die Sp-Police ist nicht nur eine Speditionsv zugunsten der Auftraggeber usw., sondern zugleich eine Haftpflichtv zugunsten des Spediteurs (auch jeden Zwischenspediteurs des durch die Sp-Police vten Hauptspediteurs). Hierzu vgl. Ziff. 1, 2 I, 3 I, 44 S. 2 Sp-Police.

Das **Kreditinteresse** des Spediteurs im Blick auf seine Forderungen gegen den Auftraggeber auf Provision und Auslagenerstattung (speziell für Fracht) ist gemindert durch das gesetzliche Pfandrecht des § 410 HGB, so daß Kreditven von Spediteuren nicht abgeschlossen zu werden pflegen.

Über Vskosten, die ein Spediteur schuldhaft verursacht hat, und ihre Bedeutung im Rechtsverhältnis Verkäufer—Käufer bei einem Versendungskauf: RG 4. V. 1920 RGZ Bd 99 S. 56—60.

[114] **b) Außerschuldrechtliche Einzelfälle.**

aa) Sachenrechtliche Tatbestände.

Von den wichtigsten sachenrechtlichen Tatbeständen und den sich bei ihnen ergebenden versicherbaren Interessen war schon im Zusammenhang mit Schuldverhältnissen die Rede, so von der Grundstücksübereignung (Anm. 90), dem Eigentumsvorbehalt (Anm. 91), der Sicherungsübereignung (Anm. 99—102).

Eigentumsfragen spielen im Vsrecht auch eine Rolle bei der Pacht (Inventar: Anm. 96), beim Werkvertrag (Unternehmer- und Bestellerstoff: Anm. 104—105), bei der Verwahrung (depositum irregulare: Anm. 109), bei der Kommission (Kommissionsgut: Anm. 112).

Das Eigentum zur gesamten Hand oder nach Bruchteilen ist in Anm. 59, aber auch bei der Gesellschaft in Anm. 111 vsmäßig behandelt worden. Über die versicherbaren Interessen beim Wohnungseigentum Anm. 59. Zu Fällen des Strohmanns- oder Treuhandeigentums RG 10. II. 1882 RGZ Bd 7 S. 9—14, der Zwangsverwaltung eines Gebäudes RG 30. IV. 1915 RGZ Bd 86 S. 392—394 (wogegen Bedenken Anm. 54).

Über die Eigentumsanwartschaft vgl. Anm. 54, 64—68, 91.

Zu den **beschränkten dinglichen Rechten** führt das Erbbaurecht hinüber, darüber Anm. 59. Zum dinglichen Wohnrecht vgl. Anm. 70.

Der Nießbrauch schafft ein Nutzungsinteresse des Nießbrauchers (Anm. 70), das von dem Eigentümerinteresse zu unterscheiden ist, welches ungeschmälert fortbesteht (vgl. § 1046 I BGB). Vgl. dazu Bernhöft a. a. O. S. 3—36, Bischoff ZVersWiss 1963 S. 195, Brockmann ZfV 1964 S. 246, 248, Domizlaff WuRdVers 1913 S. 141—143, Ehrenberg I S. 198, 304—305, 314—315, Festgabe a. a. O. S. 29 Anm. 1, S. 70, von Gierke I S. 131—132, II S. 178—179, 183, 184, IherJ Bd 40 S. 341—450, Hagen I S. 713—718, Kisch III S. 270, Lenski a. a. O. S. 81—82, Malss ZHR Bd 13 S. 418—430. Aus der Judikatur OAG Dresden Februar 1868 SeuffArch Bd 22 S. 445, ROHG 23. X. 1872 ROHGE Bd 7 S. 374, RG 8. IV. 1911 RGZ Bd 76 S. 136, speziell zu § 115: RG 4. VII. 1939 RGZ Bd 161 S. 86—90, zu § 151 II 1: BGH 21. III. 1963 VersR 1963 S. 516—517. Über die Sonderfälle des Nießbrauchs an verbrauchbaren Sachen (§ 1067 BGB) und der Übernahme von Inventar zum Schätzungswert (§ 1048 II BGB) vgl. Lenski a. a. O. S. 81—82 m. w. N.

Über den vsmäßigen Schutz bei Pfandrechten ist im Zusammenhang mit dem Darlehen und überhaupt mit Kreditgewährungen Genaueres gesagt (Anm. 98), vorher ist generell vom Pfandrechtsinteresse gehandelt worden (Anm. 70). Aus dem Schrifttum vgl. noch Bischoff ZVersWiss 1963 S. 196—198, Domizlaff WuRdVers 1913 S. 143, Ehrenberg I S. 12, 302—304, 312—315, Festgabe a. a. O. S. 17—18, 28—35, von Gierke I S. 128—132, II S. 180, 182—183, Lenski a. a. O. S. 81 m. w. N., Malss ZHR Bd 13 S. 430—438.

Der bloße **Besitz** schafft noch kein versicherbares Interesse, es muß das Eigentum oder eine Eigentumsanwartschaft oder ein Nutzungs- oder Verwertungsrecht hinzutreten. Dem Dieb wird wegen seiner Haftung gegenüber dem Eigentümer ein versicherbares Interesse jedoch zugesprochen von Hagen ZVersWiss 1907 S. 24 im Anschluß an OAG

Dresden Februar 1868 SeuffArch Bd 22 S. 445. Einen Schutz des Eigenbesitzers setzt auch § 1127 I BGB voraus (Bischoff ZVersWiss 1963 S. 196). In analoger Anwendung des § 851 BGB ist anzunehmen, daß ein Ver bei einer V des Eigentümerinteresses für Rechnung wen es angeht gutgläubig an einen Eigenbesitzer die Entschädigung mit befreiender Wirkung zahlen kann.

[115] **bb) Familienrechtliche Tatbestände.**

Gemäß geltendem **ehelichen Güterrecht** steht das Eigentum bei den gesetzlichen Güterständen (Zugewinngemeinschaft: § 1363 I BGB; Gütertrennung: § 1414 BGB) dem einzelnen Ehegatten zu. Aus dem Grundsatz der Vermögenstrennung ergeben sich isolierte **Eigentümerinteressen** des Ehemannes und der Ehefrau. Bei Abschluß einer Sachv, die nicht für Rechnung beider Eheleute oder für wen es angeht abgeschlossen wird, müßte jeweils vereinbart werden, ob das Eigentümerinteresse des Mannes oder der Frau vert werden soll. Jedoch ergibt sich eine Lockerung für die Feuerv aus § 85, falls die V für einen Inbegriff von Sachen (z. B. Hausrat) genommen ist: Hier erstreckt sich die V auf die Sachen der zur Familie des Vmers gehörenden Personen, sofern diese in häuslicher Gemeinschaft mit dem Vmer leben. Eine vom Mann genommene Hausratv deckt also als V für fremde Rechnung auch Hausratsgegenstände der Frau, und umgekehrt.

Die Rechtsprechung geht noch weiter, obgleich man nicht in Anwendung des § 80 I wird sagen können, bei Abschluß durch einen Ehegatten ergebe sich immer aus den Umständen, daß (eventuell) „die V für einen anderen genommen werden soll", nämlich für den Ehepartner (a. M. Prölss[15] Anm. 1 zu § 74, S. 323—324). Frühe Entscheidungen: ROHG 23. X. 1872 ROHGE Bd 7 S. 374—375 (unter Berufung auf ein Verwaltungs- und Vertretungsrecht des Mannes, hilfsweise auf sein Nutznießungsrecht), ROHG 21. X. 1874 ROHGE Bd 14 S. 412—414 (unter Berufung auf ehemännliche Nutznießung und Verwaltung des Frauenguts), RG 7. III. 1888 RGZ Bd 20 S. 137—139 (unter Abstellung auf den Einzelfall), RG 14. VI. 1907 JW 1907 S. 525—526 = VA 1907 Anh. S. 99 Nr. 9 (unter Berufung auf die eheliche Lebensgemeinschaft).

Das **Reichsgericht** hat sich auf der Grundlage des geltenden Vsrechtes erstmals in RG 8. IV. 1911 RGZ Bd 76 S. 133—138 mit dem Problem befaßt: Güterstand der Verwaltung und Nutznießung; V von Inventar, das zum eingebrachten Gute der Frau gehört, durch den Mann, der das Inventar als sein Eigentum vert. Aus § 1381 BGB a. F. wird abgeleitet, die Frau habe den Anspruch auf die Vsleistung erworben; hilfsweise wird eine Abtretung konstruiert. Das Urteil hat nur vereinzelt Zustimmung gefunden (Dörstling ZVersWiss 1913 S. 828), durchweg ist es abgelehnt worden (Bruck S. 604—605 Anm. 30, Josef LZ 1912 Sp. 839—841, Kisch III S. 409—410 Anm. 7, Raiser Anm. 9 zu § 13, S. 321).

RG 5. III. 1913 VA 1913 Anh. S. 125—126 Nr. 774 = LZ 1913 Sp. 632—634: Gütertrennung; V von Gebäuden, die der Frau gehören, durch den Mann, der sich als Eigentümer bezeichnet. Auf Grund von Feststellungen des Berufungsgerichts läßt das RG es genügen, daß der Mann trotz der Gütertrennung das Vermögen der Frau in eigenem Namen verwaltete (dadurch habe übrigens der Mann auch ein eigenes Interesse, dieses aber rechtfertige nicht die V des ganzen Sachwerts, solche V weise auf die V des Interesses der Frau hin). Auch dieses Urteil ist nicht unbedenklich, weil für den Ver das Vorliegen einer V für fremde Rechnung nicht erkennbar war (Kisch III S. 410 Anm. 7).

RG 13. V. 1938 RGZ Bd 157 S. 314—320: Güterstand der Verwaltung und Nutznießung, aber Miteigentum der Eheleute an Mühlenbetrieb; V von Maschinen durch den Mann, der sich als Alleineigentümer bezeichnet. „Dem Berufungsrichter ist aber darin zuzustimmen, daß er die Ehefrau für ihren Anteil an den Maschinen als Vte ansieht. Der Vorderrichter gibt zwar keine weitere Begründung, geht aber ersichtlich davon aus, daß der Ehemann den von ihm geschlossenen Vsvertrag, soweit er sich auf den Eigentumsanteil seiner Frau bezog, zwar im eigenen Namen, aber für deren Rechnung abgeschlossen hat, weil die V insoweit weniger in seinem als in ihrem Interesse lag" (Zitat RG 5. III. 1913). Daß die Vsgesellschaft „mit einer V für die Ehefrau einverstanden war, geht aus ihrem späteren Verhalten gegenüber dem Wunsche des Grundstücksverwalters hervor, die V auf die Ehefrau auszudehnen. Es bedarf hiernach keines Eingehens auf die Frage, ob der Ehemann auch nach § 1381 Abs. 1 und 2 BGB“ a. F. „die Forderung aus der V, soweit sie sich auf den Eigentumsanteil seiner Frau bezog, für diese erworben hat“ (Zitat RG 8. IV. 1911).

Dem RG folgend OLG Düsseldorf 22. V. 1962 VersR S. 56—59: Güterstand der Verwaltung und Nutznießung, aber Miteigentum der Eheleute an Haus und Hausrat; V durch die Frau in Vertretung des (vermißten) Mannes. Primär sei der Eigentumsanteil des Mannes für eigene Rechnung vert, außerdem aber auch der Eigentumsanteil der Frau: „Der Abschluß einer V für fremde Rechnung für ihren Hälfteanteil folgt . . . gemäß § 74 II aus den Umständen“ (Zitat RG 13. V. 1938). (Der Sachverhalt ist verwickelt, weil die Frau nach der Todeserklärung des ersten Mannes erneut heiratet. Der zweite Mann erneuert die V, ohne Eigentümer zu sein, im eigenen Namen. Hier nimmt das Gericht keine V für fremde Rechnung an. Bei Gütertrennung habe der Mann kein Verwaltungsrecht.)

Die juristischen Konstruktionen des Reichsgerichts sind nicht überzeugend. Auch bei den heutigen gesetzlichen Güterständen wird man ohne Rücksicht auf die Frage des Nutznießungs- oder Verwaltungsrechts oder der Vertretungsmacht sagen können, daß die *Ehe* — jedenfalls bei häuslicher Gemeinschaft — unbeschadet der rechtlichen Trennung der Gütermassen stets eine so enge *Vermögensverbindung* herstellt, daß es vsrechtlich *unschädlich* ist, wenn die *Eigentumsverhältnisse* — auch bei Grundstücken — *nicht richtig klargestellt werden*. Dieser *Rechtssatz*, welcher aus ständiger höchstrichterlicher Rechtsprechung abzuleiten ist und sich allenfalls auf eine Analogie zu den §§ 80 I, 85 stützen läßt, führt zur Annahme einer V für fremde Rechnung, wenn der „falsche“ Ehegatte die Sachv im eigenen Namen nimmt. Vgl. auch § 1362 I BGB und die Gedankengänge in RG 14. VI. 1907 JW 1907 S. 525—526 = VA 1907 Anh. S. 99 Nr. 9.

Der umschriebene Rechtssatz bewirkt zugleich, daß sich der Ver nicht auf eine schuldhafte Verletzung der *vorvertraglichen Anzeigepflicht* berufen kann, wenn ein Ehegatte die Eigentumsverhältnisse unrichtig angibt (ROHG 21. X. 1874 ROHGE Bd 14 S. 412—414 hielt die Frage: „wem gehören die zu versichernden Gegenstände?“ nach dem Sprachgebrauch des täglichen Lebens für unklar; vgl. ferner RG 7. III. 1888 RGZ Bd 20 S. 138 bis 139). — Man braucht auch nicht darauf abzuheben, ob ein *Vsagent* bei der Antragsaufnahme mitgewirkt und nicht auf Klarstellung der Eigentumsverhältnisse gedrungen hat (vgl. insoweit zur Verschuldensbeeinflussung Anm. 20—28 zu § 44, zur Erfüllungsgehilfenhaftung Anm. 29—52 zu § 44, zur Vertrauensstellung des Vsagenten Anm. 54—72 zu § 44; Beispiele: RG 14. VI. 1907 JW 1907 S. 526 = VA 1907 Anh. S. 99 Nr. 343, OLG Düsseldorf 22. V. 1962 VersR 1963 S. 56—59). — Abzulehnen ist auch der vom RG 15. X. 1935 RGZ Bd 149 S. 69—75 unternommene Versuch, den Ehepartner als „zwar nicht förmlich, aber in Wirklichkeit (auch) Vten“ anzusehen (Anm. 103—106 zu § 6).

Aus der **Schlüsselgewalt** der Frau kann sich ergeben, daß sie auch gewisse Vsverträge „mit Wirkung für den Mann“ abschließen kann, wodurch der Mann berechtigt und verpflichtet wird (§ 1357 I BGB; Anm. 70 zu § 1). Man nimmt an, daß die Frau die eheliche Gemeinschaft vertritt (Staudinger[10/11] Anm. 10 zu § 1357, S. 138—139). Aus dem Gesagten ist abzuleiten, daß bei Vsverträgen, die auf Grund der Schlüsselgewalt geschlossen werden, sofern es sich um Sachven handelt, die Frau nicht deutlich zu machen braucht, ob die vten Sachen ihr oder dem Manne oder beiden gehören.

Bemerkt sei noch, daß auch bei den gesetzlichen Güterständen ausnahmsweise *Miteigentum* der Ehegatten bestehen kann, sei es kraft Vereinbarung, sei es gemäß § 8 II VO über die Behandlung der Ehewohnung und des Hausrats nach der Scheidung: „Hausrat, der während der Ehe für den gemeinsamen Haushalt angeschafft ist, gilt . . . . auch dann, wenn er nicht zum Gesamtgut einer Gütergemeinschaft gehört, als gemeinsames Eigentum, es sei denn, daß das Alleineigentum eines Ehegatten feststeht.“ Dem Miteigentum entsprechen isolierte versicherbare Interessen (Anm. 59). — Dagegen schafft eine Gütergemeinschaft, die als vertragsmäßiger Güterstand in Betracht kommt (§ 1415 BGB) — neben dem Sondergut und neben dem Vorbehaltsgut einerseits des Mannes, andererseits der Frau — als fünfte Gütermasse das Gesamtgut beider Ehegatten und damit eine *Gesamthandsgemeinschaft*. Letztere läßt ein gemeinsames einheitliches Interesse der Eheleute entstehen (Anm. 59).

Aus dem Schrifttum vgl. noch: Düring, Die rechtlichen Beziehungen der Sachv zum ehelichen Güterrecht, Straßburger Diss. 1913, Borna 1913, ferner die Bemerkungen bei Bernhöft a. a. O. S. 27, Bischoff VersR 1963 S. 14—15. Aus der Rechtsprechung vgl. noch: OLG Breslau 1. VII. 1931 JRPV 1931 S. 276—277, OLG Cassel 27. XI. 1907 VA 1909 Anh. S. 43—44 Nr. 450, AG Berlin 31. X. 1927 JRPV 1928 S. 125—126 (mit Anm. Lesser).

[116] Sieht man von den Eigentümerinteressen ab, so konnte der Güterstand der Verwaltung und Nutznießung ein **Nutzungsinteresse** des Ehemannes begründen, wobei es sich um ein Interesse an einem „sonstigen Recht" handelte (vgl. Anm. 70: Darfrecht, und dazu Dörstling ZVersWiss 1931 S. 829, Raiser Anm. 6 zu § 13, S. 319—320). — Die **Zugewinngemeinschaft** läßt für einen Ehegatten, meistens die Frau, zunächst nur eine Anwartschaft entstehen, die sich besonders im Todesfall des Ehepartners konkretisiert, wobei die erbrechtliche Lösung des § 1371 I BGB von der güterrechtlichen Lösung des § 1371 II BGB zu unterscheiden ist. Eine V der genannten Anwartschaft oder der Ausgleichsforderung gibt es praktisch (noch) nicht. — Soweit ein Ehegatte allein gemeinschaftliches Gut, insbesondere Gesamtgut oder Gut, das dem anderen Ehegatten gehört, verwaltet, entsteht für ihn ein **Haftungsrisiko.** — Bei der **Gütergemeinschaft** fallen die Nutzungen des Sonderguts eines Ehegatten dem Gesamtgut zu (§ 1417 III 2 BGB), sodaß mittelbar der andere Ehegatte an der Erhaltung des Gesamtguts interessiert ist. Andererseits hat das Gesamtgut die laufenden Lasten aus der Verwaltung des Sonderguts zu tragen, sodaß eine Passivenv die Eheleute als Gesamthandsgemeinschaft schützen kann.

[117] Falls die **Eltern** oder ein **Vormund** im Rahmen der Vermögenssorge Sachen des Kindes oder Mündels vern, ist es notwendig, daß der Träger des Eigentümerinteresses genannt oder aus den Umständen erkennbar ist. Vgl. RG 7. III. 1888 RGZ Bd 20 S. 137 bis 139: Eine Mutter hatte ihrer 14 Jahre alten Tochter viele Gegenstände — zwecks Gläubigerbenachteiligung — geschenkt, sich aber Nießbrauch und Verwaltung vorbehalten; die von der Mutter im eigenen Namen abgeschlossene V des Eigentümerinteresses deckt (wegen Verletzung der vorvertraglichen Anzeigepflicht) die Tochter nicht. Ritter Anm. 20 zu § 1, S. 72 meint, es „braucht sich der Ver dessen nicht zu versichern, daß die vten Sachen nicht dem Vmer, sondern seinen Kindern gehören."

[118] **cc) Erbrechtliche Tatbestände.**

Geht das vte Interesse auf einen **Erben** über, so geht auch das Vsverhältnis über, und zwar kraft Erbrechts nach dem Grundsatz der Universalsukzession (§ 1922 I BGB) und ohne Rücksicht darauf, daß der Erbe als Interesseträger ein höheres subjektives Risiko darstellen kann als der Erblasser. Nachweise bei Lenski a. a. O. S. 98—99. Allerdings kann mit dem Tode des Erblassers die vte Gefahr wegfallen; man denke an eine Arzthaftpflichtv (jedenfalls, wenn der Erbe kein Arzt ist).

Etwas anders ist der Ausgangspunkt von RG 3. II. 1939 RGZ Bd 159 S. 340—341: „Ein Übergang des Vsverhältnisses durch Erbfall ist schon bei der Sachschadenv nicht immer selbstverständlich; jedenfalls kann er dort durch den Vsvertrag ausdrücklich oder stillschweigend ausgeschlossen werden. Bei der Haftpflichtv insbesondere bedarf die Frage des im Erbwege stattfindenden Übergangs stets besonderer Prüfung, und zwar sowohl nach der Seite der rechtlichen und tatsächlichen Möglichkeit wie nach der Seite der vertraglichen Regelung (Vertragsauslegung). Nach heute herrschender und zutreffender Auffassung stehen der Annahme, daß der Erbe in das Haftpflichtvsverhältnis des Erblassers eintreten kann, grundsätzliche Bedenken, wie sie früher vielfach gehegt wurden, nicht entgegen. Maßgebend werden insbesondere der durch Auslegung zu ermittelnde Vertragswille, die Natur des vten Gefahrenbereiches und die Beziehungen des Erblassers wie der Erben zu dem Bereiche sein. Die Haftpflichtv knüpft häufig an besondere Umstände und Eigenschaften eines gerade für den Vmer (Erblasser) und nur für ihn gegebenen Gefahrenbereiches in der Weise an, daß sich daraus das Erlöschen des Vsverhältnisses mit dem Ableben des Vmers notwendig von selbst ergeben muß." Es wird sodann eine Auslegung dahin vorgenommen, daß das Haftpflichtvsverhältnis mit dem Tode des Haftpflichtvmers nicht erlösche, sondern auf den Erben übergehe, falls die „Haftpflichtv inhaltlich an den Besitz oder den Betrieb von Sachen — wie beim Kraftfahrzeug — oder auch an den Geschäftsbetrieb eines Vmers oder an beides zugleich geknüpft" ist (S. 342).

Handelt es sich um mehrere Erben, so wird die **Erbengemeinschaft** Vmerin, es handelt sich um ein gemeinschaftliches Interesse (Anm. 59). Wird die V zugunsten der Erbengemeinschaft erst abgeschlossen, so empfiehlt sich eine V für Rechnung wen es angeht. Eine solche ist auch vorteilhaft, wenn die Person von Erben — vielleicht auch wegen schwieriger Ermittlungen oder wegen Ausschlagungen — zunächst nicht feststeht.

Die vom Erblasser abgeschlossenen Ven gehen im Falle der **Nacherbfolge** kraft Erbrechtes zunächst auf den Vorerben, und dann mit Eintritt des Nacherbfalls auf den Nacherben über. Hat jedoch erst der Vorerbe den Vsvertrag abgeschlossen, so geht das Vsverhältnis nicht auf den Nacherben über. Denn der Nacherbe ist nicht Gesamtrechtsnachfolger des Vorerben, und andererseits handelt es sich nicht um einen Fall der Veräußerung der vten Sache (§ 69 I). Zur Nacherbfolge auch Lenski a. a. O. S. 102 bis 103 m. w. N., Dörstling ZVersWiss 1913 S. 833.

Nachlaßpfleger, Nachlaßverwalter und **Testamentsvollstrecker** können das Interesse des Erben vern. Daneben haben sie eigene Haftpflichtinteressen. Hierzu Dörstling ZVersWiss 1913 S. 833—834.

Ist einem **Vermächtnisnehmer** ein bestimmter Gegenstand, der zur Erbschaft gehört, vermacht, so hat der Begünstigte vor dem Erbfall nur eine Anwartschaft, nach dem Erbfall eine Forderung auf Übereignung, die regelmäßig gegen den Erben gerichtet ist. Nach der formellen Theorie geht das Eigentümerinteresse erst mit dem Eigentum auf den Vermächtnisnehmer über. Da jedoch vom Erbfall an der Vermächtnisnehmer die Gefahr eines zufälligen Schadens trägt, könnte man ihm nicht nur ein Forderungsinteresse, sondern ein wirtschaftliches Eigentümerinteresse zubilligen. Ist die Sache vom Erblasser oder von dem Erben vert und wird sie vor oder nach dem Erbfall zerstört, so fällt dennoch dem Vermächtnisnehmer die Vsleistung zu (vgl. §§ 2164 II, 281 I BGB).

Zum **Erbschaftskauf** vgl. Anm. 94.

Bei der sogen. vorweggenommenen Erbfolge, speziell bei **Gutsüberlassungsverträgen** fragt es sich, ob das Interesse kraft Veräußerung (§ 69 I) oder kraft Universalsukzession übergeht. RG 5. VII. 1929 RGZ Bd 125 S. 193—196 legt dar, es liege keine Gesamtrechtsnachfolge vor, übrigens auch nicht bei einer Vermögensübernahme i. S. des § 419 BGB. Weitere Nachweise bei Lenski a. a. O. S. 99—101.

[119] c) Spezielle Vertragsformen.

aa) Kundenversicherung.

Bei der Behandlung der Einzelfälle sind mehrere Tatbestände hervorgetreten, in denen ein Unternehmer eine V für fremde Rechnung, nämlich für Rechnung seiner Kunden abschließt. Erinnert sei an die Sachven, welche ein Werkvertragsunternehmer zugunsten der Besteller (Anm. 105), ein Güterbeförderer zugunsten der Ladungsbeteiligten (Anm. 106), ein Lagerhalter zugunsten der Einlagerer (Anm. 109), ein Gastwirt zugunsten der Gäste (Anm. 110), ein Kommissionär zugunsten der Kommittenten (Anm. 112), ein Spediteur zugunsten der Auftraggeber (Anm. 113) nimmt (vgl. auch die Übersicht bei Daube a. a. O. S. 34—163). Dabei spielt stets eine Rolle, daß der Unternehmer bei Verlust, Zerstörung oder Beschädigung der Sache verantwortlich gemacht werden könnte, so daß man von einem „Sachersatzinteresse" des Unternehmers gesprochen hat, das aber in Wahrheit als Haftpflichtinteresse zu qualifizieren ist (Anm. 51, 75). Oft beschränkt sich die Haftung auf den Ersatz des Sachwertes, z. B. ist solcher Einzelschadensersatz im Gesetz beim Güterbeförderer vorgesehen (§§ 430 I, II, 658, 659 HGB, § 85 I, II EVO, §§ 35—36 KVO).

Es ist nicht empfehlenswert, daß in solchen Fällen erstens der Eigentümer (Kunde) eine Sachv nimmt und daneben zweitens der möglicherweise Haftende (Unternehmer) eine Haftpflichtv. Denn hierdurch entstehen verdoppelte Prämienaufwendungen. Ersetzt der Sachver den Schaden, so gehen gegen den Unternehmer gerichtete Ersatzansprüche des Kunden auf den Sachver gemäß § 67 I 1 über, und der Unternehmer fordert seinerseits Freihaltung vor seinem Haftpflichtver. Da der Unternehmer oft nur bei Verschulden haftet, taucht die für die Geschäftsbeziehungen abträgliche Frage auf, ob den Unternehmer oder seine Erfüllungsgehilfen ein Verschulden treffe.

Viel zweckmäßiger ist es, daß der Unternehmer eine Sachv für Rechnung des Kunden abschließt, wobei es möglich ist, daß er im Innenverhältnis die Prämie auf den Kunden ganz oder teilweise abwälzt, sei es gesondert, sei es durch entsprechende Erhöhung seiner Leistungsvergütung (Flechtheim LZ 1911 Sp. 684—685). Solche sogen. Kundenv verschafft als V für fremde Rechnung, also als Vertrag zugunsten Dritter, dem Kunden einen Anspruch gegen den Sachver, der von der Klärung der Verschuldensfrage grundsätzlich unabhängig, also sehr liquide ist. Die freundschaftlichen Geschäftsbeziehungen zwischen Unternehmer und Kunden werden durch die Aufrollung der Schuldfrage nicht belastet. Diese Sachv kommt mittelbar auch dem Unternehmer zugute; denn falls der Kunde ohne weiteres vom Sachver entschädigt wird, sieht er von der Verfolgung seines etwaigen Anspruchs gegen den Unternehmer ab; sein Schaden entfällt, weil letzterer vom Ver ersetzt wird. Der Unternehmer muß auch nicht fürchten, im Regreßwege vom Ver in Anspruch genommen zu werden, denn bei einer V für fremde Rechnung findet ein Rückgriff gegen den Vmer nicht statt; der Vmer ist kein Dritter i. S. des § 67 I 1 (Prölss[15] Anm. 2 zu § 67, S. 291—292, NJW 1960 S. 1903—1904). Das übersieht Flechtheim LZ 1911 Sp. 682—683, der jedoch einen Regreßverzicht des Sachvers konstruiert. BGH 11. VII. 1960 BGHZ Bd 33 S. 100—105 nimmt zwar (im Falle einer Personen-Kautionsv) an, daß prinzipiell bei einer V für fremde Rechnung ein Ersatzanspruch des Vten gegen den Vmer auf den Ver übergehe, aber es soll eine Ausnahme gelten, falls die V für fremde Rechnung — wenn auch nur mittelbar — dem Vmer zugute kommen soll:

> „Schließt etwa ein Obhutspflichtiger (z. B. ein Gastwirt, Lagerhalter, Spediteur, Frachtführer) eine Sachv für die in seiner Obhut befindlichen Sachen eines fremden Eigentümers ab, so ist im Zweifel anzunehmen, daß der Vmer, wenn er selbst den Schaden fahrlässig verursacht hat, nach dem Sinn und Zweck des Vsvertrages nicht vom Ver nach § 67 VVG in Anspruch genommen werden kann. Die V des fremden Interesses wirkt dann mittelbar zugleich wie eine Haftpflichtv für den Vmer selbst" (S. 100—101).

A. M. Brockmann VersR 1960 S. 1—7 für den Fall, daß ein Spediteur eine Transportv für fremde Rechnung des Auftraggebers abschließt; hier soll im Zweifel der Transportver gegen den Spediteur Regress nehmen können.

Wie ist nach der hier vertretenen Auffassung die Rechtslage, falls der Sachver sich darauf beruft, der Vmer, also der Unternehmer habe den Vsfall vorsätzlich oder grobfahrlässig herbeigeführt (§ 61)? Bei einer V für fremde Rechnung kommt neben dem Verhalten des Vten (hier: Kunden) auch jenes des Vmers (hier: Unternehmers) in Betracht (vgl. § 79 I, Anm. 58 zu § 6). Aber bei einer Kundenv wird man annehmen müssen, daß der Sachver sich nicht auf grobe Fahrlässigkeit des Unternehmers berufen kann; dagegen erheischt es eine gerechte Interessenabwägung, daß der Ver bei vorsätzlicher Herbeiführung des Vsfalls durch den Vmer regelmäßig nicht haftet (implicite in beiden Fragen ebenso BGH 11. VII. 1960 BGHZ Bd 33 S. 100—101). Eine anderweitige Vereinbarung könnte getroffen werden, da §§ 61, 79 I nicht zwingend sind. Dabei ist auch an eine Kompromißlösung z. B. dergestalt zu denken, daß dem Vten gegenüber der Ver stets haftet, daß dem Ver aber eine Regreßmöglichkeit gegen einen Unternehmer eingeräumt wird, der vorsätzlich den Vsfall herbeigeführt hat, man denke an Diebstahl seitens eines Güterbeförderers oder Lagerhalters. Zur „Präjudizierung" durch den Vmer vgl. auch Weygand a. a. O. S. 155—157.

Eine weitere Komplikation könnte entstehen, falls ein verärgerter Kunde darauf besteht, nicht den Sachver (aus der Kundenv), sondern den Unternehmer (aus Vertrag oder Delikt) in Anspruch zu nehmen. Vielleicht steht ein Verschulden des Unternehmers eindeutig fest. Bei einem Vertrag zugunsten Dritter (hier: V für fremde Rechnung) kann der Dritte (hier: der Kunde) das aus dem Vertrag erworbene Recht sogar zurückweisen (§ 333 BGB). Die Kundenv muß aber auch in solchem Falle eine gewisse Wirkung entfalten. Da der Kunde (Vte) den Anspruch auf die Vsentschädigung gemäß § 333 BGB nicht erwirbt, kann allerdings der Unternehmer die Sachvsforderung auch nicht für den Kunden geltendmachen, selbst dann nicht, wenn er im Besitz des Vsscheines ist (vgl. § 76). Aber man muß — ausgehend vom Zweck der Kundenv — annehmen, daß solchenfalls die Sachv für fremde Rechnung (des Kunden) wie eine Haftpflichtv für eigene Rechnung (des Unternehmers) wirken soll (vgl. auch § 168). Danach muß der Sachver als quasi-Haftpflichtver den Unternehmer freihalten, falls der Kunde den Unternehmer (mit Recht) in Anspruch nimmt.

Diese haftpflichtvsähnliche Funktion der Kundenv darf jedoch nicht überschätzt werden: Der Kundenver ersetzt immer nur den Sachwert, auch braucht der Kundenver keine Rechtsschutzleistungen zu erbringen. Immerhin: Die Kundenv ist keine reine Sachv, sondern in gewissem Umfang auch eine Eventualhaftpflichtv (vgl. RG 22. IX. 1916 LZ 1917 Sp. 207—208, BGH 11. VII. 1960 BGHZ Bd 33 S. 100—101, von Gierke I S. 126, a. A. Ehrenberg Festgabe a. a. O. S. 14 [vgl. aber auch S. 42, 68—69], Flechtheim LZ 1911 Sp. 679—682, Kisch III S. 250).

Tritt neben die vom Unternehmer genommene Kundenv (für fremde Rechnung) eine vom Kunden genommene Sachv (für eigene Rechnung), so entsteht eine Doppelv. Im Aussenverhältnis kann ein geschädigter Kunde sich entweder an den Kundenver oder an seinen eigenen Sachver halten; die beiden Ver sind Gesamtschuldner (§ 59 I). Intern kann der im Außenverhältnis in Anspruch genommene Ver Ausgleichung vom zweiten Ver fordern (§ 59 II 1). Soweit der Kundenver im Außenverhältnis geleistet hat, steht ihm, wie ausgeführt, bei Fahrlässigkeit des Unternehmers kein Regreßanspruch gegen letzteren zu. Solcher Regreßanspruch aus § 67 I 1 (oder ein Provenu daraus) kann demzufolge nicht (anteilsmäßig) auf den zweiten Sachver übergehen (zur Rechtslage im Normalfall Prölss[15] Anm. 4 zu § 67, S. 295—296). Soweit der zweite Sachver im Außenverhältnis geleistet hat, ist er nicht gehindert, im Regreßwege aus § 67 I 1 gegen den Unternehmer vorzugehen. Hier kommt also dem intern ausgleichsberechtigten Kundenver ein Provenu anteilsmäßig zugute; man kann allenfalls annehmen, er müsse das Erlangte als Eventualhaftpflichtver dem Unternehmer wieder ausschütten. Hat der zweite Sachver den Regreß noch nicht durchgeführt, so daß der Regreßanspruch anteilsmäßig auf den Kundenver übergeht, so kann letzterer den Regreßanspruch nicht gegen seinen eigenen Vmer verfolgen. Zu alledem (mit abweichenden Begründungen und Ergebnissen) auch Flechtheim LZ 1911 Sp. 685—688, Moldenhauer LZ 1909 Sp. 42—48, 1911 Sp. 688—690, Weygand a. a. O. S. 140.

Die Kundenv ist in der **Literatur** öfters behandelt worden, monographisch von Weygand, Die Grundzüge der Kundenv, Berlin 1914 und Daube, Die rechtliche Konstruktion der Kundenv, Hamburger Diss. 1964. Vgl. überdies Brockmann VersR 1960 S. 1—7, Bruck S. 606, Ehrenberg Festgabe a. a. O. S. 13—14, 41—42, Flechtheim LZ 1911 Sp. 675—688, von Gierke I S. 126, Hagen I S. 375—376, Josef ZVersWiss 1912 S. 778—786, Kisch III S. 250—251, 255—256, 516—517 Anm. 2, 523, Moldenhauer LZ 1909 Sp. 42—48, 1911 Sp. 688—690, Prölss NJW 1960 S. 1903—1904, Ritter Anm. 19 zu § 1, S. 69—70, Sieg ZVersWiss 1963 S. 274, BetrBer 1964 S. 18 Anm. 6.

Flechtheim LZ 1911 Sp. 675 und Josef ZVersWiss 1912 S. 778 sprechen von mittelbarer V des Unternehmers, von Gierke I S. 126 von „mittelbar Vten". Dagegen Kisch III S. 250 Anm. 3. Weygand a. a. O. S. 122—126 leugnet das Vorliegen einer V für fremde Rechnung „im strengen Sinne" sowie sonst eines Vertrages zugunsten eines Dritten. Er nennt den Kunden Primärinteressenten, den Unternehmer, z. B. Spediteur oder Lagerhalter, Sekundärinteressenten. Der Primärinteressent müsse dem zwischen Ver und Sekundärinteressent abgeschlossenen Vsvertrag nachträglich beitreten. Dann aber schütze der Vsvertrag beide Interessen. „Dabei werden das primäre direkt als Gegenstand des Vertrages, die sekundären nur mittelbar vermöge der V des primären, gedeckt." Kritisch zur Beitrittskonstruktion Hagen ZVersWiss 1914 S. 734—735.

[120] bb) Sonstige Fälle.

Der Ausdruck Kundenv ist insofern zu eng, als eine Sachv für fremde Rechnung, die zugleich Quasihaftpflichtv, Eventualhaftpflichtv ist, auch zugunsten von Personen abgeschlossen werden kann, die man nicht als Kunden zu bezeichnen pflegt, z. B. vom Mieter zugunsten des Vermieters (Anm. 95, besonders Glasv), vom Entleiher zugunsten des Verleihers (Anm. 97, z. B. Ausstellungsv).

Wenn bei der Kundenv Massengeschäfte eine Rolle spielen, empfiehlt sich für den Unternehmer der Abschluß einer laufenden V (§ 197 II). Der Kreis jener Risiken, die der laufenden V unterfallen sollen, ist genau zu umreißen, dabei kann z. B. abgestellt werden auf sämtliche Kundenverhältnisse oder auf eine Anweisung des Kunden (vgl. §§ 390 II, 407 II HGB) oder auf einen ausdrücklichen schriftlichen Auftrag des Kunden (vgl. § 35a ADSp). § 97 I ADS hebt darauf ab, ob der Vmer „nach kaufmännischen Grundsätzen V zu nehmen hat". Danach hat der Cifexporteur (pflichtgemäß) V zu nehmen, der Fobimporteur, Kostfrachtimporteur oder Exporteur eines Ankunftsvertrages (ohne Rechtspflicht) kraft kaufmännischer Übung (vgl. RG 19. I. 1929 RGZ Bd 123 S. 141—146: Kostfrachtgeschäft; RG 29. XI. 1930 RGZ Bd 130 S. 302—309: Fobgeschäft). Solchenfalls hat die Deklaration (Aufgabe) keine konstitutive Bedeutung (vgl. § 97 VI ADS). Es kann aber auch vereinbart werden, daß die (fakultative) Deklaration das Einzelvsverhältnis erst entstehen lasse, und dann kann der Vmer nicht mehr deklarieren, wenn er weiß oder wissen muß, daß das Risiko einen ungünstigen Verlauf genommen hat (Ritter Anm. 13 zu § 102, S. 1201).

Die in Anm. 119 geschilderten Grundsätze der Kundenv gelten nicht, falls der Unternehmer sich freigezeichnet hat, also nicht haftet. Hier entfällt die Möglichkeit eines Regresses gegen den Unternehmer, hier bedarf der Unternehmer keines Eventualhaftpflichtvsschutzes, denn er hat kein „Sachersatzinteresse". Bei solcher „Überwindung" der Haftung und der Haftpflichtv bedarf nur noch der Kunde des Vsschutzes: „Haftungsersetzung durch Vsschutz". Gerade wenn und weil der Unternehmer dem Kunden solchen Vsschutz im Wege der V für fremde Rechnung verschafft, ist seine Freizeichnung von der Haftung unbedenklich, insbesondere nicht sittenwidrig. Die Speditionsv (Anm. 113) ist zum Prototyp solcher fortentwickelten Kundenv geworden: Die Ver haften für alle Schäden, welche dem Auftraggeber erwachsen und für welche der Spediteur gesetzlich in Anspruch genommen werden könnte, wenn er sich nicht freigezeichnet hätte (vgl. § 2 I SVS). Solche Spediteurfehlerv ist nicht in erster Linie Sachv, denn durch den Spediteurfehler können auch andere als Sachschäden entstehen. Die Sachschäden werden sogar primär der Transport- und Lagerv zugewiesen: Ausgeschlossen aus der Speditionsv sind alle Gefahren, welche durch eine Transport- oder Lagerv gedeckt sind oder durch eine solche V „allgemein üblicher Art hätten gedeckt werden können oder nach den herrschenden Gepflogenheiten sorgfältiger Kaufleute über eine . . . V allgemein üblicher Art hinaus gedeckt werden", es sei denn, daß solcher Sachvsschutz gerade infolge eines Spediteurfehlers entfällt (§ 5 Ziff. 1 B a)—c), C SVS). Über Ansprüche des Vers gegen den Vmer, die (auch bei Beachtung des § 276 II BGB) in Wahrheit keine übergegangenen Rückgriffsansprüche, sondern selbständige eigene Ansprüche sind, § 12 II SVS. Gewisse restliche Haftpflichtrisiken, die einen Spediteur trotz der Freizeichnungsregelung der ADSp belasten, werden durch die Sp-Police im Wege einer zusätzlichen Haftpflichtv mitgedeckt.

Einen „Rückgriff" des Vers gegen den Vmer bei einer V für fremde Rechnung gibt es auch in der Personen-Kautionsv (BGH 11. VII. 1960 BGHZ Bd 33 S. 97—105, BAA VA 1959 S. 130, Sieg ZVersWiss 1963 S. 273—274).

Richtet der potentiell haftpflichtige Unternehmer möglicherweise Personenschäden an, so kann es empfehlenswert sein, daß er zugunsten seiner Kunden eine Personenv abschließt, zweckmäßig also eine Lebensv auf fremdes Leben (§ 159), eine Unfallv gegen fremden Unfall (§ 179), eine Krankenv gegen fremde Krankheit. Dabei kann im Massenverkehr eine Gruppenv ratsam sein. Daube a. a. O. S. 6—7, 164—183 zählt zur Kundenv auch solche Gruppenven und behandelt dabei die Luftunfallv (vgl. auch Anm. 107), die Kraftfahrzeuginsassenv und die Gruppenunfallv aus Anlaß von Sportveranstaltungen, bei Volksfesten und Umzügen. Über den Einfluß solcher V auf die Haftung des Unternehmers, speziell über die Anrechnung von Unfallvsleistungen vgl. § 50 LuftVG, BGH 24. IV. 1963 VersR 1963 VersR 1963 S. 521—523.

[121] 8. Rechtssätze zur Interesselehre.

a) Existenz des Interesses.

Bei einer Schadensv, und zwar speziell bei einer Aktivenv, muß ein vtes Interesse der vten Person beim materiellen Beginn der V existieren, sonst kann der Ver keine Gefahr tragen. Bei einer Passivenv gelangt eine Passivenbeziehung erst durch den Vsfall zur Entstehung, hier gilt also jener Rechtssatz von der notwendigen Existenz des Interesses nicht, vielmehr muß lediglich eine Gefährdung vorausgesetzt werden, also die Möglichkeit, daß für die vte Person eine Unwertbeziehung der im Vsvertrage umrissenen Art entstehe. In der Aktivenv kommt es nicht auf das Bestehen des Interesses schlechthin an, sondern das Interesse muß versicherbar sein (vgl. § 2 I 1 ADS; über unversicherbare Interessen: Anm. 88). Existieren muß nicht irgendein Interesse der vten Person, sondern gerade das vte Interesse. Welches Interesse vert sei, ist primär dem Vsvertrage zu entnehmen. Ist eine Sache vert, so ist das Eigentümerinteresse vert (Anm. 53—55 zu § 52). Näheres zur Bezeichnung des Interesses Anm. 122.

Das Interesse ist die Beziehung einer Person zu einem Gute. Die Personengebundenheit des Interesses macht es notwendig, im Vsvertrage die vte Person, den Interesseträger anzugeben, und das Interesse muß gerade dieser Person zustehen, d. h. bei einer V für eigene Rechnung, wie sie im Zweifel vorliegt, dem Vmer, bei einer V für fremde Rechnung dem Vten. Hierzu Näheres Anm. 123.

Die V kann für vergangene, gegenwärtige, zukünftige Interessen genommen werden (Anm. 81). Im Vsvertrage wird der vorgesehene materielle Vsbeginn bezeichnet, im Zweifel soll der Vsschutz am Tage des Vertragsabschlusses, also des formellen Vsbeginns, einsetzen (so § 7^1; Anm. 5 zu § 7). Aber eine Rückwärtsv — mit vorverlegtem materiellem Vsbeginn — ist möglich (§ 2 I). Andererseits kann eine V derart genommen werden, daß sie erst nach dem formellen Vsbeginn einsetzen soll; z. B. sollen bei einer laufenden V die vten Interessen erst jeweils „nach ihrer Entstehung dem Ver einzeln aufgegeben werden" (§ 187 II). Ein vorsichtiger Mann vert heute sein morgen eintreffendes Kraftfahrzeug.

Besteht das vte (und versicherbare) Interesse der vten Person beim vorgesehenen materiellen Beginn der V nicht, so kann — was die Rechtsfolgen anlangt — die Gefahrtragung des Vers nicht beginnen. Gelangt auch später das vte Interesse während der vorgesehenen materiellen Vsdauer nicht zur Entstehung, so entfällt jede Gefahrtragungsleistung des Vers; man denke an den Untergang der vten Sache vor Vsbeginn oder an den Nichterwerb der vten Sache. Dagegen kann bei verspäteter Entstehung des Interesses die V verspätet materiell beginnen: Bei der V eines angeblich gegenwärtigen Interesses wird das Interesse erst künftig erworben. Bei einer vereinbarten Rückwärtsv ist der Erwerb später erfolgt als vorgesehen. Bei einer V zukünftiger Interessen erfolgt der Erwerb in fernerer Zukunft; das Kraftfahrzeug, das morgen eintreffen sollte, kommt erst in einer Woche an. Obgleich der Wortlaut des § 68 I härter formuliert ist, wird man annehmen müssen, daß in diesen „Verspätungsfällen" der Vsschutz nicht entfällt, sondern verspätet beginnt (so auch Prölss[15] Anm. 1 zu § 68, S. 304, Näheres Anm. zu § 68). Nur wenn das Interesse während der Vsperiode überhaupt nicht entsteht, ist gemäß § 68 I der Vmer (mangels Gefahrtragung durch den Ver) von der Verpflichtung zur Zahlung der Prämie frei und der Ver kann eine angemessene Geschäftsgebühr verlangen. Negativ ist hervorzuheben, daß der Vsvertrag als solcher gültig bleibt (Prölss[15] Anm. 1 zu § 68, S. 304). Eine Ausnahme gilt im Seevsrecht, wenn ein Interesse unversicherbar ist (vgl. § 2 I 1 ADS: Unwirksamkeit; Näheres Anm. zu § 68.)

[122] b) Bezeichnung des Interesses.

Bei einer Interessev muß das vte Interesse im Vsvertrage bezeichnet werden (so für das Seevsrecht ausdrücklich § 1 II, III ADS, vgl. ferner Hagen I S. 379—381, ZVersWiss 1907 S. 18—20, Kisch III S. 186—189, Weygand a. a. O. S. 26—27, 30—33). Da das Interesse die Beziehung einer Person zu einem Gute ist, müssen sowohl die Person als auch das Gut im Vsvertrage angegeben werden.

Was die Person angeht, so kann das Interesse des Vmers oder eines Dritten (Vten) vert sein. Ergibt sich aus dem Vereinbarten oder aus den Umständen nicht, daß die V für einen Dritten genommen werden soll, so gilt sie als für eigene Rechnung genommen (§ 80 I); im Zweifel ist also ein Interesse des Vmers vert. Steht solchenfalls das Interesse nicht dem Vmer, sondern einem Treuhänder zu, so besteht das Interesse, für welches die V genommen ist, nicht (Beispiel: RG 16. IV. 1929 VA 1929 S. 246—247 Nr. 2010). — Wird die V für einen anderen genommen, d. h. auf fremdes Interesse, so ist eine entsprechende ausdrückliche Vereinbarung erwünscht; dabei kann die Person des Vten unbenannt bleiben (§ 74 I), z. B. kann eine Feuerv zugunsten aller Einlagerer vom Lagerhalter genommen werden. Eine ausdrückliche Vereinbarung kann sich in Vsbedingungen finden. Sie ist unnötig, falls das Gesetz eine V für fremde Rechnung normiert (vgl. §§ 85, 151 I). Aus den Umständen ergibt sich der Geschäftswille, die V für einen anderen zu nehmen, nur, falls auch für den Ver diese Willensrichtung mindestens erkennbar war, so bei einem mittelbaren Stellvertreter, der als solcher erkennbar ist, z. B. einem Kommissionär (Anm. 112) oder Spediteur (Anm. 113), möglicherweise auch bei einem Mieter (Anm. 95), Pächter, Güterbeförderer, Verwahrer, Lagerhalter. Werden bei Vsnahme durch einen Ehegatten die Eigentumsverhältnisse nicht richtig klargestellt, so ist das nach ständiger höchstrichterlicher Rechtsprechung vsrechtlich unschädlich (Anm. 115). Eine echte Stellvertretung beim Abschluß von Vsverträgen ist zwar möglich, aber § 74 II stellt die Vermutung auf, es sei im Falle der Vsnahme für einen anderen im Zweifel anzunehmen, daß der Vertragschließende im eigenen Namen für fremde Rechnung handelt. Über den Fall der Schlüsselgewalt Anm. 115.

Zwischen der V für eigene und fremde Rechnung steht die V für Rechnung wen es angeht (§ 80 II), bei der unbestimmt gelassen werden soll, ob eigenes oder fremdes Interesse vert ist (Anm. 83). Da nach § 10 II a AKB der Halter bei der Kraftfahrzeughaftpflichtv mitvert ist, andererseits der Halter oft auch als Vmer auftritt und vert ist, kann man die Halterv, die den jeweiligen Halter schützt (BGH 22. IX. 1958 BGHZ Bd 28 S. 141), als eine V des Halters, den es angeht, bezeichnen. Zu weit geht es aber, wenn Prölss[15] Anm. 1 zu § 80, S. 335 annimmt, es entscheide allein der Wille des Vmers, wenn es dem Ver gleichgültig sei, ob eigenes oder fremdes Interesse vert werde. Bei einer V für Rechnung wen es angeht wird der Träger des Interesses, der „Kopf" der Wertbeziehung irrelevant, die V nähert sich derjenigen eines „objektiven" Interesses (dazu Anm. 52). — Alles über die Person des vten Interessenten Gesagte gilt nicht nur für die Aktiven-, sondern auch für die Passivenv, wie § 151 und § 10 II a AKB zeigen; man muß wissen, in wessen Person die vten Unwertbeziehungen entstehen müssen, um unter den Vsschutz zu fallen.

Ein Interesse wird nicht nur durch seinen Träger, sondern insbesondere auch durch das interesseverknüpfte Gut individualisiert. Der Ver muß wissen, ob die V eine Erst- oder Rückv ist, bei letzterer vert der Rückver den Erstver gegen vertragliche Schulden (Passivenv), mag auch die Erstv z. B. eine Sachv sein (Aktivenv); demzufolge „gilt eine V nur dann als Rückv, wenn sie bei der Schließung des Vertrags ausdrücklich als solche bezeichnet wird" (§ 1 II Abs. 2 ADS). Bei der Erstv muß im Vsvertrage deutlich werden, welches Aktivum geschützt werden soll oder gegen welche Passiven eine Passivenv schützen soll. Wird eine Sache benannt, so ist anzunehmen, daß das Sachinteresse des Eigentümers vert werden solle (Anm. 53—55 zu § 52), und zwar nach der h. M. das formale Interesse des sachenrechtlichen Eigentümers (Anm. 60—68). So würde bei einer Sachv für Rechnung unbenannter Dritter oder bei einer V für Rechnung wen es angeht der sachenrechtliche Eigentümer Vsschutz genießen (von der Seev abgesehen: Anm. 55, 92). Erweist sich aber, daß der Vmer (bei einer V für eigene Rechnung) oder der namentlich benannte Vte (bei einer V für fremde Rechnung) nicht Träger des sachenrechtlichen Eigentums, sondern wirtschaftlicher Eigentümer ist, so muß er als Träger dieses wirtschaftlichen Eigentümerinteresses als gedeckt angesehen werden. Eine Sachv umfaßt nach § 53 keinen entgehenden Gewinn, ist also nicht zugleich Gewinnv. Überhaupt ist in der V eines Interesses diejenige eines anderen Interesses nicht enthalten (vgl. § 779 II HGB, § 1 II Abs. 2 ADS). Die frühere Auffassung, wonach eine Sachv alle Interessen deckt, die irgendwie mit der Sache zu schaffen haben, ist überholt (Anm. 34, 51, 52, bedenklich Brockmann ZfV 1964 S. 166). Oft stellen leider die Vsbedingungen (trotz aufsichtsbehördlicher Genehmigung) das interesseverknüpfte Gut nicht sehr klar heraus, insbesondere in neueren Vszweigen (wie z. B. der Bauwesenv: Anm. 75). Dann muß im Wege der Auslegung des vte Interesse ermittelt werden. Bei einer V auf behaltene Fahrt, auf behaltene Ankunft (auch „Interessenv" benannt) braucht das beziehungsverknüpfte Gut ausnahmsweise nicht genau bezeichnet zu werden (Anm. 83).

Fehlt es an einer ausreichend genauen Bezeichnung des vten Interesses, sei es personell, sei es sachlich, und ergibt auch die Auslegung nichts, so ist die V mangels ausreichender Einigung nicht zustandegekommen (§ 154 I 1 BGB; Hagen I S. 381,

ZVersWiss 1907 S. 19, Kisch III S. 187). Diese Einigung gehört nicht in den Bereich der vorvertraglichen Anzeigepflicht (Wissenserklärungen), sondern des Vertragsabschlusses (Willenserklärungen).

Ist eine andere Person „vert" als der wahre Interesseträger, so kann in der Sphäre des Vers culpa in contrahendo vorliegen, wobei ein Verschulden des Vsagenten dem Ver zuzurechnen ist und der Vmer so gestellt werden muß, wie wenn der wahre Interessent gedeckt gewesen wäre (Anm. 51 zu § 44). Möglicherweise erwächst dem Vmer Schaden dadurch, daß ein Dritter nicht vert worden ist. — Auch aus dem gewohnheitsrechtlichen Haftungsgrundsatz, der aus der Vertrauensstellung der Vsagenten gefolgert wird, kann sich ergeben, daß der Ver so zu behandeln ist, als habe der Vsagent den Vmer richtig belehrt und aufgeklärt. Beispiele: Anm. 66 zu § 44 (vte Personen). Leitentscheidung: RG 2. VI. 1935 RGZ Bd 147 S. 186—190, Vorinstanz: OLG Köln 26. IX. 1934 JRPV 1935 Zus. S. 1, vgl. auch das Exempel Anm. 90 (Grundstückskauf) und die Fälle bei Haymann JRPV 1936 S. 68—70. — Entsprechendes gilt bei einem Verschulden bei Vertragsschluß bzw. bei unzulänglicher Belehrung oder Aufklärung hinsichtlich der vten Güter. Beispiele: Anm. 66 zu § 44 (vte Gegenstände).

[123] c) Übergang des Interesses.

Wechselt der Interesseträger, so fällt recht eigentlich das Interesse fort. Das ergibt sich aus dem Wesen des Interesses, das personengebunden, subjektbezogen ist. Es gibt kein objektives, sondern nur ein subjektives Interesse (Anm. 52).

So müßte, falls das interesseverknüpfte Gut einen neuen Träger erlangt, falls das Interesse seinen „Kopf" wechselt, der Vsschutz stets erlöschen, „da das Interesse des Vmers aufhört" (Begr. I S. 78). In der Tat läßt sich solcher Rechtssatz als Regel dem § 68 II—IV entnehmen.

Aber Ausnahmen bestätigen die Regel:

aa) Bei einer V für **Rechnung wen es angeht** (§ 80 II), aber auch bei einer V für fremde Rechnung ohne Benennung der Person des Vten (§ 74 I), gibt der Ver zu erkennen, daß es ihm gleichgültig ist, wer der Interesseträger sei; er nimmt das möglicherweise höhere subjektive Risiko in Kauf. Deshalb ist hier bei einem Interessentenwechsel der neue Interesseträger unmittelbar auf Grund des ursprünglichen Vsvertrages Vter (Anm. 83). Es bedarf keiner Veräußerungsanzeige; Ver und Erwerber haben kein Kündigungsrecht (Möller JRPV 1928 S. 337—342).

bb) Wird die vte **Sache** von dem Vmer **veräußert,** so geht die V des Sachinteresses nach Maßgabe der §§ 69—72 auf den Erwerber über; es ist eine Veräußerungsanzeige zu erstatten, Ver und Erwerber erlangen ein Kündigungsrecht. Eine Veräußerung setzt Einzelnachfolge unter Lebenden voraus. Darüber, ob es auf den formal-sachenrechtlichen Eigentumsübergang oder auf den wirtschaftlichen Wechsel des Interessenten ankomme, Anm. 53—55, 60—68 sowie Anm. zu § 69. Über eine Ausnahmeregelung zur Tierv: § 128.

cc) Eine analoge Anwendung der §§ 69—72 auf **andere Fälle der Aktivenversicherung** (außerhalb der Sachv) läßt sich rechtfertigen (Bruck S. 571), man denke an die Abtretung vter Forderungen (a. A. Prölss[15] Anm. 1 zu § 69, S. 309) oder an eine Gewinnv, z. B. eine V imaginären Gewinnes (Ritter Anm. 12—13 zu § 49, S. 710). Über die Rechtslage in der Betriebsunterbrechungsv Bischoff VA 1955 S. 178, Fußhoeller-John, Feuer-Betriebsunterbrechungs-V, Wiesbaden 1957, S. 125—126, Magnusson, Rechtsfragen der Betriebsunterbrechungsv, Hamburg 1955, S. 109—128, 143. Zur Hagelv vgl. § 114 mit Prölss[15] Anm. 2 zu § 114, S. 429—430.

dd) In der **Passivenversicherung** gibt es kein vtes Interesse i. e. S., keine Beziehung zu einem Gut, die übertragen werden könnte. Allenfalls bei einer Sachhaftpflichtv könnte man mit der Sache, bei einer Betriebshaftpflichtv mit dem Betriebe die V übergehen lassen; derartige Ausnahmeregelungen stellen §§ 151 II, 158h dar (dazu vgl. BGH 21. III. 1963 VersR 1963 S. 516—517). Bei einer Neuwertv ist infolge des engen Zusammenhanges mit der Sachv anzunehmen, daß sie bei Veräußerung der Sache auf den Erwerber übergeht (vgl. auch Anm. 87).

ee) Der Veräußerung der vten Sache ist deren **Zwangsversteigerung** gleichgestellt (§ 73; zur Zwangsversteigerung des transportvten Schiffes: § 143 III).

ff) Das Vsrecht läßt die allgemeinen Grundsätze, welche in Fällen der **Gesamtrechtsnachfolge** gelten, unberührt. Daraus ergibt sich:

Bei der Erbfolge, einschließlich der Nacherbfolge gehen bestehende Vsverhältnisse nach § 1922 I BGB auf den Erben über (OLG Düsseldorf 22. VII. 1958 VersR 1958 S. 757—758, OLG Neustadt 9. XII. 1955 VersR 1956 S. 153—154; Bruck S. 567, von Gierke II S. 198, Kisch III S. 273, Raiser Anm. 7 zu § 12, S. 302, Lenski a. a. O. S. 98—99 m. w. N.).

Gesamtrechtsnachfolge tritt auch ein, wenn das Vermögen aufgelöster Vereine und Stiftungen dem Fiskus zufällt (§§ 45, 46, 88 BGB; Bruck S. 567, Kisch III S. 274, Lenski a. a. O. S. 103).

Die Begründung der ehelichen Gütergemeinschaft bringt gleichfalls eine Gesamtrechtsnachfolge mit sich, § 1416 II BGB. Darüber, in welcher Form hier Vsverhältnisse übergehen bzw. weiterbestehen, vgl. Kisch III S. 274—275, Lenski a. a. O. S. 113 bis 114.

Gesamtrechtsnachfolge tritt ferner ein bei der Verschmelzung von Aktiengesellschaften, und zwar sowohl bei der Verschmelzung durch Aufnahme (§ 346 III 1 AktG) als auch bei der Verschmelzung durch Neubildung (§ 353 V 2 AktG); entsprechendes gilt bei der Verschmelzung von Genossenschaften (§ 93a GenG). Vgl. Ehrenzweig S. 229, Kisch III S. 274, Lenski a. a. O. S. 103—110 (zugleich über die mannigfaltigen Fälle der Umwandlung von Gesellschaften), Raiser Anm. 7 zu § 12, S. 302, Wussow AFB Anm. 2 zu § 11, S. 406—407.

Liegt weder ein Fall der Gesamtrechtsnachfolge noch der Veräußerung vor, so erlischt ein Vsvertrag. Hat z. B. ein Vorerbe eine V für Nachlaßgegenstände genommen und tritt der Nacherbfall ein, so ist der Nacherbe nicht der Erbe des Vorerben, aber auch ein Veräußerungstatbestand ist nicht gegeben (Anm. 118).

[124] d) Wegfall des Interesses.

Sofern sich aus dem in Anm. 123 Gesagten kein Interessentenwechsel mit Fortdauer des Vsschutzes ergibt, greift die Regel und Regelung des § 68 II—IV Platz, sofern das Interesse wegfällt, sei es durch Wegfall des bisherigen Interessenten, sei es durch Wegfall des interesseverknüpften Gutes.

Ein vter Interessent ist z. B. nicht mehr vorhanden nach einer Enteignung (Prölss[15] Anm. 1 zu § 69, S. 309).

Ein interesseverknüpftes Gut ist entfallen, falls die vte Sache zerstört oder verloren ist.

Näheres Anm. zu § 68.

[125] e) Interesse im Schadensfall.

In der Interessev i. e. S. gilt der Satz: Ohne Interesse kein Schaden; denn der Schaden ist die Negation des Interesses. Ohne Schaden kein Schadensersatz (vgl. Hagen ZVersWiss 1907 S. 17). Das Interesse des Vmers oder — bei einer V für fremde Rechnung — des Vten muß bei Eintritt des Vsfalles bestehen. Die materiell Berechtigung entfällt, wenn in diesem Zeitpunkt das beeinträchtigte Interesse, welches sich vom Schaden her bestimmen läßt, nicht dem Vmer oder Vten zustand: Bei einer V für Rechnung wen es angeht ist derjenige der Vte, der zur Zeit des Schadensfalles Interesseträger war, mag auch vorher irgendwann ein anderer vert gewesen sein. Bei einer V für eigene Rechnung muß der Vmer selbst (oder bei Veräußerung der vten Sache der in seine Stellung eingetretene Erwerber: § 69 I) Interessent sein, bei einer V für fremde Rechnung der benannte Vte (oder bei V unbenannter Dritter eventuell ein neuer Dritter). Konkreter: Stellt sich im Schadensfall heraus, daß bei einer Gebäudev für eigene Rechnung das Haus dem Vater des Vmers gehört, daß der Vater das Haus auch nicht vom Vmer dergestalt erworben hat, daß das Vsverhältnis vom Vmer auf den Vater übergegangen ist, so entfällt die Ersatzpflicht.

Bei einer Passivenv muß gleichfalls der Geschädigte derjenige sein, zu dessen Gunsten die V genommen worden ist. Bei der Krankheitskostenv müssen die Kosten der vten Person erwachsen, ist nur die Ehefrau vert, so treffen Krankheiten des Ehemannes den Ver nicht. Schickt der Arzt nach einer Erkrankung der Ehefrau die Rechnung dem Ehemann, so würde der Ver nicht ersatzpflichtig sein, bevor die Rechnung auf die Ehefrau umgeschrieben wird.

Der nach dem bisher Gesagten materiell — vom Interesse her — Berechtigte (Vmer, Vte) kann über seinen Vsanspruch vor oder nach dem Vsfall in der Regel verfügen, insbesondere durch Abtretung oder Verpfändung (Anm. 2—9, 29—38 zu § 15, woselbst auch über Abtretungs- und Verfügungsbeschränkungen). Aber den Vmer und Vten belasten weiterhin alle Rechtspflichten und Obliegenheiten, und der Ver kann z. B. einwenden, das Interesse des Zedenten oder Verpfänders habe zur Zeit des Vsfalles nicht bestanden.

Ist der Vsanspruch in einem echten Wertpapier verbrieft, z. B. in einer Orderpolize (in der Seev möglicherweise in einem Inhaberwertpapier: Anm. 32 zu § 3), so braucht der Schaden gleichfalls nicht demjenigen zu erwachsen, der wertpapiermäßig berechtigt ist (Anm. 19 zu § 4). Aber der Ver könnte auch hier einwenden, das vte Interesse habe zur Zeit des Vsfalles nicht bestanden oder sei nicht versicherbar gewesen (vgl. BGH 24. V. 1962 VersR 1962 S. 659—660 = NJW 1962 S. 1436—1438: Seegüterv, Beförderung entgegen Embargo-Bestimmungen; die Polize wurde — zu Unrecht — als bloßes Ausweispapier [Anm. 29 zu § 3] angesehen).

[126] f) Beweis des Interesses.

Der Vmer braucht beim Vertragsabschluß nicht zu beweisen, daß das vte Interesse hinsichtlich seines Gegenstandes existiere und daß es ihm (oder bei einer V für fremde Rechnung dem Vten) zustehe. Im Binnenvsrecht hängt die Gültigkeit der V nicht von der Existenz eines vten Interesses ab (vgl. § 68 I, Anm. 121). § 306 BGB ist nicht anwendbar.

Weigert sich der Vmer, die (volle) Prämie zu zahlen, weil das Interesse nie bestanden hat (§ 68 I) oder weggefallen ist (§ 68 II—IV), so trifft ihn die Beweislast (abweichend für den Fall anfänglichen Interessenmangels Drefahl, Die Beweislast und die Beweiswürdigung im Vsrecht, Hamburg 1939, S. 31—34 m. w. N., Kisch III S. 219—220, welche jedoch nur geringe Anforderungen an den Ver stellen wollen, wenn sie von ihm verlangen, er solle den Beweis führen, der Vsvertrag sei wirksam zustandegekommen. In Wahrheit ist die Wirksamkeit des Vertragsabschlusses in der Binnenv von der Existenz eines vten Interesses nicht abhängig).

Im Schadensfall muß der Anspruchsberechtigte beweisen, bei Eintritt des Vsfalls habe der vten Person das Interesse zugestanden. Da der Schaden die Negation des Interesses ist, gehen Interesse- und Schadensbeweis Hand in Hand (Drefahl a. a. O. S. 30, Kisch III S. 219). Bei einer V für Rechnung wen es angeht muß vom Anspruchserhebenden aufgedeckt werden, wer der Interesseträger zur Zeit des Eintritts des Vsfalles war, es muß sich nunmehr „ergeben", zu wessen Gunsten die V lief (vgl. § 80 II, Drefahl a. a. O. S. 35). Bei einer V auf behaltene Fahrt muß vom Kläger aufgedeckt und bewiesen werden, welches das beziehungsverknüpfte Gut war (Drefahl a. a. O. S. 35—36).

Besonders im Bereich der Seev kommen nicht selten Klauseln — z. B. in Maklerbedingungen — vor, welche die den Anspruchserhebenden treffende Beweislast im Schadensfalle aufheben oder mildern sollen. Man spricht von „Interessebeweisklauseln", welche oft zugleich auch Obliegenheiten des Vmers, nämlich die Auskunfts- und Belegpflicht (§ 34), beeinflussen. § 885 I HGB erklärt solche Klauseln für gültig, „jedoch unbeschadet des Rechtes des Vers, das Gegenteil zu beweisen". Man wird diesen Grundsatz auch für das Binnenvsrecht zur Anwendung bringen müssen; aus dem die Schadensv beherrschenden vsrechtlichen Bereicherungsverbot ergibt sich, daß wenigstens dem Ver die Möglichkeit erhalten bleiben muß, das Fehlen des Interesses für den Zeitpunkt des Schadensfalles darzutun. Näheres bei Ritter Anm. 12 zu § 2, S. 188—189, Anm. 22 zu § 6, S. 239, Anm. 34—37, 39—40 zu § 43, S. 666—670, vgl. auch Drefahl a. a. O. S. 36, RG 19. X. 1885 RGZ Bd 15 S. 83—94 („und verzichtet der Ver auf jeden weiteren Nachweis . . . des Interesses"), RG 22. I. 1890 RGZ Bd 25 S. 78—85 („ohne weiteren Nachweis des Interesses"), RG 17. XII. 1898 RGZ Bd 43 S. 142—147 („Interesse erwiesen"), RG 8. X. 1913 RGZ Bd 83 S. 166—172 („Interesse, gleichviel welcher Art, ohne weiteren Beweis als die Police"), OLG Hamburg 19. V. 1926 JRPV 1926 S. 203 bis 204 („Im Schadensfall gilt diese Police als alleiniger Beweis des Interesses").

[127] **IV. Kausalität und Schaden.**

Schrifttum.

a) Privatversicherung:

Anonym NeumannsZ 1914 S. 479—481, Argyriadis ZVersWiss 1965 S. 1—17, Beyer, Der Folgeschaden in der Individualv, Bonner Diss. 1961, Binz, Die Mitwirkung fremder Schadensursachen in der privaten Unfall- und Krankenv, Bern 1951, Böhme VW 1963 S. 732, Bruck S. 402—406, 7. Aufl. Anm. 2, 3 zu § 55, S. 209, Buss VuGeldwirtschaft 1927 S. 321—322, Döring NeumannsZ 1916 S. 283—284, 380, Mitt 1917 S. 168—170, Ehrenberg I S. 425—430, ZVersWiss 1906 S. 373—375, Ehrenzweig S. 261—263, AssJhrb Bd 49 S. 135—149, Elster JRPV 1931 S. 157—158, von Gierke II S. 207, 269—270, Gougler, De la relation de causalité en matière d'assurance, Lausanner Diss. 1956, Hagen I S. 582—587, ZVersWiss 1926 S. 253—254, Hagens HansRZ 1923 Sp. 361—368, von Haselberg Mitt 1917 S. 122—123, Hochgräber JRPV 1925 S. 33—36, NeumannsZ 1942 S. 293—294, Josef VuGeldwirtschaft 1926 S. 406—408, Kato VersArch 1957 S. 205—217, Kisch II S. 334—336, 551—552, WuRdVers 1926 Nr. 1 S. 1—86, Kißkalt ZVersWiss 1909 S. 248—252, Kobelt, Der adäquate Kausalzusammenhang und der Umfang der Schadendeckung in der privaten Feuerv, Bern 1957, Lindenmaier ZHR Bd 113 S. 207—280, JbAkDR 1938 S. 174, Möller VersPrax 1936 S. 59—61, Hansa 1937 S. 1028—1030, MDR 1950 S. 393 bis 397, VW 1964 S. 605—612, Müllereisert JRPV 1937 S. 161—165, Vsarchiv Bd 13 (1942/43) S. 421, Oertmann Mitt 1920 S. 78—86, 110—114, Olters, Das Problem der Reserveursache unter besonderer Berücksichtigung des Vsrechts, ungedruckte Hamburger Diss. 1955, Prölss HansRGZ 1942 A Sp. 145—156, Renold, Die mittelbaren und die Folgeschäden bei der Feuerv, Bern 1939, Reydt NeumannsZ 1916 S. 351—352, Ritter Anm. 17—26 zu § 28, S. 469—482, Rüeger, Die causa proxima Regel im Seevsrecht, Zürcher Diss., Winterthur 1966, Runge, Die causa proxima Lehre nach französischem, englischem, norwegischem und deutschem Recht unter besonderer Berücksichtigung allgemeiner Kausalitätsgrundsätze, ungedruckte Hamburger Diss. 1950, Schlegelberger Anm. 1—3 zu § 28, S. 91—94, Schmidt in: Klingmüller, Aktuelle Fragen der Individual- und der Sozialv, Festgabe für Erich Roehrbein, Karlsruhe 1962, S. 164—174, Schneider HansRZ 1918 Sp. 477—487, Schultze VersR 1958 S. 273—276, Vidal, Die Tatsachengrundlage des Vsverhältnisses und die Beurteilung des ursächlichen Zusammenhangs im Privatvsrecht, Hamburger Diss., Berlin-Dahlem 1928, von Weinrich ZVersWiss 1904 S. 93—100, Welchert, Die Konkurrenz freier und gedeckter Schadensursachen im Vsrecht, ungedruckte Hamburger Diss. 1942, Werneburg ZVersWiss 1919 S. 343 bis 349.

b) Sozialversicherung:

Bensel, Der Ursachenbegriff des gesetzlichen Unfallvsrechts vom Standpunkt der Rechtsprechung, Saarbrücker Diss. 1960, Kaltenbrunner, Die Kausalität in der sozialen Unfallv, Wien o. J. (1960), Lohmar, Der Unfall als Ursache in der Unfallv nach der Reichsvsordnung, Kölner Diss. 1936, Reiff, Die Lösung des ursächlichen Zusammenhanges zwischen Unfall und Tätigkeit in der Unfallv der RVO, Münsteraner Diss. 1960, Wannagat, Lehrbuch des Sozialvsrechts, I. Bd, Tübingen 1965, S. 323—338, Watermann in: Festschrift für Lauterbach, Berlin 1961, S. 129—153.

c) Allgemeines Zivilrecht:

Bydlinski, Probleme der Schadensverursachung, Stuttgart 1964, von Caemmerer, Das Problem des Kausalzusammenhangs im Privatrecht, Freiburg 1956, Das Problem der überholenden Kausalität im Schadensersatzrecht, Karlsruhe 1962, Cassens, Die Bedeutung des gegliederten Schadensbegriffs für die Berücksichtigung hypothetischer Schadensereignisse, ungedruckte Kieler Diss. 1961, Esser S. 231—275, Gass, Ursache, Grund und Bedingung im Rechtsgeschehen, Graz-Köln 1960, Heinemann, Überholende Kausalität und Schadensbegriff, Hamburger Diss. 1961, Hofmann VersR 1960 S. 1063 bis 1074, 1961 S. 12—18, Kirchberger NJW 1952 S. 1000—1002, Knappe, Das Problem der überholenden Kausalität, Göttingen 1954, Lange ArchCivPrax Bd 156 S. 114—136, Larenz I [7] S. 149—174, NJW 1950 S. 487—493, VersR 1963 S. 1—8, Möller ArchCivPrax Bd 160 S. 422—425, Neuner ArchCivPrax Bd 133 S. 277—314, Niederländer ArchCivPrax Bd 153 S. 41—80, Rudolf Schmidt ArchCivPrax Bd 152 S. 112—138, Thalheim, Möglichkeiten der Haftungsbegrenzung, Hamburger Diss. 1964, Traeger, Der Kausalbegriff im Straf- und Zivilrecht, 2. Abdruck, Marburg 1929, Wahle VersR Beiheft Karlsruher Forum 1959 S. 58—64, Wolf, Der Normzweck im Deliktsrecht, Göttingen 1962, Wussow VersR 1957 S. 8—9, Zeuner ArchCivPrax Bd 157 S. 441—454.

[128] **1. Bedeutung der Kausalität.**

a) Kausalität beim Versicherungsfall.

aa) Einführende Übersicht.

Geht man von den Zentralbegriffen des Vsrechtes aus, so deckt jeder Ver einen Bedarf, der infolge Verwirklichung der vten Gefahr entsteht. Speziell für die Schadensv läßt sich im Hinblick auf die Aktivenv sagen: Der ersatzpflichtige Schaden ist die Negation eines vten Interesses infolge einer Verwirklichung der vten Gefahr. In der Passivenv ist der Vmer gedeckt, wenn (gleichfalls) infolge Realisierung der vten Gefahr ein Passivum der im Vsvertrage umschriebenen Art entsteht. Dazu Anm. 11 vor §§ 49 bis 80. Bei Verwirklichung der vten Gefahr tritt der Vsfall ein. So liegt es auf der Hand, daß Fragen des ursächlichen Zusammenhanges beim Vsfall eine erhebliche Rolle spielen; daneben tauchen allerdings Kausalprobleme im Vsrecht in manchen sonstigen Fällen auf (darüber Anm. 133).

Eine genauere Betrachtung zeigt, daß die Kausalität beim Vsfall für die Schadens- und Summenv nicht gleichermaßen bedeutsam ist (Anm. 129). Es kommt auch darauf an, ob Totalität oder Spezialität der Gefahrendeckung vereinbart ist (Anm. 130) und ob es sich um Einfach- oder Komplexgefahren handelt (Anm. 131). Es wird auch zu klären sein, ob im Vsrecht die Begriffe der haftungsbegründenden und haftungsausfüllenden Kausalität unterschieden werden müssen und ob daneben eine haftungsausschließende Kausalität bedeutsam ist (Anm. 132).

[129] **bb) Summen- und Schadensversicherung.**

In der **Summenversicherung** erfolgt eine abstrakte Bedarfsdeckung, der Ver hat „nach dem Eintritte des Vsfalls den vereinbarten Betrag an Kapital oder Rente zu zahlen“ (§ 1 I 2), z. B. wird im Todes- oder Erlebensfall ohne weiteres davon ausgegangen, daß dadurch ein Bedarf in Höhe der vereinbarten Leistung eingetreten sei. Hiernach entfällt in der Summenv die Notwendigkeit, einen Kausalzusammenhang zwischen Vsfall und Schaden/Bedarf zu untersuchen. Aber damit ist nicht gesagt, daß für die Summenv überhaupt Probleme der Verursachung beim Vsfall unerheblich seien. Die Summenv kennt viele Komplexgefahren (dazu Anm. 131), so daß es sich z. B. fragt, ob eine Person durch ein bestimmtes (Unfall-) Ereignis eine Gesundheitsbeschädigung erleidet und dadurch wiederum z. B. Tod oder Invalidität eintreten (§§ 2 I, 8 I, II AUB). In der Krankenhaustagegeldv müssen Krankheiten oder Unfälle aus medizinischen Gründen stationäre Heilbehandlung im Krankenhaus notwendig gemacht, also verursacht haben; es verschlägt aber nichts, wenn im Krankenhaus unentgeltlich Aufnahme gewährt wird, also kein Vermögensschaden entsteht.

Von solchen Komplexgefahren abgesehen kennt die Summenv manche Gefahrenausschlüsse, so daß geprüft werden muß, ob ein ausgeschlossener Umstand kausal geworden ist: So fragt es sich in der Todesfallv, ob der Tod auf Selbstmord (§ 169[1]) oder auf Krieg beruht, in der Unfallv, ob der Unfall erlitten wird „infolge der vorsätzlichen Ausführung oder des Versuches von Verbrechen oder Vergehen“ oder „infolge von Schlaganfällen“ oder (auch hier) infolge eines Kriegsereignisses (§ 3 Ziff. 2, 4, 1 AUB).

In der **Schadensversicherung** „ist der Ver verpflichtet, nach dem Eintritte des Vsfalls dem Vmer den dadurch verursachten Vermögensschaden . . . zu ersetzen“ (§ 1 I 1). Es ist also stets eine ursächliche Verknüpfung von Gefahrverwirklichung und Schaden erforderlich. Genauer müßte man statt von Schadensverursachung „von der Verursachung des (der Schadensberechnung zugrunde liegenden) Erfolges" sprechen (Traeger a. a. O. S. 190—191), wobei es auf die Endwirkung ankommt (Traeger a. a. O. S. 219, 325).

Auch in der Schadensv kommen überdies viele Komplexgefahren vor, so daß die Gefahrverwirklichung (schon vor der Schadensentstehung für den Vmer) verschiedene Kausalstufen durchläuft: So erfordert die Haftpflichtv ein Ereignis, das einen Personen- oder Sachschaden eines Dritten zur Folge hat (bevor der Dritte den Vmer auf Schadensersatz in Anspruch nimmt) (§ 1 I AHaftpflB), so erfordert die Betriebsunterbrechungsv die Kausalreihe Brand — Sachschaden — Betriebsunterbrechung (bevor durch letztere der Unterbrechungsschaden entsteht) (§ 1 FBUB).

Ferner sind auch für die Schadensv die mannigfachen Gefahrenausschlüsse bedeutsam, z. B. fragt es sich stets, ob die Gefahrverwirklichung, etwa eine Explosion oder ein Einbruchdiebstahl auf Vorsatz oder grober Fahrlässigkeit des Vmers beruht (§ 61).

[130] **cc) Totalität und Spezialität.**

Falls der Ver spezielle einzelne Gefahren trägt, sind die Kausalfragen praktisch viel bedeutsamer, als wenn der Gefahrenkreis so weit umrissen ist, daß ein konkreter Schaden fast immer gedeckt sein wird.

In der Einbruchdiebstahlv werden nur Schäden durch Einbruchdiebstahl ersetzt, wobei der letztgenannte Begriff nicht einmal einheitlich, sondern aufgefächert ist; es gibt gemäß § 1 II AEB vier Fälle von gedecktem Einbruchdiebstahl, und der Vmer muß beweisen, daß einer der vier speziellen Tatbestände kausal geworden ist. Entsprechendes gilt für andere Fälle der Spezialität der Gefahr.

Wenn man für die See- und Binnentransportv die Geltung des Prinzips der Totalität oder Universalität der Gefahren behauptet, so ist doch diese Totalität keine echte (Anm. 28 vor §§ 49—80), sondern nur ein Hinweis darauf, daß der Gefahrenkreis sehr weit umschrieben ist, z. B. alle Gefahren der Seeschiffahrt oder des Binnentransportes umfasse. Immerhin sind Schäden, die nicht auf diesen Gefahren beruhen, nicht zu ersetzen, z. B. Schäden, welche die seevten Güter auch an Land betroffen hätten (Ritter Anm. 11 zu § 28, S. 465). Aber diese Fälle sind von so geringer Bedeutung, daß die Beweislast bei Geltung des sogen. Grundsatzes der Totalität der Gefahren umgekehrt ist: Der Ver muß beweisen, daß eine von ihm nicht getragene Gefahr den Schaden verursacht habe (Anm. 157). Ein Beispiel ist nicht leicht zu finden. Wenn eine Seegüterv sogar die Kriegsgefahr umfaßt, könnte doch der Ver sich darauf berufen und dartun, die Wegnahme der Güter durch den Feind beruhe nicht auf Seekriegsrecht (insbesondere Prisenrecht), sondern auf einem generellen Gesetz, wonach alle feindlichen Güter weggenommen werden, gleichgültig wo sie sich befinden, auf einem Schiff oder an Land. Hier würde es sich dann nicht um eine Gefahr der Seeschiffahrt handeln. (Dagegen gehören z. B. Diebstahl und Blitzschlag auf See zu den vten Gefahren, obgleich sie auch an Land Schaden zufügen können [vgl. § 28² ADS]; immerhin aber doch wohl in anderer Konstellation.)

Tritt hiernach in der Schadensv mit sogen. Totalität der Gefahrendeckung die primäre Kausalitätsproblematik stark in den Hintergrund (bei Umkehrung der Beweislast), so bleibt sie doch auch hier stets bedeutsam hinsichtlich der Gefahrenausschlüsse, für deren Eingreifen gleichfalls der Ver beweispflichtig ist. So müßte der Ver bei einer V „Frei von Kriegsgefahr" (§ 35 ADS) beweisen, die Kriegsgefahr habe sich realisiert. Zuweilen ist es umstritten, ob eine Gefahr, für welche der Ver nicht haftet, (gleichsam primär) nicht zu den gedeckten Transportgefahren gehöre oder ob sie (sekundär) ausgeschlossen sei. Wenn z. B. bei der Güterv die durch deren natürliche Beschaffenheit verursachten Schäden dem Ver nicht zur Last fallen (§ 131 II; § 86 I 1 ADS), so kann man bezweifeln, daß die Beschaffenheitsgefahren überhaupt zu den Transportgefahren, insbesondere den Gefahren der Seeschiffahrt gehören; wenn sie aber dazu gehören, so sind sie aus der Gefahrtragung ausgeschlossen (zu dieser Frage Passehl, Die Beschaffenheitsschäden in der Seev, ungedruckte Hamburger Diss. 1960, S. 14—53, der eine vermittelnde Auffassung vertritt, wonach es sich bei § 131 II, § 86 I 1 ADS teils um eine Klarstellung, teils um einen Ausschluß handelt). Die Beweislast trifft nach beiden

Konstruktionen den Ver. Entsprechendes gilt — bei der V eines Schiffes — für einen Schaden, der daraus entsteht, daß das Schiff in einem nicht fahrtüchtigen Zustand oder nicht gehörig ausgerüstet oder bemannt die Reise antritt (§ 132 I); im Seevsrecht ist allerdings hier die Beweislast besonders geregelt (§ 58 ADS).

Bei Spezialität der Gefahrendeckung ist die Beweislast so verteilt, daß der Vmer — wie oben gezeigt — die (primäre) Realisierung der vten Gefahr darzutun hat, während es dem Ver obliegt, das kausale Eingreifen eines etwaigen Gefahrenausschlusses zu beweisen.

[131] dd) Einfach- und Komplexgefahren.

Zur Unterscheidung von Einfach- und Komplexgefahren vgl. bereits Anm. 31 vor §§ 49—80.

Bei Einfachgefahren der Schadensv handelt es sich um einen einfachen Tatbestand: Es ist nur erforderlich, daß die vte Gefahr einen Schaden verursacht. Dabei handelt es sich um einen möglicherweise zeitlich komprimierten Vorgang: Eine Explosion zerstört Mobiliar, ein Brand läßt eine Gardine in Asche zerfallen. Hier wird die Kausalitätsfrage selten auftauchen, ja man ist versucht, jede Anwendungsmöglichkeit für die Verursachungslehre zu leugnen, weil man nur die Einheit des Vorganges der Interessebeeinträchtigung sieht und weil hier in der Aktivenv der Schadenseintritt zum Wesen des Vsfalles gehört (Anm. 33 vor §§ 49—80). Dennoch empfiehlt es sich, auch solche einfachen Vorgänge nicht aus der Kausalitätsbetrachtung auszuklammern (Traeger a. a. O. S. 5). Es könnte z. B. streitig werden, ob Mobiliar durch eine (gedeckte) Explosion von Leuchtgas oder durch eine (ungedeckte) Explosion anderer Art zerstört ist (vgl. § 1 I b AFB). Was Brandschäden anlangt, so müssen sie nicht immer auf der unmittelbaren Einwirkung des Brandes beruhen, sondern können auch weitere Folgen des Brandes sein (vgl. § 1 III a, b AFB); in solchen Fällen kann es durchaus problematisch sein, ob die in Asche zerfallene Gardine durch Funkenflug vom Nachbargrundstück oder anderweitig zerstört worden ist. Man kann die bei Einfachgefahren erforderliche Kausalität zwischen Gefahrverwirklichung und Schaden als **schadensverursachende Kausalität** bezeichnen.

Komplexgefahren sind dadurch gekennzeichnet, daß die Gefahrverwirklichung einen komplexen Tatbestand voraussetzt, der sich — mindestens logisch — stufenweise verwirklicht, so daß man auch von einer Stufengefahr sprechen kann. Man denke an die Gefahrverwirklichung in der Betriebsunterbrechungs- oder Unfallv. Bei einer Forderungs-, Gewinn- oder Sachhaftpflichtv verwirklicht sich nicht selten zunächst eine Sachgefahr, es müssen aber weitere Tatbestandsmerkmale hinzutreten: Eine Frachtforderung geht unter, nachdem ein Schiff gesunken ist, imaginärer Gewinn entgeht, nachdem vorher eine Sache untergegangen ist, ein Kraftfahrhaftpflichtvsfall beginnt möglicherweise mit Verursachung eines Sachschadens. Die verschiedenen Tatbestandsmerkmale einer Komplexgefahr sind durchweg durch einen Kausalnexus miteinander verbunden (vgl. bereits Anm. 129). Besonders kennzeichnend ist der Vsfall in der sozialen Unfallv, wo nur Arbeitsunfälle gedeckt sind. Deshalb ist ein dreifacher Kausalzusammenhang zu unterscheiden: Tätigkeit / Ereignis, Ereignis / Gesundheitsschädigung, Gesundheitsschädigung / Tod bzw. Verlust oder Minderung der Erwerbsfähigkeit (Möller VW 1964 S. 610).

Beschränkt man sich auf die Betrachtung der Schadensv, so ist letztlich auch bei Komplexgefahren eine schadensverursachende Kausalität zwischen Gefahrverwirklichung und Schaden erforderlich. Aber die Gefahrverwirklichung vollzieht sich hier in Kausalitätsstufen. Zu der schadensverursachenden Kausalität tritt eine **vorgängige, vorbereitende Kausalität** hinzu (Kisch WuRdVers 1926 Nr. 1 S. 6 spricht von positiven Qualifikationsmomenten für die Annahme eines Vsfalles).

Solche vorgängige Kausalität spielt auch bei der Haftpflichtv eine Rolle. Denn der Ver haftet nur, wenn die Haftpflicht sich „aus den im Vsschein .... angegebenen Eigenschaften, Rechtsverhältnissen oder Tätigkeiten des Vmers (vtes ‚Risiko')" ergibt (§ 1 II a AHaftpflB). Der BGH 4. V. 1964 BGHZ Bd 41 S. 334—335 spricht vom „Schutzbereich" der Haftpflichtv und fordert bei einer Betriebshaftpflichtv einen „inneren ursächlichen Zusammenhang der schadenstiftenden Handlung mit der Betriebstätigkeit" (dazu auch BGH 9. III. 1961 VersR 1961 S. 399—401).

[132] ee) Haftungsbegründung, -ausfüllung, -ausschließung.

Es ist im allgemeinen Zivilrecht üblich geworden, haftungsbegründende und haftungsausfüllende Kausalität zu unterscheiden (Esser S. 232; vgl. auch schon Traeger a. a. O. S. 191—193). Bei § 823 I BGB begründet es die Haftung, daß durch ein Verhalten ein bestimmtes Rechtsgut oder Recht (z. B. der Körper oder das Eigentum) verletzt ist; dann aber kommt es haftungsausfüllend auf den Umfang „des daraus entstehenden Schadens" an.

Im Schadensvsrecht ist diese Unterscheidung von haftungsbegründender und haftungsausfüllender Kausalität nicht ergiebig. Man braucht vielmehr nur auf die Haftungsbegründung abzustellen. Die vertragliche Haftung des Vers ist (im Blick auf die zu erbringende Geldleistung) erst begründet, wenn eine vte Gefahr vten Schaden verursacht.

Die Schadensentstehung kann sich lange hinziehen, man denke an sich summierende Krankheitskosten in der Krankenv, an Rentenzahlungen in der Haftpflichtv, an einen lange währenden Brand, an die Haftzeit in der Betriebsunterbrechungsv. Aber es ist nicht förderlich, hier von haftungsausfüllender Kausalität zu reden.

Ist die vte Gefahr eine Komplexgefahr (Anm. 131), so tritt eine vorgängige, vorbereitende Kausalität zur schadensverursachenden Kausalität hinzu, und nur die gesamte Ursachenreihe wirkt „haftungsbegründend" für den Ver.

Die Lehre vom gedehnten Vsfall (Anm. 49 zu § 1, Anm. 34 vor §§ 49—80) versucht, den Fällen einer verlangsamten Haftungsbegründung einheitlich gerecht zu werden.

Ist sonach für das Vsrecht der Begriff der haftungsausfüllenden Kausalität entbehrlich, so erweist sich doch gerade hier der Begriff der **haftungsausschließenden** (und möglicherweise haftungsmindernden) **Kausalität** als fruchtbar (dazu Esser S. 232 bis 233).

Hier geht es zunächst um die Gefahrenausschlüsse (Kisch WuRdVers 1926 Nr. 1 S. 5 nennt sie „negatives Kennzeichnungsmerkmal für die Eigenschaft eines Ereignisses als Vsfall"). Denkt man an Einfachgefahren, so kann z. B. die Haftung des Feuervers entfallen, weil ein Brand auf Krieg oder Vorsatz des Vmers beruht. Bei Komplexgefahren ist die Möglichkeit von Gefahrenausschlüssen insofern mannigfaltig, als auf jeder Stufe der Kausalität auch ein Ausschluß einsetzen kann. Denkt man für die Unfallv an die Kausalreihe Unfallereignis / Gesundheitsbeschädigung / Tod, so kann eine Ausschlußvereinbarung Platz greifen, wenn das Unfallereignis auf einer bestimmten ausgeschlossenen Ursache beruht oder wenn die Gesundheitsbeschädigung in bestimmter Weise verursacht ist oder wenn schließlich der Tod auf eine bestimmte ausgeschlossene Ursache zurückzuführen ist. Tatsächlich kommen auf jeder dieser Stufen Ausschlüsse vor: Der Unfallver haftet nicht, wenn das Unfallereignis durch Krieg verursacht wurde (§ 3 Ziff. 1 AUB). Er haftet ferner nicht, wenn die Gesundheitsbeschädigung auf Heilmaßnahmen und bestimmten Eingriffen beruht (§ 3 Ziff. 3 AUB). Haben schließlich beim Unfalltode neben dem Unfall Krankheiten oder Gebrechen mitgewirkt, so ist die Leistung entsprechend dem Anteil der Krankheit oder des Gebrechens zu kürzen (§ 10 Abs. 1 AUB).

Es ist nicht selten zu fragen, ob in der Schadensv ein Schaden außer durch die vte Gefahr auch durch einen anderen Umstand verursacht worden ist. Für solchen Fall ist in § 58 I 1 ADS ein Haftungswegfall vorgesehen: „Der Seekaskover haftet nicht für einen Schaden, der dadurch verursacht wird, daß das Schiff nicht seetüchtig .... in See gesandt ist" (vgl. auch § 132 I). Eine bloße Haftungseinschränkung kennt § 3 IIa FBUB: „Der Ver haftet nicht, soweit der Unterbrechungsschaden erheblich vergrößert wird .... durch außergewöhnliche, während der Unterbrechung eintretende Ereignisse".

[133] b) Kausalität in sonstigen Fällen

Kausalprobleme tauchen im Vsrecht nicht nur beim Vsfall, sondern auch an anderen Stellen auf.

In Zusammenhang mit dem Vsfall steht die Vorteilsausgleichung; denn mit ersatzpflichtigen Schäden (oder aber mit deren Erstattung) können Vorteile zusammenhängen. Darüber, daß hier der Grundsatz der adäquaten Verursachung und das Prinzip der „Korrespondenz" gilt, vgl. Anm. 51 vor §§ 49—80.

Wird eine Obliegenheit verletzt, so treten Verwirkungsfolgen in manchen Fällen nur ein, falls die Verletzung für den Ver nachteilige Konsequenzen zeitigen würde. Vgl. schon Anm. 37—39 zu § 6 und im einzelnen zu

Obliegenheiten vor dem Vsfall: §§ 6 II, 21, 25 III, 28 II 2 (mit BGH 12. XII. 1963 VersR 1964 S. 157), 25. II. 1965 VersR 1965 S. 431);

Obliegenheiten nach dem Vsfall: §§ 6 III 2, 62 II 2, 67 I 3, 118[3], 125, 158e I 1, II; § 3 Ziff. 7 PflVG.

Ein hypothetisches Kausalitätsurteil ist vonnöten, um den Begriff der Gefahrerheblichkeit bei der vorvertraglichen Anzeigepflicht zu definieren (§ 16 I 2), ferner für den allgemeinen Begriff der Gefahrerhöhung (Anm. 8 zu § 23). Eine subjektive Gefahrerhöhung muß nach § 23 vom Vmer verursacht, nämlich vorgenommen oder gestattet sein.

Auch eine arglistige Täuschung muß kausal geworden sein, sei es die Täuschung bei Abschluß eines Vsvertrages (Anm. 15 zu § 22), sei es bei der Schadensermittlung (Anm. 48—49 zu § 34).

Über den Schaden, der durch Verzug des Vers entsteht: Anm. 27 zu § 11.

Weitere Fälle, die eine Kausalitätsbeurteilung erheischen, sind geregelt in §§ 11 III, 26, 66 I, II, 68 III, IV.

Auch im Vsagentenrecht ist nicht selten ein ursächlicher Zusammenhang zu fordern, z. B. bei der Frage, ob ein Vsagent einen Vsvertrag vermittelt, also Provision verdient hat (Anm. 283—289 vor §§ 43—48). Zu verweisen ist auch auf die Fälle der Verantwortlichkeit des Vers für das Verhalten des Vsagenten: Erfüllungsgehilfenhaftung (Anm. 51 zu § 44), Haftung aus Vertrauensstellung (Anm. 68 zu § 44), aus Rechtsschein (Anm. 39 zu § 45).

Auf diese weitreichende Bedeutung des Kausalitätsproblems im Vsrecht hat bereits Kisch WuRdVers 1926 Nr. 1 S. 7—10 hingewiesen. Es ist von Fall zu Fall zu prüfen, nach welchen Grundsätzen die Kausalität zu beurteilen ist. Im Folgenden kann wieder nur von der Kausalität beim Vsfall die Rede sein.

[134] 2. Beurteilung der Kausalität.

a) Versicherungsrechtliche Besonderheiten.

Ein Schadensver hat regelmäßig nur bestimmte Einzelschäden zu ersetzen, und zwar in der Aktivenv Schäden, die sich als Negation des vten Interesses darstellen, in der Passivenv Schäden, die dadurch entstehen, daß für den Vmer eine Unwertbeziehung zu ganz bestimmten, vertraglich umrissenen Passiven zur Entstehung gelangt (Anm. 4 vor §§ 49—80). Die Tatsache, daß nur solcher Einzelschadensersatz vom Ver zu leisten ist, vermindert die praktische Bedeutung der Kausalitätsproblematik für das Schadensvsrecht. Denn Schäden, welche nicht der vten Beziehung entsprechen, scheiden von vornherein für die Ersatzpflicht aus, gleichgültig ob sie durch die vte Gefahr verursacht sind oder nicht. Dieser Grundsatz wird (unnötigerweise) oft hervorgehoben, z. B. umfaßt eine Sachv nicht den durch den Eintritt des Vsfalls entgehenden Gewinn (§ 53). In der Seev pflegt man die verschiedenen versicherbaren Interessen aufzuzählen und hinzuzufügen: „In der einen dieser Ven ist die andere nicht enthalten“ (§ 779 HGB, § 1 II ADS; Anm. 122). Sehr ausführlich stellt § 4b KaskoB klar: „Der Ver haftet nicht .... für Schäden, welche dem Vmer nur mittelbar entstanden sind, sei es, daß ihm infolge einer Beschädigung der vten Gegenstände selbst ein weiterer Schaden zugefügt worden ist (z. B. Nutzungsverlust und Zeitversäumnis, Nichterfüllung von Frachtverträgen), sei es daß der Vmer außer im Falle eines Schiffszusammenstoßes .... Dritten gegenüber haften muß“ (bei der Deckung der Kollisionshaftpflicht handelt es sich um eine V eines Adhäsionsinteresses, Anm. 42 vor §§ 49—80). — Das Kausalproblem tritt im Vsrecht noch stärker zurück, falls der Ver nicht alle dem vten Interesse entsprechenden Einzelschäden zu ersetzen hat, sondern z. B. nur bei Totalverlust oder nur für Beschädigungsschäden, also nur für spezielle Schadensarten haftet (vgl. Anm. 40 vor §§ 49—80).

Während es im allgemeinen Schadensersatzrecht regelmäßig um die Kausalität eines Verhaltens geht, braucht es sich bei den Ursprungssphären der vten Gefahr durchaus nicht immer um ein menschliches Tun oder Unterlassen zu handeln, man denke an Naturgewalten oder technische Gefahren (Anm. 27 vor §§ 49—80). Kausal ist also im Vswesen oft nicht ein Verhalten, sondern ein sonstiges Ereignis. Auch ein Zustand (z. B. einer Sache, des menschlichen Körpers oder Geistes) kann als kausal wirkend vorgestellt werden. So wie als Verhalten anerkanntermaßen auch eine Unterlassung kausal sein kann (allgemein: Traeger a. a. O. S. 61—73, BGH 30. I. 1961 BGHZ Bd 34 S. 205), so kann auch das Nichtvorhandensein eines (Normal-) Zustandes als ursächlich festgestellt werden, etwa die nicht gehörige Ausrüstung oder Bemannung eines Schiffes (§ 132) oder das Fehlen eines Blitzableiters oder Sicherheitsschlosses. Daß „Vorgänge im Bereich des Psychischen oder Geistigen ‚Ursachen' im Rechtssinne sein können", wird hervorgehoben von BSozG 18. XII. 1962 BSozGE Bd 18 S. 164.

Im Bereich des Vswesens, beim Abschluß von Vsverträgen kann man — anders als in Fällen deliktischer Schadensersatzschuldverhältnisse — planend berücksichten, daß — trotz der vorgenannten Einschränkung — manche Verursachungsprobleme auftauchen werden. Deshalb finden sich zum Teil spezielle Regelungen der Kausalfrage, welche primär zu beachten sind (Anm. 135—139). **Erst wenn sich aus speziellen Gesetzesvorschriften, Vsbedingungen oder dem Parteiwillen keine konkrete Kausalitätsregel entnehmen läßt, ist auf die allgemeine Kausaltheorie zuzückzugreifen** (Anm. 140—146).

[135] b) Primäre Anwendbarkeit spezieller Regelungen.

aa) Gesetz.

Meistens beschränkt sich der Gesetzgeber darauf, die Notwendigkeit eines bestimmten Kausalzusammenhanges in einer Terminologie erkennbar zu machen, welche keine Richtschnur für eine bestimmte Beurteilung der Ursachenfrage erkennbar werden läßt. Kisch WuRdVers 1926 Nr. 1 S. 10—11 hat ausgeführt und belegt, daß die Terminologie außerordentlich mannigfaltig ist. Erwähnt seien nur die Wörter „durch" und „infolge", ferner die Substantive „Ursache", „Grund", „Folge", „Wirkung", „Einfluß", „Entstehung", „Herbeiführung", „Vornahme". Daneben stehen die korrespondierenden Verben, zu denen noch „beruhen" hinzutritt.

Nur selten finden sich Gesetzesnormen, welche Kausalprobleme inhaltlich lösen wollen. Hierher gehören §§ 51 II, 68 III, welche unterscheiden, ob ein Kriegsereignis eine Überv oder einen Interessewegfall verursacht hat, oder ob die Überv oder der Interessewegfall „die unvermeidliche Folge eines Krieges" ist. Hierher gehört § 83, der für die Feuerv die „Einwirkung des Feuers" unterscheidet von der unvermeidlichen Folge des Brandereignisses und der ferner Schaden „durch Löschen, Niederreißen oder Ausräumen" sowie durch Abhandenkommen „bei dem Brande" für ersatzpflichtig erklärt. § 108 spricht von dem Schaden „durch die Einwirkung des Hagelschlags". § 116 I behandelt den Tod eines vten Tieres durch Krankheit oder Unfall und bestimmt, daß auch bei einer Todesfallv nicht der Wert vor dem Tode des Tieres entscheidend sein soll, sondern der Wert, den das Tier unmittelbar vor Eintritt der Erkrankung oder des Unfalls gehabt hat. § 132 II läßt den Binnentransportver nicht haften für einen Schaden, „der nur eine Folge der Abnutzung des Schiffes im gewöhnlichen Gebrauch ist oder nur durch Alter, Fäulnis oder Wurmfraß verursacht wird."

Auch im Seevsrecht findet sich die gleiche, das Wörtchen „nur" enthaltende Bestimmung (§ 821 Ziff. 2 HGB). Bei einer V „nur für Seegefahr" haftet der Ver „nicht für die zunächst durch Kriegsgefahr verursachten Schäden", und im Zweifel wird angenommen, daß ein eingetretener Schaden durch Kriegsgefahr nicht verursacht sei (§ 849 I, II HGB).

[136] bb) Versicherungsbedingungen.

Zuweilen enthalten AVB oder besondere Vsbedingungen richtungsweisende Regelungen für Kausalfragen, wobei manchmal lediglich Beweislastvereinbarungen getroffen werden.

Verwiesen sei auf § 1 III, IV, VII AFB (dazu Neufassung: VA 1948 S. 47), § 6 IV FBUB, § 1 III AEB, § 1 IVc ATierB, § 5 III ADB, § 4f Ziff. 2 KaskoB, §§ 2 III, 12 I Ziff. Ic AKB, §§ 3 Ziff. 1, 10 I, II AUB. Für die Seev vgl. §§ 58 II, 59, 114 I 2, III 2, 3 ADS.

Gelegentlich kann eine Vorschrift der AVB im Sinne einer bewußten Rezeption einer allgemeinen Kausaltheorie verstanden werden (vgl. z. B. § 3 IIa FBUB und dazu Bischoff VA 1955 S. 177, Fußhoeller-John, Feuer-Betriebsunterbrechungs-V, Wiesbaden 1957, S. 50).

[137] cc) Parteiwille.

Auch für Fälle, in denen es im Gesetz (Anm. 135) oder in den Vsbedingungen (Anm. 136) an einer speziellen Anweisung zur Lösung eines Kausalproblems fehlt, hat man im Schrifttum die Auffassung vertreten, es sei nicht notwendig, womöglich sogar nicht zulässig, zur Lückenausfüllung die allgemeine Kausaltheorie, z. B. die Adäquanztheorie anzuwenden. Vielmehr sei hinsichtlich des ursächlichen Zusammenhanges auf den Parteiwillen abzuheben, und dieser lasse sich dem spezifischen **Schutzzweck** der Vsvertrages entnehmen.

So im Schrifttum sehr klar Argyriadis, Die Frachtv, Hamburg 1961, S. 155—156, abstellend auf den „von den Vertragspartnern gewollten Schutzumfang des Vsvertrages“, früher schon Ehrenberg I S. 425—426 („Absicht der Parteien“, gemäß „Übungen des Vsverkehrs“ feststellbar), ZVersWiss 1906 S. 373-375 („solidere Grundlage . . . . als im sonstigen bürgerlichen Recht . . . . mit Hilfe der Vstechnik“, Frage nach dem Willen der Parteien sowie danach, welche „weitere Kausalreihe“ der sachverständige Ver bei der „Kalkulation der Prämie“ in Betracht gezogen hat), Ehrenzweig S. 261-262 („zweckgemäße Normauslegung“, ausgehend „von dem besonderen vswirtschaftlichen Zweck der Ein- und Ausschlußklausel“ und „von der verkehrsüblichen Auffassung der Schutzaufgabe der betreffenden V“: „Hier hat freilich das Ermessen freieste Bahn. Darüber kann keine ‚Kausalitätstheorie‘ hinweghelfen“), Esser S. 238 (abhebend „auf den Schadendeckungszweck hinsichtlich des vten Risikos“), Gerhard-Hagen Anm. 9 zu § 55, S. 256 (Parteiwille, nicht einseitiger Wille des Vers, wobei die Übung und die Natur der Sache eine Rolle spielen), von Gierke II S. 207 („Die Auswirkungen des Ereignisses müssen so sein, daß sie verständigerweise vom Standpunkt der Vspraxis und der Gefahrengemeinschaft eine Einbeziehung in die Ersatzleistung ergeben . . . . Es kommt auf freies vernünftiges Ermessen an. Vielfach ist das entscheidend, was als voraussehbarer Verlauf angesehen werden kann“), Kisch WuRdVers 1926 Nr. 1 S. 16—17, 69—76 („Grundsatz der Privatautonomie“, Aufzählung möglicher Vereinbarungen), Lindenmaier ZHR Bd 113 S. 243 (Maßgeblichkeit der Adäquanztheorie nur, „soweit der maßgebenden gesetzlichen oder vertraglichen Norm nichts Abweichendes zu entnehmen ist), Ritter Anm. 19 zu § 28, S. 471 („Der Wille der Parteien entscheidet und in Ermangelung eines besonderen Ausdrucks dieses Willens die Verkehrsanschauung“), Rüeger a. a. O. S. 14 (primäre Beachtlichkeit der „Willenserklärungen der Parteien“), Sieveking Anm. 8 zu § 882, S. 186 (in erster Reihe komme es auf den Parteiwillen an), Traeger a. a. O. S. 190 (primär entscheide die „Parteiabsicht“, erst im Zweifel sei der gesetzliche Verursachungsbegriff zugrunde zu legen).

In der Rechtsprechung enthalten Hinweise auf den Parteiwillen und den Schutzzweck RG 28. XI. 1919 RGZ Bd 97 S. 208 (Auslegung des Aufruhrbegriffs nach dem „inneren Sinn der Vsbedingungen“), RG 28. XI. 1941 RGZ Bd 169 S. 5—6, 19 (es sei „für die Entscheidung in erster Linie die im Einzelfalle durch Vertrag getroffene Regelung also der durch Auslegung zu ermittelnde Wille der Parteien maßgebend“).

[138] Nicht selten erfolgt die **Auslegung** und Ergänzung von Vsbedingungen, und damit auch die Beantwortung der Kausalfrage, unter dem Gesichtspunkt, daß der vertragschließende Vmer einen Sicherungszweck verfolgt (Einl. Anm. 65 m. w. N., z. B. von Gierke I S. 30—31, BGH 21. II. 1951 VersR 1951 S. 80). Dieser Gesichtspunkt führt leicht zu einer einseitigen Berücksichtigung der Belange des Vmers, nämlich zu einer ausdehnenden Auslegung des gedeckten Gefahrenkreises und zu einer einschränkenden Auslegung von Gefahrausschlüssen, wobei auch die Kausalität in dubio im ersten Falle bejaht, im zweiten Falle verneint wird. Es darf nie außer Betracht gelassen werden, daß auch der Gedanke der Gefahrengemeinschaft Berücksichtigung erheischt (Einl. Anm. 65).

Ein Auslegungsproblem im Zusammenhang mit einer Ausschlußbestimmung hat der BGH 21. II. 1957 BGHZ Bd 23 S. 349—355 behandelt: Im Blick auf § 4 II Ziff. 5

AHaftpflB lehnt der BGH den Satz: „Folgeschäden teilen das rechtliche Schicksal des" (ausgeschlossenen) „unmittelbaren Schadens" ab, ebenso jetzt Prölss[15] S. 650, vgl. ferner Beyer a. a. O. S. 143—191, Hartung VersArch 1958 S. 129—145.

[139] Ein besonders häufig auftretendes Auslegungsproblem ergibt sich, falls Vsbedingungen oder gar Gesetze in Ausschlußbestimmungen das Wort **„bei"** benutzen: Nach § 548 I 1 RVO soll ein Arbeitsunfall sein „ein Unfall, den ein Vter bei einer der" ihn vspflichtig machenden „Tätigkeiten erleidet"; es ist aber anerkannt, daß es nicht auf den nur zeitlichen Zusammenhang, sondern auf die Kausalität ankomme (Möller VW 1964 S. 606 m. w. N., Bensel a. a. O. S. 9, Reiff a. a. O. S. 5). Für die Privatv vgl. z. B. § 2 IIIb AKB („bei Beteiligung an Fahrtveranstaltungen"), § 17 III AKB („Unfälle, die der Vte erleidet bei der Ausführung oder dem Versuch von Verbrechen oder Vergehen" oder „bei" Schwarzfahrten). Aufsichtsbehördlich ist besonders in der Unfallv darauf hingewirkt worden, daß es jetzt überall auf die Kausalität ankommt (z. B. bei Verbrechen oder Vergehen, Heilmaßnahmen: Millert VersR 1964 S. 119—120, 120, Prölss[15] S. 866—867, vgl. ferner BGH 10. I. 1957 BGHZ Bd 23 S. 80—83, 22. XI. 1962 NJW 1963 S. 489 = VersR 1963 S. 133, KG 3. XI. 1934 VA 1935 S. 13—14 Nr. 2762, Möller VersPrax 1935 S. 46). Siehe auch Anm. 152.

[140] c) Sekundäre Maßgeblichkeit allgemeiner Kausaltheorie.

Es ist richtig, daß bei der Beantwortung vsrechtlicher Kausalitätsfragen primär der Parteiwille und spezielle Gesetzesnormen zu beachten sind (Anm. 135—139). Der Parteiwille kann in Vsbedingungen ausdrücklich erklärt werden. Fehlt es jedoch an einer ausdrücklichen Regelung, so ist es im praktischen Fall oft unmöglich, den gewollten Schutzzweck eines Vsvertrages zu ermitteln; die Übung und Anschauung des Vsverkehrs, die Vstechnik, die Prämienkalkulation und die Voraussehbarkeit des Schadensverlaufs geben dabei meistens keine klare Richtschnur (anders teilweise das in Anm. 137 zitierte Schrifttum). Zwei Beispiele: Gemäß RG 19. VI. 1886 HGZ 1886 Hptbl S. 246—248, Ehrenberg I S. 426, ZVersWiss 1906 S. 373—374 haftet ein Feuerver nicht, wenn Ware durch einen Wolkenbruch vernichtet wird, während sie in einem Lagerhaus liegt, dessen Dach bei einem Brand (der ganzen Stadt) einige Tage vorher vernichtet worden ist; heute aber nimmt man an, der Feuerver müsse solche Schäden ersetzen (Raiser Anm. 43 zu § 1, S. 84). Einige meinen, es ergebe sich aus dem Wesen der Feuerv, daß der Ver (auch ohne entsprechende Ausschlußklausel) nicht für Kernenergiebrandschäden einstehen müsse (Esser VW 1958 Sonderbeilage S. 1—X), die h. M. hält eine Ausschlußklausel für erforderlich.

Will man nicht in arge Rechtsunsicherheit hineingeraten, so muß man bei einem Fehlen oder bei Lücken spezieller Regelungen, also sekundär auf die allgemeine Kausaltheorie des Zivilrechts zurückgreifen. Das Ermessen des Richters, dem Ehrenzweig S. 261—262 (auch von Gierke II S. 207) „freieste Bahn" lassen will, würde zu unberechenbaren Entscheidungen hinführen. Die sekundäre Maßgeblichkeit der allgemeinen Kausaltheorie nehmen auch an Kisch WuRdVers 1926 Nr. 1 S. 16—17, Lindenmaier ZHR Bd 113 S. 243, Traeger a. a. O. S. 190, RG 28. XI. 1941 RGZ Bd 169 S. 5—6, 19.

Bei der Ermittlung, welche Kausalitätstheorie (sekundär) heranzuziehen sei, ist von der Bedingungstheorie auszugehen (Anm. 141). Aber es wird sich erweisen, daß im Binnenvsrecht die Adäquanztheorie die herrschende ist (Anm. 142—143), im Seevsrecht die Lehre von der causa proxima (Anm. 144). Die Lehre von der wesentlich mitwirkenden Ursache wird nur im Sozialvsrecht angewendet (Anm. 145). Problematisch ist es, inwieweit die traditionelle vsrechtliche Kausallehre beeinflußt wird durch die modernen Theorien des allgemeinen Zivilrechts, die man als Schutzzwecktheorien zusammenfassend bezeichnen kann (Anm. 146).

[141] aa) Bedingungstheorie.

Für eine philosophische und naturwissenschaftliche Betrachtungsweise sind Ursachen sämtliche Bedingungen, sämtliche Faktoren, die nicht hinweggedacht werden können, ohne daß eine Wirkung, ein Erfolg entfällt. Jede conditio sine qua non, wie man sie im Wege eines hypothetischen Eliminationsverfahrens ermitteln kann, ist hiernach kausal, weil sie den Erfolg fördert. Bei Unterlassungen (oder negativen Zuständen) ist zu fragen, ob mit dem Hinzudenken eines Tuns gewisser Art (oder eines positiven Zustandes) der Erfolg verhindert worden wäre. Sämtliche conditiones sine quibus non sind gleichwertig; deshalb nennt man die Bedingungstheorie auch Aequivalenztheorie. Zu alledem Traeger a. a. O. S. 38—73.

Die Bedingungstheorie ist für das Zivilrecht unverwertbar; denn sie würde den Kreis der juristisch relevanten Ursachen viel zu weit ziehen (Traeger a. a. O. S. 73—79).

Speziell für das Vsrecht weist Kisch WuRdVers 1926 Nr. 1 S. 20 darauf hin, daß der weite Ursachenbegriff der conditio sine qua non hier nicht — wie meistens im Strafrecht — gleichsam korrigiert werden würde durch das zusätzliche Erfordernis eines Verschuldens; denn meistens haftet ein Versicherer bei Verwirklichung einer objektiven Gefahr, z. B. eines Brandes. „Die Bedingungstheorie würde dazu führen, den Ver für solche Folge des Vsfalles haften zu lassen, welche nur vermöge einer so fernliegenden, verwickelten, ungewöhnlichen Verkettung von Umständen eintritt, daß die Parteien an sie bei Vertragsschluß vernünftigerweise gar nicht denken konnten."

[142] bb) Adäquanztheorie.

Gemäß dem in Anm. 141 Gesagten ist es erforderlich, unter den allzu zahlreichen conditiones sine quibus non eine Auswahl zu treffen. Diese Aufgabe stellt sich insbesondere die Theorie von der adäquaten Verursachung, welche nur adäquate Bedingungen eines Erfolges als juristisch erheblich ansieht. Die Adäquanztheorie, besonders durch von Kries, Rümelin und Traeger in verschiedenen Varianten entwickelt, hat in Lehre und Praxis des Zivilrechts herrschende Bedeutung gewonnen.

Das Reichsgericht bevorzugte bei der Umschreibung der Adäquanztheorie eine vorwiegend **negative Formulierung,** welche solche Bedingungen als nicht adäquat ausschied, welche „nur unter besonders eigenartigen, ganz unwahrscheinlichen und nach dem regelmäßigen Lauf der Dinge außer Betracht zu lassenden Umständen zur Herbeiführung des eingetretenen Erfolgs geeignet gewesen" sind (RG 22. VI. 1931 RGZ Bd 133 S. 127, auch RG 18. XI. 1932 JW 1933 S. 767 = HRR 1933 Nr. 498). Es dürfe „die Möglichkeit des eingetretenen Erfolges .... nicht von vornherein außerhalb jeder Wahrscheinlichkeit liegen" (RG 30. III. 1942 RGZ Bd 169 S. 91).

Der Bundesgerichtshof verwendet daneben eine **positive Formel,** wonach „eine adäquate Erfolgsbedingung" eine solche ist, welche **„nach der Lebenserfahrung die objektive Möglichkeit eines Erfolgs von der Art des eingetretenen in nicht unerheblicher Weise erhöhte** und deshalb dem Beklagten unter dem Gesichtspunkt der Haftung für diesen Erfolg zurechenbar ist" (BGH 2. VII. 1957 BGHZ Bd 25 S. 88—89). Vorher grundlegend BGH 23. X. 1951 BGHZ Bd 3 S. 265—267, unter gründlicher Auseinandersetzung mit dem Schrifttum.

Die neueren Urteile pflegen — im Anschluß an Lindenmaier ZHR Bd 113 Bd 239, 241—242 — auf das Ziel der Kausalitätsprüfung hinzuweisen, „nämlich die Suche nach einem Korrektiv, das den Kreis der rein logischen Folgen im Interesse billiger Ergebnisse auf die zurechenbaren Folgen einschränkt. Nur wenn die Rechtsprechung sich dessen bewußt bleibt, daß es sich hier nicht eigentlich um eine Frage der Kausalität, sondern um die Ermittlung der Grenze handelt, bis zu der dem Urheber einer Bedingung eine Haftung für ihre Folgen billigerweise zugemutet werden kann, also im Grunde um eine positive Haftungsvoraussetzung ...., wird die Gefahr einer Schematisierung der Formel vermieden und die Ermittlung richtiger Ergebnisse gewährleistet" (BGH 23. X. 1951 BGHZ Bd 3 S. 267). Vgl. auch Anm. 146.

[143] Die Adäquanztheorie wird im Bereich des gesamten Zivilrechts, also auch des Vsvertragsrechts, und zwar speziell für die **Binnenversicherung** angewendet.

Bruck S. 405—406, Kisch WuRdVers 1926 Nr. 1 S. 24—26, Vidal WuRdVers 1928 Nr. 2 S. 76—79 haben sogar dargetan, daß die Adäquanztheorie für das Vsvertragsrecht zu besonders angemessenen Ergebnissen führe. Es wird hingewiesen auf den Vsvertrag als Massenvertrag (Gefahrengemeinschaft) und auf das Wesen der Gefahrtragung. Dabei sei es geradezu notwendig, in einer generalisierenden Betrachtungsweise auf die Lebenserfahrung abzustellen und solche Faktoren auszuscheiden, die nicht im allgemeinen, sondern nur unter besonders eigenartigen, ganz unwahrscheinlichen und nach dem regelmäßigen Lauf der Dinge außer Betracht zu lassenden Umständen zur Herbeiführung des eingetretenen Erfolgs geeignet gewesen sind. In der Tat macht das „Postulat der Typizität oder doch der generellen Eignung der Ursache zur Bewirkung von Folgen der aufgetretenen Art“ (Esser S. 236) die Adäquanztheorie besonders geeignet, gerade im Vsvertragsrecht zugrunde gelegt zu werden. Bei der Schaffung neuerer AVB sind alle Beteiligten, insbesondere auch die Vsaufsichtsbehörden, von der Maßgeblichkeit der Adäquanztheorie ausgegangen. Sollte letztere ausnahmsweise nicht gelten, so wurde das in den AVB zum Ausdruck gebracht (Anm. 136).

Im Schrifttum billigen für das Binnenvsrecht die Adäquanztheorie Bruck S. 402 bis 406, Ehrenberg ZVersWiss 1906 S. 374—375, Gerhard-Hagen Anm. 9 zu § 55, S. 257, Hagen I S. 583—584, Kisch WuRdVers 1926 Nr. 1 S. 20—26, Kobelt a. a. O. S. 34—40, Lindenmaier ZHR Bd 113 S. 246, Prölss[15] Anm. 4 zu § 49, S. 234, Renold a. a. O. S. 71 bis 74, Vidal WuRdVers 1928 Nr. 2 S. 61—63 m. w. N., S. 76—79, 83. Dagegen nur Ehrenzweig S. 261, von Gierke II S. 207.

Auch die ständige Rechtsprechung legt die Adäquanztheorie zugrunde, vgl. nur RG 3. VII. 1917 RGZ Bd 90 S. 384 (Einbruchdiebstahlv), 28. XI. 1919 RGZ Bd 97 S. 209—210 (Einbruchdiebstahlv), 8. VI. 1920 VA 1920 Anh. S. 70 Nr. 1159 (Einbruchdiebstahlv), 29. VI. 1920 RGZ Bd 99 S. 283 (Feuerv), 9. VII. 1920 VA 1920 Anh. S. 61 Nr. 1153 (Feuerv). 18. XI. 1932 JW 1933 S. 767 = HRR 1933 Nr. 498 (Unfallzusatzv), BGH 10. I. 1957 BGHZ Bd 23 S. 82 (Unfallv), 20. IX. 1962 VA 1963 S. 8 Nr. 348 = VersR 1962 S. 1050 (Haftpflichtv), 22. XI. 1962 VA 1963 S. 49 Nr. 356 = VersR. 1963 S. 133 (Unfallv).

[144] cc) Lehre von der causa proxima.

Die Theorie von der Maßgeblichkeit der nächsten Ursache hat (nur) für das **Seeversicherungsrecht** Bedeutung. Sie stellt sich die Aufgabe, aus mehreren adäquaten Bedingungen eines Schadens eine einzige rechtlich erhebliche Ursache auszuwählen, die nächste Ursache, die causa proxima. Das Bedürfnis für solche Auswahl hängt mit dem die Seev beherrschenden Grundsatz der sogen. Totalität der Gefahren (Anm. 130) zusammen sowie damit, daß gerade im Seeverkehr bei dem Zusammenspiel von Naturgewalten, Technik und menschlichem Verhalten (Nautik, Ladungsbehandlung) oft mehrere adäquate Ursachen zusammenwirken. Sind einzelne Gefahren nicht gedeckt, z. B. Krieg, Beschaffenheitsgefahren, so will man angesichts des häufigen Zusammenwirkens mit anderen Gefahren klären, welcher Gefahrenkreis juristisch allein relevant ist. Entferntere adäquate Ursachen (causae remotae) werden ausgeschaltet. Vgl. auch RG 28. XI. 1941 RGZ Bd 169 S. 18—19.

Die in Deutschland aus dem anglo-amerikanischen Recht übernommene Lehre von der causa proxima geht nicht erst auf Francis Bacon zurück (wie Lindenmaier ZHR Bd 113 S. 278—279 meinte), sondern findet sich schon bei dem Postglossator Petrus D. Bellapertica († 1308) (Lange, Schadensersatz und Privatstrafe, Münster-Köln 1955, S. 163, 25 bezeichnet die Distinktion von causa proxima und causa remota als eine „der einflußreichsten logischen Figuren . . . ., die die gesamte mittelalterliche Rechtsdogmatik durchzieht“).

Für das geltende Seevsrecht der ADS ist die Anwendbarkeit der Lehre von der causa proxima als Vertragsinhalt anzusehen (RG 5. XII. 1936 RGZ Bd 153 S. 117—119, 28. XI. 1941 RGZ Bd 169 S. 5, ohne Begründung auch schon RG 2. XI. 1929 HansRGZ 1929 B Sp. 792, vgl. ferner OLG Hamburg 26. X. 1938 HansRGZ 1938 B Sp. 475—477, 10. III. 1948 VA 1948 S. 39—49 = VW 1948 S. 150—151, 29. XI. 1962 VersR 1963 S. 453; zum früheren Recht vgl. ROHG 2. II. 1872 ROHG Bd 5 S. 201, RG 18. XII. 1907 RGZ Bd 67 S. 255, 29. XI. 1916 RGZ Bd 89 S. 140). Ebenso Ritter Anm. 19 zu § 28, S. 472, Schlegelberger Anm. 3 zu § 28, S. 92—93, a. M. Bruck HansRZ 1923 Sp. 120. Bevor die causa proxima ermittelt wird, müssen die adäquaten Ursachen festgestellt werden; denn nur eine adäquate Ursache kann causa proxima sein. „Die Rechtsfrage nach der nächsten Ursache tritt nicht auf, wenn nur eine Schadensursache vorliegt oder wenn mehrere Ursachen getrennt zu ermittelnde Schäden herbeigeführt haben. Es besteht daher kein Bedenken, in solchen Fällen auch im Seevsrecht den ursächlichen Zusammenhang nach dem im Gebiete des bürgerlichen Rechts allgemein anerkannten Grundsatz der adäquaten

Verursachung zu beurteilen. Aber auch bei einer Mehrheit von Ursachen eines einheitlichen Schadens besteht nicht immer ein Bedürfnis zur Anwendung der Causa-Proxima-Regel. Haftet der Ver für sämtliche Ursachen im gleichen Umfange, so liegt nach dem Vertrage kein Grund zu einer rechtlichen Unterscheidung vor. Einer solchen bedarf es in Rücksicht auf das für den Anwendung der Causa-Proxima-Regel maßgebende Bedürfnis der Seevswirtschaft nach einfacher und übersichtlicher Regelung der Haftungsfrage .... vielmehr erst dann, wenn der einheitliche Schaden auf ein Zusammentreffen von haftungsfreien mit den durch den Vsvertrag gedeckten Gefahrumständen oder auf ein Zusammentreffen von solchen Gefahrumständen zurückzuführen ist, die durch den Vertrag in verschiedenem Umfange gedeckt sind" (RG 28. XI. 1941 RGZ Bd 169 S. 17).

Ähnlich wie die Adäquanztheorie (Anm. 142) tritt auch die Lehre von der causa proxima in verschiedenen Versionen auf.

Frühere Reichsgerichtsentscheidungen deuten darauf hin, daß die zeitlich letzte Ursache (causa ultima) als causa proxima angesehen wurde: RG 18. XII. 1907 RGZ Bd 67 S. 254—255, 29. XI. 1916 RGZ Bd 89 S. 140, 29. XI 1916 RGZ Bd 89 S. 143 (referiert von RG 5. XII. 1936 RGZ Bd 153 S. 120—121). Die Abstellung auf die zeitlich letzte Ursache bietet zwar den Vorteil leichter Anwendbarkeit der Rechtsregel, führt aber oft zu unbefriedigenden Ergebnissen.

Deshalb ist man zunächst in England dazu übergegangen, nicht mechanisch die Zeitfolge des Bedingungseintrittes entscheiden zu lassen, sondern auf die Wirkungskraft der Bedingungen abzuheben. Das House of Lords bezeichnet als causa proxima die causa „proximate in efficiency" (Nachweise bei RG 5. XII. 1936 RGZ Bd. 153 S. 122). In der Praxis ist es allerdings bei Zusammenwirken mehrerer adäquater Faktoren oft recht willkürlich, welchen dieser Faktoren man als wirkungsvollsten, vorherrschenden, überwiegenden kennzeichnet.

Eine konkretere Lösung hat Ritter Anm. 21 zu § 28, S. 474 (auch schon ZVersWiss 1914 S. 42) mit der Formel zu finden versucht: „Der Ver haftet für den unmittelbar durch Gefahrereignisse entstandenen Schaden und für die unvermeidlichen Folgen von Gefahrereignissen, sofern diese Ereignisse nicht etwa ihrerseits unvermeidliche Folgen vsfreier Ereignisse sind. Der Ver haftet nicht für den unmittelbar durch vsfreie Ereignisse entstandenen Schaden und nicht für die unvermeidlichen Folgen vsfreier Ereignisse, sofern diese Ereignisse nicht etwa ihrerseits unvermeidliche Folgen von Gefahrereignissen sind." Hierzu kritisch Lindenmaier ZHR Bd 113 S. 254—259, welcher besonders beanstandet, daß Ritter das Moment der Unvermeidlichkeit, also der Zwangsläufigkeit fordert, ferner Rüeger a. a. O. S. 24—27, OLG Hamburg 29. XI. 1962 VersR 1963 S. 453.

Statt auf die Unvermeidlichkeit will Lindenmaier ZHR Bd 113 S. 261—274 auf die Wahrscheinlichkeit abstellen, wobei er entsprechend dem allgemeinen Sprachgebrauch eine Möglichkeit dann als Wahrscheinlichkeit bezeichnet, wenn die Realisierung mit mehr als 50% zu erwarten steht: „Eine Bedingung ist dann die nächste Ursache eines Erfolges, wenn sie einen Erfolg von der Art des eingetretenen objektiv generell unvermeidlich oder wahrscheinlich zu machen geeignet war. Bei der Würdigung daraufhin sind zu berücksichtigen alle zur Zeit des Eintritts der Bedingung dem einsichtigsten Beurteiler als vorhanden erkennbaren und von ihm als nicht völlig unwahrscheinlich und möglicherweise vorhanden in Rechnung zu stellenden Umstände. Der zugrunde zu legende Sachverhalt ist unter Berücksichtigung des gesamten zur Zeit der Beurteilung zur Verfügung stehenden Erfahrungswissens zu beurteilen" (S. 262). Zustimmend OLG Hamburg 29. XI. 1962 VersR 1963 S. 453. Gegen diese „Wahrscheinlichkeitstheorie" Argyriadis ZVersWiss 1965 S. 11, welcher bemerkt, „daß es theoretisch durchaus möglich ist, daß zwei oder mehrere adäquate Ursachen eines Erfolges objektiv und generell geeignet sein können, einen Erfolg von der Art des eingetretenen wahrscheinlich, d. h. über 50% möglich zu machen, daß also ein Schaden zwei oder mehrere nächste Ursachen im Sinne Lindenmaiers haben kann, wie es auch umgekehrt nicht ausgeschlossen ist, daß ein Erfolg mehrere Ereignisse als adäquate Ursachen hat, ohne daß eine dieser adäquaten Ursachen objektiv und generell geeignet ist, die Herbeiführung eines solchen Erfolges unvermeidlich oder über 50% möglich zu machen".

Im Urteil RG 28. XI. 1941 RGZ Bd 169 S. 22—23 wird mehrfach das nautische Verhalten des Kapitäns deshalb als causa proxima bezeichnet, „weil es dem Geschehensablauf erst die entscheidende, den Unfall unvermeidlich machende Richtung gegeben hat."

Die Lehre von der causa proxima wird verworfen von Esser S. 234, Vidal WuRdVers 1928 Nr. 2 S. 87—102.

[145] dd) Lehre von der wesentlich mitwirkenden Ursache.

Für gewisse Bereiche des Sozialvs- und Versorgungsrechtes ist eine besondere Kausaltheorie entwickelt worden (zum Unterschied vom Zivilrecht: BGH 22. X. 1963 VersR 1964 S. 50). Sie hat besonders für die soziale Unfallv Bedeutung, muß doch bei jedem Arbeitsunfall in dreifacher Richtung ein Kausalzusammenhang vorliegen, nämlich zwischen Tätigkeit und Unfallereignis, Unfallereignis und Körperschaden sowie zwischen Körperschaden und Tod bzw. Verlust oder Minderung der Erwerbsfähigkeit.

Nach der für die Unfallv „maßgebenden Ursachenlehre ist nur diejenige Bedingung des Erfolgs rechtserheblich, die wegen ihrer besonderen Beziehung zum Erfolg nach der natürlichen Betrachtungsweise zum Eintritt dieses Erfolgs wesentlich mitgewirkt hat . . . .; haben neben dieser Bedingung auch noch andere Bedingungen, die nur für die philosophische Betrachtung Ursachen sind, mitgewirkt, so scheiden diese anderen Bedingungen als Ursachen i. S. des Versorgungsrechts und der Unfallv aus; haben mehrere Bedingungen ‚gleichwertig' zu dem Erfolg beigetragen, so ist jede von ihnen Ursache im Rechtssinne" (BSozG 20. VIII. 1963 BSozGE Bd 19 S. 275—276), Vgl. auch BSozG 20. X. 1955 BSozGE Bd 1 S. 269—270, 30. X. 1962 BSozGE Bd 18 S. 101—105.

Näheres zum sozialvsrechtlichen Ursachenbegriff bei Bensel a. a. O. S. 1—170, Kaltenbrunner a. a. O. S. 9—154, Reiff a. a. O. S. 1—49, Wannagat a. a. O. S. 327—337, generell zur Kausalität im öffentlichen Recht Kraemer NJW 1965 S. 183—187. — Watermann a. a. O. S. 129—153 will neben der Kategorie der Kausalität auch jene der Finalität heranziehen, insbesondere bei der Erfassung des Zusammenhangs von ausgeübter Tätigkeit und Unfallereignis; der Vte sei nicht nur Objekt des Unfalls, sondern zugleich handelndes Subjekt mit einer finalen Handlungstendenz. — Zum Kausalbegriff in der schweizerischen sozialen Unfallv: Morell Schweizerische Zeitschrift für Sozialv 1965 S. 16—51 (Adäquanztheorie).

Stark angenähert an die Kausaltheorie der sozialen Unfallv sind die zum „inneren ursächlichen Zusammenhang" zwischen schadenstiftender Tätigkeit und Betrieb, zwischen Betriebstätigkeit und Unfall in der Betriebshaftpflichtv entwickelten Grundsätze. Vgl. dazu BGH 12. I. 1961 VersR 1961 S. 121—122, 9. III. 1961 Vers 1961 S. 399—401, 4. V. 1964 BGHZ Bd 41 S. 333 (unter ausdrücklichem Hinweis auf die Parallele zur sozialen Unfallv).

[146] ee) Schutzzwecktheorien.

Die bislang behandelten Kausaltheorien (Anm. 141—145) und speziell die das Zivilrecht beherrschende Adäquanztheorie sind neuerdings oft angegriffen worden; man besinnt sich auf die Funktion der Lehre und meint, daß diese Funktion von der herkömmlichen Theorie nicht befriedigend erfüllt werde.

Schon BGH 23. X. 1951 BGHZ Bd 3 S. 267 weist ergänzend zur Adäquanztheorie darauf hin, es gehe recht eigentlich „um die Ermittlung der Grenze . . . ., bis zu der dem Urheber einer Bedingung eine Haftung für ihre Folgen billigerweise **zugemutet** werden kann". BGH 24. IV. 1952 NJW 1952 S. 1010—1011 wiederholt diese Wendung und meint sogar, „daß die Lehre von der adäquaten Verursachung eine in § 242 BGB ihre Grundlage findende Haftungsbegrenzung zum Gegenstand hat". Demgegenüber wendet sich insbesondere Esser S. 238-239 gegen „unkontrollierbare ‚Zumutbarkeits'-Urteile"; es handle sich vielmehr um ein Problem der **Zurechnung** (ebenso Larenz I[7] S. 157 mit Anm. 1). Auch solche Zurechnung erfolgt jedoch in einer „wertenden Beurteilung" (BGH 17. X. 1955 BGHZ Bd 18 S. 288).

Die Zurechnung von Schadensfolgen soll erleichtert werden durch die Herausarbeitung eines **Schutzzweckes** und Schutzbereiches sowie durch die Lehre vom **Rechtswidrigkeitszusammenhang,** wobei im Schrifttum das Verhältnis dieser Rechtsfiguren zueinander noch ebenso umstritten ist wie die Frage, ob neben diesen Rechtsfiguren überhaupt noch

Raum für ist eine Anwendung der Adäquanztheorie. Bejahend zur letztgenannten Frage Bydlinski a. a. O. S. 64, Larenz I[7] S. 161, BGH 22. IV. 1958 BGHZ Bd 27 S. 139—140 (zu § 823 I, II BGB), verneinend von Caemmerer Problem des Kausalzusammenhanges a. a. O. S. 12. 20.

Für das Vsvertragsrecht muß festgestellt werden, daß der Begriff des Rechtswidrigkeitszusammenhanges unzweckmäßig ist; denn bei derVerwirklichung der vten Gefahr geht es nicht um ein rechtswidriges Verhalten, um einen Unrechtsgehalt (das sieht auch Esser S. 247, vgl. ferner Thalheim a. a. O. S. 26).

Angängig aber ist es, nach dem **Schutzzweck des Versicherungsvertrages** zu fragen, und diese Fragestellung ist nicht neu, sondern im Vsrecht seit altersher verbreitet, und zwar vorwiegend derart, daß auf den (stillschweigenden oder ergänzten) Parteiwillen abgehoben wird (Nachweise Anm. 137—139). Über die Ermittlung des Schutzzweckes bei Vertragsverhältnissen durch „ergänzende Vertragsauslegung“ generell, ohne nähere Behandlung des Vsvertrags: Th. Raiser, Haftungsbegrenzung nach dem Vertragszweck, Tübinger Diss. 1962, S. 24—25, vgl. auch JZ 1963 S. 462—466, Thalheim a. a. O. S. 139—151.

Wie schon in Anm. 140 angedeutet, ist die Ermittlung des generellen Schutzzwecks gerade bei Vsverträgen oft nicht angängig. Deshalb erscheint es nicht ratsam, die Adäquanztheorie (und für das Seevsrecht die Lehre von der causa proxima) zum alten Eisen zu werfen. Die Schutzzwecktheorie tritt auch deshalb in ihrer Bedeutung für das Vsrecht zurück, weil Schäden hier nur als Negation des vten Interesses ersetzt werden; nur bestimmte Einzelschäden sind vert (Anm. 134).

[147] 3. Sonderprobleme der Kausalität.

a) Einleitender Überblick.

Nicht selten hat ein Erfolg mehrere juristisch relevante Ursachen, insbesondere mehrere adäquate Ursachen (sogar mehrere wesentlich mitwirkende Ursachen i. S. des Sozialvsrechts können zusammentreffen: Anm. 145).

Neben wirklichen Ursachen sind nach verbreiteter Auffassung auch mögliche, hypothetische Ursachen zu berücksichtigen.

Die Ursachen können in verschiedenem Verhältnis zueinander stehen (dazu besonders Kisch WuRdVers 1926 Nr. 1 S. 35—45). Bei einem „Generationsverhältnis“ löst die (mittelbare) Ursache A die (unmittelbare) Ursache B und letztere den Erfolg X aus (dazu Anm. 148—152). Bei konkurrierender (oder kumulativer) Verursachung (dazu Anm. 153—154) wirken mehrere Ursachen (A und B) dergestalt zusammen, daß sie gemeinsam den Erfolg X herbeiführen, sei es so, daß keine der Ursachen (A oder B) allein den Erfolg bewirken würde (ergänzende, komplementäre Verursachung), sei es so, daß sowohl die Ursache A als auch die Ursache B den Erfolg X allein herbeiführen konnte, aber beide traten gleichzeitig auf (solidarische Verursachung). Hypothetische Ursachen, die man auch Reserveursachen nennen kann, spielen eine Rolle, falls für einen Erfolg X zwei Ursachen zur Verfügung stehen. Die Ursache A hat den Eingriff bewirkt, also den Erfolg X herbeigeführt (Eingriffsursache). Die Reserveursache B hätte gleichfalls den Erfolg zeitigen können (dazu Anm. 155).

Alle genannten adäquaten Ursachen können unter den Vsschutz fallen (gedeckte Ursachen) oder nicht (ungedeckte Ursachen). Die Nichtdeckung kann auf einem speziellen Ausschluß beruhen (ausgeschlossene Ursachen). Es wird sich erweisen, daß ausgeschlossene Ursachen anders zu behandeln sind als sonstige ungedeckte Ursachen. Enthalten AVB eine Klarstellung, betonen sie z. B., daß ein Seng- oder Betriebsschaden nicht unter den Vsschutz falle (§ 1 II 2 AFB), so taucht das Problem auf, ob Ursachen aus dem Bereich der Klarstellung (es wird z. B. eine vte Sache einem Nutzfeuer zur Bearbeitung ausgesetzt) zu behandeln sind wie ausgeschlossene Ursachen oder wie sonstige ungedeckte Ursachen.

Über alternative Ursachen vgl. Anm. 156.

Haben unterschiedliche Ursachen trennbare Schäden zur Folge, so hat der Ver nur solche Schäden zu ersetzen, welche durch die vte Gefahr verursacht sind (Ehrenberg I S. 427, vgl. auch RG 23. I. 1931 HRR 1931 Nr. 824).

[148] **b) Mittelbare Verursachung.**

Wird in der Schadensv der Schaden X durch die (unmittelbare) Ursache B, letztere aber durch die Ursache A ausgelöst, so kann man im Blick auf A von mittelbarer Verursachung sprechen. Die Ursachen A und B stehen in einem „Generationsverhältnis“ (Kisch WuRdVers 1926 Nr. 1 S. 35—36, 45—49). Vgl. im übrigen über die Vieldeutigkeit des Begriffes „mittelbarer Schaden“: Anm. 42 vor §§ 49—80, wo auch von der Unterscheidung der Erst- und Folgeschäden in der Haftpflichtv die Rede ist (dazu auch Anm. 138).

[149] Eine mittelbare Verursachung im Sinne von Anm. 148 spielt zunächst eine Rolle bei **Komplexgefahren** (Anm. 129—131); Beispiel: Ein Brand verursacht adäquat einen Sachschaden, letzterer eine Betriebsunterbrechung, letztere einen Unterbrechungsschaden. Brand und Sachschaden sind notwendigerweise mittelbare Ursachen des Unterbrechungsschadens, dessen unmittelbare Ursache die Betriebsunterbrechung ist.

[150] Zweitens ist die mittelbare Verursachung durchweg bedeutsam bei **Gefahrausschlüssen;** Beispiele: Vorsatz des Vmers (§ 61) oder Krieg (§ 1 VII AFB) verursacht Brand, letzterer Sachschaden; oder Ausschlüsse aus der Unfallv (§ 3 Ziff. 2, 4, 3 AUB): Vorsätzliche Ausführung eines Verbrechens verursacht Unfallereignis (BGH 22. XI. 1962 NJW 1963 S. 489 = VersR 1963 S. 133), Schlaganfall verursacht Unfallereignis, Heilmaßnahme verursacht Gesundheitsbeschädigung. Hier ist an sich die Kausalreihe: Unfallereignis / Gesundheitsbeschädigung / Tod gegeben, aber der Vsschutz entfällt, weil entweder das Unfallereignis oder die Gesundheitsbeschädigung auf bestimmten ausgeschlossenen (mittelbaren) Ursachen beruht. Prölss[15] Anm. 4 zu § 49, S. 235 spricht davon, daß „die ausgeschlossene Ursache eine für sich eingeschlossene hervorgerufen hat“.

Die Ausschlußverursachung kann ihrerseits eine mittelbare sein. Gerade bei der ausgeschlossenen Kriegsgefahr heben viele AVB hervor, ein Kriegsereignis dürfe weder unmittelbar noch mittelbar ursächlich geworden sein, z. B. für Kraftverkehrsschäden oder für ein Unfallereignis (§ 2 IIIa AKB, § 3 Ziff. 1 AUB). Nicht nur wenn ein Geschoß ein Auto trifft, sondern auch wenn nach dem Einmarsch der Besatzungstruppen Zivilflüchtlinge oder freigewordene Häftlinge oder Fremdarbeiter einen Kraftwagen entwenden, greift die Ausschlußklausel ein (OLG Hamburg 9. VII. 1947 VW 1948 S. 118). In der Unfallv wurde im Kriege aufsichtsbehördlich angeordnet, der Ausschluß dürfe sich nur auf Unfälle erstrecken, die in unmittelbarem Zusammenhang mit Kampfhandlungen stehen (dazu Möller JRPV 1942 S. 61—63); damit schieden z. B. Verdunkelungsunfälle aus. § 12 I Ziff. Ic AKB schließt für die Autokaskov nur die „durch unmittelbare Einwirkung von Sturm, Hagel, Blitzschlag oder Überschwemmung“ angerichteten Schäden aus; allerdings genügt es, wenn „durch diese Naturereignisse Gegenstände auf oder gegen das Fahrzeug geworfen werden“, während Schäden nicht gedeckt sind, falls sie zurückzuführen sind „auf ein durch diese Naturgewalten veranlaßtes Verhalten des Fahrers“. Überschwemmungsfall: BGH 21. V. 1964 VersR 1964 S. 712—713.

Zuweilen wird die Bedeutung des Ausschlusses dadurch wieder eingeschränkt, daß darauf abgestellt wird, worauf der ausgeschlossene Umstand beruht. Beispiele: § 5 IIa ADB: „Ausgeschlossen sind . . . . Schäden verursacht durch die natürliche Beschaffenheit der Güter . . . ., es sei denn, daß die . . . . Schäden als unmittelbare Folgen höherer Gewalt, eines Brandes, einer Explosion oder eines dem Transportmittel zugestoßenen Unfalles vom Vmer nachgewiesen werden“, § 3 Ziff. 3 AUB: „Ausgeschlossen von der V sind . . . . Gesundheitsschädigungen durch Heilmaßnahmen oder Eingriffe . . . ., soweit die Heilmaßnahmen oder Eingriffe nicht durch ein unter die V fallendes Unfallereignis veranlaßt waren“. Vgl. auch § 2 III, § 3 Ziff. 4, § 10 V AUB, § 2 IVc Ziff. 1 FBUB und für die Transportv § 131 II (mit LG Düsseldorf 8. IV. 1964 NJW 1964 S. 2066).

[151] Sieht man von den Gefahrausschlüssen (Anm. 150) ab, so sind (drittens) bei Einfachgefahren die **mittelbaren Ursachen gundsätzlich unerheblich,** es ist z. B. gleichgültig, worauf in der Feuerv der Brand beruht. Bei einer Tierlebensv hat es allerdings wegen § 116 I 2 Bedeutung, wenn der Tod des Tieres durch Krankheit oder Unfall herbeigeführt wird.

Nach dem Gesagten müßte es auch gleichgültig sein, wenn ein Brand auf Explosion oder eine Explosion auf Brand beruht. In der Tat kommt es hierauf nicht an, wenn eine Feuerv sowohl die Brand- als auch die Explosionsgefahr voll erfaßt. Wie aber ist die Rechtslage, wenn nur Explosionen von Leuchtgas und von Beleuchtungskörpern gedeckt sind (§ 1 I b AFB), jedoch eine andere Explosion kausal geworden ist? Wie ist die Rechtslage, wenn nur die Brandgefahr, also nicht die Explosionsgefahr vert ist? Von einem Ausschluß kann man in beiden Fällen nicht reden, es sei denn, daß man auf das Gesetz (§ 82) zurückgeht, wonach der Ver für Brand und jede Explosion haftet. Kisch WuRdVers 1926 Nr. 1 S. 46—47 weist darauf hin, daß in beiden Fällen sowohl der Brand als auch die Explosion als kausal anzusehen seien, aus den Regeln über die Kausalität lasse sich eine Lösung nicht gewinnen, es komme auf den Parteiwillen an (heute würde man auf den Schutzzweck der konkreten V abstellen). Hat eine (ungedeckte) Explosion einen (prinzipiell gedeckten) Brand verursacht, so soll nach h. M. der Ver haften, es komme auf die Ursache des Brandes nicht an; hat aber umgekehrt ein (prinzipiell gedeckter) Brand eine (ungedeckte) Explosion verursacht, so soll die Haftung des Vers entfallen (Prölss[15] Anm. 3 zu § 82, S. 339, Raiser Anm. 45 zu § 1, S. 86 und zum letztgenannten Fall RG 21. X. 1907 VA 1908 Anh. S. 26—27 Nr. 366, besonders aber RG 29. VI. 1920 RGZ Bd 99 S. 280—283).

Unter den Vsschutz fallen solche Schäden nicht, die dadurch entstehen, daß die vten Sachen einem **Nutzfeuer** oder der **Wärme** zur Bearbeitung oder zu sonstigen Zwecken **ausgesetzt** werden (§ 1 II 2 AFB). Solche „Aussetzung" kann ihrerseits auf Brand beruhen, man spricht von „Betriebsschaden als Folgeschäden", dazu Kobelt a.a.O. S. 71—72, Raiser Anm. 46 zu § 1, S. 86—87, Renold a. a. O. S. 79—80. Das Nutzfeuer kann sich aber auch zum Brand entwickeln: „Folgeschäden von Betriebsschäden", dazu Kobelt a. a. O. S. 71, Raiser Anm. 47 zu § 1, S. 87—88, Renold a. a. O. S. 80, Prölss[15] Anm. 2 zu § 1 AFB, S. 386. Im Einzelnen bedarf es der Prüfung, ob die Nichtdeckung von Betriebsschäden auf einer Klarstellung oder einem Ausschluß beruht; die deckbaren Kausalabläufe bedürfen der Analyse. — Wegen Schäden an elektrischen Einrichtungen vgl. Schlußsatz § 2 IV FBUB.

[152] Man redet von mittelbarer Verursachung in der Feuerv auch dann, wenn man der **„unmittelbaren Einwirkung"** eines Brandes usw. „die **unvermeidliche Folge** eines solchen Ereignisses" gegenüberstellt (so § 1 III a, b AFB, ähnlich § 83 I 1, generell auch §§ 51 II, 68 III über unvermeidliche Kriegsfolgen). Der Begriff der Unvermeidbarkeit ist irreführend; es kommt auf die adäquate Verursachung an (Raiser Anm. 42 zu § 1, S. 83—84; auch Prölss[15] Anm. 1 zu § 83, S. 340: „jede weitere durch Vermittlung von Zwischentatsachen herbeigeführte, adäquate Folge", Renold a. a. O. S. 74—75; zweifelnd Schmidt VersRBeiheft Karlsruher Forum 1960 S. 18). Die Unterscheidung hat Bedeutung, weil nach § 1 III b AFB Folgeschäden nicht unbeschränkt, sondern nur dann ersetzt werden, wenn das Schadensereignis, z. B. der Brand, „auf dem Grundstück, auf dem sich die vten Sachen befinden, oder auf einem Nachbargrundstück eingetreten ist." Beispiele bei Raiser Anm. 43 zu § 1, S. 84—85. Sonderfall: Einfluß von behördlichen Wiederaufbaubeschränkungen auf Höhe des Gebäudebrandschadens (dazu i. S. eines zu deckenden Folgeschadens RG 22. XII. 1908 JW 1909 S. 132—133, 27. V. 1910 VA 1910 Anh. S. 112—113 Nr. 563, 14. V. 1915 LZ 1915 Sp. 1451—1452, 18. I. 1918 RGZ Bd 92 S. 60—64, 14. XI. 1922 RGZ Bd 105 S. 356—359, dagegen Prölss[15] Anm. 1 zu § 83, S. 341 und entsprechend die Regelung in § 3 I 3 AFB).

Hiernach wären — vorbehaltlich des § 61 — auch Schäden zu ersetzen, die an vten Sachen „bei dem Brande durch **Löschen, Niederreissen oder Ausräumen** verursacht werden". Wenn § 83 I 2, § 1 III c AFB die Haftung besonders herausheben, so primär zur Ausschaltung des § 61 sowie deshalb, um klarzustellen, daß der Vmer nicht lediglich gemäß § 63 Erstattung als Aufwendungsschaden (Vsschaden i. w. S.) verlangen kann, sondern zugleich Liquidation als Vsschaden i. e. S. (vgl. Anm. 43 vor §§ 49—80). Es handelt sich um die Deckung einer Adhäsionsgefahr (Anm. 42 der §§ 49—80). Fraglich ist, ob adäquater Kausalzusammenhang mit einem Brand („bei") zu fordern ist (so Raiser Anm. 48 zu § 1, S. 89, zweifelnd Möller WuRdVers 1931 Nr. 1 S. 59—60).

Die Fälle des **Abhandenkommens** „bei" einem Brand (gedeckt durch § 83 I 2, § 1 IV AFB) lassen gleichfalls das Problem der Notwendigkeit eines Kausalzusammenhanges auftauchen (bejahend Raiser Anm. 51 zu § 1, S. 90, verneinend Möller WuRdVers 1931 Nr. 1 S. 43—44, Prölss[15] Anm. 4 zu § 83, S. 341). — Entsprechendes gilt, wenn im Falle des § 1 III AEB „beim Einbruch" Sachen zerstört oder beschädigt werden (Prölss[15] S. 413 läßt auch „Schäden aus Vandalismus oder Rache" genügen).— Noch weiter führt die Kausalreihe, falls bei einem Brand ein Sparbuch abhanden kommt und nunmehr ein Unberechtigter Geld abhebt (Einschluß durch Klausel 8.10 Klauseln der Feuerv, vgl. auch Klausel Nr. 49 ED-Klauselheft und zu beiden VA 1959 S. 15, 1961 S. 233—234).

Prinzipiell wird man annehmen müssen, daß auch solche Schäden gedeckt sind, die nur **mittelbar auf** die **vte Gefahr zurückzuführen** sind; lediglich adäquater Kausalzusammenhang ist zu fordern. Bedenklich deshalb Stiefel-Wussow[5] Anm. 9 zu § 12, S. 358—359, der es für die Autokaskov nicht ausreichen läßt, wenn infolge eines Brandes eine einstürzende Wand auf die Garage fällt und das vte Fahrzeug beschädigt.

[153] c) Konkurrierende Verursachung.

Falls mehrere Ursachen A und B nebeneinander effektiv einen einheitlichen Schaden verursachen, so kann man von konkurrierender (oder kumulativer) Verursachung sprechen, ohne Rücksicht darauf, ob A und B nur gemeinsam in der Lage sind, den Schaden herbeizuführen oder ob A oder B allein den Schaden hätte bewirken können (Kisch WuRdVers 1926 Nr. 1 S. 36—39, 50—54).

Wenn in der Schadensv zwei gedeckte Gefahren konkurrieren, entsteht kein Problem, man denke an einen Schaden durch Schiffszusammenstoß und Sturm in der Transportv. Ist die eine Gefahr beim Ver X, die andere beim Ver Y gedeckt, so haften die Ver nach den Grundsätzen der Doppelv (Prölss[15] Anm. 4 zu § 49, S. 234, der jedoch im Innenverhältnis zu Unrecht das „Maß der Kausalität" entscheiden lassen will).

Wenn eine gedeckte und eine ungedeckte Gefahr konkurrieren, muß der Ver voll haften, weil eine gedeckte Gefahr den Schaden adäquat verursacht hat (Kisch WuRdVers 1926 Nr. 1 S. 50—51, 53). Demgegenüber meint Prölss[15] Anm. 4 zu § 49, S. 234: „Wird ein Schaden durch das Zusammenwirken einer gedeckten und einer nicht gedeckten Ursache herbeigeführt, so haftet, da hier nur eine Analogie zu § 59 II zur Debatte stehen kann, der Ver dem Vmer pro rata der Kausalität". Jedoch ist die Heranziehung von § 59 II unmöglich; denn die Vorschrift setzt eine Doppelv voraus und betrifft nur das Innenverhältnis der Ver. Die angezogenen Entscheidungen betreffen nicht den hier behandelten Fall, RG 5. XII. 1936 RGZ Bd 153 S. 118—119 weist auf „ganz erhebliche, mit dem Verkehrsbedürfnis nicht in Einklang zu bringende Schwierigkeiten" einer Aufteilung des Schadens hin. Vgl. auch Ehrenzweig S. 263, Wriede VersR 1964 S. 177—178.

Es kann sich bei der ungedeckten Ursache um eine ausgeschlossene Ursache handeln, die mit einer gedeckten konkurriert, z. B. können Sturm und ein Verschulden des Vmers (§ 130[1]) in der Binnenkaskov zusammentreffen. Hier ist in der Regel anzunehmen, daß nach dem Parteiwillen und Zweck des Vsvertrages die Ausschlußklausel sich durchsetzen soll (Prölss[15] Anm. 4 zu § 49, S. 235). Die ausgeschlossene Ursache verdrängt, überspielt die gedeckte Mitursache; der Vsschutz entfällt. Beispiel: Zusammenwirken von Abwässern (Ausschluß) mit anderen Ursachen in der Haftpflichtv: KG 2. XI. 1959 VA 1960 S. 36—37 = VersR 1960 S. 589. — Zuweilen allerdings stellen AVB auf den Grad der Mitverursachung ab, z. B. § 10 I AUB: „Haben bei den Unfallfolgen Krankheiten oder Gebrechen mitgewirkt, so ist die Leistung entsprechend dem Anteil der Krankheit oder des Gebrechens zu kürzen, sofern dieser Anteil mindestens 25 Prozent beträgt." — Wieder anders § 10 II AUB, auf die „überwiegende Ursache" abhebend, oder § 131 II für die Gütertransportv: Vsschutz, falls die (ungedeckte) natürliche Beschaffenheit zusammenwirkt mit einer ungewöhnlichen Reiseverzögerung „durch einen Unfall, für den der Ver haftet". — Falls bei einer Krankenv kein Vsschutz besteht für Krankheiten, die auf Alkoholgenuß zurückzuführen sind, so muß der Ver doch leisten, falls der Vmer nicht nur wegen einer Entziehungskur, sondern auch wegen einer Tuberkuloseerkrankung im Krankenhaus liegt (OLG Hamburg 17. X. 1963 VersR 1964 S. 34—36 mit kritischer Anm. Wriede VersR 1964 S. 177—178).

Binz a. a. O. S. 26—77 nennt eine ungedeckte (auch ausgeschlossene) Ursache eine „fremde Schadensursache" und prüft für die Unfall- und Krankenv den Einfluß der Mitwirkung solcher fremden Schadensursache; leistet der Ver alles oder nichts oder gekürzt?

[154] Im **Seeversicherungsrecht** ist zu fragen, ob die gedeckte oder die ungedeckte (ausgeschlossene) adäquate Ursache des Schadens als causa proxima anzusehen ist; ersterenfalls besteht Deckung, letzterenfalls nicht. Deshalb ist Deckung zu gewähren, wenn anfängliche Seeuntüchtigkeit (§ 58 I 1 ADS) nur eine causa remota des Schadens ist, causa proxima dagegen ein (gedecktes) Verschulden des Kapitäns. Deshalb ist Deckung nicht zu gewähren, wenn die natürliche Beschaffenheit (§ 86 I 1 ADS) die causa proxima des Schadens ist (Beispiele, auch für den umgekehrten Fall, bei Passehl a. a. O. S. 107—131, 174—175, etwa RG 10. IV. 1929 JRPV 1929 S. 187). — Zuweilen allerdings beachtet auch das Seevsrecht eine causa remota. Wenn z. B. § 59[1] ADS einen Ver nicht haften läßt „für einen Schaden, der nur eine Folge der Abnutzung des Schiffes im gewöhnlichen Gebrauch ist oder nur durch Alter ... verursacht wird", so haftet der Ver, wenn neben der Abnutzung oder dem Alter als (adäquate) causa remota eine Seegefahr wirksam geworden ist (Ritter Anm. 8 zu § 59, S. 794, Passehl a. a. O. S. 131—132). Vgl. auch § 821 Ziff. 2 HGB und ferner § 132 II für die Binnentransportv.

[155] **d) Hypothetische Verursachung.**

Hypothetische oder Reserveursachen stehen neben einer Eingriffsursache dergestalt, daß sie den Schaden herbeigeführt hätten, falls nicht die Eingriffsursache wirksam geworden wäre. Schon Kisch WuRdVers 1926 Nr. 1 S. 40—44, 55—63 läßt erkennen, daß es sich hier um eine Mehrzahl von Gestaltungsmöglichkeiten handelt, zu denen u. a. die sogen. überholende Kausalität und die Unterbrechung des Kausalzusammenhanges gehören. Gute Systematik bei Olters a. a. O. S. 1—15. Im Falle der sogen. Unterbrechung des Kausalzusammenhanges geht es nicht etwa darum, daß „eine Ursächlichkeit im Rechtssine ... schlechthin durch ein selbständiges und auf freiwilligem Entschluß beruhendes Verhalten eines Dritten ausgeschlossen wird. Die Ursächlichkeit des ersten Umstandes entfällt vielmehr nur dann, wenn dieser für die Auslösung des zweiten völlig unerheblich und indifferent gewesen ist", so daß die Adäquanz fehlt (BGH 1. II. 1954 BGHZ Bd. 12 S. 211, auch BGH 28. IV. 1955 BGHZ Bd 17 S. 159 [allgemein]).

Im Bereich des Vsrechts taucht die Frage auf, ob ein Ver, der auf Grund einer wirksam gewordenen Eingriffsursache leisten müßte, sich darauf berufen kann, daß eine (ungedeckte) Reserveursache den gleichen oder einen noch höheren Schaden verursacht hätte. § 844 HGB beantwortet die Frage: „Die Verpflichtung des Vers, einen Schaden zu ersetzen, wird dadurch nicht wieder aufgehoben oder geändert, daß später infolge einer Gefahr, die der Ver nicht zu tragen hat, ein neuer Schaden und selbst ein Totalverlust eintritt." Sind während des Krieges gedeckte Teilschäden an einem Schiff eingetreten, aber nicht ausgebessert worden, so bleibt der Ver hierfür ersatzpflichtig, auch wenn später die Alliierten das Schiff weggenommen haben (wogegen der Vsvertrag nicht schützte): BGH 15. VI. 1951 BGHZ Bd 2 S. 336—339, Vorinstanzen LG Hamburg 26. X. 1950 VersR 1950 S. 37—38, OLG Hamburg 31. X. 1950 VersR 1951 S. 15 und dazu Möller MDR 1950 S. 393—395. In § 844 HGB findet ein allgemeiner Grundsatz des Vsrechts seinen Niederschlag. Vgl. auch Bruck S. 663, Ehrenberg I S. 430, Ehrenzweig S. 271—272, Gerhard-Hagen Anm. 9 zu § 55, S. 258, Hagen I S. 586, Prölss HansRGZ 1942 A Sp. 151—152, Ritter Anm. 24 zu § 28, S. 476—477, Schmidt a. a. O. S. 166—170.

Abzulehnen ist die von Ritter Anm. 23 zu § 28, S. 475—476 verfochtene „Todesstoß"-Theorie (dazu Olters a. a. O. S. 122—123, 132—133). Über die Berücksichtigung von „Anlagen", „Anfälligkeiten": RG 3. X. 1930 HRR 1930 Nr. 2142, BGH 29. II. 1956 BGHZ Bd 20 S. 141, 19. IV. 1956 BGHZ Bd 20 S. 275—281, von Abbruchsabsichten bei Gebäuden: Anm. 8 zu § 52.

Dagegen können vertraglich Reserveursachen für relevant erklärt werden, wie in § 6 IV FBUB: „Bei der Feststellung des Unterbrechungsschadens sind alle Umstände zu berücksichtigen, die den Gang und das Ergebnis des Betriebes während des Bewertungszeitraums günstig oder ungünstig beeinflußt haben würden, wenn die Unterbrechung nicht eingetreten wäre.“

Über die hypothetische Verursachung in der Gewinnv Anm. zu § 53.

[156] **4. Feststellung der Kausalität.**

a) Alternativursachen.

Zuweilen läßt sich nicht feststellen, auf welche Ursache — insbesondere auf welche Gefahr — ein Schaden zurückzuführen ist, z. B. können die Ursachen A oder B alternativ den Schaden X verursacht haben (dazu Kisch WuRdVers 1926 Nr. 1 S. 39—40, 54—55, 84—85). Hat ein Ver beide Gefahren A und B übernommen, so reicht es aus, wenn der Vmer die Alternativverursachung beweist; es kommt zu einer Alternativfeststellung des Gerichts. Ist die Gefahr A beim Ver I, die Gefahr B beim Ver II vert und trifft für beide Ven den Vmer die Beweislast, so „kann der Vmer keinen von beiden in Anspruch nehmen, weil er keinem den Beweis liefern kann, daß der Schade gerade auf der von diesem zu vertretenden Ursache beruht. Ebensowenig kann er sie gemeinschaftlich belangen, sei es jeden auf einen Teil des Schadens, sei es jeden auf den Gesamtbetrag“ (Kisch WuRdVers 1926 Nr. 1 S. 55, a. A. Ehrenzweig S. 263). — Eine Alternativfeststellung seitens des Gerichtes kommt jedoch dann in Betracht, wenn der beweispflichtige Ver dartut, daß entweder der Ausschluß A oder der Ausschluß B Platz greife (vgl. BGH 26. I. 1956 VA 1956 S. 66—68 = VersR 1956 S. 147—149: Brandstiftung durch Vmer oder Ehefrau als Repräsentantin).

[157] **b) Beweislast.**

Regelmäßig hat bei Geltung des Grundsatzes der Spezialität der Gefahr der Vmer zu beweisen, daß die vte Gefahr sich realisiert habe, und hierzu gehört auch der Kausalitätsbeweis, sei es für die schadensverursachende Kausalität, sei es (bei Komplexgefahren) für die vorgängige, vorbereitende Kausalität (vgl. Anm. 131). Vgl. nur Drefahl, Die Beweislast und die Beweiswürdigung im Vsrecht, Hamburg 1939, S. 18, Kisch WuRdVers 1926 Nr. 1 S. 82, für die Einbruchdiebstahlv RG 11. XII. 1936 RGZ Bd 153 S. 136—137, für die Unfallv RG 1. XI. 1935 JRPV 1935 S. 364.

Dagegen trifft den Ver die Beweislast für die Kausalität, wenn er bei Geltung des sogen. Prinzips der Totalität der Gefahren (also z. B. in der Transportv) geltend machen will, es habe sich keine Transportgefahr realisiert (Anm. 130, Bruck S. 646, Ritter Anm. 9 zu § 28, S. 462—464, a. M. Drefahl a. a. O. S. 22—24). Entsprechendes gilt in allen Vszweigen, falls der Ver sich darauf beruft, ein Ausschlußtatbestand sei kausal geworden. Der Ver muß also z. B. die schuldhafte Herbeiführung des Vsfalls durch den Vmer beweisen (Möller HansRGZ 1929 A Sp. 559). Das würde auch bei vorsätzlicher Herbeiführung eines Unfalls (§ 181 I 1) gelten, falls nicht § 2 I AUB die Unfreiwilligkeit der Gesundheitsbeschädigung zum Begriffsmerkmal des Unfalls erhoben hätte, so daß der Kläger nunmehr die Unfreiwilligkeit beweisen muß. — Auch bei Ausschluß des Kriegsrisikos trifft regelmäßig den Ver die Beweislast für die Kausalität des Krieges (dazu im Blick auf die Beweislastanordnung des RAA vom 14. II. 1940 für die Feuerv: BGH 2. V. 1951 BGHZ Bd 2 S. 55—62, 28. VI. 1952 BGHZ Bd 6 S. 373—378 = VersR 1952 S. 277—278 [vollständiger]).

[158] **Ausnahmsweise** gilt das in Anm. 157 Gesagte nicht, falls das Gesetz oder AVB eine abweichende Regelung vorsehen.

Ist in der Seev die Klausel „Frei von Beschädigung außer im Strandungsfall“ vereinbart, so müßte der Vmer dartun, daß speziell eine Strandung die Beschädigung verursacht habe. Aber § 114 I 2 ADS dreht die Beweislast um: „Eine Beschädigung, die durch die Strandung entstanden sein kann, gilt im Zweifel als durch sie verursacht.“

Meistens jedoch begünstigen die Beweislastumkehrungen den Ver: § 125[1] erlegt im Falle einer schweren Mißhandlung oder Vernachlässigung des vten Tieres dem Vmer die Beweislast dafür auf, „daß der Schaden nicht durch die Mißhandlung oder die Vernachlässigung entstanden ist" (dazu Prölss[15] Anm. 1 zu § 125, S. 453). Bei den Ausschlüssen der Transportv findet sich nicht selten (nach dem Vorbilde des § 83 II EVO) eine Umkehrung der Beweislast: „Konnte nach den Umständen des Falles ein Schaden aus einer oder mehreren der" ausgeschlossenen „Ursachen entstehen, so wird bis zum Nachweis des Gegenteils durch den Vmer oder Vten vermutet, daß der Schaden daraus entstanden ist" (§ 5 III ADB, vgl. auch BGH 20. V. 1963 VersR 1963 S. 719). Weitere Umkehrungen: §§ 58 II, 114 III 2, 3 ADS. Hierher gehört auch die frühere Kriegsklausel der Feuerv (§ 1 VII AFB: „Im Falle von inneren Unruhen oder Kriegsereignissen jeder Art sowie im Falle von Erdbeben haftet der Ver nur, wenn der Vmer nachweist, daß der Schaden mit diesen Ereignissen weder unmittelbar noch mittelbar in Zusammenhang steht").

Falls Gesetz oder AVB eine qualifizierte Form der Verursachung fordern, hat der Beweispflichtige auch insoweit den Beweis zu führen (Kisch WuRdVers 1926 Nr. 1 S. 82—83). Er hat also z. B. die unmittelbare Verursachung i. S. des § 12 I Ziff. Ic AKB darzutun oder die alleinige Verursachung i. S. des § 132 II.

[159] c) Beweisführung.

Von der Beweislast (Anm. 157—158) ist die Beweisführung zu unterscheiden, bei welcher es darum geht, wann der Beweispflichtige den ihm obliegenden Beweis erbracht hat. An dritter Stelle wird zu untersuchen sein, welche zivilprozessualen Bestimmungen hinsichtlich der Beweiswürdigung und der Überzeugung des Gerichtes gelten (Anm. 163).

[160] Mathematische Präzision, ein absolut „sicheres Erkennen ist in vielen menschlichen Verhältnissen nicht zu erzielen, weil die Erkenntnismittel versagen. Dann muß dem Richter unter Umständen ein hoher Grad von **Wahrscheinlichkeit** dazu genügen, daß eine zur Herbeiführung eines schädlichen Erfolgs geeignete Handlung den Schaden wirklich verursacht hat" (RG 26. IV. 1937 RGZ Bd 155 S. 40, BGH 21. XI. 1950 NJW 1951 S. 71). Das hat auch für die Beweisführung im Vsrecht erhebliche Bedeutung, z. B. bei dem Beweis der Unfreiwilligkeit eines Unfalltodes (RG 1. XI. 1935 JRPV 1935 S. 364) oder eines Einbruchdiebstahls (BGH 4. IV. 1957 VA 1957 S. 298 = VersR 1957 S. 325). Vgl. auch für alle Vszweige Kisch WuRdVers 1926 Nr. 1 S. 79.

Eine Beweisführung, bei welcher bereits eine nur überwiegende Wahrscheinlichkeit ausreichen soll, ist in der 1948 eingeführten Neufassung der Kriegsklausel des § 1 VII AFB vorgesehen:

> „Der Ver haftet nicht für Schäden, die durch Krieg, innere Unruhen oder durch Erdbeben verursacht werden. Ist nicht festzustellen, ob eine dieser Ursachen vorliegt, so entscheidet die überwiegende Wahrscheinlichkeit (§ 287 ZPO)."

Vgl. VA 1948 S. 47, Büchner VA 1948 S. 48, ferner ähnlich § 1 IV c ATierB; § 4f Ziff. 2 AKaskoB (für Eisschaden). In der Feuerv soll also der Ver den Beweis für das Eingreifen der Ausschlußklausel zunächst geführt haben, falls er z. B. dartut, daß mit überwiegender Wahrscheinlichkeit der Krieg den Brand usw. verursacht habe. Demgegenüber muß es dem Vmer offenstehen, mit Sicherheit oder doch mit gleicher Wahrscheinlichkeit darzutun, nicht der Krieg habe den Brand usw. verursacht. Das Zitat von § 287 ZPO paßt nicht (Anm. 163).

[161] Es reicht aus, wenn der Beweisbelastete einen **Indizienbeweis** führt, so z. B. für eine Brandstiftung. Die Eigenart des Indizienbeweises besteht darin, „daß die unstreitigen oder unter Beweis gestellten Tatsachen nicht schon unmittelbar den gesetzlichen Tatbestand erfüllen, sondern nur in eine bestimmte Richtung weisende Anzeichen sind, aus denen aber nach der Lebenserfahrung auf die unmittelbar rechtserheblichen Tatsachen geschlossen werden kann. Während beim Anscheinsbeweis" (Anm. 162) „gewisse Lücken in der Feststellung der Ursachenkette durch die Heranziehung allgemeiner Erfahrungssätze über den regelmäßigen Hergang geschlossen werden können, darf die Beweisführung durch Anzeichen keine irgendwie beachtliche Lücke aufweisen" (BGH 22. XII. 1955 VA 1957 S. 99—100 = VersR 1956 S. 85 für eine KVO-V). Vgl. auch BGH 22. III. 1956 VersR 1956 S. 276 für eine Autokaskov. Nicht selten wird sich „aus der Natur der Schadensfolge ... ohne weiteres ergeben, daß sie auf eines von mehreren (feststehenden) Ereignissen als ihre Ursache zurückgeführt werden muß" (Kisch WuRdVers 1926 Nr. 1 S. 78—79), z. B. wird Asche und Verkohlung regelmäßig einen Brand als Ursache indizieren.

[162] Große Bedeutung für das Vsrecht hat der **Anscheinsbeweis** (Beweis des ersten Anscheins, Primafaciebeweis).

„Die Beweisregeln des ersten Anscheins beruhen bei typischen Geschehensabläufen auf der Erfahrung, daß typische Ursachen gewisse Folgen zu zeitigen pflegen, die deshalb ohne weiteren Nachweis rein erfahrungsmäßig nach dem ersten Anschein unterstellt werden dürfen. Das Berufungsgericht irrt aber, wenn es annimmt, daß sich auf diesem Wege die Beweislast umkehre und nunmehr derjenige, gegen den sich dieser Beweis kehrt, das Gegenteil der als bewiesen angesehenen Tatsache beweisen müsse. Wenn die Rechtsprechung die Beweispflicht einer Klagepartei durch die Berufung auf die Erfahrung des täglichen Lebens als erfüllt ansieht, so verlangt sie doch von dem Gegner nur die Entkräftung der auf die Erfahrung gestützten Vermutung, nicht aber den Beweis des Gegenteils. Gelingt es dem Gegner, eine Tatsache zu beweisen, aus der die Möglichkeit eines anderen Sachverhalts als des erfahrungsmäßigen folgt, so verbleibt es bei der vollen Beweislast der von Anfang an beweispflichtigen Partei" (BGH 17. IV. 1951 BGHZ Bd 2 S. 5, kein Vsrecht). Später ist unterstrichen worden, es sei nicht erforderlich, „daß zur Entkräftung einer prima facie Beweiswürdigung nicht nur die Möglichkeit, sondern die Wahrscheinlichkeit eines anderen Sachablaufs in ernstliche Beachtung gerückt werden müsse" (BGH 23. V. 1952 BGHZ Bd 6 S. 171, gleichfalls kein Vsrecht).

Ein Anscheinsbeweis kommt nicht in Betracht, sofern es an einem typischen Geschehensablauf fehlt. Deshalb „kann die Regel nicht zur Anwendung kommen, wenn streitig ist, ob das als Schadensursache vom Vmer in Anspruch genommene Ereignis gegen oder mit dessen Willen erfolgt ist" (so bei einem möglicherweise vorgetäuschten Einbruch: RG 11. XII. 1936 RGZ Bd 153 S. 137 [vgl. aber auch BGH 4. IV. 1957 VA 1957 S. 298—299 = VersR 1957 S. 325—326], bei einem möglicherweise absichtlich herbeigeführten Unfall: RG 28. VIII. 1936 JW 1936 S. 3234—3235 mit Anm. Prölss, bei Brandstiftungsverdacht: BGH 26. I. 1956 VA 1956 S. 66—68 = VersR 1956 S. 147 bis 149, BGH 22. XII. 1955 VA 1957 S. 99—100 = VersR 1956 S. 84—85; in einem Falle des Selbstmordverdachts in der Lebensv arbeitet BGH 10. I. 1955 VersR 1955 S. 99—100 inkonsequent mit Anscheinsbeweis). Ein Anscheinsbeweis kommt in der Haftpflichtv dann nicht in Betracht, wenn fraglich ist, ob der Vmer den Dritten vorsätzlich getötet hat (BGH 28. IV. 1958 VersR 1958 S. 361). Ein typischer Geschehensablauf ist möglicherweise auch nicht feststellbar, wenn es um die Kausalität von Kriegsereignissen geht (BGH 28. VI. 1952 VersR 1952 S. 278; Gegenbeispiel: BGH 28. XI. 1951 VersR 1952 S. 52—53). Bei Trunkenheitsunfällen spielt der Anscheinsbeweis eine große Rolle (BGH 8. VII. 1957 VersR 1957 S. 509—510). Kritisch zur Rechtsprechung: Hauke VersArch 1957 S. 315—388.

Der Anscheinsbeweis kann sowohl beim Ver als auch beim Vmer zunächst genügen, beim Vmer übrigens auch dann, wenn nach den AVB „der Ansteckungsstoff nachweislich durch äußere Verletzungen ... in den Körper gelangt" sein muß; das Wort „nachweislich" besagt nicht mehr, als daß derjenige beweispflichtig ist, der sich auf die Infektionsklausel beruft, und für den Nachweis gelten die allgemeinen Grundsätze des Anscheinsbeweises (RG 5. II. 1932 RGZ Bd 135 S. 137—138).

[163] d) **Gerichtsüberzeugung.**

Gemäß § 287 I 1 ZPO entscheidet das Gericht unter Würdigung aller Umstände nach freier Überzeugung, falls unter den Parteien streitig ist, „ob ein Schaden entstanden sei und wie hoch sich der Schaden oder ein zu ersetzendes Interesse belaufe"; die Anordnung einer beantragten Beweisaufnahme ist dem Ermessen des Gerichts überlassen (§ 287 I 2 ZPO). Die Vorschrift wird auch auf die schadensverursachende Kausalität bezogen (BGH 25. X. 1952 BGHZ Bd 7 S. 203—204 m. w. N.), und zwar auch bei vertraglichen Schadensersatzansprüchen (Kisch WuRdVers 1926 Nr. 1 S. 80—81). Auch bei Vsverträgen gilt hiernach für die schadensverursachende Kausalität nicht die strenge Beweisregel des § 286 ZPO, sondern diejenige des § 287 ZPO, und das Gericht ist im Rahmen dieser Vorschrift nicht gehindert, die freie Überzeugung von einem adäquaten Ursachenzusammenhang auch dann aus dem Ergebnis der Beweisaufnahme und den Umständen zu gewinnen, wenn nicht mit an Sicherheit grenzender Wahrscheinlichkeit die Möglichkeit ausgeschlossen werden kann, daß der Schaden auch anderweitig hätte eintreten können. Die Vorschrift des § 287 ZPO „stellt den Tatrichter besonders frei; sie berechtigt ihn, unabhängig von der Beweislast über die Folgen ... zu befinden und bei Vorliegen ausreichender Unterlagen auch zu einer Schätzung zu greifen. Diese freiere Stellung im Rahmen des § 287 ZPO gegenüber der im § 286 ZPO gilt nicht nur für die Auswahl der Beweismittel, sondern auch für die Würdigung des Verhandlungsergebnisses. So kann der Richter bereits auf Grund einer erheblichen Wahrscheinlichkeit einen ursächlichen Zusammenhang feststellen, wenn sie ihm zur freien Überzeugungsbildung ausreicht" (BGH 8. V. 1964 VersR 1964 S. 845, kein Vsrecht). Ehrenzweig S. 263 weist bei § 287 ZPO besonders auf das Zusammenwirken mehrerer Schadensursachen hin.

Es ist jedoch zu beachten, daß § 287 ZPO nur für die schadensverursachende Kausalität gilt, nicht für die vorgängige, vorbereitende Kausalität (Anm. 131; BGH 13. XII. 1951 BGHZ Bd 4 S. 196—197, 10. III. 1954 VersR 1954 S. 224—225, 16. XII. 1960 VersR 1961 S. 183—184). Gemäß § 286 I ZPO hat also das Gericht unter Berücksichtigung des gesamten Inhalts der Verhandlungen und des Ergebnisses einer etwaigen Beweisaufnahme nach freier Überzeugung zu entscheiden, ob eine tatsächliche Behauptung für wahr oder für nicht wahr zu erachten sei. Diese strengere Regelung gewinnt z. B. Bedeutung, wenn der Vmer in der Betriebshaftpflichtv darzutun hat, es bestehe ein ursächlicher Zusammenhang zwischen Betriebstätigkeit und schadenstiftender Handlung. Bedenklich die Kriegsklausel der Feuerv (VA 1948 S. 47) mit ihrem Hinweis auf § 287 ZPO, weil es dort um die Kausalität Krieg/Brand, nicht um die Kausalität Brand/Schaden geht (Anm. 160). Wichtig BGH 25. II. 1965 VersR 1965 S. 431, zu § 25 III den § 286 ZPO anwendend.

[164] e) Sachverständigenverfahren.

Gemäß § 64 I 1 kann Sachverständigen die Feststellung einzelner Voraussetzungen des Anspruchs aus einer Schadensv anvertraut werden. So können sie kraft des Vsvertrages (z. B. § 74 V Ziff. 4 ADS, bei besonderer Vereinbarung: § 15 I 2 AFB) auch über Kausalitätsfragen Feststellungen treffen (Kisch WuRdVers 1926 Nr. 1 S. 77). Nichtjuristen entscheiden also möglicherweise darüber, ob adäquate Verursachung gegeben ist (Asmus ZVersWiss 1962 S. 236—237 will die Sachverständigenaufgabe darauf beschränken, ob eine conditio sine qua non vorliege).

Wenn § 4f Ziff. 2 AKaskoB in der Eisklausel von der Entscheidung eines Schiedsgerichts spricht, so handelt es sich in Wahrheit um ein Schiedsgutachterverfahren (§ 64).

[165] Auch die **Ärztekommission** der Unfallv (§ 20 IIa AKB, § 12 I Abs. 1 AUB) hat sich mit Kausalfragen zu befassen (§ 184 I 1). Dabei spielen auch juristische Fragen herein (RG 17. X. 1939 JRPV 1939 S. 317, Asmus ZVersWiss 1962 S. 237, Haidinger VersR 1952 S. 35, Prölss[15] S. 885).

Wegen der hiergegen sprechenden rechtspolitischen Bedenken BAA VA 1958 S. 35 bis 37, BVerwG 22. XI. 1960 BVerwGE Bd. 11 S. 248—249 = VersR 1961 S. 145—147 sowie die Neufassung des § 12 I Abs. 2 AUB.

[166] f) Revisibilität.

Eine Revision kann darauf gestützt werden, daß die Rechtsgrundsätze, welche zur Kausalität entwickelt worden sind, nicht oder nicht richtig angewendet worden sind (BSG 20. VIII. 1963 BSGE Bd 19 S. 275—276).

[167] V. Bewirkung der Leistung.

1. Leistungshandlung.

a) Leistender.

Die Schadensersatzleistung, die nach dem Vsfall als Ausfluß der Gefahrtragung geschuldet wird, hat der **Versicherer** (als Schadensver) zu erbringen, sei es im Wege des Geld-, sei es im Wege des Naturalersatzes (Anm. 4—27). Als Ver kommen nicht nur in- und ausländische (private oder öffentlich-rechtliche) Vsunternehmen in Betracht (Anm. 17—19 zu § 1), sondern ausnahmsweise auch Personen, die sich wie ein Ver verpflichtet haben, ohne daß sie aufsichtsbehördlich zugelassen sind (Anm. 11 zu § 1) und vielleicht ohne daß überhaupt eine Gefahrengemeinschaft planmäßig geschaffen werden soll.

Bei einer Mitv sind die mehreren beteiligten Ver Teilschuldner; ganz selten kommt eine gesamtschuldnerische Haftung mehrerer Ver vor, die gemeinsam einen Vsvertrag abgeschlossen haben (Prölss[15] Anm. 1 zu § 58, S. 252, Hübener, Die Führungsklausel in der Mitv, Karlsruhe 1954, S. 27—31). Bei einer mehrfachen V ohne Zusammenwirken der Ver (von Prölss[15] Anm. 1 zu § 58, S. 252 „Nebenv" genannt) haftet jeder Ver entsprechend seinem Vertrage. Nur bei einer Doppelv sind die mehreren Ver Gesamtschuldner (§ 59 I). Näheres Anm. zu § 58.

Ein Rückver haftet dem Vmer der Erstv nicht, sondern ist lediglich Schuldner des Erstvers (RG 8. VI. 1903 RGZ Bd 55 S. 90, LG Köln 19. IV. 1951 VersR 1953 S. 130). Auch dann, wenn der Ver an einem Vspool beteiligt ist, ist Schuldner des Vmers allein dasjenige Poolmitglied, welches die V geschlossen hat (Hübener a. a. O. S. 20, Prölss[15] Anm. 5 zu § 186, S. 900).

Der Ver kann sich als Leistender bei der Leistungshandlung eines Erfüllungsgehilfen bedienen, für dessen Verschulden er einzustehen hat (§ 278[1] BGB). Erfüllungsgehilfen können nicht nur Angestellte des Vers, sondern auch z. B. selbständige Vsvertreter oder Banken sein, so daß ein Bankversehen bei einer Überweisung zu Lasten des Vers geht.

Da eine Zahlung der Vsentschädigung zugleich ein Rechtsgeschäft, ein Verfügungsgeschäft ist, können Vertretungsgrundsätze zur Anwendung kommen. So können z. B. Prokuristen oder Handlungsbevollmächtigte Auszahlungen oder Überweisungen vornehmen. Überdies kann der Ver als juristische Person durch seine Organe handeln, ein ausländischer Ver durch seinen Hauptbevollmächtigten, der eine organähnliche Stellung hat (Anm. 21 vor §§ 43—48).

Vsagenten sind auf Grund der §§ 43, 45 nicht bevollmächtigt, Schadenszahlungen zu leisten (Anm. 20 zu § 45). Hierzu bedürfen sie — auch als Abschlußagenten — einer besonderen Vollmacht, die als Regulierungsvollmacht auf kleinere Schäden, z. B. bis 500 DM, begrenzt werden kann (Anm. 33 zu § 43; über das Innenverhältnis zum Ver: Anm. 223 vor §§ 43—48). Auch Regulierungsbeamte haben nicht notwendig zugleich Zahlungsvollmachten (dazu BGH 26. XI. 1952 VersR 1953 S. 13), jedoch ist der Gedanke des Rechtsscheins — besonders nach wiederholter Schadensregulierung — zu beachten (Anm. 42 zu § 45).

Erfüllungsgehilfen und Vertreter sind keine **Dritten** i. S. des § 267 BGB. Wenn aber ein Vsagent oder Vsmakler ohne Vollmacht des Vers eine Entschädigung für diesen auszahlt, oder wenn ein führender Ver ohne entsprechende Vollmacht Schadenszahlungen für die mitbeteiligten Ver leistet (vgl. Hübener a. a. O. S. 75, Kisch, Die mehrfache V desselben Interesses, Berlin 1935, S. 22—23), so handelt es sich um eine Leistung durch Dritte, falls die Zahlenden im eigenen Namen leisten. Handeln sie dagegen im Namen des schuldenden Vers, so finden die Grundsätze über Vertretung ohne Vertretungsmacht im Blick auf den Abschluß des dinglichen Vertrages Anwendung (§§ 177—179 BGB).

Bei dem Verfügungsgeschäft, das in der Zahlung der Vsentschädigung liegt, ist es umstritten, ob auch die **Einigung über den Leistungszweck** Teil der dinglichen Erfüllung sei, wofür § 812 I 2 BGB spricht („bezweckte Erfolg", Leisten als finales Handeln). Überdies ist streitig, ob — ganz abgesehen von dem dinglichen Verfügungsgeschäft — ein Leistender einen **rechtsgeschäftlichen Erfüllungswillen** haben muß. Zu alledem Esser Schuldrecht S. 300—302, Larenz I[7] S. 314—317. Diese Fragen gewinnen Bedeutung, falls versehentlich Schäden oder Schadensteilbeträge bezahlt werden, obgleich der Ver die Entschädigung nicht leisten wollte.

[168] b) Leistungsempfänger.

In der Schadensv ist empfangsberechtigter Gläubiger der Entschädigungsleistung grundsätzlich der **Versicherungsnehmer.** Die (noch) herrschende Meinung sieht auch auf Seiten des Gläubigers im Abschluß des dinglichen Vertrages zugleich eine Verfügung über die (damit erlöschende) Forderung, eine Auffassung, die sich stützen läßt auf § 362 II (mit der Verweisung auf § 185), §§ 1812 I 1, 1813 BGB, § 829 I^2 ZPO. Stattdessen will Larenz I^7 S. 316, gefolgt von Esser Schuldrecht S. 302, den Begriff der „Empfangszuständigkeit" einführen, die sich aber nach den gleichen Grundsätzen richten soll wie die Verfügungsmacht. Der Geschäftsunfähige wird nicht Eigentümer der ausgezahlten Entschädigung. Der beschränkt Geschäftsfähige wird zwar Eigentümer, denn er kann das Geld mit sachenrechtlicher Wirkung annehmen (vgl. § 107 BGB), aber die Schuld wird damit nicht getilgt. Der Erbe verliert die Verfügungsmacht mit der Anordnung der Nachlaßverwaltung und bei Verwaltung durch den Testamentsvollstrecker (§§ 1984 I 1, 2, 2211 I BGB), der Gemeinschuldner mit der Eröffnung des Konkursverfahrens (§ 6 I KO), ferner jeder Gläubiger, falls in seine Forderung gegen den Drittschuldner zwangsvollstreckt worden ist (§ 829 I 2 ZPO). In Einzelfällen wird der gute Glaube des Vers geschützt, falls er dennoch an den Nichtverfügungsberechtigten zahlt (vgl. § 8 II, III KO, §§ 1984 I 2, 2211 II BGB).

Anstelle des Vmers sind Organe oder Vertreter empfangsberechtigt. Bei Gesamtvertretung ist nicht der einzelne Gesamtvertreter zum Inkasso befugt (trotz § 78 II 2 AktienG n. F., der sich nur auf die Entgegennahme von Willenserklärungen bezieht; für die offene Handelsgesellschaft: § 125 II 3 HGB). Empfangsvertreter können gesetzliche Vertreter oder Bevollmächtigte sein. Gesetzliche Vertreter sind bei einem minderjährigen Kind grundsätzlich die Eltern (§ 1626 II BGB), und zwar beide gemeinschaftlich (Gesamtvertretung). Über die Leistung an den Nachlaßverwalter, Testamentsvollstrecker, Konkursverwalter: §§ 1985 I, 2205 I 1, 2 BGB, § 6 II KO. Es reicht aus, wenn der Nichtverfügungsberechtigte das Geleistete an den Vertreter gelangen läßt, also abführt (arg. § 8 I KO, Esser Schuldrecht S. 302). Eine Ehefrau kann im Rahmen der Schlüsselgewalt (§ 1357 I 1 BGB) im allgemeinen keine Vsentschädigungen entgegennehmen, Ausnahmen können bei kleinen Entschädigungen z. B. aus einer Hausratv gelten, ferner bei der Entgegennahme von Postsendungen. Überläßt ein Ehegatte sein Vermögen der Verwaltung des anderen Ehegatten (§ 1413 BGB), so wird der verwaltende Ehegatte zugleich Empfangsbevollmächtigter. Gesamtgut kann bei einer Gütergemeinschaft nicht nur gemeinschaftlich, sondern bei entsprechender Vereinbarung durch den Mann oder die Frau verwaltet werden; sodann ist der Verwalter nicht Vertreter, sondern er kann im eigenen Namen die volle Vsentschädigung annehmen (vgl. §§ 1421, 1422^1 BGB). Eine besondere Empfangsvollmacht wird unwiderlegbar vermutet, falls jemand eine (echte) Quittung des Vmers überbringt, „sofern nicht die dem Leistenden bekannten Umstände der Annahme einer solchen Ermächtigung entgegenstehen" (§ 370 BGB). Für die Krankheitskostenv vgl. § 4 VI GrundBed (Überbringer von Belegen). In beiden Fällen spielt rechtspolitisch der Gedanke des Rechtsscheinschutzes eine Rolle (ähnlich wie bei § 56 HGB, jedoch sind bei Ladenangestellten Empfangnahmen von Vsentschädigungen nicht „gewöhnlich"). Handelsvertreter oder Außendienstangestellte dürfen Zahlungen für den Unternehmer nicht annehmen, auch wenn es sich um die Entschädigung z. B. für das firmeneigene Kraftfahrzeug handelt, das einem Handelsvertreter zum Gebrauch überlassen ist (vgl. §§ 55 III, 91 I HGB). Über die Inkassovollmacht von Vsmaklern: Anm. 42, 110 vor §§ 43—48.

Von einem Empfangsvertreter ist ein Empfangsbote zu unterscheiden (Anm. 46, 47 zu § 43); ein einem Boten des Vmers übergebener Betrag tilgt die Schuld des Vers erst, sobald der Bote das Geld dem Vmer übermittelt hat.

Während Empfangsvertreter und Empfangsboten im Namen des Vmers empfangen, spricht man von Empfangsermächtigung bei Leistung an einen Dritten, die mit Einwilligung des Gläubigers erfolgt (§§ 362 II, 185 I BGB); der wichtigste Fall ist jener der Gutschrift auf ein Bank- oder Postscheckkonto des Vmers; die Einwilligung liegt in der Kontoaufgabe, mag diese sich auch nur auf einem Briefkopf des Vmers finden. Die Bezeichnung des Empfangsermächtigten kann unwiderruflich (solutionis causa adjectus) oder widerruflich sein. Auch eine nachträgliche Zustimmung reicht aus (§§ 362 II, 185 II 1 BGB). Zu allem Esser Schuldrecht S. 300, auch Anm. 53 zu § 35.

Bei einer V für fremde Rechnung ist Träger der Entschädigungsforderung der **Versicherte** (§ 75 I 1). Jedoch ist das Gläubigerrecht des Vten eingeschränkt, er bedarf zum Inkasso der Vsforderung der Zustimmung des Vmers oder des Besitzes des Vsscheins (§ 75 II). Umgekehrt ist dem Vmer eine gesetzliche Ermächtigung verliehen, im eigenen Namen über die Vsforderung des Vten zu verfügen; allerdings kann der Vmer bei Ausstellung eines Vsscheins nur dann die Zahlung annehmen, wenn der Vte zustimmt oder wenn er — der Vmer — im Besitze des Vsscheins ist; überdies ist der Ver zur Zahlung an den Vmer nur verpflichtet, wenn der Vmer nachweist, daß der Vte seine Zustimmung zu der V erteilt hat (§ 76). Diese verwickelten Regeln können durch die Vsbedingungen abgewandelt werden. So besteht ein uneingeschränktes Gläubigerrecht des Vten nach § 10 IV AKB bei der Autohaftpflichtv; andererseits ist das Gläubigerrecht des Vten noch weiter eingeschränkt durch § 12 II AFB: „Der Vte kann über seine Rechte nicht verfügen, selbst wenn er im Besitze des Vsscheins ist; er kann die Zahlung der Entschädigung nur mit Zustimmung des Vmers verlangen." Näheres Anm. zu § 75, Anm. zu § 76. Bei einer V für Rechnung wen es angeht gelten die Grundsätze der V für eigene Rechnung, falls sich herausstellt, daß bei Eintritt des Vsfalls der Vmer Interesseträger ist; sonst gelten die Grundsätze der V für fremde Rechnung (§ 80 II). Näheres Anm. zu § 80.

Aus dem **Wertpapierrecht** i. w. S. ergibt sich, daß der Ver mit befreiender Wirkung an den Inhaber des Vsscheins leisten kann, wenn dieser als Ausweispapier ausgestaltet ist (§ 808 I 1 BGB, § 4 I; über Ausnahmen Anm. 13 zu § 4). Jedoch kommen in der Schadensv Vsscheine als Ausweispapiere kaum vor. — Jedoch gibt es in der Binnentransportv Orderpapiere (§ 363 II HGB). Hier kann und muß der Ver dem durch eine fortlaufende Kette von Indossamenten legitimierten Inhaber der Urkunde leisten (Anm. 18, 19 zu § 4).

Bei einer **Veräußerung** der vten Sache ist der Veräußerer Gläubiger, soweit während der Dauer seines Eigentums der Vsfall eingetreten ist. Bei späteren Vsfällen ist der Erwerber Gläubiger. Entsprechendes gilt bei einer Zwangsversteigerung der vten Sache. Näheres Anm. zu § 69, Anm. zu § 73.

Über **Zessionare, Pfandgläubiger und Pfändungspfandgläubiger** als Gläubiger der Entschädigungsforderung: Anm. 4, 8—10 zu § 15. Über Beschränkungen der Abtretbarkeit, Verpfändbarkeit und Pfändung, die für die Schadensv Bedeutung gewinnen können: Anm. 11—18, 29—38 zu § 15.

Besonders geschützt sind bei der Auszahlung von Vsentschädigungen die **Realgläubiger:** §§ 98—100, 107b; §§ 1128, 1192 I, 1200 I, 1281, 1282 I 1, 2 BGB. Die Realgläubiger kommen bei „krankem" Vsverhältnis auch als primäre Gläubiger der Feuervsforderung in Betracht: §§ 102, 103, 105, 107b.

Schließlich kommt nach Einführung des Direktanspruchs eine Auszahlung an den **geschädigten Dritten** bei der Haftpflichtv für Kraftfahrzeuge in Frage; sei es bei „gesundem", sei es bei „krankem" Vsverhältnis (§ 3 I, II PflVG). Im übrigen hat auch bei einer Pflichtv der geschädigte Dritte in der Haftpflichtv keinen unmittelbaren Anspruch gegen den Ver (§ 158c VI). Bei jeder Haftpflichtv ist aber der Ver berechtigt und auf Verlangen des Vmers verpflichtet, die Zahlung an den geschädigten Dritten zu bewirken (§ 156 II). Auch das Verlangen des Vmers begründet aber keinen eigenen Anspruch des geschädigten Dritten (Prölss[15] Anm. 5 B zu § 156, S. 561 m. w. N.), letzterer ist nur Empfangsermächtigter.

Es ist umstritten, ob neben der Mitwirkung des Empfangsberechtigten bei der dinglichen Einigung zusätzlich eine Annahme **„als Erfüllung"** (vgl. § 363 BGB) vonnöten ist. In Verbindung mit einer Willenserklärung des Schuldners (Anm. 167) könnte man bejahendenfalls zur Konstruktion eines besonderen Erfüllungsvertrages kommen. Dazu Esser Schuldrecht S. 314—317.

[169] c) Leistungsgegenstand.

Der Schadensver schuldet nach Eintritt des Vsfalls als Ausfluß der Gefahrtragung regelmäßig Geld (§ 49, für den direkten Anspruch des Verkehrsopfers in der Haftpflichtv: § 3 I 2 PflVG), ausnahmsweise Naturalersatz (Anm. 12—18, über Mischformen: Anm. 19—27).

Im Blick auf den Leistungsgegenstand sind die Leistungshandlung des Vers und der Leistungserfolg beim Vmer (oder sonstigem Gläubiger) zu unterscheiden. Die Leistungshandlung ist bei einer Geldschuld abgeschlossen, falls der Ver alles Erforderliche getan hat. Der Leistungserfolg ist dagegen erst eingetreten, sobald dem Vmer das Geld verschafft ist, so daß er darüber seinerseits disponieren kann. Besonders bei Schickschulden tritt der Unterschied zeitlich und örtlich zutage.

Bei Naturalleistungen kann der Leistungserfolg nicht nur eine Sachverschaffung, sondern auch eine Geschäftsbesorgung, Gebrauchsüberlassung usw. sein (Anm. 13). Danach richtet sich die vom Ver geschuldete Leistungshandlung. Der Leistungserfolg einer Schuldbefreiung, wie sie in der Haftpflichtv geschuldet wird, kann durch verschiedenartige Leistungshandlungen erreicht werden, insbesondere auch dadurch, daß der Haftpflichtver privativ die Schuld des Vmers übernimmt.

Der Schadensver muß neben dem Vsschaden i. e. S. auch den Vsschaden i. w. S. ersetzen, insbesondere Aufwendungen zur Abwendung und Minderung sowie Ermittlungs- und Feststellungskosten (Anm. 43 vor §§ 49—80).

Ausnahmsweise kann sich der Ver durch Leistung der Vssumme befreien (Abandon: Anm. 24 zu § 50).

Über Abschlagszahlungen: Anm. 171, über Vorschüsse §§ 63 I 3, 150 I 4.

Bei der Erbringung seiner Schadensersatzleistung muß der Ver zuweilen Nebenpflichten erfüllen. Wenn z. B. der Ver nicht an den Vmer, sondern an einen Dritten leistet, kann eine Benachrichtigung des Vmers geboten sein. Sie ist in § 156 II als vorherige Benachrichtigung einem Haftpflichtver vorgeschrieben, falls er die Zahlung an den geschädigten Dritten bewirkt. Auch als ergänzende Leistungspflicht aus Treu und Glauben kann eine Benachrichtigungspflicht bestehen. In § 99 ist eine Anzeige des Feuervers an den Hypothekengläubiger vorgesehen (wegen anderer Realgläubiger vgl. § 107b).

[170] d) Leistungsort.

Hinsichtlich des Leistungsortes gelten für die Leistung des Vers nicht die §§ 36, 37, die sich nur auf die Entrichtung der Prämie beziehen. Maßgebend ist vielmehr das allgemeine Zivilrecht, also bei Geldschulden des Schadensvers § 270 BGB.

Danach ist für den Ver der **Leistungshandlungsort** (Vollzugsort) der Ort der gewerblichen Niederlassung (§§ 270 IV, 269 II BGB). Über den Sitz des Vers: Anm. 7 zu § 48.

Der Ver hat Geld dem Gläubiger, also insbesondere dem Vmer auf seine Kosten an dessen Wohnsitz zu übermitteln; handelt es sich um eine Vsforderung im Zusammenhang mit dem Gewerbebetriebe, so tritt die gewerbliche Niederlassung des Vmers an die Stelle des Wohnsitzes (§ 270 I, II BGB). Der **Leistungserfolgsort** (Erfolgsort) liegt also beim Gläubiger. Da Vollzugsort und Erfolgsort auseinanderfallen, liegt eine Schickschuld vor. Das hat Konsequenzen für die Leistungszeit (Anm. 171), auch hinsichtlich der Übermittlungskosten, die zu Lasten des Vers gehen, es sei denn, daß Mehrkosten entstehen, weil der Vmer nach Vertragsabschluß seinen Wohnsitz oder seine gewerbliche Niederlassung geändert, z. B. ins Ausland verlegt hat (§ 270 III BGB).

Bei einer gewöhnlichen Schickschuld trägt der Gläubiger die Leistungsgefahr, da der Schuldner mit der Absendung das seinerseits Erforderliche getan hat (§§ 243 II, 447 I BGB). Nun schreibt aber für die Geldschuld § 270 I vor, der Schuldner habe Geld „auf seine Gefahr" zu übermitteln. Kommt also Geld beim Gläubiger nicht an, so muß der Schuldner „noch einmal" leisten (Ausnahme bei Änderung des Erfolgsortes mit gleichzeitiger Erhöhung der Übermittlungsgefahr: § 270 III BGB). Wegen der Gefahrtragung des Vers handelt es sich bei seiner Geldschuld nicht um eine reine, sondern um eine qualifizierte Schickschuld (Näheres Anm. 7 zu § 36).

Vom Vollzugsort und Erfolgsort ist der **Schuldort** zu unterscheiden, der Bedeutung hat für die Maßgeblichkeit der Verkehrssitte oder des Handelsbrauchs, ferner für das internationale Privatrecht (bei Maßgeblichkeit des Statutes des Erfüllungsortes) sowie für den Gerichtsstand (§ 29 ZPO mit Anm. 14 zu § 48). Fehlt es an einer besonderen Vereinbarung, so ist der Schuldort mit dem Vollzugsort identisch; der Gerichtsstand liegt also am Ort der gewerblichen Niederlassung des Vers (§§ 270 IV, 269 II BGB).

Es kommen aber auch andere Gerichtsstände für Klagen gegen den Ver in Betracht, so der Gerichtsstand des Sitzes, des Vermögens, der Vermögensverwaltung, der Niederlassung, der Agentur, des Hauptbevollmächtigten (Näheres: Anm. 4—29 zu § 48).

[171] e) **Leistungszeit.**

Da es sich bei den Geldleistungen des Vers um (qualifizierte) Schickschulden handelt (Anm. 170), kommt es nur darauf an, ob der Ver seine Leistungshandlung rechtzeitig vollzieht; die Zeitfrage ist also vom Vollzugsort aus zu beurteilen. Bei Zahlung von Bargeld kommt es hiernach auf die Absendung, auch durch die Post, an. Bei der Übermittlung auf Konten sind die Fälle der Zahlkarte und der Überweisung zu unterscheiden. Möglicherweise gibt der Ver einen Scheck. Näheres: Anm. 8—12 zu § 36; das hinsichtlich der Prämie Gesagte gilt entsprechend für die Entschädigungsleistung des Vers.

Für den Zeitpunkt der Fälligkeit der Geldleistungen des Vers gilt § 11 I, II (Anm. 3—13 zu § 11). Speziell für die Haftpflichtv vgl. § 154 I.

Abschlagszahlungen sieht § 11 II, III vor (Anm. 31—36 zu § 11). Sie sind zu unterscheiden von Vorschüssen, z. B. nach §§ 63 I 3, 150 I 4.

Zur Klagefrist: Anm. 20—50 zu § 12.

Zur Verjährung: Anm. 2—19 zu § 12, auch § 3 III, IX PflVG.

[172] f) **Leistungssurrogate.**

Normalerweise erfolgt die Leistung durch Erfüllung; das Schuldverhältnis erlischt, wenn die geschuldete Leistung an den Gläubiger bewirkt ist (§ 362 I BGB). Näheres: Anm. 176.

Neben der echten Erfüllung kommen Erfüllungssurrogate in Frage, insbesondere die Leistung an Erfüllungs Statt. In den Fällen der Einzahlung oder Überweisung auf ein Konto erlangt der Vmer nicht Bargeld, sondern eine Forderung gegen seine Bank, gegen die Post usw. Es handelt sich um einen Fall der Empfangsermächtigung (Anm. 168). Der Ver hat seine Schuld im Zeitpunkt der Gutschrift auf dem Konto des Vmers getilgt, Benachrichtigung des Vmers von der Gutschrift ist nicht erforderlich. Vgl. entsprechend Anm. 53 zu § 35.

Der Geldanspruch des Vmers erlischt außerdem, wenn der Vmer dem Ver durch Vertrag die Schuld erläßt (§ 397 I BGB). Dem Erlaß steht ein negatives Schuldanerkenntnis gleich (§ 397 II BGB). Einen einseitigen Verzicht auf Forderungen gibt es nicht. Nicht selten werden kleinere Ansprüche z. B. aus Kraftverkehrs- oder Krankheitskostenven nicht geltend gemacht, weil der Vmer bei Anspruchserhebung Prämienrabatte oder Prämienrückvergütungen einbüßen würde. Hier ist ein Erlaßvertrag zu konstruieren, bei welchem der Ver die Annahme dem Vmer gegenüber nicht zu erklären braucht (§ 151[1] BGB).

Speziell über die Aufrechnung Anm. 173, über die Hinterlegung Anm. 174.

[173] aa) **Aufrechnung.**

Ein Ver kann möglicherweise dem Vmer ein Erfüllungssurrogat aufdrängen, indem er die Aufrechnung erklärt, insbesondere wegen einer ihm zustehenden Prämienforderung. Näheres: Anm. 60—62 zu § 35.

Jede Aufrechnung setzt Gegenseitigkeit der Forderungen voraus (§ 387 BGB). Das Erfordernis der Gegenseitigkeit wird beiseitegeschoben in Fällen der Abtretung (§ 406 BGB), ferner bei Veräußerung der vten Sache (§ 69 III). Diese Schutzvorschriften werden zugunsten des Vmers erweitert durch § 35b, wo ein Abzugsrecht des Vers gegenüber Dritten normiert ist, z. B. gegenüber Vten bei der V für fremde Rechnung. Näheres: Anm. 1—7 zu § 35b.

§ 158g stellt für obligatorische Haftpflichven klar, daß § 35b in Ansehung des geschädigten Dritten nicht anzuwenden sei; der Ver kann also die Leistung an den Dritten nicht dadurch verkürzen, daß er mit einer gegen den Vmer gerichteten Prämienforderung aufrechnet.

[174] bb) Hinterlegung.

Hinterlegung kommt als Leistungssurrogat nur in drei Fällen in Betracht, nämlich bei Annahmeverzug des Vmers, bei sonstigen in der Person des Vmers liegenden Gründen oder bei einer Ungewissheit über die Person des Gläubigers, die nicht auf Fahrlässigkeit des Vers beruht (§ 372 BGB).

Beispiele: KG 24. II. 1937 JRPV 1937 S. 150—151; OLG Hamburg 23. V. 1939 DR 1939 S. 1452—1453 = JRPV 1939 S. 218—220 (wo der Vmer die Hinterlegung nicht gegen sich gelten zu lassen braucht).

Vertraglicher Hinterlegungsfall: § 10 VI 4 AKB (dazu Stiefel-Wussow[5] Anm. 30 zu § 10, S. 306—307).

[175] g) Forderungsverletzungen.

Hinsichtlich der Geldleistungen des Vers scheiden praktisch die Tatbestände der Unmöglichkeit und der Schlechterfüllung aus. Nur der Verzug kann eine Rolle spielen. Über den Verzug des Vers Anm. 14—29 zu § 11. Der Anspruch auf Verzugszinsen kann nicht ausgeschlossen werden (§ 11 IV). Der zu ersetzende Verzugsschaden kann über die Verzugszinsen weit hinausgehen (§§ 286 I, 288 II BGB).

Von den Verzugszinsen sind andere Zinsen zu unterscheiden. Näheres: Anm. 30 zu § 11.

Über Forderungsverletzungen bei Naturalersatz Anm. 18.

[176] 2. Leistungswirkungen.

a) Rechtsverhältnis Versicherer / Versicherungsnehmer.

aa) Schuldtilgung.

Mit dem Leistungserfolg (nicht schon mit der Leistungshandlung) wird die Schuld des Vers getilgt. Bei Barzahlung kommt es darauf an, daß der Empfangsberechtigte, insbesondere der Vmer oder sein Organ oder sein Vertreter oder sein Empfangsermächtigter das Geld angenommen hat. Einen Scheck nimmt der Vmer nur erfüllungshalber entgegen (§ 364 II BGB).

Ist der Ver aus mehreren Schuldverhältnissen (oder im Rahmen eines einheitlichen Vsvertrages, z. B. einer laufenden V, aus mehreren Vsfällen) zu Geldleistungen verpflichtet, so wird primär diejenige Schuld getilgt, welche der Ver bei seiner Leistung bestimmt. Fehlt es an einer Bestimmung, so greifen §§ 366, 367 BGB ein.

Über den Einfluß der Leistungsbewirkung auf den Vsvertrag vgl. Anm. 179 (Veränderung) und Anm. 180 (Beendigung).

[177] bb) Empfangsbekenntnis.

Nach § 368[1] BGB hat der Vmer oder sonstige Gläubiger gegen Empfang der Vsentschädigung auf Verlangen ein schriftliches Empfangsbekenntnis, eine Quittung zu erteilen. Dazu sowie über Abfindungserklärungen Anm. 8 zu § 4.

Der Vsschein ist stets Schuldschein. Deshalb ist nach § 371[1] BGB der Ver berechtigt, die Rückgabe des Vsscheins zu verlangen. Das kann jedoch nur gelten, wenn nach dem Vsfall die Gefahrtragung des Vers nicht fortdauert. Ansonsten muß die Vorlage des Vsscheins genügen. Näheres: Anm. 6 zu § 4.

[178] cc) Vorteilsausgleichung.

Hat der Schadensver einen Schaden zu ersetzen, so kommt nicht selten eine Vorteilsausgleichung in Betracht, da im Schadensfall oft nicht nur Nachteile, sondern auch Vorteile entstehen. Über die (eigentliche und uneigentliche) vsrechtliche Vorteilsausgleichung vgl. bereits Anm. 51—54 vor §§ 49—80.

[179] dd) Veränderung des Versicherungsvertrages.

Nachdem der Schadensver eine Leistung erbracht hat, ändert sich möglicherweise der Inhalt des fortbestehenden Vsvertrages.

So kann sich die Vssumme ändern: Die §§ 95, 112, 119 bestimmen, der Ver hafte nach dem Eintritt eines Vsfalles für den durch einen späteren Vsfall verursachten Schaden nur bis zur Höhe des Restbetrags der Vssumme. Näheres: Anm. 27 zu § 50.

In Betracht kommt aber auch ein teilweiser Interessewegfall (§ 68 IV), z. B. dann, wenn bei einer Feuerv mit mehreren Positionen die Sachen einer Position völlig zerstört sind. Dagegen würde eine Überv entstehen, falls z. B. bei einer V eines Inbegriffs nur Teile beeinträchtigt sind, die Vssumme jedoch unverändert geblieben ist. Hierzu Anm. 15 zu § 51.

Die Leistung einer Vsentschädigung kann einen Anspruch auf Prämienrabatt oder Prämienrückvergütung erlöschen lassen.

Gelegentlich kann ein Vsfall auch das Ruhen der V zur Folge haben, z. B. wenn nach einem Schadensfall ein Kraftfahrzeug vorübergehend aus dem Verkehr gezogen wird und der Vmer die Unterbrechung des Vsschutzes verlangt (§ 5 I AKB). Bei einer Maschinenv kann vorgesehen werden: „Nach Eintritt eines Schadenfalls ruht die V für den beschädigten Gegenstand solange, bis die Reparatur endgültig durchgeführt und der ordnungsmäßige Betrieb wiederhergestellt ist" (VA 1926 S. 167).

[180] ee) Beendigung des Versicherungsvertrages.

Tritt ein Totalschaden ein, so fällt das vte Interesse weg; dem Ver gebührt noch die Prämie für die laufende Vsperiode (§ 68 IV). Zum Problem, ob solchenfalls der Vsvertrag (auch nach Zahlung der Prämie) „inhaltslos" weiterbesteht, vgl. Prölss[15] Anm. 2 zu § 68, S. 305, unten Anm. zu § 68. Zuweilen wird ausdrücklich das Erlöschen des Vsvertrages angeordnet, so in § 7 I AFaB (VA 1958 S. 105): „Hat der Ver im Falle eines Totalschadens Ersatz geleistet, so erlischt die V; dem Ver gebührt die Prämie für das laufende Vsjahr."

Durch Rücktritt kann auch nach Eintritt eines Vsfalls der Vsvertrag wegen einer Verletzung der vorvertraglichen Anzeigepflicht erlöschen: Die Ersatzpflicht des Vers für den eingetretenen Vsfall richtet sich danach, ob der Umstand, in Ansehung dessen die Anzeigepflicht verletzt worden war, Einfluß auf den Eintritt des Vsfalls oder auf den Umfang der Leistung des Vers gehabt hat (§ 21).

Ein Kündigungsrecht nach Eintritt des Vsfalls sehen die §§ 96 I, 113[1], 158 I vor.

[181] b) Rechtsverhältnis Versicherer / Dritte.

Durch den Eintritt eines Schadensfalles können nicht nur Rechtsbeziehungen des Vers zu den Leistungsempfängern (Anm. 168) entstehen, sondern auch zu Dritten.

Für den Fall einer Doppelv gewinnen Ausgleichsansprüche gegenüber anderen Vern Bedeutung (§ 59 II).

Für den Ver können ferner Ansprüche gegen Dritte zur Entstehung gelangen, insbesondere kraft des gesetzlichen Forderungsüberganges gemäß § 67, aber auch in anderen Fällen vsrechtlicher Vorteilsausgleichung (Einzeltatbestände: Anm. 54 vor §§ 49—80).

Zu erwähnen sind hier auch die Schadensteilungs- und Regreßverzichtsabkommen (dazu Prölss[15] Anm. 10 zu § 67, Anm. 300—303; unten Anm. zu § 67).

[182] c) Rechtsverhältnis Versicherungsnehmer / Dritte.

Die Tatsache, daß ein Schadensver einem Vmer (oder Vten) Leistungen zu erbringen hat, wirkt sich in weitem Umfang auf das Rechtsverhältnis des Vmers oder Vten zu Dritten aus. Man kann von einem Einfluß des Vsrechtes auf das Haftungsrecht sprechen. Der Einfluß kommt in doppelter Richtung in Frage: Einerseits kann das Problem, inwieweit Dritte gegen den Vmer (oder Vten) Ansprüche besitzen, durch die Existenz des Vsschutzes (eventuell schon durch die Vsmöglichkeit) beeinflußt werden. Andererseits kommt aber auch in Betracht, daß die Ansprüche des Vmers (oder des Vten) gegen Dritte durch den Vsschutz berührt werden.

Eine Übersicht über die einzelnen Fallgruppen findet sich in Anm. zu § 67.

§ 50

Der Versicherer haftet nur bis zur Höhe der Versicherungssumme.

Versicherungssumme.

Gliederung:

[1] **Entstehung:** § 50 ist unverändert geblieben. — Begr. I S. 60.

[2] **Schrifttum:** AsmusVersR 1965 S. 635—642, Berndt, Der Ersatzwert in der Feuerv, Weißenburg 1951, Blanck, Entschädigungsberechnung in der Sachv, 2. Aufl., Karlsruhe 1963, S. 11—82, Bruck S. 412—419, HansRZ 1922 Sp. 495—502, Durst HansRZ 1920 Sp. 514—516, Ehrenberg ZVersWiss 1906 S. 379—384, Ehrenzweig S. 245—247, Fick, Einige Grundbegriffe der Schadensv, Zürich 1918, S. 18—20, Hagen in: Manes, Vslexikon, 3. Aufl., Berlin 1930, Sp. 1752—1754, Hagen I S. 460—462, Ritter Anm. 10—18 zu § 6, S. 235—237, Wörner LZ 1918 Sp. 233—238.

[3] **I. Wesen der Versicherungssumme.**

1. Begriff.

Die Vssumme begrenzt nach oben die Geldleistung, welche der Ver nach Eintritt des Vsfalls zu erbringen hat. Der Ver trägt nur die Gefahr, er schuldet und „haftet nur bis zur Höhe der Vssumme" (§ 50).

Die Vorschrift findet sich im Abschnitt über die Schadensv, jedoch übt auch (und erst recht) in der Summenv die Vssumme eine leistungsbegrenzende Funktion aus (Anm. 44 vor §§ 49—80): Gemäß § 1 I 2 hat in der Summenv der Ver „nach dem Eintritte des Vsfalls den vereinbarten Betrag an Kapital oder Rente zu zahlen"; von der Vssumme ist ausdrücklich die Rede z. B. in § 5 II 2, III ALB alt, § 4 II b ALB neu, während das Gesetz bei der Regelung der Lebens- und Unfallv den Ausdruck vermeidet und von der vereinbarten Leistung und dem „Betrag" redet, z. B. in § 159 II 1, III,

174 II, 180. Was die Lebensv anlangt, so ist es allerdings nur bei der Kapitalv in der Praxis üblich, von Vssumme zu sprechen. Bei der Rentenv wird der Betrag der einzelnen Renten vereinbart; zuweilen auch eine an die Stelle der Renten tretende Kapitalabfindung oder eine Mindestrentenleistung, z. B. kraft der Klausel: „Sind bis zum Tode des Vten noch keine 50 Monatsrenten gezahlt, so wird eine sofort fällige Todesfalleistung in Höhe von 50 Monatsrenten abzüglich der bereits gezahlten Renten gewährt". Will man für statistische Zwecke Vsbestände angeben und dabei Kapital- und Rentenven zusammenzählen, so pflegt man der Kapitalvssumme eine xfache, z. B. zwölffache vereinbarte Jahresrente gleichzuachten. Im Rahmen der Unfallv sind verschiedene Vssummen zu unterscheiden, nämlich die Todesfallsumme, die Invaliditätssumme, das Tagegeld und die Vssumme für Heilkosten. Invaliditätssumme und Tagegeld werden überdies nicht immer voll gewährt, sondern oft teilweise, etwa nach Maßgabe der „Gliedertaxe" oder nach dem Grad der Beeinträchtigung der Arbeitsfähigkeit. Vgl. hierzu § 8 AUB. Zu den „Höchstsätzen" der Krankenv vgl. Anm. 14.

In der Haftpflichtv spricht man statt von Vssumme oft von Deckungssumme, die meistens differenziert wird für Personen-, Sach- und Vermögensschäden. Es kommt aber auch die pauschale Deckung aller drei Schadensarten vor (z. B. mit 1 Million DM Deckungssumme). Sachlich besteht kein Wesensunterschied zwischen der Deckungssumme der Haftpflichtv und der Vssumme der übrigen Schadensvszweige (Heimbücher VW 1961 S. 252—253, Oberbach I S. 188, anders Hartung, Die allgemeine Haftpflichtv, Berlin 1957, S. 112).

Außerhalb der Summenv ist die Vssumme nur einer von mehreren leistungsbegrenzenden Faktoren (Anm. 44 vor §§ 49—80). Es wäre nicht angängig zu bestimmen, „daß der Ver dem Vten bei eintretender Gefahr die stipulierte Summe ohne Rücksicht auf den erlittenen Schaden zahle" (Cohn ZHR Bd 18 S. 75—89). Sonach ergibt sich aus der Vssumme nicht ohne weiteres die Höhe der konkreten Schadensvsforderung. Insbesondere: „Bei Haftpflichtven ist die Vshöchstsumme nicht Gegenstand einer Forderung, sondern sie bildet nur den Rahmen der V, die Höchstgrenze, bis zu der vereinbarungsgemäß der Ver im Vsfalle für den dem Vten entstandenen Schaden zu haften hat. Diese Haftungsgrenze der Vers ist ein für allemal feststehend, solange nicht eine anderweitige Vereinbarung getroffen wird" (RG 8. XII. 1925 RGZ Bd 112 S. 207 in einem Aufwertungsfall).

Zuweilen ist der Begriff der Vssumme so auszulegen, daß ihr Nebenbeträge — etwa Vtendividenden oder Zinsen — hinzuzurechnen sind. So kann bei einer Rentenv der vor Rentenbeginn gutzuschreibende Gewinn verzinslich angesammelt und bei Rentenbeginn zur Erhöhung der vten Rente auf Lebenszeit verwendet werden: „Die so erhöhte Rente gilt dann als vte Rente". Tritt ein Vmer den Anspruch auf die Vssumme ab, so werden durch die Abtretung in dubio auch solche einbezogenen Gewinnanteile und eventuell auch Zinsen mit ergriffen. Entsprechendes gilt bei Verpfändung oder Pfändung der Vssumme. Vgl. hierzu Hagen I S. 461.

Leider spricht man auch außerhalb der Summenv oft von der Auszahlung der Vssumme, wenn man die Auszahlung der Vsentschädigung meint, welche ja keineswegs die Vssumme zu erreichen braucht. Diesen Lebenssprachgebrauch haben auch die §§ 1046 II 1, 1128 I, 1130 BGB übernommen, in denen also statt Vssumme genauer Vsentschädigung zu lesen ist (Begr. I S. 60, Tarnke DJZ 1901 S. 70). Aber: „Das kann heute nicht mehr verwirren" (Ehrenzweig S. 245 Anm. 1).

[4] 2. Notwendigkeit.

Während für eine Summenv eine Vssumme begrifflich notwendig erscheint (Ehrenzweig S. 64), trifft das bei einer Schadensv nicht zu, weil hier auch andere leistungsbegrenzende Faktoren vorhanden sind, nämlich die Schadenshöhe und (in der Aktivenv) der Vswert (Anm. 44 vor §§ 49—80). Man hat sogar für die Abschaffung der Vssumme in der Schadensv plädiert, damit sich die Schadensersatzfunktion immer voll durchsetzen könne (Riebesell AssJhrb Bd 52 S. 152). Aber man darf nicht nur die Belange der Vmer sehen, sondern muß berücksichtigen, daß aus vstechnischen Gründen die Gefahrtragung des Vers nach oben begrenzt sein muß, zumal da die Prämie in Relation zur Vssumme zu stehen pflegt.

Immerhin sind Schadensven ohne Vssumme nicht nur gesetzlich zulässig (Anm. 33) und theoretisch vorstellbar (RG 25. XI. 1927 JW 1928 S. 793 = VA 1928 S. 51 Nr. 1825, Hagen I S. 461), sondern auch praktisch vorkommend. Die Haftpflichtv wurde früher oft ohne Vssumme gewährt, man sprach von „Volldeckung" (Oberbach I S. 187—188 m. w. N., Beispiel: KG 12. XI. 1924 JRPV 1924 S. 83—84). Die Auslandsdeckung kraft der Pflichtv für Kraftfahrzeughalter ist unbegrenzt, falls im Besuchslande unbegrenzte Haftung vorgeschrieben ist (Bormann-Cuntz S. 185, 186). Ferner kommen Krankheitskostenven ohne Vssumme vor, wobei jedoch die Leistungspflicht des Vers zeitlich limitiert werden kann: „Aussteuerung". Was die Aktivenv anlangt, so kennt die bedeutsame Autokaskov keine Vssumme (Gericke DAR 1953 S. 64, Prölss[15] S. 720). Auch bei Ven mit Naturalersatz ist für eine Vssumme grundsätzlich kein Raum (Anm. 17, 18 zu § 49).

Für die öffentlichrechtliche Gebäudev ist die Beseitigung der Vssumme als Ersatzgrenze von Wörner LZ 1918 Sp. 233—238 empfohlen worden. Zum Teil — insbesondere bei Vszwang — kennt das Landesrecht in der Tat keine Vssumme. So wird z. B. in Hamburg auf den Schätzungswert (auf Grund der Durchschnittspreise vom August 1914) abgestellt. Das Ergebnis der Schätzung wird im Schätzungs- und Vsschein niedergelegt. Auch die Schäden werden zu dem Betrage geschätzt, den die Wiederherstellung 1914 erfordert hätte. Die Entschädigungssumme ergibt sich aus einem Multiplikator, der „Feuerkassenrichtzahl" (welche nicht mit der Beitragseinhebungszahl identisch ist: 1966 betrug die Einhebungszahl 3,7, die Richtzahl 5,5). Zu alledem §§ 28 I, 32, 42, 35 II FeuerkassenG. Weitere Nachweise zur Vssumme in der öffentlichrechtlichen Sachv bei Schmidt-Sievers S. 320—321, 65—66.

[5] 3. Abgrenzung.

Die Vssumme ist von einigen anderen Erscheinungen abzugrenzen, nämlich

dem Vsschaden, der in der Schadensv neben der Vssumme leistungsbegrenzend wirkt;

dem Vswert, der in der Aktivenv neben der Vssumme (und dem Vsschaden) leistungsbegrenzend wirkt (RG 3. I. 1930 JRPV 1930 S. 54);

der Taxe (§ 57), welche den Vswert durch Vereinbarung auf einen bestimmten Betrag festsetzt (nur nach § 100 I ADS gilt bei der V imaginären Gewinns die Vssumme als Taxe, vgl. auch § 104[1] ADS);

der Vorschätzung, welche bis zu einem bestimmten Zeitpunkt als (korrigierbare) Grundlage für die Ermittlung eines Schadens an den abgeschätzten Gegenständen dient (Klauseln 5.05, 5.06, 6.02 Klauseln der Feuerv);

der Gesamtwertsumme, welche bei einer Bruchteilv (dazu Blanck a. a. O. S. 11—13) für die Berechnung der Vssumme zum Ausgangspunkt genommen wird. Wird z. B. bei einer Einbruchdiebstahlv eines Warenhauses ein Bruchteil von 10% vert, weil man nicht mit höheren Schäden zu rechnen braucht, so gilt: „Ist als Vssumme ein Bruchteil der Gesamtwertsumme . . . genommen, so tritt bei Feststellung einer Unterv an Stelle der Vssumme die Gesamtwertsumme" (§ 3 IV Abs. 4 AEB).

Alles Gesagte schließt aber nicht aus, daß bei der Wahl der Vssumme durchweg ausgegangen wird vom zu erwartenden Höchstschaden oder vom Vswert oder daß man als Vssumme den Betrag der Taxe oder Vorschätzung zugrundelegt. Es spricht aber keine Vermutung dafür, daß der Vswert identisch sei mit der Vssumme oder gar daß die Vssumme als Taxe gelten solle. Deshalb ist die Vssumme kein Beweis für den Vswert (Prölss[15] Anm. 2 zu § 50, S. 237). Deshalb bildet auch in der Seev die nicht taxierte, also die „offene Polize" rechtlich die Regel (RG 29. I. 1887 RGZ Bd 19 S. 210—211).

[6] II. Arten der Versicherungssumme.

1. Einheitliche und differenzierte Versicherungssumme.

Im Rahmen eines einzigen Vsvertrages gibt es zuweilen nur eine Vssumme (z. B. bei einer Kapitallebensv), zuweilen mehrere, differenzierte Vssummen (z. B. bei der Unfallv für Todesfall, Invalidität, Tagegeld, Heilkosten, bei der Haftpflichtv für Personen-, Sach- und Vermögensschäden: Anm. 3). Besonders bei Sachven sind häufig zahlreiche Sachen vert, und zwar seltener mit einer einheitlichen Vssumme — dann spricht man von summarischer V — als in separaten Positionen, Gruppen, Rubriken mit differenzierten Vssummen — dann spricht man von positionsweiser V. Ein Grenzgebilde liegt vor, falls eine Position einen Sachinbegriff oder mehrere Sachen summarisch erfaßt, z. B. Maschinen oder Waren oder Hausrat oder Arbeitsgerät (Raiser Anm. 15 zu § 2, S. 104—105), wobei nach § 3 IV 3 AFB Hausrat und Arbeitsgerät mangels anderer Vereinbarung sogar als in einer Gruppe vert gelten. Für jede Position ist besonders festzustellen, ob Unterv vorliegt (§ 3 IV 2 AFB, KG 2. VIII. 1939 JRPV 1939 S. 284—285). „Liegt . . . positionsweise V vor, so bildet die Position für sich gleichsam einen besonderen Teil des Vsvertrages" (Berndt a. a. O. S. 87—88 unter Aufzählung der üblichen Positionen einer industriellen Feuerv, dazu auch Blanck a. a. O. S. 45—48). Für den Fall, daß eine der Vssummen in den Positionen sich als zu niedrig erweist, kann eine Vorsorgev genommen werden; in der entsprechenden Klausel sind die erhöhungsfähigen Positionen anzugeben (Klausel 21 Klauseln der Feuerv, auch Blanck a. a. O. S. 71—73). Man kann in einer Kompensationsklausel (Ehrenzweig S. 247) auch einen Summenausgleich dergestalt vereinbaren, daß „die etwaige Überv einer oder mehrerer Positionen einer etwa festgestellten Unterv anderer Positionen zugute kommt" (Berndt a. a. O. S. 89, auch Blanck a. a. O. S. 64—67). Man hat sogar eine „Feuerblockpolize" vorgeschlagen, bei welcher in einer einzigen Position, in einem „Block" mit einheitlicher Vssumme industrielle Risiken vert werden sollten (dazu Berndt a. a. O. S. 89, Lauinger VW 1948 S. 8—9, Zonenamt VA 1948 S. 13). — Trotz einheitlicher Vssumme ist es zuweilen angängig, diese Vssumme — etwa an Hand des Antrages — aufzuteilen (so für einen Glasvsfall bei V mehrerer Scheiben: KG 9. VII. 1921 VA 1922 Anh. S. 26—27 Nr. 1253); vgl. auch § 794 HGB (Aufteilung auf Grund besonderer Taxen).

[7] **2. Unabhängige und abhängige Versicherungssumme.**

Regelmäßig sind mehrere Vssummen, die im Rahmen eines einheitlichen Vsvertrages vereinbart sind — z. B. für verschiedene Positionen — unabhängig voneinander. Aber es kann durch besondere Abreden nicht nur wirtschaftlich, sondern auch rechtlich eine bestimmte Beziehung (Abhängigkeit, Interdependenz) zwischen mehreren Vssummen geschaffen werden, speziell im Verhältnis von Gesamt- und Sondervssumme (Ehrenberg ZVersWiss 1928 S. 354).

[8] **a) Feuerversicherung.**

Beispiele bieten zunächst die in Anm. 6 erwähnten Fälle der Vorsorgev und des Summenausgleiches.

Die Außenv von Hausrat und Arbeitsgerät erstreckt sich nur auf höchstens 10 v. H. der Vssumme für Hausrat und Arbeitsgerät zusammen, höchstens 3000 DM (§ 4 III AFB, vgl. auch § 4 III AEB, § 5 II AHausratB). Die abhängige Außenv ist nur bei besonderer Vereinbarung V auf erstes Risiko (Anm. zu § 56); zur Frage, wann für Hausrat und Arbeitsgerät insgesamt eine Unterv vorliegt, vgl. § 3 IV 2 AFB. Vgl. ferner Klausel 15 Klauseln der Feuerv, Blanck a. a. O. S. 55—58, Prölss[15] S. 394, Raiser Anm. 9—11 zu § 4, S. 154—156.

Gemäß Nachtrag zu § 1 VI AFB sind in die V von Wohngebäuden „auch Aufräumungskosten, die im Schadenfalle dem Vmer entstehen, in Höhe bis 1 v. H. der Vssumme eingeschlossen" (VA 1938 S. 118—119).

Mag auch bei einer landwirtschaftlichen V die Vssumme für Ernteerzeugnisse insgesamt höher bemessen sein, so sind doch beim Aufstellen in Schobern (Diemen) die Ernteerzeugnisse nur bis zum Höchstbetrage von (jetzt) 30000 DM vert (§ 6 Zusatzbedingungen für landwirtschaftliche Ven: VA 1951 S. 52, 1956 S. 3).

Im Klauselwerk der Feuerv finden sich noch manche andere Beispiele für interdependente Vssummen, z. B. unterscheidet die Stichtagsv für Vorräte (Klausel 5.01) die Höchstvssumme von der Stichtagssumme, die gleitende Vorratsv mit nachträglicher Prämienverrechnung für Lagergüter der Besorgungs-Auftraggeber (Klausel 5.02) die Höchstvssumme von dem Höchstwert eines jeden Monats, die Klausel: Nachzeichnung für Vorräte (Klausel 5.03) die Grundsumme von den Nachvssummen, die mit höchstens 200 v. H. der Grundsumme begrenzt sind.

[9] **b) Sonstige Versicherungszweige.**

In der Reisegepäckv sind gewisse wertvolle Gegenstände wie Schmuckstücke, Uhren, Fotoapparate, Ferngläser, Pelze „nur bis zur Höhe von 30% der Gesamtvssumme in die V einbegriffen". Hierzu — speziell zum Begriff Fotoapparate — LG Karlsruhe 8. IV. 1960 VersR 1960 S. 940—941 mit Anm. Brockmann.

In der Tierv spielt die „pauschale Form" eine große Rolle, z. B. in den Allgemeinen Vsbedingungen für Rindviehven (VA 1963 S. 2—6). Dabei wird für jede Tiergruppe eine Gesamtvssumme und entsprechend je Tier eine gleiche Höchstsumme vereinbart. Diese Einzelvssumme je Tier wird in der Weise errechnet, daß die Gesamtvssumme durch die Zahl der vsfähigen Tiere geteilt wird, die im Zeitpunkt des Schadens in der Gruppe vorhanden waren, begrenzt durch die je Tier vereinbarte Höchstvssumme (§§ 2 V b, 5 I b, 8 I Abs. 2). Über Tierven in pauschaler Form vgl. auch die Zusatzbedingungen für die Reaktionstuberkulosev und die Euterschadenv: VA 1961 S. 218, ferner für die Zuchttierv von Chinchillas: VA 1965 S. 155—156.

In der Vertrauensschadenv steht neben der Vssumme, welche die Entschädigungsleistung für sämtliche Schäden begrenzt, eine Sondervssumme, z. B. nach § 3 II Allgemeine Bedingungen der Vertrauensschadenv: VA 1959 S. 131: „Im Rahmen der Vssumme ist die Entschädigungsleistung begrenzt mit höchstens 25000,— DM für Schäden, die verursacht werden . . . von einer ohne Namensnennung als Stellvertreter in die V eingeschlossenen Vertrauensperson".

[10] **c) Laufende Versicherung.**

Besonders häufig kommen abhängige Vssummen — als Maxima — im Rahmen der kaufmännischen Vszweige, speziell bei der laufenden V vor.

Allerdings gibt es bei der gewöhnlichen laufenden V (§ 187 II, auch § 97 ADS) keine Gesamtvssumme (Prölss[15] Anm. 2 zu § 187, S. 902). Zu deklarieren sind Vswerte (§ 97 VI 1 ADS), nicht Vssummen (Ritter Anm. 52 zu § 97, S. 1168). Aber es wird nicht selten ein Maximum vereinbart, bis zu welchem Güter mit einem Schiff befördert werden dürfen (§ 97 VII ADS). Dann wirkt der Höchstbetrag wie eine Vssumme, gegebenenfalls liegt Unterv vor und der Ver haftet nur proportional (Ritter Anm. 68 zu § 97, S. 1174, a. A. RG 16. IV. 1924 RGZ Bd 108 S. 153—156).

Bei einer Abschreibev wird „die laufende V für eine bestimmte Zeit und in der Weise genommen, daß von einer im Vertrage bestimmten Höchstvssumme die einzelnen Vssummen abgeschrieben werden" (§ 98 ADS). Hier kann Unterv nicht nur im Blick auf die einzelnen abgeschriebenen Vssummen vorliegen, sondern auch dann, wenn die Höchstvssumme bereits so verkleinert ist, daß der Rest für einen (letzten) Transport nicht mehr ausreicht (RG 25. XI. 1927 JW 1928 S. 793 = VA 1928 S. 50—51 Nr. 1825).

In allen Fällen der Vereinbarung von Maxima taucht die Frage auf, ob bei Überschreitung die Proportionalitätsregel (§ 56) Anwendung finden soll, oder ob bei solcher Unterv eine V auf erstes Risiko (Anm. zu § 56) anzunehmen ist. Die Frage ist nicht richtig gestellt, wenn man darauf abhebt, ob das Maximum Vssumme oder Entschädigungsbegrenzung sei (so aber Prölss[15] Anm. 2 zu § 187, S. 903); denn auch eine Vssumme ist ja stets Entschädigungsbegrenzung, es kommt lediglich auf die Anwendung der Proportionalitätsregel an. Unglücklich ist es auch, „Vsmaximum" und „Schadensmaximum" zu unterscheiden, wobei man beim Schadensmaximum an die V auf erstes Risiko denkt.

Liegt keine klarstellende Vereinbarung vor, so wird man bei Überschreitung des Maximum die Proportionalitätsregel anwenden müssen; ansonsten ergibt sich im Rahmen des Maximum für den Ver eine durch die Prämie nicht äquivalent entgoltene Gefahrtragung: Bruck S. 415, Ehrenberg JW 1928 S. 791—793, ZVersWiss 1928 S. 354, Hagen ZVersWiss 1928 S. 213—217, HansRGZ 1928 A Sp. 149—152. Anders aber leider die höchstrichterliche Rechtsprechung: RG 25. XI. 1927 JW 1928 S. 793 = VA 1928 S. 50—51 Nr. 1825, 18. III. 1930 JW 1930 S. 3622 = VA 1930 S. 46 Nr. 2132 (dahingestellt RG 25. XI. 1927 JW 1928 S. 1738 = JRPV 1928 S. 9) und wie das RG auch KG 14. X. 1925 VA 1926 S. 65—67 Nr. 1573 = JRPV 1925 S. 317—318, Ehrenzweig JW 1928 S. 1737—1738, Martin VersPrax 1928 S. 47—48, auch S. 65—67, Prölss[15] Anm. 2 zu § 187, S. 903.

Angesichts der Zwiespältigkeit der vertretenen Auffassungen ist es ratsam, bei der Vereinbarung der Maxima klarzustellen, ob § 56 angewendet werden soll oder nicht. So heißt es in § 11 AVB für die Rauchwaren-Einheitsv nach Festlegung der Höchsthaftsummen für Bahntransporte usw.: „Unberührt hiervon bleiben die Bestimmungen über Unterv" (§ 56 VVG). Ein Schema für die Maxima der Einheitsv ist in einer geschäftsplanmäßigen Erklärung der Ver vorgesehen (VA 1960 S. 123—124). Über die wirtschaftliche Bedeutung der Maxima Schurgast JRPV 1928 S. 131—132.

[11] **3. Mindest- und Höchstversicherungssumme.**

a) Kraftfahrthaftpflichtversicherung.

Im Rahmen der Kraftfahrthaftpflichtv gilt es, verschiedene summenmäßige Begrenzungen zu unterscheiden: Die Gefährdungshaftung des Halters ist summenmäßig beschränkt, z. B. im Falle der Tötung oder Verletzung eines Menschen auf einen Kapitalbetrag von 250 000 DM, für den Fall der Sachbeschädigung auf 50 000 DM (§ 12 I StVG in der Fassung des G vom 15. IX. 1965, BGBl. I S. 1362). — Die Mindestvssummen sind auf Grund des § 4 II PflVG geregelt in einer Anlage zum PflVG. Hiernach beträgt die Mindesthöhe der Vssumme für Personenschäden bei Personenfahrzeugen bis zu 9 Plätzen z. B. 250 000 DM; 1957 war die Mindestversicherungssumme noch nicht erhöht worden, wohl aber die Gefährdungshaftung (vgl. aus der Fragestunde des Bundestages: VW 1960 S. 751). — Die Haftpflichtver bieten in den jetzt maßgebenden Unternehmenstarifen Haftpflichtdeckungssummen in durchweg vier Abstufungen an, und zwar bei Personenwagen nach folgendem Schema:

	Haftpflichtdeckungssummen von DM			
Personenschäden . . .	1 000 000	750 000	500 000	250 000
Sachschäden		150 000	100 000	50 000
Vermögensschäden . .		30 000	20 000	10 000
	1	2	3	4

Die „Millionendeckung" der Abstufung 1 wird summarisch, d. h. ohne Aufgliederung in Personen-, Sach- und Vermögensschäden geboten. Die Abstufung 4 ist die obligatorische Mindestdeckung.

Wird in einem Vsvertrag die gesetzliche Mindestvsumme unterschritten, so ist im Interesse der Verkehrsopfer anzunehmen, daß dennoch der Vsvertrag mit der gegesetzlichen Mindestvssumme (mindestens: mit der Haftpflichtdeckungssumme der Spalte 4) als zustande gekommen gelte. Dazu Pienitz[3] S. 229, Weber VersR 1953 S. 121 bis 123, LG Düsseldorf 21. II. 1952 VersR 1953 S. 132—133. Zum umgekehrten Fall der Überschreitung der Mindestvssumme: BGH 28. V. 1953 VersR 1953 S. 285.

Der für den Ver durch § 5 II PflVG geschaffene Kontrahierungszwang kann nur gerechtfertigt werden, soweit sich der Antrag auf Abschluß eines Vsvertrags auf die Mindestvssumme (genauer: die Haftpflichtdeckungssumme der Spalte 4), beschränkt (Fromm S. 219—220, a. A. Thees-Hagemann S. 132). Schwierig ist die Rechtslage, falls der Antrag weitergeht. Schweigt der Ver, so kann er sich nicht darüber beklagen, daß der Antrag vollen Umfangs als angenommen gilt. Falls der Ver fristgemäß eine vollständige Ablehnungserklärung absendet, wird man annehmen müssen, daß auch in Höhe der Mindestvssumme kein Vsvertrag zustande kommt; dadurch erlangt der Antragsteller die Möglichkeit, bei einem anderen Ver umfassendere Deckung anzustreben. Der Ver kann nicht entscheiden, er nehme den Antrag unter Beschränkung auf die Mindestdeckungssumme an; hierin läge ein neuer Antrag, welcher der Annahme seitens des Vmers bedürfte.

Bei einem „kranken" Vsverhältnis haftet der Ver gemäß § 158 c III „nur im Rahmen der amtlich festgesetzten Mindestvssummen", vgl. auch § 3 Ziff. 6 S. 1, § 4 II 3 PflVG. Liegen die vom Ver gebotenen niedrigsten Haftpflichtdeckungssummen darüber, so wird man von diesen Haftpflichtdeckungssummen auszugehen haben.

[12] b) Sonstige Pflichtversicherungen.

Wie bei der Kraftfahrthaftpflichtv müssen auch bei sonstigen Pflichtven Mindestvssummen bezeichnet werden.

Ein sehr kompliziertes System von Mindestvssummen ist vorgesehen in der VO über die Deckungsvorsorge nach dem AtomG (Deckungsvorsorge-VO). Nach § 6 VO ist bei der Festsetzung der Höhe der Deckungssumme z. B. bei Reaktoren von einer Regeldeckungssumme auszugehen, „die sich daraus ergibt, daß ein von der Höchstleistung des Reaktors abhängiger Betrag (Grundbetrag) mit einem von der Besiedlungsdichte im Umkreis des Reaktors abhängigen Faktor (Besiedlungsfaktor) vervielfacht wird." Aus bestimmten Gründen kommen gemäß § 8 VO Erhöhungen und Ermäßigungen in Frage, und zwar Erhöhungen um höchstens die Hälfte der Regeldeckungssumme, Ermäßigungen um höchstens vier Fünftel des Grundbetrages. Die Deckungssumme beträgt aber immer mindestens 500000 DM. Die sich ergebenden Deckungssummen sind sämtlich als Mindestdeckungssummen anzusehen. Genaueres bei Borst BetrBer 1962 S. 241 bis 243.

Nach § 17 I Ziff. 6 BundesjagdG ist eine Haftpflichtv mit einer Vssumme von 250000 DM für Personenschäden, 25000 DM für Sachschäden zu nehmen.

Auch § 2 VO über das Bewachungsgewerbe vom 22. XI. 1963 (BGBl I S. 846) sieht Mindestvssummen vor, und zwar regelmäßig mit 250000 DM für Personenschäden, 25000 DM für Sachschäden, 5000 DM für das Abhandenkommen bewachter Sachen, 4000 DM für reine Vermögensschäden.

Eine Unfallpflichtv kennt § 50 LuftverkehrsG: Die Fluggäste sind gegen Unfälle zu vern, und zwar für den Fall des Todes oder der dauernden Erwerbsunfähigkeit mit einer Vssumme von mindestens 35000 DM.

„Der Pfandleiher hat das Pfand mindestens zum doppelten Betrag des Darlehens gegen Feuerschäden, Wasserleitungsschäden, Einbruchsdiebstahl sowie angemessen gegen Beraubung zu vern" (§ 8 VO über den Geschäftsbetrieb der gewerblichen Pfandleiher vom 1. II. 1961, BGBl I S. 58).

[13] c) Andere Versicherungszweige.

Wegen der bedeutsamen Unterschiede zwischen Groß- und Kleinlebensv muß eine Grenzziehung versucht werden, und zwar durch eine Höchstvssumme in der Kleinlebensv (dazu VA 1961 S. 38: 5000 DM). In der Großlebensv sind Ven ohne ärztliche Untersuchung nur zulässig, falls eine Höchstvssumme nicht überschritten wird (dazu VA 1964 S. 34: 40000 DM, vorher VA 1925 S. 29—30, Geschäftsbericht 1959/60 S. 37: 20000 DM). Für die Kindestodesfallv sind gemäß § 159 IV Höchstvssummen festgesetzt (dazu VA 1956 S. 99: 300—10000 DM). Mindest- und Höchstsummen spielen für die aufsichtsrechtliche Zulässigkeit von Gruppenlebensven eine Rolle, besonders bei Vereinsgruppenven (vgl. VA 1965 S. 18—21).

Mindest- und Höchstvssummen kennt auch die Reisewetterv: „Die Mindestvssumme für 14 Tage (2 Wochen) beträgt DM 200,—, die Höchstvssumme DM 1000,—. Für jede weiteren 7 Tage beträgt die Mindestvssumme DM 100,— und die Höchstvssumme DM 500,—. In allen Fällen gelten jeweils Staffeln von vollen DM 50,—" (§ 4 II Allgemeine Vsbedingungen für die Reisewetterv: VA 1955 S. 111).

Auch die Speditionsv standardisiert die Vssummen. Gemäß § 9 SVS haften die Ver für alle auf ein Schadensereignis angemeldeten Ansprüche bis zu einem Betrag von 400000 DM, auch wenn mehrere Vte desselben Spediteurs durch dieses Schadensereignis betroffen werden. Neben dieser Höchstgrenze ist die Vssumme je Verkehrsvertrag zu beachten, und zwar ist im Zweifel jeder Verkehrsvertrag bis zu einem Höchstbetrag von 2500 DM vert, allerhöchstens aber auch wieder bis 400000 DM: „Vssummen über 400000,— DM für den einzelnen Verkehrsvertrag sind ausgeschlossen. Bei Sendungen mit einem höheren Wert als DM 400000,— können, wenn tatsächlich zu DM 400000,— vert ist, die Ver den Einwand der Unterv nicht erheben" (§ 6 B SVS). Die Prämien betragen bei Vssummen bis 500 DM 10 Pf, bei Vssummen von 500—2500 DM 20 Pf (Näheres § 13 SVS).

[14] 4. Sonstige Arten der Versicherungssumme.

Zuweilen werden eine vorläufige und eine berichtigte Vssumme unterschieden, etwa in der Bauwesenv beim Wohngebäude-Jahresvertrag (vgl. Anm. 17).

Besonders buntscheckig sind die in der Krankenv vorkommenden Höchstsätze, welche rechtlich als Vssummen anzusehen sind. Eine Systematik bringt Ohrt, Die Allgemeinen Vsbedingungen der Privaten Krankenv, Karlsruhe 1961, S. 139—142. Er unterscheidet Höchstsätze nach Sachumfang, Zeitumfang und Berechnungsart, wobei hinsichtlich des Sachumfangs auf sämtliche Leistungen eines Tarifs oder auf Einzelleistungen (z. B. Arzthonorare) oder auf Leistungsgruppen (z. B. alle Arten der Zahnbehandlung) abgehoben werden kann. Die Höchstsätze kommen zeitlich je Vsfall, je Krankheit, je Vsjahr oder für die gesamte Vszeit in Betracht. Es kann sich, was die Berechnungsart angeht, nicht nur um feste Höchstsätze handeln, sondern auch um solche, die gestaffelt sind nach der Vszeit, oder die berechnet werden nach der Prämie; überwiegend aber werden Gebührenordnungen oder Leistungsverzeichnisse derart zugrunde gelegt, daß höchstens das X-fache der Mindestsätze je Einzelfall gezahlt wird. Selbstverständlich werden die drei Typen der Höchstsätze meistens kombiniert. Insgesamt ergibt sich daraus die starke Differenziertheit (und schwere Vergleichbarkeit) der Tarife in der privaten Krankenv.

[15] III. Zustandekommen der Versicherungssumme.

Die Vssumme wird zwischen Ver und Vmer frei vereinbart, es handelt sich — anders als beim Vswert — nicht um eine objektiv feststehende Größe (Berndt a. a. O. S. 82, Fick a. a. O. S. 20). In der Summenv wird der Antragsteller vom (abstrakten) Bedarf, aber praktisch auch von der Höhe der zu zahlenden Prämie ausgehen. Für den Ver steigt das subjektive Risiko mit der Höhe der Vssumme. In der Passivenv muß der Vmer beachten, daß die Schäden sehr hoch sein können. Bei Verschulden haftet z. B. auch der Kraftfahrzeughalter in unbeschränkter Höhe (§ 16 StVG). In der Aktivenv sollte die Vssumme dem Vswert entsprechen: Ist sie höher, so ergibt sich eine unrationelle Überv; ist sie niedriger, so wird unvollständiger Vsschutz gewährt, eine Unterv liegt vor (Berndt a. a. O. S. 83).

[16] Die Vereinbarung der Vssumme erfolgt durchweg **ausdrücklich** auf Grund einer entsprechenden Frage im Vsantrag. Die Vereinbarung bildet einen Bestandteil des gesamten Vsvertrages; es ist nicht sinnvoll, von einem „Nebenvertrag" zu reden (so aber Ritter Anm. 16 zu § 6, S. 237, der an eine gesonderte Anfechtung denkt). Eine Vereinbarung durch Bezugnahme findet sich in § 4 I 1 Sonderbedingungen für die einfache Betriebsunterbrechungsv (VA 1956 S. 77): „Als Vssumme gilt die in der Feuerv für Vorräte und Einrichtung vereinbarte Summe."

Es bedarf aber **keiner ausdrücklichen** Vereinbarung und Benennung der Vssumme. Wird im Vsantrag oder Vsschein die Vssumme nicht als solche angegeben, wohl aber der Vswert, womöglich als Taxe oder auf Grund einer Vorschätzung, so spricht bei einer solchen Aktivenv die Vermutung dafür, daß eine Vollv gewollt ist, sodaß die genannten Beträge zugleich als Vssummen anzusehen sind (Hagen I S. 461, Ritter Anm. 13 zu § 6, S. 236). §§ 107 III, 108 III, 109 I ADS bestimmen sogar, daß eine Taxe in bestimmten Fällen nur als Vssumme gelte. Bei einer Kraftfahrhaftpflichtv wird man davon auszugehen haben, daß die niedrigsten Vssummen des Unternehmenstarifes vert sein sollen. Jedoch kann sich aus der vereinbarten Prämienhöhe ein Rückschluß auf erhöhte Haftpflichtvssummen ergeben. Auch in anderen Fällen kann von der Prämie her auf die Höhe der Vssumme geschlossen werden.

Die Ver suchen die Bemessung der Höhe der Vssumme in gewissem Umfange zu beeinflussen. Sie bevorzugen „runde" Vssummen (wenn nicht „runde" Prämien). In der Unfallv streben die Ver ein bestimmtes Verhältnis der differenzierten Vssummen zueinander an, z. B. in der Luftfahrtv Tod: Invalidität: Tagegeld = 1000:2000:1. Bei einer V für Tod allein soll ein Zuschlag von 33⅓% auf die Todesfallprämie erhoben werden. In § 3 II Allgemeine Vs-Bedingungen für die Bauwesen-V von Wohngebäuden heißt es sogar: „Als Vssumme gilt . . . . für die Bauleistung die vertragliche Bausumme mit Taglohnarbeiten zuzüglich des Wertes aller Lieferungen von Baustoffen und Bauteilen . . . ."

Etwas abweichend Besondere Vereinbarungen zum Wohngebäude-Jahresvertrag, wo bei der Prämienberechnung zunächst auf die vorläufige, später auf die berichtigte Vssumme abgehoben wird (vgl. zu § 3 Ziff. 2, zu § 6 Ziff. 2). Über Mindest- und Höchstvssummen vgl. Anm. 11—13.

[17] **Fehlt** es bei einer Summenv an einer ausdrücklichen oder stillschweigenden **Vereinbarung** der Vssumme, so fehlt es an einer vollständigen Einigung, der Vsvertrag ist nicht geschlossen (§ 154 I 1 BGB, OLG Düsseldorf 16. VI. 1930 JRPV 1930 S. 355—356). Antrag und Annahme stimmen nicht überein, wenn Höchstbeträge der Haftung für das einzelne Transportmittel vom Ver geändert werden (KG 26. IV. 1922 HansRZ 1922 Sp. 851—853).

Entsteht Streit über die Höhe der Vssumme, so ist der Streitwert nach Maßgabe des Unterschiedes der in Betracht kommenden Jahresprämie festzusetzen (Oberbach I S. 189).

[18] **IV. Änderung der Versicherungssumme.**

1. Nachträgliche Vereinbarung.

Da die Vssumme Bestandteil des Vsvertrages ist und Verträge erfüllt werden müssen, bedarf es regelmäßig einer nachträglichen Vereinbarung, wenn während der formellen Vsdauer die Vssumme erhöht oder vermindert werden soll; bei Erhöhungen spricht man von einer Nachv (Anm. 110 zu § 1, Anm. 51 zu § 52). Nicht selten besteht Kontrahierungszwang, insbesondere eine Verpflichtung des Vmers, einen Nachvsantrag zu stellen (Anm. 121 zu § 1).

Beispiele: § 11 IV AHagelB, wo ungenau von Zustimmung des Vers statt von Annahme des Erhöhungsantrages die Rede ist: „Eine Erhöhung der Vssumme nach Einreichung des Anbauverzeichnisses bedarf der schriftlichen Zustimmung der Gesellschaft. Eine Erhöhung nach einem Schaden ergibt jedoch keinen erhöhten Anspruch aus diesem Schaden." — Für die Einheitsv bestimmt § 5[1] EVB, eine Änderung der Höchsthaftungssummen sei besonders schriftlich zu vereinbaren.

[19] **2. Antizipierte Vereinbarung.**

Besonders in dem Bestreben, Unterven gar nicht erst entstehen zu lassen, werden in wachsendem Maße im Vsvertrage Vereinbarungen getroffen, wonach sich die Vssumme verändert, sei es automatisch, sei es auf Grund einer Erklärung des Vers oder des Vmers; manchmal sind auch beide in der Lage, solche Erklärung abzugeben. Zur gleitenden Vssumme generell Bruck HansRZ 1922 Sp. 500—502, Durst HansRZ 1920 Sp. 514—516.

Automatisch wirken z. B. §§ 1 II c, 2 AHaftpflB, wo die sogen. Vorsorge-V behandelt wird, welche Risiken erfaßt, die für den Vmer nach Abschluß der Haftpflichtv neu entstehen; der Vsschutz beginnt sofort mit dem Eintritt des neuen Risikos, ist allerdings auf den Betrag von 50000 ,— DM für Personenschaden und 5000,— DM für Sachschaden begrenzt. — Den umgekehrten Fall einer automatischen Herabsetzung behandelt § 5 II, III ATierB: „Werden Tiere zu Durchschnittswerten . . . . vert und sind zur Zeit des Schadenfalls mehr aufnahmefähige Tiere . . . . vorhanden als vert sind, mindert sich die Einzelvssumme entsprechend . . . . Bei Pferden wird mit Beginn des 11. Lebensjahres eine jährliche Herabsetzung der Vssumme vorgenommen, und zwar um jeweils 10% der Vssumme bei Beginn der Abschreibung . . . ."

Der Ver verändert auf Grund vorweggenommener Vereinbarungen, aber nunmehr durch einseitigen Akt die Vssumme bei einer gleitenden Neuwertv. Dabei wird etwa von der „Vssumme 1914" ausgegangen, welche durch einen Teuerungszuschlag verändert wird: „Er wird vom Ver auf Grund der Veröffentlichungen des Statistischen Bundesamtes festgesetzt" (vgl. die verschiedenen Sonderbedingungen für die gleitende Neuwertv VA 1951 S. 49—51, 99, 1962 S. 174—175 und dazu Helberg VA 1951 S. 58—59). Ähnliche Regelungen finden sich oft in der öffentlichrechtlichen Gebäudev (Anm. 4). — Nach § 5 IV ATierB ist der Ver berechtigt, jederzeit auf seine Kosten durch Beauftragte eine Abschätzung der vten Tiere vornehmen zu lassen und, soweit begründet, die Vssumme mit sofortiger Wirkung herabzusetzen. Gemäß Prölss[15] S. 463, AG Köln 11. I.

1951 VersR 1951 S. 230 ist der Ver nicht gehalten, immer zunächst durch Beauftragte eine Abschätzung vorzuschalten; anderweitige Feststellungen — wie eine allgemeine Preissenkung auf dem Viehmarkt — genügen. Auch in der Hagelv kann der Ver die Vssumme auf Grund neuer Einschätzung der Hektarwerte erhöhen oder herabsetzen (§ 11 I AHagelB).

Der Vmer kann in der Hagelv die Herabsetzung der Vssumme insoweit verlangen, als sich nach Einreichung des Anbauverzeichnisses herausstellt, daß der zu erwartende Erntewert hinter der Vssumme wesentlich zurückbleibt. Obgleich § 11 V AHagelB hier von einem Antrag des Vmers spricht, dürfte doch das einseitige Verlangen des Vmers rechtsgestaltend wirken. — Große Bedeutung hat die einseitige Nachzeichnung für Vorräte gemäß Klausel 5.03 Klauseln der Feuerv: Die schriftliche Aufgabe des Vmers bewirkt, „daß die an einem bestimmten Tage aufgegebene Vssumme für den gleichen Tag mittags 12 Uhr für die Ver verbindlich ist." „Die Verpflichtung der Ver zur Übernahme von Nachven wird mit höchstens 200 v. H. der in der Vsurkunde genannten Grundsumme begrenzt." Umgekehrt sieht die Klausel auch eine Verminderung oder Zurückziehung der nachvten Summen vor. „Aus den aufgegebenen Nachvssummen und der Zahl der Tage, an denen sie in einem Monat in Kraft gewesen sind, wird die Durchschnittsnachvssumme für diesen Monat festgestellt."

Der Ver und der Vmer können nach den Vereinbarungen der Wertzuschlagsklauseln (Klauseln 6.02, 6.03, 6.04 und 6.05: VA 1950 S. 156, 1962 S. 230—231) eine Änderung des Wertzuschlages verlangen, dazu kann eine Vorsorgev für Neubauten und Neuanschaffungen vereinbart werden (Klausel 6.06: VA 1962 S. 231).

[20] 3. Einseitige Erklärung.

Die in Anm. 19 behandelten Fälle einseitiger Erklärung des Vers oder Vmers beruhen auf einer antizipierten Vereinbarung, welche letztlich der Erklärung ihre vertragsändernde Wirkung verschafft. Zuweilen aber können Ver oder Vmer auch ohne vorweggenommene Vereinbarung, nämlich auf Grund Gesetzes, rechtsgestaltende Willenserklärungen abgeben, welche die Vssumme verändern.

Der Ver bewirkt in der Lebensv mit einer Kündigung des Vsverhältnisses nach § 39 III, daß sich mit der Kündigung die Lebensv in eine prämienfreie V umwandelt, d. h. in eine V mit veränderter Kapitalvssumme oder verändertem Rentenbetrag (§§ 175 I, 174 II—IV). Gemäß geschäftsplanmäßigen Erklärungen verpflichten sich die Ver, dem Vsschein eine Tabelle der prämienfreien Vssummen beizufügen (VA 1957 S. 60—61, 80—81).

Der Vmer kann jederzeit für den Schluß der laufenden Vsperiode die Umwandlung der Lebensv in eine prämienfreie V verlangen, wiederum mit der Wirkung einer veränderten Kapitalvssumme oder eines veränderten Rentenbetrages (§ 174 mit oben erwähnten geschäftsplanmäßigen Erklärungen).

Der Ver und der Vmer können verlangen, daß zur Beseitigung einer Überv die Vssumme unter verhältnismäßiger Minderung der Prämie mit sofortiger Wirkung herabgesetzt wird (§ 51 I und dazu Anm. 23—31 zu § 51).

[21] 4. Gesetz.

In Einzelfällen verändert sich unmittelbar kraft Gesetzes, also nicht kraft Vertrages oder einseitiger Willenserklärung, eine Vssumme.

Hierhin wird man aus der Lebensv den Fall des § 175 II rechnen müssen. Dieser setzt zwar die Anmahnung einer Folgeprämie und den fruchtlosen Ablauf der Mahnfrist voraus, damit aber tritt ohne Rücksicht auf den Geschäftswillen des Vers die Rechtsfolge ein, daß der Ver nur noch die (prämienfreie) verminderte Kapitalvssumme, den verminderten Rentenbetrag zu leisten braucht, falls nunmehr der Vsfall eintritt.

Gemäß § 22 VO PR Nr. 15/59 wirkt sich die Änderung von Unternehmenstarifen in der Kraftfahrtv jeweils auch auf laufende Verträge aus. Die Änderung kann auch die Vssumme betreffen, z. B. ist in der Haftpflichtv die Sachschädendeckungssumme erhöht worden (Bormann-Cuntz S. 221—222). Vgl. auch § 10 PflVG.

Große Bedeutung hat die gesetzliche Umstellung von Vssummen infolge der Währungsreform gewonnen. Allerdings ist in der Schadens- und Unfallv die RM-Vssumme ab

21. VI. 1948 unverändert in DM in Kraft geblieben (Füssel in: Härle, Währungsreform in der Privatv, Hamburg 1948, S. 92—93). Für Lebensven, bei denen eine Prämienreserve zu bilden war, ist dagegen eine neue, umgestellte Vssumme berechnet worden, und zwar wurden im Prinzip Summenteile, welche auf die am 20. Juni 1948 schon abgelaufenen Prämienzahlungsabschnitte entfielen, mit 10%, die restlichen Summenteile voll in Ansatz gebracht (vgl. § 1 Erste VO über die Lebens- und Rentenv aus Anlaß der Neuordnung des Geldwesens, Hebel in: Härle a. a. O. S. 20—24). Inzwischen sind die Leistungen, besonders aus Rentenven und aus Kapitalzwangsven mehrfach aufgebessert, also die Vssummen erhöht worden (vgl. z. B. G zur weiteren Aufbesserung vom 19. III. 1963, BGBl. I S. 161).

[22] 5. Verwaltungsakt.

§ 89 II VAG sieht vor, daß zu Sanierungszwecken von der Vsaufsichtsbehörde bei einem Lebensvsunternehmen die Verpflichtungen herabgesetzt werden. Das führt zu einer Neufeststellung der Vssummen (Näheres Prölss VAG[4] Anm. 4—5 zu § 89, S. 654—656).

[23] 6. Rechtsprechung.

Das geltende Recht kennt keine Fälle, in welchen dem Richter die Aufgabe gestellt ist, durch ein Gestaltungsurteil eine Vssumme neu festzusetzen. Nach der Inflation fragte es sich, ob im Wege der freien (richterlichen) Aufwertung Vssummen aufgewertet werden konnten. Vgl. dazu RG 10. III. 1925 RGZ Bd 110 S. 256—262, 16. VI. 1925 JW 1925 S. 1989, 8. XII. 1925 RGZ Bd 112 S. 205—208. Die letztgenannte Entscheidung meint: „Nachdem der Satz ‚Mark gleich Mark' als unrichtig erkannt worden ist, muß als Vshöchstsumme der Goldmarkbetrag angesehen werden, den die vereinbarte Vssumme zur Zeit des Abschlusses des Vsvertrags gehabt hat. Dieser Goldmarkbetrag bildet die Haftungsgrenze des Vers im Sinne von § 50".

[24] V. Rechtsbedeutung der Versicherungssumme.

1. Leistungsbegrenzende Funktion.

a) Versicherungsschaden im engeren Sinne.

Zweifellos bezieht sich die leistungsbegrenzende Aufgabe der Vssumme (Anm. 3) auf den Vsschaden i. e. S. (Anm. 43 vor §§ 49—80). Daneben wirkt in der Schadensv die Schadenshöhe, speziell in der Aktivenv auch der Vswert leistungsbegrenzend. Einer Nichtbeachtung der Schadenshöhe stünde das Bereicherungsverbot entgegen (Anm. 45 vor §§ 49—80). Dagegen kann in der Aktivenv die Bedeutung des Vswertes abgedungen werden durch eine V auf erstes Risiko (Ehrenzweig S. 247, Anm. zu § 56). Bei allen Sondervssummen, Maxima usw. taucht immer speziell das Problem auf, ob in ihrem Rahmen eine V auf erstes Risiko gewollt sei (vgl. hierzu die Hinweise in Anm. 8, 10, 13).

Erhebt bei einer Haftpflichtv der geschädigte Dritte Zinsansprüche, so gehören die Zinsbeträge zum Vsschaden i. e. S., so daß der Haftpflichtver insoweit nicht über die Vssumme hinaus zu leisten braucht (Pienitz[3] S. 228, LG Koblenz 10. XII. 1954 NJW 1955 S. 1235—1236 mit Anm. Prölss). Das Gesagte ergibt sich daraus, daß die Vorschrift des § 150 II 2 abbedungen ist durch §§ 10 VI 1 AKB, 3 II Ziff. 2, 4 AHaftpflB. — Schuldet allerdings der Ver auf die Vsleistung Zinsen, insbesondere Verzugszinsen, so haftet er für diese Zinsen über die Vssumme hinaus (Anm. 27 zu § 11 m. w. N., insbesondere RG 9. VI. 1925 RGZ Bd 111 S. 104, vgl. ferner Ehrenzweig S. 247, Prölss[15] Anm. 1 zu § 50, S. 237, Anm. 2 zu § 94, S. 350).

Überschreitet der Vsschaden i. e. S. die Vssumme und sind mehrere geschädigte Dritte beteiligt, so kommt in der Haftpflichtv das Verteilungsverfahren des § 156 III in Betracht. — Bei Rentenansprüchen des geschädigten Dritten kommt eine proportionale Rentenzahlung in Frage, sofern der Kapitalwert der Rente die Vssumme übersteigt (vgl. § 155, auch § 3 III Ziff. AHaftpflB).

Der Abandon ermöglicht es dem Ver, sich nach dem Eintritt eines Vsfalles durch Leistung der Vssumme von allen weiteren Verbindlichkeiten zu befreien, z. B. in der Transportversicherung (vgl. § 145 und Helberg, Der Abandon in der Seev, Mannheim-

Berlin-Leipzig 1925). Im Bereiche der Haftpflichtv ist bei dem in § 3 III Ziff. 1 Satz 2 AHaftpflB, § 10 VI 4 AKB vorgesehenen Abandon das Verfügungsverbot des § 156 I 1 zu beachten (Prölss[15] Anm. 2 zu § 156, S. 559). Ein Abandon ist im übrigen nur möglich, wo Gesetz oder Vsbedingungen dem Ver das Recht zum Abandon einräumen (BGH 30. X. 1954 BGHZ Bd 15 S. 154).

Beziffern Klageantrag und Urteilstenor nicht die Höhe der (geforderten oder zugesprochenen) Schadensersatzleistung, so ist darauf zu achten, daß die Vssumme als Höchstgrenze angegeben wird (Oberbach I S. 189, OLG Köln 6. III. 1923 VA 1923 Anh. S. 64—65 Nr. 1321).

Der Vssumme als Leistungsbegrenzung „nach oben" stehen mannigfaltige Formen der Selbstbeteiligung, speziell der Franchise als Leistungsbegrenzung „nach unten" gegenüber, dazu Anm. zu § 56.

§ 50 ist insofern unvollständig, als er nicht erkennen läßt, wie sich die Vssumme auswirkt bei Vorhandensein mehrerer Vter (Anm. 25), mehrerer Schäden (Anm. 26) oder mehrerer Vsfälle (Anm. 27).

[25] aa) Mehrere Versicherte.

Sind durch einen einheitlichen Vsvertrag mehrere Personen vert, so werden zuweilen gesonderte Vssummen für die V fremden Interesses ausgeworfen, z. B. in der Industriefeuerv eine Position „Gebrauchsgegenstände der Betriebsangehörigen" oder „Kraftfahrzeuge der Betriebsangehörigen" oder „Kraftfahrzeuge der Betriebsangehörigen und der Besucher, nur in ruhendem Zustand, soweit sie auf dem Vsgrundstück abgestellt sind" oder sogar schlechthin „fremdes Eigentum außerhalb der Gruppenerläuterung" (Blanck a. a. O. S. 45—46).

Fehlt es an gesonderten Vssummen, so müssen sich bei einem Schadensfall die mehreren Vten in die einheitliche Vssumme teilen. Das betont § 3 II Ziff. 2 Satz 2 AHaftpflB: Die Vssumme bilde bei einem Schadensereignis auch dann die Höchstgrenze, „wenn sich der Vsschutz auf mehrere entschädigungspflichtige Personen erstreckt". Da häufig Halter und Fahrer nebeneinander haften, ist das Problem besonders wichtig für die Kraftfahrthaftpflichtv, wo das gleiche gilt, obgleich § 10 AKB die Frage nicht behandelt.

Bei einer Insassenunfallv nach dem Pauschalsystem ist jede einzelne der unter die V fallenden Personen vert mit dem der Anzahl dieser Personen entsprechenden Teilbetrag der vten Pauschalsummen. Auf die einzelne Person entfallen aber höchstens 200000,— DM für den Todesfall (Näheres vgl. §§ 16 I, 18 I Abs. 2, IV Abs. 2 AKB, Bormann-Cuntz S. 262—263).

[26] bb) Mehrere Schäden.

Erleidet der Vmer bei einem Schadensfall mehrere Schäden verschiedener Art, so stehen zuweilen mehrere Vssummen zur Verfügung; man denke daran, daß in der Haftpflichtv der Vmer zugleich Personen- und Sachschaden verursacht.

Fehlt es an gesonderten Vssummen, so müssen die bei einem einheitlichen Schadensfall entstehenden mehreren Schäden durch die einheitliche Vssumme gedeckt werden. Wenn also bei einer Schiffskollision Schaden am eigenen Schiff des Vmers und zugleich mittelbarer Kollisionsschaden (Haftpflicht gegenüber dem „Gegensegler") entsteht, so müssen beide Schäden, die gemäß § 129 II 2, auch § 78 ADS vert sind, aus der Kaskovssumme beglichen werden, was nach dem deutschen Haftungssystem regelmäßig möglich ist, weil der Reeder für den Anspruch eines Dritten nicht persönlich, sondern nur mit dem Restwert seines vten Schiffes haftet (§ 486 I Ziff. 3 HGB). Für den Fall, daß das Schiff Gewässer befährt, in denen das System der dinglich beschränkten Haftung nicht gilt, kann eine Kollisions-Excedenten-V genommen werden; in der entsprechenden Klausel (Deutscher-Transport-Vs-Verband, Jahrbuch 1957, S. 212—213) heißt es: „Die Höchsthaftung der Kollisions-Excedenten-V beträgt ‚die Vssumme' für jeden einzelnen Fall von Zusammenstoß von Schiffen, auch wenn sich mehrere Kollisionsfälle auf einer Reise ereignen", Man spricht dann von separater Haftung.

[27] cc) Mehrere Versicherungsfälle.

Es gibt Vszweige, in denen sich der Vsfall begrifflich nur einmal ereignen kann, wie z. B. in der normalen Todesfallv. Besonders in der Schadensv sind aber durchweg mehrere Vsfälle denkbar, sofern nicht beim ersten Vsfall ein Totalschaden eintritt, der das vte Interesse untergehen läßt (vgl. § 68 IV).

Sind mehrere Vsfälle denkbar, so fragt es sich, welche Bedeutung die Vssumme hat: Steht sie für jeden neuen Vsfall wieder voll zur Verfügung? Gilt das auch in der laufenden Vsperiode oder erst wieder in der neuen Vsperiode?

Die Ermittlung einer Regel, eines Prinzips ist für den Fall erforderlich, daß Spezialvorschriften des Gesetzes oder der AVB fehlen. Besonders Ehrenzweig JRPV 1930 S. 105—106 hat das Problem untersucht, ob die Haftungsbegrenzung des § 50 „auf die Vertragszeit . . . . oder auf die Vsperiode . . . . oder auf den einzelnen Schadenfall . . . . bezogen werden" müsse. Er meint, de lege lata sei hier wie bei allen Haftungsvorschriften des Gesetzes nur an den einzelnen Schadenfall zu denken (de lege ferenda meint er allerdings, die Prämienzeiteinheit, also die Vsperiode, sollte mangels Gegenabrede auch als Haftungszeiteinheit gelten). Das Wiederaufleben der Vssumme nach jedem Vsfall nimmt als ungeschriebene gesetzliche Regel auch an Ehrenzweig S. 245—246, Prölss[15] Anm. 3 zu § 50, S. 237.

Hiernach bedeutet eine Bestätigung der Regel § 144 II, wo von dem Fall die Rede ist, daß eine durch einen Transportvsfall beschädigte Sache wiederhergestellt oder ausgebessert ist und nunmehr durch einen späteren Vsfall in Mitleidenschaft gezogen wird. Vgl. ferner § 3 II Ziff. 2 Satz 1, 3 AHaftpflB, § 10 VI 1, 2 AKB.

Dagegen bestimmen § 95 (Feuerv), § 112 (Hagelv) und § 119 (Tierv), der Ver hafte nach dem Eintritt eines Vsfalls für den durch einen späteren Vsfall verursachten Schaden nur bis zur Höhe des Restbetrags der Vssumme. § 18 I AFB, AEB entspricht § 95 mit der Maßgabe, daß nur für spätere Vsperioden wieder die ursprüngliche Vssumme und Prämie gelten, wenn sich nicht aus den Umständen ein anderes ergibt. Durch Klauseln kann die Rechtslage geändert werden, z. B. durch Klausel 47 ED-Klauselheft (VA 1960 S. 28): Danach erhöht sich vom Tage des Schadens an für den Rest der Vsperiode die verminderte Vssumme wieder um den Betrag der Entschädigung, und der Ver ist berechtigt, die Prämie für diese Nachv bei Zahlung der Entschädigung einzubehalten.

[28] b) Versicherungsschaden im weiteren Sinn.

aa) Aufwendungen zur Rettung.

Die erste große Gruppe der Vsschäden i. w. S. wird durch die Aufwendungen zur Abwendung und Minderung des Vsschadens i. e. S. gebildet (Anm. 43 vor §§ 49—80). § 63 I 2 ist die Regel zu entnehmen, daß der Ver für Vsschaden i. e. S. und Aufwendungsersatz nur bis zur Höhe der Vssumme haftet (Begr. I S. 72—73).

Der Grundsatz kennt Ausnahmen, und zwar schlechthin für die Transport- und Seev (§ 144 I, auch §§ 37 III. 32 I Ziff. 1, 2 ADS), ferner dann, wenn die Aufwendungen gemäß den vom Ver gegebenen Weisungen gemacht worden sind (§ 63 I 2). Vgl. ferner § 150 II 1 und dazu RG 10. II. 1925 RGZ Bd 110 S. 256—259.

Näheres Anm. zu § 63.

[29] bb) Ermittlungs- und Feststellungskosten.

Hier handelt es sich um die zweite große Gruppe von Vsschäden i. w. S. Während der Wortlaut des § 66 über die Bedeutung der Vssumme im Hinblick auf zu erstattende Kosten schweigt, meint die Begr. I S. 74: „der allgemeine Grundsatz, daß der Ver nur bis zur Höhe der Vssumme haftet (§ 50), bleibt aber auch hier maßgebend. Der Ver hat daher dem Vmer nur für denjenigen Betrag der in Frage kommenden Kosten aufzukommen, welcher zusammen mit der sonstigen Entschädigung über die Vssumme nicht hinausgeht." Ebenso Hagen I S. 461, Prölss[15] Anm. 2 zu § 66, S. 290.

Der Grundsatz kennt Ausnahmen, und zwar schlechthin für die Seev (§§ 37 II, 32 I Ziff. 3 ADS).

Näheres Anm. zu § 66.

[30] 2. Prämienbestimmende Funktion.

Durchweg richtet sich die Höhe der vom Vmer zu zahlenden Prämie nach der Höhe der Vssumme. Jedoch wird diese Funktion überbetont, wenn Fick a. a. O. S. 19 sagt: „Die Vssumme bildet die Grundlage für die Prämienberechnung und deshalb auch den Höchstbetrag der Entschädigung". Nach der umgekehrten Richtung ist es übertrieben, wenn Ritter Anm. 12 zu § 6, S. 236 meint, die Vssumme sei nicht dazu bestimmt, als Grundlage für die Prämienbemessung zu dienen.

Bei der Lebensv muß die Prämie in Kongruenz mit der Vssumme ansteigen, wenn man davon absieht, daß bei kleinen Vssummen die fixen Verwaltungskosten relativ höher liegen (dem tragen Summenzuschläge oder umgekehrt bei großen Vssummen Summenrabatte Rechnung). Entsprechendes gilt auch für die meisten Sachvszweige, in denen sich aber auswirkt, daß Ven mit hohen Vssummen und Prämien stark umworben sind, sodaß die Konkurrenz die Prämien drückt.

Ausnahmsweise kommen aber auch in der Sachv Fälle vor, in denen die Gefahr des Eintrittes von Großschäden relativ geringer ist als die Gefahr von Kleinschäden; man denke an die Einbruchdiebstahlv von Wagenlagern; hier genügt deshalb zuweilen eine Bruchteilv (Anm. 5). Besonders in der Passivenv steigt das Risiko nicht kongruent der Vssumme. Der durchschnittliche Schadensaufwand betrug in der allgemeinen Haftpflichtv 1962 etwa 318,— DM (vgl. auch VW 1962 S. 924). Sehr hohe Schäden sind also relativ seltener. Würde also eine nicht ganz niedrige Haftpflichtvssumme verdoppelt, so benötigt der Ver bei weitem nicht die doppelte Prämie. Vgl. etwa für die Kraftverkehrsv die bei Bormann-Cuntz S. 228—229 für verschiedene Haftpflichtdeckungssummen in den Spalten 1—3 angegebenen Prämien.

Das Gesagte erheischt Beachtung bei der Auslegung des § 51 I (Beseitigung der Überv „unter verhältnismäßiger Minderung der Prämie"), dazu Anm. 33 zu § 51.

[31] 3. Sonstige Funktionen.

a) Innerhalb des Versicherungsverhältnisses.

Nebengebühren richten sich oft nach der Höhe der Vssumme, z. B. die Bearbeitungsgebühr in der Ausfuhr-Kreditv (VA 1958 S. 50—51: § 3 I).

Sachverständigenkosten, die dem Vmer auferlegt werden, können von der Höhe der Vssumme abhängig gemacht werden (vgl. § 20 IV AKB, § 12 II 3 AUB).

Vssteuer wird zum Teil nach Maßgabe der Vssumme berechnet (vgl. §§ 4 Ziff. 9, 5 I Ziff. 2, III, 6 II VersStG 1959).

Geschäftsgebühr (§ 40 II 2, 3) könnte nach Maßgabe der Vssumme abgestuft werden (vgl. Anm. 12 zu § 40).

Selbstbeteiligungen des Vmers werden oft von der Vssumme her bemessen. Beispiele: § 1 II AHagelB: „Schäden, die 8% der Vssumme eines jeden Feldstücks . . . . nicht erreichen, trägt der Vmer selbst." Manchmal ersetzt der Ver höchstens einen bestimmten Prozentsatz der Vssumme, z. B. nach § 9 I 1 ATierB: „Die Entschädigung beträgt . . . . bei Tod und Nottötung 80% des tatsächlichen Wertes bei Eintritt des Vsfalles . . . ., jedoch nicht mehr als 80% der Vssumme" (vgl. auch VA 1963 S. 5: § 8 I; VA 1963 S. 59: § 6 I). § 3 I Abs. 2 Allgemeine Bedingungen für die V von Maschinen lautet: „Die für jede Sache vte Summe abzüglich von 20% oder des Mindestselbstbehaltes bildet die Grenze der Ersatzpflicht."

Obliegenheiten können sich nach der Höhe der Vssumme richten, so nach § 6 III Zusatzbedingungen für landwirtschaftliche Ven: VA 1951 S. 52, 1956 S. 3: „Schober bis zu 10000,— DM Vssumme müssen mindestens 30 Meter, solche über 10000,— DM Vssumme mindestens 60 Meter von jedem anderen Schober entfernt stehen." — Die Klausel 18 Klauseln der Feuerv (Nachprüfung elektrischer Licht- und Kraftanlagen) ist regelmäßig bei Vssummen von 50000,— DM an anzuwenden. — Vgl. ferner Blanck a. a. O. S. 50.

In der Lebensv spielt die Höhe der Vssumme bei verschiedenen Dividendensystemen eine tragende Rolle, z. B. kann der „gleichbleibende" Gewinnanteil nach Maßgabe der Vssumme berechnet werden, aber auch ein „natürlicher Gewinnverteilungsplan" pflegt nach Maßgabe der Vssumme zu verteilen; als Gewinnanteil kann ferner eine Erhöhung der Vssumme in Höhe eines Bonus gewährt werden (vgl. Kahlo, Lebens-Vsbedingungen und Prämien 1964, Berlin 1964, S. XXII).

[32] b) Außerhalb des Versicherungsverhältnisses.

Im Vsvertreterverhältnis werden die Vermittlungsprovisionen besonders in der Lebensv von der Vssumme her berechnet, und zwar in einem Promillesatz (Näheres Anm. 296 vor §§ 43—48).

Das Rückvsverhältnis knüpft weitgehend an die Vssumme der Erstv an, z. B. beim Quotenvertrag oder beim Exzedentenvertrag. Man nennt den Selbstbehalt des Erstvers Priorität, Plein oder Maximum. Sind die Rückvsmöglichkeiten summenmäßig beschränkt, so übernimmt der Erstver Ven nur im Rahmen bestimmter Zeichnungsgrenzen, die man gleichfalls zuweilen Maxima nennt. Zur Rückvstechnik: Herrmannsdorfer, Technik und Bedeutung der Rückv, München 1927, S. 15—24.

Das Feuervskartell (Rothenburger Vereinigung) gilt für Wagnisse, „deren Gesamtsummen für Gebäude, Maschinen, Einrichtungen, Vorräte und dergleichen mindestens 1 Million Deutsche Mark .... betragen" (§ I 1 Ausführungsbestimmungen: VA 1964 S. 189).

Gegenüber den Finanzämtern besteht für Lebensvsunternehmen eine Anzeigepflicht nach § 187a III RAbgO. Kapitalversicherungen bis 1000,— DM Vssumme sind nicht anzeigepflichtig (§ 7 IV Erbschaftssteuer-DurchführungsVO).

Bei einem Grundstückskauf steht in gewissen Fällen, in denen eine amtliche Schätzung üblich ist, die Zusicherung, ein Gebäude sei mit bestimmter Vssumme vert, der Zusicherung gleich, das Gebäude habe laut Sachverständigenansicht einen Wert in der angegebenen Höhe. Solchenfalls kommt eine Sachmängelhaftung wegen Fehlens einer zugesicherten Eigenschaft (§ 459 II BGB) in Betracht (RG 1. IV. 1903 RGZ Bd 54 S. 222—223).

Ansprüche aus Todesfallven sind nur bedingt pfändbar, wenn die Vssumme 1500,— DM nicht übersteigt (§ 850b I Ziff. 4 ZPO), vgl. Anm. 26 zu § 15.

[33] VI. Abdingbarkeit der Vorschrift.

§ 50 ist nicht zwingend, was sich schon daraus ergibt, daß in der Schadensv eine Vssumme überhaupt fehlen kann (Anm. 4). Ist eine Vssumme vereinbart, so kann doch verabredet werden, der Ver solle in bestimmten Fällen über die Vssumme hinaus haften, z. B. bei Vorliegen mehrerer Schäden (Anm. 26) oder für Vsschaden i. w. S. (Anm. 28—29).

§ 51

(1) Ergibt sich, daß die Versicherungssumme den Wert des versicherten Interesses (Versicherungswert) erheblich übersteigt, so kann sowohl der Versicherer als auch der Versicherungsnehmer verlangen, daß zur Beseitigung der Überversicherung die Versicherungssumme, unter verhältnismäßiger Minderung der Prämie mit sofortiger Wirkung, herabgesetzt wird.

(2) Ist die Überversicherung durch ein Kriegsereignis oder durch eine behördliche Maßnahme aus Anlaß eines Krieges verursacht oder ist sie die unvermeidliche Folge eines Krieges, so kann der Versicherungsnehmer das Verlangen nach Abs. 1 mit Wirkung vom Eintritt der Überversicherung ab stellen.

(3) Schließt der Versicherungsnehmer den Vertrag in der Absicht, sich aus der Überversicherung einen rechtswidrigen Vermögensvorteil zu verschaffen, so ist der Vertrag nichtig; dem Versicherer gebührt, sofern er nicht bei der Schließung des Vertrags von der Nichtigkeit Kenntnis hatte, die Prämie bis zum Schlusse der Versicherungsperiode, in welcher er diese Kenntnis erlangt.

Überversicherung.

Gliederung:

[1] **Entstehung:** Die Vorschrift ist durch Art. I Ziff. 1 Zweite VO zur Ergänzung und Änderung des VVG vom 6. IV. 1943 (RGBl. I S. 178) geändert worden. Ursprünglich hieß es am Ende von § 51 I: „unter verhältnismäßiger Minderung der Prämie für die künftigen Vsperioden", nunmehr soll die Minderung „mit sofortiger Wirkung" Platz greifen. § 51 II ist neu eingefügt worden. Der ursprüngliche § 51 II wurde unverändert der jetzige § 51 III. Zum intertemporalen Recht Art. II Zweite VO, zur Fälligkeit zurückzuerstattender Prämien Art. I Dritte VO zur Ergänzung und Änderung des VVG vom 25. X. 1944 (RGBl. I S. 278), auch Anm. 35. — Begr. I S. 60—62, zur Zweiten VO: Deutsche Justiz 1943 S. 268.

[2] **Schrifttum:** Adler LZ 1912 Sp. 496—505, Arndt Zeitschrift für Vsrecht 4. Bd S. 868—897, Badstübner ZVersWiss 1906 S. 66—85, Benrath Der Vmer 1957. S. 134—135, Bruck S. 528—535, Durst JRPV 1928 S. 308—309, Ehrenberg I S. 359—362, Ehrenzweig S. 248—251, von Gierke II S. 187—188, Haase, Die Überv bei der Gebäude-Feuerv, Greifswald 1930, Hagen I S. 463—466, Herold Der Vmer 1964 S. 66, Hinz, Die Über- und Unterv im deutschen Privatvsrecht, Hamburger Diss. 1963, Kaufmann, Die Über- und Doppelv im Privatvsrecht, Frankfurter Diss. 1930, Koch JRPV 1931 S. 140—142, Kübel, Zeitschrift für Vsrecht 1. Bd S. 379—387, Lesser JRPV 1929 S. 213—214, Meyer, Die Über- und Doppelv im Gebiet des Privatvsrechts, Züricher Diss. 1913, Raiser VW 1948 S. 369—371, Ritter Anm. 1—18 zu § 9, S. 261—264, Rüdiger AssJhrb Bd 12 S. 4—17, Thees, Deutsche Justiz 1943 S. 280—282, Wiechmann, Die Über- und Doppelv, Göttinger Diss. 1908.

[3] I. Begriff der Überversicherung.

1. Überblick.

Eine Überv liegt nach § 51 I vor, wenn die Vssumme den Vswert erheblich übersteigt. Es handelt sich hiernach bei dem Begriff der Überv um einen Relationsbegriff: Vssumme und Vswert sind zu vergleichen. Falls erstere letzteren überschreitet, und zwar erheblich, ist eine Überv gegeben. Hiernach müssen sich die folgenden Ausführungen kurz mit der Vssumme (Anm. 4—8) und mit dem Vswert (Anm. 9—12) befassen, ferner mit dem Merkmal des Übersteigens (Anm. 13—15) und der Erheblichkeit (Anm. 16).

Da der Summenv ein Vswert unbekannt ist, kommt eine Überv nur im Bereich der Schadensv vor. In einem übertragenen, unjuristischen Sinn spricht man von „Überv" allerdings auch dann, wenn eine Summenv mit übersetzter Vssumme abgeschlossen wird, z. B. eine Lebensv mit einer Vssumme, welche so hohe Prämien erfordert, daß der Vmer sie nach seinen wirtschaftlichen Verhältnissen nicht auf die Dauer wird aufbringen können, eine Unfallv — womöglich bei mehreren Vern — mit Vssummen, welche (auch bei Berücksichtigung des Wesens der „abstrakten" Bedarfsdeckung) den Bedarfsumfang weit überschreiten. Solche Vsverträge sind rechtswirksam. Tritt allerdings ein Vsfall ein und ergibt sich — aus anderen Indizien — der Verdacht eines Selbstmordes oder einer Selbstverstümmelung, so kann die Tatsache der „Überv" dazu beitragen, daß der Ver den ihm obliegenden Beweis des Selbstmordes in der Lebensv führt, der Anspruchsteller den ihm obliegenden Beweis der Unfreiwilligkeit in der Unfallv nicht zu führen vermag (vgl. Bornemann ÖffrechtlV 1933 S. 130, Drefahl, Die Beweislast und die Beweiswürdigung im Vsrecht, Hamburg 1939, S. 89, Hauke VersArch 1957 S. 337, 339).

Einen Vswert gibt er nur bei solcher Schadensv, die eine Aktivenv ist; deshalb gelten die Normen des § 51 nicht „für die gesamte Schadensv" (Überschrift vor § 49), sondern nur für die V des Interesses an Gütern (Aktiven). Hier dienen die Übervsregeln der Durchsetzung des vsrechtlichen Bereicherungsverbotes (Anm. 45 vor §§ 49—80). Eine entsprechende Anwendung der Übervsregeln auf die Passivenv kommt nur in Betracht, sofern der Vmer bei einer Haftpflichtv beschränkt haftet oder auf andere Weise jene Passiven, welche für den Vmer entstehen können, maximiert, also der Höhe nach beschränkt sind (Anm. 12).

Gegenbegriff für die Überv ist die Unterv, die erst in § 56 geregelt ist und bei welcher die Vssumme niedriger ist als der Vswert. Bei Übereinstimmung von Vssumme und Vswert spricht man von einer Voll(wert)v.

[4] 2. Versicherungssumme.

Von der Vssumme war in Anm. 1—33 zu § 50 bereits ausführlich die Rede. Sie begrenzt nach oben die Leistung des Vers, in der Aktivenv aber im Zusammenwirken mit der Schadenshöhe und dem Vswert (Anm. 44 vor §§ 49—80). Daraus folgt, daß die Vssumme nur die Summe bezeichnet, „die der Ver im schlimmsten Falle wirklich zahlen muß" (Ritter Anm. 11 zu § 6, S. 236). Er muß die Vssumme nicht wirklich zahlen, wenn sie den Vswert (und die Schadenshöhe) übersteigt, also im Falle der Überv.

Möglicherweise fehlt es aber an einer Vssumme (Anm. 5). Im übrigen ist zu unterscheiden, ob es in einem Vsvertrag eine Vssumme (Anm. 6) oder mehrere Vssummen

(Anm. 7) gibt. Auch der Fall, daß mehrere Vssummen sich in mehreren Vsverträgen finden, ist zu erwähnen (Anm. 8).

[5] **a) Fehlen einer Versicherungssumme.**

Es gibt Schadensven, und zwar auch Aktivenven ohne Vssumme. In Anm. 4 zu § 50 ist auf die Autokaskov, auf Ven mit Naturalersatz und auf öffentlichrechtliche Gebäudeven hingewiesen worden. Hier kommt begrifflich eine Überv nicht in Betracht, weil keine Differenz zwischen Vssumme und Vswert auftreten kann; § 51 kann nicht angewendet werden (vgl. Roelli-Jaeger Anm. 7 zu Art. 51, S. 76).

[6] **b) Ein Vertrag, eine Versicherungssumme.**

Für die meisten Aktivenven ist eine Vssumme vereinbart. Handelt es sich um eine einheitliche Vssumme, so bereitet die Anwendung des § 51 keine Schwierigkeiten. Bei einer summarischen V, welche eine Mehrzahl von Sachen — insbesondere einen Inbegriff (Hausrat, Warenvorräte) — mit einer einheitlichen Vssumme erfaßt, gilt es, den Gesamtwert der vten Güter mit der Vssumme zu vergleichen (Höhne BetrBer 1956 Beilage zu Heft 34 S. 6). Steht künftig eine Erhöhung des Vswertes — z. B. durch Anschaffungen — zu erwarten, so ist es oft unzweckmäßig, die Überv zu beseitigen.

Eine Überv kann bei hoher Beleihung dadurch entstehen, daß § 8 VO über den Geschäftsbetrieb der gewerblichen Pfandleiher vorschreibt, der Pfandleiher habe das Pfand — für Rechnung des Eigentümers — mindestens zum doppelten Betrag des Darlehns zu vern (Anm. 12 zu § 50). Trotz der Vspflicht wird solchenfalls möglicherweise der Ver eine Herabsetzung der Vssumme verlangen.

Bei einer Bruchteilv ist in analoger Anwendung des § 3 IV Abs. 3 AEB nicht nur bei der Feststellung einer Unterv, sondern auch bei der Feststellung einer Überv die „Gesamtwertsumme" mit dem Gesamtwert zu vergleichen. Vgl. Anm. 5 zu § 50.

Nicht zu einer Überv führt eine Vorsorgev, mag auch die Vorsorgevssumme reichlich bemessen sein. Sie soll ja dazu dienen, eine entstandene oder entstehende Unterv auszugleichen. Zugunsten des Vmers kann bei prospektiv offensichtlich übersetzter Vorsorgevssumme § 51 I allenfalls analog angewendet werden.

Bei einer laufenden V vereinbarte Maxima (Anm. 10 zu § 51) lassen auch dann keine Überv entstehen, wenn sie übersetzt sind; man denke z. B. an eine überhöhte Höchstvssumme in der Abschreibev oder i. S. des § 97 VII 1 ADS. Die Interessenlage kann aber auch hier ergeben, daß § 51 I zugunsten des Vmers analog anzuwenden ist, z. B. falls der Vmer Prämien oder Prämienvorschüsse ausnahmsweise auf Grund der überhöhten Maxima zu begleichen hat. — Auf Grund einer einzelnen Deklaration kann eine Überv entstehen: Zwar sind Vswerte, keine Vssummen zu deklarieren, aber in der Deklaration eines angeblichen Vswertes steckt zugleich die Angabe einer Vssumme (vgl. Ritter Anm. 52 zu § 97, S. 1168). Überschreitet die Vssumme den wahren Vswert, so kommt eine Anwendung des § 51 in Betracht; es kann sogar eine betrügerische Überv vorliegen (vgl. LG Hamburg 11. IX. 1959 VersR 1960 S. 316—317, auf die Absicht des Vmers im Zeitpunkt der Deklaration, nicht im Zeitpunkt des Abschlusses der laufenden V abhebend).

[7] **c) Ein Vertrag, mehrere Versicherungssummen.**

Sind in einem Vsvertrag mehrere Positionen mit gesonderten Vssummen vert, so ist für jede Position gesondert zu prüfen, ob eine Überv vorliege.

Enthält der Vsvertrag eine Kompensationsklausel, die einen Summenausgleich vorsieht, so kommt die etwaige Überv einer oder mehrerer Positionen einer etwa festgestellten Unterv anderer Positionen zugute (Anm. 6 zu § 50). Erst wenn die Summe aller Vssummen der durch die Klausel verbundenen Positionen die Summe aller Vswerte übersteigt, liegt eine Überv vor, und § 51 kann angewendet werden.

Wenn bei einer Reisegepäckv gewisse wertvolle Gegenstände „nur bis zur Höhe von 30% der Gesamtvssumme in die V einbegriffen sind", so fragt es sich, wann eine Überv vorliegt. Beispiel: Gesamtvssumme 10000 DM. Vorhanden sind Sachen im gleichen Werte, davon Schmuckstücke, Pelze und andere „wertvolle Gegenstände" im Werte von 5000

DM, sonstige Sachen im Werte von gleichfalls 5000 DM. Da die wertvollen Gegenstände nur mit 3000 DM vert sind, übersteigt die restliche Vssumme von 7000 DM den Vswert der sonstigen Sachen (5000 DM). Man kann auch sagen, daß die Klausel zwei Positionen von 7000 DM und 3000 DM schaffe, jedenfalls dann, wenn für volle 3000 DM wertvolle Gegenstände vorhanden sind. Hinsichtlich der Position von 7000 DM liegt eine Überv vor. Dagegen kann von einer Überv nicht die Rede sein, wenn die wertvollen Gegenstände im Beispielsfalle den Wert von 3000 DM nicht erreichen.

Nicht zu einer Überv führt es fernerhin, falls bei einer abhängigen Außenv i. S. des § 4 III AFB der Vswert von Sachen außerhalb des Vsortes 10 v. H. der Vssumme für Hausrat und Arbeitsgerät oder 3000 DM nicht erreicht (vgl. Anm. 8 zu § 50). Nur wenn sämtlicher Hausrat und sämtliches Arbeitsgerät, einschließlich vorübergehend außerhalb des Vsortes befindlichem, bei summarischer V einen niedrigeren Vswert als die Vssumme besitzt, liegt eine Überv vor. — Eine selbständige (Nur-)Außenv hat eine völlig selbständige Vssumme (Frey VersR 1950 S. 124—125), und sie ist ganz isoliert zu betrachten, wenn es gilt zu ermitteln, ob eine Überv vorliegt.

Eine Überv liegt nicht deshalb vor, weil der Wert von Ernteerzeugnissen in Schobern (Diemen) den (Höchst-)Betrag von 30000 DM nicht erreicht (vgl. Anm. 8 zu § 50).

Bei der Stichtagsv für Vorräte (Klausel 5.01 Klauseln der Feuerv) ergibt sich eine Überv nicht daraus, daß die Höchstvssumme den höchsten Vswert überschreitet. Wohl aber kann die Stichtagssumme zu hoch aufgegeben werden, sogar eine Anwendung der Grundsätze über die betrügerische Überv kommt in Frage. Entsprechendes gilt bei überhöhter Meldung eines Monatshöchstwertes bei der gleitenden Vorratsv (Klausel 5.02 Klauseln der Feuerv). Zu beiden Fällen Anm. 8 zu § 50.

Bei Vereinbarung einer Nachzeichnung für Vorräte (Klausel 5.03 Klauseln der Feuerv) könnte sich schon die Grundsumme als überhöht erweisen, z. B. kraft mehrmonatiger Erfahrung; dann kommt eine entsprechende Anwendung des § 51 I zugunsten des Vmers in Betracht. In Abs. 2 Satz 1 ist die Herabsetzung der nachvten Summen vorgesehen:

> „Der Vmer ist berechtigt, die auf Grund der Bestimmungen des vorigen Absatzes nachvten Summen jederzeit zu vermindern oder ganz zurückzuziehen, soweit die Vorräte nicht mehr vorhanden oder in ihrem Wert vermindert sind."

Bei einer Tierv in „pauschaler Form" (Anm. 9 zu § 50) kann der Ver oder Vmer sich nicht darauf berufen, die Einzelvssumme für ein einzelnes Tier sei überhöht. Wohl aber ist die Gesamtvssumme übersetzt, falls sie für die Summe aller vten Tiere deren summierte Vswerte übersteigt.

[8] d) Mehrere Verträge, mehrere Versicherungssummen.

§ 51 geht bei der Normierung der Überv davon aus, daß ein einziger Vsvertrag vorliegt, bei welchem die Vssumme den Vswert übersteigt. Ist ein Interesse gegen dieselbe Gefahr in getrennten Vsverträgen bei mehreren Vern vert, so braucht bei solcher mehrfachen V die Summe der Vssummen den Vswert nicht zu übersteigen. Dennoch ist jedem Ver von der anderen V unter Angabe der Vssumme Mitteilung zu machen (§ 58).

Die mehrfache V wird zur Doppelv, sofern die Vssummen zusammen den Vswert übersteigen (§ 59 I). Die Doppelv ließe sich somit als Unterart der Überv betrachten (wenn man davon absieht, daß nach § 51 I die Vssumme den Vswert „erheblich" übersteigen muß), vgl. Haase a. a. O. S. 17—18. Infolge des Beteiligtseins mehrerer Ver in mehreren selbständigen Vsverträgen ergibt sich jedoch die Notwendigkeit, die Doppelv als selbständiges Rechtsinstitut speziellen Vorschriften zu unterwerfen (Hinz a. a. O. S. 12). § 51 ist deshalb auf die Doppelv nicht anzuwenden.

Von der mehrfachen V mit selbständigen getrennten Vsverträgen ist die Mitv zu unterscheiden. Hier handelt es sich um einen einzigen Vsvertrag mit Teilschuldnern. Die Vorschriften betreffend eine Überv sind anwendbar, falls die Summe der von den beteiligten Vern gezeichneten Vssummen den Vswert übersteigt (a. M. Hinz a. a. O. S. 40).

Tritt zu einer V eine Mehrwertv hinzu, so kann eine Überv dadurch entstehen, daß die Mehrwertvssumme überhöht ist und zusammen mit der ursprünglichen Vssumme den (neuen) Vswert übersteigt; dazu Anm. zu § 53.

[9] 3. Versicherungswert.

a) Arten des Versicherungswertes.

Versicherbar sind nur objektive Werte, einschließlich objektiver Liebhaber- und Kunstwerte (Anm. 7—13 zu § 52). Gerade bei letzteren ergibt sich die Gefahr einer Überv. Affektionswerte sind überhaupt nicht versicherbar.

Der Vswert von Forderungsinteressen und Interessen an sonstigen Rechten ist durchweg an Hand des Nennwertes leicht zu ermitteln. Jedoch kann der wirkliche Wert niedriger sein als der Nennwert, und es entsteht eine Überv, falls hier die Vssumme gemäß dem (überhöhten) Nennwert bemessen wird. Vgl. für Realgläubigerrechte Klausel 5.07 Klauseln der Feuerv, § 110 I ADS. Schwierig ist die Bewertung von Gewinninteressen (Anm. 21 zu § 52), so daß sich eine Überv schwer nachweisen läßt.

Eine Überv ist sowohl bei einer Zeitwertv als auch bei einer Neuwertv (dazu Anm. 12) denkbar. Besonders angesichts steigender Baukosten kann eine Überv in gewissem Umfange zweckmäßig sein, zu denken ist auch an Änderungen, die beim Wiederaufbau notwendig werden, z. B. infolge von Auflagen der Baupolizei. Der für die Bewertung maßgebende Ort ist zu beachten. Die Bewertung kann im Wertrahmen in verschiedener Weise konkretisiert werden (Anm. 30—36 zu § 52); ist z. B. die Maßgeblichkeit des Herstellungswertes vereinbart, so liegt eine Überv vor, falls die Vssumme den Herstellungswert erheblich übersteigt, mag auch z. B. der Verkaufswert der Vssumme entsprechen.

[10] b) Zeitpunkt der Bewertung.

Je nach dem Zeitpunkt der Bewertung sind der Anfangswert, der Ersatzwert (Letztwert) und der jeweilige Vswert zu unterscheiden (Anm. 25 zu § 52). Für die Überv kommen sämtliche Bewertungszeitpunkte und -zeiträume in Betracht:

Wenn § 51 III davon ausgeht, der Vmer schließe den Vsvertrag in der Absicht, sich aus der Überv einen rechtswidrigen Vermögensvorteil zu verschaffen, so legt diese Norm die Annahme nahe, daß die vereinbarte Vssumme schon den Anfangswert, also den Vswert bei Abschluß des Vsvertrages, übersteige. Nähere Betrachtung klärt allerdings, daß die betrügerische Überv auch nachträglich entstehen kann; es reicht aus, wenn der Vmer beim Vertragsabschluß die Absicht hegt, sich aus einer (künftigen) Überv einen rechtswidrigen Vermögensvorteil zu verschaffen. Bei einer V von Warenvorräten sind möglicherweise beim Abschluß der V Vorräte im Werte der Vssumme vorhanden, aber der Vmer hat von vornherein die Absicht, bald nach dem formellen Vsbeginn den größten Teil der Ware beiseite zu schaffen. Bei einer Stichtagsv für Vorräte (Anm. 7) könnte eine betrügerische Überv unzweifelhaft angenommen werden, wenn sich nachweisen läßt, daß der Vmer schon beim Vertragsabschluß die Absicht hatte, eine Stichtagssumme späterhin zu hoch aufzugeben, um sich aus solcher künftigen Überv einen rechtswidrigen Vermögensvorteil zu verschaffen. Entsteht die Betrugsabsicht erst nachträglich, also bei der Aufgabe der Stichtagssumme oder — bei einer laufenden V — bei einer überhöhten Deklaration, so kommt eine entsprechende Anwendung der zivilrechtlichen Bestimmungen über die betrügerische Überv in Betracht (Anm. 6).

§ 51 I, II setzt voraus, daß sich irgendwann das Vorliegen einer Überv ergibt oder daß sie irgendwann durch ein Kriegsereignis eintritt. Hier kommt es also auf die Bemessung des jeweiligen Vswertes an. Eine Überv kann sich sehr früh ergeben, vielleicht schon im Zeitraum zwischen dem formellen und materiellen Vsbeginn. Sie kann sich aber auch erst nach einem Schaden herausstellen, z. B. geht § 51 II davon aus, daß infolge eines Kriegsereignisses — bei Ausschluß der Kriegsgefahr aus dem Vsschutz — eine vte Sache beschädigt wird, sodaß hierdurch eine Überv eintritt.

§ 55 betrifft die Überv zur Zeit des Eintritts des Vsfalls. Hier ist also die Vssumme höher als der Ersatzwert. Aus dem vsrechtlichen Bereicherungsverbot ergibt sich, daß der Ver trotz der hohen Vssumme eine Entschädigung höchstens entsprechend dem Ersatzwert zu zahlen hat, wobei überdies der Betrag des Schadens die Ersatzpflicht des Vers limitiert.

Die Transportv kennt die **Fiktion des gleichbleibenden Versicherungswertes** (§§ 140 II, 141 I 2; Anm. 25 zu § 52). Infolge dieser Fiktion gilt der Anfangswert auch als jeweiliger

Vswert und Ersatzwert. Man geht davon aus, daß während der relativ kurzen Vsdauer einer Transportv der Vswert nicht schwanke. Aber der Ausgangspunkt kann der Realität widersprechen. Möglicherweise sinkt während der Vsdauer der Wert von Gütern oder Schiffen sehr stark ab. Hierdurch entsteht aber kraft der Fiktion des gleichbleibenden Vswertes keine Überv. Weder der Ver noch der Vmer kann die Korrektur der überhöhten Vssumme fordern; nur in beiderseitigem Einvernehmen kann durch contrarius consensus die Überv beseitigt werden. Im Schadensfall erlangt der Vmer in Durchbrechung des vsrechtlichen Bereicherungsverbotes (§ 55) mehr als den Betrag des Schadens (Anm. 46 vor §§ 49—80). Bruck S. 528—529 spricht davon, es sei bei der Transportv „die Möglichkeit der Entstehung einer Überv während der Vsdauer durch die Gleichstellung von Vswert und Ersatzwert ausgeschlossen"; vgl. auch Begr. I S. 60—61.

[11] c) Taxe und Überversicherung.

Durch eine Taxenvereinbarung wird der Vswert auf einen bestimmten Betrag festgesetzt (§ 57[1]). Eine Überv könnte nur vorliegen, wenn die Vssumme die Taxe übersteigt. Das aber kommt praktisch nicht vor (Bruck S. 529, Hinz a. a. O. S. 25, Ritter Anm. 5 zu § 9, S. 262).

Eine Taxe kann jedoch im Falle erheblicher Übersetzung „angefochten" werden (§ 57[2]). „Nunmehr ergibt sich, daß . . . Überv besteht. Die Überv hatte zwar tatsächlich schon vorher bestanden . . . . Sie kam aber rechtlich nicht in Betracht, weil die Taxe maßgebend war" (Ritter Anm. 33 zu § 6, S. 244, auch Anm. 5 zu § 9, S. 262). Nunmehr kann zur Beseitigung der Überv Herabsetzung der Vssumme verlangt werden (Kaufmann a. a. O. S. 36, a. M. Hinz a. a. O. S. 26—27, der in dem Verlangen nach Herabsetzung der Taxe zugleich auch schon ein Verlangen auf Beseitigung der Überv erblickt).

[12] d) Passivenversicherung und Überversicherung.

Da der Begriff der Überv das Vorhandensein eines Vswertes voraussetzt, da es aber in der Passivenv an einem Vswert fehlt — es gibt bei Passiven nur einen „negativen Wert", einen Unwert, einen Mißwert (Anm. 15 zu § 52) — scheint bei Passivenven eine Überv nicht vorkommen zu können. Es läßt sich auch durchweg nicht voraussehen, in welcher Höhe Passiven entstehen könnten: Es gibt keine Verschuldungsgrenze, speziell Deliktsansprüche Dritter können unabsehbar hoch sein; langwierige Krankheiten erfordern enorme Aufwendungen. Dazu Hinz a. a. O. S. 196 m. w. N. Über die Unanwendbarkeit des § 51 bei einer Gebäudehaftpflichtv: BGH 24. I. 1951 NJW 1951 S. 314—315 = VersR 1951 S. 76.

Aber es gibt Ausnahmefälle, in denen sich von vornherein ein Maximalschaden festlegen läßt, in denen also prospektiv die Passiven einen Maximalmißwert besitzen. In diesen Fällen können die Vorschriften des § 51 analog angewendet werden. Zu unterscheiden sind folgende Passivenven mit Maximalschaden:

Versicherungen gegen gesetzliche Schulden bei beschränkter Schuld und/oder Haftung. Regelmäßig schuldet und haftet ein Schuldner unbeschränkt (übrigens auch eine Gesellschaft mit beschränkter Haftung, bei der nur die Besonderheit gilt, daß sie eine juristische Person ist). Aber es gibt doch ausnahmsweise Fälle, in denen Haftungsbeschränkungen eingreifen (der Unterschied zwischen Schuld und Haftung bleibt im folgenden unberücksichtigt, man spricht oft von Haftungsbeschränkungen, wenn auch die Schuld limitiert ist). Im Seerecht ist seit jeher die Reederhaftung beschränkt, und es kommen — besonders wenn man auch das Auslandsrecht einbezieht — alle denkbaren Formen der Beschränkung vor (vgl. Sotiropoulos, Die Beschränkung der Reederhaftung, Berlin 1962). Zu unterscheiden sind die gegenständlich beschränkte Haftung (z. B. mit dem Schiffsvermögen) und summenmäßig beschränkte Haftungen, wobei die Summe fix (StVG, AtomG, § 702 BGB) oder flexibel sein kann (z. B. abhängig vom Wert einer beschädigten oder schädigenden Sache, eines Sondervermögens [Nachlaß; § 419 BGB], von einem Maximalbetrag je Gewichtseinheit, je Registertonne, von der Höhe einer Kommanditeinlage). Zuweilen haben solche Haftungsbeschränkungen rechtspolitisch ihren Grund darin, daß dem potentiellen Schuldner die Möglichkeit eröffnet werden soll, Haftpflichtvsschutz zu tragbaren Prämien zu erlangen. Würde eine Haftpflichtv abgeschlossen werden, welche mit ihrer Vssumme mehr als den Maximalhaftungsbetrag deckt, so kann und muß man § 51 I, II analog anwenden (während die betrügerische Überv des § 51 III hier schwer vorstellbar ist). Von einer Überv kann aber nicht die Rede sein, wenn außer einer beschränkten Haftung des Vmers (§ 12 StVG) auch eine unbeschränkte Haftung (§ 16 StVG) in Betracht kommt; deshalb ist die „Millionendeckung" in der Kraftfahrhaftpflichtv keine Überv. Mit einer Schiffskaskov ist als Adhäsionshaftpflichtv die V gegen Kollisionshaftpflichtschäden verbunden. Da der Reeder nur beschränkt haftet, liegt eine Überv auch im Rahmen der Adhäsionshaftpflichtv vor, falls das Kaskointeresse übervert ist (Anm. 15 zu § 52, Hinz a. a. O. S. 198—199; dabei wird außer Betracht gelassen, daß in ausländischen Gewässern der deutsche Reeder möglicherweise nicht nur mit dem Schiffsvermögen haftet; dann kann ein Bedürfnis nach einer Kollisionsexzedenten [haftpflicht]v bestehen).

Versicherungen gegen vertragliche Schulden können dann wie Überven behandelt werden, wenn Gesetz oder Vertrag die Vertragshaftung des Vmers beschränken, eine umfassendere Haftung für den Vsschutz nicht bedeutsam ist, die Vssumme jedoch den Haftungshöchstbetrag überschreitet. Solche beschränkte Haftung kommt z. B. bei Beförderungs-, Werk-, Verwahrungs-, Lagerverträgen in Betracht, besonders wenn die Haftung an Sachschäden anknüpft und auf den Wert der Sache beschränkt ist. Tritt allerdings zu der beschränkten Haftung möglicherweise eine unbeschränkte hinzu (vgl. § 430 III HGB), und umfaßt der Vsschutz auch diese unbeschränkte Haftung, so können Übervsregeln nicht angewendet werden. Da die Rückv eine V gegen limitierte vertragliche Schulden des Erstvers ist, könnte eine Rückv eine Überv sein (Beispiel: Der Erstver deklariert im Rahmen einer fakultativen laufenden Rückv versehentlich eine zu hohe Vssumme).

Versicherungen gegen notwendige Aufwendungen können nur dann als Überven behandelt werden, wenn feststeht, daß die Aufwendungen ein bestimmtes Ausmaß nicht zu überschreiten vermögen. Das kann z. B. bei einer Neuwertv zutreffen, soweit die Differenz von Neu- und Zeitwert in Betracht kommt und als Neuwert nur der Wiederherstellungsaufwand für eine gleiche Sache wie die beeinträchtigte zu ersetzen ist. Ist die Neuwertvssumme erheblich übersetzt, so kann § 51 (auch § 51 III) angewendet werden, obgleich es sich insoweit um eine Passivenv handelt (vgl. schon Anm. 9).

[13] 4. Übersteigen.

Eine Überv liegt nur vor, falls die Vssumme den Vswert übersteigt, und zwar erheblich. Solche Übersetzung der Vssumme kann schon bei Abschluß des Vsvertrages vorliegen (Anm. 14), aber auch später eintreten (Anm. 15).

Betriebswirtschaftlich gesehen hat die Überv vorwiegend negative Auswirkungen. Sie bedeutet für den Vmer Prämienvergeudung, auch kommt er in den Verdacht, sich bereichern zu wollen. Für den Ver beschwört eine Überv die Gefahr herauf, überhöhten Vsansprüchen ausgesetzt zu sein. Das subjektive Risiko ist fraglos erhöht. Weiß der Ver um die Überv, ohne die Herabsetzung zu verlangen, so setzt er sich dem Vorwurf aus, eine überhöhte Prämie einnehmen zu wollen, ohne eine entsprechende Gefahrtragungsleistung zu erbringen. Im Vsfall wird es oft zu geschäftsschädlichen Auseinandersetzungen kommen.

Über die volkswirtschaftlichen Auswirkungen einer Überv: Haase a. a. O. S. 57—72.

[14] a) Anfängliches Übersteigen.

Eine betrügerische Überv (§ 51 III) liegt regelmäßig (Anm. 10) bereits beim formellen Vsbeginn vor. Auch aus anderen Gründen kann aber von Anfang an eine Überv gegeben sein: Der Vswert ist nicht leicht zu schätzen, der Vmer neigt zur Überschätzung, er setzt nicht selten unversicherbare subjektive Werte an und bemißt entsprechend die Vssumme. Vsvertreter und Vsmakler als Ratgeber des Vmers werden auch ihrerseits eher die Tendenz zur Überschätzung zeigen, wobei auch an ihr Provisionsinteresse zu denken ist. Sogar Gebäudevorschätzungen oder Maschinenvorschätzungen (Vortaxen) könnten unrichtig sein; sie verwehren den Beteiligten nicht die Berufung auf das Vorliegen einer Überv (vgl. Anm. 37 zu § 52). Über die Rechtslage bei einer echten Taxe: Anm. 11.

Die Ver pflegen vor Unterven zu warnen und die Vereinbarung ausreichender Vssummen zu empfehlen, was oft — reaktionsweise — zur Überv führt (Haase a. a. O. S. 30—31). Neuerdings werden aus Rationalisierungsgründen Vssummen oft nicht von Fall zu Fall berechnet, sondern pauschaliert angeboten; hier wird der Vmer, der nicht untervert sein möchte, zum Abschluß mit der nächsthöheren Vssumme, also zur Überv verleitet. Nach Haase a. a. O. S. 29—30 werden Vmer zuweilen auch dadurch zur Überv veranlaßt, daß „eine Gesellschaft mit der Entschädigung geizt und ... verhältnismäßig hohe ... Abzüge macht".

Recht zweckmäßig kann eine vorausschauende großzügige Bemessung der Vssumme sein, wenn Inbegriffe vert werden, und die Vmer — man denke an junge Eheleute — für die Zukunft mit Anschaffungen rechnen. Die Begr. I S. 61—62 behandelt den Fall der V eines Warenlagers mit neuhinzukommenden Waren; hier sei „auch auf den voraussichtlichen Wert solcher Waren Rücksicht" zu nehmen; auch von erwarteten Preissteigerungen ist die Rede. Kommt es nicht zu den Zugängen oder Preiserhöhungen, so ist § 51 I anwendbar (zu eng Begr. I S. 62, wonach eine Herabsetzung der Vssumme nur zulässig sein soll, falls ein Bestand oder ein Preis der Vssumme zugrunde gelegt worden ist, „der im Laufe des Vsvertrages bei verständiger Würdigung der gegebenen Verhältnisse niemals erreicht werden wird."

§ 8 VO über den Geschäftsbetrieb der gewerblichen Pfandleiher schreibt vor, der Pfandleiher habe das Pfand — für Rechnung des Eigentümers — mindestens zum doppelten Betrag des Darlehens zu vern (Anm. 12 zu § 50). Diese Vorschrift kann zu einer Überv führen, falls der Pfandleiher das Pfand mit mehr als der Hälfte des Wertes beliehen hat. — Haben Realgläubiger ein Grundstück „bis über den Schornstein" beliehen, und fordern sie vom Eigentümer den Abschluß einer entsprechend hohen Feuerv, so kommt eine Überv zustande.

[15] b) Späteres Übersteigen.

Eine zunächst vorliegende Vollwert- oder gar Unterv kann dadurch zur Überv werden, daß nachträglich der Vswert unter die Vssumme sinkt. Bei einer Zeitwertv ist besonders an die laufende Entwertung, speziell durch Abnutzung, zu denken, die bei kurzlebigen Wirtschaftsgütern oder langfristigen Vsverträgen große Bedeutung gewinnen kann. In Betracht kommen aber auch Wertsenkungen, Verbilligungen, z. B. bei Warenvorräten, ferner gewisse Valutaschwankungen (Haase a. a. O. S. 55—57).

Liegt eine Veräußerung oder Teilveräußerung vter Sachen vor und geht das Vsverhältnis gemäß § 69 I auf den Erwerber über, so kann nicht davon gesprochen werden, daß beim Veräußerer eine Überv verbleibe. Eine Überv entsteht auch insoweit nicht, als wegen Wegfalls des vten Interesses § 68 II—IV anwendbar ist. Bei teilweisem Interessewegfall soll allerdings eine Überv entstehen und § 51 anwendbar sein (Begr. I S. 77 bis 78, Deutsche Justiz 1943 S. 268; Hinz a. a. O. S. 21—24, Kisch III S. 228—229, Lesser JRPV 1929 S. 213—214, Prölss[15] Anm. 5 zu § 68, S. 306).

Man wird mit Hinz a. a. O. S. 23—24 annehmen müssen, daß § 68 II—IV anwendbar ist, sofern eine positionsweise V vorliegt und eine Position vollständig fortfällt. § 69 I kann bei einer positionsweisen V angewendet werden, falls die gesamten in der Position vten Sachen veräußert werden, mag es sich dabei auch um einen vten Inbegriff handeln (Näheres Lenski, Systematisierung der Rechtsprechung und des Schrifttums zu §§ 69ff. VVG, ungedruckte Hamburger Diss. 1964, S. 187—188).

Hiernach kann eine Überv bei der V eines Inbegriffs dadurch entstehen, daß einzelne, zum Inbegriff gehörende Sachen aus dem Inbegriff ausscheiden. Dies folgt daraus, daß bei der Inbegriffsv die einzelnen Sachen, die wegen ihrer Zweckverbundenheit im Verkehr als eine Einheit betrachtet werden, nicht als Einzelgegenstände, sondern als Gesamtheit unter Vsschutz gebracht sind. Die V erfaßt den Inbegriff als solchen, nicht die Einzelteile, aus denen er sich zusammensetzt. Mit dem Ausscheiden aus dem Inbegriff kann hinsichtlich der restlichen Inbegriffssachen eine Überv zur Entstehung gelangen (vgl. auch Lenski a. a. O. S. 185—187).

Besondere Gründe für das nachträgliche Entstehen einer Überv nennt § 51 II: Krieg, behördliche Maßnahme aus Anlaß eines Krieges. Wenn diese Gefahren das vte Interesse beeinträchtigen, aber nicht zerstören, so ist § 51 II, nicht § 68 III anwendbar. Wäre übrigens die Kriegsgefahr mitgedeckt, so läge in ihrer Verwirklichung ein Vsfall: „Fällt das vte Interesse weg, weil der Vsfall eingetreten ist", so gilt § 68 IV, wird die vte Sache durch den Vsfall dagegen nur beschädigt, so kann durch ihn eine Überv zur Entstehung gelangen.

[16] 5. Erheblichkeit.

Über Wertungsfragen läßt sich trefflich streiten. Es ist nicht einfach, die erforderliche Diskrepanz zwischen Vswert und Vssumme festzustellen. Überdies: minima non curat praetor. Deshalb ist „aus praktischen Gründen" (Begr. I S. 60) in § 51 I bestimmt, es sei nur beachtlich, wenn die Vssumme den Vswert erheblich übersteigt. Auch für § 51 II und III muß des Sachzusammenhanges wegen das Erfordernis der Erheblichkeit gelten (Bericht der VIII. Kommission zu § 51). Im Rahmen des § 55 kommt es dagegen nicht darauf an, daß die Vssumme erheblich höher ist als der Vswert. Anders wieder zur erheblichen Übersetzung der Taxe: § 57.

Es ist hiernach ein unergiebiger Begriffsstreit, ob man eine Überv nur dann als vorliegend ansieht, wenn die Vssumme den Vswert erheblich übersteigt (so Begr. I S. 60), oder ob man auf die Erheblichkeit als Kriterium des Begriffes der Überv verzichtet (so Bruck S. 528, Hinz a. a. O. S. 19).

Die Frage, wann die Differenz von Vssumme und Vswert i. S. des § 51 erheblich sei, kann im Anschluß an § 2170 II 8 ALR (ebenso wie zu § 57) auch heute noch dahin entschieden werden, daß eine Überschreitung des Vswertes um mehr als 10% als erheblich anzusehen ist (Bruck S. 530 Anm. 7, 510, Hinz a. a. O. S. 20). Prölss[15] Anm. 1 zu § 51, S. 241 meint, es lasse sich nicht generell sagen, wann Erheblichkeit vorliege. Im Falle RG 29. I. 1887 RGZ Bd 19 S. 215 (Taxe) ist eine Übersetzung um $6^6/_{10}$% nicht als wesentlich angesehen worden.

Im Blick auf die Rechtsfolgen einer nicht betrügerischen Überv (§ 51 I, II) wird überdies gefordert, es müsse eine merkliche, eine spürbare Prämienermäßigung herauskommen (Benrath Der Vmer 1957 S. 121, Ehrenzweig S. 249, Hinz a. a. O. S. 20, Prölss[15] Anm. 1 zu § 51, S. 241). Dem Gesetz läßt sich dieses Erfordernis nicht entnehmen. Wenn der Ver die Herabsetzung der Überdeckung verlangt, so kommt es auf die Prämienersparnis beim Vmer nicht an. Ehrenzweig S. 249 will solchenfalls die Überv dann als erheblich ansehen, wenn sie „das subjektive Risiko verschlechtern kann".

[17] II. Arten der Überversicherung.

1. Anfängliche, nachträgliche Überversicherung.

Abstellend auf den Zeitpunkt des Abschlusses des Vsvertrages, also des formellen Vsbeginns, kann man die anfängliche von der nachträglichen Überv unterscheiden und eine anfängliche Überv dann als gegeben ansehen, wenn sie schon im Zeitpunkt des Vertragsabschlusses vorliegt.

Über Fälle anfänglicher Überv vgl. Anm. 14. Durchweg wird eine betrügerische Überv (§ 51 III) eine anfängliche sein; aber der Grundsatz kennt Ausnahmen (Anm. 10). Eine Beseitigung der Überv gemäß § 51 kommt auch bei anfänglicher Überv in Betracht. Aber die anfängliche Überv ist von dem anfänglichen Interessemangel (§ 68 I) abzugrenzen. Letzterer liegt vor, wenn das Interesse, welches vert werden sollte, im Zeitpunkt des vorgesehenen materiellen Vsbeginns nicht (nicht mehr, noch nicht) besteht; das kaskovte Kraftfahrzeug wird nicht angeschafft oder wird schon vor dem vorgesehenen materiellen Vsbeginn zerstört oder wird verspätet geliefert. Ist in einer Position ein Inbegriff vert, z. B. Vorräte, so fehlt das Interesse, falls beim materiellen Vsbeginn keinerlei Vorräte vorhanden sind; eine (anfängliche) Überv kann nur vorliegen, wenn (im Zeitpunkt des Vertragsabschlusses) Vorräte vorhanden sind, deren Vswert die Vssumme nicht erreicht.

§ 51 II denkt primär an den Fall nachträglichen „Eintritts" der Überv, besonders durch unvte Kriegsschäden. Selbstverständlich gilt § 51 I auch bei nachträglicher Überv, während § 51 III hier nur ausnahmsweise angewendet werden kann. Was das Verhältnis zu § 68 anlangt, so ist wiederum darauf abzustellen, welches Interesse vert ist. Wird das Kraftfahrzeug oder das gesamte Warenlager, das vert war, nach dem formellen Vsbeginn enteignet, so gilt § 68 I, wenn die Enteignung vor dem materiellen Vsbeginn erfolgt, dagegen § 68 II, wenn sie erfolgt, nachdem die Gefahrtragung des Vers begonnen hatte. § 51 I kann nur eingreifen, d. h. eine Überv kann nur entstehen, falls das Warenlager teilweise enteignet wird. Über andere Entstehungsursachen nachträglicher Überv vgl. Anm. 15.

[18] 2. Qualitative, quantitative Überversicherung.

Diese nicht sehr plastische Unterscheidung stellte darauf ab, ob vorhandene Gegenstände über ihren Vswert hinaus vert werden (qualitative Überv) oder ob überhaupt nicht vorhandene Gegenstände vert werden (quantitative Überv): Haase a. a. O. S. 17, Meyer a. a. O. S. 25. Bei Nichtvorhandensein des vten Interesses gilt heute nicht § 51, sondern § 68, vgl. auch Hinz a. a. O. S. 21—22.

[19] 3. Vorübergehende, dauernde Überversicherung.

Eine V kann als anfängliche vorübergehende Überv genommen werden, weil der Vmer mit einem Wertzuwachs oder mit einem Zugang bei Inbegriffsven rechnet. Nachträglich kann vorübergehend eine Überv durch Wertschwund oder Abgang bei Inbegriffsven entstehen. Der Vmer bemißt in diesen Fällen die Vssumme absichtlich zu hoch, um solche Wertschwankungen oder Bestandsbewegungen aufzufangen. Dann wird er die Beseitigung der Überv gemäß § 51 I in praxi nicht verlangen, aber rechtlich ist weder ihm noch dem Ver das Verlangen verwehrt (a. M. Begr. I S. 61—62, Hagen I S. 464, Hinz a. a. O. S. 30—31, Kaiser Anm. 3 zu § 11, S. 290). Es könnte jedoch vorweg vereinbart werden, daß der Ver das Verlangen nicht stellen könne, auch könnten beide Parteien nachträglich auf das Herabsetzungsrecht verzichten (Anm. 43).

Eine nur ganz kurzfristige Überv darf von den Parteien nach Treu und Glauben nicht ausgenutzt werden, um das Verlangen aus § 51 I zu stellen: Der Vmer würde nur einen geringfügigen Prämienbetrag einsparen. Der Ver darf die vorübergehende Überv nicht ausnutzen, um (im Ergebnis) eine Teilkündigung der V vorzunehmen; das gilt besonders, wenn er reichliche Bemessung der Vssumme z. B. in der Hausratv empfohlen hat.

Bei dauernder Überv gilt § 51 uneingeschränkt.

Ist eine V für ein künftiges Interesse genommen und entsteht dieses Interesse nicht, so handelt es sich nicht um eine vorübergehende Überv, sondern um einen Fall des § 68 I. Eine Überv kommt erst in Betracht, wenn das Interesse entsteht, aber mit einem Vswert, der die Vssumme nicht erreicht.

[20] 4. Gewollte, ungewollte Überversicherung.

Eine betrügerische Überv (§ 51 III) muß vom Vmer gewollt sein, muß der Vmer doch den qualifizierten Vorsatz, die Absicht haben, sich aus der Überv einen rechtswidrigen Vermögensvorteil zu verschaffen. Aber nicht jede gewollte Überv ist betrügerisch, unredlich. Sie kann als anfängliche Überv in der Erwartung abgeschlosen werden, der Vswert werde steigen. Der Vmer kann sie als nachträgliche Überv unbeseitigt lassen, weil er mit erneutem Wertzuwachs rechnet. Obgleich eine Überv gewollt ist, kann der redliche Vmer dennoch die Beseitigung verlangen (Hagen I S. 464, Hinz a. a. O. S. 31—32, beide mit Hinweis auf die anderweitige Regelung des § 60 I).

Ungewollte Überven können besonders durch Fehlbewertungen entstehen.

[21] 5. Einfache, betrügerische Überversicherung.

§ 51 unterscheidet die mit der Nichtigkeitsfolge bedrohte betrügerische Überv von jeder sonstigen, redlichen, einfachen Überv, mag diese eine ungewollte oder gewollte sein (Anm. 20).

Die Nichtigkeit ergreift nach § 51 III bei betrügerischer Überv den gesamten Vsvertrag, während bei einfacher Überv der Vertrag gemäß § 51 I, II vollen Umfangs gültig ist und gültig bleibt (Hinz a. a. O. S. 29); es kann lediglich die Vssumme (nicht eigentlich die Gefahrtragung des Vers) sowie die Prämie geändert werden. Demgegenüber sieht § 786 III HGB für die Seev vor, auch eine einfache Überv habe „keine rechtliche Geltung", soweit die Vssumme den Vswert übersteigt (§ 9 I 1 ADS spricht von Unwirksamkeit des Vertrages, die notwendig eine teilweise Unwirksamkeit sein muß: Ritter Anm. 4 zu § 9, S. 262). Zur Unterschiedlichkeit der Regelungen: Begr. I S. 60—61.

Über die einfache Überv: Anm. 22—43, über die betrügerische Überv: Anm. 44—51.

[22] III. Einfache Überversicherung.

Sofern keine betrügerische Überv (Anm. 44—51) vorliegt, spricht man von einfacher (redlicher) Überv. Für deren rechtliche Behandlung gilt § 51 I, II nach Eintritt des Vsfalls (auch) § 55.

Im Regelfall des § 51 I können Ver und Vmer ein Verlangen stellen, das bestimmte Rechtsfolgen zeitigt; über das Verlangen: Anm. 23—31, über die Rechtsfolgen: Anm. 32—35.

Im Sonderfall des § 51 II kann der Vmer ein qualifiziertes Verlangen stellen, das für ihn günstigere Rechtsfolgen auslöst; über dieses Verlangen: Anm. 36—39, über die Rechtsfolgen: Anm. 40—42.

Über den halbzwingenden Charakter des § 51 I, II: Anm. 43.

[23] 1. Regelfall des § 51 I.

a) Verlangen des Versicherers oder Versicherungsnehmers.

aa) Rechtsnatur.

aaa) Vertragstheorie.

Ergibt sich, daß eine Überv vorliegt, „so kann sowohl der Ver als auch der Vmer verlangen, daß zur Beseitigung der Überv die Vssumme unter verhältnismäßiger Minderung der Prämie mit sofortiger Wirkung herabgesetzt wird."

Ähnlich wie bei der Sachmängelhaftung, wo der Käufer gemäß § 462 BGB Wandelung „oder Herabsetzung des Kaufpreises (Minderung) verlangen" kann, ist die rechtliche Konstruktion des Vorganges umstritten.

Die Vertragstheorie sieht in dem Verlangen eine Offerte auf Abschluß eines Herabsetzungsvertrages, die der Annahme durch den Vertragsgegner bedarf. Verlangt der Ver Herabsetzung, so muß das Angebot vom Vmer angenommen werden. Verlangt der Vmer Herabsetzung, so muß dessen Offerte vom Ver akzeptiert werden. Es besteht hiernach bei Gegebensein einer Überv ein Kontrahierungszwang, eine Annahmepflicht des Vertragsgegners, also eine Forderung, ein Anspruch auf Annahme des Angebotes. Es kommt zu einer vertraglichen Änderung des bestehenden Verhältnisses, und zwar sowohl hinsichtlich der Umschreibung der Gefahrtragungspflicht des Vers (Herabsetzung der Vssumme) als auch hinsichtlich der Prämienzahlungspflicht des Vmers (Minderung der Prämie).

Anhänger der Vertragstheorie sind Benrath Der Vmer 1957 S. 134—135, Hagen I S. 465, Josef AssJhrb 1915 I S. 53—54, sowie z. T. zur Doppelv Kisch, Die mehrfache V desselben Interesses, Berlin 1935, S. 188, 193—195, ÖffrechtlV 1932 S. 247—248, ZHR Bd 75 S. 238—242.

Die Vertragstheorie ist abzulehnen. Sie widerstreitet der Forderung nach juristischer Ökonomie. Denn bei Nichtannahme des Angebotes müßte der Offerierende zunächst auf Annahme klagen. Nach § 894 I 1 ZPO würde die Annahmeerklärung als abgegeben gelten, sobald das Urteil Rechtskraft erlangt hat. Erst aus dem so zustandegekommenen Herabsetzungsvertrag könnte in einem zweiten Prozeß z. B. der Vmer auf Teilrückzahlung vorausgezahlter Prämie klagen; Anspruchsgrundlage wäre ungerechtfertigte Bereicherung (§ 812 I 2 BGB). Bei Zugrundelegung der Vertragstheorie erwachsen weitere Schwierigkeiten, falls die Auffassungen des Antragstellers und des Gerichts über den Grad der Überv auseinandergehen. Wenn der Vmer „auf Minderung um eine bestimmte Quote, z. B. ein Drittel, klagt, und der Richter den Minderungsanspruch zwar für begründet, aber nur eine geringere Minderungsquote für zulässig hält, z. B. ein Viertel, so" müßte „er nach der Vertragstheorie den Kläger abweisen . . ., da dessen im Klageantrag liegende Offerte nur auf Minderung um ein Drittel gerichtet ist, also durch die vom Beklagten abzugebende, durch das Urteil zu ersetzende Erklärung, nur um ein Viertel zu mindern, nicht angenommen werden kann" (Enneccerus-Lehmann S. 444). Gegen die Vertragstheorie spricht auch, daß nach dem Gesetz das Verlangen eine sofortige Wirkung haben soll, so daß der Herabsetzungsvertrag zurückwirken müßte, was ungewöhnlich ist. Im Kaufrecht können sich die Anhänger der Vertragstheorie immerhin auf § 465 BGB berufen; aber eine entsprechende Vorschrift existiert für die Überv nicht. Raiser VW 1948 S. 369 leitet auch aus § 81 mit Recht Bedenken gegen die Vertragstheorie her: Ein Änderungsantrag, den ein Feuerver nicht annimmt, würde jeweils nach zwei Wochen erlöschen. Schließlich sei erwähnt, daß nach der Vertragstheorie ein Vmer in Prämienverzug geraten würde, wenn er nach Stellung eines berechtigten Herabsetzungsverlangens, aber vor Annahme seines Antrages seitens des Vers, also vor dem Vertragsabschluß, die Prämie insoweit nicht zahlt, als sie zu ermäßigen ist.

Gegen die Vertragstheorie besonders Raiser VW 1948 S. 369, Ritter Anm. 31 zu § 6, S. 243—244, Anm. 5 zu § 11, S. 280 (zur Taxe und Doppelv).

[24] bbb) Gestaltungstheorie.

Eine zweite Auffassung nimmt an, daß § 51 I demjenigen, der Beseitigung verlangen kann, ein Gestaltungsrecht verleiht, also keinen Anspruch (kein Recht auf fremdes Verhalten), sondern ein Recht zu eigenem Verhalten. Die Ausübung erfolgt durch einseitige rechtsgestaltende Willenserklärung; das Verlangen ändert mit dem Zugang beim Vertragspartner das Vsverhältnis ab. Ohne daß die Notwendigkeit der Konstruktion einer Rückwirkung besteht, wird insbesondere die Prämie „mit sofortiger Wirkung" herabgesetzt. Der Vmer gerät nicht in Verzug, wenn er nur die geminderte Prämie begleicht. Der Vertragspartner kann die Abwicklung nicht verschleppen, da es keiner Willenserklärung von seiner Seite bedarf. Sobald die Gestaltungswirkung eingetreten ist, kann ein Vmer zuviel gezahlte Prämie nach § 812 I 2 BGB zurückfordern; er kann einen berichtigten Vsschein oder Nachtrag entsprechend § 3 I 1 fordern (Anm. 124 zu § 1). Soweit das Verlangen unberechtigt ist, kann es keine Rechtsfolgen auslösen. Bei der Sachmängelhaftung (Wandelung) hat man die Gestaltungstheorie mit der Begründung abgelehnt, daß § 467[1] BGB den § 349 BGB nicht zitiere. Demgegenüber steht es bei der Beseitigung der Überv fest, daß es einer Erklärung gegenüber dem anderen Teile bedarf.

Die Gestaltungstheorie ist begründet worden von Martin Wolff, Das Privatvsrecht in: Holtzendorff-Kohler, Enzyklopädie der Rechtswissenschaft, 7. Aufl., 2. Bd, München-Leipzig-Berlin 1914, S. 433; Anhänger sind weiterhin Bruck S. 531, 7. Aufl. Anm. 11 zu § 51, S. 203, Ehrenzweig S. 250, Kaufmann a. a. O. S. 36, Koch JRPV 1931 S. 140—142, Lesser JRPV 1929 S. 213, Ritter Anm. 31 zu § 6, S. 243—244, Anm. 5 zu § 11, S. 280, Roelli-Jäger Anm. 18 zu Art. 50, S. 70, früher auch Prölss[5] Anm. 3 zu § 51, S. 152, Raiser Anm. 5 zu § 11, S. 290—291.

Raiser VW 1949 S. 370 hat dann aber Bedenken gegen die Gestaltungstheorie geäußert: „Wenn das Ermäßigungsverlangen . . . stets unwirksam bleibt, wenn und soweit es . . . nicht begründet ist, so hat der Vmer die Möglichkeit, jederzeit ohne das geringste Risiko jede beliebige Summenermäßigung und die daraus sich ergebende Prämienermäßigung zu verlangen, weil er sich gegebenenfalls auch nach Eintritt eines Schadens stets auf den Standpunkt stellen kann, das Verlangen sei nicht begründet gewesen und der Vertrag also nicht geändert worden".

Aber diese Bedenken schlagen nicht durch. Abgesehen von den Fällen, in welchen der Ver den Einwand der allgemeinen Arglist erheben könnte, würde es mindestens Treu und Glauben widerstreiten, falls ein Vmer sich im Schadensfall darauf beruft, die Gestaltungswirkung sei nicht eingetreten. Solches widersprüchliche Verhalten (venire contra factum proprium) wäre dem Vmer vollends verwehrt, falls der Ver zu erkennen gegeben hat, er stelle sich auf den Boden einer Herabsetzung: Hierdurch tritt neben die (evtl. unwirksame) einseitige Willenserklärung des Vmers ein Änderungsvertrag (vgl. § 140 BGB). Sofern der Ver meint, es liege keine Überv vor, ist ihm eine negative Feststellungsklage zuzumuten, oder er kann die nicht herabgesetzte Prämie einklagen oder die Rückzahlung eines Teiles der vorausgezahlten Prämie ablehnen. Erweist sich der Standpunkt des Vers als richtig, so hat das Verlangen des Vmers keine Gestaltungswirkung gehabt und der Ver erbringt jene Gefahrtragungsleistung, für welche er die volle Prämie erhält. In Streitfällen kann auch der Vmer Feststellungsklage erheben (KG 7. VII. 1928 JRPV 1928 S. 277), keine Leistungsklage (es sei denn, er fordere überzahlte

Prämie zurück), keine Gestaltungsklage (a. A. Hagen I S. 465). Prölss[15] Anm. 3 zu § 51, S. 242 will dem Vmer eine Klage auf Berichtigung des Vsscheins ermöglichen.

So erweist sich die Gestaltungstheorie als befriedigender Erklärungsversuch (vgl. auch die in Anm. 116—119 zu § 1 zusammengestellten Fälle).

[25] ccc) Theorie Raiser.

Raiser VW 1948 S. 370—371, dem Prölss[15] Anm. 3 zu § 51, S. 242 folgt, meint, der Vmer, der etwas verlangen könne, habe ein Recht auf fremdes Verhalten, also nicht ein (Gestaltungs-)Recht zu eigenem Verhalten. Der Anspruch des Vmers (§ 194 I BGB) richte sich „auf Ausführung derjenigen Maßnahmen . . . , die die Ermäßigung der Summe und Prämie in Erscheinung treten lassen, also auf Ausfertigung einer Vsurkunde, auf entsprechende Änderung der künftigen Prämienrechnungen, auf Zahlung bzw. Rückstellung oder Anrechnung der etwa sich ergebenden Rückprämie." Diese Auffassung stehe in Parallele zu der für den Minderungsanspruch des Käufers vorwiegend vertretenen Herstellungstheorie. § 81 sei unanwendbar. Der Zeitpunkt, zu dem die Ermäßigung verlangt worden könne, sei der Tag des Zugangs des Ermäßigungsverlangens. Letzteres bleibe „solange frei widerruflich, bis es entweder erfüllt wird oder ein Schaden eintritt." Im letztgenannten Fall sei „nach den Grundsätzen von Treu und Glauben der Vmer an seine Erklärungen gebunden", sogar dann, wenn der Ver die Berechtigung des Herabsetzungsverlangens des Vers bestritten hatte.

Die Theorie Raiser vermag nicht zu überzeugen. Sie erklärt nicht, auf welche Weise der Vsvertrag auch für die zukünftigen Vsperioden umgestaltet wird: Die Ermäßigung der Vssumme und Prämie muß irgendwie eintreten, bevor der Ver sie „in Erscheinung treten lassen" kann. Man muß also von einer Gestaltungswirkung des Verlangens des Vmers ausgehen. Es ist unbefriedigend, wenn Raiser eine Widerruflichkeit des Herabsetzungsverlangens konstruiert, andererseits aber mit dem Eintritt eines Schadensfalles unter Heranziehung von Treu und Glauben den Vmer festlegen will, auch wenn bis dahin der Ver zu Unrecht die Berechtigung des Verlangens bestritten hatte. Im übrigen geht die Theorie von Raiser allein von dem Fall aus, daß der Vmer das Verlangen stellt, während doch § 51 I auch dem Ver dieses Recht verleiht. Welchen Herstellungsanspruch soll der Ver erlangen? Es ist gekünstelt, einen Anspruch des Vers anzunehmen, wonach der Vmer gehalten ist, eine etwaige Prämienrückzahlung anzunehmen und die folgenden Jahresprämien in ermäßigter Höhe zu entrichten.

[26] ddd) Vermittelnde Theorie.

Hinz a. a. O. S. 48—50 geht davon aus, daß die höchstrichterliche Rechtsprechung zur Sachmängelhaftung eine vermittelnde Stellung zwischen Vertrags- und Herstellungstheorie einnehme (vgl. BGH 8. I. 1959 NJW 1959 S. 620—622). „Verlangt eine der Vertragsparteien die Herabsetzung der Vssumme, so hat sie, wenn das Verlangen berechtigt ist, vom Augenblick des Zugangs der Erklärung Anspruch auf die Rechtsfolgen einer entsprechend herabgesetzten Vssumme. Gewährt der Erklärungsempfänger aufgrund des Herabsetzungsverlangens diese Rechtsfolgen, indem er beispielsweise eine abgeänderte Vsurkunde übersendet oder eine niedrigere Prämie berechnet, so liegt darin zugleich eine auf rechtsgeschäftlichem Wege vollzogene Herabsetzung der Vssumme. Diese ist auch dann wirksam, wenn das Verlangen ganz oder teilweise unbegründet war. . . . Das Verlangen der Herabsetzung der Vssumme kann abweichend von § 145 BGB vor der Annahme zurückgezogen werden. Das beruht darauf, daß der Antragsteller sowohl in den Fällen des § 462 BGB als auch in denen der §§ 51, 60 . . . keinen Antrag stellt, dessen Annahme in das Belieben des Empfängers gestellt ist, sondern daß er einen Anspruch geltend macht, zu dessen Erfüllung der Empfänger verpflichtet ist, wenn die Anspruchsvoraussetzungen erfüllt sind" (Hinz a. a. O. S. 49—50, welcher im übrigen hinsichtlich der Unanwendbarkeit des § 81 und der Widerruflichkeit des Ermäßigungsverlangens der Theorie Raiser [Anm. 25] folgt).

Soweit die vermittelnde Theorie sich an die Herstellungstheorie des Kaufrechtes anlehnt, begegnet sie dem Bedenken, daß es keinen „Anspruch auf die Rechtsfolgen einer entsprechend herabgesetzten Vssumme" geben kann; es bedarf einer Erklärung, wie es zu der Herabsetzung von Vssumme und Prämie kommt, und diese Erklärung liefert nur die Gestaltungstheorie. Letztere läßt aber auch Raum für die Annahme, daß bei Einverständnis des Vertragspartners ein Änderungsvertrag neben die einseitige Willenserklärung des Verlangenden tritt (Anm. 24). Über die Bedenken gegen eine grundsätzliche Widerruflichkeit des Ermäßigungsverlangens und die von Raiser hierzu angenommenen Ausnahmen vgl. Anm. 25.

[27] bb) Erklärender.

Nach § 51 I kann jede Partei des Vsvertrages die Beseitigung der Überv verlangen. Der Ver macht allerdings von seinem Gestaltungsrecht (Anm. 24) in der Praxis selten Gebrauch, sei es weil er den Vswert schwer kontrollieren kann, sei es weil er seine Prämieneinnahmen nicht schmälern möchte (vgl. Koch JRPV 1931 S. 140, Raiser VW 1948 S. 369). Die Vsaufsichtsbehörde kann gemäß § 81 II 1 VAG einschreiten, falls die Nichtausübung des Gestaltungsrechts zu einem Mißstand führt, welcher die Belange der Vten gefährdet (RAA VA 1905 S. 35—36, 1912 S. 122—123, 1926 S. 147, Hagen I S. 464, Koch JRPV 1931 S. 140). Öfter als der Ver wird der Vmer, welcher nutzlos aufzuwendende Prämienbeträge einsparen möchte, das Herabsetzungsverlangen stellen.

Hinsichtlich der Erklärungsberechtigung ist zu verweisen auf die Rechtslage bei der Kündigung des Vsvertrages (vgl. Anm. 31 zu § 8). Jedoch darf die Parallele nur nach sorgfältiger Prüfung des Einzelfalles gezogen werden.

Stellt der **Versicherer** das Verlangen, so handelt er durch seine Organe oder Bevollmächtigte. Was Abschlußagenten anlangt, so können sie gemäß § 45 den Ver vertreten, wenn man die Vertragstheorie (Anm. 23) zugrundelegt. Nach der Gestaltungstheorie (Anm. 24) handelt es sich jedoch bei dem Herabsetzungsverlangen nicht um einen Änderungsantrag, sondern um eine rechtsgestaltende Willenserklärung. Obgleich § 45 insoweit nur Kündigungs- und Rücktrittserklärungen nennt, wird man auf das Herabsetzungsverlangen § 45 analog anwenden müssen (Anm. 10 zu § 45, Bruck S. 530—531, Hinz a. a. O. S. 40). Ein bloßer Vermittlungsagent kann die Herabsetzung nicht verlangen (Anm. 27 zu § 43). — Bei einer Mitv hat jeder der Mitver das Gestaltungsrecht. Es hängt von dem Inhalt einer Führungsklausel ab, ob der führende Ver zugleich namens der übrigen Mitver das Verlangen stellen kann (nach Klausel 27 Klauseln der Feuerv ist der führende Ver hierzu nicht bevollmächtigt). — Ehrenzweig S. 250, Hinz a. a. O. S. 41—42 wollen dem Ver ein Recht zubilligen, in angemessenen Zwischenräumen oder nach einem auf Wertminderung hinweisenden Vorgang vom Vmer die Gestattung der Überprüfung der Wertlage zu verlangen. Ohne eine solche Befugnis sei das Herabsetzungsrecht des Vers praktisch wertlos. Jedoch läßt sich aus dem Gesetz eine entsprechende Duldungspflicht des Vmers nicht ableiten. Das Eigeninteresse des Vers wird im übrigen regelmäßig zu gering sein, um eine Duldungspflicht aus Treu und Glauben rechtfertigen zu können. Vertraglich könnte jedoch ein Kontrollrecht des Vers vereinbart werden.

Stellt der **Versicherungsnehmer** das Verlangen, so fragt es sich, ob ein beschränkt geschäftsfähiger Vmer der Einwilligung des gesetzlichen Vertreters bedarf (§ 107 BGB). Das ist — wie bei der Kündigung — anzunehmen, weil die Herabsetzung nicht lediglich einen rechtlichen Vorteil (Prämienersparnis) verschafft, sondern insofern auch einen Nachteil mit sich bringt, als die Vssumme herabgesetzt wird, was Bedeutung gewinnen könnte, falls nachträglich der Vswert wieder ansteigt. Sind mehrere Vmer an einem Vsvertrage beteiligt, so können sie regelmäßig nur gemeinschaftlich und dann mit Wirkung für und gegen alle das Herabsetzungsverlangen stellen. Dies kann sich ergeben aus der Gemeinschaftlichkeit des vten Interesses, z. B. bei Gesamthandsgemeinschaften, ferner daraus, daß die mehreren Vmer die Prämie als Gesamtschuldner zu begleichen haben. Nur dann kommt ein isoliertes Herabsetzungsrecht in Betracht, wenn mehrere Vmer in einem einheitlichen Vsvertrag gesonderte Interessen decken, ohne Prämiengesamtschuldner zu sein (Näheres Hinz a. a. O. S. 32—37; bedenklich Bruck S. 530, der generell annimmt, bei mehreren Vmern könne das Verlangen „von einem jeden für seinen Teil" gestellt werden). Im Falle der Veräußerung der vten Sache wird der Erwerber zum Vmer und damit geht auch das Herabsetzungsrecht auf ihn über, gleichgültig, wann die Überv entstanden ist. Obgleich der Veräußerer gemäß § 69 II übergangsweise noch als Gesamtschuldner für die Prämie haftet, kann er doch nach der Veräußerung die Herabsetzung nicht mehr verlangen, da er nicht mehr Vmer ist (Hinz a. a. O. S. 38—39 gegen Kisch, Die mehrfache V desselben Interesses, Berlin 1935, S. 212). Auf den Erben und sonstige Gesamtrechtsnachfolger geht das Herabsetzungsrecht über, nicht aber auf den Zessionar, Vertrags- oder Pfändungspfandgläubiger. Das Herabsetzungsrecht kann als Gestaltungsrecht isoliert nicht abgetreten werden. Bei einer V für fremde Rechnung steht das Herabsetzungsrecht allein dem Vmer, also nicht dem Vten zu (trotz des Wortlauts von § 75 I 1: Ehrenzweig S. 248 Anm. 3, Hinz a. a. O. S. 37—38, a. M. Bruck S. 530). Auch bei einer V für Rechnung wen es angeht hat nur der Vmer das Herabsetzungsrecht, so daß es nicht billigenswert ist, wenn Prölss[15] Anm. 4 zu § 51, S. 243 meint, hier könne § 51 „nicht angewandt werden, solange die Person des Interessenten ungewiß ist".

[28] cc) Empfänger.

Ein vom Ver oder Vmer gestelltes Verlangen muß als empfangsbedürftige Willenserklärung dem anderen Vertragsteil zugehen. Über den Begriff des Zugangs Anm. 2—7 zu § 10.

Für den Fall, daß der Ver dem **Versicherungsnehmer** das Verlangen zugehen läßt, vgl. entsprechend Anm. 32 zu § 8. Beim gesetzlichen Güterstand der Zugewinngemeinschaft verwaltet jeder Ehegatte sein Vermögen selbständig (§ 1364 BGB); bei Vsverträgen der Ehefrau muß demnach das Verlangen der Ehefrau gegenüber erklärt werden. Aber bei jedem Güterstand kann ein Ehegatte sein Vermögen der Verwaltung des anderen Ehegatten überlassen (§ 1413 BGB); solchenfalls wird regelmäßig der andere Ehegatte empfangsbevollmächtigt sein. Auch beim Gesamtgut einer vereinbarten Gütergemeinschaft pflegt die Verwaltung durch den Mann oder durch die Frau zu erfolgen (§ 1421[1] BGB); die Willenserklärung kann sodann dem verwaltenden Teil gegenüber abgegeben werden. Bei einer Wohnungsänderung des Vmers gilt § 10.

Für den Fall, daß der Vmer dem **Versicherer** das Verlangen zugehen läßt, vgl. entsprechend wiederum Anm. 32 zu § 8. Auch ein Vermittlungsagent kann gemäß § 43 Ziff. 2 die Erklärung von dem Vmer entgegennehmen (Anm. 19 zu § 43). Bei einer Mitv kommt es auf den Wortlaut der Führungsklausel an (nach Klausel 27 Klauseln der Feuerv ist der führende Ver bevollmächtigt, Willenserklärungen für alle beteiligten Ver in Empfang zu nehmen).

[29] dd) Zeitpunkt.

Das Verlangen nach § 51 I kann immer gestellt werden, wenn sich ergeben hat, daß eine Überv vorliegt.

Hat ein Vertragsteil, z. B. ein Vmer, einen bindenden Antrag gestellt, so könnte schon vor dessen Annahme die Herabsetzung verlangt werden, hier mit Wirkung vom Vsbeginn an.

Während der gesamten Vsdauer kann das Verlangen ohne Rücksicht darauf gestellt werden, ob es sich um eine anfängliche oder um eine nachträgliche Überv handelt, auch wenn die Überv eine gewollte (aber nicht betrügerische) ist. Es braucht also nicht erst während der Vsdauer zur Kenntnis des Verlangenden zu kommen, daß eine Überv vorliege; auch eine von vornherein bekannte Überv, bei der man nicht eigentlich sagen kann, sie „ergebe" sich, rechtfertigt das Verlangen. In Österreich heißt es denn auch im revidierten Text des § 51 I: „Wenn die Vssumme . . . übersteigt, kann sowohl der Ver als auch der Vmer verlangen . . . ".

Auch noch nach Eintritt eines Vsfalls kann das Verlangen erhoben werden, sogar vom Vmer, dessen Entschädigung sich ja gemäß § 55 nicht nach der (übersetzten) Höhe der Vssumme, sondern nach der Schadenshöhe richtet (a. M. Prölss[15] Anm. 2 zu § 51, S. 242, der voraussetzen will, daß die Überv vor Eintritt des Vsfalls entdeckt werde, sonst gelte § 55, ohne Anspruch auf Prämienermäßigung). Aber zu denken ist nicht nur an Vsfälle, die keine Leistungspflicht des Vers auslösen (z. B. wegen Eingreifens einer Ausschlußklausel), sondern auch an die Fälle, in denen die V mit unveränderter Vssumme nach einem Schadensfall fortbesteht, was die Regel bildet (Anm. 27 zu § 50). Hier kann der Vmer sich z. B. bei einer V eines Inbegriffs sehr wohl darauf berufen, seine Neuanschaffungen erreichten mit ihrem Vswert nicht die Vssumme. In Fällen wie jenen der

§§ 95, 112, 119 ermäßigt sich die Vssumme auf einen „Restbetrag". Hier kann begrifflich eine Überv nur vorliegen, wenn dieser Restbetrag den verbleibenen Vswert erheblich übersteigt.

Da das Verlangen nur sofortige Wirkung zeitigen soll, kann es nicht für die Vergangenheit, rückwirkend erklärt werden. Die Überv muß im Zeitpunkt des Verlangens vorhanden sein: Ist übersehbar, daß die Überv in Zukunft entstehen wird, so kann doch das Verlangen nicht im Vorwege erklärt werden; die Unsicherheit wäre zu groß. Nach dem Ende der V ist die Erklärung nach § 51 I sinnlos, weil die Prämie nicht rückwirkend ermäßigt wird (Prölss[15] Anm. 2 zu § 51, S. 242).

Aber auch nach längerem Bestehen einer Überv ist das Verlangen immer noch statthaft, eine Frist, insbesondere eine Unverzüglichkeitsfrist, läuft — anders als nach § 60 III — nicht. Da es sich nicht um einen Anspruch des Berechtigten handelt, kommt nach der Gestaltungstheorie auch keine Verjährung in Betracht (Anm. 7 zu § 12, a. M. Thees Deutsche Justiz 1943 S. 282).

Ein mehrfaches Verlangen ist denkbar und zulässig (Ehrenzweig S. 249). Erhöht sich nachträglich der Vswert wieder, so kann doch die Vssumme nur durch Vereinbarung zwischen Vmer und Ver wieder erhöht werden, also durch Änderungsvertrag. Ein einseitiges Verlangen führt nicht zur Wiedererhöhung: Ehrenzweig S. 250, Hinz a. a. O. S. 56, Raiser Anm. 5 zu § 11, S. 291.

[30] ee) Inhalt.

Die einseitige empfangsbedürftige rechtsgestaltende Willenserklärung, welche der Ver oder der Vmer abgibt, muß den Geschäftswillen des Erklärenden verlautbaren, der darauf gerichtet ist, „daß zur Beseitigung der Überv die Vssumme unter verhältnismäßiger Minderung der Prämie mit sofortiger Wirkung herabgesetzt" werde (§ 51 I). Der Geschäftswille wird bereits ausreichend deutlich, wenn der Erklärende nur geltendmacht, es liege eine Überv vor, oder wenn er nur die Herabsetzung der Vssumme verlangt (was dem Ver besonders naheliegt) oder wenn er nur die Minderung der Prämie erstrebt (was für den Vmer im Vordergrund des Interesses steht). Zusätzlich liegt allerdings stets die Notwendigkeit vor, den Umfang der Überv zu kennzeichnen, sei es durch Angabe der richtigen Vssumme (Bruck 7. Aufl. Anm. 10 zu § 51, S. 203), sei es durch Angabe des Vswertes, mit dem die Vssumme bei einer normalen Vollwertv übereinstimmt (Hinz a. a. O. S. 50). Ohne solche Bezifferung ist das Verlangen nicht ausreichend konkret, es würde auch nicht ausreichen, wenn der Vmer schreibt, die Vssumme sei um mehr als die Hälfte übersetzt. Ein allzu unbestimmtes Verlangen äußert keine rechtliche Wirkung. Besonders den Ver kann nach Treu und Glauben allerdings eine Nachfragepflicht treffen. Ergänzt der Vmer seine ursprünglichen ungenauen Angaben, so tritt die Wirkung des Verlangens erst mit solcher Ergänzung ein. Zu allem Hinz a. a. O. S. 51. Nicht notwendig ist es, § 51 I zu zitieren oder zu begründen, wann und wie die Überv entstanden ist. Ausnahmsweise kann das Verlangen konkludent gestellt werden, man denke an eine Prämienkürzung oder die Zusendung eines „berichtigten" Vsscheines. Ein stillschweigend gestelltes Verlangen ist kaum denkbar.

Es muß dem Erklärenden verstattet sein, eine Teilherabsetzung zu verlangen, etwa bei einer Inbegriffv mit einer Vssumme von 100000 DM auf 75000 DM, obgleich der gegenwärtige Vswert nur 50000 DM beträgt. Vielleicht rechnet der Erklärende mit einem späteren Wertzuwachs auf 75000 DM, niemals aber auf 100000 DM. In solchem Falle könnte dann allerdings der andere Teil seinerseits ein zweites Verlangen stellen mit dem Ziel einer Herabsetzung auf 50000 DM. Vgl. Hinz a. a. O. S. 50—51. — Ist umgekehrt ein Verlangen überhöht, also nur zum Teil gerechtfertigt, so muß es als unwirksam angesehen werden. Bewertungsfragen sind allzu schwer zu beantworten, als daß man es rechtfertigen könnte, hier anzunehmen, das Verlangen wirke nur insoweit, als es berechtigt ist.

Als rechtsgestaltende Willenserklärung ist ein gestelltes und zugegangenes Verlangen unwiderruflich. — Jedoch lassen sich durch contrarius consensus die Wirkungen eines Verlangens wieder beseitigen, auch für die inzwischen abgelaufene Zeit. Verlangt also ein Vmer (mit Recht) eine Herabsetzung, erreicht aber der Ver, daß der Vmer seinen Wunsch fallen läßt (vielleicht mit Rücksicht auf Bewertungszweifel oder künftige Wertschwankungen), so entfaltet das Verlangen im Endergebnis keine Wirkungen. — Die

Gegner der Gestaltungstheorie nehmen teilweise eine Widerruflichkeit eines Verlangens an, bis zur „Annahme" durch den Erklärungsempfänger, aber nicht mehr nach einem Schadenseintritt (Prölss[15] Anm. 3 zu § 51, S. 242, Raiser VW 1948 S. 370); dagegen Anm. 25, 26.

Wie jede Willenserklärung ist das Verlangen prinzipiell anfechtbar. Hat sich allerdings der Verlangende hinsichtlich des wahren Vswertes geirrt, dergestalt daß in Wahrheit keine Überv vorliegt, so erweist sich, daß das Verlangen unbegründet war und es ist schon aus diesem Grunde wirkungslos. Die Rechtsunsicherheit wird beseitigt, falls der andere Teil sich auf den Boden des unbegründeten Verlangens stellt, so daß ein Änderungsvertrag zustandekommt. Solcher Änderungsvertrag wäre wegen eines bloßen Motivirrtums nicht anfechtbar. Ein einseitiges Herabsetzungsverlangen könnte angefochten werden, falls eine arglistige Täuschung vorliegt, z. B. wenn dem Verlangenden vorgespiegelt worden war, er sei verpflichtet, die Herabsetzung zu verlangen. Eine Irrtumsanfechtung kommt in Betracht, falls der objektive Erklärungswert zwar ein Herabsetzungsverlangen bedeutet, der Geschäftswille jedoch fehlt; vielleicht wollte der Vmer dem Ver nur vor Augen führen, er zahle laufend eine materiell überhöhte Prämie. Zur Anfechtung Hinz a. a. O. S. 49, Kisch ZHR Bd 75 S. 240, 255, Raiser VW 1948 S. 371. Nach einer begründeten Anfechtung kann das Geleistete kondiziert werden, z. B. kann der Ver zurückgezahlte Prämie wieder verlangen, einen „berichtigten" Vsschein zurückfordern.

Wer ein Verlangen stellt, muß im Bestreitensfalle beweisen, daß sein Verlangen inhaltlich begründet sei, also eine Überv vorliege (Hinz a. a. O. S. 55, Prölss[15] Anm. 3 zu § 51, S. 242). Besonders für den Ver ist die Beweissituation oft schwierig, zumal da er kein Kontrollrecht hat (Anm. 27).

[31] ff) Form.

Das Gesetz sieht für das Verlangen keine Form vor, das Verlangen kann also auch formlos, z. B. mündlich, fernmündlich, konkludent (Anm. 30) gestellt werden. § 68a erklärt § 51 I für zugunsten des Vmers zwingend und enthält nicht die in § 34a² vorgesehene Ausnahmeregelung, wonach die schriftliche Form z. B. für vorvertragliche Anzeigen bedungen werden kann. Deshalb würde sich der Ver auf eine vereinbarte Schriftform nicht berufen können; trotzdem findet sich solche Vereinbarung häufig, z. B. in §§ 19 AFB, AWB, AHausratB, § 17 FBUB. Die Rechtslage ist folgende: Hat trotz der Formvereinbarung ein Vmer das Verlangen nur mündlich gestellt (vielleicht gegenüber einem Vsagenten), so ist es wirksam, die Rechtsfolgen treten ein; angesichts dieser Gestaltungswirkung kann sich der Vmer nachträglich nicht auf den Boden der AVB stellen und geltendmachen, er berufe sich nunmehr auf den Formmangel (dazu Einl. Anm. 49). Wenn allerdings der Ver sich hierauf einläßt, würden durch besondere Vereinbarung die Wirkungen des Verlangens rückwirkend wieder beseitigt werden.

[32] b) Rechtsfolgen des Verlangens.

aa) Für die Versicherungssumme.

Ein berechtigtes Verlangen hat die Rechtsfolge, daß die Vssumme sich ermäßigt, sobald die Willenserklärung dem Vertragspartner zugeht. Es kommt nur darauf an, ob im Zeitpunkt des Zugangs das Verlangen im angegebenen Umfang oder darüber hinaus (Anm. 30) gerechtfertigt ist. Der Wortlaut des § 51 I führt insofern irre, als das Herabgesetztwerden auf Grund des rechtsgestaltenden Verlangens eintritt und als solches kein Verhalten der Parteien (keinen Vertrag, keine Handlung des Vers) erfordert. Über andere Fälle der Veränderung der Vssumme kraft einseitiger Erklärung: Anm. 20 zu § 50.

Man kann im Falle des § 51 I nicht sagen, die Gefahrtragungsleistung des Vers vermindere sich; denn immer hat der Ver nur den Betrag des Schadens zu ersetzen, mag auch die Vssumme höher als der Vswert sein. Der Umfang der Schadensersatzpflicht des Vers wird also durch die Herabsetzung der Vssumme nicht berührt. Allenfalls könnte es während der ferneren Vertragsdauer geschehen, daß der Vswert ansteigt, z. B. infolge von Neuanschaffungen bei einer Hausratv oder infolge von Wertsteigerungen. Dann wäre, wenn man die Herabsetzung der Vssumme fortdenkt, die Überv womöglich gerade zur Vollwertv geworden, der Vmer hätte erhöhten Vsschutz genossen. Nach der Herabsetzung der Vssumme hat die V ihre „Auffangfunktion" verloren, es entsteht bei Ansteigen des Vswertes eine Unterv und eine Wiedererhöhung setzt einen Änderungsvertrag der Beteiligten voraus (Anm. 29).

Die Herabsetzung der Vssumme erfolgt unter verhältnismäßiger Minderung der Prämie (dazu Anm. 33—35), hat aber auch andere Auswirkungen: Ein Vsschein, welcher mit der ursprünglichen Vssumme ausgestellt worden war, ist unrichtig geworden. Der Ver ist verpflichtet, einen berichtigten Vsschein oder einen Nachtrag auszuhändigen (Anm. 124 zu § 1). In besonderen Fällen ist eine Verpflichtung des Vmers anzunehmen, den unrichtig gewordenen Vsschein zurückzugeben (Analogie zu § 371[1] BGB, vgl. Bruck S. 531—532).

[33] bb) Für die Prämie.

aaa) Minderung.

Für den Ver und für den Vmer steht wirtschaftlich die Prämienermäßigung im Vordergrunde, welche kraft der rechtsgestaltenden Willenserklärung eintritt: Herabsetzung der Vssumme „unter verhältnismäßiger Minderung der Prämie mit sofortiger Wirkung".

Eine verhältnismäßige Minderung bedeutet — wörtlich genommen — eine Ermäßigung in starrer rechnungsmäßiger Kongruenz zur Herabsetzung der Vssumme. Frühere Vssumme 12000 DM, frühere Prämie 12 DM; neue Vssumme 6000 DM, neue Prämie hiernach 6 DM. So denn auch Bischoff ÖffrechtlV 1934 S. 249—250, der allenfalls die „Grundsätze über die Verschiebung der Geschäftsgrundlage" heranziehen will.

Aber man darf nicht am Wortlaut haften, muß die Forderungen der Vstechnik beachten und davon ausgehen, daß der Prämientarif des Vers nicht nur unternehmensinterne Bedeutung hat (Anm. 20, 21 zu § 35). Viele Tarife sehen Mindestprämien vor oder gehen davon aus, daß niedrigere Vssummen relativ höhere Prämien erfordern (man denke an die fixen Verwaltungskosten), oder berücksichtigen umgekehrt, daß zuweilen mit der Vssumme das Risiko mehr als proportional ansteigt (besonders wertvoller Schmuck, Pelze). In allen diesen Fällen ist auch im Rahmen des § 51 I die Heranziehung der „Verhältnisse" des Prämientarifes geboten. Beträgt z. B. im obigen Beispiel die Mindestprämie 10 DM, so hat künftig der Vmer diese 10 DM, und nicht nur 6 DM zu begleichen (weshalb es sich für ihn nicht empfiehlt, die Herabsetzung der Vssumme auf weniger als 10000 DM zu verlangen). Wie hier Benrath Der Vmer 1957 S. 134, Bruck S. 531, Durst JRPV 1928 S. 308—309, Ehrenzweig S. 249, Hinz a. a. O. S. 56—58, Kisch ZHR Bd 75 S. 250—251, Prölss[15] Anm. 4 zu § 51, S. 242, Raiser Anm. 6 zu § 11, S. 291, KG 7. VII. 1928 VA 1929 S. 51—52 Nr. 1961 = JRPV 1928 S. 276—277. Maßgebend muß jener Prämientarif sein, der zur Zeit des formellen Vsbeginnes angewendet wurde, nicht also der Prämientarif zur Zeit der Herabsetzung (Durst JRPV 1928 S. 308—309, Ehrenzweig S. 249, Hinz a. a. O. S. 57—58).

Nach der Vsprämie richtet sich genau proportional die Vssteuer. Nebengebühren, z. B. Inkassogebühren, folgen der Prämie (Anm. 10 zu § 35), jedoch führt eine Prämienermäßigung nicht immer zu einer korrespondierenden Minderung der Nebengebühren, man denke an Mindestgebühren für das Inkasso kleinerer Beträge. Prölss[15] Anm. 4 zu § 51, S. 242—243 will zu Unrecht die „Nebenkosten" unverändert lassen. Allerdings werden „verdiente" Nebenkosten nicht nachträglich vermindert, z. B. Aufnahmegebühren (Bruck S. 531). Die Kosten des neuen Vsscheins oder Nachtrages hat der Vmer entsprechend der neuen Vssumme zu begleichen, falls er das Verlangen nach Beseitigung der Überv gestellt hat (Ehrenzweig S. 249).

[34] bbb) Zeitpunkt.

Nach der ursprünglichen Fassung des § 51 I wurde die Prämie nur „für die künftigen Vsperioden" gemindert. Der angebliche „Grundsatz der Unteilbarkeit der Prämie" stand bei der Schaffung dieser Regelung Pate. Als der Grundsatz sich als unhaltbar erwies (Anm. 4 zu § 40), griff der Gesetzgeber ein, und zwar mit Art. I Ziff. 1 Zweite VO zur Ergänzung und Änderung des VVG vom 6. IV. 1943 (RGBl. I S. 178); jetzt tritt die Prämienminderung „mit sofortiger Wirkung", also mit Zugang des Verlangens ein. Die

Begründung betont, die Prämienermäßigung wirke nicht etwa in die Vergangenheit zurück (obgleich der Ver bei Überv keine entsprechende Gefahr trug), sie sei „für beide Teile billig. Sie trägt auch nicht unerheblich dazu bei, daß der Ver beim Abschluß des Vertrages darauf achtet, daß die Vssumme in den richtigen Grenzen gehalten wird" (Deutsche Justiz 1943 S. 268). Der Vater der Novelle: Thees Deutsche Justiz 1943 S. 280—282 stellt die Aufhebung des abzulehnenden Grundsatzes der Unteilbarkeit der Prämie in den Vordergrund.

§ 51 I gestattet dem Ver nicht, die Prämie nach Kurztarif zu berechnen oder die für eine spätere Zeit aufgewendeten Kosten, z. B. Provisionen, zu berücksichtigen. Die Prämie ist vielmehr zeitlich als Prorataprämie zu berechnen (Anm. 14 zu § 40).

Wird eine Doppelv herabgesetzt, so tritt die Prämienermäßigung für den Vmer erst mit der nächsten Vsperiode ein (§ 60 III 1); die Vorschrift soll lex specialis gegenüber § 51 I sein (Prölss[15] Anm. 5 zu § 60, S. 264—265). Man wird jedoch differenzieren müssen: Ist eine Sache im Werte von 100000 DM beim Ver A mit 120000 DM und später beim Ver B mit 150000 DM vert, so kann der Vmer zunächst bei A und B die Beseitigung der Überven gemäß § 51 I verlangen und sodann von B gemäß § 60 I verlangen, daß der (reduzierte) Vertrag mit B als der später geschlossene Vertrag ganz aufgehoben werde. Dieses getrennte Vorgehen ist wegen der unterschiedlichen Rechtsfolgen (§ 51 I mit sofortiger Wirkung, § 60 III 1 mit Wirkung zum Schluß der Vsperiode) zweckmäßig.

Da die Herabsetzung nicht zurückwirkt, könnte ein Vmer versuchen, für die Vergangenheit einen Schadensersatzanspruch gegen den Ver zu erheben, falls der Ver (oder sein Agent) beim Vertragsschluß den Vmer zum Abschluß einer Überv schuldhaft veranlaßt hat. Eine culpa in contrahendo des Agenten könnte ausnahmsweise auch darin gesehen werden, daß der Agent nicht auf das Vorliegen einer Überv aufmerksam macht (Anm. 41—42 zu § 43), aber primär ist es Sache des Vmers, die Vssumme zu bestimmen (LG Stolp 8. X. 1940 JRPV 1940 S. 167—168, Prölss[15] Anm. 5 zu § 51, S. 243).

[35] ccc) Rückforderung.

Hat der Vmer die (jetzt ermäßigte) Prämie noch nicht beglichen, so entfällt in Höhe der Senkung die Verpflichtung des Vmers, die Forderung des Vers schrumpft. Befand sich der Vmer mit der Prämie in Teilverzug, in Höhe des jetzt ermäßigten Betrages, so wird der Verzug beseitigt. Im Falle des § 38 II setzt nunmehr der Vsschutz ein, im Falle des § 39 I entfällt die Leistungsfreiheit des Vers. Eingetretene Gestaltungswirkungen, z. B. ein Rücktritt nach § 38 I 1, eine Kündigung nach § 39 III 1 bleiben jedoch wirksam (vorbehaltlich der entsprechenden Anwendung des § 39 III 3).

Hat der Vmer einen Prämienbetrag gezahlt, der sich jetzt als überschießend erweist, so kann ihn der Vmer zurückfordern. Es handelt sich nicht um einen Anspruch aus dem Vsvertrage, sondern um einen Bereicherungsanspruch (Hinz a. a. O. S. 58—59); der rechtliche Grund für die Zahlung der Prämiendifferenz ist nachträglich weggefallen (§ 812 I 2 BGB). Damit muß aber ein Ver wegen § 51 I stets rechnen, so daß er nach § 820 I 2 BGB verschärft haftet, sich also nicht auf den Wegfall der Bereicherung (§ 818 III BGB) berufen kann.

Der Rückforderungsanspruch wird gemäß Art. I Dritte VO zur Ergänzung und Änderung des VVG vom 25. X. 1944 (RGBl. I S. 278) nicht sofort fällig, sondern erst am Schluß der Vsperiode:

> „In den Fällen des § 51 Abs. 1 und 2 des Gesetzes über den Vsvertrag vom 30. Mai 1908 (Reichsgesetzbl. S. 263) in der Fassung der Verordnung vom 6. April 1943 (Reichsgesetzbl. I S. 178) sind die dem Vmer zurückzuerstattenden Prämienteile erst am Schluß der Vsperiode . . . zu zahlen."

Obgleich die Vorschrift wohl vorwiegend kriegsbedingt war, gilt sie fort; sie ist in Österreich als § 51 III in den Gesetzestext aufgenommen worden. Die Bestimmung schließt nicht aus, daß unterjährig zu zahlende künftige Prämienraten der laufenden Vsperiode sich bereits ermäßigen. Die Fälligkeit des Rückforderungsanspruchs am Ende der Vsperiode ist insofern zweckmäßig, als am Anfang der neuen Vsperiode eine Aufrechnung erfolgen kann. Der Ver kann auch schon vor der Fälligkeit aufrechnen, z. B. anläßlich einer Entschädigungszahlung (vgl. § 271 II BGB).

Der Bereicherungsanspruch des Vmers verjährt gemäß § 195 BGB in dreißig Jahren (Hinz a. a. O. S. 58—59), nicht gemäß § 12 I in zwei Jahren, beginnend mit dem Schluß des Fälligkeitsjahres (Anm. 9 zu § 12). Allerdings wollen RG 4. I. 1938 JW 1938 S. 876, Prölss[15] Anm. 2 zu § 12, S. 103, Anm. 4 zu § 51, S. 243 alle Ansprüche auf Rückzahlung unverdienter Prämie als Vertragsansprüche verjähren lassen. Dagegen mit Recht BGH 14. I. 1960 BGHZ Bd 32 S. 13—17.

[36] 2. Sonderfall des § 51 II.

Die Vorschrift des § 51 II mit ihrer Spezialregelung für den Fall kriegsbedingter Überven ist 1943 durch Art. I Ziff. 1 Zweite VO zur Ergänzung und Änderung des VVG eingefügt worden (Anm. 1). Sie modifiziert — stets ein Verlangen des Vmers erfordernd — § 51 I in seinen Voraussetzungen (Anm. 37—39) und in seinen Rechtsfolgen (Anm. 40 bis 42).

[37] a) Verlangen des Versicherungsnehmers.

aa) Besondere Voraussetzungen.

aaa) Krieg usw.

§ 51 II begünstigt den Vmer, falls die Überv „durch ein Kriegsereignis oder durch eine behördliche Maßnahme aus Anlaß eines Krieges verursacht oder . . . die unvermeidliche Folge eines Krieges“ ist. Dieselbe Formulierung findet sich in § 68 III für den Tatbestand des Interessewegfalls.

Es muß sich bei § 51 II stets um eine nachträgliche Überv handeln, welche ganz spezielle Gründe hat. Letztere stehen stets mit einem Krieg in Zusammenhang; andere politische Risiken (dazu Anm. 30 vor §§ 49—80) rechtfertigen allenfalls eine analoge Anwendung des § 51 II, z. B. langwierige innere Unruhen.

Zum Kriegsbegriff vgl. Anm. zu § 84. Gemäß Begründung: Deutsche Justiz 1943 S. 268 soll der Ausdruck Kriegsereignis auf die einzelne Kampfhandlung abstellen, gleichgültig, ob sie von gegnerischer Seite ausgegangen ist oder nicht. Ein Sonderfall ist die behördliche Maßnahme aus Anlaß eines Krieges, die sowohl Verwaltungsakt als auch Verordnung sein könnte.

[38] bbb) Kausalität.

Die Überv muß adaequat durch den Krieg, ein Kriegsereignis oder eine behördliche Maßnahme aus Anlaß eines Krieges veranlaßt sein (Begründung: Deutsche Justiz 1943 S. 268).

Indem in § 51 II (an dritter Stelle) auf die Überv als unvermeidliche Folge eines Krieges abgehoben wird, sind bereits alle Überven erfaßt, welche als adaequate Folgen durch einen Krieg verursacht sind (Anm. 152 zu § 49). Die Formulierung greift mindestens ebenso weit wie die (an erster Stelle genannte) Verursachung der Überv durch ein Kriegsereignis, wobei besonders an einen Geschütz- oder Bombenangriff zu denken ist, der einen Teil der vten Sachen zerstört und hinsichtlich des Restes eine Überv entstehen läßt (bei völliger Zerstörung gilt § 68 III: Interessewegfall). Dabei ist es gleichgültig, ob der Ver für die Kriegsgefahr haftet, sofern nur (ohne die Regelung des § 51 II) die Vssumme künftig den verbliebenen Vswert erheblich überschreiten würde. Bei den (an zweiter Stelle genannten) behördlichen Maßnahmen aus Anlaß eines Krieges denke man an eine Requisition oder eine angeordnete Evakuierung, bei der ein Vmer soviele Sachen vom Vsort entfernt, daß die verbleibenden Sachen übervert sind.

[39] bb) Sonstige Voraussetzungen.

Das vom Vmer zu stellende Verlangen (dazu Anm. 27—31) setzt wie im Falle des § 51 I eine Überv voraus, wobei der allgemeine Begriff der Überv (Anm. 3—16) maßgebend ist, insbesondere auch das Merkmal der Erheblichkeit jener Diskrepanz zwischen Vssumme und Vswert.

Was den Zeitpunkt des Verlangens des Vmers angeht, so ist es im Falle des § 51 II auch noch nach dem Ende der V möglich und sinnvoll, da die Prämie mit Wirkung vom Eintritt der Überv ab reduziert wird.

Zum Inhalt des Verlangens gehört ein Hinweis auf die Kriegsbedingtheit der nachträglichen Überv oder auf die angestrebte Wirkung vom Eintritt der Überv ab.

[40] b) Rechtsfolgen des Verlangens.

aa) Allgemeine Wirkungen.

Herabsetzung der Vssumme (Anm. 32) und Minderung der Prämie (Anm. 33—35) sind auch bei kriegsbedingter Überv die Rechtsfolgen eines Herabsetzungsverlangens des Vmers. Grundsätzlich kann also auf Anm. 32—35 verwiesen werden. Aber es gelten Besonderheiten hinsichtlich des Zeitpunktes des Wirksamwerdens des Verlangens (Anm. 41) und entsprechend hinsichtlich der Rückforderung überzahlter Prämie (Anm. 42).

[41] bb) Besondere Wirkungen.

aaa) Zeitpunkt.

Gleichgültig wann der Vmer das Verlangen stellt, es wirkt „vom Eintritt der Überv ab" (§ 51 II), also zurück auf den Zeitpunkt der kriegsbedingten Entstehung der Überv. Das gilt für die Herabsetzung der Vssumme ebenso wie für die verhältnismäßige Minderung der Prämie, und letzteres ist praktisch wichtiger. „Diese Regelung für Kriegsereignisse ist die für den Vmer überhaupt günstigste von den in Betracht kommenden Lösungsmöglichkeiten" (Thees Deutsche Justiz 1943 S. 282). Die von dem Ver aufgewendeten Kosten werden nicht berücksichtigt. Auf die Kenntnis des Vmers oder Vers vom kriegsbedingten Entstehen der Überv kommt es nicht an.

Gestaltungsrechte verjähren nicht, eine Ausschlußfrist hat das Gesetz nicht gesetzt, und so kann der Vmer sein Verlangen noch nach dem Ende der V stellen (Anm. 39), und während des Laufes der V auch noch, nachdem die Überv inzwischen, z. B. durch Neuanschaffungen, wieder beseitigt ist.

Liegt eine Doppelv und zugleich ein Fall des § 51 II vor, so soll hier § 51 II lex specialis sein und vorgehen (Prölss[15] Anm. 5 zu § 60, S. 264—265). Das ist unklar. Ist ein Gebäude, das einen Wert von 200000 DM hatte, beim Ver A mit 100000 DM, beim Ver B mit gleichfalls 100000 DM vert (ohne daß eine Mitv [Anm. 8] vorliegt), und brennt dieses Gebäude infolge des Krieges ab, so daß der Restwert 50000 DM beträgt, so ist der Vmer bei beiden Vern übervert, und er kann von jedem Herabsetzung der Vssumme auf 50000 DM verlangen (§ 51 II), nicht mehr. Soll die Doppelv beseitigt werden, so bedarf es eines Vorgehens des Vmers nach § 60.

[42] bbb) Rückforderung.

Da das Verlangen aus § 51 II zurückwirkt auf den Zeitpunkt des kriegsbedingten Eintritts der Überv, auch wenn dieses Verlangen sehr verspätet — womöglich in einer späteren Vsperiode — gestellt wird, kann der überzahlte Prämienbetrag erheblich sein.

Die Fälligkeit der Rückforderung „tritt erst am Schluß der Vsperiode" ein (Art. I Dritte VO: Anm. 35). Maßgeblich ist die Vsperiode, in welcher der Vmer das Verlangen stellt.

Der Rückforderungsanspruch verjährt erst in dreißig Jahren (Anm. 35).

[43] 3. Halbzwingender Charakter.

Gemäß § 68a kann sich der Ver auf eine Vereinbarung, durch welche von § 51 I, II zum Nachteile des Vmers abgewichen wird, nicht berufen. Nur für die in § 187 I, II genannten Vszweige und Vsformen sowie für die öffentlichrechtlichen Wettbewerbseinrichtungen (§ 192 II) herrscht Vertragsfreiheit. Der Ver ist durch § 68a nicht begünstigt, könnte also vertraglich seine Rechte aus § 51 I wegbedingen.

Der relativ zwingende Charakter des § 51 I, II zugunsten des Vmers verbietet nicht nur den Ausschluß, sondern auch jede Schmälerung oder Erschwerung des Herabsetzungsrechts; über Formerschwerungen vgl. schon Anm. 31. Eine Ausschlußfrist für das Verlangen wäre unzulässig. Auch die Rechtsfolgen des Verlangens dürfen für den Vmer nur verbessert, nicht verschlechtert werden. Die verhältnismäßige Minderung der Prämie (dazu Anm. 33) darf im Falle des § 51 I z. B. nicht erst für künftige Vsperioden vorgesehen werden, wie nach vorgesetzlichem Recht. Nachdem die Rechte des Vmers entstanden sind, kann er jedoch auf sie verzichten.

Für die Betriebsunterbrechungsv behandelt § 9 I FBUB das Problem der Überv:

„Entspricht das Versicherungsjahr dem Geschäftsjahr und meldet der Versicherungsnehmer spätestens 4 Monate nach Ablauf eines Versicherungsjahres, daß nach seinen Geschäftsbüchern Geschäftsgewinn und erwirtschaftete Geschäftskosten im abgelaufenen Versicherungsjahr niedriger waren als die Versicherungssumme, so wird die auf den überschießenden Betrag gezahlte Prämie bis zu einem Drittel der entrichteten Jahresprämie rückvergütet. Die Rückvergütung ist für jede Gruppe besonders festzustellen."

Die Vorschrift ist z. T. nicht unbedenklich: Die Meldung entspricht dem Verlangen. Dieses ist jedoch befristet. Die Prämienrückvergütung soll zwar für das ganze Vsjahr, also rückwirkend erfolgen, was gegenüber § 51 I eine Besserstellung bedeutet, aber die Prämienminderung soll nur „bis zu einem Drittel der entrichteten Jahresprämie" erfolgen, eine Begrenzung, die § 51 I nicht kennt.

[44] IV. Betrügerische Überversicherung.

1. Zivilrecht.

a) Tatbestand.

§ 51 III bringt eine Sonderregelung für den Fall der sogen. betrügerischen Überv; dieser besondere Tatbestand löst spezielle Rechtsfolgen (Anm. 48—49) aus. Die zivilrechtliche Regelung ist unabdingbar (Anm. 50). Von ihr ist die strafrechtliche Regelung (Anm. 51) zu unterscheiden.

Der zivilrechtliche Tatbestand der betrügerischen Überv setzt neben den allgemeinen Kriterien der Überv (Anm. 45) voraus, daß der Vmer im Zeitpunkt des Vertragsabschlusses (Anm. 46) eine Betrugsabsicht hegt (Anm. 47).

[45] aa) Kriterien der Überversicherung.

Auch im Sonderfalle des § 51 III muß das Vorliegen einer Überv im Sinne des § 51 I gefordert werden, das ergibt der Gesetzeszusammenhang. Insbesondere muß die Vssumme den Vswert erheblich übersteigen (Bruck S. 533, Hinz a. a. O. S. 60—62, Wiedemann a. a. O. S. 16). Wer —wenngleich in betrügerischer Absicht — die Vssumme um 10% oder weniger übersetzt (Anm. 16), braucht demnach die zivilrechtliche Nichtigkeit seines Vertrages nicht zu befürchten.

Da § 51 auf die Doppelv nicht anzuwenden ist (Anm. 8), mußte die betrügerische Doppelv in § 59 III besonders geregelt werden. — Zur betrügerisch übersetzten Taxe Anm. zu § 57.

[46] bb) Zeitpunkt des Vertragsabschlusses.

§ 51 III hebt auf den Vertragsabschluß ab, woraus man fälschlich gefolgert hat, es müsse sich bei der betrügerischen Überv immer um eine anfängliche Überv handeln (Hinz a. a. O. S. 68—69). Diese Auffassung ist jedoch nicht zutreffend. Entscheidend ist nur, ob die Absicht des Betruges schon bei dem formellen Vsbeginn besteht. Es ist durchaus denkbar, daß die Überv erst später entsteht (Prölss[15] Anm. 6 zu § 51, S. 243): Der Vmer plant von vornherein, vor einer beabsichtigten Brandstiftung den größten Teil jener Warenvorräte heimlich beiseitezuschaffen, die er beim Vertragsabschluß bei einer Besichtigung dem Beauftragten des Vers gezeigt hat.

Als Vertragsabschluß ist auch die Vereinbarung einer Vertragsänderung anzusehen, man denke an die nachträgliche Erhöhung der Vssumme in betrügerischer Absicht (dazu OLG Hamm 26. X. 1936 HansRGZ 1937 A Sp. 221—223). Man wird solchenfalls die Nichtigkeitsfolge nicht nur auf die Vertragsänderung zu beziehen haben, sondern auch den ursprünglichen Vertrag einbeziehen, also (für die Zeit ab Vertragsänderung) vernichten müssen (Hinz a. a. O. S. 69); dagegen sind früher erbrachte Leistungen des Vers nicht sine causa erbracht worden.

Die zivilrechtliche Vorschrift des § 51 III gestattet eine analoge Anwendung auf Fälle, in denen ein dem Vertragsabschluß ähnlicher Tatbestand vom Vmer in betrügerischer Absicht realisiert wird, man denke bei einer Stichtagsv für Vorräte an eine überhöhte Aufgabe der Stichtagssumme, bei einer laufenden V an eine überhöhte Deklaration

(Anm. 6, 7, 10; LG Hamburg 11. IX. 1959 VersR 1960 S. 316—317, wo der „ganze Vertrag" für unwirksam erklärt wird).

[47] **cc) Betrugsabsicht des Versicherungsnehmers.**

Der Vmer muß den Vertrag schließen „in der Absicht, sich aus der Überv einen rechtswidrigen Vermögensvorteil zu verschaffen". Für die Begriffe „Absicht" und „rechtswidriger Vermögensvorteil" läßt sich die strafrechtliche Auslegung des § 263 I StGB nutzbar machen (Hinz a. a. O. S. 63, OLG Königsberg 20. III. 1934 HansRGZ 1935 A Sp. 126).

Absicht ist qualifizierter Vorsatz. Erforderlich ist das Wissen um die Überv und ein Wollen, das auf einen bestimmten (beabsichtigten) Erfolg gerichtet ist, nämlich auf die Verschaffung eines rechtswidrigen Vermögensvorteils. Fehlt das Wissen, das Bewußtsein der Überv, hat sich z. B. der Vmer bei der Bemessung des Vswertes verschätzt, so kann von Betrugsabsicht nicht die Rede sein. Der Vmer muß sich auch dessen bewußt sein, daß der erstrebte Vermögensvorteil rechtswidrig ist (a. M. widersprüchlich Hinz a. a. O. S. 63—64). Auch wenn das zweckgerichtete Wollen fehlt, entfällt die Betrugsabsicht, z. B. dann, wenn der Vmer mit einem Wertzuwachs, etwa durch Neuanschaffungen, rechnet und deshalb eine Überv nimmt (vgl. OLG Kiel 30. VI. 1928 VA 1928 S. 202—203 Nr. 1858 = JRPV 1928 S. 281—282). Solchenfalls handelt es sich um eine zwar gewollte, aber nicht betrügerische Überv (Anm. 20).

Die Absicht muß gerichtet sein auf die Erlangung eines **rechtswidrigen Vermögensvorteils.** Dieser Vorteil liegt hier nicht schon in der latenten Gefahrtragung des Vers, sondern in der überhöhten Entschädigungsleistung. Da nach § 55 die Schadensersatzpflicht des Vers durch den Betrag des Schadens begrenzt ist, ist die Überhöhung rechtswidrig. Der Vmer muß planen, den Ver später hinsichtlich der Schadenshöhe zu täuschen. „Für eine betrügerische Absicht spricht . . . bei einer Überv in erster Linie, daß sich der Vmer von einer späteren Täuschung Erfolg hinsichtlich der Entschädigung verspricht" (BGH 19. XI. 1962 VersR 1963 S. 79 unter Berufung auf OLG Hamm 26. X. 1936 HansRGZ 1937 A Sp. 221—223, LG Hamburg 11. IX. 1959 VersR 1960 S. 316—317; Prölss[15] Anm. 6 zu § 51, S. 243). Es reicht aus, wenn der Vmer für den Fall eines Schadenseintritts den Vermögensvorteil anstrebt, also die eventuelle überhöhte Entschädigungsleistung (Hinz a. a. O. S. 64, der deshalb unzweckmäßig den Ausdruck „Eventualdolus" verwendet, ebenso Bruck S. 533, Raiser Anm. 7 zu § 11, S. 291, Schweizerisches Bundesgericht 4. V. 1927 HansRGZ 1928 A Sp. 305—306).

Nicht erforderlich ist es, daß der Vmer schon beim Vertragsabschluß den Ver täuscht „durch Vorspiegelung falscher oder durch Entstellung oder Unterdrückung wahrer Tatsachen" (so aber strafrechtlich für den Betrug § 263 I StGB: Hinz a. a. O. S. 61—62). Unerheblich ist auch, ob überhaupt ein Vsfall eintritt und ob der Vmer „bei Eintritt eines Schadens entsprechende Schritte zur Realisierung des Vermögensvorteils unternommen hat" (Hinz a. a. O. S. 61). Nicht ausreichend für die Anwendung des § 51 III ist es, falls der Vmer mit Überv nur das Ziel verfolgt, Dritte (z. B. Kreditgeber oder Kaufinteressenten) hinsichtlich des Wertes der vten Sache zu täuschen (Hinz a. a. O. S. 66—68 gegen Ehrenzweig S. 250, Hagen I S. 465, Kaufmann S. 37, vgl. auch OLG Hamm 26. X. 1936 HansRGZ 1937 A Sp. 221—223).

Was die **Personenfrage** anlangt, so erwähnt § 51 III nur den Vmer. Wie ist die Rechtslage, wenn dieser nicht „sich", sondern einem Dritten, nämlich bei der V für fremde Rechnung dem Vten einen rechtswidrigen Vermögensvorteil verschaffen will? § 79 I paßt nicht. § 263 I StGB umfaßt diesen Fall ausdrücklich, was aber einen Gegenschluß nicht gestattet. Im Gegenteil, man wird annehmen müssen, daß § 51 III analog anzuwenden sei (Bruck S. 533, JRPV 1931 S. 362, Hinz a. a. O. S. 64—66, Raiser Anm. 7 zu § 11, S. 291, Prölss[15] Anm. 8 zu § 51, S. 243, LG Hamburg 11. IX. 1959 VersR 1960 S. 317). Wenn ein betrügerischer Vter einen gutgläubigen Vmer vorspannt, damit dieser die V abschließe, wird gleichfalls § 51 III analog anzuwenden sein (Hinz a. a. O. S. 74, Raiser Anm. 7 zu § 11, S. 291). — Bedient sich der Vmer beim Vertragsabschluß eines Vertreters, so kommt es nur auf die betrügerische Absicht des Vertreters an, bei weisungsgebundenen Bevollmächtigten auch auf die betrügerische Absicht des Vollmachtgebers (§ 166 I, II 1 BGB, § 19[1] analog): Hinz a. a. O. S. 69—70, OLG Königsberg 20. III. 1934 HansRGZ

1935 A Sp. 125—126. Der rechtliche Gesichtspunkt einer Repräsentantenhaftung kommt nach dieser Entscheidung bei der Überv nicht in Betracht (a. M. Hinz a. a. O. S. 70, Prölss[15] Anm. 7 zu § 51, S. 243). — Bei Vorhandensein mehrerer Vmer genügt die betrügerische Absicht eines Vmers, wenn es sich bei den Vmern um eine Gesamthandsgemeinschaft handelt. Zweifelhafter ist die Rechtslage bei mehreren Miteigentümern nach Bruchteilen, falls nur einer betrügen will. Jedoch wird man wegen der Einheitlichkeit des Vertragsabschlusses die Nichtigkeit des Gesamtvertrages annehmen müssen. Zu allem Bruck S. 533 (abweichend für Miteigentum nach Bruchteilen), Hinz a. a. O. S. 70—72, Prölss[15] Anm. 7 zu § 51, S. 243; vgl. auch Anm. 64—66 zu § 6.

Die **Beweislast** für das Vorliegen einer betrügerischen Überv trifft den Ver. Aus der bloßen Tatsache der Überv kann nicht auf Betrugsabsicht geschlossen werden, auch nicht zuweilen oder gar oft (so aber KG 15. VI. 1929 JRPV 1929 S. 320, Prölss[15] Anm. 6 zu § 51, S. 243). Die Grundsätze des Primafaciebeweises gelten nicht, weil es sich nicht um typische Geschehensabläufe handelt. Aber ein Indizienbeweis ist möglich, z. B. wenn simulierte Verträge oder fingierte Rechnungen gegenüber dem Ver verwendet worden sind und sodann im Schadensfall überhöhte Forderungen vom Vmer erhoben werden. Der Verdacht einer vorsätzlichen Herbeiführung des Vsfalls reicht jedoch für den Beweis der betrügerischen Überv nicht aus (BGH 16. XI. 1962 VersR 1963 S. 79).

Der Beweis ist als geführt angesehen worden in den Fällen: Schweizerisches Bundesgericht 4. V. 1927 HansRGZ 1928 A Sp. 305—306, LG Hamburg 11. IX. 1959 VersR 1960 S. 316—317. Der Beweis ist als nicht geführt angesehen worden in den Fällen: BGH 19. XI. 1962 VersR 1963 S. 77—79, KG 23. III. 1927 JRPV 1927 S. 130—131, 15. VI. 1929 JRPV 1929 S. 320, OLG Düsseldorf 11. IV. 1961 VersR 1961 S. 1014, OLG Hamm 26. X. 1936 HansRGZ 1937 A Sp. 221—223, OLG Kiel 30. VI. 1928 VA 1928 S. 202—203 Nr. 1858 = JRPV 1928 S. 281—282, OLG Königsberg 20. III. 1934 HansRGZ 1935 A Sp. 125—126, OLG Stuttgart 26. IV. 1927 JRPV 1927 S. 211. Über Fälle simulierter Verträge: Schweizerisches Bundesgericht 4. V. 1927 HansRGZ 1928 A Sp. 305—306, BGH 19. XI. 1962 VersR 1963 S. 77—79, fingierter Rechnungen LG Hamburg 11. IX. 1959 VersR 1960 S. 316—317.

[48] b) Rechtsfolgen.

aa) Allgemein: Nichtigkeit.

Nach § 51 III ist eine betrügerische Überv nichtig, und zwar vollen Umfangs (anders § 786 III HGB, wonach eine Überv im Bereich der Seev nur insoweit keine rechtliche Geltung hat, als die Vssumme den Vswert übersteigt). Bei einer V mit einzelnen Positionen ist der gesamte Vertrag auch dann nichtig, wenn eine betrügerische Überv nur hinsichtlich einer einzelnen Position vorliegt (OLG Königsberg 18. VI. 1937 HansRGZ 1938 A Sp. 165—166, Bruck S. 534, Hinz a. a. O. S. 76). Entsprechendes gilt, wenn in einem einheitlichen Vertrage mehrere Ven verbunden sind; so könnte sogar eine Haftpflichtv von der Nichtigkeit ergriffen werden, wenn sie mit einer Sachv verbunden ist, hinsichtlich derer eine betrügerische Überv vorliegt. Dagegen handelt es sich bei einer „gebündelten" V um mehrere Vsverträge (Anm. 12 zu § 30). Hier und erst recht bei nebeneinander bestehenden völlig selbständigen Verträgen ergreift die Nichtigkeit nur jenen Vertrag, bei welchem die betrügerische Absicht vorgelegen hat (Bruck S. 534, Hinz a. a. O. S. 76 bis 77, RG 29. I., 23. II. 1915 Recht 1915 Nr. 1418). Jedoch kann möglicherweise der Ver den wirksamen zweiten Vertrag wegen Irrtums über die Person des Vmers anfechten (§ 119 II BGB; Bruck S. 534, Hinz a. a. O. S. 77).

Infolge der Nichtigkeit hat ein wirksamer Vsvertrag nie bestanden. Das muß auch dann gelten, wenn die Überv erst später entsteht, der Vmer aber von Anfang an die Absicht des Betruges gehabt hat (Anm. 46). Entsteht die betrügerische Überv durch eine Vertragsänderung, so ist erst von der Änderung an der (ganze) Vertrag nichtig (Anm. 46). Soweit § 51 III analog angewendet wird, z. B. bei betrügerisch überhöhten Deklarationen in einer laufenden V, wird man annehmen müssen, daß der ganze Vertrag erst ex nunc unwirksam werde (vgl. Anm. 46).

Die Nichtigkeitswirkung ist eine definitive, bleibt also auch bestehen, wenn nachträglich die Überv fortfällt (Hinz a. a. O. S. 77). Die Wirkungen der Nichtigkeit können auch „gutgläubige" Dritte treffen, z. B. bei einer V für fremde Rechnung den gutgläubigen Vten, bei Abschluß durch mehrere Vmer einen Nichtbetrüger (Anm. 47). Bei Veräußerung der vten Sache wird der gutgläubige Erwerber betroffen, wenn das Vsverhältnis wegen der Betrugsabsicht des Veräußerers nichtig ist (Hinz a. a. O. S. 77—78). Kennt allerdings der Ver die Nichtigkeit und macht er den Erwerber auf diese nicht aufmerksam, so kann dem Ver die Berufung auf die Nichtigkeit nach Treu und Glauben versagt sein (Bruck S. 534, Hinz a. a. O. S. 80 erwägen hier eine vertragliche oder deliktische Schadensersatzpflicht des Vers).

Die Nichtigkeit hat zur Folge, daß der Ver etwa geleistete Entschädigungen zurückfordern kann (§ 812 I 1 BGB). Der Vmer kann sich nicht auf den Wegfall der Bereicherung (§ 818 III BGB) berufen, haftet vielmehr verschärft (§ 819 BGB). Der Bereicherungsanspruch verjährt erst in 30 Jahren (Hinz a. a. O. S. 76; Anm. 9 zu § 12).

Trotz der Nichtigkeit werden gewisse Realgläubiger geschützt (Hinz a. a. O. S. 78—79, Prölss[15] Anm. 9 zu § 51, S. 244), insbesondere Hypothekengläubiger usw. bei einer Feuerv (§§ 103 III, 107b), Schiffshypothekengläubiger (§ 34 IV SchiffsrechteG), Luftfahrzeugregisterpfandrechtsgläubiger (§ 34 IV Gesetz über Rechte an Luftfahrzeugen vom 26. II. 1959, BGBl. I S. 57).

Die Nichtigkeit der betrügerischen Überv schließt nicht aus, daß der Ver den Vertrag wegen Irrtums oder arglistiger Täuschung anficht (dahingestellt von OLG Düsseldorf 11. IV. 1961 VersR 1961 S. 1014). Die Lehre von den Doppelwirkungen im Recht lehnt die (naturwissenschaftliche) Vorstellung, ein nullum könne nicht mehr durch Anfechtung beseitigt werden, ab. Möglicherweise kann der Ver die Voraussetzungen der Anfechtung leichter beweisen als das Vorliegen einer betrügerischen Überv. Dazu Hinz a. a. O. S. 82—83 m. w. N. — Dagegen ist § 51 III lex specialis im Verhältnis zu den §§ 134, 138 BGB; die Nichtigkeitsfolge ergibt sich bereits aus der genaueren Regelung des § 51 III (Hinz a. a. O. S. 83).

[49] bb) Speziell: Prämienschicksal.

Aus einem nichtigen Vsvertrag kann kein vertraglicher Prämienanspruch erwachsen. Wenn dennoch § 51 III dem Ver unter gewissen Voraussetzungen einen Prämienbetrag zubilligt, so kann es sich nur um ein Legalschuldverhältnis handeln (Hinz a. a. O. S. 80, Prölss[15] Anm. 9 zu § 51, S. 244; a. A. Bruck S. 534, der eine „relative Unwirksamkeit des Vertrags“ annimmt, weil der Vmer möglicherweise noch Prämie schuldet; dagegen — auch terminologisch — mit Recht Hinz a. a. O. S. 76). Der Legalanspruch des Vers auf einen Prämienbetrag hängt davon ab, ob der Ver faktisch die Gefahr getragen hat oder nicht.

Der Ver hat keine Gefahr getragen, sofern er „bei der Schließung des Vertrags von der Nichtigkeit Kenntnis hatte“ (§ 51 III). Entscheidend ist nach dem Wortlaut der formelle Vsbeginn; es muß aber ausreichen, wenn der Ver bis zum vorgesehenen materiellen Vsbeginn die Kenntnis erlangt hat. Das Kennenmüssen steht der Kenntnis nicht gleich. Der Kenntnis des Vers ist diejenige des abschließenden Abschlußagenten gleichzustellen (Anm. 13 zu § 44; Hinz a. a. O. S. 79—80). Nicht ausreichend ist die Kenntnis des Vermittlungsagenten oder Vsmaklers. Ein Ver, der von der Nichtigkeit Kenntnis hatte, hat keinen Prämienanspruch. Er muß eine bezogene Prämie nach § 812 I 1 BGB herausgeben, haftet sogar verschärft (§ 819 I BGB). Der anspruchserhebende Vmer muß die Kenntnis des Vers beweisen (Kaufmann a. a. O. S. 38, Wiechmann a. a. O. S. 17).

Hat dagegen der (unwissende) Ver faktisch die Gefahr getragen, so gebührt ihm nach § 51 III die Prämie, und zwar bis zum Schlusse der Vsperiode, in welcher er die Kenntnis erlangt. Hier gilt also die Unteilbarkeit der Prämie (Anm. 7 zu § 40), der Vmer verdient keine Schonung. Klagt der Ver die Prämie aus dem Legalschuldverhältnis ein, so braucht er nur die betrügerische Überv zu beweisen, nicht seine Unkenntnis (Kaufmann a. a. O. S. 38, Wiechmann a. a. O. S. 17).

[50] c) Unabdingbarkeit.

§ 51 III, der die Nichtigkeitsfolge vorsieht, gehört zu den absolut zwingenden Bestimmungen (Einl. Anm. 46; Hinz a. a. O. S. 80—81, Prölss[15] Anm. 10 zu § 51, S. 244). Damit sich das vsrechtliche Bereicherungsverbot gegenüber Betrügern durchsetze, muß die weitgehende Nichtigkeitssanktion auch bei solchen Vsverträgen Platz greifen, die den

Beschränkungen der Vertragsfreiheit nicht unterliegen (Einl. Anm. 42, 46; offengelassen vom KG 15. VI. 1929 JRPV 1929 S. 320).

[51] 2. Strafrecht.

Anders als früher — insbesondere nach preußischem Recht — ist die wissentliche Überv als solche nicht mehr kraft einer Sondernorm strafbar (RG 24. VI. 1911 VA 1912 Anh. S. 35—40 Nr. 656; Aufsichtsamt VA 1912 S. 123). Näheres zum vorgesetzlichen Recht bei Badstübner ZVersWiss 1906 S. 66—85.

Nach geltendem Recht hat die „betrügerische" Überv nichts mit dem „Vsbetrug" des § 265 StGB zu schaffen, der insbesondere die Inbrandsetzung einer feuervten Sache erfaßt. Zur Terminologie Kohlhaas VersR 1955 S. 465.

Die Handlung des § 51 III ist vielmehr strafrechtlich allein unter dem Gesichtspunkt des allgemeinen Betrugstatbestandes zu würdigen. Im einzelnen herrscht Streit:

Im Schrifttum wird überwiegend der Standpunkt vertreten, daß der Abschluß einer betrügerischen Überv allein noch keine strafbare Betrugshandlung — auch noch keinen Betrugsversuch — darstelle; es fehle insbesondere an einer Vermögensschädigung des Vers. Dieser habe im Vsfalle lediglich echten Schadensersatz zu leisten (§ 55), so daß sich die Überv grundsätzlich nicht nachteilig auf sein Vermögen auswirke. Versuche im Schadensfall der Vmer durch überhöhte Wertangaben Gewinn aus der Überv zu ziehen, so liege erst hierin ein betrügerisches Verhalten, während der bloße Abschluß der Überv eine straflose Vorbereitungshandlung darstelle (vgl. Baumann, Der Vsbetrug, Stuttgart o. J., S. 85—86, Briel, Der Vsbetrug des § 265 StGB und seine Reform, Tübinger Diss., Urach 1938, S. 24—25, Dietz, Das Delikt des Vsbetrugs, Heidelberger Diss., Mainz 1911, S. 43—49, Krekeler, Der Vsbetrug, Heidelberger Diss., Cassel 1912, S. 37—38, Langheineken, Vsschutz im kommenden deutschen Strafrechte, Halle-Wittenberger Diss., Würzburg 1937, S. 30—31, Matschewsky, Der Vsbetrug im künftigen Recht, Kölner Diss., Düsseldorf 1934, S. 33—34, von Speßhardt, Der Vsbetrug im Reichsstrafgesetzbuch, Marburg 1885, S. 70—71, Watzka, Über die Vermögensgefährdung beim Betrug, Hamburger Diss. 1965, S. 60—65).

Demgegenüber hat die höchstrichterliche Rechtsprechung den Standpunkt eingenommen, daß bereits in dem Abschluß einer betrügerischen Überv ein vollendeter Betrug im Sinne des § 263 StGB zu sehen sei (RG 9. III. 1914 RGSt Bd 48 S. 186—191). Allerdings lag der vom RG entschiedene Fall so, daß der Vmer nicht nur eine Überv abgeschlossen hatte, sondern gleichzeitig beabsichtigte, die vten Gegenstände alsbald in Brand zu setzen. Die Entscheidung des RG läßt nicht mit hinreichender Deutlichkeit erkennen, ob diesem Umstand entscheidende Bedeutung beigemessen wurde, oder ob das Gericht den Abschluß einer betrügerischen Überv schlechthin bestrafen wollte. Im Schrifttum wird das Urteil des RG in beiden Richtungen ausgelegt (vgl. Oberhansberg, Der Vsbetrug und sein Verhältnis zu Betrug, Brandstiftung und Sachbeschädigung nach geltendem und künftigem Recht, Kölner Diss., Kaldenkirchen o. J., S. 34 einerseits und Briel a. a. O. S. 24—25 andererseits).

Es dürfte nicht gerechtfertigt sein, danach zu unterscheiden, ob der Vmer von vornherein die Herbeiführung des Vsfalls beabsichtigt oder nicht. In beiden Fällen sind die Voraussetzungen eines Betruges gegeben. Dabei ist von der heute anerkannten Auffassung auszugehen, daß ein Vermögensschaden im Sinne des § 263 StGB bereits darin liegen kann, daß das Vermögen einer Gefährdung ausgesetzt ist (Maurach, Deutsches Strafrecht, Besonderer Teil, 4. Aufl., Karlsruhe 1964, S. 309, Schönke-Schröder, Strafgesetzbuch, 12. Aufl., München-Berlin 1965, Anm. 100—101 zu § 263 StGB). Eine solche Gefährdung des Vers liegt bereits vor, wenn der Tatbestand des § 51 III (mit Unkenntnis des Vers) vorliegt; der abgeschlossene Vertrag ist nichtig, so daß eine Leistungspflicht des Vers nicht besteht. Infolge des Verhaltens des Vmers kennt der Ver die Nichtigkeit jedoch nicht und hält sich zur Leistung bereit. In dieser faktischen Gefahrtragung, in diesem Bereitsein, bei Eintreten des Vsfalls eine nicht geschuldete Leistung zu erbringen, dürfte schon eine so erhebliche Vermögensgefährdung des Vers liegen, daß man von einer Schädigung sprechen kann. Denn es liegt in der normalen Entwicklung der Dinge, daß der Ver bei Eintritt des Vsfalls leisten wird. Wenn demgegenüber argumentiert wird, der Ver werde auch bei Vorliegen einer betrügerischen Überv normalerweise nur in Höhe des wahren Wertes haften (§ 55), so ist dieser Gedankengang unrichtig. Auch die Auszahlung des wahren Wertes im Sinne des § 55 würde zu einer Schädigung des Vers führen, denn der Ver ist wegen der Nichtigkeit des Vertrages zu keinerlei Leistungen verpflichtet. Man wird daher den Abschluß einer betrügerischen Überv im Sinne des § 51 III regelmäßig nach § 263 StGB wegen vollendeten Betruges bestrafen können.

Oben wurde dargelegt, daß der Vsbetrug des § 265 StGB nicht mit dem Abschluß einer betrügerischen Doppelv verwechselt werden dürfe. Immerhin ist zu § 265 I StGB auf Folgendes hinzuweisen. Die Norm geht von einer vten Sache aus, und es fragt sich, ob eine Bestrafung auch dann möglich ist, wenn der Vsvertrag wegen § 51 III nichtig ist. Die Rechtsprechung hält eine Bestrafung nach § 265 I StGB hier für möglich; § 265 I StGB stelle nur auf den formellen Abschluß eines Vsvertrages ab, nicht aber komme es darauf an, ob im Einzelfall materielle Vsdeckung bestehe (vgl. RG 25. V. 1925 RGSt Bd 59 S. 247—248, RG 6. II. 1933 RGSt Bd 67 S. 108—110, BGH 1. XII. 1955 BGHSt Bd 8 S. 343—346).

§ 52

Bezieht sich die Versicherung auf eine Sache, so gilt, soweit sich nicht aus den Umständen ein anderes ergibt, der Wert der Sache als Versicherungswert.

Versicherungswert. Eigentümerinteresse.

Gliederung:

[1] **Entstehung:** § 52 ist unverändert geblieben. — Begr. I S. 62.

[2] **Schrifttum:** Asmus ZVersWiss 1964 S. 369—435, Baur, Der vertragliche Vswert, Züricher Diss., Affoltern 1934, Berndt, Der Ersatzwert in der Feuerv, Weißenburg 1951, Blanck, Die Entschädigungsberechnung in der Sachv, 2. Aufl., Karlsruhe 1963, ZVersWiss 1928 S. 39—47, Botsch ZVersWiss 1922 S. 117—127, Bruck S. 503—522, HansRZ 1922 Sp. 495—502, Capeller, Der Vswert industrieller Erzeugnisse und seine Ermittelung im Brandschadenfalle, Hannover 1915, Clauss, Der Vswert, Leipziger Diss., Zeulenroda 1913, Döring Mitt 1924 S. 289—291, Domizlaff WuRdVers 1912 S. 401—416, Ecker, Feuervswert und Interesse, Borna-Leipzig 1914, Ehrenberg I S. 358—369, ZVersWiss 1906 S. 369—414, JRPV 1926 S. 77—80, Ehrenzweig S. 242—245, VuGeldwirtschaft 1925 S. 116—119, Fick, Einige Grundbegriffe der Schadensv, Zürich 1918, Der Ersatzwert in der Feuerv, Zürich 1918, HansRZ 1920 Sp. 169—180, Fleischfresser ZVersWiss 1920 S. 236—238, von Gierke II S. 185—186, Griem, Zum Begriff des Sachwertes im Vsrecht, Hamburger Diss. 1964, Hagen I S. 468—471, in: Manes, Vslexikon, 3. Aufl., Berlin 1930, Sp. 1754—1758, von Haselberg Mitt 1916 S. 123—129, Heyne, Beitrag zur Praxis der Vswertermittelung an beweglichen Gegenständen im Brandschadenfalle, Königsberger Diss., Leipzig 1910, Hilbert, Der Vswert von Maschinen, Leipzig 1937, Höhne Beilage zu BetrBer 1956 Heft 34, Hoppe, Vswert und Schadenersatz in der Feuerv, Leipzig 1939, ZVersWiss 1907 S. 535—599, Josef Mitt 1924 S. 21—23, Käser, Untersuchungen über den Begriff des Ersatzwertes in der V, Bern 1937, Koch, Die Ermittelung des Ersatz-Wertes in der Feuerv, Hamburger Diss., Bad Segeberg 1928, Köhler VuGeldwirtschaft 1925 S.

113—116, JRPV 1926 S. 112—113, Der Betrieb 1955 S. 106, Kübel MalssZ Bd 1 S. 379—387, Loewenfeld AssJhrb Bd 29 S. 99—105, Malss MalssZ Bd 1 S. 6—22, Möller, Summen- und Einzelschaden, Hamburg 1937, ZVersWiss 1934 S. 18—43, SchweizVersZ 1948/49 S. 225—237, 263—270, Moldenhauer WuRdVers 1914 S. 450—461, Offenberg Mitt 1923 S. 118—120, Prange, Die Theorie des Vswertes in der Feuerv, Teil I, Jena 1895, Teil II 1. Buch, Jena 1902, Teil II, 2. und 3. Buch, Jena 1907, Prölss[15] Anm. 1—4 zu § 52, S. 244 bis 245, Raiser Anm. 2—54 zu § 3, S. 108—147, Rasch, Zur Frage des Vswertes in der Feuerv, Jena 1892, Ritter Anm. 21 zu § 1, S. 76—77, Anm. 1—9 zu § 6, S. 233—235, Anm. 1—21 zu § 70, S. 837—849, Anm. 1—33 zu § 90, S. 1060—1071, Schmidt, Über den Feuervswert, Frankfurt a. M. o. J., Schneider AssJhrb Bd 36 I S. 3—32, Weiland ZVersWiss 1913 S. 445—449, Werneburg JRPV 1940 S. 177—179, Winter, Konkrete und abstrakte Bedarfsdeckung in der Sachv, Göttingen 1962, S. 3—8. — Schrifttum speziell zum **Kunstwert:** Anm. 12, zum **Neuwert:** Anm. 26, zum Einfluß von **Höchstpreisen:** Anm. 41.

[3] I. Wesen des Versicherungswertes.

1. Ausgangspunkte.

a) Wert außerhalb Versicherungsbereiches.

aa) Außerrechtliche Wertbegriffe.

Der Begriff des Wertes wird vielseitig verwendet und ist entsprechend schillernd. Ursprünglich angesiedelt wohl im Rechenwesen, in der **Mathematik** und in den **Naturwissenschaften** („Wertigkeit der Elemente"), hat er sich ausgebreitet bis in die **Philosophie,** insbesondere bis in die Ethik (dazu etwa Eisler, Wörterbuch der philosophischen Begriffe, 4. Aufl., 3. Bd, Berlin 1930, S. 514—537, Heyde, Wert, Eine philosophische Grundlegung, Erfurt 1926, Gesamtbibliographie des Wertbegriffes, in: Literarische Berichte aus dem Gebiete der Philosophie, Heft 15/16, Erfurt 1928, S. 111—119, Heft 17/18, Erfurt 1928, S. 66—75, Krohn, Die normative Wertethik, Turku 1958, Messer, Wertphilosophie der Gegenwart, Berlin 1930, Wiederhold, Wertbegriff und Wertphilosophie, Berlin 1920). **Psychologisch** beruht der Wert auf dem Werterlebnis, welches als Lustfühlen zu qualifizieren ist.

Besonders wichtig ist der Wertbegriff im Bereiche der **Wirtschaftswissenschaften.** In der volkswirtschaftlichen Wertlehre gab und gibt es äußerst viele Streitfragen und Theorien und zu ihnen ein überreiches Schrifttum (dazu von Böhm-Bawerk in: Handwörterbuch der Staatswissenschaft, 4. Aufl., Bd VIII, Jena 1928, S. 991, 1005, Kade in: Handwörterbuch der Sozialwissenschaften, Bd. XI, Stuttgart-Tübingen-Göttingen 1961, S. 654—658; Texte: Hofmann, Wert- und Preislehre, Berlin-München 1964). Die modernere Werttheorie sucht den Gegensatz zwischen objektivistischer und subjektivistischer Betrachtungsweise zu überwinden, indem sie die Höhe des Tauschwertes aus dem Zusammenspiel von Angebot und Nachfrage erklärt (Stephinger, Wert und Geld, Tübingen 1918, S. 36—37). Die Betriebswirtschaftslehre mußte den Wertbegriff so stark in den Vordergrund rücken, daß Mellerowicz, Allgemeine Betriebswirtschaftslehre, 6. Aufl., Bd II, Berlin 1948, S. 78, Wert und Wertung im Betrieb, Essen 1952, S. 8 hier die betriebswirtschaftlichen Zentralprobleme sieht. Die verschiedenen Lehrmeinungen hat Wittmann, Der Wertbegriff in der Betriebswirtschaftslehre, Köln-Opladen 1956 systematisiert: Er unterscheidet allein 10 Hauptgruppen mit mehr als 30 Spielarten. Termini wie Tauschwert oder Gebrauchswert (Adam Smith: value in exchange and value in use) haben Eingang in das vswissenschaftliche Schrifttum gefunden (etwa bei Käser a. a. O. S. 6—8).

Sprachlich ist das Wort „Wert" die Substantivierung des Adjektives „wert", dem das Zeitwort „werten" entspricht. Der „Wert" bezeichnet in unterschiedlicher Anwendung einmal das „Wert-sein" eines Wertobjektes und zum anderen das „Wertseiende" im Sinne eines Wertträgers, z. B. in der Feststellung, es seien Werte von hohem Wert gestohlen worden (Griem a. a. O. S. 6—7).

[4] bb) Rechtliche Wertbegriffe.

Im **Zivilrecht** spielt der Ersatz des Wertes oder der Minderung des Wertes eines Gegenstandes in Fällen des Unterganges, der Entziehung, der sonstigen Nichtherausgabe, der Verschlechterung oder Beschädigung des Gegenstandes eine Rolle (vgl. §§ 290, 818 II, III 849 BGB). Zu ersetzen ist der „gemeine Verkehrswert" (RG 3. V. 1935 RGZ Bd 147 S. 398, auch BGH 27. II. 1952 BGHZ Bd 5 S. 201—202, 10. VII. 1953 BGHZ Bd 10 S. 180—181, vgl. ferner [besonders zum Zeitpunkt der Bewertung] Furtner MDR 1961 S. 649—650). Der gemeine Wert ist „regelmäßig der Wiederbeschaffungspreis" (Larenz VersR 1963 S. 6). — Auch sonst ist im bürgerlichen Recht oft vom Wert die Rede, so vom Wert von Diensten, Benutzungsüberlassungen (§ 346² BGB), der Kaufsache (§ 459 I, 471, 472, 473¹ BGB), des Werkes (§§ 633 I, 634 III BGB), von eingebrachten Einlagen (§ 733 II 1 BGB), eines Grundstücksrechtes (§ 882¹ BGB), der Pfandsache (§§ 1218 I, 1219 I BGB), des Erbteils (§§ 2303 I 2, 2305 BGB), des Nachlasses (§ 2311 I 1, II BGB). Dabei fehlt es stets an einer näheren Vorschrift für die Wertbestimmung. — Genaueres über die Bewertung wird nur für Gold- und Silbersachen bestimmt, die beim Pfandverkauf „nicht unter dem Gold- oder Silberwerte zugeschlagen werden" dürfen (§ 1240 BGB). Ferner wird bei land- oder forstwirtschaftlichen Betrieben und speziell bei Landgütern öfters auf den Ertragswert abgehoben (§§ 1376 IV, 1515 II, 2049, 2312 I, II BGB); der Ertragswert bestimmt sich nach dem Reinertrage, den das Landgut nach seiner bisherigen wirtschaftlichen Bestimmung bei ordnungsmäßiger Bewirtschaftung nachhaltig gewähren kann (§ 2049 II BGB). — Gemäß § 31 Ziff. 2 AtomG haftet der Ersatzpflichtige bei Sachschäden nur in Höhe des gemeinen Wertes.

Im **Handelsrecht** enthalten die §§ 39 I, 40 II, III HGB knappe Bewertungsvorschriften für Inventar und Bilanz. Für die Aktiengesellschaften finden sich eingehendere Normen hinsichtlich der Wertansätze in der Jahresbilanz in §§ 153—156 AktienG n. F., für Vsunternehmen in § 56 VAG. Für die Wertlehre des Vsvertragsrechtes sind am bedeutsamsten die verkehrsrechtlichen Haftungsnormen, darüber speziell Anm. 5.

Zum **öffentlichen Recht** führen die Begriffe Wert des Streitgegenstandes, Gegenstandswert, Geschäftswert, Wert des Beschwerdegegenstandes hinüber; im Zwangsvollstreckungsrecht heben die §§ 813, 817a ZPO auf den „gewöhnlichen Verkaufswert" ab. — Im Enteignungsrecht bildet der Wiederbeschaffungswert, also der Betrag, der erforderlich ist, um eine gleiche Ersatzsache zu beschaffen, den Maßstab für die Entschädigung (BGH 16. XI. 1953 BGHZ Bd 11 S. 160). — Die entschädigungsrechtliche Vorschrift des § 18 I 4 AtomG verwendet den Begriff des Zeitwertes. — Die §§ 136—144 BundesbauG betreffen die Ermittlung von Grundstückswerten, wobei abgestellt wird auf „den gemeinen Wert (Verkehrswert)", der durch den Preis bestimmt wird, der im gewöhnlichen Geschäftsverkehr zu erzielen wäre. Dazu unterscheidet die VO über Grundsätze für die Ermittlung des Verkehrswertes von Grundstücken vom 7. VIII. 1961 (BGBl I S. 1183) das Vergleichswertverfahren, das Ertragswertverfahren und das Sachwertverfahren. — Über die Beleihungswerte für Grundstücke und Schiffe: VA 1955 S. 36—38, 1962 S. 1.— Von den sehr eingehenden steuerrechtlichen Bewertungsgrundsätzen soll speziell die Rede sein in Anm. 6.

[5] aaa) Speziell: Verkehrsrecht.

Die Haftung des Beförderers ist grundsätzlich beschränkt auf das Sachinteresse, was vsrechtlich auch deshalb wichtig ist, weil oft zugleich ein Transportver für den Sachschaden haftet. Der Haftungsbetrag wird entweder nach einer subtraktiven oder nach einer additiven Methode berechnet; die verwendeten Wertbegriffe differieren. Betrachtet man nur die Fälle des Verlustes (also nicht der Beschädigung), so ergibt sich:

Die Landfrachtführer und der Verfrachter des Seerechtes haften nach der **subtraktiven Methode,** d. h. es wird vom Wert der Ware am Ablieferungsort/Bestimmungsort ausgegangen; hiervon kommt in Abzug, was infolge des Verlustes der Ware an Zöllen und sonstigen Kosten sowie an Fracht erspart ist. Maßgebend ist der gemeine Handelswert und in dessen Ermangelung der gemeine Wert der Ware. Vgl. §§ 430 I, 658 HGB.

Umgekehrt ist die Regelung im Eisenbahnfrachtrecht und Recht des Güterfernverkehrs: Hier wird ausgegangen vom Wert der Güter am Versandort, zu welchem **addiert** werden die Fracht, die Zölle und sonstige aus Anlaß der Beförderung des verlorenen Gutes bezahlte Beträge. Maßgebend ist im Eisenbahnrecht der Börsenpreis, in dessen Ermangelung der Marktpreis, in Ermangelung beider der gemeine Wert, während im Güterfernverkehr primär auf den Fakturenwert, sekundär auf den „Zeitwert (auch ‚gemeiner‘ Wert)“ abgehoben wird. Vgl. §§ 85 I EVO, 35 I, II KVO.

Zum Begriff des gemeinen Werts im Transportrecht: RG 13. XI. 1909 LZ 1910 Sp. 402—404, 16. VI. 1919 RGZ Bd 96 S. 124—126 („derjenige, den das Gut nach seiner objektiven Beschaffenheit für jedermann hat“) sowie RG 5. XI. 1919 RGZ Bd 98 S. 150 bis 152 (Wiederbeschaffungspreis, vgl. Anm. 10), RG 21. V. 1927 JRPV 1927 S. 208—209 („Verkäuflichkeitswert“), BGH 4. XI. 1955 VersR 1955 S. 756—757 („Großhandelspreise“). Weitere Nachweise bei Finger, Eisenbahn-Verkehrsordnung, 2. Aufl., München-Berlin 1960, Anm. 6 zu § 85, S. 478.

[6] bbb) Speziell: Steuerrecht.

Das Bewertungsgesetz vom 16. X. 1934 (abgekürzt: BewG) dient der Zusammenfassung der Bewertungsregeln des Steuerrechtes. Es gibt allgemeine Bewertungsvorschriften und solche, die nur für bestimmte Vermögensarten bedeutsam sind.

Die allgemeinen Bewertungsvorschriften enthalten u. a. den Grundsatz der Bewertung nach dem gemeinen Wert (§ 10 BewG). Dieser ist immer zugrunde zu legen, soweit nicht ausdrücklich etwas anderes vorgeschrieben ist. Nach der Legaldefinition wird der gemeine Wert „durch den Preis bestimmt, der im gewöhnlichen Geschäftsverkehr nach der Beschaffenheit des Wirtschaftsguts bei einer Veräußerung zu erzielen wäre.“ Gewöhnlicher Geschäftsverkehr ist der Handel im freien Markt, auf dem die Preise vor allem durch Angebot und Nachfrage bestimmt werden. Es sind alle Umstände zu berücksichtigen, die den Preis beeinflussen. Ungewöhnliche oder persönliche Verhältnisse bleiben aber außer Betracht.

Auch der Ertragswert spielt im Steuerrecht eine wesentliche Rolle; er entspricht nach § 31 II 1 BewG, der sich auf die Bewertung landwirtschaftlichen Vermögens bezieht, dem 25-fachen „des Reinertrages, den der Betrieb seiner wirtschaftlichen Bestimmung gemäß im Durchschnitt der Jahre nachhaltig erbringen kann.“ Reinertrag ist der Rohertrag nach Abzug der Bewirtschaftungskosten.

Der Teilwert wird besonders der Bewertung von Wirtschaftsgütern landwirtschaftlicher und gewerblicher Betriebe zugrunde gelegt. Nach § 12 BewG errechnet er sich nach dem „Betrag, den ein Erwerber des ganzen Unternehmens im Rahmen des Gesamtkaufpreises für das einzelne Wirtschaftsgut ansetzen würde. Dabei ist davon auszugehen, daß der Erwerber das Unternehmen fortführt“. Der Teilwert berücksichtigt also die funktionsgemäße Einfügung des einzelnen Gegenstandes in den betreffenden Betrieb.

Vgl. im übrigen über steuerrechtliche Wertbegriffe Griem a. a. O. S. 26—38 (z. B. über den Kapitalwert, Nennwert, Kurswert, Steuerkurswert, Einheitswert). Zum Verhältnis von Einheitswert und Feuervswert: Diesselhorst VW 1949 S. 200, Köhler Der Betrieb 1955 S. 106, Sievers BetrBer 1949 S. 445, von Teilwert und Feuervswert: Bundesminister der Finanzen BetrBer 1957 S. 69.

[7] b) Wert im Versicherungsbereich.

aa) Subjektiver Ausgangspunkt.

Die Wertlehre ist für das Vswesen, speziell für die Schadensv von zentraler Bedeutung: **Versicherungswert.** Dieser Begriff ist vom Subjekt her zu definieren, erheischt aber für den praktischen Gebrauch eine Objektivierung (Anm. 8).

Eine Sache (oder ein sonstiges Objekt) hat als solche keinen Wert, man denke an unentdeckte, herrenlose oder abhanden gekommene Sachen. Es muß vielmehr eine Beziehung einer Person zu dem Objekt bestehen, bevor von einer Bewertung die Rede sein kann, bevor das Objekt zu einem Gut wird. Erst zwischen Person und Objekt besteht eine Wertbeziehung, ein Interesse. Erst die Verknüpfung, welche eine Person zum zuständigen Subjekt von Objekten macht, gestattet es, von bewertbaren und versicherbaren Interessen zu reden.

Der Wert ist ein Maßstab, der an die Beziehung, an das Interesse angelegt wird, nicht etwa an das Objekt selbst. Der Vswert ist der **„Wert des versicherten Interesses“** (so § 51 I und RG 3. I. 1930 JRPV 1930 S. 53—54). Es ist also ungenau, wenn man z. B. vom Vswert einer Sache spricht, aber ein Sachinteresse hat einen Vswert. Ohne persönliche

Verknüpfung hat das Objekt keinen Wert. Bestehen jedoch personale Wertbeziehungen, so können sie individuell durchaus verschieden bemeßbar sein; entscheidend sind mannigfaltige individuelle Wertumstände. Es gibt also wohl ebensoviele Werturteile über die Beziehungen zu einem Gut wie wertende Subjekte. Der Versicherungsnehmer bekundet meistens seine subjektive Einschätzung des Versicherungswertes durch Bestimmung der Vssumme beim Vertragsabschluß. Denn die Vssumme ist keine objektiv feststehende Größe (Anm. 15 zu § 50).

Der Wert ist hiernach keine Eigenschaft des Objektes (Berndt a. a. O. S. 40). Deshalb ist er auch keine verkehrswesentliche Eigenschaft einer Sache i. S. des § 119 II BGB (BGH 21. II. 1952 NJW 1952 S. 778 unter Anführung von RG 22. XI. 1935 RGZ Bd 149 S. 238—239).

[8] **bb) Objektive Erfordernisse.**

Subjektive Werturteile, von denen gemäß Anm. 7 auszugehen wäre, sind unkontrollierbar. Das Bereicherungsverbot (Anm. 45 vor §§ 49—80) ließe sich demzufolge nicht durchführen, würde man praktisch nur auf die subjektiv bestimmte Vssumme abstellen. Das subjektive Risiko könnte sich in untragbarer Weise auswirken.

Deshalb muß die Divergenz der subjektiven Werturteile beseitigt werden. Erst dadurch wird das Risiko für den Ver homogen, überschaubar, kalkulierbar und tragbar. Obgleich der Begriff des **objektiven Wertes** im Grunde eine contradictio in adiecto ist (Hoppe a. a. O. S. 6), läßt sich doch — besonders in einer Marktwirtschaft — auf die typischen, die normalen Wertungen eines bestimmten Interessentenkreises abheben, unter Beiseitelassung der persönlichen Verhältnisse und Auffassungen des einzelnen Vmers und anderer individueller Momente. Die Preise können als Indiz für die Höhe des objektiven Wertes dienen.

Der Vswert ist hiernach der objektive Wert des vten Interesses (Bruck S. 503—504, HansRZ 1922 Sp. 496—497 stellt fälschlich auf den Wert ab, den der Vmer dem Interesse „beilegt", auf „die rein subjektive Auffassung des Vten von dem Wert des vten Interesses").

Aus der Rechtsprechung: OLG Breslau 28. VII. 1938 JRPV 1939 S. 27, wonach „nur der objektive, von den persönlichen Verhältnissen des Vmers losgelöste Wert als Ausgangspunkt für die Schadensschätzung und Bewertung in Betracht kommt", OLG Kiel 30. III. 1927 Praxis 1928 S. 38, wonach „rein subjektive Momente . . . überhaupt unberücksichtigt bleiben. Maßgebend ist immer ein gegenständlicher, objektiver Maßstab, die rein persönlichen Verhältnisse, Pläne und Absichten des Vmers bleiben auch insofern außer Betracht, als sie dazu führen würden, die Entschädigung herabzusetzen", OLG Köln 28. X. 1931 JRPV 1932 S. 124: „Somit scheidet für die Bestimmung des Zeitwertes ein besonders günstiges Gelegenheitsangebot ebenso aus wie andererseits dabei Umstände, die gerade dem Vmer das beschädigte Fahrzeug besonders wertvoll machten, nicht zu berücksichtigen sind. . . . Gerade dieses, dem Zeitwert begrifflich innewohnende objektive, von aller persönlichen Auffassung im Einzelfalle abstrahierende Moment führt notwendig dazu, auch bezüglich des Neuwertes, auf dem sich der Zeitwert aufbaut, Besonderheiten des Einzelfalles unberücksichtigt zu lassen."

Als subjektiver Umstand, welcher den objektiven Wert nicht verändern kann, ist besonders der Konkurs des Vmers zu nennen: RG 7. V. 1915 JW 1915 S. 790—791 = VA 1915 Anh. S. 91—93 Nr. 905, OLG Hamburg 31. X. 1914 VA 1915 Anh. S. 28—31 Nr. 870, LG Posen 20. XII. 1906 VA 1907 Anh. S. 75 Nr. 325, Heine Mitt 1917 S. 274 bis 275, Prölss[15] Anm. 3 zu § 52, S. 245. Auch die Absicht, ein vtes Gebäude abzubrechen, ist als solche für den objektiven Wert unerheblich: RG 6. VI. 1902 SeuffArch Bd 59 S. 402—403, 29. XII. 1905 VA 1906 Anh. S. 21 Nr. 188, OLG Kiel 30. III. 1927 Praxis 1928 S. 38.

Ein objektiver Wert kann nur festgestellt werden, soweit eine überindividuelle Wertung möglich ist, und dies setzt voraus, daß eine Mehrzahl von Personen — im Durchschnitt — die Höhe des Wertes ebenso einschätzt wie der konkrete Vmer. Steht der Vmer ganz allein, so kann der von ihm einer Wertbeziehung beigelegte außerordentliche, besondere Wert vsrechtlich keine Berücksichtigung finden, mag er auch materiell fundiert werden können. Wie hier Bruck S. 520 Anm. 76. — A. M. Kisch

III S. 70, der auf den besonderen wirtschaftlichen Wert abhebt, welchen ein Interesse unter den besonderen Umständen des Falles für den Vmer besitzt, „etwa weil gerade er in der Lage ist, von ihm einen bestimmten Gebrauch oder Nutzen zu machen, der Anderen nicht zustatten käme", Ritter Anm. 21 zu § 1, S. 77: „Versicherbar ist insbesondere nicht nur der Wert, den eine Sache gleichmäßig für einen bestimmten Kreis von Personen hat, sondern auch der bloß subjektive Wert, der wirtschaftliche Wert, den die Sache nur für eine einzige Person hat (z. B. ein vom Eigentümer erfundenes, nur für ihn, für ihn aber mit wirtschaftlichem Vorteil, verwendbares Werkzeug)." — Koch a. a. O. S. 38—39 bildet das Beispiel: „Ein Geigenkünstler spielt bei seinen Konzerten auf einem jener seltenen Instrumente von Stradivarius. Sein Instrument hat an und für sich schon einen hohen sogenannten objektiven Liebhaberwert. Für ihn hat es jedoch noch einen weit über diesen objektiven Liebhaberwert hinausgehenden Wert, weil er auf das Instrument ganz besonders gut eingespielt ist und infolgedessen besonders Hervorragendes leistet." Die Wertdifferenz soll zwar nicht als Substanzwert, wohl aber als Nutzungswert versicherbar sein. Das muß verneint werden, weil auch die Gewinnchance nur speziell dem Vmer zusteht.

[9] **cc) Versicherbarer Wert.**

aaa) Allgemein: Wertrahmen.

Ist nach Anm. 8 ein Interesse nur versicherbar, wenn und soweit es einen objektiven Wert hat, so bedeutet dies, daß der Wert ein materieller, vermögensmäßiger, also **in Geld schätzbar** sein muß (§ 778 HGB, § 1 I ADS). Die Negation des Interesses, der Schaden, muß ein Vermögensschaden, also kein immaterieller Schaden (§ 253 BGB) sein.

Die Höhe des objektiven Wertes steht in einer Relation zur Höhe des eintretenden Schadens: Bei einem Totalschaden wird das Interesse in seinem vollen Werte zerstört, und der Schaden erreicht den Vswert. Insofern ist der Vswert Schadensgrenzwert, Höchstschadenswert. Bei einem Teilschaden korrespondieren gleichfalls Grad der Interessebeeinträchtigung und Schadenshöhe. RG 28. X. 1919 RGZ Bd 97 S. 45 hebt diese Verbundenheit von Vswert und Schadenshöhe hervor: „Für die Bemessung des durch die Zerstörung oder Beschädigung der Sachen erwachsenen Schadens soll ihr Wert entscheidend sein".

Der objektive Wert ist ein sehr weiter Begriff. Durch ihn wird ein umfassender **Wertrahmen** abgesteckt, innerhalb dessen mannigfache Bewertungen möglich sind. Alle Bewertungen, die sich „im Rahmen" halten, sind „richtig"; nur Bewertungen, die außerhalb des Wertrahmens liegen, sind falsch. Der Vergleich mit dem Ermessensspielraum und der Ermessensüberschreitung drängt sich auf. BGH 23. X. 1963 NJW 1964 S. 149 spricht — nicht ganz zutreffend — von einer Mehrdeutigkeit des Begriffes „Wert" und davon, daß es mehr als einen Wertbegriff gebe.

Die Weite des Wertrahmens ergibt sich daraus, daß es bei der Bewertung ankommt auf

- den **Zeitpunkt** der Bewertung, an welchen die Begriffe Anfangs- und Ersatzwert, Zeitwert und Neuwert anknüpfen (Anm. 25—28);
- den **Ort** der Bewertung, an welchen z. B. bei Transporten die Begriffe Abgangs- und Empfangswert anknüpfen (Anm. 5, 29);
- die **weitere Konkretisierung** der Bewertung, z. B. im Blick auf Veräußerungsvorgänge (etwa Anschaffungswert, Verkäuflichkeitswert), im Blick auf Herstellungsvorgänge (z. B. Herstellungswert), im Blick auf Nutzungsvorgänge (z. B. Ertragswert) (Anm. 30—36).

Im Gesetz oder Vsvertrag wird durchweg geregelt, welcher Wert im Einzelfall maßgebend sein solle. Hierdurch wird sodann der Wertrahmen verengert, an die Wertfeststellung werden genauere Anforderungen gestellt, der Bereich des „Richtigen" wird entsprechend verkleinert.

Im Zweifel, also bei Fehlen einer gesetzlichen oder vertraglichen Regelung kommt es für die Feststellung der Schadenshöhe auf den Wert des versicherten Interesses im Zeitpunkte des Vsfalles, auf den sogen. Ersatzwert an, und zwar auf den Zeitwert. Bei stationären Risiken muß für die Bewertung der Ort des Schadens maßgeblich sein;

in der Transportv ist der maßgebende Ort durchweg geregelt, z. B. entscheidet sich das Gesetz in der Binnentransportv von Gütern (in additiver Methode) für den Ort der Absendung (§ 140 I). Am schwierigsten ist die weitere Konkretisierung der Bewertung. Hier muß — wie außerhalb des Vsrechts (Anm. 4—6) — in dubio der **gemeine Wert** ermittelt und zugrunde gelegt werden: RG 28. X. 1919 RGZ Bd 97 S. 46 unter Berufung auf Begr. I S. 92, OLG Hamburg 19. II. 1932 VA 1932 S. 323—324 Nr. 2502 = HansRGZ 1933 A Sp. 478—479, LG Bochum 25. I. 1938 ÖffrechtlV 1938 S. 214—215, Berndt a. a. O. S. 43, Bruck S. 515, Fleischfresser ZVersWiss 1920 S. 236, Hagen I S. 470, Hoppe a. a. O. S. 4, Prölss[15] Anm. 3 zu § 52, S. 245, Anm. 4 zu § 86, S. 344, Raiser Anm. 7 zu § 3, S. 110, a. M. Blanck ZVersWiss 1928 S. 43—44. Genaueres zur Bestimmung des gemeinen Wertes, den man oft auch als Verkehrswert bezeichnet: Anm. 10.

Der geschilderte Rechtssatz, wonach es heute im Zweifel auf den gemeinen Wert ankommt, ist nicht etwa durch späteres Gewohnheitsrecht, Handelsbrauch oder Verkehrssitte abgeändert (OLG Hamburg 19. II. 1932 VA 1932 S. 324—325 Nr. 2502 = HansRGZ 1933 A Sp. 479—481).

Das vorgesetzliche Recht schrieb zwingend vor: „Niemand darf eine Sache höher vern lassen, als zum gemeinen Werthe derselben, zur Zeit des geschlossenen Vertrages" (§ 1984 Teil II Tit. 8 ALR und zur Strafsanktion: RG 24. VI. 1911 RGSt Bd 44 S. 118 bis 126).

[10] bbb) Speziell: Gemeiner Wert.

Was die Bestimmung des gemeinen Wertes anlangt, so muß man von der Person des Interessenten (und seinesgleichen) ausgehen (vgl. dazu allgemein BGH 24. III. 1959 BGHZ Bd 30 S. 34: „Wert gerade für den Geschädigten").

Bei einem **Erzeuger** von Rohöl hat das RG 28. X. 1919 RGZ Bd 97 S. 44—49 angenommen, es komme nicht auf die bloßen Gestehungskosten an: „Die schon mit der Erzeugung des fertigen Rohöls verbundene Gewinnziehung gehörte zur Zeit des Brandes bereits der Vergangenheit an; ihr Ergebnis, der Gewinn, war schon ein gegenwärtiger fester Bestandteil des Vermögens der Klägerin geworden, ... wenn, was hier anzunehmen ist, der sofortigen Veräußerung zum Marktpreise nichts entgegenstand. ... Da hiernach zur Zeit des Versicherungsfalls der Unternehmergewinn bereits gezogen war, konnte er der Klägerin im Sinne der Vsbestimmungen nicht mehr ‚entgehen'." Für den Erzeuger landwirtschaftlicher Produkte, speziell von Getreide gelte dasselbe. OLG Hamburg 19. II. 1932 VA 1932 S. 324 Nr. 2502 = HansRGZ 1933 A Sp. 479 bemerkt dazu für einen Fall, in welchem beim Erzeuger Pappen verbrannt waren, es komme darauf an, was der Vmer „selbst aufwenden muß, um sich die verbrannten Pappen im Handel wieder zu beschaffen." „Soweit es sich um Sachen handelt, bei denen der Fabrikationsprozeß noch nicht vollständig abgeschlossen war, kann der gemeine Wert derselben dadurch ermittelt werden, daß der gemeine Wert des Fertigfabrikats festgestellt und davon ein von den Sachverständigen zu schätzender Abzug für die restliche Fertigstellung gemacht wird."

Kommt die Sache sodann zu einem **Umsatzkaufmann,** also in den Handel, so kommt es auf den Neubeschaffungswert an. „Durch Gewährung dieses Neubeschaffungswerts wird der Vte regelmäßig in die Lage versetzt, seinen Schaden — abgesehen vom entgehenden Gewinn — in vollem Maße zu decken. Zu einer Bereicherung darf die V nicht führen. Der Neubeschaffungswert ist aber bei marktgängigen Waren gleich dem gemeinen Werte, da sich der Marktpreis einer Ware — also der Betrag, in dem durch Nachfrage und Angebot der Einkaufspreis und der Verkaufspreis sich zusammenfinden, — nach dem Werte richtet, den die Ware für jedermann aus dem in Betracht kommenden Interessentenkreise hat." Der mit dem Umsatz der Ware befaßte Kaufmann habe also Anspruch auf Ersatz „des Betrags, den er aufzuwenden hat, um sich zur Zeit des Brandes die Ware, je nachdem im Großhandel oder im Kleinhandel neu zu beschaffen" (RG 28. X. 1919 RGZ Bd 97 S. 48). Infolge der Zwischengewinne der Handelsstufen ist hiernach der gemeine Wert im Großhandel geringer als beim Kleinhändler. Bei Kommissionsware ist entscheidend, welche Summe der Eigentümer, also der Kommittent zur Wiederbeschaffung gleichwertiger Waren zur Zeit des Eintritts des Vsfalles aufwenden mußte (KG 12. XI. 1930 JRPV 1931 S. 9).

In den Händen des **Verbrauchers** bestimmt sich der gemeine Wert nach dem Gesagten danach, welcher Betrag für den Einkauf gleicher Sachen aufzuwenden ist. Wird Umzugsgut gestohlen, etwa gebrauchte Kleider und Wäschegegenstände, so entscheidet nicht, wieviel man beim Altwarenhändler für die Sachen bei einem Verkauf bekommen hätte, sondern maßgebend ist der Preis, zu welchem man beim Althändler entsprechende alte Sachen wiederkaufen kann (so für einen verkehrsrechtlichen Fall RG 5. XI. 1919 RGZ Bd 98 S. 150—152). Bei einem wenig getragenen Maßanzug würde man von dem Wiederbeschaffungspreis beim Schneider auszugehen haben.

Alles in allem zeigt sich, daß es vsrechtlich für die Bestimmung des gemeinen Wertes darauf ankommt, wieviel der Vmer für die Wiederbeschaffung einer entsprechenden Sache aufwenden müßte, wobei auch beim Erzeuger zu unterstellen ist, daß er nicht neu erzeugt, sondern einen Deckungskauf abschließt. Vsrechtlich ist also der gemeine Wert ein Anschaffungswert, kein Verkäuflichkeitswert (richtig Fick Ersatzwert a. a. O. S. 256). Hier unterscheidet sich das Vsrecht vom Steuerrecht, wo der gemeine Wert durch den Preis bestimmt wird, der bei einer Veräußerung zu erzielen wäre (§ 10 II 1 BewG; Anm. 6). Auf solchen Verkäuflichkeitswert stellen für das Vsrecht fälschlich auch ab Berndt a. a. O. S. 43, Blanck ZVersWiss 1928 S. 44—45, Clauss a. a. O. S. 27, von Gierke II S. 185, Käser a. a. O. S. 9, RG 29. IX. 1928 VA 1929 S. 46 Nr. 1957 = JRPV 1928 S. 333, LG Berlin 5. III. 1929 JRPV 1929 S. 354—355. Der BGH 19. XI. 1962 VersR 1963 S. 78 meint präzisierend: „Maßgebend für die Bewertung im Rahmen des Vsverhältnisses war der im normalen, für derartige Warenlager im üblichen Geschäftsverkehr zu erzielende Erlös, nicht der etwa durch besondere Verkaufsmethoden ausnahmsweise zu erreichende Preis." Unscharf ist es, wenn in einem Gebrauchtwagenfalle KG 25. XI. 1931 VA 1932 S. 26 meint, der gemeine Wert finde „seinen Ausdruck in dem Preise, welchen man beim Erwerbe der Sache anlegen muß, und für welchen man sie auch veräußern kann"; gerade bei Gebrauchtwagen besteht zwischen Verkäuflichkeits- und Einkaufswert für den „Konsumenten" eine erhebliche Differenz, hinsichtlich derer Klarheit bestehen muß.

[11] ccc) Speziell: Objektiver Liebhaberwert.

Der Kreis der Personen, welche als Interessenten eines Objektes in Betracht kommen und welche einer Beziehung einen Wert beilegen, braucht kein unbegrenzter, unbestimmter zu sein oder gar die Allgemeinheit zu umfassen. Eine Objektivierung ist schon möglich, wenn ein beschränkter Markt besteht, vielleicht sogar nur ein bekannter und bestimmter Kreis von Interessenten (Liebhabern, Sammlern) vorhanden ist. Man spricht dann vom objektiven Liebhaberwert.

Deshalb ist es unzweifelhaft, daß Briefmarken, Münzen versicherbar sind, aber auch Bieruntersätze, Streichholzschachteln, Autogramme von Boxern oder Filmgrößen scheinen von einer größeren Anzahl von Personen gesammelt zu werden, die mit materiellen Opfern ihre Sammlung zu erweitern bereit sind, so daß ein objektiver Liebhaberwert besteht. Hierher gehören auch Kuriositäten und Raritäten, Sachen, die mit berühmten oder berüchtigten Personen oder Ereignissen in Zusammenhang stehen, Museumsgegenstände aus dem geschichtlichen, völkerkundlichen, naturwissenschaftlichen Bereich, wie Steinzeitgeräte, Indianerschmuck, Fossilien. Über die Bewertung des anatomischen Museums eines Schaustellers: KG 6. VI. 1934 JRPV 1934 S. 347—348. Auch wissenschaftliche Werte sonstiger Art kommen in Frage. Ferner kann eine Jacht mit Regattaerfolgen einen objektiven Liebhaberwert besitzen (KG 12. XII. 1928 JRPV 1929 S. 53—54). Daß der Kreis derer, die solche Gegenstände verkaufen und erwerben, der Natur der Sache nach beschränkter ist als bei anderen, der Befriedigung menschlicher Bedürfnisse dienenden Dingen, hindert nicht, von einem Markt (Briefmarkenbörsen und -auktionen!) und von schätzbaren Preisen zu sprechen, die auf diesem Markt erzielt werden (ähnlich VA 1912 S. 10 im Anschluß an RG 25. II. 1910 VA 1910 Anh. S. 76—77 Nr. 539). Einen interessanten Fall der V liberianischer, in Deutschland gedruckter Briefmarken behandeln RG 8. I. 1919 RGZ Bd 94 S. 268—271, 2. X. 1920 RGZ Bd 100 S. 90—95.

Schwierig ist die Ermittlung des Vswertes von Archivalien. Dazu Anonym VW 1952 S. 175 (anknüpfend an den Brand des Sylter Inselarchivs), wo unterschieden wird zwischen Archivalien, die Handelswert besitzen, solchen, die auf mechanische Weise ersetzt werden können, und solchen, bei denen beides nicht zutrifft. Bei der dritten Gruppe lasse sich lediglich der Materialwert vern (man denke an Pergament, Schweinsleder), eventuell der Wiederherstellungsaufwand (Photokopie der zu Asche gewordenen, aber noch lesbaren Urkunde).

Als Wert eines Sachinteresses ist auch ein objektiver Liebhaberwert ein Substanzwert (a. A. Prölss[15] Anm. 2 zu § 52, S. 244).

[12] ddd) Speziell: Objektiver Kunstwert.

Eine besondere Gruppe bilden Kunstgegenstände, Antiquitäten, alte Orientteppiche, und zwar auch Sachen mit sehr begrenztem Sammler- und Kennerkreis (chinesische Dachreiter), ferner bibliophile Werke, Inkunabeln. Entscheidend ist die Bewertung auf dem Kunstmarkt, bei international gesuchten Gegenständen auf dem internationalen Kunstmarkt. Die auf Auktionen erzielten Preise, zum Teil in laufenden Veröffentlichungen zusammengestellt, bieten eine wesentliche Grundlage, trotz der auf Auktionen mitwirkenden Momente der Massenpsychologie, des Sozialprestiges, der Eitelkeiten. Besonders schwierig ist die Bewertung bei „preislosen" Kunstwerken wie der „Mona Lisa" von Leonardo da Vinci oder der „Pietà" von Michelangelo (dazu Schweisheimer ZfV 1963 S. 122—123). Wichtig sind ferner die modischen Wertschwankungen und der Nachweis der Echtheit (Schaffran NeumannsZ 1938 S. 616—617).

Ehrenberg JRPV 1926 S. 78 will anscheinend generell die Objektivierbarkeit des Kunstwertes leugnen, und zwar für Kunstwerke „um so sicherer, je seltener sie sind". Inzwischen aber hat sich der Kunstmarkt international noch weiter ausgebildet und „eingespielt".

Schrifttum: Anonym Masius' Rundschau 1910 S. 237—246, von Geyer ZVersWiss 1912 S. 711—717, von Haselberg Mitt 1918 S. 62—65, Moldenhauer WuRdVers 1914 S. 450—461, Prange WuRdVers 1936 Nr. 2 S. 87—126, Rosenbaum Mitt 1913 S. 322 bis 323, Schaffran, Die V von Werken der bildenden Kunst, Wien 1935, NeumannsZ 1938 S. 616—617, Schweisheimer ZfV 1963 S. 122—123, Weber VW 1964 S. 806—807. Aus dem Steuerrecht: Heuer Der Betrieb 1964 S. 48—50, 85—87, Oswald Finanz-Rundschau 1960 S. 535—539.

Rechtsprechung: RG 25. II. 1910 RGZ Bd 73 S. 66—68 betrifft die V eines Kupferstichs, der mit einer Vssumme von 6000 DM vert war, dessen Kunstwert jedoch nur 150 DM betrug: „Kunstwert ist der objektive (gemeine) Wert, den ein Gegenstand im Verkehre hat ... Der Verkehrswert eines Bildes ist danach bestimmbar" (zustimmend VA 1912 S. 10). RG 6. VII. 1926 VA 1926 S. 293—294 Nr. 1646b stellt im Anschluß an OLG Dresden 21. XII. 1925 VA 1926 S. 292—293 Nr. 1646a fest, daß für alte und künstlerisch ausgeführte Perserteppiche ein objektiver allgemeiner Liebhaberwert feststellbar sei. LG Bochum 25. I. 1938 ÖffrechtlV 1938 S. 213—216 befaßt sich mit der Berechnung, und zwar dem gemeinen Wert, von serienmäßig hergestellten „kitschigen Bildwerken ohne künstlerischen Wert", „Machwerken".

[13] dd) Unversicherbarer Wert.

Ein rein subjektiver, nicht objektivierbarer Wert ist als Affektionswert unversicherbar, mögen auch erhebliche Gemüts-, Gefühls- oder Erinnerungsmomente etwa an Kinderzähne, Familienphotos, Liebesbriefe, Haarlocken anknüpfen. Solche rein subjektiven Werte sind in Geld nicht messbar (Ehrenberg JRPV 1926 S. 78 spricht von einer „Illusion").

Nicht selten kommen auch Fälle vor, in denen Sachen zwar einen gewissen objektiven Wert besitzen, ein spezieller Interessent jedoch solcher Sache einen zusätzlichen Affektionswert beilegt. Ein Pferd hat einen objektiven Wert, aber Richard III wollte sein Königreich für ein Pferd bieten. VA 1912 S. 9—10 geht von dem Fall aus, daß ein Gemälde von Franz Hals mit einem objektiven Wert von 100000 DM einen Vorfahren des Vmers darstellt, so daß dem Vmer das Bild 150000 DM wert ist und er es dementsprechend vern möchte.

Ein reiner oder zusätzlicher Affektionswert, also ein subjektiver Liebhaberwert ist nicht versicherbar: Das ergibt sich aus dem Wesen der Schadensv, die nur (objektivierbare) Vermögenseinbußen auszugleichen hat und vom Bereicherungsverbot beherrscht wird. Man hat auch geltend gemacht: Wenn für die Feuerv § 87[2] eine Vereinbarung für nichtig erkläre, „nach welcher eine Taxe als der Wert gelten soll, den das vte Interesse zur Zeit des Eintritts des Vsfalls hat", so sei die „V des subjektiven Liebhaberwerts . . . im Grunde nichts anderes als eine vom Gesetz für nichtig erklärte V nach Taxe" (VA 1912 S. 10, auch S. 138). § 3 III AFB bestimmt heute: „Ein persönlicher Liebhaberwert (Affektionswert) darf bei Ermittelung des Ersatzwertes nicht berücksichtigt werden".

Umgekehrt sind Fälle denkbar, in denen der objektive den subjektiven Wert übersteigt, etwa deshalb, weil sich an ein Objekt für einen Eigentümer so traurige Erinnerungen knüpfen, daß er es unbedingt „loswerden" möchte. Solche Sachlage ändert nichts daran, daß der Eigentümer die Sache zum objektiven Wert vern könnte.

Früher ist teilweise angenommen worden, der subjektive Liebhaberwert sei versicherbar. Wenn Vsbedingungen besagten, der Vswert schließe einen besonderen Liebhaberwert nur ein, soweit dies besonders vereinbart sei, so ist diese Vorschrift im Sinne der Versicherbarkeit von Affektionswerten verstanden worden (vgl. etwa RG 25. II. 1910 RGZ Bd 73 S. 66—68. 6. VII. 1926 VA 1926 S. 293—294 Nr. 1646b, Köhler JRPV 1926 S. 112—113, auch Raiser Anm. 28 zu § 3, S. 128). In Wahrheit besteht solche Versicherbarkeit nicht, und zwar auch nicht außerhalb der Feuerv (also des § 87[2]). Richtig Berndt a. a. O. S. 47—48, Ehrenberg JRPV 1926 S. 78, Prölss[15] Anm. 2 zu § 52, S. 244—245.

Ritter Anm. 21 zu § 1, S. 76—77 unternimmt den Versuch, den Vertrag über die „V" eines Affektionswertes zwar nicht als Vsvertrag, wohl aber als (verdecktes) Rechtsgeschäft anderer Art aufrecht zu erhalten. Jedoch führt die Verletzung des Bereicherungsverbots zur Nichtigkeit (Anm. 45 vor §§ 49—80); ansonsten müßte man wohl zur Annahme einer Wette (§ 762 I BGB) kommen.

Zuweilen ist die Frage, ob es sich um Sachen mit Affektionswert oder objektivem Wert handle, nicht einfach zu entscheiden; man denke an Stammbäume, Testamente, Vertragsurkunden, Wechsel, Manuskripte. Haben solche Sachen für eine, wenn auch nur begrenzte Anzahl von Personen Geldeswert, so ist Versicherbarkeit gegeben: Interessiert sein könnten Familienkreise, Vertragsparteien, Wechselberechtigte und -verpflichtete, und beim ungedruckten Manuskript Verfasser und Verleger. Vgl. dazu Kisch III S. 72, Ritter Anm. 21 zu § 1, S. 77 und zur V von Manuskripten Klausel 2.02 Klauseln der Feuerv.

[14] 2. Bedeutungsbereich.

a) Negativ: Summenversicherung.

Im Bereiche der abstrakten Bedarfsdeckung erfolgt kein Schadensersatz, vielmehr wird die Leistung des Vers nach Eintritt des Vsfalles allein durch die Vssumme begrenzt.

Das gilt sogar im anglo-amerikanischen Lebensvsrecht, wo man zwar den Begriff des insurable interest verwendet, aber das Gegebensein eines Interesses nur gleichsam dem Grunde nach, nicht der Höhe, dem Umfange nach prüft (vgl. Vance-Anderson, Handbook on the Law of Insurance, 3. Aufl., St. Paul 1951, S. 189—190).

In Deutschland hat man trotz des Prinzips der abstrakten Bedarfsdeckung für die Personenvszweige den „Geldwert des Menschenlebens" untersucht und dabei Begriffe wie Unter- und Überv, die einen Vswert voraussetzen, verwendet. Vgl. nur Meyer, Der Geldwert des Menschenlebens und seine Beziehungen zur V, Berlin 1930 m. w. N., wo Kostenwert und Ertragswert des Menschen unterschieden werden; bei einer Todesfallv solle die auszuzahlende Vssumme dem Nettoertragswert des Verstorbenen zur Zeit seines Todes entsprechen. Richtig ist nur, daß auch bei abstrakter Bedarfsdeckung die Leistung des Vers dem konkreten Bedarf möglichst angenähert werden soll. Deshalb veröffentlichen z. B. Lebensver, die eine Ausbildungsv anbieten, Werbeschriften: „Was kostet die Zukunft meiner Kinder?"

[15] b) Negativ: Passivenversicherung.

Jeder Wert, also auch der Vswert setzt die Beziehung einer Person zu einem Aktivum, zu einem Gute voraus, oder — anders ausgedrückt — ein Objekt wird erst dadurch zu einem Aktivum, zu einem Gute, daß eine Person zu diesem Objekt in eine Beziehung der Wertschätzung tritt, wobei an eine günstige, positive Bewertung zu denken ist.

Steht dagegen eine Person zu einem Passivum, etwa eigenen Schulden, in Beziehung, so kann von einem Wert und Vswert nicht die Rede sein. Vielmehr besteht zum Passivum, zum „Ungut" eine Unwertbeziehung mit einem negativen „Wert", einem Mißwert (Griem a. a. O. S. 9, Möller Summen und Einzelschaden a. a. O. S. 11—16 und speziell für die Haftpflichtv RG 10. III. 1925 RGZ Bd 110 S. 259—260, Bruck S. 505, Prölss[15] Anm. 3 zu § 52, S. 245).

In der Passivenv, welche gegen die Entstehung (oder das Unwertvollerwerden) von Beziehungen zu Passiven schützt, kommen als leistungsbegrenzende Faktoren nur die Vssumme und die Schadenshöhe in Frage, nicht aber nach dem Dargelegten der Vswert, der eine Wertbeziehung, ein Interesse (also eine Aktivenv) voraussetzt. Es kann auch nicht die Rede davon sein, daß der jeweilige „Betrag des der Zwangsvollstreckung unterliegenden Vermögens" (Ehrenzweig S. 243) die Leistungspflicht des Vers in der Passivenv begrenze; denn regelmäßig haftet ein Schuldner unbeschränkt, ohne Rücksicht auf die Höhe seiner Aktiven.

Der Vswert kennzeichnet zugleich die maximale Schadenshöhe; denn wenn eine Wertbeziehung zerstört wird, entsteht ein Totalschaden in Höhe des vollen Vswertes. In der Passivenv läßt sich auf solche Weise der Maximalschaden nicht bestimmen. Selbst der ärmste Vmer kann mit unabsehbaren Haftpflichtschulden belastet werden. Denkt man an andere Passiven, z. B. notwendige Aufwendungen, so ist — etwa bei Arzt-, Arznei- und Krankenhauskosten — ein Höchstschaden, der den Vmer treffen könnte, nicht festlegbar.

Etwas anderes gilt nur in den relativ seltenen Fällen einer **summenmäßig oder gegenständlich beschränkten Haftung** des Vmers; denn hier läßt sich eine oberste Schadensgrenze konstatieren. In Betracht kommt die summenmäßig beschränkte Haftung nach §§ 25—34 AtomG (nicht aber z. B. die Haftungsbegrenzung nach § 12 StVG, welche gemäß § 16 StVG bei Verschulden des Fahrzeughalters entfällt). In Betracht kommt ferner die gegenständlich beschränkte Haftung des Reeders mit Schiff und Fracht (§ 486 HGB; Bruck S. 505). — Soweit sich der Vmer gegen vertragliche Schulden zu vern vermag, kann es sein, daß er im Verhältnis zu seinem Vertragspartner die Vertragshaftung summenmäßig limitiert hat: Man denke an eine Lagerhalterhaftpflichtv, sofern in den Lagerverträgen eine Höchsthaftungssumme vereinbart ist. Man denke aber auch an die Rückv, da in den Erstvsverträgen Vssummen die Leistungspflicht des Erstvers nach oben begrenzen (Bruck S. 505—506).

In den genannten Fällen solcher beschränkten Haftung des Vmers (Erstvers) gibt es zwar in der Passivenv mangels Wertbeziehung keinen Vswert, aber es gibt hier einen gleichsam korrespondierenden, spiegelbildlichen Begriff des „Vsunwertes". Das Passivum, gegen dessen Entstehung der Vmer (Erstver) sich vert, kann schlimmstenfalls einen Mißwert von bestimmter Höhe haben.

Nimmt ein Reeder, welcher (gegenständlich) höchstens auf 100 000 DM haftet, eine Kollisionshaftpflichtv mit einer Vssumme von 200 000 DM, so ist er gleichsam überver t, und § 51 I kann analog angewendet werden, weil die Vssumme den „Vsunwert" erheblich übersteigt (Anm. 12 zu § 51). Ritter Anm. 16 zu § 78, S. 983 hält die V sogar wegen (teilweise) fehlenden „Interesses" für unwirksam (§ 2 I ADS): „Einer V, die mehr schützt, als das durch die Haftung mit Schiff und Fracht begrenzte Interesse, würde kein versicherbares Interesse zugrunde liegen." Hat ein Transportver eine Ware mit einer Vssumme von 100 000 DM vert, nimmt er aber eine Einzelrückv versehentlich mit einer Vssumme von 200 000 DM, so ist die Rückv wieder eine „Überv". Problematischer ist es, ob auch die Untervsregeln (§ 56) analog angewendet werden können, etwa wenn der obige Reeder eine Kollisionshaftpflichtv nur mit einer Vssumme von 50 000 DM abschließt. Ist die Kollisionshaftpflichtv Adhäsionsv, also mit der Kaskov verbunden (Anm. 42 vor §§ 49—80), so will Ritter Anm. 9 zu § 70, S. 845 die Proportionalitätsregel bei dem Ersatz von Kollisionshaftpflichtschäden regelmäßig nicht anwenden: „Wenn Taxe und Vssumme 100000, der ‚wahre Wert' 150000, der indirekte Kollisionsschaden 50000 betragen, hat der Ver ... 50000 zu zahlen." Etwas anderes soll nur gelten bei Vereinbarung einer besonderen Kollisions-pro-rata-Klausel (Ritter Anm. 9 zu § 70, S. 845—846, Anm. 22 zu § 78, S. 986). Es ist unfolgerichtig, wenn demgegenüber Ritter Anm. 4 zu § 8, S. 258 annimmt, es ergebe sich aus der Proportionalitätsregel ohne weiteres, „daß der Ver Havariegrosse-Beiträge ... nur im Verhältnis zu ersetzen hat"; denn die Haftung des Seevers für Havariegrosse-Beiträge unterscheidet sich konstruktiv nicht von der Haftung des Kaskovers für mittelbaren Kollisionsschaden. In beiden Fällen liegt eine Adhäsionshaftpflichtv vor. (Die Anwendung der Untervsregeln hinsichtlich der Haftung für Havariegrosse-Beiträge normiert ausdrücklich § 843 HGB.) Es erscheint angezeigt, bei allen Adhäsionsven, die eine Haftpflichtv umschließen, die Proportionalitätsregel anzuwenden. Handelt es sich dagegen um eine isolierte Haftpflichtv, so ist in Fällen beschränkter Haftung die Anwendung der Untervsnormen nicht ohne weiteres zu rechtfertigen, ist es doch im allgemeinen einer Haftpflichtv eigentümlich, daß sie „auf erstes Risiko" läuft (anders für eine Frachthaftpflichtv Argyriadis, Die Frachtv, Hamburg 1961, S. 126—127).

Die Klausel 2.02 Klauseln der Feuerv behandelt die V von Manuskripten, die in fremdem Eigentum stehen und für welche der Vmer haften könnte. Bei dieser mit der Feuerv verbundenen Haftpflichtv spielen „Haftwert" und „Nutzungswert" eine Rolle.

Über den Vsunwert bei der Neuwertv vgl. Anm. 28.

[16] c) Positiv: Interesseversicherung.

aa) Umschreibung der Wertbeziehungen.

Nachdem Summenv (Anm. 14) und Passivenv (Anm. 15) ausgeschieden sind, läßt sich positiv der „Standort" der Lehre vom Vswert dahin bestimmen, daß nur im Bereiche solcher Schadensven, welche sich als Aktivenv, als Interessev darstellen, für einen Vswert Raum ist. Nur eine vte Wertbeziehung, eine Beziehung einer Person zu einem Gute kann einen (positiven) Wert besitzen.

Will man die Bewertung vornehmen, so muß man vorher das zu Bewertende genau kennen und umschreiben. Hier gilt Entsprechendes wie bei der Kennzeichnung eines Interesses (Anm. 49—51 zu § 49). Man muß nämlich erstens die beziehungsverknüpfte Person und zweitens das beziehungsverknüpfte Gut möglichst konkret herausstellen. Geschieht das, so erübrigt es sich, noch auf ein drittes Kriterium abzuheben, nämlich auf die „Art der Wertbeziehung". Dieses dritte Kriterium könnte nämlich verwirren und zu Unklarheiten führen. Es ist also z. B. nicht empfehlenswert, etwa von einer bestimmten Sache als beziehungsverknüpftem Objekt zu sprechen und sodann zu prüfen, ob hinsichtlich dieser Sache der Interessent X der „Art" nach eine Eigentümerbeziehung, ein Forderungsinteresse, ein Hypothekengläubigerinteresse, ein Gewinninteresse oder gar ein Haftpflichtinteresse habe. Solche Betrachtungsweise wirkt deshalb so irreführend, weil man andererseits viel klarer von einem Interesse des X an einer Sache, einer Forderung, einer Hypothek, einer Gewinnanwartschaft reden kann, während die Sachhaftpflichtv überhaupt nicht zur Interessev zählt, sondern als V gegen die Entstehung einer Haftpflichtschuld, also eines Passivums qualifiziert werden muß.

Man sollte sich deshalb dahin entscheiden, künftig allein die an letzter Stelle skizzierte Umschreibungsmethode zu wählen, also möglichst genau und konkret das beziehungsverknüpfte Gut anzugeben (so schon Möller ZVersWiss 1934 S. 22). Dann kommt es auf die „Art der Wertbeziehung" überhaupt nicht mehr an, und es treten deutlich nebeneinander: Sachinteressen (identisch mit Eigentümerinteressen), Forderungsinteressen, Interessen an sonstigen Rechten, Anwartschafts-(Gewinn-)interessen.

Es ist die Aufgabe der Bewertung, die genannten einzelnen Interessen hinsichtlich ihres Umfanges, ihrer Höhe zu qualifizieren.

[17] bb) Wert der Wertbeziehungen.

Will man die einzelnen Interessen bewerten, so muß man sie streng auseinanderhalten, insbesondere ist das Sachinteresse vom Gewinninteresse zu scheiden. Dementsprechend ist — auf der negativen Seite — der Sachschaden vom Gewinnentgang zu trennen, und gemäß § 53 umfaßt die V den entgehenden Gewinn nur, wenn es besonders vereinbart ist. Näheres über die Abgrenzung des Sachwertes vom Wert des Gewinninteresses Anm. zu § 53.

Abschreibungen, gleichgültig ob in der Steuer- oder in der Handelsbilanz vorgenommen, sind für die vsrechtliche Bewertung — etwa bei Sach- oder Forderungsinteressen — irrelevant.

[18] aaa) Sachinteressen.

Das Sachinteresse ist identisch mit dem Eigentümerinteresse, das nach richtiger Auffassung allerdings nicht notwendig dem sachenrechtlichen Eigentümer zuzustehen braucht, vielmehr reicht wirtschaftliches Eigentum aus (Anm. 53, 55, 58—68 zu § 49). Aus § 52 ist zu entnehmen, daß der Vswert des Sachinteresses im Zweifel identisch ist mit dem „Wert der Sache" (Anm. 54). Letzterer richtet sich danach, wieviel ein Kreis von Prätendenten dafür zu begleichen bereit ist, daß sie in die Eigentümerposition einrücken. Dabei bilden sich aus Angebot und Nachfrage die **Preise** der Sachen, der Preis wird bezahlt für die Erlangung von Eigentum, Geld wird umgetauscht in ein Eigentümerinteresse. So kann man die Werte in Preisen rechnen, wobei oft die Preise in einem Kapitalisierungszusammenhang mit ihren Erträgen stehen. Man nennt solche Preise langlebiger, Erträgnisse erzielender Wirtschaftsobjekte auch deren Kapitalwert (zur wirtschaftswissenschaftlichen Preistheorie vgl. etwa Kromphardt in: Handwörterbuch der Sozialwissenschaften, Bd. VIII, Stuttgart-Tübingen-Göttingen 1964, S. 447—499). Auf den Zusammenhang von Vswert des Sachinteresses, Sachwert und Preis verweist — wie hier — Berndt a. a. O. S. 43.

Es gibt — von einer bestimmten Personengruppe aus gesehen — mehrere Preisgestaltungen. Unterscheiden lassen sich Einkaufs- und Verkaufspreise, wobei in letzteren Gewinn stecken kann (Anm. zu § 53). Trennen lassen sich ferner Erzeuger-, Großhandels-, Kleinhandelspreise, wobei vsrechtlich ungewöhnliche Verkaufsmethoden unbeachtlich sind (BGH 19. XI. 1962 VersR 1963 S. 78). Im konkreten Fall beglichene Preise sind als Rechnungs-(Fakturen-)preise feststellbar. Entsprechend dem Ort der Preisfestsetzung werden Börsen-, Markt-, Messepreise definiert; zu den Börsenpreisen zählen bei Wertpapieren die Kurswerte. Entsprechend der Zeit der Lieferung unterscheidet man Tages- und Terminspreise. Kommt ein Transport der Sache, insbesondere über See, in Betracht, so richtet sich der Preis danach, ob der Verkäufer oder Käufer die Transportkosten trägt: Cif- und Fobpreis differieren um diese Kosten; daneben stehen die Preise für „greifbare" Ware (Locopreise). Bei Vorhandensein von Preisbindungen können neben den gebundenen Preisen die Preise von „Preisbrechern" stehen. Wichtig sind ferner die Listenpreise (vgl. § 13 II AKB).

Besonders bei der Bewertung von Speziessachen müssen alle wertbildenden Faktoren beachtet werden, z. B. bei Gebrauchtwagen oder Grundstücken. Bei letzteren sind deshalb z. B. langjährige Vermietung, Verpachtung oder Nießbrauchbestellung preis- und werterheblich (für den Nießbrauch: Ehrenberg S. 304), auch Dienstbarkeiten gehören hierher. Vgl. Ross-Brachmann, Leitfaden für die Ermittlung des Bauwertes von Gebäuden, 19. Aufl., Hannover 1965.

Jedoch schmälern Pfandrechte, insbesondere Grundpfandrechte weder Preis noch Wert, kann doch der Grundstückskäufer eine Hypothek oder Grundschuld in Anrechnung auf den (Gesamt-)Kaufpreis übernehmen. Der Vswert des Eigentümerinteresses wird durch Pfandrechte nicht geschmälert (so schon Ehrenberg S. 364 mit Anm. 24). Es wird auf verschiedene Weise dafür gesorgt, daß der Eigentümer nicht bereichert werden kann (vgl. nur §§ 1127 I, 1192 I BGB, § 22 I 2 VO über Orderlagerscheine). Auch ein Nießbrauch schmälert den Wert des Eigentümerinteresses nicht, wenn man davon absieht, daß die Existenz des Nießbrauchs ein wertbildender Faktor ist (zur Rechtslage vgl. §§ 1045—1046 BGB).

Über die Berechnungsprobleme bei Wohnungseigentum: Ausborn, Wohnungseigentum und privatrechtliche Gebäudev, Karlsruhe 1964, S. 26—27.

In Verbindung mit dem in Anm. 9, 10 Gesagten, wonach in dubio vom gemeinen Wert im Zeitpunkt des Vsfalles am Schadensort auszugehen ist, läßt sich feststellen, daß es für den Vswert auf den Wiederbeschaffungspreis ankommt, wie ihn der Vmer (oder eine vergleichbare Person) aufwenden müßte, also auf den Einkaufspreis, loco bei sofortiger Lieferung.

Das Sachinteresse ist das Substanzinteresse, demzufolge sind die Begriffe Wert des Sachinteresses und Substanzwert synonym (Fick Ersatzwert a. a. O. S. 254).

Vgl. im übrigen zum Wert des Sachinteresses besonders Anm. 30—36.

[19] bbb) Forderungsinteressen.

Bei Forderungsinteressen entspricht ihr Wert im allgemeinen dem Nennwert der Forderung, sofern es sich um Geldforderungen handelt. Hinzutreten könnten Zins-, Kosten- und sonstige Nebenforderungen. Aber in der Kreditv erstreckt sich die V meistens nicht auf Zinsen, Reugeld, Vertragsstrafen, Schadensersatz, Kosten der Rechtsverfolgung und andere Kosten. Bei später fälligen Forderungen errechnet sich der Gegenwartswert nach Abzug von Zwischenzinsen. Über den Vswert der Frachtforderungsv: Argyriadis, Die Frachtv, Hamburg 1961, S. 122—124 mit § 107 I, II ADS (in dubio: Bruttofracht). Der Vswert der jeder Wohngebäudefeuerv angehängten Mietverlustv entspricht dem Mietzins oder dem Mietwert „der unbenutzbar gewordenen Räume" (Nachtrag zu § 1 VI AFB).

[20] ccc) Interessen an sonstigen Rechten.

Auch Wertbeziehungen zu anderen als Forderungsrechten sind versicherbar und haben einen Vswert. In Betracht kommen speziell beschränkte dingliche Rechte (während das Interesse am Eigentumsrecht als Sachinteresse erfaßt wird: Anm. 18, 55).

Beim Nießbraucherinteresse handelt es sich um die Bewertung eines Nutzungsrechtes. ähnlich wie bei Miete und Pacht (Anm. 19). Interesse und Vswert entfallen nicht dadurch, daß der Nießbraucher an der Sachvsforderung des Eigentümers Nießbrauch erlangt (§ 1046 BGB).

Bei den Realgläubigern besteht im allgemeinen kein Bedürfnis für eigene Vsnahme, da sich ihr Pfandrecht auf die Vsforderung des Eigentümers erstreckt (§§ 1127 I, 1192 I BGB). Aber es kann vorkommen, daß ein Vsverhältnis des Eigentümers nicht existiert oder „krank" ist und daß im letztgenannten Falle die Schutznormen der §§ 102, 103 versagen: Hier kommt die V des Eigeninteresses des Realgläubigers in Betracht, die §§ 105, 107b schaffen insoweit für den Feuerver einen Kontrahierungszwang. Für den Vswert des Realgläubigerinteresses kommt es nicht allein auf den Nennwert der gesicherten Forderung an, sondern der Vswert ist „nur so hoch, als der Wert der Sache zur Deckung der Hypothekenforderung genügt," „abzüglich etwaiger vorberechtigter Hypotheken" (Ehrenberg I S. 363 Anm. 21). So denn auch Klausel 5.07 Klauseln der Feuerv, vgl. ferner Prölss[15] Anm. 1 vor § 51, S. 239. Entsprechend für die Bodmereigelderv § 110 I ADS: Vswert = Betrag der Forderung, falls nicht der zur Deckung dienende Gegenstand einen geringeren Wert hat (dazu Ritter Anm. 134 zu § 1, S. 142—143, Anm. 3 zu § 110, S. 1241—1 42).

Beim Erbbaurecht tauchen keine besonderen Probleme auf, weil das Bauwerk Eigentum des Erbbauberechtigten wird, gleichgültig ob das Bauwerk kraft des Erbbaurechts errichtet worden ist oder ob es schon vorhanden war (wegen einer Anzeigepflicht des Bauwerksvers gegenüber dem Grundeigentümer: § 23 ErbbaurechtsVO). Bei Bewertung des Bauwerks spielen Erbbauzins, Dauer, Heimfall- und Entschädigungsregelung eine Rolle. Theoretisch könnte der Grundstückseigentümer sein Interesse am Bauwerk, das sich besonders bei einer günstigen Entschädigungsregelung oder Heimfallansprüchen ergibt, vern (vgl. §§ 27 I, II, 32 ErbbaurechtsVO). Die Bewertung ist schwierig.

[21] ddd) Gewinninteressen.

Besonders schwer ist die Bewertung von Anwartschaftsinteressen, geht es doch hier um die Vorwegschätzung von möglicherweise entgehendem oder imaginärem Gewinn. Anwartschaften als Güter des erst „werdenden Vermögens" haben einen stark transitorischen Charakter mit Ungewissheitsmomenten, dem Grunde und der Höhe nach. Bei der V entgehenden Gewinns kommt es gemäß § 252² BGB auf ein Wahrscheinlichkeitsurteil an, bei der V imaginären Gewinns sogar nur auf die bloße Möglichkeit der Gewinnerzielung (§ 100 II ADS). Solche Urteile sind schwer objektivierbar und nachprüfbar. Tritt ein Schaden ein, so wird unterstellt, daß die Chance sich realisiert hätte. Der Bewertung wird also nicht der Anwartschaftswert (vergleichbar dem Preise eines Lotterieloses), sondern der Realisationswert (vergleichbar dem Gewinn) zugrunde gelegt (Möller Summen- und Einzelschaden a. a. O. S. 111—118). Näheres Anm. zu § 53, vgl. auch § 89.

Für einzelne Zweige der Gewinnv läßt sich der Vswert genauer bestimmen, so hinsichtlich der Bruttoertragsanwartschaft in der Feuerbetriebsunterbrechungsv. Allerdings ist auch hier eine vorausschauende Bestimmung schwierig, man überprüft den Vswert im Schadensfalle, indem man zeitlich vom Ende des gedehnten Vsfalles aus zurückgeht: „Maßgebend für den Vswert im Schadensfalle sind der Geschäftsgewinn und die Geschäftskosten, die der Vmer ohne Unterbrechung des Betriebes in dem Bewertungszeitraum erwirtschaftet hätte. Der Bewertungszeitraum umfaßt 12 Monate. Er endet zu dem Zeitpunkt, von dem an ein Unterbrechungsschaden nicht mehr entsteht, spätestens jedoch mit dem Ablauf der Haftzeit“ (§ 5 I FBUB). Zum Vswert der Betriebsunterbrechungsv vgl. auch Blanck VW 1959 S. 277—282, Wankell VW 1960 S. 138—141. — In § 2 Allgemeine Vsbedingungen für die Regenv wird zwar der Begriff des Vswertes nicht verwendet, aber gesagt: „Die Vssumme darf die voraussichtlichen Unkosten oder Einnahmen nicht überschreiten.“ Damit sollte zugleich der Vswert fixiert werden. — Für die Hagelv vgl. Anm. 23 (zu § 108).

[22] 3. Abgrenzung.

Der Vswert ist von einigen anderen Erscheinungen abzugrenzen, nämlich

dem Vsschaden, der als effektiv entstandener Nachteil bei einer Interessev neben dem Vswert eine leistungsbegrenzende Funktion ausübt (der Vswert bezeichnet allerdings zugleich den Umfang des denkbar höchsten Vsschadens: Anm. 9);

der Vssumme, die den Höchstbetrag der Leistung des Vers angibt (§ 50), also bei einer Interessev neben der Schadenshöhe und dem Vswert leistungsbegrenzend wirkt (Anm. 44 vor §§ 49—80);

der Taxe, welche den Vswert durch Vereinbarung auf einen bestimmten Betrag festsetzt (§ 57);

der Vorschätzung, welche dazu beiträgt, daß der Vmer von einem richtigen Vswert ausgeht (Klauseln 5.05, 5.06, 6.02 Klauseln der Feuerv).

[23] II. Bestimmung des Versicherungswertes.

1. Gesetz und Vertrag.

a) Gesetzliche Bestimmungen.

Die gesetzlichen Vorschriften, welche den Vswert näher bestimmen, sind dürftig. Für die Sachv ist von der **Grundnorm** des § 52 auszugehen, welche auf den gemeinen Wert abhebt (Anm. 9, 10), welcher an Hand entsprechender Preise von Sachen zu bestimmen ist (Anm. 18, 53—55). Daß § 52 die Grund- und Regelbestimmung darstelle, betonen Berndt a. a. O. S. 99—102, 150, Blanck ZVersWiss 1928 S. 45, Bruck S. 515.

Die Grundnorm des § 52 wird **ergänzt** für die Feuerv durch §§ 86, 88, für die Hagelv durch § 108, für die Tierv durch § 116 I 2 und für die Transportv durch §§ 140, 141.

§§ 86, 88 gelten für die Feuerv, man hat die Vorschriften aber bei anderen Sachven, z. B. bei der Autokaskov analog angewendet, speziell wenn das Kraftfahrzeug von Feuer betroffen worden ist (RG 20. XI. 1911 JW 1912 S. 425—426). Die Vorschriften betreffen nur Haushalts- und sonstige Gebrauchsgegenstände, Arbeitsgerätschaften und Maschinen (§ 86) sowie Gebäude (§ 88), sie sollen § 52 ergänzen (Begr. I S. 92, 94).

Wenn in **§ 86** der Betrag genannt wird, „welcher erforderlich ist, um Sachen gleicher Art anzuschaffen, unter billiger Berücksichtigung des aus dem Unterschiede zwischen alt und neu sich ergebenden Minderwerts“, so wird dem Vmer bei gebrauchten Sachen nicht nur der Preis gewährt, der bei einem Altwarenhändler für gebrauchte Sachen gleicher Art aufzuwenden wäre (das wäre der gemeine Wert des § 52: Anm. 10), sondern es ist zu unterstellen, daß sich der Vmer „neue Sachen gleicher Art anschaffen will“ (Begr. I S. 93), und hiervon ist ein Abzug zu machen, der den Unterschied zwischen alt und neu billig berücksichtigt. Das Ergebnis ist ein Gebrauchswert (Bruck S. 514, Hoppe a. a. O. S. 162—163), welcher im allgemeinen höher liegen wird als der gemeine Wert und erst recht höher als der Verkäuflichkeitswert (möglicher Erlös z. B. beim Trödler; KG 3. X. 1928 JRPV 1928 S. 350, OLG Hamm 14. II. 1929 VA 1929 S. 256 Nr. 2020). § 86 ergänzt also nicht nur den § 52, sondern ändert ihn ab.

Das trifft auch hinsichtlich des **§ 88** zu, der für Gebäude gilt. Denn auch hier wird nicht vom Wiederbeschaffungspreis für ein anderes, ähnliches Gebäude ausgegangen, sondern vom ortsüblichen Bauwert, und man kann nur neu bauen. Vom ortsüblichen Bauwert sind wieder Abzüge zu machen, entsprechend dem Zustand des Gebäudes, speziell Alter und Abnutzung. Begr. I S. 95 spricht von der Abnutzungsquote. Je nach der Lage des Grundstücksmarktes kann der Wert des § 88 über oder unter dem gemeinen Wert liegen (dazu vgl. auch Berndt a. a. O. S. 150—151, Hoppe a. a. O. S. 102—103).

§ 108 erwähnt für die Hagelv die „vten Bodenerzeugnisse" und die Begr. I S. 109 bemerkt dazu: „Was den Umfang der Entschädigungsverbindlichkeit des Vers betrifft, so ergibt sich aus dem Zwecke der Hagelv, daß nicht der Unterschied zwischen dem Werte, den der Aufwuchs zur Zeit des Eintritts des Vsfalls im unbeschädigten Zustande hatte und seinem Werte nach dem Hagelschlage zugrunde gelegt werden kann, sondern daß für die durch den Hagelschlag verursachte Minderung des Ertrags Ersatz zu leisten ist." Bei der Hagelversicherung handelt es sich hiernach um die kombinierte V eines Sach- und eines Gewinninteresses. Wie bei allen Gewinnven ist der Wert der Anwartschaftsbeziehung schwer zu schätzen. Aus Zweckmäßigkeitsgründen wird der V ein einheitlicher Vswert zugrunde gelegt, zumal da intern die beiden Werte sich laufend verschieben: Je mehr die Ernte näher rückt, desto größer wird der Wert des Aufwuchses, desto kleiner wird der Wert der noch nicht realisierten Anwartschaft. § 108 ergibt übrigens nicht, auf welche Weise im übrigen der Gesamtvswert zu berechnen ist. Man wird also entsprechend § 52 im Zweifel auf den gemeinen Wert der eingebrachten Bodenerzeugnisse abzustellen haben, d. h. darauf, wieviel der Vmer aufwenden müßte, um sich anderweitig die Bodenerzeugnisse neu zu beschaffen (Anm. 10).

§ 116 I 2 betrifft die Tierv, und zwar diejenigen Vsarten, bei denen die Gefahr des Todes des vten Tieres gedeckt ist. „Als Vswert gilt bei der Viehv, wie sich aus § 52 ergibt, der Wert des vten Tieres. Nach diesem Wert bestimmt sich daher die Höhe des vom Ver zu leistenden Schadensersatzes. Hängt, wie das die Regel ist, die Entschädigungspflicht des Vers von dem Tode des Tieres ab, so fragt sich, welcher Zeitpunkt für die Ermittelung des Wertes maßgebend sein soll. Wird lediglich der Wert, den das Tier im Augenblicke des Todes hatte, zu Grunde gelegt, so erhält der Vmer in zahlreichen Fällen eine durchaus unzulängliche Vergütung" (Begr. I S. 113). Denn oft geht dem Tode eine Krankheit oder ein Unfall des Tieres voraus, wodurch der Wert bereits stark gemindert wird. Hier nun bestimmt das Gesetz, es gelte „als Betrag des Schadens der Wert, den das Tier unmittelbar vor Eintritt der Erkrankung oder des Unfalls gehabt hat". Der Vsfall tritt hier als gedehnter Vsfall ein. Es kommt auf den Wert zu Beginn des gedehnten Vsfalles an. Auch § 116 I 2 sagt nichts über die Art der Wertbemessung, sodaß es bei der Regel des § 52 und der Maßgeblichkeit des gemeinen Wertes bleibt.

§§ 140, 141 betreffen die Transportv, und zwar die Güter- und die Kaskov. Nur § 140 I berührt den Bewertungsmaßstab; er wiederholt für die Güterv das Prinzip, wonach der gemeine Wert, gegebenenfalls der gemeine Handelswert der Güter entscheidend sei. Dieses Prinzip des § 52 gilt im Zweifel auch für den Vswert des Schiffes (§ 141 I 1). — Viel wichtiger ist, daß die §§ 140 II, 141 I 1 für die Transportv die Fiktion des gleichbleibenden Vswertes aufrichten (Näheres Anm. 25). — Was den Ort der Bewertung anlangt, so geht § 140 I in additiver Methode (vgl. Anm. 5) vom Orte der Absendung aus, jedoch spielt bei Beschädigungen der Güter oder des Schiffes auch der Ablieferungsort/Ausbesserungsort eine Rolle (§§ 140 III, 141 II).

[24] b) Vertragliche Vereinbarungen.

Vertragliche Vereinbarungen über den Vswert, also über die Ausfüllung des Bewertungsrahmens (Anm. 9), sind zulässig, da die Gesetzesvorschriften, insbesondere

§ 52, nicht zwingend sind (Anm. 56). Für das Seevsrecht vgl. RG 2. X. 1920 RGZ Bd 100 S. 90—92. Allerdings darf das vsrechtliche Bereicherungsverbot nicht verletzt werden.

Solche Vereinbarungen sind häufig. Sie brauchen nicht ausdrücklich zu erfolgen, sondern müssen nicht selten aus dem Gesamtinhalt des Vsvertrages im Wege der Auslegung erschlossen werden; außerhalb der Sachv, also des Geltungsbereiches von § 52, kommt auch eine Vertragsergänzung in Frage. Oft sind Vereinbarungen undeutlich. Wenn z. B. § 2[1] Allgemeine Vsbedingungen für die Regenv bestimmt, die Vssumme dürfe die voraussichtlichen Unkosten oder Einnahmen nicht überschreiten, so ist dabei an die Vermeidung einer Überv zu denken, und es ergibt sich, daß die voraussichtlichen Unkosten oder Einnahmen den Vswert darstellen.

Ausdrückliche Vereinbarungen betreffen nur ziemlich selten den Vswert zur Zeit des Abschlusses des Vsvertrages (Anfangswert). Viel häufiger ist von dem Vswert zur Zeit des Eintritts des Vsfalles (Ersatzwert) die Rede, z. B. in der wichtigen Vorschrift des § 3 AFB, auch § 5 FBUB. Dabei muß nicht selten der Vswert aus Bestimmungen über die Höhe der vom Ver zu leistenden Entschädigung und ihre Berechnung entnommen werden.

Über die Taxierung des Vswertes vgl. Anm. 25, auch Anm. zu § 57.

[25] 2. Zeitpunkt der Bewertung.

a) Anfangs- und Ersatzwert.

Da Werte sich verändern, insbesondere durch Abnutzung und Alter absinken, aber infolge von Preissteigerungen und Geldwertschwund möglicherweise auch steigen, kommt es auf den Zeitpunkt der Bewertung an. Am wichtigsten ist die Bewertung

bei Abschluß des Vsvertrages, hier spricht man — nach österreichischem Vorbild — von „Anfangswert" (Ehrenzweig S. 243),

bei Eintritt des Vsfalles, hier spricht man — nach schweizerischem Vorbild — von „Ersatzwert", manchmal auch von „Letztwert" (Ehrenzweig S. 243).

Zur Terminologie vgl. besonders Fick Grundbegriffe a. a. O. S. 13—18.

Während des ganzen Laufes der V kann man den jeweiligen Vswert ermitteln. Bei einem gedehnten Vsfall kann der Ersatzwert während des Dehnungszeitraumes differieren, und falls bis zur Wiederherstellung seitens des Vmers oder bis zur Entschädigungsleistung seitens des Vers weitere Zeit vergeht, kann bis dahin der Vswert sich noch verschoben haben, z. B. können die Baukosten weiter angestiegen sein. Dauert der Vsschutz nach Eintritt eines Teilschadens fort, so ist es sinnvoll, mit § 15 IIb AFB „den Vswert der Sachen unmittelbar vor und nach dem Schaden" festzustellen.

Bei allen gesetzlichen und vertraglichen Bestimmungen über den Vswert muß ermittelt werden, auf welchen der genannten Bewertungszeitpunkte es ankommen soll. So sprechen § 51 I, II von der Beseitigung der Überv im Blick auf den jeweiligen Vswert, § 51 III vom Abschluß einer betrügerischen Überv, also normalerweise vom Anfangswert, § 52 vom jeweiligen Vswert des Sachinteresses, §§ 55, 56 von der Entschädigungsleistung des Vers bei Über- und Unterv, d. h. vom Ersatzwert.

Das Auseinanderfallen der Werthöhe zu verschiedenen Zeitpunkten, insbesondere eine Divergenz von Anfangs- und Ersatzwert ist mißlich. Hier sollen zwei Institutionen abhelfen, nämlich

die sogen. **Fiktion des gleichbleibenden Versicherungswertes** in der Transportv (§§ 140 II, 141 I 2), wonach der Anfangswert auch als Ersatzwert gilt, kraft unwiderlegbarer Vermutung, selbst wenn in Wahrheit der Ersatzwert niedriger oder höher ist. Ist der Ersatzwert niedriger, so kann der Ver sich selbst bei erheblicher Abweichung nicht auf das vsrechtliche Bereicherungsverbot berufen (Anm. 46 vor §§ 49—80). Ist der Ersatzwert höher, so greifen die Untervsregeln (§ 56) nicht ein, der Vmer kann das partielle neue Sachinteresse im Wege einer Mehrwertv schützen. Die Vorschriften sind abdingbar (vgl. Anm. 29). Zur Abgrenzung von der Gewinnv Anm. zu § 53.

die **Taxierung des Versicherungswertes,** wodurch der Anfangswert, (ausnahmsweise ein späterer Vswert: Prölss[15] Anm. 1 zu § 57, S. 251) durch Vereinbarung auf einen bestimmten Betrag festgesetzt wird; diese „Taxe gilt auch als der Wert, den das vte Interesse zur Zeit des Eintritts des Vsfalls hat" (§ 57²), also als Ersatzwert. Ist in Wahrheit der Ersatzwert niedriger, so kommt nur bei „erheblicher" Übersetzung eine „Anfechtung" der Taxe in Betracht, einer unerheblichen Übersetzung steht das vsrechtliche Bereicherungsverbot nicht entgegen (Anm. 47 vor §§ 49—81). Ist der Ersatzwert höher, so greifen die Untervsregeln nicht ein, aber eine Nachv ist anzuraten. — Eine Taxe verbietet § 89 I, die Bedeutung der Taxe vermindert § 87. — Näheres Anm. zu § 57.

[26] b) Zeitwert und Neuwert.

aa) Schrifttum zur Neuwertv:

Bänninger, Die Neuwertv in der Schweiz, ihre Zulässigkeit und heutige rechtliche Ausgestaltung, Bern 1962, Berchtold, Neuwertven, Ein Beitrag zur vsrechtlichen Wertlehre, Zürich 1930, Biehl, Das Rechtsinstitut der Neuwertv im Inland und Ausland, Jena 1938, Blanck NeumannsZ 1927 S. 866—867, ZVersWiss 1927 S. 73—82, JRPV 1929 S. 75—77, Blau ZVersWiss 1923 S. 48—59, in: Fortbildungs-Vorträge, I. Teil, Berlin 1926, S. 252—267, Brunn JRPV 1929 S. 182—183, Eggers ZVersWiss 1929 S. 164—182, Ehrenberg WuRdVers 1930 Nr. 1 S. 1—23, Eichhorn JRPV 1927 S. 53—54, Farnsteiner, Verbreitung und Konstruktion der Neuwertv, ungedruckte Hamburger Diss. 1952, von Haselberg Neumanns Z 1927 S. 1128—1129, Helberg VA 1951 S. 58—59, Helmer VuGeldwirtschaft 1927 S. 129—131, 138—140, Heymann, Die soziale Sachwerterhaltung auf dem Wege der V, Berlin 1920, Koch Probleme der Neuwertv für industrielle Risiken, Leipzig 1929, Köhler NeumannsZ 1926 S. 361—364, Koenig SchweizVersZ 1958/59 S. 97—105, Kürsten JRPV 1929 S. 258, Krayenbühl, Die Neuwertv, Zürich 1962, Levin NeumannsZ 1928 S. 773—775, 840—842, Lips Mitteilungen der Vereinigung kantonal-schweizerischer Feuervsanstalten 1929 S. 126—140, Riebesell VuGeldwirtschaft 1926 S. 405—406, AssJhrb Bd 47 S. 36—46, JRPV 1929 S. 214—215, G. Schmidt VW 1960 S. 381—383, Seidel VsArchiv 1936/37 S. 546—575, Suter SchweizVersZ 1958/59 S. 38—46, Wahren, Neuwertv, Hamburg 1935, Wreschner Schweizerische Juristenzeitung 1929/30 S. 55—59, Zernetschky, Die Sachlebensv, Erlanger Diss., Forchheim 1928.

[27] bb) Zeitwert.

Entscheidend ist in jedem Zeitpunkt der augenblickliche Vswert, insbesondere bei Eintritt des Vsfalls der Wert, der sich aus dem jetzigen Zustand der vten Sache entsprechend ihrem Alter und ihrer Abnutzung ergibt. Man spricht vom Zeitwert (im Gegensatz zum Neuwert), wobei der Zeitwert innerhalb des Wertrahmens auf verschiedene Weise bestimmt werden kann, z. B. an Hand des gemeinen Werts. So ist es irrig, einen Gegensatz zwischen Zeitwert und gemeinem Wert zu konstruieren (wie es LG Berlin 5. III. 1929 JRPV 1929 S. 354—355 tut; unsinnig auch der Satz LG Berlin 6. X. 1930 JRPV 1931 S. 358: „Es waren .... keine Anhaltspunkte dafür gegeben, daß der Vswert des Streitwagens zur Zeit des Schadensfalles bis auf den Zeitwert gesunken wäre"). Primär auf den Zeitwert stellt für die Autokaskov § 13 I AKB ab, ohne genauere Bewertungsvorschrift (zu § 13 I AKB: Wussow ZfV 1953 S. 588, auch Paul ZfV 1956 S. 108—109, Naeve ZfV 1956 S. 164, Riebesell VW 1953 S. 576—577).

Im Rahmen einer reinen Sachv erheischt das Bereicherungsverbot, daß der Ver bei einem Totalschaden höchstens den Zeitwert ersetze (vgl. allerdings die Einschränkungen kraft der Fiktion des gleichbleibenden Vswertes und der Taxe: Anm. 25). Der Wertrahmen des Sachinteresses wird gesprengt, falls eine höhere Entschädigung als der Zeitwert versprochen wird (a. A. Berndt a. a. O. S. 238—239). So hat man lange die Neuwertv für unzulässig und mindestens in Höhe der Differenz von Neu- und Zeitwert für nichtig gehalten (vgl. besonders die frühere aufsichtsbehördliche Stellungnahme: VA 1926 S. 149—151 unter Berufung auf §§ 1 I 1, 55, Begr. I S. 93).

[28] cc) Neuwert.

Dem Zeitwert steht der Neuwert gegenüber, wobei der Begriff nicht eindeutig ist, kann man doch entweder fragen, wieviel die vte Sache wert war, als sie neu war, oder fragen, wieviel heute aufgewendet werden muß, um eine neue Sache zu beschaffen. Nur die letztgenannte Betrachtungsweise spielt in der Praxis eine Rolle (vgl. zum Begriff des Neuwertes Möller ZVersWiss 1934 S. 20—21, Wahren a. a. O. S. 13—14). Besondere Probleme ergeben sich auch daraus, daß besonders bei Bauten und Maschinen die neue Sache nicht in gleicher Gestalt wiederbeschafft werden kann: Die Baumethoden, der Baustil wandeln sich, Maschinen gewinnen eine neue Form. Der Vmer kann mangels spezieller Regelung (dazu Anm. 34) Modernisierung verlangen, aber nicht statt einer Windmühle eine elektrische Mühle und keine Fabrik mit erhöhter Produktionskapazität.

Man könnte die Neuwertv, soweit die Differenz von Neu- und Zeitwert in Rede steht, auf zweierlei Weise zu rechtfertigen versuchen:

Es könnte z. B. mit der V gegen die Feuersgefahr eine V gegen die Abnutzungsgefahr dergestalt verbunden sein, daß der Ver die Abnutzungsgefahr nur trägt unter der Voraussetzung, daß auch die Feuersgefahr sich verwirklicht (Möller ÖffrechtlV 1932 S. 34, auch von Gierke I S. 96 Anm. 38, II S. 185). Aber diese Konstruktion, welche ex post — nämlich falls es brennt — den Vsfall als sehr gedehnt erscheinen läßt, begegnet erheblichen Bedenken (Wahren a. a. O. S. 43—44), denn womöglich ist die vte Sache schon bei Abschluß des Vsvertrages nicht mehr neu, auch kommt es gar nicht auf den damaligen Neuwert, sondern auf den heute notwendigen Aufwand an.

Deshalb verdient eine zweite Konstruktion den Vorzug, wonach bei der Neuwertv mit der V des Sachinteresses (in Höhe des Zeitwertes) eine Passivenv, und zwar eine V gegen notwendige Aufwendungen (in Höhe der Differenz von Neu und Zeitwert) verbunden ist. Die dogmatische Begründung findet sich bei Möller Summen- und Einzelschaden a. a. O. S. 80—81, JW 1938 S. 919, auch Farnsteiner VersR 1954 S. 41—44, Wahren a. a. O. S. 46—49, andeutungsweise vorher schon bei Bruck S. 521—522, Eggers ZVersWiss 1929 S. 178. Das Reichsaufsichtsamt hat mit ähnlicher Begründung schließlich die Zulässigkeit der Neuwertv bejaht (VA 1929 S. 143—145: „Neuherstellungsinteresse" und hierzu erforderliche „Aufwendungen"). Zustimmend auch BGH 1. IV. 1953 BGHZ Bd 9 S. 203.

Diese mit der Sachv verbundene Passivenv weist die Besonderheit auf, daß der Betrag der erforderlichen Aufwendungen vom Neuwert her fixierbar ist, so daß — ähnlich wie in den Fällen einer Haftpflichtv bei beschränkter Haftung — der Höchstbetrag der Aufwendungen (gleichsam ein Vsunwert) sich feststellen läßt (Anm. 15). So lassen sich die Untervsregeln anwenden, falls die Vssumme den Neuwert nicht erreicht. Dabei geht man gemäß § 3 Sonderbedingungen für die Neuwertv des Hausrats (VA 1958 S. 163—164) folgendermaßen vor: „Ist die Vssumme des Hausrats niedriger als sein Vswert z. Z. des Eintritts des Schadenfalls, aber höher als der Zeitwert, so wird nur der Teil des Schadens voll vergütet, der bei Zeitwertv zu ersetzen wäre (Zeitwertentschädigung), der Rest dagegen im Verhältnis der den Zeitwert übersteigenden Vssumme zu dem den Zeitwert übersteigenden Vswert. Ist die Vssumme gleich dem Zeitwert oder niedriger, so finden die Sonderbedingungen für die Neuwertv des Hausrats keine Anwendung."

Die Neuwertv dringt immer weiter vor, sie ist sogar bei Hausrat, auch Bekleidung und Wäsche möglich. Allerdings pflegt zur Minderung des subjektiven Risikos vorgesehen zu werden, daß für nicht mehr zum Gebrauch bestimmte Sachen als Vswert nur der Zeitwert gelte, und entsprechendes wird für bereits stark entwertete Sachen bestimmt, etwa mit der Vorschrift: „Ist der Zeitwert einer Sache niedriger als 50 v. H., bei Bekleidung und Wäsche niedriger als 70 v. H. des Wiederbeschaffungspreises, gilt als Vswert nur der Zeitwert" (§ 1 Sonderbedingungen a. a. O.). Es gibt auch genaue Staffeln, aus denen sich z. B. für Gebäude oder industrielle Anlagen entnehmen läßt, wie hoch vom Ver der Schaden zu ersetzen ist, wenn der Zeitwert einer Sache niedriger ist als X v. H. des Neuwertes (vgl. Sonderbedingungen für die Neuwertv industrieller Anlagen: VA 1935 S. 109—110, 1938 S. 117—118, 1951 S. 49; Sonderbedingungen für die Neuwertv landwirtschaftlicher Gebäude: VA 1936 S. 84—85, 1937 S. 83, 1951 S. 49).

Besonders wichtig ist die gleitende Neuwertv geworden (vgl. die verschiedenen Sonderbedingungen: VA 1951 S. 49—51, 99, 1962 S. 174—175 und dazu Helberg VA1951 S. 58—59 sowie oben Anm. 19 zu § 50).

[29] 3. Ort der Bewertung.

Es wurde schon dargelegt (Anm. 9), daß bei stationären Risiken der Sachv bei der Bewertung auf die Wertverhältnisse am Vsort abzustellen ist. Bei Gebäuden entscheidet also der Ort der Belegenheit des Grundstücks (Raiser Anm. 23 zu § 3, S. 124). Ist es üblich oder gar notwendig, Ersatzbeschaffungen auswärts zu erledigen, so entscheiden die dortigen Werte, aber es sind Verpackungs-, Fracht- und Versicherungskosten bis zum Vsort hinzuzurechnen (Raiser Anm. 23 zu § 3, S. 123—124). Für ausländische Maschinen und Rohstoffe vgl. Klauseln 9, 10 Klauseln der Feuerv (Auslandspreis). Ist der Vsschutz nicht räumlich beschränkt, wie speziell in Fällen der Außenv (Leibkutsch, Der Vsort, ungedruckte Hamburger Diss. 1949, S. 72—126), so kann man doch nicht auf den Wert des Ortes abheben, an dem die Güter sich jeweils befinden: Derjenige, der einen deutschen Fotoapparat auf eine Auslandsreise mitgenommen hat und auf Grund eines im Ausland erfolgten Verlustes von einem deutschen Ver Ersatz verlangen kann, wird im Zweifel nur den deutschen Inlandspreis fordern können, nicht den durch Importzölle erhöhten Auslandspreis.

In der Transportv kommen — wie im Transportrecht (Anm. 5) — verschiedene Berechnungsmethoden für den Vswert in Frage: Die additive Methode, die vom Abgangswert (im Überseeverkehr: z. B. Fobpreis) ausgeht und aufgewendete Beförderungskosten hinzuzählt und die subtraktive Methode, die vom Ankunftswert (z. B. Cifpreis) ausgeht und etwa ersparte Beförderungskosten abzieht. § 140 I geht grundsätzlich von der erstgenannten Methode aus (Anm. 23). Vgl. auch § 2 I ADB: „Als Vswert der Güter gilt der gemeine Handelswert und in dessen Ermangelung der gemeine Wert, den die Güter am Orte der Absendung bei Beginn der V haben unter Hinzurechnung der Vskosten sowie derjenigen Kosten, die bis zur Annahme der Güter durch den Frachtführer entstehen. Darüber hinaus können die Kosten der Reise, insbesondere die Fracht, und die Kosten am Bestimmungsort einschließlich Zölle mitvert werden." Die Beförderungskosten werden hiernach nicht einheitlich behandelt: Während die Vskosten stets in den Vswert einzurechnen sind, ist die Einrechnung der Fracht, der Kosten am Bestimmungsort und der Zölle fakultativ; spezielle Angaben scheinen dem Ver nicht gemacht werden zu müssen, so daß eine gewisse Unklarheit obwaltet. — Eigenartig ist die Ermittlung des Vswertes gemäß §§ 22 II, 24 I KaskoB: „Im Falle eines Teilschadens am vten Schiffe gilt als jeweiliger Wert des Schiffes der Wert des Schiffes in beschädigtem Zustande zuzüglich der Reparaturkosten laut Schadentaxe", und diese Schadentaxe erfolgt durch Sachverständige am ersten Orte, an welchem dies möglich ist, eventuell am Bestimmungsorte. Die Fiktion des gleichbleibenden Vswertes (Anm. 25) ist damit vertraglich wegbedungen; zur Methode der Berechnung des Wertes vgl. Anm. 38. — Einen Fall, in welchem ein Spediteur schadensersatzpflichtig gemacht wurde, weil er nicht den Ankunfts-, sondern den Abgangswert vert hatte, behandelt RG 29. IX. 1928 VA 1929 S. 45—47 Nr. 1957 = JRPV 1928 S. 332—334.

Weitere Einzelheiten bei Griem a. a. O. S. 154—159.

[30] 4. Konkretisierung der Bewertung.

a) Generelle Vorbemerkungen.

Der Wertrahmen (Anm. 9), der durch den Begriff des Vswertes gegeben ist, bedarf der Konkretisierung, nicht nur im Hinblick auf Zeit (Anm. 25—28) und Ort (Anm. 29). Die Abstellung auf den gemeinen Wert in Verbindung mit den entsprechenden Preisen (Anm. 9—10, 18) ist oft nicht befriedigend, gilt auch nur in dubio, „wenn sich nicht aus den Umständen ein anderes ergibt" (§ 52). Vertragliche Vereinbarungen (Anm. 24), welche die Bewertung konkretisieren, haben demnach den Vorrang.

Keine Ausfüllung des Bewertungsrahmens ist es, wenn, § 57[1] vom „wirklichen Vswert" spricht. Auch wenn Vsbedingungen vom „wahren" Wert reden (KG 12. XII. 1928 JRPV 1929 S. 53—54), ist damit nichts gewonnen.

Der Wertrahmen kann in verschiedener Weise genauer abgesteckt werden; alles, was sich „im Rahmen" hält, ist richtig. Ein Vmer wird nicht bereichert, das Bereicherungsverbot wird nicht verletzt, wenn vereinbarungsgemäß der Wertrahmen in einer für den Vmer günstigen Weise konkretisiert wird (Raiser Anm. 1 zu § 3, S. 107). Eine betrügerische Überv mit der Absicht, sich einen rechtswidrigen Vermögensvorteil zu verschaffen, entfällt, wenn der Vmer eine Entschädigung erstrebt, die sich im Wertrahmen hält (RG 20. XI. 1911 JW 1912 S. 425—426).

Was nun die Konkretisierung der Bewertung anlangt, so gibt es eine bunte Fülle der Möglichkeiten, insbesondere können die Parteien, wenn man nur auf die Sachv, auf **Sachinteressen** blickt, ausgehen erstens von Veräußerungsvorgängen, etwa Erwerbs- oder Verkaufswerten (Anm. 31—32), oder zweitens von Herstellungsvorgängen, etwa Kosten der früheren Herstellung des zerstörten oder beschädigten Produktes oder der Wiederherstellung desselben (Anm. 33—34), oder drittens von Nutzungsvorgängen (Anm. 35). Nicht selten werden verschiedene Bewertungsmöglichkeiten miteinander kombiniert (Anm. 36).

[31] b) Bewertung im Hinblick auf Veräußerungsvorgänge.

aa) Anschaffung.

Sehr häufig wird eine Bewertung von Sachen im Hinblick auf effektive oder hypothetische Veräußerungsvorgänge vorgenommen, wobei — wie in § 1 II Ziff. 1 HGB besonders bei „Umsatzkaufleuten", also im Groß- und Kleinhandel — Anschaffung oder Weiterveräußerung in Betracht kommt. Beim Verbraucher spielt normalerweise nur die Anschaffung eine Rolle.

Hat der Vmer die Sache angeschafft, so kann für den Vswert vom faktischen, dereinst effektiv aufgewendeten Einkaufspreis, also vom bezahlten Preis ausgegangen werden, z. B. wird in der Einheitsv bei Bezugstransporten „der Rechnungswert" zugrundegelegt (§ 4 I a EVB).

Aber dieser Einkaufspreis könnte weit zurück in der Vergangenheit aufgewendet worden sein, und vielleicht ist die Sache vom Vmer geerbt oder ihm geschenkt worden. So ist es zweckmäßiger zu fragen, wieviel der Vmer aufwenden muß, um in der Gegenwart eine (Wieder-) Anschaffung vorzunehmen, sei es hypothetisch, sei es (nach dem Vsfall) effektiv.

Dabei kommt entweder die Anschaffung neuer oder gebrauchter Sachen in Frage und im erstgenannten Fall kann ein Abzug im Hinblick auf vorgängige Entwertung entweder unterbleiben oder erfolgen:

Der Neuwert ohne Abzug gewinnt als Vswert immer größere Bedeutung, man denke an die Neuwertv des Hausrats: „Als Vswert gilt der Wiederbeschaffungspreis" (§ 1 I Sonderbedingungen: VA 1958 S. 163). In der Autokaskov wird bei Personen- und Kombinationswagen für Schäden, die im ersten Jahr nach der Erstzulassung des Fahrzeugs eintreten, der „Listenpreis des Fahrzeugs" zugrundegelegt (§ 13 II AKB). Immer schon hieß es für die allgemeine Feuerv: „Maßgebend für den Ersatzwert sind . . . . bei Waren, mit denen der Vmer handelt, bei Rohstoffen, die der Vmer für die Erzeugung von Waren beschafft hat, sowie bei Naturerzeugnissen: Der Wiederbeschaffungspreis . . . . Maßgebend sind die Preise (soweit sich Marktpreise gebildet haben, die Marktpreise) zur Zeit des Eintritts des Schadenfalles . . . ." (§ 3 II c AFB).

Der Neuanschaffungspreis mit Abzug wird in § 86 bei Haushalts- und sonstigen Gebrauchsgegenständen, bei Arbeitsgerätschaften und Maschinen als Vswert normiert (Anm. 23). Ganz ähnlich, mit Abzügen vom Wiederbeschaffungspreis: § 3 II a AFB.

Wird dagegen auf den gemeinen Wert abgestellt, so kommt es darauf an, wieviel der Vmer für die Wiederbeschaffung einer entsprechenden Sache aufwenden müßte (Anm. 10); dem Vmer wird also gegebenenfalls die Wiederbeschaffung einer gebrauchten Sache — so wie gehabt — zugemutet. Bei älteren Fahrzeugen ist in der Autokaskov der gemeine Wert maßgebend (§ 13 I AKB und dazu Bundesminister für Wirtschaft: BetrBer 1959 S. 1278). Verwiesen sei ferner auf § 140 I für die Gütertransportv (Anm. 23), wobei jedoch zu beachten ist, daß bei neuwertigen Gütern der gemeine Wert so hoch ist, daß neue Güter wiederbeschafft werden können.

[32] bb) Weiterveräußerung.

Stellt man nicht auf die Anschaffung, sondern auf die Weiterveräußerung ab, so kann das für den Vmer sehr günstig, aber auch sehr ungünstig sein. Zu berücksichtigen ist nur der im normalen Geschäftsverkehr zu erzielende Erlös, „nicht der etwa durch besondere Verkaufsmethoden ausnahmsweise zu erreichende Preis“ (BGH 19. XI. 1962 VersR 1963 S. 78).

Bei Kaufleuten steckt im Verkaufspreis der erhoffte Gewinn. Soweit also ein Verkaufsvertrag noch nicht fest abgeschlossen worden ist, besitzt der Vmer nur eine Anwartschaft, und er muß neben der Sachv eine Gewinnv abschließen (Anm. zu § 53). Deshalb setzen die Verkaufspreisklauseln der Feuerv lieferungsfertige Erzeugnisse voraus, die fest verkauft, dem Käufer aber noch nicht übergeben sind; die nachweislich auf Abruf bestellten lieferungsfertigen Erzeugnisse werden der fest verkauften Ware gleich erachtet (Näheres: Klauseln 14, 2.05 Klauseln der Feuerv). Eine Höchstgrenze für den Ersatzwert bildet der Preis, „der bei dem Verkauf erzielt worden wäre“, gemäß § 3 IIb) c) AFB.

Handelt es sich nicht um Kaufleute und deren Ware, so sind regelmäßig die Möglichkeiten zur Veräußerung recht ungünstig, an eine Gewinnerzielung ist nicht zu denken, oft wird nur ein Trödlerpreis erzielt. Nach der Klausel 2.06 Klauseln der Feuerv sind ausrangierte Maschinen, Apparate und Maschinenteile, die von dem Vmer als solche vor dem Schadenfalle gekennzeichnet waren, nur zu ihrem (niedrigen) Verkaufswert vert. Will ein Privater Briefmarken, Münzen oder Notgeld vern, so wird nach der Klausel 8.01 Klauseln der Feuerv nicht der Katalogwert entschädigt, sondern der im Briefmarkenhandel übliche Ankaufspreis, und üblicherweise wird dem Sammler bei einer Veräußerung nur ein geringer Preis gezahlt.

[33] c) Bewertung im Hinblick auf Herstellungsvorgänge.

aa) Frühere Herstellung.

Herstellungsvorgänge spielen bei Werkvertragsunternehmen, also in Handwerk und Industrie die Hauptrolle, sei es als Bearbeitung, sei es als Verarbeitung. Dabei kann auf die Kosten der früheren, derzeitigen Herstellung oder einer erneuten Herstellung abgehoben werden.

Die früher aufgewendeten Herstellungskosten spielen als Herstellungswert bei Modellen, Zeichnungen, Formen und Mustern eine Rolle, insbesondere muß der Herstellungswert durch ordnungsmäßig geführte Bücher oder Karteien oder sonstwie glaubhaft nachgewiesen werden (Klausel 12 Klauseln der Feuerv). Im graphischen Gewerbe sind für Lithographien, Zeichnungen, Photographien und Ätzungen die Herstellungskosten bedeutsam, und es kommt darauf an, wann diese Gegenstände hergestellt sind (Klausel 2.01 Klauseln der Feuerv).

Über die Auslegung der Klausel „Einstandspreis zuzüglich der tatsächlich entstandenen Bearbeitungskosten“: OLG Hamburg 26. V. 1933 HansRGZ 1933 A Sp. 481 bis 483 (ein Unternehmen, das beschädigten Gummi aufarbeiten sollte, hatte die Bearbeitung nur vorgetäuscht, aber in Rechnung gestellt). Über die Auslegung der Klausel: „Tagespreis zuzüglich etwaiger Bearbeitungskosten. Unter Tagespreis ist zu verstehen der Anschaffungswert . . . .“: KG 9. I. 1935 JRPV 1935 S. 204—206 (Pelzwarenbranche).

[34] bb) Erneute Herstellung.

Größere praktische Bedeutung als der derzeitige Herstellungswert hat jener der erneuten Herstellung, sei diese hypothetisch, sei sie effektiv. Dabei kann im Hinblick auf eine vorgängige Entwertung ein Abzug entweder unterbleiben oder erfolgen.

Die Neuherstellungskosten ohne Abzug spielen besonders bei der Neuwertv von Gebäuden eine Rolle, z. B. gemäß § 1 Sonderbedingungen für die gleitende Neuwertv von Wohn- und Geschäftsgebäuden (VA 1951 S. 49): „Als Ersatzwert gilt der ortsübliche Neubauwert am Schadentage“. Der Neubauwert ist in den Richtlinien für Vorschätzungen im Hinblick auf Gebäude der Industrie definiert: „Unter Neubauwert ist der Wert zu verstehen, zu dem das abzuschätzende Gebäude bei gleicher Bauweise und unter gleicher Art der Ausführung unter Zugrundelegung der zur Zeit der Schätzung geltenden Materialienpreise und Arbeitslöhne neu errichtet werden kann“ (Klausel 5.06 Ziff. 1 C Ziff. 3 Klauseln der Feuerv).

Von genereller Bedeutung ist § 3 II b AFB: „Maßgebend für den Ersatzwert sind . . . bei Waren, die der Vmer herstellt (in Arbeit befindlichen und fertigen Fabrikaten):

die Kosten der Neuherstellung ... abzüglich der an dem etwa noch nicht fertigen Erzeugnis ersparten Kosten." Daß die letztgenannten ersparten Kosten abgezogen werden müssen, ergibt sich aus der Natur der Sache, weil ein noch unfertiges Fabrikat vert war.

Dagegen kommen die Neuherstellungskosten mit einem echten Abzug in Betracht nach § 88 (Anm. 23). Der danach bei Gebäuden maßgebliche ortsübliche Bauwert mit Abzug eines dem Zustand des Gebäudes entsprechenden Betrages ist auch übernommen worden in § 3 II a AFB.

Über die Wiederherstellung von Wertpapieren und sonstigen Urkunden Klausel 13b Klauseln der Feuerv.

[35] d) Bewertung im Hinblick auf Nutzungsvorgänge.

Im Zivilrecht wird der in § 2049 II BGB definierte Ertragswert öfters zugrunde gelegt (Anm. 4). Auch im öffentlichen Recht und speziell im Steuerrecht ist der Ertragswert recht bedeutsam (Anm. 4, 6).

Im Vsrecht dagegen erscheint eine Bewertung im Hinblick auf Nutzungsvorgänge deshalb problematisch, weil dabei die Abgrenzung von Sach- und Gewinninteressen erschwert ist; deshalb ist der Begriff „Nutzungswertv" aufsichtsbehördlich beanstandet worden (VW 1948 S. 149, vgl. auch Berndt a. a. O. S. 263). Zur Problematik des Nutzungswertes vgl. auch Hoppe ZVersWiss 1907 S. 594—599.

Eine V von Manuskripten, die Eigentum des Vmers sind, in Höhe des Nutzungswertes kennt die Klausel 2.02 Klauseln der Feuerv.

Im graphischen Gewerbe spielt (neben den derzeitigen Herstellungskosten: Anm. 33) der „volle geschäftliche Gebrauchswert" von Lithographien, Zeichnungen usw. mit besonderem Kunstwert eine Rolle.

Man hat gemeint, bei Filmnegativen, deren Bewertung besonders schwierig ist, einen „Verwertungswert" ermitteln zu müssen. Näheres bei Berndt a. a. O. S. 182—184, Biels NeumannsZ 1927 S. 241, Boehnke NeumannsZ 1927 S. 259—260, Grzywacz NeumannsZ 1927 S. 179—180, Güldenagel NeumannsZ 1927 S. 533—535, Levin NeumannsZ 1929 S. 847, 1930 S. 120—121, Nauth NeumannsZ 1927 S. 302—303, Pfeiffer JRPV 1930 S. 74—75, Unna JRPV 1933 S. 261—263, 277—281, Wellmann NeumannsZ 1927 S. 241—242, KG 15. VI. 1929 JRPV 1929 S. 320—321, RG 3. I. 1930 JRPV 1930 S. 53—54.

In § 1 I Abs. 1 S. 2 AHagelB wird betont: „Sollen besondere Verwertungsinteressen vert werden, so ist dies ausdrücklich zu vereinbaren ...". Über den forstlichen Nutzungswert von Wäldern vgl. Offenberg WuRdVers 1913 S. 87.

[36] e) Kombination verschiedener Bewertungsmöglichkeiten.

Die aufgezählten Möglichkeiten einer Konkretisierung der Bewertung sind — selbst wenn man nur auf Sachinteressen blickt — nicht vollständig. Daneben gibt es **andere Werte,** z. B. den Materialwert (Gold-, Silber-, Metallwert), den Schätzungswert bei Pfandleihern (Klausel 8.03 Klauseln der Feuerv).

Oft werden mehrere Bewertungsmöglichkeiten kombiniert. Ein Musterbeispiel bietet die Aufzählung des § 3 II AFB mit seiner **unterschiedlichen Bewertung** von Hausrat, Gebrauchsgegenständen, Arbeitsgeräten, Maschinen; Gebäuden; Waren, die der Vmer herstellt; Waren, mit denen der Vmer handelt, Rohstoffen, die der Vmer für die Erzeugung von Waren beschafft hat, sowie Naturerzeugnissen. Soweit die Liste Lücken aufweist und besondere Vsbedingungen nicht vereinbart worden sind, ist der gemeine Wert maßgebend (Anm. 9, 10): Raiser Anm. 7 zu § 3, S. 110—111.

Auch bei der Bewertung der einzelnen Sachinteressen kommen Kombinationen vor, insbesondere **Maximierungen:** So sind nach § 3 II b AFB bei Waren, die der Vmer herstellt, grundsätzlich die Kosten der Neuherstellung für den Ersatzwert maßgebend, jedoch nur, „soweit sie den Preis nicht übersteigen, der bei dem Verkauf erzielt worden wäre" (ähnlich § 3 II c AFB). In § 13 I, II AKB finden sich nicht nur nebeneinander der Zeitwert (als gemeiner Wert) und der Neuwert (als Listenpreis), sondern auch der Zeitwert zuzüglich 25 v. H., „höchstens jedoch bis zum Listenpreis des Fahrzeugs". Entscheidend sind die Art des Fahrzeugs und der Zeitpunkt des Schadenseintritts.

Besonders interessant sind solche Kombinationen, bei denen es für die Bemessung des Vswertes darauf ankommen soll, ob eine **Wiederherstellung** der vten Sache erfolgt. So will die Modellklausel (Klausel 12 Klauseln der Feuerv) zwar grundsätzlich vom Wiederbeschaffungspreis ausgehen, aber soweit die Modelle „nicht innerhalb zweier Jahre nach dem Schadenfalle wiederhergestellt werden, gilt als Ersatzwert ihr Materialwert". „Für vte Negativfilme wird Entschädigung über den Materialwert hinaus nur zum Zwecke ihrer Wiederherstellung, und nachdem diese gesichert ist, geleistet. Als Wiederherstellung gilt die Darstellung derselben Grundidee unter möglichst gleichen Verhältnissen. ... Die Entschädigung für jedes vom Schaden betroffene Negativ ist nach oben auf den Betrag der Herstellungskosten oder, wenn die Wiederherstellungskosten niedriger sind, auf diesen Betrag begrenzt" (Klausel 2.04 Klauseln der Feuerv). Ähnlich bestimmt bei photographischen Anstalten Klausel 8.04 Klauseln der Feuerv: „Für Platten und Bilder wird im Schadenfalle Ersatz nur dann geleistet, wenn sie innerhalb zweier Jahre wiederhergestellt werden; sonst wird nur der Materialwert ersetzt." Zu solchen Abreden vgl. Anm. 24—27 zu § 49.

Rechtsunsicherheit entsteht, wenn es dem Vmer **freigestellt** wird, „wie hoch" er das Sachinteresse vern will: Nach § 2 I ADB entscheidet der gemeine Wert am Absendungsort zuzüglich Versicherungskosten sowie derjenigen Kosten, die bis zur Annahme der Güter durch den Frachtführer entstehen: „Darüber hinaus können die Kosten der Reise, insbesondere die Fracht und die Kosten am Bestimmungsort einschließlich Zölle mitvert werden." Anscheinend braucht der Vmer dem Ver nicht offenzulegen, wie er den Vswert berechnet hat. — In der Ausstellungsv hat der Vmer sogar ein **Wahlrecht:** „Als Vswert gilt nach der Wahl des Vmers entweder der Wert, den das Gut am Abgangsort zum Zeitpunkt des Beginns der V hat, oder der Wert am Ausstellungsort, oder der Wert am Bestimmungsort. ... Das Wahlrecht des Vmers kann nur vor Eintritt des Vsfalles ausgeübt werden." Dem so gewählten Vswert sind gewisse Kosten usw. hinzuzurechnen (§ 4 I—III Allgemeine Vsbedingungen für Ausstellungsven: VA 1951 S. 163). Ein ähnliches Wahlrecht des Vmers kennt auch die Kühlgüterv (§ 5 I Allgemeine Bedingungen für die V von Kühlgütern: VA 1957 S. 220). Aus der Tierv vgl. OLG Düsseldorf 11. IV. 1961 VersR 1961 S. 1014 (Kaufpreis „bzw." Tauschwert).

[37] 5. Verfahren der Bewertung.

a) Bewertungsvorgang.

aa) Bewertung bei Vertragsabschluß.

Während die Vssumme zwischen Ver und Vmer frei vereinbart wird (Anm. 50 zu § 50), handelt es sich beim Vswert um eine objektiv feststellbare Größe, die allerdings während der Vsdauer schwanken kann (dazu Anm. 25, 50—52). Unrichtig Bruck S. 506: „Die Bestimmung des Vswertes kann dem Vmer überlassen bleiben". Die objektiv-richtige Feststellung ist allerdings — wie bei allen Bewertungen — nicht einfach, sie beruht auf einer Schätzung, die mehr oder minder sicher erfolgen kann: Während z. B. bezahlte Einkaufspreise (Anm. 31) leicht zu ermitteln sind, sind Kosten einer Neuherstellung, etwa Neubauwerte (Anm. 34), viel schwieriger festzustellen.

Prinzipiell ist es Aufgabe des Vmers, die Bewertung richtig vorzunehmen, und er wird regelmäßig die Vssumme entsprechend dem angenommenen Vswert vereinbaren (Vollwertv). Dabei bleibt zunächst offen, ob die Bewertung richtig erfolgt ist; deshalb spricht man wohl von einer „offenen Polize" (Bruck S. 506). Das Risiko der Fehlschätzung liegt allein beim Vmer, insbesondere kann sich der Ver im Vsfall auf eine Über- oder Unterv berufen (auf eine Unterv allerdings dann nicht, wenn die V auf erstes Risiko genommen ist: Anm. zu § 56).

Wirkt ein Vsvertreter des Vers beim Vertragsabschluß mit, so könnten Auskünfte und Belehrungen über die Auslegung der Wertbegriffe und die Vornahme der Bewertung dem Ver zuzurechnen sein. Das ergibt sich aus dem Gewohnheitsrechtssatz, der von der Vertrauensstellung der Vsagenten ausgeht (vgl. Anm. 54—72 zu § 44). — Entsprechendes muß gelten, wenn der Ver durch einen Außenbeamten das zu versichernde Risiko besichtigt und dieser sachkundige Mitarbeiter des Vers Auskünfte und Belehrungen gegeben hat.

Die Rechtsstellung des Vmers wird weiter verbessert, falls bei industriellen Wagnissen Gebäudevorschätzungen oder Maschinenvorschätzungen vorgenommen werden, wie es Klauseln 5.05, 5.06 Klauseln der Feuerv vorsehen. Die Vorschätzung liegt in der Hand eines dem Ver als zuverlässig und sachkundig bekannten Bau- oder Maschinensachverständigen. Die Vorschätzung gilt prinzipiell als Nachweis des Neuwertes und des Zeitwertes der darin verzeichneten Gegenstände zur Zeit der Schätzungsaufnahme und dient während eines gewissen Zeitraums (längstens fünf Jahre) im Schadenfalle als Grundlage für die Ermittlung des Schadens. Jedoch bleibt die Konstatierung von zwischenzeitlichen Wertveränderungen möglich, auch können tatsächliche Unrichtigkeiten, die in der Vorschätzung unterlaufen sein sollten, berichtigt werden. Diese Korrekturmöglichkeiten unterscheiden die Vorschätzung grundlegend von der Taxe (Berndt a. a. O. S. 91). Immerhin verbessert die Vorschätzung, die man auch Vortaxe nennt, insbesondere die Beweissituation des Vmers (vgl. Raiser Anm. 42 zu § 3, S. 136 bis 137).

Viel günstiger aber ist für den Vmer die Vereinbarung einer Taxe (§ 57), welche kraft einer Vereinbarung den Vswert als Anfangs- und als Ersatzwert festsetzt. Eine beschränktere Bedeutung hat die Taxe bei der Feuerv beweglicher Sachen (§ 87); bei der „Feuerv“ des entgehenden Gewinns kann eine Taxe überhaupt nicht vereinbart werden (§ 89).

In der Tierv hat der Antragsteller „auf seine Kosten ein tierärztliches Gutachten über Gesundheitszustand und Wert der zu versichernden Tiere beizubringen“, und die Vssumme soll dem geschätzten Betrag entsprechen (§§ 2 IV, 5 I ATierB). Während des Laufes der V ist der Ver berechtigt, jederzeit durch Beauftragte eine Abschätzung der vten Tiere vornehmen zu lassen und, soweit begründet, die Vssumme mit sofortiger Wirkung herabzusetzen“ (§ 5 IV ATierB).

Die stärkste Bedeutung kommt der Schätzung gemäß Landesrecht im Bereiche mancher öffentlichrechtlicher Sachvseinrichtungen zu. In Hamburg gibt es bei der Feuerkasse die wichtige Institution der Schätzer, die „des Maurer- oder Zimmerhandwerks kundig sein müssen“ (§ 5 FeuerkassenG). Es gilt der Satz: „Vswert ist der Schätzungswert“ (§ 28 I 1 FeuerkassenG). Die Abwicklung der Gebäudeschätzung einschl. Kostenregelung ist genau normiert (§§ 28—33 FeuerkassenG). Nach Eintritt eines Vsfalls erfolgt eine Schadensschätzung mit Feststellung eines Schadensschätzungswertes. Reicht die danach zu zahlende Entschädigungssumme nicht aus, so kann nach Abschluß der Wiederherstellung durch eine erneute Schätzung ermittelt werden, welche Mehrkosten infolge einer Steigerung der Löhne entstanden sind. Vgl. §§ 41—44, 49 FeuerkassenG.

Als Unterlagen für die Ermittlung des Vswertes kommen mannigfaltige Erkenntnismittel in Frage. Negativ ist hervorzuheben, daß der Buch- oder Bilanzwert der vten Sachen oder sonst vten Gegenstände (z. B. Forderungen) nicht entscheidend ist; hier sind stille Reserven häufig. Auch der Einheitswert ist keine geeignete Grundlage (Nachweise: Anm. 6).

[38] bb) Bewertung im Versicherungsfall.

Da der Vswert veränderlich ist (Anm. 25), ist nicht nur die Bewertung bei Vertragsschluß, sondern auch die spätere Bewertung bedeutsam. Deshalb kann eine Taxe auch nach Vertragsschluß vereinbart werden (Prölss[15] Anm. 1 zu § 57, S. 251). Deshalb kann in der Tierv die Abschätzung des § 5 IV ATierB „jederzeit“ erfolgen. Auch in der öffentlichrechtlichen Sachv kommen — neben der Schadensschätzung — nachträgliche neue Schätzungen vor (vgl. § 29 I Ziff. 6, II FeuerkassenG).

Für die Ersatzwertermittlung kann das Sachverständigenverfahren (§ 64) nutzbar gemacht werden, z. B. muß nach § 15 IIb AFB die Feststellung der Sachverständigen „den Vswert der Sachen unmittelbar vor und nach dem Schaden enthalten“. Besonders schwierig ist die Ermittlung des Ersatzwertes in der Feuerbetriebsunterbrechungsv. Hier sind eingehende betriebswirtschaftliche Untersuchungen notwendig; denn maßgebend sind der Geschäftsgewinn und die Geschäftskosten, die der Vmer ohne Unterbrechung des Betriebes in dem Bewertungszeitraum erwirtschaftet hätte (§ 5 I 1 FBUB). Die Feststellung der Sachverständigen muß eine Gewinn- und Verlustrechnung erarbeiten, „aus der sich ergibt, wie sich das Geschäft während des Bewertungszeitraums ohne Unterbrechung des Betriebes gestaltet hätte" (§ 13 I b FBUB). Hiernach haben die Sachverständigen den Ersatzwert festzustellen.

Während bei Totalschäden infolge des Zusammenhangs von Ersatzwert und Schadenshöhe (Anm. 9) die Feststellung des Ersatzwertes zugleich für den Schadensumfang entscheidend ist, muß bei Teilschäden die Ersatzwertermittlung von der Schadensfeststellung logisch geschieden werden. Deshalb ist es nicht unbedenklich, wenn § 22 II KaskoB bestimmt: „Im Falle eines Teilschadens am vten Schiffe gilt als jeweiliger Wert des Schiffes der Wert des Schiffes in beschädigtem Zustande zuzüglich der Reparaturkosten laut Schadentaxe". Hier werden Ersatzwertermittlung und Schadensfeststellung miteinander verquickt. Es ist durchaus denkbar, daß bei einem Teilschaden die Reparaturkosten unverhältnismäßig hoch sind, so daß sie mehr betragen als der wahre Ersatzwert (vgl. zum Begriff der Reparaturunwürdigkeit § 77 II 2 ADS). Bemerkenswert ist, daß § 22 KaskoB den transportvsrechtlichen Grundsatz des gleichbleibenden Vswertes (§ 141 I 2) verlassen hat.

Gehen die Sachverständigen im Rahmen des § 64 von einem irrigen Wertbegriff aus, so ist ihr Gutachten unverbindlich (KG 25. VII. 1936 JRPV 1937 S. 12—13, OLG Hamburg 19. II. 1932 VA 1932 S. 323 Nr. 2502 = HansRGZ 1933 A Sp. 477, LG Bochum 25. I. 1938 ÖffrechtlV 1938 S. 214). Bedenklich ist es, wenn der BGH 1. IV. 1953 BGHZ Bd 9 S. 198—199 einschränkend darauf abheben will, ob etwa der primäre Fehler gleichsam zufällig durch weitere, entgegengesetzt wirkende Fehler kompensiert sei (zustimmend OLG München 15. V. 1959 VersR 1959 S. 1017). Die Frage, ob eine Wertschätzung durch Sachverständige offenbar unrichtig ist, spielt oft eine Rolle. Eine „Anfechtung" hatte Erfolg in den Fällen: RG 14. I. 1930 JW 1930 S. 3088—3089 = JRPV 1930 S. 75, BGH 1. IV. 1953 BGHZ Bd 9 S. 195—208, KG 25. VII. 1936 JRPV 1937 S. 12—13, KG 18. IV. 1934 VA 1934 S. 240—241 Nr. 2734, OLG Colmar 14. V. 1912 VA 1914 Anh. S. 26—28 Nr. 796, OLG Hamburg 19. II. 1932 VA 1932 S. 323—325 Nr. 2502 = HansRGZ 1933 A Sp. 475—481, OLG Hamm 14. II. 1929 VA 1929 S. 256 bis 257 Nr. 2020, OLG München 15. V. 1959 VersR 1959 S. 1017—1019. Dagegen ist die „Anfechtung" erfolglos geblieben in: BGH 19. XI. 1962 VersR 1963 S. 78, KG 12. XII. 1928 JRPV 1929 S. 53—54, 29. X. 1930 JRPV 1931 S. 11, 25. XI. 1933 VA 1933 S. 435—437 Nr. 2653 = JRPV 1934 S. 75—76, 6. VI. 1934 JRPV 1934 S. 347 bis 348, OLG Breslau 28. VII. 1938 JRPV 1939 S. 26—28, OLG Frankfurt 14. IV. 1929 JRPV 1929 S. 225—226, OLG Hamburg 25. IX. 1935 JRPV 1936 Zusatz S. 3—5 = HansRGZ 1936 A Sp. 112—114, OLG Hamm 25. VI. 1928 JRPV 1929 S. 149—150, OLG München 16. XI. 1927 VA 1928 S. 39—41 Nr. 1819.

[39] b) Bewertungsmethode.

Die Bewertung, sei es bei Vertragsabschluß, sei es im Vsfall, setzt in manchen Fällen schwierige Überlegungen voraus.

Nicht selten müssen zahlreiche **Kostenfaktoren** summiert werden: Man denke besonders bei Herstellungsvorgängen (Anm. 33—34) an die verschiedenen Herstellungskosten (auch Bearbeitungskosten, beide enthalten speziell Löhne und Gehälter). Bei Transporten sind neben den Kosten der Verpackung die Beförderungskosten von Bedeutung, zu denen außer der Fracht auch die Transportvsprämien gehören. Bei Schiffen ist an Verholungs- und Dockungskosten zu denken. Im grenzüberschreitenden Verkehr sind Zölle zu beachten. Sowohl bei der Fracht als auch bei den Zöllen kann unterschieden werden, wann sie definitiv geschuldet sind. Man unterscheide vorausbezahlte und am Bestimmungsort zu zahlende Fracht, ferner bedingte und unbedingte Fracht, wobei letztere nicht zu zahlen ist oder nicht zurückgefordert werden kann, falls die Güter den Bestimmungsort nicht erreichen. Problematisch kann sein, ob Eilfracht oder Luftfracht in den Vswert einzurechnen ist. Wichtig sind ferner bei Maschinen Montagekosten, bei eingelagerten Gütern Lagerkosten. Nach der additiven Methode sind aufgewendete oder aufzuwendende Kosten einem Grundwert hinzuzurechnen, nach der subtraktiven Methode sind sie im Falle ihrer Einsparung (als ersparte Kosten) abzuziehen (vgl. Anm. 29).

Der Zeitwert ist nicht selten derart zu errechnen, daß vom Neuwert Abzüge zu machen sind, insbesondere der **Abzug neu für alt** (z. B. nach § 86, auch § 3 II a AFB). Dieser Abzug bei der Ermittlung des Vswertes ist von dem Abzug neu für alt zu unterscheiden, welcher geboten ist, falls bei einer Ausbesserung einer gebrauchten Sache alte Teile durch neue ersetzt werden (vgl. z. B. § 13 V AKB).

Außer dem erwähnten Abzug neu für alt kennt § 3 II a AFB den Gesichtspunkt der vorgängigen **dauernden Entwertung:** „Ergibt sich bei Gebäuden und Maschinen ein geringerer Wert aus dem Umstande, daß sie vor Eintritt des Schadenfalls schon dauernd entwertet waren, so gilt der geringere Wert als Ersatzwert." Dazu RG 14. I. 1930 JW 1930 S. 3088—3089 = JRPV 1930 S. 75 (mit Vorinstanz: OLG Hamm 14. II. 1929 VA 1929 S. 256—257 Nr. 2020), OLG Köln 14. X. 1930 JRPV 1930 S. 421.

§§ 2 II, 5 II ATierB kennen eine V der Tiere zu **Durchschnittswerten.**

Über die besonderen Schwierigkeiten der Bewertung zusammengesetzter Sachen vgl. Anm. zu § 54.

[40] c) Wertmesser.

Der Vswert wird in aller Regel in Geld gemessen, und zwar in inländischer Währung. Dieser Maßstab wird ein beweglicher, falls auf einen Inlandswert der Vergangenheit abgestellt wird, der entsprechend den eingetretenen Geldwert- oder Kostenschwankungen indexiert wird. So geht man bei der gleitenden Neuwertv von der Vssumme 1914 aus, die dem Neubauwert des Gebäudes in seinem jeweils neuesten Zustand nach Preisen des Jahres 1914 entsprechen soll. Hinzu tritt ein Teuerungszuschlag, welcher der seit 1914 eingetretenen Preiserhöhung Rechnung trägt. Auf diese Weise wird der ortsübliche Neubauwert am Schadentage ermittelt. Vgl. §§ 1, 2 Sonderbedingungen für die gleitende Neuwertv von Wohn- und Geschäftsgebäuden: VA 1951 S. 49, auch S. 50—51. Auch in der öffentlichrechtlichen Gebäudev wird der gegenwärtige Vswert nicht selten durch solche Multiplikation ermittelt (so z. B. in Hamburg gemäß §§ 28 I, 42 I FeuerkassenG).

Falls der Schadensver Geldersatz in ausländischer Währung leistet (Anm. 7 zu § 49), pflegt auch der Vswert in ausländischer Währung bezeichnet zu werden. Bei Maschinen und Rohstoffen ausländischer Herkunft kann es auf den Auslandspreis ankommen (Klauseln 9.10 Klauseln der Feuerv).

Vswerte, die durch Bezugnahme auf den Gold- oder einen anderen Sachwert bemessen werden, kommen praktisch gegenwärtig nicht vor.

[41] d) Wertgrenzen.

Bei der Bewertung ergibt sich aus dem Vorhandensein des Bewertungsrahmens (Anm. 9) ein gewisser Spielraum für Wertvereinbarungen. Jedoch darf der Bewertungsrahmen nicht zugunsten des Vmers überschritten werden; denn dann liegt ein Verstoß gegen das vsrechtliche **Bereicherungsverbot** vor, welcher die Bewertungsabrede nichtig macht, soweit sie den Rahmen sprengt (Anm. 56). Es ist aber hervorzuheben, daß die Neuwertv unbedenklich ist, weil hier eine V gegen notwendige Aufwendungen mit einer Sachinteressev verbunden ist (Anm. 28).

Soweit eine Rechtsordnung **Fest- oder Höchstpreise** kennt, macht der Zweck solcher Preisgesetzgebung es regelmäßig erforderlich, daß der Vswert den limitierten Preis nicht überschreite. OLG Rostock 12. V. 1919 JW 1920 S. 503 (mit Anm. Hagen) betrifft einen Schaden an öffentlich bewirtschafteten Lebensmitteln (Speck, Schinken, Wurst); der Vmer könne sich nicht darauf berufen, daß er auf ungesetzlichem Wege wiedereinkaufen müsse, um für seinen Schaden tatsächlich vollen Ersatz zu erlangen. Wenn das Gericht meint: „Die Ersatzbeschaffung aus Auslandswaren oder nicht höchstpreispflichtigen Produkten anderer Tierarten hätte zum besonderen Gegenstand des Vsvertrages gemacht werden müssen", so begegnet der Hinweis auf eine derartige Umgehungsmöglichkeit Bedenken, weil lediglich inländisches Schweinefleisch vert war.

Aus dem **Schrifttum:** Bendix ZVersWiss 1915 S. 143—148, 1918 S. 228—234, Bruck HansRZ 1918 Sp. 495—498, Hagen JW 1920 S. 503, Josef HansRZ 1920 Sp. 699—702 und — nach dem zweiten Weltkrieg — Berndt a. a. O. S. 260—264, Heuts VW 1947 S. 177—178, Kratzenstein VW 1947 S. 227, Reger VW 1947 S. 226—227, Vossen VW

1947 S. 107—111. Aus der Aufsichtspraxis: VA 1917 S. 89—90, 1918 S. 88—89, VW 1948 S. 149. Aus der Rechtsprechung: RG 16. VI. 1919 RGZ Bd 96 S. 124—126 (Eisenbahnverkehrsordnung), BGH 27. II. 1952 BGHZ Bd 5 S. 202 (§ 818 II BGB).

Währungsrechtlich dürfte es nicht zu beanstanden sein, wenn der Vswert in einer anderen Währung als in Deutscher Mark oder in Deutscher Mark an Hand des Kurses einer anderen Währung oder durch den Preis oder eine Menge von Feingold oder von anderen Gütern oder Leistungen bemessen wird. Denn § 3 WährungsG bezieht sich nur auf die Eingehung von Geldschulden der gekennzeichneten Art, nicht aber auf die bloße Bewertung.

[42] **e) Wertbeweis.**

Bei einer offenen Polize ohne Vorschätzung muß der Vmer die Höhe des Vswertes beweisen, und zwar sowohl des Anfangswertes als auch des Ersatzwertes (Begr. I S. 64; Drefahl, Die Beweislast und die Beweiswürdigung im Vsrecht, Hamburg 1939, S. 38). Dabei ist nicht § 287 ZPO, sondern § 286 ZPO anwendbar (RG 19. III. 1904 RGZ Bd 58 S. 35—36, a. M. RG 17. XI. 1916 LZ 1917 Sp. 192—193, KG 25. III. 1936 JRPV 1936 S. 222, LG Prenzlau 31. V. 1935 JRPV 1936 S. 334—335). Die Beweisanforderungen dürfen — besonders nach Eintritt eines Schadenfalles, vielleicht sogar eines Totalschadens — im Rahmen der freien Beweiswürdigung nicht überspannt werden.

Mit dem Wertbeweis stehen gewisse Obliegenheiten des Vmers in Zusammenhang. Die allgemeine Auskunfts- und Belegpflicht des Vmers beziehen sich auch auf Wertfragen (Anm. 13, 26 zu § 34). Über einen Fall, in welchem dem Ver die Bilanz schuldhaft nicht vorgelegt war, obgleich sie für die Ermittlung der Höhe des Wertes der gestohlenen Waren eine Rolle spielte, KG 9. I. 1935 JRPV 1935 S. 205—206. — Nicht selten werden besondere Obliegenheiten vereinbart, welche den Wertnachweis betreffen. So muß nach Klausel 12 Klauseln der Feuerv der Herstellungswert von Modellen, Zeichnungen, Formen und Mustern durch ordnungsmäßig geführte Bücher und Karteien oder sonstwie glaubhaft nachgewiesen werden. Über eine Obliegenheit, in der Einbruchdiebstahlv Lagerbücher zu führen, RG 13. III. 1923 VA 1923 Anh. S. 77—78 Nr. 1332, KG 9. VII. 1921 VA 1922 Anh. S. 55—56 Nr. 1280, LG Berlin 20. X. 1934 JRPV 1925 Zusatz S. 19—20. Zur Wiederherstellungsobliegenheit Anm. 24, 27 zu § 49.

Bei einer taxierten Polize ist die Beweislage für den Vmer günstiger. Er kann auf die Taxvereinbarung verweisen, braucht also die Höhe des Anfangswertes nicht nachzuweisen. Entsprechendes gilt für den Ersatzwert, weil regelmäßig nach § 57^2 die Taxe auch als Ersatzwert gilt. Vgl. Begr. I S. 64; Drefahl a. a. O. S. 38—39. Näheres in Anm. zu § 57.

Im Falle einer Vorschätzung (Klauseln 5.05, 5.06 Klauseln der Feuerv) gilt die Vorschätzung als Nachweis des Neuwertes und des Zeitwertes zur Zeit der Schätzungsaufnahme. Im Schadensfalle haben die Sachverständigen die Aufgabe, Wertveränderungen und tatsächliche Unrichtigkeiten, die in der Vorschätzung unterlaufen sein sollten, festzustellen.

[43] **III. Rechtsbedeutung des Versicherungswertes.**

1. Bedeutung für Schadenshöhe.

a) Grundlagen.

Der Vswert, und zwar speziell der Ersatzwert, kennzeichnet zugleich den denkbaren Höchstschaden im Falle eines Totalschadenseintritts. Denn im Blick auf das einzelne vte Interesse kann mehr als sein Ersatzwert vom Schaden nicht betroffen werden. Somit ist der Vswert Höchstschadenswert, Schadensgrenzwert (Anm. 9). Ob der Ver einen Totalschaden voll entschädigen muß, hängt allein davon ab, ob die Vssumme ausreicht, also den Ersatzwert erreicht (vgl. § 56).

Wird auf die hypothetischen oder faktischen Wiederherstellungskosten abgehoben, so können diese allerdings höher liegen als der Vswert, etwa wegen der Schwierigkeit einer Ausbesserung, wegen der Werklohnforderung des allein in Betracht kommenden Unternehmers. Aber solchenfalls erweist sich, daß die Wiederherstellung sich nicht lohnt. § 77 II S ADS bezeichnet ein Schiff als reparaturunwürdig, wenn die geschätzten Ausbesserungskosten mehr betragen als der Vswert. Es ist unangängig, den Ersatzwert gleichsam ex post von den Ausbesserungskosten her bestimmen zu wollen. Auch deshalb ist verfehlt § 22 II KaskoB: „Im Falle eines Teilschadens am vten Schiffe gilt als jeweiliger Wert des Schiffes der Wert des Schiffes in beschädigtem Zustande zuzüglich der Reparaturkosten laut Schadentaxe."

Dagegen ist es besonders in Fällen der faktischen Wiederherstellung nicht zu beanstanden, wenn man neben den Ersatzwert (und zeitlich hinter ihn) noch einen Vswert stellt, der den Wertsteigerungen Rechnung trägt, die zwischen Eintritt des Vsfalles und Wiederherstellung eingetreten sind. Für Hamburg heißt es in § 44 I FeuerkassenG: „ Reicht die . . . . zu zahlende Entschädigungssumme für die völlige Wiederherstellung nicht aus, so können nach Abschluß der Wiederherstellung auf Antrag des Vten durch eine erneute Schätzung die für Steigerung der Löhne entstandenen Mehrkosten festgestellt und vergütet werden (Wiederherstellungssumme)."

Besonders in der Transportv wird in Fällen des Teilverlustes oder der Beschädigung die Schadenshöhe oft in einem Prozentverfahren ermittelt, bei welchem man vom Vswert / Ersatzwert ausgeht. Man prüft, welcher Prozentsatz der Güter verloren ist oder stellt den Gesundwert der Güter in ein Verhältnis zu dem Wert, den sie im beschädigten Zustande haben. Vgl. §§ 92, 93 ADS.

[44] b) Einzelfragen.

Bei der Ermittlung der Schadenshöhe spielen ähnliche Faktoren eine Rolle wie bei der Ermittlung des Vswertes:

Wenn der Zeitwert errechnet werden soll, werden vom Neuwert nicht selten Abzüge „neu für alt" gemacht (vgl. § 86: Anm. 23, auch Anm. 31—34). Wird nach einem Schaden die vte Sache wiederhergestellt, so ergibt sich oft eine Werterhöhung, auch werden alte Teile oft völlig erneuert, und es ist auch in diesem Zusammenhang geboten, von den Wiederherstellungskosten einen Abzug zu machen (Anm. 53 vor §§ 49—80, Anm. zu § 55). Beispielsweise sei auf § 13 V 3, 4 AKB, §§ 75 III, 76 ADS hingewiesen.

Sowohl bei Total- als auch bei Teilschäden können Reste übrigbleiben, seien es (bei Totalschäden) heterogene Reste, z. B. Wracks, Tierkadaver, Autoschrott, seien es (bei Teilschäden) homogene Reste, z. B. erneuerte Teile (leicht eingebeulte Stoßstange eines Kraftwagens). Es ist ein Problem der Schadensliquidation, nicht der Bemessung des Vswertes, ob die Reste auf den Ver übergehen oder beim Vmer verbleiben; letzterenfalls müssen sie bewertet werden, aber nur zwecks Feststellung der Schadenshöhe (dazu Anm. 54 vor §§ 49—80, Anm. zu § 55). Die Bewertung der Reste kann große Schwierigkeiten bereiten (vgl. dazu § 3 I AFB, OLG Breslau 28. VII. 1938 JRPV 1939 S. 26—28); bei einer Neuwertv sollen gemäß BGH 1. IV. 1953 BGHZ Bd 9 S. 201, 205—207 auch die Reste mit dem Neuwert bewertet werden.

Auch der merkantile Minderwert gehört in den Bereich der Feststellung der Schadenshöhe (vgl. dazu § 13 VI AVB).

[45] 2. Bedeutung für Überversicherung.

In §§ 51, 55 ist die Überv dergestalt definiert, daß die Vssumme den Vswert übersteigt. dabei spielen verschiedene Zeitpunkte und Zeiträume eine Rolle (vgl. Anm. 10 zu § 51): Gemäß § 51 III wird die betrügerische Überv vom Vmer abgeschlossen, es kommt also prinzipiell auf den Anfangswert an. In § 55 wird der Fall behandelt, daß die Vssumme den Ersatzwert übersteigt; trotzdem wirkt die Schadenshöhe leistungsbegrenzend. Nach § 51 I, II geht es um die Beseitigung einer Überv während der gesamten Vsdauer, es kommt also auf den jeweiligen Vswert an, wobei hier übrigens die Vssumme diesen Vswert erheblich übersteigen muß. Die Passivenv (und erst recht die Summenv) kennt keinen Vswert, also auch keine Überv (vgl. aber Anm. 15).

[46] 3. Bedeutung für Unterversicherung.

In § 56 ist die Unterv dergestalt definiert, daß die Vssumme den Ersatzwert unterschreitet. Aber denkbar sind vertragliche Vereinbarungen, die schon an eine anfängliche Unterv oder an eine jeweilige Unterv Rechtsfolgen knüpfen, z. B. gibt es zuweilen eine für den Vmer obligatorische Unterv (Form der Selbstbeteiligung) oder eine Annahmepflicht des Vers, falls der Vmer eine Erhöhung der Vssumme beantragt. Die Passivenv (und erst recht die Summenv) kennt keinen Vswert, also auch keine Unterv (vgl. aber Anm. 15).

[47] 4. Bedeutung für Doppelversicherung.

In § 59 I a. F. war die Doppelv dergestalt definiert, daß ein Interesse gegen dieselbe Gefahr bei mehreren Vern vert sein mußte, wobei „die Vssummen zusammen den Vswert" zu übersteigen hatten. Damals kannte die Haftpflicht- oder Krankheitskostenv als Passivenv (ohne Vswert) keine Doppelv (Bruck 7. Aufl. Anm. 8 vor § 149, S. 142), allenfalls eine Analogie kam in Betracht.

Die jetzige Fassung des § 59 I behält zwar für die Aktivenv den genannten Begriff der Doppelv bei, erweitert diesen Begriff aber durch die Worte: „oder übersteigt aus anderen Gründen die Summe der Entschädigungen, die von jedem einzelnen Ver ohne Bestehen der anderen V zu zahlen wäre, den Gesamtschaden". Dadurch ist heute eine direkte Anwendung der Doppelvsregeln auch in der Passivenv möglich (nicht aber in der Summenv). Der Begriff des Vswertes spielt im neuen Alternativbegriff der Doppelv nur noch bei der ersten Alternative eine Rolle.

Mit dieser Einschränkung betrachtet, kommt es in § 59 III beim Abschluß einer betrügerischen Doppelv auf den Anfangswert an. In § 59 I, II geht es um die Entschädigungen, also ist der Ersatzwert entscheidend. In § 60 wird die Beseitigung der Doppelv während der Vsdauer behandelt, so daß der jeweilige Vswert bedeutsam ist.

[48] 5. Weitere Bedeutung innerhalb Versicherungsverhältnisses.

Der Vswert ist nicht nur für die Ermittlung der Schadenshöhe (Anm. 44) und für die Feststellung einer Über-, Unter- oder Doppelv erheblich (Anm. 45—47), sondern auch in einigen anderen Beziehungen.

Fehlt es an einer Vssumme, so muß die prämienbestimmende Funktion der Vssumme (Anm. 30 zu § 50) seitens des Vswertes übernommen werden. Das gilt besonders bei Ven mit Naturalersatzvereinbarungen. Aber auch bei Vereinbarung einer Vssumme muß hinsichtlich der Prämienhöhe auf den Vswert zurückgegriffen werden, falls das Risiko nicht kongruent der Vssumme steigt, der Vmer aber eine unzureichende Vssumme wählt, unter Vereinbarung entweder einer Bruchteilv oder einer V auf erstes Risiko. Dazu Blanck a. a. O. S. 11—13, der zur Bruchteilv in der Einbruchdiebstahlv (§ 3 IV Abs. 4 AEB) folgendes ausführt: „Der Bruchteil, berechnet auf die vom Vmer aufgegebene Gesamtwertsumme wird auf 5% bis äußerstens 25% festgesetzt. Die Prämie wird jedoch nicht vom Bruchteil der Gesamtwertsumme, sondern von der vollen Gesamtwertsumme berechnet, wobei je nach der Höhe des gewählten Bruchteils ein Prämiennachlass gewährt wird, und zwar

bei Bruchteil	Prämiennachlaß in %
25 %	10
20 %	12
15 %	15
10 %	17
5 %	20

Auch bei einer V auf erstes Risiko, z. B. in der Flußkaskov wird eine relativ höhere Prämie geschuldet, die den Vswert in Betracht zieht.

Eigenartig ist die Bestimmung des § 3 I Ziff. 1 VHB, wonach bei einer Hausratv bestimmte dem Gewerbe oder Beruf dienende Sachen mitvert sind, „sofern sie insgesamt keinen höheren Wert als 2000,— DM haben. Übersteigt der Wert 2000,— DM, so sind sie überhaupt nicht mitvert."

[49] 6. Weitere Bedeutung außerhalb Versicherungsverhältnisses.

Wird der Vswert zuverlässig festgestellt, so kann er eine über das Vsverhältnis hinausreichende Bedeutung gewinnen.

Das gilt besonders für den Grundstücksmarkt, wo z. B. in Hamburg der Schätzungswert der Hamburger Feuerkasse („Feuerkassenwert") eine Grundlage für die Ermittlung des angemessenen Preises bildet. Der Feuerkassenwert ist auch für die Feststellung gewisser Einheitswerte und der Bauprüfgebühren bedeutsam (vgl. auch Sievers BetrBer 1949 S. 445). — Wird ein Schiff verkauft, wird sich der Käufer sicherlich danach erkundigen, wie hoch der Schiffswert im Rahmen der Kaskov taxiert ist. Allerdings ist der Wert keine verkehrswesentliche Eigenschaft (Anm. 7).

Auch öffentlichrechtliche Normen können sich an den Vswert anschließen. In Hamburg richten sich öffentliche Abgaben zum Teil nach dem Feuerkassenwert.

[50] IV. Einfluß von Versicherungswertänderungen.

1. Allgemeine Vorbemerkungen.

Werte können während der Vsdauer niedriger werden oder sich erhöhen, es kommt auch nicht selten vor, daß sie bei Abschluß des Vsvertrages vom Vmer unrichtig eingeschätzt werden. Wichtigste Fälle einer nachträglichen Änderung des Wertes ergeben sich einerseits aus einer Entwertung, insbesondere durch Alter oder Abnutzung, andererseits aus einer Wertsteigerung, insbesondere bei Ven von Sachinbegriffen (z. B. Hausrat, Maschinen) durch Anschaffung neuer, unter den Inbegriff fallender Sachen (Anm. zu § 54) oder allgemein durch Preissteigerung, welche nicht nur auf Geldentwertung, sondern auch auf Konjunkturschwankungen bei einzelnen Gütern (z. B. überseeischen Rohstoffen) beruhen kann.

Die sich auf solche Weise ergebende Über- oder Unterv evtl. auch Doppelv macht eine Anpassung des Vsverhältnisses erwünscht. Da der Vswert eine objektive Größe ist, muß die Vssumme verändert werden. Davon, wie das geschehen kann, war bereits in Anm. 18—23 zu § 50 die Rede. Auch auf die Bestimmungen zur Beseitigung einer Über- oder Doppelv sowie auf die Normen zur Unterv sei verwiesen (Anm. 45—47).

Hier seien nur die Fälle zusammengestellt, in denen kraft nachträglicher (Anm. 51) oder antizipierter Vereinbarungen (Anm. 52) Veränderungen des Vswertes, und zwar speziell Werterhöhungen Rechnung getragen wird.

[51] 2. Nachträgliche Vereinbarungen.

Ist die Vssumme unzureichend, weil der Vswert gestiegen ist (oder von Anfang an zu niedrig beurteilt worden war), so kann der Vmer eine **Nachversicherung** abschließen, am besten im Wege einer Änderung des Vsvertrages, dazu Anm. 108—111, 121—130 zu § 1, Anm. 18 zu § 50. Dabei kann dem Vmer eine Pflicht zur Beantragung einer Nachv auferlegt sein (dazu § 6 I, III ATierB und Anm. 121 zu § 1). Umgekehrt kann auch eine Verpflichtung des Vers ausbedungen werden, etwaige Nachvsanträge des Vmers anzunehmen.

In der Transport- und Seev ist für eine echte Nachv logisch dann kein Raum, wenn die Fiktion des gleichbleibenden Vswertes (§§ 140 II, 141 I 2; Anm. 25) gilt; hier wird eine Steigerung des Wertes juristisch gleichsam ignoriert. Aber sie läßt sich wirtschaftlich nicht leugnen, und es besteht ein Bedürfnis dafür, auch hier eine zusätzliche Deckung nachträglich zu ermöglichen. Das geschieht vermöge des Abschlusses einer **Mehrwertversicherung,** durchweg eines neuen Vsvertrages, der dazu dient, jenen Teil des Sachinteresses zu schützen, der infolge der Werterhöhung nachgewachsen ist. Die Mehrwertv kann u. a. darauf beruhen, daß ein Gewinn realisiert ist, sie darf aber als V eines partiellen Sachinteresses mit einer Gewinnv nicht verwechselt werden (Anm. zu § 53).

[52] 3. Antizipierte Vereinbarungen.

Vorausschauende Vmer sorgen in vorweggenommenen Vereinbarungen dafür, daß Wertänderungen und Bewertungsirrtümer aufgefangen werden. Erinnert sei an die Vorsorgev und den Summenausgleich (Anm. 6 zu § 50), an die Klauseln 5.01, 5.02 und 5.03 Klauseln der Feuerv (Anm. 8, 19 zu § 50: Stichtagsv für Vorräte, gleitende Vorratsv mit nachträglicher Prämienverrechnung für Speditionsgüter, Nachzeichnung für Vorräte), an die gleitende Neuwertv und die Wertzuschlagsklauseln Klauseln 6.02, 6.03, 6.04 und 6.05 Klauseln der Feuerv (Anm. 19 zu § 50). Vgl. ferner § 11 I AHagelB zur Veränderung der Hektarwerte, § 5 IV ATierB zur Verminderung des Wertes vter Tiere (Näheres Anm. 19 zu § 50).

In diesem Zusammenhang bleibe nicht unerwähnt, daß bei Fehlen einer Vssumme (Anm. 4 zu § 50) ohne weiteres Werterhöhungen zu Lasten des Vers gehen; man denke an die Autokaskov, gewisse öffentlichrechtliche Gebäudeven und Ven mit Naturalersatz (dazu Schmidt in: Roehrbein, Rechtsfragen aus der Privat- und Sozialv, Berlin 1953, S. 127—133).

[53] V. Eigentümerinteresseversicherung nach § 52.

1. Sache und Versicherung.

Der Sinn des § 52 ist nicht leicht zu erschließen. Die Vorschrift ändert nichts daran, daß nie eine Sache, sondern stets ein Interesse vert ist (vgl. § 51 I). Aber das vte Interesse (und damit die V) kann sich auf eine Sache „beziehen". Das Interesse ist ja eine Wertbeziehung zwischen Person und Objekt, und das beziehungsverknüpfte Objekt kann natürlich eine Sache sein. Das gilt für jede Sachv, für jede V eines Sachinteresses.

Aber man kann den Kreis der Ven, die sich auf eine Sache beziehen, noch weiter fassen und darunter alle Ven verstehen, bei denen der Eintritt eines Sachschadens, z. B. eine Sachzerstörung, jemanden schädigt. In diesem Sinne kann Geschädigter nicht nur der Eigentümer sein, sondern auch z. B. ein Mieter, ein Hypothekengläubiger.

[54] 2. Sachwert als Versicherungswert.

Vte Interessen haben einen Wert, den Vswert. Man pflegt — außerhalb des Vswesens — auch zu sagen, daß eine Sache einen bestimmten Wert habe, wobei man an ihren Preis, insbesondere ihren Marktpreis denkt. Im Grundsatz sind Interessewert und Sachwert zu unterscheiden (Bruck S. 504, RG 3. I. 1930 JRPV 1930 S. 54). Aber wie schon in Anm. 18 herausgestellt wurde, ist es § 52 zu entnehmen, daß der Vswert des mit der Sache in Verbindung stehenden Interesses im Zweifel identisch sein solle mit dem Wert, also dem Preis der Sache. Dadurch wird dieser Vswert in eine rechtliche Beziehung gerückt zu den Sachpreisen.

[55] 3. Versicherung als Eigentümerinteresseversicherung.

Die Sachpreise werden so bemessen, daß derjenige, der den Preis erhält, sein Eigentum überträgt, derjenige aber, der den Preis bezahlt, das Eigentum erlangt. Sachwerte, Sachpreise haben demnach das Eigentümerinteresse im Auge.

Wenn nun § 52 bestimmt, im Zweifel gelte der Sachwert als Vswert, so bedeutet das zugleich, daß **im Zweifel immer das Eigentümerinteresse versichert** ist, falls die V mit einer Sache zusammenhängt, sich auf eine Sache bezieht (Begr. I S. 62, Berndt a. a. O. S. 42—43, Fick a. a. O. S. 38, Hagen I S. 373, auch schon OLG Hamburg 12. VII. 1893 SeuffArch Bd 50 S. 71). So argumentierte auch RG 28. X. 1919 RGZ Bd 97 S. 45: „Im vorliegenden Falle ist Rohöl, also eine Sache, der Gegenstand der V. Danach ist im Zweifel der Wert des Rohöls, das heißt, das Interesse, das der Eigentümer des Rohöls an ihm hat, zu ersetzen." In der Tat: Nur der Eigentümerinteressent erleidet im Totalschadensfalle einen Schaden in Höhe des vollen Sachwertes, des Sachpreises. Wer die Sache z. B. gemietet oder als Hypothekengläubiger beliehen hat, mag wirtschaftlich betroffen sein, wenn die Sache zerstört wird, aber der Mieterschaden ist vom Sachwert unabhängig, und auch der Schaden des Hypothekengläubigers wird primär durch seine Forderung, nicht durch den Sachwert bestimmt.

Der Rechtssatz des § 52 bewirkt, daß eine V für Rechnung wen es angeht den jeweiligen Eigentümerinteressenten schützt. Ferner muß bei einer V für eigene Rechnung der Vmer Eigentümerinteressent sein, sonst besteht das Interesse, für welches die V genommen ist, nicht (§ 68 I; Beispiel: OLG Celle 10. V. 1932 VA 1932 S. 325—326); es besteht z. B. nicht, wenn der Vmer nur Mieter oder Hypothekengläubiger ist. Schließlich muß bei einer V für fremde Rechnung der Vte Eigentümerinteressent sein. Aus § 52 ergibt sich nichts zu der Frage, wie der Begriff des Eigentümerinteresses auszulegen ist, insbesondere ob nur der Träger formal-sachenrechtlichen Eigentums in Betracht kommt (Bischoff VersR 1963 S. 8).

Der deutsche Rechtssatz, welcher das Interesse an einer Sache mit dem Eigentümerinteresse identifiziert, ist nicht selbstverständlich. Im vorgesetzlichen und zum Teil im ausländischen Recht konnte und kann durch eine V, bei deren Beantragung nur die Sache genannt wird, jede Person gedeckt sein, die irgendwie mit der Sache in Verbindung steht, also z. B. auch ein Mieter, Pächter oder Hypothekengläubiger (vgl. nur RG 6. X. 1894 RGZ Bd 35 S. 51—52, 54—57 und für das englische Recht: Ritter Anm. 14 zu § 1, S. 59—60). Es ist unrichtig, wenn Ehrenzweig S. 208, Hagen I S. 470—471 trotz § 52 das gleiche noch für das geltende deutsche Recht annehmen.

Jedoch kann sich aus einer ausdrücklichen oder stillschweigenden Vereinbarung, direkt oder konkludent („aus den Umständen") auch nach geltendem deutschen Recht ergeben, daß nicht das Eigentümerinteresse, sondern ein anderes Interesse vert sein soll, das mit der Sache in Verbindung steht. Aber solche Abweichung von der Regel muß von demjenigen bewiesen werden, der sich auf sie beruft. Ein Mieter oder Hypothekengläubiger muß also dartun, daß er bei einer Vsnahme für eigene Rechnung — und eine solche ist nach § 80 I im Zweifel anzunehmen — ausreichend erkennbar gemacht hat, er sei nicht Eigentümer, wolle aber sein spezielles andersartiges Interesse ausnahmsweise unter Vsschutz bringen. Dieses andersartige Interesse hat dann seinen eigenen, von Fall zu Fall zu bestimmenden Vswert. Dieser Vswert ist nicht notwendig geringer als jener des Sachinteresses (Bischoff VersR 1963 S. 8, a. A. Bruck S. 488—489, Berndt a. a. O. S. 44—45), auch dann nicht, wenn man hohe Gewinninteressen beiseiteläßt. Man denke an den Wert eines Pächterinteresses bei einem besonders günstigen langfristigen Pachtverhältnis.

Gemäß § 52 in Verbindung mit § 80 I besteht bei einer V, bei der ein Sachschaden in Frage steht, eine gesetzliche (widerlegbare) **Vermutung** für die **Versicherung** des eigenen **Eigentümerinteresses** (Bischoff VersR 1963 S. 8, Ehrenzweig S. 64, Prölss[15] Anm. 3 vor § 51, S. 240, Anm. 1 zu § 52, S. 244; OGH Wien 19. IV. 1961 VersR 1962 S. 817 für den Fall der Vsnahme durch Miteigentümer).

[56] VI. Abdingbarkeit des § 52.

§ 52 ist nicht für zwingend erklärt worden. Die Vermutung des § 52, wonach in dubio des Eigentümerinteresse vert ist, ist schon nach dem Wortlaut des Gesetzes („soweit sich nicht aus den Umständen ein anderes ergibt") widerlegbar.

Bei einer Sachinteressev ist der Vswert allerdings durch den Sachwert nach oben limitiert. Aber das ergibt sich nicht aus einer Unabdingbarkeit des § 52, sondern aus dem vsrechtlichen Bereicherungsverbot (Anm. 45 vor §§ 49—80); ebenso Hagen I S. 469. Dabei ist aber zu beachten, daß die Bewertung einen weiten Spielraum läßt, daß also der Wertrahmen (Anm. 9) in verschiedener Weise ausgefüllt werden kann. Solange sich die Bewertung noch „im Rahmen" hält, ist sie richtig, mag sie auch den Vmer besonders günstig stellen (dazu OLG Kiel 30. III. 1927 Praxis 1928 S. 37—38); man denke an gewisse Fälle der Bewertung im Hinblick auf Veräußerungsvorgänge (z. B. Weiterveräußerungen: Verkaufspreisklausel Anm. 32) oder im Hinblick auf Herstellungsvorgänge, man denke an hohe Kosten früherer Herstellung (Anm. 33). Gegen die Neuwertv bestehen unter dem Gesichtspunkt des Bereicherungsverbotes keine Bedenken, da sie zugleich eine Passivenv gegen notwendige Aufwendungen ist (Anm. 28). Unter diesem Gesichtspunkt läßt es sich auch rechtfertigen, falls der Ver für den Fall der Wiederherstellung auf Abzüge „neu für alt" verzichtet, etwa in der Seekaskov oder in der Frühgeschichte der Neuwertv (dazu Döring Mitt 1924 S. 289—291, der den Verzicht für unzulässig hielt). Auch die Fiktion des gleichbleibenden Vswertes sowie Taxvereinbarungen sind gesetzlich vorgesehen (Anm. 25) und deshalb auch dann nicht zu beanstanden, wenn sie in gewissem Umfange zu einer Bereicherung des Vmers führen.

Dagegen würde im Rahmen einer reinen Sachinteressev z. B. eine Ersatzwertvereinbarung „aus dem Rahmen fallen", also unzulässig und teilnichtig sein, die vorsieht, daß auch bei noch nicht verkauften Waren der vom Eigentümer aus einem Verkauf erhoffte Gewinn in den Sachvswert eingerechnet werden solle. Dagegen würden gegen eine zusätzliche Gewinnv keine Bedenken obwalten, auch kann eine Sachv mit einer Gewinnv verbunden werden („gemeinschaftliche Güter- und Gewinnv"; § 101 ADS). — Eine Tierv zu Durchschnittswerten (§§ 2 II, 5 II ATierB) könnte zwar theoretisch im Einzelfall zu einer Bereicherung des Vmers führen, ist aber bei Rindern, Schweinen, Schafen und Ziegen so zweckmäßig und kraft Herkommens verbreitet, daß nach Gewohnheitsrecht das Bereicherungsverbot nicht bemüht werden darf. Entsprechendes gilt für eine V von Rindvieh mit festen Entschädigungsbeträgen (§§ 2 Ziff. 5, 5 Ziff. 2 a) AVB für Rindviehven: VA 1963 S. 2—6). — Dagegen kann nicht rechtswirksam vereinbart werden, der Vswert solle sich in der Tierv nach einem Prozentsatz der Vssumme bestimmen (Kisch VersR 1951 S. 229—230, Prölss VersR 1951 S. 219—220 gegen OLG Oldenburg 9. VII. 1951 VersR 1951 S. 228—229).

Über die Bedeutung von Fest- und Höchstpreisen vgl. Anm. 41.

FSC
www.fsc.org
MIX
Papier | Fördert gute Waldnutzung
FSC® C083411

Kolibri 360 GmbH
Ferdinand-Jühlke-Straße 7
99095 Erfurt, Deutschland
produktsicherheit@kolibri360.de